あらゆる事象の吉凶成敗が
即断できる中国占術

六壬神課
金口訣真伝

米鴻賓 著
真視葵衣、鈴木一成、池本正玄 訳

太玄社

訳者まえがき

米鴻賓老師は、古代中国文化教育学者です。

中国文化の智慧の伝承を受け継ぐ家系に生まれ、幼少期より祖父から一子相伝の手ほどきを受けます。十翼書院、東巴書院、南伝書院など多くの書院設立と遼寧省にある古刹の財神寺を復興しました。北京での金口訣の講座参加代金は日本円で２００万円、簡単に受講できるものではありません。

しかし、私と金口訣との出会いには、とても不思議な縁があります。

平成16年甲申年に陳光甡老師と出会い、金口訣を学び始めました。あいにく、平成23年辛卯年の東日本大震災で陳老師は中国に帰国したため、金口訣の研究は中断しました。

陳老師は、上海に会社を持つ方学峰グループと共同で、日本の株価の動きやナンバーズの予測研究をしていました。ナンバーズ3であれば、確実に当てることが、私たちの目の前で検証されています。私も、ナンバーズ予測の7割は教えてもらったのですが、最後の一手を教わる前に交流が途絶えてしまいました。

その後、平成28年丙申年に『六壬神課金口訣入門』を太玄社より出版します。

知り合いからは、応用の本を出版してほしいと頼まれましたが、私にはそれだけの知識がありません。

ところが、令和元年己亥年に陳老師に金口訣を教えた米鴻賓老師と出会うことになるのです。それも私が中国に行ったのではなく、米老師が大阪に住んでいたのです。

米老師が大阪で講演をするというので、すべての予定を変更して新幹線に飛び乗りました。このときお世話になったのが「舞昆のこうはら」の鴻原森蔵社長と明子奥様です。

そして、米老師に何回かお会いするうちに、鴻原夫妻とご一緒に北京の金口訣講座に招待されたのです。私にとって初めての海外旅行、それでも頑張って一人で北京に行ってきました。金口訣の本を出版するために、中国語を学んでいたことが実際に会話で役に立つとは思いもしませんでした。

今回、翻訳した『六壬神課金口訣真伝』は、金口訣の応用と中国古代文化の紹介本です。占いが当たるようになるための、精神面と実技面が記載されています。多くの秘伝が書かれていますので、一行一行確実に読者自身が研鑽を積んでください。おそらく、小説を読むようには進まないので、1頁読むのに1時間はかけるつもりでいてください。そうすれば、本書は読者の愛読書となるでしょう。

翻訳は、第3章・第4章を真視葵衣先生、第6章を鈴木一成先生、その他の章は池本が担当しました。また、私の翻訳の校正を元同僚の大和田眞美先生にお願いしました。

出版にあたり、太玄社の今井博揮社長、編集者の初鹿野剛さんにもお世話になりました。

本当にありがとうございました。

令和5年癸卯年立冬　淵野辺にて

池本正玄

【追記】

1．章によって翻訳者が異なるため、原文が同じ漢文であっても訳が異なることがあります。ご了承ください。

2．翻訳するにあたり、多くの文献を参考にしましたが、数が多いので書名などの記載は省略します。

3．現代人や日本語のルビにならない漢字は、ピンインの読みを振りました。

六壬神課金口訣真伝

中国の伝統文化の核心は、格物の智慧です。古代の聖人たちは、さまざまな方法で格物を操る境地に到達しました。『四庫全書』に収録されている『六壬神課金口訣』もその一つです。

『金口訣』と略される本書は、格物の智慧を扱う六壬占術の一つで「孫臏神課」「百歩穿楊断」「大六壬金口訣」とも呼ばれ、奇門、太乙、六壬の「三式」の精華と称されています。本書は、明代の洞春道人真陽子編纂、清代の楊守一精読、鐘谷逸士熊大木校正、周儆弦改訂と記されています。その100年後の2004年に、著者が北京古籍出版社から『六壬神課金口訣心髄指要』を出版し、すぐれた古典本として業界に旋風を巻き起こしました。そして2016年、岳麓書社から再版されました。その後、日本、シンガポール、香港で関連書籍を出版しています。

本書は複雑な概念を一般読者にも理解しやすい内容で記載していますが、これらの内容は高度な知識を持つ読者にとっても非常に指針的なもので、著者が執筆するシリーズの最新の応用へのアップグレード版です。古典『六壬神課金口訣』の発展的な解析や背景解説を詳しく述べ、説明の範疇も詳細で、応用方法は簡潔に要約し、身近な日常生活に密着した多様で豊富な事例を提供しています。

これは、金口訣を学ぶ人にとって、現在最も参考となる本の一つです。人々が迷いやすい偽りを一掃し、学習者はこの書を通じて人を導けるように一歩一歩地道に進んでいくことができます。そして智慧の言葉を必要としない境地に到達することができるでしょう。

米鴻賓

序言

道は空虚にあるものではなく、人にのみあるのです。

1．いくつもの経の中で一番とされる『易経』の繋辞には、聖人の領域に到達するための四つの方法が記載されています。それは、言葉の意味を察する、変化を読み解く、物を制御する、占いを行う、です。漢代の賈誼は『新書』で「聖人が朝廷に勤めていない場合、必ず医術や占い師の中にいると聞いたことがある」と言いました。聖人が朝廷に仕えているのは、人々を導くためであり、医療や占いを行うのは、人々の命運を調整するためです。聖人が聖人になれたのは、「誠」の一言に尽きます。古今東西、道を説いた本や、道を抱いた人たちの功績は、真実で偽りのない「誠」によるものです。これは天理です。

孟子は「誠は、天の道なり」と言いました。しかし、道を伝えることは心を伝えることなので、敬虔な心が欠けている多くの人々には、智慧が身についていません。知っておいてほしいのは、真心を持って学ぶ、誠実であることが、人生を成功させるために驚くべき力を持つことです。

2．中国の北宋時代の五大儒者の一人である邵雍は「学問が天と人とを結びつけなければ、本当の学問とは言えない」と述べました。学問が天人合一の境地にならないと、真の学問とは呼べないのです。この言葉は、中国文化の精髄がそこにあることを示しています。

中国文化は、主に儒家の思想を基盤とした文化的伝統に従って発展してきました。儒学の八目（格物、致知、誠意、正心、修身、斉家、治国、平天下）を指針として進んできたのです。その中で、格物は八目の基本であり、これがなければ人生の基盤を失います。

古代から現代まで、世に伝わる書物は三つのカテゴリーに分けることができます。経典、訣、呪です。これらはすべて、儒学八目のうちの「格物」の柱となっています。

そして、『六壬神課金口訣』は、この中の「訣」のカテゴリーに属します。

3.『六壬神課金口訣』は、六壬学の経典の一つです。「孫臏神課」「百歩穿楊断」「大六壬金口訣」ともいい、略して「金口訣」といいます。三式の奇門・六壬・太乙の精華という誉ある言葉で呼ばれます。

この書籍は、明代の洞春道人真陽子が編纂し、清代の楊守一が精読し、鍾谷逸士の熊大木による校正、周儆弦が再編集したものです。その中で、楊守一と周儆弦の生涯については詳しくわかっていません。

原著者も不詳です。序文には、「孫臏自身が述べる……」とあり、本文中には「孫臏」という言葉が十数箇所に出てきます。たとえば、「貴神入宅内景」には、「これは六壬の真の秘法で、孫臏が書き留め、今に伝わる」とあり、「占病疾」には、「これは盧医真妙法で、孫臏が書き留めたが世に伝授せず」とあります。孫臏は戦国時代の斉の国の人で、本名は孫伯靈、山東省鄄城の出身、孫武の子孫です（『史記』によると、孫武の死後100年以上経って孫臏が生まれたとされている）。商鞅や孟軻と同じ時代に生き、墨子に推挙されて魏の国に仕え、後に斉の国の軍師となり、そして斉の国の覇業を築きました（田忌の競馬や魏を包囲して趙を救うなどの有名な話は、彼の策略に由来する）。唐宋時代には武廟に供えられ、名将として列せられました。元代の陳元靚の『事林広記後集』の『事林広記・巻五』では、孫臏を称賛して「孫子は兵法に通じていたが、泥棒に転じた。足を切られて冤罪をかぶり、戦争で策略し韓を救援し、魏を攻めて仇を討ち、功を成し、報いを辞退して名を隠した。祖武と比べたら逸材である」と書かれています。孫臏は龐涓と共に兵法を学ぶために鬼谷子に入門しました。鬼谷子は「縦横家」の始祖とされています。明代の学者である李杰は、「鬼谷先生は晋の平公の時代に生きた人で、姓は王で名は詡、老子から道を受けた。彼は卓越な才能と豪放磊落な性格の持ち主だが、深山に隠れていた」と考証しています。

『六壬神課金口訣』の原書は上中下の3巻で構成されています。上巻は、入式歌解や貴神、将神、合用神殺、応期合徳、次客法、推行年法などの章があります。中巻は、十二神将歌解、四位雑断歌、六十四課鈐などや、雲霄賦、三才賦、光明経などの章があります。下巻は、射覆歌、遊都魯都歌、占捕逃亡、占臨敵、交戦章、論盗賊方位、賊の数などの章があり、豊富な内容になっています。

原書の上巻で六壬神課金口訣の基礎と法則、中巻と下巻で課体と各要件、部門別の法則特性と応用要領を解説しています。これらは詩や訣、歌、賦の形式で記載されています。それぞれが韻を踏んでいて、暗記しやすい工夫がされています。下巻には、天時、地理、人事の例を収容しています。特に、「六十四課鈴」は六十四課すべてに課の判断方法を詳細に記載し、課の判例集になっています。それぞれが参照しやすく課象を理解する手助けとなります。

物質世界と衆生世界の形成は、「時間」を「世」と称し、「空間」を「界」と称することによって行われ、時空によって世界が規定されていることがわかります。したがって、時間と空間によって事象の成立、存在、破壊、消滅を定める法則があり、易学の研究においては広く用いられています。時間と空間の定義によって物事の発展の規則が決まり、六壬神課金口訣の教義はこの立場の延長上にあります。この書では、年月日時を用いて時間を確定し、地分によって空間を確定します。時間と空間を確定したあと、立課して判断をします。これは、六壬神課金口訣が格物の智慧を使った「問題に対して即判断できる」という最高の応用占術なのです。

六壬神課金口訣の課の作成方法は、地分を取り、将神を排し、貴神を求め、人元と神干、将干を遁法で出します。地分と将神、貴神、人元は三才に対応しており、これによって物事の吉凶を判断することができます。これは四爻占い法としても知られ、古代の学者によって推奨されていました。たとえば、漢代の学者楊雄は「太玄占」を、宋代の司馬光は「潜虚占」をこの方法にならって作成しました。

六壬神課金口訣と他の六壬占術との重要な違いは、月将を中気に交替させるのではなく、節入りを基点にすることです。三才理論については、人元が天を代表し、地分が地を代表し、貴神と将神が人を代表します。また、応用法には、通常の判断法以外に、次客法、遊都魯都などの特別な判断法もあります。

六壬神課金口訣には広範で深い内容が含まれています。陰陽五行に関するものには、「五行聚管」「五行例断」「四位内見五行」などがあります。天文学に関するものには、「十二神」「十二将」などがあり、医学に関するものには、「占病疾」「占五臓病候」などがあります。

4．六壬神課金口訣は「三式の絶学」と称されています。「絶学」という言葉は、著名な北宋の大儒である張載の『横渠四句』の「天地に心を立て、生民に命を立て、往聖に続いて絶学を継ぎ、万世に太平を開く」が有名です。この詩は、宋代以来、知識人の共通の心の声と知識人の高い目標となっています。しかし、この四行の中で、人々が困難に直面しているのは、「絶学」という二文字です。多くの人々は、経典を熟読し、解釈し、暗唱することが絶学を掌握したと考えていますが、実際はそうではありません。絶学とは、一つの方法を修得し、心に宿すことで、身を立てることができるものです。

六壬神課金口訣などの絶学においては、学ぶ者が心を清らかにし、問題を直接受け止め、物事の流れに乗って一つの隙を見つけて真理に入ることができれば、根本的な要点をつかみ、奥義を開くことができ、さまざまな関門を通り抜けることができます。

5．本書は、『六壬神課金口訣心髄指要』（中国・岳麓書社２０１６年出版/日本・太玄社２０２３年出版）に続くシリーズ6冊目で、体道を応用した第3世代のアップグレード版です。古典『六壬神課金口訣』の高度な解析により、その起源と流れを分析し、整理された理論に根差し、最も体系的で徹底的な再構築を行いました。また、その関連解釈は、特に深く、世に伝わっていない本質が多く含まれ、その意味は言葉に表せないほど妙であり、現代の金口訣研究の最も精髄的な本と言えます。宋代の朱熹は、『朱子語類・巻一百・邵子之書』において、「康節（邵雍）は李挺のところで学んで、『先生は微に入りて道を説かず』と言った」と記しています。この意味は非常に深いものです。学者は自分で理解して実践する必要があります。つまり、「師は門を開くだけで、修行は弟子本人にある」ということです。真の成長には、真実かつ偽りのない実証が欠かせません。

『淮南子・説山』には、「万人の兵を得ても、一言を聞くに及ばない」とあります。本書は、歴代の教えを受け継ぎ、金口絶学の要旨を明らかにし、先哲たちが語りきれなかった深い意味を説き、物の理を解き明かす智慧を伝えています。後学のために学びやすいように解説し、天下の仁人たちが自分自身を開発し、自己の理解を深める手助けとなることを願っています。毎日この心を整え、清浄に保ち、集中して金口絶学を学ぶことが最良です。多くを写すことが重要ではなく、途切れることなく継続することが重要です。このように修行することで、自分自身を律し、自己の性質を確認することができ、対象に固執しなくなることができます。生命は、こうした修行によってますます豊かになり、智慧に満ちあふれた輝きを放ち、幸福に満たされます。

6．宋代の羅大経（らだいけい）は、「雪を描く人はそれを清らかに描けず、月を描く人はそれを明るく描けず、花を描く人はその香り高く描けず、泉を描く人はその音を表現できず、人を描く人はその人の感情を表現できない。言葉は真理を尽くすのに不十分である」と言いました。真理は言葉の中にはありません。行いの中にあるのです。道は口から発せられるものではなく、人の中にあるのです。金口絶学の著者の伝承は、寒暑無縁ですでに40年以上になります。今回、再び注目され、古代聖人の微妙な理解を明らかにし、大道の架け橋となり、世界中の理解力を持った人々に啓示され、この火を次代に継承することを目指します。本の中の言葉は、解釈は人それぞれです。もし望外の喜びを感じた場合は、聖人に感謝します。意見が対立する場合は、自分の意見を洗い清めてください。人々が智慧の道を共有し、豊かで堂々とした人生を送ることができますように祈っています。

庚子孟秋令日 日本大阪にて

十翼書院　米鴻賓

附原書序
校正京本『六壬神課金口訣大全』序

粤（えつ）に河図洛書が現れ、聖人はこれを経として、万物の理を知り物事を成就させました。これは古人が用いた万世道術の始まりであり、古の大卜筮人はあらゆることを掌中に観ましたが、惜しまれることに今はすでに失われています。世に伝わる神課金口訣は、孫臏が述べたと言われています。孫臏は大六壬を習得しようとしましたが、大六壬は内容・知識の範囲が広く、自分の能力では大六壬を理解するのは難しいと考え、重要な個所だけを簡潔に選んで、金口訣を作りました。

後世の似非（えせ）学者は、金口訣の蘊蓄を勝手に解釈して、病気を占っても余計ひどくするような、問題を解決できないものにしてしまいました。そこで内書局の人は仕事の合間に、諸説の相違を、官本などを相互に参照して、すべての歌訣を断じる詩・詞・賦・頌などを詳細に一つずつ校正しました。また、自分の意見を付して曖昧な個所を補い理解できるようにしました。そのために官位を買って版木の制作を継続したのです。

神課として伝わる三伝四用の生剋を使って天事、地理、人事の広い範囲を占えば必ず当たり、はずれることはありません。天下すべてを知る神でなければ、誰が当てることができるでしょうか？ 金口訣は世間の人が、易に匹敵すると言うので、古人はこのような名前をつけたのかも知れません。その幽玄さと深遠さをすべて理解することはできなくても、古人の過ちを高名な士がこれを正したので、庶民は奥深い伝承を失わずにすむようになります。

楚 黄陶中注釈、上元 王雲魁校正

（注：洞春（どうしゅん）道人真陽子（しんようし）が編纂、鍾谷逸士の熊大木（くまたいぼく）が校正、金溪（きんけい）居士の周儆弦（しゅうけいげん）が再編集した）

「訣」は覚醒への道……「六壬神課金口訣」の貞観の道を論ず

1．明徳と格物

どの時代にも、正しいことを理解し実行する技力がある人が必要です。

四書の中の『大学』の中心思想は、「大学の道は、明徳をあきらかにする」ことを強調しています。そして、明徳の能力は、格物のレベルに依存します。格物は、儒教の八目（格物、致知、誠意、正心、修身、斉家、治国、平天下）の基礎であり、格物の技能がなければ、修身、斉家、治国などの能力は、自己欺瞞にすぎません。

「学問とは何か？　学問とは問題を解決することだ」

「真の学問とは何か？　真の学問とは自分自身の問題を解決できることだ」

これは当時、北京大学の梁漱溟先生がとても的確に言い表した言葉です。

つまり、あなたが学んだことが、自分自身の問題を解決できない場合、それは間違った学び方をしていることになります。よって、格物は、問題を解決するための学問であることがわかります。周朝の尹喜は、「すべての貌、象、声、色は、物である」と言っています。つまり、人々や出来事、そして人々が経験するあらゆる形や無形のものは、「物」というカテゴリーに属しています。もちろん、『六壬神課金口訣』も含まれます。では、「金口訣」はどのように学ぶべきでしょうか？

2．金口訣の学習と実践

すべての学習の最終目的は、自分自身に尊厳を与えることです。そして、その尊厳は、あなたの技力の高低からきます。金口訣の学習も例外ではありません。

古いことわざに、「師は門まで案内するだけであり、修行は個人次第である」とあります。師が伝えることは、弟子が練習する方法や経験を共有することです。この真実で偽りのない経験は、自己尊重の表現であり、素晴らしく光り輝くものです。

金口訣の学習において、筆者が最も貴重だと感じた経験は、毎日のレッスンから得たものです。それは、天地人（精神、環境、事象）の三つの側面から、レッスン内容を立体的に解析し、毎晩、立体的かつ体系的に確認しまとめるものです。このプロセスは、数え切れないほど素晴らしいものを伴いました。

その訓練の手順は以下のとおりです。

(1) 陰陽と干支は常識かもしれませんが、その内在的な微妙さと精密さは言葉だけでは理解することができないので、心を通わせる必要があります。ですから、最初の学習では、少なくとも金口訣以外の干支関係に精通し、心を込めて理解し、真心を持って学ぶ必要があります。このプロセスには少なくとも2か月かかります。真心を持つことで、人間性の底色が常に表に出るようになり、個人の行動や策略に深い影響を与えることになります。格物学の基礎には、情熱、動機、そして未来への高い目標への無限の追求心が必要です。

(2) さらに1～2か月ほどの時間をかけて、課内外の構造の解読に特化したトレーニングを行います。たとえば、三動、五動などの基本的な構造を熟練することで、いつでも物事の変化や発展変化の大局を把握し、物事の構造を決定し、重要な点を把握するのに役立ちます。

(3) さらに1～2か月の時間をかけて、神殺についての専門的な訓練を行います。神殺の分析と理解を通じて、物事が変化する理由は、見えないエネルギーが存在するためであることがより深く理解できます。このような力は、しばしば霧の中を抜け出して、本質を直感的に捉えることができるようになります。

(4) 前の三つの工程を実行した後、長期的かつ立体的な総合トレーニングを行います。

学習において、原理は常に技術よりも重要で、正しい方向性は努力よりも重要であることを忘れないでください。すべてのトレーニングにおいて、天地人の三才の道の基本理論に基づいている必要があります。これは学習に必要な方向性であり、これによって生活の中で何かを再発見することができます。自己成長から集団成長、立体的成長に向けて徐々に進み、格物の技能を迅速に向上させます。

もし、天地人を立体的に扱わなければ、全体だけでなく細部の多くを見逃すことになり、それが暗闇の中で互いの理解を妨げる原因になるかもしれません。また、このようなトレーニングをする前に、多くの人々の真実で尊厳ある内面世界がまだ形成されていないかもしれません。しかし、このような重要かつ明快で独特なトレーニングにより、身体と心が同期し、意識を目覚めさせ、神聖な存在を発見できるようになります。そして、天人合一の尊厳を求め、あらゆる場所でそれを見つけることができます。その尊厳の中で、畏敬と智慧が高度にマッチしていることに気づくでしょう。

3. 恐れを知らない気軽さ

単純で実践的な日課の訓練は、一見退屈に思えますが、実際には非常に役立ちます。柔軟さがなければ、円滑さは求めることができません。しかし、これらの規則を、身をもって経験することで、学習に全体的な構造を持たせ、体全体が眼となる格物致知に向かうことを可能にさせます。

それに従い続ければ、あなたが持っている潜在能力や世界の神聖性を発見することができます。このような神聖性に畏敬の念を抱いた後、あなたが何をするにせよ、多様な情報が絶えず現れることに気づくでしょう。このとき、自然界はすでにあなたと対話を始め、指示を与え、常に自然界の参照点を持つことができます。したがって、普通の生活状況、特別な生活イベント、周囲の環境、自己の存在、精神活動など、すべてがあなたにフィードバックを提供し、絶え間ない美しい感覚と感動を与えます。これが純粋に人間と天の一体化であり、あなたに真の意味での無畏(むい)をもたらします。そして、この無畏は、あなたが自分自身と全心で共有する経験の結果すべてに由来します。

その後、安定感、堅固さ、静けさが現れます。このトレーニングを通じて、あなたの思考は持続的に広がり、自信も増し、安定した道心を持つようになります。また、あなたは多くの人生の悲哀や時の流れを体験することになるでしょう。それはあなたの心をより成熟させ賢明にします。

すべての学びの道で最高の境地を実現するためには、「道理を明らかにする・勢いを取る・優れた技術を持つ」という三つの方法を使います。

「道理を明らかにする」には、まず自分自身が理解し、考えを確立することです。考え方を変えなければ、物事に取り組む姿勢を変えることはできず、結果的には同じことを繰り返すことになります。

「勢いを取る」とは、3000年前にすでに知られていた技術で、多くの古典や先賢がその重要性を説明しています。また、その方法についても多様な説明があります。

「勢い」を知ることの重要性は、孟子が「智慧があっても、勢いに乗ることができなければ意味がない」と言い、宋の名相薛居正も『勢勝学』で「勢いを知らなければ人として成立しない」と述べています。これだけでも、勢いを知ることの重要性が理解できるでしょう。勢いに乗って物事を行う技術を身につけることで、自信を持って無駄なく進むことができます。

このような気勢は、堅牢な道術合一の基礎の上に築かれており、虚実の間を貫くものであり、格物学の高い境地に位置しています。私は、多くの人が内心で追求しているものは、「恐れのない、オープンで真のヒーローのような意志を持ち、自分自身を変えることで自由を得る方法を学び、この自由を私たちの人生の友として維持することです」（チベット仏教の大阿闍梨チャンパ・リンポチェ）であると信じています。

私たちが最終的に手にすることができるのは、「広大な宇宙を一袖に詰め込み、天地を自在に飛翔する」エネルギーです。このようなエネルギーは、無限の智慧を生み出し、一度出てきたら、議論は柔らかく、妙言が連なり、鋭い一言で問題を切り抜けることができます。このとき、あなたは伝説の達人となります。このような境地こそ、格物哲学の精神的要素であり、精髄です。

つまり、最高の技は、明らかな道と取るべき方向を明確にする前提で、状況に応じた方法で「物を打ち負かし、傷つけない」能力を実現することなのです。

読者の人生が、この深く通じる格物の技に根ざすことを祈ります。自分自身の才能を最大限に生かし、未来に少しでも影響を与えることができれば、それは非常に素晴らしいことです。

4．伝統の真髄

伝統は智慧の源泉です。真摯で尊敬の念を持って伝統に接することで、継続的な智慧を得ることができます。しかし、智慧は知識の産物ではありません。自分自身で体験する必要があります。長い間努力すると、あなたは気づくでしょう。智慧は天と地が一体となったものであり、柔らかく、堅固で、無価値なものであることに。『尚書（しょうしょ）・洪範（こうはん）』に、「思うことは叡智であり、叡智が聖人を作り出す」と書かれています。叡智とは微細なことを通じて物事を見る能力であり、他の人が見ないことを見て、他の人が気づかないことに気づくことです。人々はみな神を神として扱いますが、神を神たらしめるものが何かを知りません。そのため、人々は日常生活でお金を浪費していることは自覚していますが、微細なことを見抜けないことが人生で最大の浪費であることに気づきません。

つまり、微細なことを見抜くことが最大の智慧なのです。

そして、金口訣は、情勢を見抜き、徳を明らかにする学問であり、この智慧に到達するための重要な手段です。一緒に人生を充実させるために、金口訣という舟で大海原に漕ぎ出しましょう！

六壬神課金口訣真伝——目次

第3章　六壬神課金口訣起課の方法

第5章　六壬神課金口訣の判断方法

第6章　体道の応用

第7章　善き占い師は、占わない――外応

第8章　神のように見抜く

第1章　格物の智慧

唐代の李世民は『帝范』で次のように述べています。

「上位の人から学ぶと中程度になるが、中位の人から学ぶとその下になる」

また、宋代の厳滄浪も『滄浪詩話・詩弁』で、次のように述べています。

「何かをするときは、上から下に向かって取り組むべきであり、下から上に向かって取り組むべきではない」

これらは、学問の道は重要な根源から始める必要があることを指摘しています。

第1節　格物とは何か？

1．格物とは何か

『礼記』には、「学問を身につけた者でなければ、人を指導することはできない」と書かれています。中国文化を学ぶ人は、熟達した技の境地が当然要求され、格物の智慧が技を磨く原動力になります。

ここで一つ、言及すべきことがあります。それは、現在中国で著名な国立大学である上海の復旦大学は、中国近代に設立された大学である震旦大学（オーロラ大学）と深い関係があることです。震旦は、インドが中国を指す際に用いた古い呼称であり、震旦大学はフランスのカトリック修道会によって上海に設立された教会系の大学で、現存しない九つの世界的大学のうちの一つです。

1903年2月27日に中国の神父である馬相伯（前北大学長の蔡元培と上海大学の創設者である于右任は彼の弟子）によって、上海の徐家匯天文台の旧址に設立され、言語、象数、格物、致知の四つの科目が設置されていました。1952年に共産党政権下で大学の学部が再編成され、震旦大学の各学部は上海市内で関連する高等教育機関（復旦大学、上海交通大学、同済大学など）と統合されました。上述のように、震旦大学が当時設置した四つの専門分野のうち、格物がその一つに位置していました。

なぜ格物を学ぶ必要があるのか?

『詩経・大雅』に「物があれば、規則がある」とあります。これは、現象世界のすべての物事には、それぞれの原理があり、万物にはすべて規則が存在するということです。

『呂氏春秋・季秋紀・審己』には、「すべての物事には原理がある。その原理を知らなければ、たとえ正しいことをしても、知らないのと同じであり、最後には苦境に陥ることになるだろう」とあります。

南朝の僧侶である鳩摩羅什は、「聖者は万物を自分のものとして理解する」と述べています。宋代の朱熹は、「世の中にあるすべてのものには理がある」と説明しています。

人は、物事の発展と変化の法則を理解できるようにならなければ、『易経』に言う「時に合わせて行動する」境地や、荘子が言う「相手に勝っても、相手を傷つけない」境地に達することはできません。そうでなければ、宋代の白雲守端禅師が弟子に語った言葉のようになってしまうでしょう。

「古人が残した一言半句を理解できなければ、どのようなりっぱな壁を築いても、撞けば破壊される。一言半句を理解した後で、ようやく自分自身が鉄壁になることができる」

これが格物の重要性です。

また、フランスの思想家ロマン・ロランは、「世界には真の英雄主義しかない。それは真実を認識した後に、自分のできることをする人だ」と言い、格物の智慧の重要性を別の観点から理解することもできます。つまり、何か行動を起こす際には、自分の心の中には、答えがあることが必要であり、それによって明確に道を進むことができるのです。

いったい格物とは何だろうか？

格物という言葉は、中国文化において最も解釈価値の高い語句です。格物の意味を理解しなければ、中国文化の聖域にたどり着くことはできません。広く知られているように、中国文化は儒教文化を中心とし、『四書五経』は儒家の伝道授業の基本教材です。その核心精髄は、境地と技を重視します。かつて震旦大学の馬相伯先生が確立した四学科は、中国の文化的な読書と人材育成の中心的な方向性を捉えています。そして、どのように書物を読むかについて、宋代の大儒朱熹は『四書』を編纂しただけでなく、『四書』の教授法と学ぶ順序についても説明しました。『朱子語類・巻第十四』には、『四書』の学習順序が書かれています。

「学問は『大学』を最初に、次に『論語』、そして『孟子』、最後に『中庸』としなければならない。最初に『大学』を読み、その規模を確定する。次に『論語』を読み、その根本を立てる。そして『孟子』を読み、発展を見る。最後に『中庸』を読み、古人の微妙な点を求める」と述べています。

『大学』は、中国文化において格物致知の道を開いた書物です。「格物、致知、誠意、正心、修身、斉家、治国、平天下」という「儒学八目」に収められ、物事の法則を理解することが最初のステップであり、真の「知る」に到達できるとされています。その後、個人の生命の誠意を十分に示し、心身を正し、心身を修め、家庭を規範し、国を治め、天下を平和にする能力を持つことができます。

したがって、「格物」は八目の後半にある七目の基礎であり、格物の智慧の基盤がなければ、後の七目は虚しいものになります。黄宗羲は、「大学は修身の基盤であり、修身の方法は格致に帰することであり、格致を最初に学ぶべきことは、はっきりしている」と述べています。しかし、現代の人々は格物の学問を理解していないため、経験を実践につなげることができずに、伝統文化の学問を学ぶのに、欠けている一部分になっています。

皆さんは、明代の王陽明の陽明心学が、格物の智慧に基づいて実現されたものであることを知らなければなりません。そして今日、多くの人々が古典を読み、語り合っているにもかかわらず、陽明心学を理解できないまま終わってしまうのは、この格物の意味を知らないからです。

中国文化は格物の智慧から発展してきましたが、格物は物事を単純に理解することではありません。以下、私が格物の学問について詳しく説明します。

格とは何なのか?

『尚書・虞書・益稷謨』には、「格は、究めることも、究めて得ることもできる」とあります。『説文解字』には「枝長貌)」とあり、これは林木の中で突出して枝が長い部分を指す言葉で、それが転じて物事の突出した特徴を選り分け抽出することを意味します。この「格」の意味を知ることで、品格、人格、性格、破格などの言葉の意味を正しく理解できます。

次に、何を物というのでしょうか?

周代の関尹は、「貌、像、声、色があるものはすべて物である」と言っています。

原文は以下のとおりです。

列子は関尹に問いました。

「道を究めた人は、水の中にもぐっても窒息せず、炎に踏み入っても熱さを感じず、あらゆることに出会っても何も恐れずと言うが、どうしてこのような境地になれるのだろうか?」

関尹は答えました。

「それは純粋な気を蓄積した結果であり、智慧や巧妙さによるものではない。説明するので座ってください。貌、像、声、色のあるものはすべて物である。なぜ物質同士には大きな差異があるのだろう? それは見た目と音や色にすぎない。そして、高次元の物質は音や色を超え、変化のない状態に達することができる。このような段階に達した場合、真実を完全に理解しようとするなら、どのようにしてそれを達成できるだろうか? このような物質は通常の状態では、限りない循環の中に隠れており、すべてのものの始まりと終わりを持って動く。あなたの本質を完璧にし、気を養い、徳を深め、最高次元の物質と調和する。そうすれば、あなたの天賦の純真な気は完全に蓄積され、あなたの精神には欠けたところがなくなる。

つまり、外部の物質はあなたに侵入し、影響を及ぼすことはできない。酔っぱらった人が車から転落しても、傷を負うかもしれないが死にはしない。体のつくりは他の人と同じだが、被害の遭い方が人と異なるのは、精神が完全だからである。車には感覚がないし、転落しても感覚はない。死、生存、恐怖、不安などの概念は、彼の心に侵入することはない。したがって、彼は何事にも恐れを抱かない。彼は酔っ払っていても精神が完全であるため、それどころか純真な気を蓄積していた場合、どれほどのことが起こるか？　聖人は自身を天賦の純真な気に隠す。したがって外部の物質は彼に害を及ぼすことができないのである」

（『列子・黄帝第二』）

関尹とは誰なのか？

関尹は、荘子によって古代の偉大な真人で老子と称された函谷関の関所の責任者の尹喜のことです。先秦時代の十大英雄の一人であり、字は公度、名は喜です。周朝の官僚であり哲学者でもあります。老子の五千言の『道徳経』は、彼の求めに応じて執筆されたものです。西漢の劉向は、「喜が著作した書物はすべて九篇で、関尹子という名前がつけられている」と述べ、『漢書・芸文志』には、周尹喜が書いたと古いタイトルがつけられた「関尹子」9篇が収録されています。この書は、後に『文始真経』と呼ばれるようになったものです。

中国の文化書籍の翻訳が海外に伝わっても、この「物」とは何かについての正しい理解を提供するものはなく、このような不完全さは今でも続いています。

格物とは、万物の勢いや変化の規律を探究する学問のことです。この学問は人々に先見の明を提供し、流れに乗って勝ち、物に傷つかずに立ち向かう方法や智慧を与え、人々が自分自身の能力を持って生命の成長に向き合い、自己実現を果たすことができるようになります。また、中国文化に到達するための練習や境地を目指す際の道筋でもあります。

先秦時代の『商君書・更法』に「愚者は成功する方法に暗く、知者は始める前に結果を予見する」とあります。愚者は成功したことが、なぜ成功したのか理解できず、知者はまだ起こっていないことでもその結果を予測できます。この言葉は、賢者と愚者が物事を理解するための違いを説明していますが、先見の明の重要性も強調しています。

中国文化には、陰陽、五行、干支、八卦などを基礎とした格物体系があり、エネルギーの変化規則を詳細に研究する方法があります。これは、天人の学の核心は、『詩経』にある「物あれば規則がある」の実践です。

特筆すべきことは、格物は万物のエネルギーの変化規則を研究する学問であるため、現代の科学や医学も格物の学問の範疇に含まれることになります。つまり、すべての物事は、格物の境界線を越えることはできないということです。

この世界において、あらゆる物事は「出現すること」と「物事の本質」の観点から分析することができます。すべての物事にはこの両面が含まれ、あなた自身も例外ではありません。その中で、「出現すること」は外部に現れる姿、「物事の本質」は内部に存在するエネルギーです。これらは、あらゆる現象を超越した存在です。この二つの関係について問われた場合、それらは一体の二面であると言えます。これが真理です。

そして、格物の学問において最も重視されるのは、「物事の本質」、つまり「力を認識する」研究です。

『道徳経』には、「道によってそれが生まれ、徳によってそれを蓄え、物はそれによって形成され、勢いはそれによって成り立つ」とあります。

『呂氏春秋』には、「水は山から出て海に流れるが、水は山を憎んで海に行きたいわけではなく、高低差によって流れが決まる。作物は田畑で作られ、倉庫にしまわれるが、作物自体は何も欲していなく、人々がそれを利用するだけである」とあります。これは自然の勢いを表しています。

『孫子兵法』には、「千仞の山で丸い石を転がすと勢いがある」「勢いを選び、智慧を使う」とあります。

『史記・孫子呉起列伝』には、「よく戦う者は、相手の勢いに乗って利用することができる」とあります。

『韓非子・観行』には、「勢いによっても手に入らないものがあり、やり遂げることができないものがある」とあります。

『六韜・文韜・兵道』には、「戦いにおいて勝利するためには、状況に応じて臨機応変に対処することが重要であり、その状況をうまく活用することである」とあります。

『孟子』には、「智慧があっても、勢いに乗らないといけない」とあります。

『北史・于仲文伝』には、「勢いに乗じて攻めることで勝利を制する」とあります。

南朝の范曄は、「神龍が勢いを失うと、ミミズと同じ」と述べ、「勢いがあれば威厳は常に加わり、勢いが失われれば自身の安全すらなくなる。悲しいことだ」と言っています。

『三国志・巻21・王衛劉傅伝』には、「勢いが得られる場合、努力することは大きな利益となるが、勢いが得られない場合、努力は無駄になってしまう」と書かれています。

『荘子・秋水』には「堯や舜の時代に、世の中に行き詰まった人が一人もいなかったというが、それは人々の智慧がみなすぐれていたわけではない。桀や紂の時代に、世の中に思い通りになった人は一人もいなかったというが、それは人々の智慧がみな足りなかったからではない。時の勢いのあり方によって、偶然にそうなったまでである」と書かれています。

宋代の蘇洵は「六国と秦は同じ諸侯であったが、彼らは秦に比べて勢いが弱かった」と述べ、『権書』には「将の道においては、理を知ったあとに兵を挙げ、勢いを知ったあとに兵を使用する、節を知ったあとに兵も用いる」とも言っています。

宋代の張商英は「儒者は勢いを重んじる」と述べています。

明代の呂坤は「天地においては、理と勢いが最も尊ばれるものである」「勢いが存在する場合、天地の聖人ですらそれに逆らうことができない」と述べています。

『六韜・龍韜・軍勢』には、「聖人は天地の運行に従って遠征を行い、その秩序を理解する。陰陽の道に従って予測を行い、天地の動きに応じた常を探る。すべてのものは生と死を持ち、天地の形状に従ってそれを理解する」と書かれています。

『大学』には、「物には本質と末端があり、事には終わりと始まりがある。何を先にするかを理解することで、近道になる」と書かれています。

万物には象があり、象はその本質を表します。象がある限り必ずエネルギーが存在します。エネルギーは消失することはありません。人がいかなる勢いも持たない状態の表れが死です。ここから、エネルギーの法則を理解することの重要性が見て取れます。

必ず理解すべきことは、勢いを認識するには「正心」の基礎の上に築かれなくてはいけません。また、人々がよく知っている「因果」の法則は、勢いの結果であり、これは自然法則であって宗教ではありません。

歴史上の書籍には、勢いと因果関係についての説明が豊富にあります。たとえば、『大学』には「発する言葉が矛盾している場合は、また矛盾した話が戻ってくる。商品を騙して手に入れたなら、また騙されて出ていく」とあります。

『呂氏春秋・用民』には「麦の種をまけば、麦が育ち、稷の種をまけば、稷が育つ」とあります。漢代の劉向『新苑・談叢』には「人を非難する人は、人からも非難される。人を嫌う人は、人からも嫌われる」とあります。唐代の魏徴『群書治要・賈子』には「出たものは必ず戻るし、幸福を追い求めると幸福が訪れる」とあります。明代の黄宗羲『宋元学案』には「人を傷つけると自分も傷つく、人を愛すると自分も愛される」とあります。

これらはすべて、勢いの因果関係を強調しています。道を知る人であれば、出入りや集散のすべてが因果関係によるものであることがわかります。そして、今収穫しているすべては、過去の行いの結果であることを忘れてはいけません。

格物の智慧とは、このような因果・エネルギーの法則を探究する方法です。

人もまた、万物の構成要素であり、本当の成熟は自己を認識することから始まります。格物の学問は物を格付けることによって、自己を知ることになります。真の知識があれば、物事に流されることなく、前進することができます。

宋代の朱熹も、「格物は夢を見ているのか、目が覚めているのかの境となる門である。格を得た人は目覚めた人で、格を得ていない人は夢の中にいる人である」と言っています。

つまり、物事を理解することは迷いと気づきの境界線で、物に出会って気づける人は格があり、格を知る人が覚醒者であり、格を知らない人はまだ迷いの中にいるのです。迷いの中にいる人は、中国文化の神髄に到達することはできません。

どんな時代でも、技や技能のある学者が必要であることを知っておくべきです。この技こそが実力です。国際政治であっても、論じられるのは形而上的な道徳ではなく、実力です。真の実力とは、真実で偽りのない格物の智慧であり、化粧に溺れることではありません。知識を持つために自己を重んじ、他者を支配しようとする人々は、野蛮なものであり、知識が反省する力になるわけではありません。

南北朝時代の顔之推（がんしすい）は、『顔氏（がんし）家訓・勉学第三』で、「古代の学者は自分のために学び、自分の欠点を補うために学んだ。現代の学者は人のために学び、ただ話すことができるだけだ。古代の学者は人のために道を行い、世の利益を増やした。現代の学者は自分のために自己を修め、進歩を求める」と述べています。真の読書とは、自己の不足を補い、道を行って世の利益を増やすことですが、そのためには自分自身の問題を解決する能力が必要です。

宋代の楊萬里（ようばんり）は、「学ぶことは変わることである。学ぶことがあっても、実際に変化がなければ、それは学びとは言えない」と述べ、北京大学の梁漱溟（りょうそうめい）先生も「何が学問か？　学問とは問題を解決することである。真の学問とは、自分自身の問題を解決できることである」と言いました。また、かつて北大の校長を務めた梁啓超（りょうけいちょう）先生は、「何が学問か？　学は物事を観察し、真理を発見することであり、技は発見された真理を応用することである」と述べました。

真の学問とは、現実の問題を解決することができるものであり、これは賢人たちの共通の見解です。もし読書人がこの状況になければ、未熟な果物であり、教えることで人を破壊することがあり、無駄な苦労をすることになるでしょう。

以下の大先生たちの言葉は、読書の核心がさらに明確になります。

北宋五子の一人である邵雍は、「学問が天と人とを結びつけていなければ、学問とは言えない」と言いました。

明朝の国師である中峰明本禅師は、「工夫が実を結ばないのは、心がまだ生きているからだ」と言いました。

宋代の宝覚禅師は、「あなたが探し求める幸せな場所は、あなたの心を盗んでいる過去の無数の時代の心を捨て去らなければ手に入らない」と言いました。

努力が実を結ばないのは、まだ心を盗んでいるからであり、道心が不安定であるために、見解が浅薄になり、結果として、自己を偽ることになるからなのです。

この素晴らしい教えは、言葉が一瞬で理解でき、広大な志を開放し、生命力が溢れ出ています。人生で最も苦しいことは、自分自身と交流する能力がないことです。人は物と共存できず、自分自身の家を作ることができず、物事を理解する能力を欠いていることです。そのため、物事を理解する学問である格物の学問は、中国の聖人たちが中華民族に開いた方法論です。

格物を理解していないのに、修身や斉家、人と交渉する方法、経典を説く人……彼らはすべて、紙上で語るだけの砂上の楼閣の人であり、自ら自分の話に溺れています。そして、このことを２０００年以上前の孟子はすでに見抜いています。孟子は「天下の本は国にあり、国の本は家にあり、家の本は住む人にあり」と言い、「人が自分自身を侮っていれば、その後人々にも侮られる。家庭を自分たち自身で破壊していれば、その後人々にも破壊される。国民が自ら争っていれば、その後他国が攻めて来る」と言いました。孟子は本当に先見の明があります。

孟子の「自分自身を侮る」と同じように、明代の大儒王陽明も素晴らしい洞察力を持っていました。彼は、

「自分自身では実践せずに、聞いて忘れるだけの人は、自分自身を中傷しているのと同じであり、その中傷はとても深刻である」と言いました。言い得て妙です。

人は行動が伴わず、ただ口で語っているだけでは、自分自身を中傷していることになります。このような状況は、人生にとって非常に残念なことです。

『大学』という書物で、明徳と格物の大切さが説明されています。学問の道は明徳と格物にあります。明徳は大きなことを知り、格物は微細なことを知ります。明徳は心を洗い清め、格物は心を安定させます。古今東西、この方法によって充実した人生を送った人はたくさんいます。たとえば、孔子は「易」を理解し、漢代の経神と呼ばれた鄭玄は「六壬」を熟知し、明代の袁了凡は「六壬」を熟練に操り、王陽明は奇門遁甲に精通していました。

また、王陽明は次のような有名な言葉を残しています。

「聖人の心は明鏡のようで、ただ明るいだけで、感じたことに応じて何もかもを照らす。だから聖人は鏡が曇ることを恐れ、物事が来ても照らせなくなることを恐れない」

このような照らす力こそが、格物の技の成果です。

「内経外王」は、内に経人の徳があり、外に王者の政を施すことを強調しています。さもなければ、常に正しい方法に基づかずに学問の中心から逸れ、格物の知識がないために、論理、概念、名相、権威、文化的な光り輝き、既得利益などに支配され、行き場を失ってさまよい歩き、暗闇の中で盲目的に動き回り、稀有で素晴らしい青春を無駄にしてしまいます。人間は万物の霊長であるのに、どうして鈍感になってしまったのでしょうか？

「格物」の立論の基礎は、「物があれば規則がある」（『詩経・大雅・烝民』）という言葉によって明確にされています。周代の尹喜は、貌、象、声、色を持つものはすべて「物」に属し、規則に従っていると述べました（尹喜は老子の友人で、老子に『道徳経』を書かせた人物として知られている）。中でも、貌を見極め、色を区別することは、先秦時代から非常に普及していた格物方法で、文献には多くの記録があります。

たとえば、南朝の『千字文』には「音を聴き、理を察し、貌を鑑み、色を弁ず」とあります。宋代の禅師道原の『景徳伝灯録・巻二十二』にも「師が言う。貌を鑑み、色を弁ず」とあります。そして、『西遊記』の第五十九回には、「大丈夫は貌を鑑み、色を弁ず……」とあります。つまり、声を聴き、理を観察し、貌を見て色を区別することは、人々が掌握する最も基本的な格物方法です。

この「貌」とは、形のない雰囲気や風貌を指します。「気」は貌に属し、英雄気、豪傑気、官気、英気、静気、匪気、書物気、山林気、富貴気、淡泊気、常人とは違う気、威勢がよい気、幸せ気分の気などが含まれます。さらに、謙虚、優しさ、高慢、横暴、無粋、冷たさ、控えめ、平和などの言葉も「貌」の範疇に含まれます。また、人体の側面での「色」の利用は、中医学において重要な診断方法となっています。

古代の文献には、人物の外見や声の特徴に関する記述が非常に多くあります。特に人物の描写においては、通常、その人の身体や顔の特徴を記録します。たとえば、三国時代の劉備は「大きな耳と垂れた肩、両腕は膝を超える」、隋の煬帝は「眉骨が盛り上がり、言葉には尽くしがたいほどの高貴さがある」と記録されています。唐代の高僧、馬祖道一は「牛のように歩き、虎のように目をきらめかせる」、宋代の大儒朱熹は生まれた時、右目の角に北斗星のように並んだ七つの黒子があったとされています。著者の右手の甲には、自然に形成された太極図があります。

「貌、象、声、色」のような「物」をはっきり見分けるのが格物です。『宋史』には、「邵雍は、物、声、気が感じられた場合、その動きから変化を推し量る」と記されています。つまり、物、音、気や象に感じられるものがある場合、それらの動きに基づいて変化の規則性を推し量ることが、格物の適用であると言えます。

「格物」には、天、地、人の三つの次元があります。そのうち「格天」は天文学（天体観測）、「格地」は風水学（家相、風水）、「格人」は人物鑑定のことです。これらは儒者にとって必須の技術です。

古代中国では、どのような人が儒者と呼ばれていたのでしょうか？　それには明確な定義があります。「天・地・人に通じる人は儒である」（漢代の揚雄）と。つまり、儒者としては、天文学、地理学、人間について深い理解を持つことが求められます。少なくとも一つの領域において精通することが必要です。これが古代における儒者の基本的な要件でした。一方、文字、訓読、音韻などの学問に通じ、伝統的な経典や著作に詳しいこと、人間関係を調整する才能がある人たちは、実際に「天人関係」を理解しても、実践するための自己証明能力の欠如から、真の「儒者」とは見なされず、「知識人」にすぎないと考えられます。しかし、明代の王陽明は、格物の智慧に基づいて「心学」を実現しました。

明代の医師、倪士奇は『両都医案』の中で、「孔子が、天地人に通じたものを儒と言うと述べたが、医学にもそれがある。天文に詳しく、地理に詳しく、人事にも詳しい。天には九つの星があり、地には九つの洲があり、人には九つの臓腑がある。だから、天地陰陽に応じて九つの脈を立てる。これが医学の三才である。つまり、漢方医学も格物の学に属すのである」と述べています。

清代の徐灵胎は、『医学源流論』で、「『周易』『道徳経』『陰符経』など、天文、地理、音律、技術などすべてに通じ、特に医学に優れた者でなければならない。天地人を知らぬ者は、医者になることができない」と言っており、清代の医師、王秉衡も『重慶堂随筆』で「医学家にとって最も大切なのは格物の学である。物質の性質には互いに制限、相乗、適合、不適合などがあり、その強さや柔らかさ、長さや短さなども常に体験し、間違いなく用いる必要がある」と特に強調しています。

前述の内容について、時代背景や現実的な状況に応じて考える必要があるという人もいるかもしれませんが、一方で高い目標を設定することは、命を立てるための永遠の法則として知られています。近代の有名な教育家である張謇は、「一県を治めるには一省の眼光が必要であり、一省を治めるには一国の眼光が必要であり、一国を治めるには世界の眼光が必要である」と述べました。

また、清代の紅頂商人である胡雪岩も、「一つの村を見る眼光があれば、一つの村のビジネスを行うことができる。一つの省を見る眼光があれば、一つの省のビジネスを行うことができる。天下を見る眼光があれば、天下のビジネスを行うことができる」と述べています。

こうした視点を持つことで、偏見や狭い見識、全体像を見失うことを避けることができます。もし、社会の文化的な集団が大規模に衰退し、元の姿を認識できなくなってしまうと、それは恐ろしく悲しいことです。

明末清初の大儒である黄宗羲（こうそうぎ）は、学問と実践の二分法を強く批判し、こう言いました。

「本当の儒者の学問は天地を網羅する能力を持っているものである。しかし、後世は往聖先賢の言行録を理解することを最高の水準とし、程顥（ていこう）・程頤（ていい）の学問についても知識を持たないまま、儒学者の仲間に紛れ込む人が多い」

このような名声を借りて、名を欺くことができるのは本当に悲しいことです。中国文化の核心は物事を正しく認識する智慧と高潔な精神にあり、それ以外はすべて虚飾にすぎず、真の姿であるとはいえません。

無数の人々が、このような学問の道で泥沼にはまり、人生を狂わせています。私たちは、智慧の伝承と学習がなければ、誰にとっても残酷な刑罰になることを理解する必要があります。

「格物学」とは、物事の「勢い」（エネルギー）の発展と変化を探究する学問です。中国古代の典籍には、次のような記述がたくさんあります。

『孫子兵法』には、「千仞の山で丸い石を転がすのは、勢いの力だ」「勢いを選び、智慧を使う」とあります。

『孟子』には、「智慧があっても、勢いに乗ることができなければ役に立たない」とあります。

明代の呂坤（りょこん）は、「天地の間で、理と勢いが最も尊ばれるものだ」「勢いのあるものには、天地の聖人たちも逆らえない」と言いました。

北宋の薛居正（せつきょせい）は『勢勝学』で、「勢いを知らなければ、人として成り立たない」と述べています。

格物学は、「格物は技能であり、明徳は境地」という核心的な認識を強く意識し、「物には美と醜の区別はなく、過ぎれば災いとなる」という基本原則を念頭に置いて行われます。

中国の文化システムでは、陰陽、五行、干支、八卦などの「格物体系」を用いて、エネルギーの変化に関する規則を精密に探究します。

そして、格物の智慧の秘訣は、自然の中の道法に基づき、「同声は相求め、同気も相求める、事と事には相関があり、物と物には相応がある、遠くには諸々の物を取り、近くには諸々の身を取る、その大きさは外になく、その小ささは内にない」ということです。

朱熹は、「格物は夢覚の関門である。格を得れば覚め、格を得られなければ夢である」と述べ、格物は迷いと覚醒の門であり、格物に通じた人は賢者であり、格物を理解しない人はまだ夢の中にいて真実を理解していないと説明しました。夢の中にいる人は、中国文化の神韻に到達することはできません。

つまり、「格物」という言葉は物を格付けることではなく、自分自身を理解することであり、自分自身の洞察力と行動力を強化して、問題の本質を鋭く深く見ることができるようになり、かつてのように偏狭で極端で表面的な状態に陥ることはなくなります。その結果、視点と智慧はより広く明確になり、理解、寛容、憐憫の力はますます充実することでしょう。

これにより、物を観察する学問である格物は、中国の古代の聖人たちが中華民族に開いた智慧の道であることがわかります。歴史を通じて、この道を通じて人生を豊かに生きた人たちは数えきれません。たとえば、日本で有名な陰陽師の安倍晴明（あべのせいめい）も「六壬」に精通しており、『占事略決（せんじりゃっけつ）』という陰陽道の伝世の著作を六壬に基づいて書き残しました。

人生において、何事をするにしても正しい道筋を最初に確定することが重要です。そうでなければ、方向性を見失ってしまい、周りがめちゃくちゃになり、自分が苦しくなることでしょう。宋代の厳滄浪（げんそうろう）が「歩むべき道で一度迷うと、駆け足でますます遠くへ行ってしまう。これは入門の段階で間違ったからである」と言ったのも、方向性が方法よりも常に重要であるためです。

２．中国の智慧の架け橋となる「格物致知」

(1) 物があれば規則がある

ある民族の思考傾向は、その民族の文化が進む道と社会の発展の大まかな方向を決定します。２４００年前の『荘子』には「天人合一」の思想が表現されており、諸子百家の最も有名な「稷下学宮」の校長である荀子も「天」の変化は客観的で「堯を存させ、桀を亡ぼさせる」と考えています。老子が言う「人は地に法り、地は天に法り、天は道に法り、道は自然に法る」は天人関係の更なる解釈です。自然の「道」は、「天人合一」の究極の調和です。そして漢代になると、董舒は『春秋繁露』の中で、「天人合一」の思想を中国の哲学思想の核心的特徴としてまとめました。

『詩経』には、「天が民を育み、物にはその規則がある」と書かれています。世界中の万物は、内在的な発展規則を持っています。そして、人生とはこの規則の中で運行されているのです。『道徳経』にある「形もなく、姿もなく、これを見ようとしても見えず、これを聞こうとしても聞こえず、これは捉えることもできない」とされる言葉は、真実ですが不思議な表現です。

「道が物になると、かすかな霧のようで、捉えどころがない。奥深くてほの暗いが、何か物がある。その精気はまさに真実で、その中には確かなものがある」

本当の達人は、さまざまなプログラムに対して、まずそのプログラムが何であるかを理解し、それから「天人合一」「物我同舟」の方法を決定します。達人以外は、プログラムによって演技を強要されるように操られています。先人の格物の智慧は、さまざまなプログラムを解読する方法を教えてくれます。そして、その水準がどの程度であるかは、「道は虚偽ではなく、人に在る」ということです。

「天人合一」は中国哲学の重要な特徴です。斉の景公の時、熒惑星（火星）は虚宿に留まり、新年になっても戻りませんでした。斉の景公は晏子に「天は誰を罰するつもりなのか?」と尋ねました。晏子は「斉国を罰するつもりだ」と答えました。景公は不満そうに「天下には十二の大国があり、すべて諸侯と呼ばれている。斉国だけがどうしてそのような立場にあるのか?」と言いました。晏子は「虚が斉の野になるためである」と答えました。なぜなら、虚宿という星座が斉国に対応する地域だったからです。その後、景公は晏子の助言に従ったので、3か月後に熒惑星が虚宿を離れたという話が残っています（『晏子春秋・巻一』）。

当時、漢の武帝は董仲舒に意見を求め、「天人三策」という有名な提言が生まれました。それは天人の関係、正朔の改正、衣服の色を変えることです。天に従って行動し、天の道に従うことを強調しました。この体系は、漢代以降、人々の生活における多くの問題を解決し、現実的な枠組みを提供しました。

司馬遷は董仲舒の弟子で、『史記』の「天人の関係を究め、古今の変化に通じ、一つの学説を完成した」という思想は、天人相応から発展したものです。『史記』にはこのような思想がたくさん記述されています。たとえば、司馬遷は『史記・亀策列伝』で、「天が完全ではないため、漢の人々は家を建てる際に、屋根に瓦を3枚少なく敷く」と記録しています。これは、『道徳経』の智慧である「人は地に法り、地は天に法り、天は道に法り、道は自然に法る」を実践するためです。

さらに、宋代の文人である蘇東坡は、『水調歌頭』に「人には悲喜や別れや出会いがあるし、月には満ち欠けがある。これらは古来、変わらないものだ」と述べています。

また、清代の曽国藩は書斎を「求闕斉」と名付けました。彼は天にはまだ無駄な部分があり、地は東南が欠けていると考えており、天地はこのように欠けているのだから、人間が完全であることはあり得ないと信じていました。欠けている部分こそが人生の最良の状態だと言い、花が一度満開になったらすぐにしぼむこと、月が一度満月になったらすぐに欠けることを例に挙げ、花が半分咲いた状態が人生の最良の状態だと述べました。彼は、あらゆることには余地を残すことが重要であると強調し、半分冷静で半分酔っ払って生きるのが良いと考えていました。

「世界は風霜にさらされるものであり、それが心を磨く場所である。世の中の冷たさや温かさは、忍耐力を養う場所である。世の中が乱れた時こそ、修行の機会である」と、印光法師は述べています。世の中には無駄なものはなく、すべては賢者たちが道を見出すための道具なのです。

あらゆることは、静かに道を見出すことができます。貧富や地位などは、道を積むことには関係ありません。これが「時間を無駄にしない」ということです。

(2) 未済は正しい道

「未済は正しい道」という表現は、中国語でよく使われる慣用句の一つで、「完了していない状態が真の状態である」という意味です。つまり、完了した状態よりも、まだ途中である状態が重要であるということです。

『易経』の六十四卦の並び順は、物事の発展過程で出現するさまざまな現象を描写しています。人は、途中で幾多の波乱があっても、最後には最も完璧な結末を置くことがよくあります。しかし、『易経』ではそうした並び順はなく、「未済」卦を最後に置いています。これは「天人合一」の文化的志向を表しており、「天はなお不完全である」ということから、人間はそれに相応する必要があるとされています。

この世界では、純粋な物質や純粋な精神を分離することはできず、また完全な善と悪も存在しません。「既済」は目的を達成したように見えますが、同時に物事が極端に向かう始まりでもあります。「未済」は表面的には成功していないように見えますが、実際には目標に近づいており、「光っているが、輝いてはいない」または「精を養い、力を蓄える」という深い意味を含んでいます。

意味が不変であると判定するために、単に文字の意味だけで判断することは、易経の変化と弁証の原則に反します。たとえば、移動する鳥、回遊する魚、遅れたフライト、ピーク時の都市などは、人々の生命の限界を直接見ることができます。これは隋代蕭吉の『五行大義』に「万物は皆、固定された実体を持たず、相互に関連しながら存在している」という言葉にも現されています。これによって、易経が「未済」卦を最後に置くことがわかります。

(3) 光っても輝かず

「光っても輝かず」とは、「輝いているけれども眩しくない」という意味です。この表現は、何かしらの存在が華やかで、輝いているけれども、人を傷つけたり、邪魔したりしない、ほどよい存在感のあることを表現するために使われます。たとえば、控えめで上品な装飾品や美しい景色などが「光っても輝かず」と形容されることがあります。

宋代の詩人辛棄疾(しんきしつ)は「物に美や醜はなく、過ぎると災いとなる」と言いました。つまり、万物には絶対的な善悪はなく、あらゆることが過ぎると反対の方向に向かうことがあるということです。薬剤のヒ素のように、適量は病気を治療することができますが、過剰摂取は毒になってしまいます。

「謙虚であることが益になり、満たされすぎると損をする」ということわざがあります。六十四卦の中で、唯一「地山謙(ちざんけん)」卦だけが六つの爻の爻辞がすべて吉です。上下の卦がともに土であり、動かないで満足していることを表しています。このような欲望に動かされない平常心を常に持ち続けることで、大きな災害は回避できます。言い換えれば、すべての物事を平常心で受け止めるなら、物には美と醜とがなくなります。善と悪はあなたの内的価値と精神的評価によって決まるからです。したがって、「既済」であろうと「未済」であろうと、「謙」であろうと、各卦の吉と凶はすべて人間の心の感じ方にすぎず、規格外のものを成し遂げるのが立派な人間なのです。

世間の悲喜は本来定まっていません。万物が消耗し尽くすのは必然的なことであり、重要なのはあなたが洞察力と妙法を持って、「物に打ち勝ち、傷つけない」ことができるかどうかです。これはあなたの実証的な修行次第です。

中国の学問は実証的な学問であり、人倫や日常生活に密接にかかわっています。そして、人間の煩悶や喜び、人々の生存状態に常に注意を払っています。すべての瞬間、景色、物、人物、あらゆるものを背負っています。

すべてが歴史の交差点であり、空間の融合点であり、伝統と受け継ぎに満ちています。唐代の南泉普願禅師は、「平常心が道である」と言いました。あなたの心が現在に真実かつ偽りのない感覚を持ち、欲望や外部の物に囚われないようにすれば、「自然界がその人に向いているので、すべてはうまくいく」ようになります。

じっくり考えてみてください。１００年前にはあなたがいなくて、１００年後にもあなたがいなくて、あなたが占める空間は限られていて、時間も限られています。あなたの永遠はどこに築かれるべきですか？　一度自分に問いかけてみてください。

３．格とは物であり、知とは自分である

「格とは物であり、知とは自分である」とは、物事を適切に判断することが大切であるという意味です。物事を判断する能力（格）は物に関するものであり、自己の内面に関する能力（知）は自己に関するものです。したがって、物事を正しく判断するには、自分自身をよく理解することが重要です。

中国の文化伝統は、独自の信仰を持っています。この信仰は宗教的な性質ではなく、聖賢への信仰です。人々は「賢者を見て賢くなる」ことを目指すのです。

聖賢は道の実践者であり、智慧を象徴しています。したがって、中国文化は聖賢と並び立つことを強調し、聖賢の教えを聞くだけでなく、聖賢が現在の現実の中で生き生きと存在することが重要です。そして、自分自身が聖賢の教えを引き継ぎ、続けることができるようになることがさらに重要です。こうすることで、充実した人生を送る傾向が生まれるでしょう。

古代の賢人たちが述べた重要なポイントは、「天人合一」を実践することであり、これが中国文化の神髄であり、生命の証明であることです。そして、天人合一の状態に達するためには、「清潔で微妙なもの」を心に留めておく必要があります。中国文化は「形而上」の智慧であり、「無為であり、事が無く、味が無い」と言います。

「無私こそ、すべての智慧の源である」と、はっきりと言います（戦国時代の『尸子』に記されている）。つまり、無私の心こそがすべての智慧の源泉です。人は無私であればあるほど、智慧が増し、先見の明があり、無敵の存在となるのです。

何事においても、技術的な保証だけではただの技術者です。精神的に通じ合い、心と精神が一体化した状態ですべてを制することこそが真の王者なのです。

中国文化の中で、心の学問（心学）の代表的な人物である明代の大儒王陽明は、学者たちの心の中で重要な位置を占めています。世界的に有名であり、フォーチュン５００企業を2社所有していた日本の稲盛和夫氏も、王陽明を師と仰ぐことを誇りに思っていました。王陽明は学問をするにあたり、彼の師である婁一斉の影響を非常に受けました。彼は18歳の時に婁一斉に出会い、何度も彼に教えを請い、「聖人の教えは学ぶことができ、それを実践することができる」という啓示を得ました。

この師は本当に凡人ではありません。ある時、婁一斉は試験会場に向かう途中で引き返しました。人々が「なぜ戻ってきたのか？」と尋ねると、「試験を受ければ合格できるが、参加すれば、合格どころか危険が待っている」と答えました。間もなく、試験場で火災が発生し、多くの受験生が焼死したと、都からの報せが届きました。その後、清朝の学者である黄宗羲は『明儒学案』で議論しました。婁一斉が事前に予知できたのは、「長い間静かに思索していた」からです。真の道は、静けさに耐える者によって探究され、混乱した心にとどまるものではありません。

特に信じられないのは、１４９１年の夏、婁一斉が霊山の白雲峰が数十丈崩れたことを突然聞き、「私はもうすぐこの世を去る」とため息をついたことです。そして、急いで弟子たちを呼び集め、永遠の別れを告げました。間もなく、彼は70歳で亡くなりました。彼の死はちょうど盛夏の時期でしたが、数日間秋のように突然涼しくなり、葬儀が終わると、また暑さは元のようになりました。人々はこれを「天人感応」の現れとして驚嘆しました。

婁一斉の業績は、王陽明の悟りの基盤を築き、消えない基礎を提供したことです。彼には「善も悪もない心の本質」を理解させ、「心の外には理がない」と悟らせ、この変わらぬ心こそが生命の明晰な源泉であることを理解させました。

王陽明の心学は、時空を超えて伝わる真の血脈である「致良知（ちりょうち）」を最も強調しています。彼はこれについて特別な説明をしました。「良知とは『易経』であり、思考を持たず、行動をせず、静かにして動かず、感じて通じる」と。つまり、『易経』に通じないまま陽明心学（ようめいしんがく）を語ることは、自己欺瞞であるか、大いに人を欺くことになるのです。

良知や易道に関しても、同様のことが言えます。世の中のすべては、形而上の静かな思考と洞察によって完成します。老子、荘子、孔子、孟子、婁一斉、王陽明などを除いて、中国の歴史を振り返ってみてください。本当の文化の大家たちは、精神的な内なる証明から生まれたのではありませんか？　どれも百代にわたる「有無の法則」を用いてこの世界を照らし出すためにいたのではありませんか？

この静かな観察の妙技こそが、中国文化の物事を理解する智慧の核心であり、神髄なのです。

『呂氏春秋・審己（しんき）』には、非常に洞察力に優れた記述があります。

「すべてのものには必ず理由がある。しかし、その理由を知らなければ、それが起こることは理解できても、知らないのと同じである。結局、必ず困難に陥る。先王、名士、達人たちが俗世間を超越した理由は、彼らが知識を持っているからである。水は山から湧き出て海へと流れるが、水は山を嫌い、海を望まない。高い場所から低い場所へ流れるようになっているだけである。穀物は田畑育ち、倉庫に貯められるが、穀物は欲望を持っているわけではない。人々は穀物を利用する」

これは天地の大原理を完全に理解している証左です。

老子は「自己を知る者は明るい」と言いましたが、格物とは門戸に達する方法です。格物とは、物事を理解することであり、知ることは自己です。これが格物の本質です。北宋の大儒である張載（ちょうさい）の『横渠四句（おうきょしく）』で言われる「往聖を継ぎ、断たれた学を継ぐ」とは、私たちに言っているのです。常に使える法を備え、心の中に秘めておくことができる修行が必要であり、それによって「万世に太平をもたらす」ことができるのです。人生において、最も貴重なものは概念や知識の量ではなく、真実で純粋な修行と境地を持っているかどうかです。

「究極的な学問は何か?」「どのような修行があるのか?」「どのような境地にいるのか?」を、私たちは常に自問自答するべきです。

この世には、あなたを支えるたくさんの古典があります。あなたは自分の人生に真剣に向き合うことを願っていますが、その一方で自分自身を諦めています。これはあなた自身の人生を無駄にしていることに他なりません。

山は高く、風は容易に起こり、海は深く、水は測り難いものです。法を伝える者は、勤勉で恒常的な努力が必要です。領土を拓く者は、霊明なる加護を必要とします。他者の心を明確にする者は、思いやりの美徳を持つ必要があります。名声を受け入れる者は、中傷や誹謗を受けることになります。慧命（えみょう）を進化させる者は、天人の師と出会うでしょう。花の美しさに入る者は、貞観の志を持つ必要があります。

格物を熟知し、経典を理解する人は、どこにいても智慧の火を再び点火することができる種火です（拙著『会心』より）。

第2節　格物の智慧の基礎

1．中国哲学の基礎となる陰陽

陰陽の概念は、中国文化の思考方法を表しています。陰陽は、宇宙に存在するすべての物事の対立と統一の二つの側面を持っています。これは中国哲学の基礎であり、智慧はこれに由来しています。

漢代の司馬遷（しばせん）は、「易は天地、陰陽、四季、五行を明らかにし、変化について長けている」と述べています（『史記・太史公自序』）。陰陽は宇宙のポテンシャルエネルギーの表現であり、五行、干支、八卦は陰陽のエネルギーをさらに詳細に表現し、分析するものです。古今にわたって、易学とはポテンシャルエネルギーの変化を研究する学問とされてきました。現代の科学も同様の道をたどっています。

岐伯（きはく）は、「上古の智慧を持つ人は、陰陽に法り術数になじんでいた」と言っています。陰陽は帰納法であり、術数の具体的な方法は演繹法による推論の過程によります。真の学問を行うためには、帰納と演繹の両方が欠かせず、自ずと収束と開放を繰り返します。天下の物事は、長く合していれば必ず分かれ、長く分かれていれば必ず合するのが道理です。

「一陰一陽を道と言う」（『易経・繋辞上伝（けいじじょうでん）』）。

一つの陰と一つの陽が一緒にあるだけでは道ではなく、一つの陰と一つの陽が互いに溶け合い、流転する過程こそが道です。この「一」は数詞ではなく動詞であり、「それゆえに循環するものが道である」という意味です（北宋の朱熹）。このように陰と陽の交互変化の過程こそが道なのです。

陰陽思想は中国文化に大きな影響を与え、中国文化のあらゆる場面に使われています。その応用と記録に関しては、古典文献に多く普及しています。

『詩経・大雅・公劉』に「景を岡として、その陰陽によって、流泉を観る」と記載されています。周の后稷の曾孫である公劉が北豳から豳へ移り境界線を決める際、日の影を利用して平原や丘を測定し、水源と水の流れを詳細に調査する描写です。

『史記・天官書』には次のように記載されています。

「旱魃や水害がなぜ起こるかは、南北に河が流れていると、その陰陽から言えるからである」（張守節の解釈：「南の河には三つの星、北の河にも三つの星があり、陰が北の河を行く場合は水害や兵災が起こり、陽が南の河を行く場合は旱魃や凶作が起こる」）

漢末の虞翻は『上易注二奏』において、「私は六経の初めに大いなる陰陽があると聞いている。そのため伏羲は天を仰ぎ、象を掲げ八卦を作り、六爻の変化を観察して六十四卦を作り、神明を通じて万物を類推した」と述べています。

『新唐書・宦者伝上・魚朝恩』には、「陰陽が調和しないと、五穀は高騰する」と記載されています。

『羅壁識遺』には、「丙吉は宰相として、横道で死んだ人々を問題視しなかったが、陰陽を理解し、国を鎮め、諸侯に親しみ、百姓につくすことが、彼の仕事であった。すべて彼は大局を見抜いていた」と書かれています。

宋代の叶适の『酔楽亭記』には、「永嘉には大山が多い。陰陽が付随し、情をもって背を向き合わせている」とあります。

宋代の朱熹の『経筵講義』は、「天道は流れて万物を育み、人の生まれることもまたその所以である。しかし、その身を成すためには、陰陽や五行の気に依らなければならない」と言っています。

明代の袁了凡は人間関係において、陰陽は特に重要な要素であると『了凡四訓』で下記のように述べています。

「人が善を行ったとき、それを他人が知るならば、陽の善という。善を行い、人に知られない場合、それは陰の徳となる。陰の徳には天が報いるが、陽の善は世に名声を得る。名声もまた福ではあるが、名声は造物主にとって忌むべきものである。世間で名声を極める者でありながら、実際にはその名に相応しくない者には、奇妙な災厄が多く起こる。何の過ちも犯していないのに、人から悪名を被る者は、子孫が突如として問題を引き起こすことがしばしばある。陰陽の境界は微妙である」

このような陰陽の考え方は、殷周時代に普及し、歴史的な文献には多くの記録があります。

『管子・四時』には、「陰陽は天地の大なる経である」とあります。

『黄帝内経・素問』には、「陰陽は万物を作用させるものであり、天地の道であり、男女の血気である」とあります。

『大戴礼記・文王官人』には「陰陽とは、身の動きと静かさを言う」とあります。

上古時代、記録の書はすべて「春秋」と名付けることができ、孔子が作ったものは「魯春秋」と呼ばれます。なぜ史書が「春秋」と呼ばれるのでしょうか？　唐代の徐彦は『公羊伝疏』を著した際、西漢の「三統暦」からの言葉を引用して、「春は陽の中であり、万物が生まれる。秋は陰の中であり、万物が成熟する。だから『春秋』と名付けられたのである」と説明しています。

荘子は「易は道によって陰陽を説く」と言いました。易道は天地に源を発し、その核心は陰陽です。天地の道は陰陽から外れることはなく、聖人は易を作ることで陰陽の力を完全に尽くそうとしたのです。

『霊枢・陰陽繋日月』に「それ陰陽というものは、名前はあるが形がない」とあります。陰陽は固定された形を持たず、物質の性質を包括的に抽象化したものであるということです。陰陽は物事の機能関係と関係があり、物質の形質や実体ではありません。

『素問・宝命全形論』には、「人間の生は形を持ち、陰陽から離れられない」とあります。

『素問・四気調神大論』には、「陰陽と四季は、万物の始まりと終わりであり、生と死の基本である」と述べられています。陰陽関係は物事の発展過程の始まりから終わりまで、常に作用しています。

清代の李光地の『周易通論・論幽明之故』には、「天文の大きさは三光にすぎず、地理の大きさは五行にすぎず、そしてすべて陰陽から離れない」とあります。自然界の暗と明の変換、物事の変化はすべて陰陽によって行われます。陰陽は万物の成長の基礎であり、また、万物を構成する基本的な要素とエネルギーでもあります。

明代の瞿汝稷の『指月録・巻一』には、かつて七賢女が尸陀林を彷徨っていたとき、帝釈天が彼女たちに何が必要か尋ねたところ、三つの物を求めたと言います。一つめは根のない木の苗木、二つめは陰陽のない土地の一部、三つめは響かない山谷の一か所。帝釈天は「何でも必要なものは持っているが、これらの三つのものは持っていない」と言いました。帝釈天の言葉は正しいのです。

根のない木……古今にわたって、人々は「根のない木」を世に見たことはありません。

陰陽のない土地の一部……世界のどの土地も陰と陽が存在し、本当に「陰陽のない土地」はありません。

響かない谷の一か所……山谷で声を出すと必ず反響があり、本当の意味で「響かない谷」というものはありません。

この中の「陰陽のない土地」は、地理的な陰陽の現象にかかわっています。明らかに、陰陽思想の概念は至るところに存在します。

この広く認められた哲学的な概念は、古代中国より時間の経過とともに深い交流を持つにいたりました。日本、韓国、マレーシア、シンガポールなどの国々や地域にも徐々に伝わり、大きな影響を与えています。たとえば日本では、『大唐陰陽書』が重要な保存書籍の一つです。現存する日本の『大唐陰陽書』は、唐代から手書きされたものです。現在は京都大学人文科学研究所に所蔵されており、所蔵番号は子部63－1です。唐代に編纂された「陰陽書」は、最も遅くとも天平十八（746）年には日本に伝わっていたとされています。『日本国見在書目録』には、『大唐陰陽書』51巻、『新撰陰陽書』50巻、呂才撰と明確に記載されています。この『陰陽書』は唐初に非常に人気があり、唐の太宗は呂才を含む十数人の学者に加筆させ、浅俗な部分を削り、有用な部分を保存して53巻に整え、既存の書籍を含めて47巻を修正し、15年の歳月をかけて完成させ、詔によって発布しました（『旧唐書・呂才伝』）。

『旧唐書・経籍志』によると、呂才撰の『陰陽書』は50巻（『新唐書・芸文志』は53巻）、王粲撰の『陰陽書』は30巻であり、宋代には呂才の『陰陽書』のみ1巻残っていると記載されています。しかし、日本の手書き本である『大唐陰陽書』は現在7冊が保存されており、それぞれ京都大学図書館、東北大学図書館、国立天文台、国立公文書館（旧内閣文庫）、静嘉堂文庫、天理図書館の吉田文庫、茨城県の六地蔵寺に所蔵されています。

(1) 陰陽の概念と特徴

世上の学問には二つの種類があります。一つは基礎的な学問であり、もう一つは実用的な学問です。実用は基礎の上に築かれるものであり、基礎がなければ実用的ではありません。陰陽は中国の哲学と物事を理解する智慧の基礎です。

1．「陰」という字は最初に西周の金文で現れ、もともとは山の陰面や雲が太陽を覆い隠していることを表していました。

陰についての注釈には、以下のようなものがあります。

「水の南で山の北である」―『説文』
「幽で姿が見えず、深く探ることができないことを陰という」―『太玄』
「陰は静かである」―『管子・心術上』
「陰は降りることである」―『尚書今古文集解・洪範』
「陰は卑しい」―『礼記・曲礼上』
「陰は小さい」―『戦国策・秦策』
「陰は臣下である」―王逸注『楚辞』
「内部は陰である」―『左伝・僖公十五年』
「陰は真の秘密である」―『素問・陰陽応象大論』

「陰は陽との結びつきである」―『春秋繁露・基義』
「陰は柔らかいものである」―顔師古注『漢書・郊祀志下』
「陰は偶数である」―王粛注『孔子家語・本命』

実際の生活では、陰は地、柔らかさ、隠れること、卑しさ、低さ、消極性、邪悪さ、くぼみ、苦悩、泣き声、水、女性、暗闇などを意味します。

「陽」という字は、甲骨文の中で初めて現れ、もともとは高明さを表していました。

陽についての注釈には以下のようなものがあります。

「陽は高明である」―『説文』
「山の南は陽であり、水の北も陽である」―『禹貢』
「太陽に向かっていることを陽という」―賈公彦疏『周礼・考工記・輪人』
「陽は尊ばれるものである」―『礼記・曲礼上』
「明るいものを陽という」―鄭玄注『礼記・曾子問』
「外側は陽である」―『左伝・僖公十五年』
「陽は現れるものである」―『荘子』成玄英疏『達生』
「陽は剛毅である」―『人間世』
「陽は動き出し、吐き出すことであり、陰は静かに収まることである」―『太玄経・玄告』
「陽は清らかである」―『玉篇・阜部』
「陽は剛である」―顔師古注『漢書・郊祀志下』
「陽は奇数である」―王粛注『孔子家語・本命』

実際の生活では、陽は天、剛硬さ、現れること、尊ばれること、高さ、積極性、善良さ、隆起、喜び、笑い、山、男性、明るさなどを意味します。

陰陽思想は殷周時代に起こり、陰陽の二字は『詩経』で初めて見られます。『詩経・公劉』には「陰陽は相対す」とあり、これは太陽の光に向かっている方を陽、光から背を向けている方を陰としています。しかしその当時の陰陽はまだ対立的な属性を持っておらず、元の意味で使われていました。

山水に関して言えば、山の東と南が陽であり、山の西と北が陰です。一方、水の方位は山とは逆で、水の東と南が陰であり、水の西と北が陽となります。そのため、中国古代の陰陽に関連する地名は、ほぼこの基準に基づいています。たとえば、沈陽、貴陽、衡陽、南陽、襄陽、岳陽、信陽、益陽、湘陰、華陰、湯陰、資陰などがあります。これらは近くの山水の陰陽に基づいて命名されたものです。

2004年頃、私が長沙を訪れた時、友人が湘江の東側にある小さな建物に連れて行ってくれました。駐車中、彼はそこが湘江の東側で唯一の建物のコーヒーショップであり、地元でかなり有名で繁盛していることを紹介しました。私は最初に「この場所のオーナーは女性ですね」と言いました。彼の返答を待つ前に、同行していた別の人が「三人の女性が共同経営している」と言いました。彼の友人は私に向かって「あなたはここに来たことがあるのか?」と聞きましたが、私は「いいえ」と答えました。「では、どうしてそれを知っているのか?」と彼は尋ねました。私は「この川と関係がある」と言いました。彼は「理解できない」と言いました。

私は、「第一に、湘江は北へ流れており、水の東側は陰の性質を持つこと。第二に、あなたたちは繁盛していると言っていたこと。第三に、それは湘江に面した唯一の建物であること。これらの要素を総合的に判断すると、陰の性質を持つ人、つまり女性のオーナーであることがわかる」と答えました。私の話を聞いた二人は驚きました。

この世界では、多くの場合、人々は道中にいても道自体に気づかず、魚は水中にいても水自体に気づかないのです。

2.陰陽は気です。

陰陽は気の形態によって表れる二つのエネルギーです。岐伯は黄帝の質問に対し「陰陽は気そのものである」

と言いました。人間と天地は調和しなければならず、気の変化に適応する必要があります。先天的な気数や後天的な象数に至るまで、「気象万千」と言われています。

文献によれば、最も遅くて西周末年までに、陰陽は宇宙に存在する最も原初的な物質または力と見なされていました。陰陽に対立的な属性を与えた最初の例は『国語』に見られます。

当時、人々はすでに陰陽を「天地の気」と考え、一定の秩序があると信じていました。周の幽王二（紀元前780）年に地震が起こると、伯陽父は「周は滅びるであろう。天地の気は秩序を乱さない。もし秩序を乱すなら、人民が乱れることになる。陽が閉じ込められて出られず、陰が迫って湧き上がると、地震が発生する」（『国語・周語上』）と言いました。

歴史上、陰陽に関する各学派の注釈は多岐にわたります。以下に一部を引用します。

『荘子・則陽篇』には、「陰陽は気の中でもっとも大きなものである」とあります。

『管子・四時篇』には、「陰陽は天地の大なる経である」とあります。

『素問』には、「陰陽は万物を動かすものである」「天地の道である」「男女の血気である」とあります。

『大戴礼記・文王官人篇』には、「陰陽は身体の動静である」とあります。

『易経・咸卦・彖伝』には、「二つの気が相互に感応し合う」とあり、「天地が感じて万物が化生す」とあります。

東晋の張湛は「人は陰陽と気を通じる」と言いました。

北宋の大儒である程頤は、「人は天地、神霊、万物と一つの気である」と述べました。

清代の大儒である方以智は、「気は形となり、光や音として現れ、まだ形に凝結していない空気と摩擦し吸い込むものである」と説明しました。

「形の用は分けられるが、光や音の用は常に余分にあふれる。気には隙間がなく、相互に作用し合う」とも述べています（『物理小識・巻一』）。

また、「すべてのものは崩壊するが、声と気は崩壊しない。虚無でも崩壊しない。天地の生と死も、地が死んでも天は死なない。地には地の気があり、人には人の気があり、気がなければ死ぬ。天は死なない」ともあります。

『易経』にも「天の運行が規則正しいように、立派な人は自分を強くするのを怠らない」とあります。

天地は陰陽の気の実体であるのです。

柳宗元（りゅうそうげん）は、屈原（くつげん）の『天問（てんもん）』に対して書いた『天對（てんたい）』の中で、宇宙の最終的な形は「ただ元気だけが残る」と考えています。

しかし、宋代の朱熹はそれをもっと深く言及しています。

「陰陽とは二つの言葉だが、それは一つのメッセージであり、一つ進んで一つ退く、一つ消えて一つ伸びる、進む場所が陽であり、退く場所が陰であり、伸びる場所が陽であり、消える場所が陰である。ただし、この気の消長によって、古今の天地の間に無限の事象が生まれるのである」（『朱子語類・巻七十四』）。

朱熹はここで直接的に人々に伝えています。この世界の本体は気なのだということを。

3．気に四つの特性があります。

①　気は、名はあるが形はない。

②　気は物質と精神の間に位置し、相互に変換することができる。

③　気は運動性を持つ。

④　気はエネルギーを持つ。

(2)　陰陽関係

1．陰は道の体であり、陽は道の用である。体と用は互いに依存します。

陰は道の本質であり、陽は道の機能であり、本質と機能は相互に依存しています。

陰陽の多様な神秘的で不可解な変化は、『易経・繋辞』には「陰陽の不可測なることを神という」とあります。陰陽は秩序を持ち、主従関係を持ちます。陰陽の初期段階では、まず陰が存在し、その後に陽が生じるとされており、「無の中に有が生まれる」と言われます。老子はこれを、「天下の万物は有から生じ、有は無から生じる」と言いました。

人々は新しい事物に対しても、理解していない状態（陰の状態）から理解する状態（陽の状態）へと移行します。そのため、陰陽の語句の配置はその順序を決定します。陰が先で、陽が後に来ます。仏教の哲学では、これについて詳細に論じられています。

2．陰は多く、陽は少ない。昼間は少なく、夜や曇りの日は多い。幸福は少なく、悩みは多い。男性は少なく、女性は多い。陸地は少なく、水域は多い。陰は形を持たず、陽は実質であるため、人々は考えることが多く、行動は少ないのです。

3．陰陽のバランスこそが調和です。

儒家は中庸の道を説き、「両端を叩き、その中を堅く固執すること」と強調します。宋代の辛棄疾（しんきしつ）も「物に美醜はなく、過ぎれば災いとなる」と言っています。過度な陰や過度な陽はよくないのです。陰陽のバランスがとれているのが最も良いのです。

たとえば、大旱魃は大洪水を引き起こし、逆もまた然りです。多くの美女たちの中には夫を幸せにできる人はほとんどいません。彼女たちを形容する一般的な言葉は「傾国（けいこく）の美女（びじょ）」となります。国も彼女たちに惚れ込んでしまいます。どれほど悲惨なことでしょう。

4．陽が極まれば陰を生じ、陰が極まれば陽を生じます。

これは中国の哲学における「物が極まれば必ず反する」の原理です。純陽は陰に反転し、純陰は陽に反転します。相術でもよく強調されます。相術家は、人の五官が一部分だけ露出していると不吉で、害をもたらすと考えます。五官がすべて露出している場合、物が極まれば必ず反することが起こり、質的な変化が生じ、吉利になるとされています。

『相理衡真（しょうりこうしん）』には、「最初の露が二番目の露に逢えば、着るものはあっても、履くものがない。五番目の露に逢ってようやくすべてが揃い、福禄が綿綿と満ちてくる」とあります。同書には「五露歌（ごろか）」という詩もあり、「五度の露が揃って幸福は自ずと訪れる、しかしながら二度か三度の露がさらに増えると災いとなる。胸を張り、お尻を高くし、名声を外に示す者、このような姿では金銭を守ることはできない」と述べられています。

また、頭が尖っていたり、額が突き出ていたりする顔の相貌も好ましくありません。「頭が尖っているだけでは親の力にはならず、鼻が尖っているだけでは産業の力にはならず、口が尖っているだけでは寿命を全うする力にはならない」と言われています。

しかし、「物が極まれば必ず反する」の原理に従えば、三つの尖が揃っている場合は逆の結果をもたらすことになります。『玉管照神局（ぎょくかんしょうしんきょく）』には、「三つの尖ったものは高貴である。頭の尖った者、鼻の尖った者、口の尖った者、これを三尖と言う。すべてを持ち合わせている者は高貴である」と指摘されています。

5．陰と陽の相互関係がすべての存在を形成し、維持します。

周知のとおり、天は陽であり、地は陰です。天干は陽であり、地支は陰です。天干と地支それぞれにも陰陽の分類があり、陰には陽が含まれ、陽には陰が含まれるという、相互に入り交じった状態が存在します。これが太極思想であり、「禍福は依存し、善悪は共存する」の相対論でもあります。

6．孤陰は生ぜず、独陽は成長せず。人は歩く際に、足が交互に地面に接しています。接地する脚が陽であり実在し、離れる脚が陰であり虚であると言えます。過度に実在すると行動に支障が生じ、過度に虚しくなると人としての存在感が不足します。また、手を上げたり、足を動かしたりすることでも陰陽が現れます。生活のさまざまな現象における陰陽の微妙な変化を理解すると、人間としての原則や学問、事業の基本を理解することができるでしょう。

陰陽は環境の中でよりよく理解されます。たとえば、ある地域ではほとんどが平屋建てですが、数十階建ての新しい建物が建てられ、一際目立つ存在となることがあります。これは「独陽は成長せず」の状況に該当します。逆に、高層ビルが立ち並ぶ地域で一軒の建物が比較的低い場合、これは「孤陰」となり、「孤陰は生ぜず」の忌み言葉を犯しています。低層建築に住んでいる人は、仕事や権力、健康に向上心が持てず、また高齢者や後世にも否定的な影響を与える可能性があります。この言葉の真意を理解すると、「一つのことに通じると、多くのことに通じることができます」となります。つまり、純陽または純陰の家は吉宅とは言えず、「孤陰は生ぜず、独陽は成長せず」の忌み言葉を犯していると言えます。

陰は精神的な追求や文化的な内面を代表し、陽は技術を代表します。技術だけの人は「匠」と呼ばれるだけであり、「師」とは呼ばれません。師は精神の伝承を持つ存在です。議論ばかりして座っている人々は、陰陽のバランスが取れておらず、真に道を得ていないのです。もし「一陰一陽を道と言う」という言葉を真に理解したならば、「人は地に法り、地は天に法り、天は道に法り、道は自然に法る」という智慧を理解し、陰陽の道を通じ、生態環境の判断の大原則を把握することができるでしょう。

(3) 天地感応して万物生まれる

隋代の天台宗の賢者である大師は、「愛が重くないと娑婆界に生まれず、念が一つでないと極楽に生まれない」と言いました。

天地万物は情がなくては生まれず、情がなくては集まりません。すべての情は「感じる」から生まれます。感じることがなければ情が生まれません。

天地と万物は陰陽の関係にあり、陰陽の関係はすべて「感じる」ことです。すなわち、易の「咸」卦です。感じるという意味は、動詞です。感じがあって初めて行動が生まれます。感動は感じがなければ起こりません。感情は感じがあって初めて生まれます。天地は感じ合い、それから動きます。「情」は「感じる」から生まれます。『荀子・大略』篇には「咸は感じることであり、上に柔らかく下に堅く、男性は女性の下に、柔らかいものは上に、堅いものは下にある」と記され、咸卦は夫婦の道を象徴していることを指摘しています。

「天地感応して万物化生し、聖人が人心を感じとると天下は平和になり、その感応から天地と万物の情が明らかになる」と言われる「情」とは、「感応する」結果であり、感応があって初めて関係が生まれ、関係があって初めて情や意味が存在します。感じ方が異なると、関係も異なり、それに伴う意味も異なるのです。

このように、古代の人々は天人相感の理解において、非常に洞察力がありました。

孔子が匡の地で拘束されていた時、心静かに言いました。

「文王はすでに亡くなったが、その精神は私に伝わっている。天が今すぐこの文王の精神を葬るとするなら、私が死んだ後、人はこの精神にかかわることができなくなる。天がまだこの精神を葬り去る気がないなら、匡の住人が私に何ができるというのだろう」(『論語・子罕』)。

公伯寮が子路のことを季孫に讒言しました。子服景伯が、孔子に「季孫は公伯寮の言にまどわされているので心配だ。しかし、私の力で、なんとかして子路の潔白を証明し、公伯寮の屍をさらしてお目にかけるから、ご安心ください」と告げました。すると孔子は、「道が行なわれるのも天命である。道が廃れるのも天命である。公伯寮ごときに天命が動かせるものではない」と言われました。

孔子は、天が文王の精神を失わせることはないという信念に基づき、自らがこの精神の伝承の使命に身を置いており、文化的な神州の安危にかかわる存在となっています。彼は中華文化の命を担う存在であり「天がこの精神を私に託してくださる」という胆力で儒家の命脈を引き継いでいます。これは天人相感から生まれる文化の伝承信念であり、直接的に中国文化の儒家の継続を導いています。

東方文明の素晴らしい点は、身の回りのあらゆる物質に精神的な解釈を与えられることです。喜び、苦悩、解放、崩壊、使命など、すべてを人間の芸術品に変えることができます。霧の花が花を咲かせることができ、雲の川が水を見なくても存在することができる。これらは「感じる」という基礎によって、通達の結果をもたらします。すべての神秘的な存在は、人の心の内側で最も深く、最も馴染みのある感動から生まれます。たとえば、農夫は月の明かりを見るだけで、自分の家を見つけることができます。

1990年代初頭に、「易俠」の張延生先生の講義を聞いたことがあります。それから十数年が経ちましたが、いまだに彼に対して無限の尊敬を抱いています。記憶の奥深くに、彼が常に強調していた「易は思いを持たず、行わず、静かにして動かず、感じて達するため」（『易経・序卦伝』）という言葉が鮮明に残っています。当時、その言葉を覚えていたものの、その深い意味を理解することができませんでした。その言葉の深遠さと生き生きとした意味を本当に理解することができたのは何年も経ってからでした。文字は同じ文字でありながら、理解された後の精神は異なるものになります。

相感によってのみ、非凡な鋭敏さや天涯孤独なる人々の情緒が生まれ、そして事物の究極的な方向を見抜くことができます。

相感によってのみ、人間の輝かしい歩みの中で、乳と水が交わるということが実現されます。

相感によってのみ、人は情熱の中で内心の確信を見つけることができます。

相感によってのみ、『金剛経』に「一切の聖者は無為の法によって区別される」と書かれている理由を理解することができます。

2. 中国文化の基本構造の五行

陰陽の機能は五行によって実現されます。五行は陰陽（気）の具体的な表現方法であり、具体化されたものです。人は地に法るゆえに人は地に足を着けなければなりません。

(1) 五行の概念

五行の知識とその応用は、周朝において非常に普及していました。最初に見られるのは『尚書・甘誓』です。

『尚書』は秦の始皇帝によって焼かれ、後に後漢の章帝（76～88年）の時代に、魯の王が孔子の旧居を壊し、壁の中から簡帛『尚書』を発見しました。それらは科斗文（周代の古文であり、古文『尚書』とも呼ばれる）であり、最も古い歴史記録の一つとなります。『甘誓』は『尚書』の中で最も古いと広く認識されています。したがって、五行の概念が周代以前に存在していたのは疑いようのないものです。

『尚書・洪範』には、箕子が周の武王の質問に答える場面が記録されており、「初一は五行であり…、一に水、二に火、三に木、四に金、五に土である。水は潤い下に作用し、火は炎上に作用し、木は曲直に作用し、金は変革に従い、土は穀物の成長を促す。潤下は塩味を生み出し、炎上は苦味を生み出し、曲直は酸味を生み出し、変革は辛味を生み出し、穀物の成長は甘味を生み出す」と述べています。

『礼記・月令』では「五行は水から始まり、次に火、その次に木、金、そして最後に土である」と述べています。

『史記・夏本紀』では「五行は四季の盛徳が行う政治である」と述べています。

『管子・五行』では「陰陽に通じる必要がある」と、また、「五行の属性に基づいて政治を行う必要がある。天時を整えるために五行を立て、人々の位置を整える必要がある。人と天との調和が成されると、天地の美が生まれる」と述べています。

『荀子・非十二子』には、孟子が「先王の法を概観し、五行について説明した」と記されています。

『傷寒論』では「天が五行を配し、万物を運行させる一方、人は五臓を持って五常を受け継ぐ」と述べています。

『春秋繁露・五行相生』では「五行は五臓を指す」と述べています。

『左伝・昭公二十九年』では、蔡墨の言葉として「五行の官職があり、それを五官と呼ぶ……木の正官を句芒とし、火の正官を祝融とし、金の正官を蓐収とし、水の正官を玄冥とし、土の正官を后土とする」と記されています。

これ以外にも、『国語・魯語上』『孟子・公孫丑下』『左伝・昭公二十五年』『淮南子・原道』などの古典文献にも類似の説明が記載されています。

それでは、五行とは一体何でしょうか?

五行とは、万物の五つのエネルギーの総合的な表現であり、概念的には金、木、水、火、土の五つの属性とエネルギーの動き、変化、循環の状態を指します。それは宇宙観であり、素朴なシステム論でもあります。演繹と帰納は、中国文化の特徴です。金、木、水、火、土は世界の万物を構成する基本的な要素の記号であり、五つの異なる形態のエネルギーフィールドです。これらの五つの物質はすべて陰陽から生じるため、陰陽と五行を組み合わせて陰陽五行と呼ぶこともあります。その中で、「行」とは、運動の変化や絶え間ない運行を意味します。

気の運動形式の観点から五行の基本的な概念、属性、法則を説明すると、陽気が生の状態にあるときは木（木は肝臓と筋肉を支配し、古い言葉では「一寸の筋が伸びると寿命が十年延びる」と言われる）、成長の状態にあるときは火、収束の状態にあるときは金、潜伏の状態にあるときは水となります。生長と保存の安定した変換プロセスは土であり、土によって実現されます。土は他の四つの行と常に共存し、各行に対応する季節の終わりに存在し、起承転結の過渡と調和の役割を果たします。これが「土枢四象」です。

清代の黄元御の『四聖心源』に、「陰陽五行、八卦干支、河図洛書など、気のエネルギーの枢紐を把握すれば、根本を把握できる。変化の中に不変の法則がある」と書かれています。唐代の杜牧の『隠者を送る（送隠者一絶）』には、「無媒の径路草蕭蕭、古より雲林は市朝に遠ざかる。公道世間唯白髪、貴人の頭上かつて饒さず」とあります。この不変のものが「公道」です。

古来、万法は一に帰します。五行の生、長、収、蔵、化は、すべてが変化の中にあることを示しており、これはあらゆる事象に対する根本的な認識です。これが、漢代の司馬遷が「易には、陰陽五行が著れ、変化において特に長けている」と言った理由です。

『維摩経』には「諸法は無住を本とする」とあります。「無住」は、すべての法が変遷と流転の中にあり、「住相」の状態はないことを意味します。これが諸法の無住です。私たちは、どんな認識も固定された位置にとどまってはいけないことを教えられます。だからこそ、「臨機応変」の必要があるのです。なぜなら、万物は常に変化し流転しているからです。しかし、法性は変わらないのです。

『金剛経』にも「応に所住すること無くしてその心を生ずべし」と強調しています。つまり、「無所有」の心で、変化し続けるすべての事象に向き合うべきです。固定された心で瞬時に変化する事物を見ようとすると、剣を見つけるために舟を漕ぐ人のように、常に受動的な立場に置かれます。物事を正しく理解する能力がなければ、千変万化の事物と一体になることもできず、なおかつ状況に応じた行動を取ることもできません。ですから、すべての法則も、万物も常に変化し続けており、私たちの認識もまた無住でなければなりません。

近代の高僧である浄慧老師は、「応に所住すること無くしてその心を生ずべしは、障害のない智慧、無住の智慧である。無住の智慧によって無住の事物を認識することで、客観的な法則を正確に把握し、自己執着や法執着という人生の根本的な問題を解決することができる」と述べています。

五行を代表する気の運動形式や特性はそれぞれ何でしょうか？　自然界のすべてのものを五行で分類する基準は何でしょうか？

私たちは天文学を仰ぎ、地理を俯瞰し、人事を中心に研究する方法を用いる必要があります。地球の自転と公転により、北半球に住む先人たちは「天象による時間と空間の把握」の智慧を通じて、季節と方角を確認していました。夕方に北斗七星の柄が東を指すとき、地上は春季です。南を指すと夏季、西を指すと秋季、北を指すと冬季となります。これが四季と四方位の関連性の由来です。

五行中の「五」は数詞であり、「行」には四つの読み方があります。

行は、流れや発展の方向を指します。『説文解字』では「行は、人が歩み趨くこと」と解説されており、歩行の意味から派生して行動、運行、運動という意味に広がります。類似の説明は多くあります。たとえば、「天地の動静、五行の迁復」（『素問・五運行大論』）や明代の儒学者の来知徳も、陰陽の「二気の交感によって万物が生成され、流行している」と述べています。したがって、継続的な運行や循環が五行を成すのです。

また、行は、緊張した状態を指します。たとえば、『論語』の中で孔子が子路を「行を行うが如くなり」と形容する場面があります。

五行は動的であり、常に変化し応じるものです。たとえば、五行は季節と対応しています。春は木の旺盛な行動、夏は火の旺盛な行動、秋は金の旺盛な行動、冬は水の旺盛な行動です。立秋の後、秋は涼しく快適であり、植物はしおれ始めます。では、植物がしおれる原因は何でしょうか？　答えは金気です。金気は無形の中で草木を枯れさせる力を持っています。宋代の竇材の『扁鵲心書』には、扁鵲が用いた診療法が気相法であると記されています。

五行の方位では金は西方を表し、金は水を生み出し、水は西から東へと流れます。これは中国の自然分布の状況と完全に一致しています。天人相応という古代の風水の大原則もそこから派生しています。このようにみると、『易』が「ゆえに易は逆数である」と述べる理由が理解できるでしょう。これによって、『易』の哲学的な深みが明らかとなります。

(2) 五行の特徴

五行という五つの要素は、異なる特性を持ち、そのエネルギー的特徴を以下のようにまとめることができます。

木を曲直といいます。曲は屈すること、直は伸びることを意味します。曲直は、屈伸の能力を持つことを指します。木は上に向かって成長する力を持つため、成長し、伸び、屈曲する特徴があります。

火を炎上といいます。炎は熱さを、上は上に向かうことを意味します。したがって、火は発熱し、温かさをもち、上に向かう特性があります。火は心を主とし、「虚しきを昧らず、諸理を具えて万事を出ず」とされています。

土を稼穡（かしょく）といいます。春に種を蒔くことを稼、秋に収穫することを穡といいます。ここでは農作物の種まきと収穫を指しています。土は万物の基礎であり、物を運び、包み、育て、変化させる特性を持ちます。土は四行を育むとされ、万物の母とも呼ばれます。「すべての生薬は土から生じ、また土の力を借りて用いられる」とも言われています。

金を従革（じゅうかく）といいます。従は従うことを、革は変革を意味します。したがって、金は柔軟性と剛性を持ち、集めること、清らかさ、変革、厳格さの特性を持ちます。

水を潤下（じゅんか）といいます。潤は湿らせること、下は下に向かうことを意味します。水は下に流れる性質を持つため、湿度をもち、潤いをもたらし、下に向かって流れ、閉じ込める特性があります。

以上から、五行の概念は実際には異なる属性を持つ万物を五つの抽象的な概念でまとめたものであることがわかります。

(3) 五行関係

五行間の関係には、生、剋、合（一般的に和）の三種類があります。

相生は、水生木、木生火、火生土、土生金、金生水。

相剋は、金剋木、木剋土、土剋水、水剋火、火剋金。

相和は同じ五行どうし。

ある種類の物事が他の種類の物事に対して助けや推進の役割を果たすことを「相生」といいます。相生は相互に滋養を与え、成長を促進し、調和し合い良好な関係を意味します。たとえば、木は火を燃え上がらせることができます。木を削って火を起こすことができますし、火は木を焼き尽くします。火の継続は燃料や材木が必要であり、木がなければ火は消えます。したがって、木は火を生み出すことができます。火によって木は灰になり、灰は土に変わります。したがって、火は土を生み出すことができます。金は土の中に隠れ、土は石になり、石の中には金が隠れています。したがって、土は金を生み出すことができます。金は水を含んでおり、火に遭遇すると溶けて湿ります。したがって、金は水を生み出すことができます。水は万物を浸透し、木の成長には水の潤いが必要です。水がなければ木は枯れて育ちません。したがって、水は木を生み出すことができます。

一方、ある種類の物事が他の種類の物事を束縛し制する役割を果たすことを「相剋」といいます。たとえば、木は土を破って生え出しますので、土は木に制されます。土は水を制しますが、水も土に制されます。しかし、土がなければ水は集まりません。水は無形であり、形に沿って流れますが、土があることで川や河が成り立ちます。水は火を制しますが、火も水に制されます。しかし、水がなければ火は自然に消えてしまいます。水と火の調和が望ましいです。火は金を制しますが、金も火を恐れます。しかし、金は火によって精錬されて道具になります。真の金は火によって精錬されるのです。金は木を制しますが、木も金なしでは素材になりません。大木も切り倒して材木に加工しなければ、ただの木にすぎません。

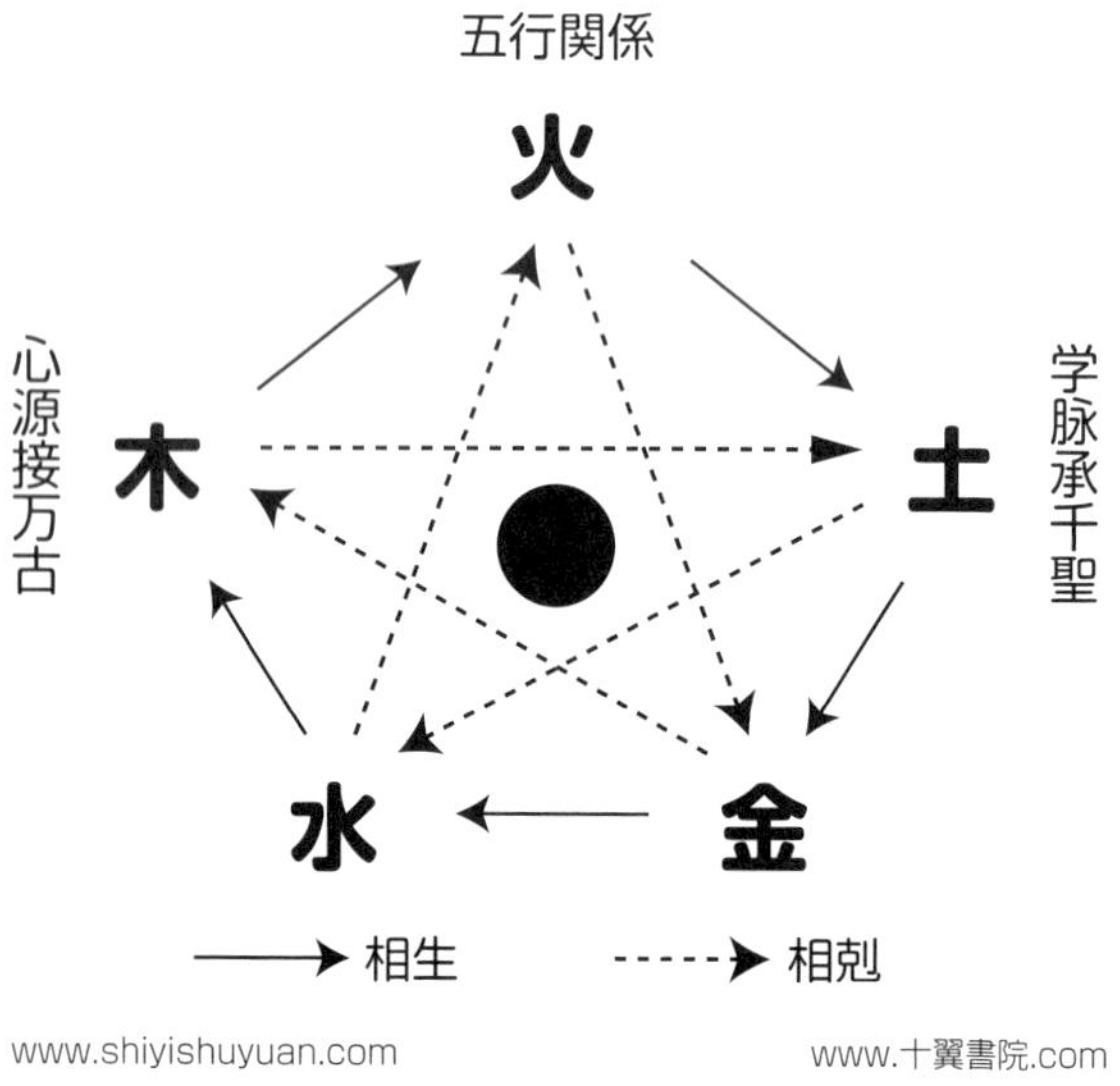

『白虎通義』には「五行が互いに剋制し合うのは、天地の性質であり、多数が少数に勝るためである。したがって、水が火を剋す。精神が固いものが強いので火が金を剋す。剛性が柔らかいものに勝つため、金が木を剋す。結合が散逸するものに勝つため、木が土を剋す。実在が空虚に勝つため、土が水を剋す」と書かれています。相剋とはお互いに制約し、剋制し、抑制し、相互に害し、欺くことを指します。

清代の名士である劉元明（りゅうげんめい）は、『黄帝陰符経（こうていいんぷきょう）』の解釈の中で、「天には五つの盗賊があり、それを見る者は繁栄する」と述べ、続けて次のように言います。

「五つの盗賊とは、金・木・水・火・土である。天は陰陽五行によって万物を化生し、気によって形を成し、人はこの気を受けて生まれ育つ。しかし、陽極から陰が生じると、先天的なものが後天的なものに入ることで、五行は調和することができず、相互に害し合う。それぞれの性質がある。木は金を害し、金は火を害し、火は水を害し、水は土を害し、土は木を害す。これが天の五つの盗賊である。この五つの盗賊は、人々が日常的に使用していて気づかないものであり、気の流れに従っているため、生まれては死に、死んでは生まれるというサイクルが絶え間なく続いている。しかし、それを見る者があれば、逆に造化に抗い、五行を逆転させ、金は本来木を剋すものであるが、木はそれに反応して器具となる。木は本来土を剋すものであるが、土がそれに反応して栄える。土は本来水を剋すものであるが、水がそれに反応して汎溢しない。水は本来火を剋すものであるが、火がそれに反応して乾燥しない。火は本来金を剋すものであるが、金がそれに反応して明るさを生む。剋の中に生があり、五つの盗賊は五つの宝に変わり、一つの気が混ざり合い、原点に返る。いかに栄えることだろう」

また、「五つの盗賊は心にあり、天に対して行われる。宇宙は手にあり、万化は身に生まれる」とも述べています。「人は五行の気を持って身体を生み出し、身体の中には五行の気が存在している。しかし、心は身体の主であり、身体は心の宿であり、五つの盗賊は身体の中に実在すると言える。ただし、心には人心と道心という違いがある。人心が事を行う場合、五つの盗賊は喜怒哀楽や欲望の五つの対象になる。道心が事を行う場合、五つの盗賊は仁義礼智信の五つの徳に変化する。天を観察し、五行の動きを明確にし、道心を運用することができれば、一歩一足は天から人によらずに行われ、宇宙が広大であっても手のひらの中にあるようなものである。万化は多様であっても、一身の中にある。五行を四象に合わせれば、性命を理解することは難しくない」と述べています。

以上からわかるように、生と剋、殺と伐の間に生命力が存在しています。

五行の相生関係には、「我を生じる」と「我が生じる」という二つの関係があり、これは「母子」の関係と呼ばれます。我を生じるのは母であり、我が生じるのは子です。一方、相剋の関係には、「我を剋す」と「我が剋す」という二つの関係があり、古代の人々はこれを「所勝」と「所不勝」と呼びました。我を剋すは「所不勝」とされ、我が剋すは「所勝」とされます。

『淮南子』には、次のように記されています。

「水は木を生み、木は火を生み、火は土を生み、土は金を生み、金は水を生む。子が母から生まれることを義とし、母が子を生むことを保とし、子と母が相互に受け継がれることを専とし、母が子を制することを制とし、子が母を困らせることを困とする」

一方、『七政暦』では多少異なる記述があり、「保を宝とし、困を伐とする」とあります。

このように、五行の生剋関係は切り離せないものです。生がなければ育ちや発展もありませんし、剋がなければ変化や進展もありません。こうした相互に浸透し合う関係は、自然界の五つのエネルギーフィールドの間に永遠に変わらない真理を表しているだけでなく、物事を理解する学問の要点です。

五行の生剋関係に加えて、「反侮」（または反剋）と呼ばれるものもあります。反侮とは、五行の中の任意の行があまりにも旺盛であり、もともとその行を剋すべき他の行を制約することができないばかりか、逆に剋される状況を指します。これは強者が弱者に虐げられるという意味があります。

たとえば、木が金を侮る場合、本来金は木を剋すことができるはずですが、木が大きすぎて金が小さい（小刀で大木を切ろうとするような状況）ため、木は金を傷つけるどころかむしろ金を侮ります。火が水を侮る場合、水は火を消すことができますが、火が旺盛で水が弱い場合、水は火を消すどころか火を刺激し旺盛にさせます。水が土を侮る場合、土は水を剋すことができますが、大水が堤防を破ることがよくあり、その結果、水が旺盛になり土を剋すようになります。土が木を侮る場合、土が旺盛で木が弱い場合、木は土を制約するどころか自分自身が損害を被ることになります。

相生相剋の表現はすべて自然の法則に由来し、反侮も例外ではありません。

言うまでもなく、反侮と回禄の力は、異なりますが同じような効果を持っています。両者は計画が成功しない場合、逆に辱めを受けることを示しています。人の禄には、尊厳、富、物質、健康などが含まれます。

「回禄」という言葉は、古代の多くの文献に記録されています。たとえば、『左伝・昭公十八年』には、「郊の人々が祝史を助けて、国の北部で行事を行った。玄冥に火を譲り回禄し四鄘に祈りを捧げた」と、火のろうそくに注意し、回禄が降りてくるのを慎重に防ぐことが強調されています。『続資治通鑑・巻一五六』では、「回禄する際に災難が降りかかる、季春の月に再び到来する」と述べられています。

宋代の朱熹は『答包定之』で、「最近聞いたところ、永嘉に回禄の災厄があったということだが、高居は無事だろうか？」と述べています。明代の謝肇淛は『五雑俎・巻六・人部二』で、「二日経って、彼の家に回禄があった。帳を求める者が次々と現れ、その計り知れない目的を誰も知らなかった」と述べています。また、清代の蒲松齢の『聊斉志異・巻十二』には、「ちょうど西の隣に回禄に関する変化があった。魏托は火災を救い、そのまま行った。……」とあります。明代の焦竑は『国朝献征録』で、「もし、家族全員が回禄の災難に遭ったならば」と述べています。『大六壬玉藻金英・巻五』では、「地の火の光り怪しく、廉貞を従えて乗る。必ず回禄の変化に遭うべきである」と記されています。『奇門遁甲』には、「福を発することはできるが、回禄に注意せよ」とあります。『滴天髄』には、「丁運は困難で、回禄に遭うこともある」と、民国時代の陳公篤の『公篤相法・巻十二』には、「（鼻に）赤い点や赤い線が見つかる場合、回禄の災厄を示す」とあります。

南宋の洪邁の『夷堅志・李綬祝火』には、「唐の時代、王参元が火災に遭い、家には余裕がなかった。柳子厚が手紙を贈り、『京城の人々は、あなたの家には蓄えがあるという噂が絶えない。士人たちはあなたの善行を伝えることができない。口を開けば、卑しい者たちは贈り物をもらったと思うだろう。今、あなたが幸運にも天の火災によって清められたのは、祝融が回禄の相を成したからだろう』と述べました。「ああ！　世の中は官を家とし、乾霄（天の広い空）に連なる雲のような大邸宅を築くことを重視している。李君の事例を慎むべきだろう」とあります。同じ文中では、「回禄」に対する最善の態度は、「借金を返すことより布施をすること、福を修めることより罪を避けること」と述べられています。したがって、「回禄」には借金返済と罪を避ける効果があることがわかります。

また、『西遊記』にも五行の生剋が描かれています。第十九回で孫悟空が猪八戒を捕まえて高家庄に戻る場面で、作者の呉承恩は詩の形にして、「金は剛性があり、木を剋す。心猿は木の龍を降伏させる。金は木に順応し、木は金を愛し、仁心を発揮する」と述べています。

以上からわかるように、五行の間には生剋や反剋の関係があり、実際には密接に関連しており、それぞれを議論することは理解を深めるためのものですが、実際の運用では包括的に考慮し、選り抜く必要があります。金を例に取ると、金が火に勝ち、火が衰えると、火は金を制御できず、金は制約されずに過度に勝利し、本来剋服されるべき木を過度に剋制し、木を衰えさせます。同時に、金は自身の強さに頼って、本来剋服できない火に対して反剋します。逆に、金の気が不足している場合、火は必ず金を剋服し、また木も金の虚弱を利用して金に対して反侮します。他の五行も同様の関係が存在します。

相和とは、当時の社会文化において選ばれた方法であり、人々が社会生活の各層面やさまざまな衝突現象を調和させ、理解を高めるものであり、自然や社会の状態の探究でもあります。

「和」の主要な精神は「異なるもの」を調和させることであり、その役割は異なる要素がどのように共存するかを探究することです。五行学説は、覚醒した理性の手法を用いて陰陽五行の「和」を探究し、それを自然界のすべてのものが運行する宇宙的な調和の一体と見なしています。

一つの楽曲において、五音の中の一つが欠けていると良い音ではなく、ノイズとなります。これが「同則不継」となります。逆に、「短長疾徐」や「哀楽剛柔」といった五音の交差による「異なる音」が存在することで、「相済相成」し、耳に悦びを与え、また心に深い感銘を与えることができます。これが「和実相生」です。しかし、美しい音楽も過度になりすぎることは望ましくありません。

孔子の考えでは「楽しみにしても淫らにならず、悲しみにしても傷つかない」とあります（『論語・八佾(はちいつ)』）。また、古人は「調和を知って調和し、礼に従って調整しないと、それは適切ではない」と言っており、秩序を欠いてはいけず、中庸を原則とする必要があります。そして五行の組み合わせで同じ要素である金・金、木・木、火・火などは「投同」となります。一方、土・金や火・土など異なる要素が出会う場合は「和」となります。

五行の「和」は、易経の「比（和）」の観点と同じであり、「親比」は和を意味し、「敵比」はぶつかることを指します。五行が同じ場合は「比」と呼ばれます。その中で、陰陽が異なる場合は「親比」（相互に融合できる）と呼ばれ、陰陽が同じ場合は「敵比」（互いに助け合いがなく、排斥がある）と呼ばれます。これにより、『論語・為政』にある「君子は広く見渡すが比較しない。小人は比較するが広く見渡さない」の言葉の深い意味がより明確になるでしょう。

人と人との関係は儒教の論点の基礎であり、人と自然の関係は道家の論点の基礎です。それらは異なる領域での調和共存を追求するものです。そして、五行学説の具体的な適用は、「和」の「すべてのものはそれぞれ生を得る」を最高の理想として実践するためのものです。中国の宝である「角楼(かくろう)」は、五行の調和を象徴的に表しています。

(4) 五行の旺相

五行は、単なる物質ではなく、五つのエネルギーフィールドを表します。では、どのエネルギーフィールドがいつ、どのような状況で盛んになるのかを知るにはどうすればよいのかの答えを得るためには、五行の盛衰関係、相生相剋、休囚死の関係を知る必要があります。この関係も自然の法則に基づくものであり、「春木、夏火、秋金、冬水、四季土旺」という法則に従います。

春は、木が旺、火が相、土が死、金が囚、水が休。

夏は、火が旺、土が相、金が死、水が囚、木が休。

秋は、金が旺、水が相、木が死、火が囚、土が休。
冬は、水が旺、木が相、火が死、土が囚、金が休。
四季は、土が旺、金が相、水が死、木が囚、火が休。
この法則では、土が最も特殊です。土は四季で旺になります。具体的には、毎年四つの土月（辰月、未月、戌月、丑月）で旺です。特に、各月の最後の18日間は土の性質が最も強くなります。これは「四象は土に隠れている」という理由によるもので、土は万物を育む力を持ち、金、木、水、火の四行は土から離れると生じることができません。

五行の旺、相、休、囚、死には一定の法則があります。

「旺が生じると相、旺が剋すと死、旺を剋すと囚、旺を生じると休」と言われています。この概念には、管子や孫子、孟子など、先秦の諸子も精通していました。特に、孟子は「天の時」という内容に関連しており、北宋の大儒である邵雍（しょうよう）は『皇極経世（こうぎょくけいせい）』で「老子は易の体を得て、孟子は易の用を得た」と絶賛しています。

五行の旺、相、休、囚、死は、五行の物質的なエネルギー状態を判定するための指標です。旺は盛んであることを表し、旺の次に強いのは相、旺によって剋を受けて生気をすべて失うと死、衰えて敗れた状態は囚、無用な状態は休です。

たとえば、春は木が旺、木が火を生じますので、木が旺であれば火も強くなり相となります。木が旺で土を剋すと、土は剋されて死になります。金が旺の木を剋しても金は敗けて、金は囚の状態になります。木が旺であれば水の助けは必要なく、水は休になります。ここでの休は、休息を意味します。「休養」や「休息」という言葉は、万物が「休む」場所にいるときには、静かに休養し、大きな動きを静める必要があることを強調しています。そうしなければ、時期を逸して無駄な反応を引き起こすことになります。

先述の法則は、弁証法的に存在しています。たとえば、火が金を剋し、金は火に剋されます。しかし、秋の季節は、金が五行の季節で旺となり、火は囚の状態にあるため、囚された火は旺の金に逆剋されることになります。

金は傷つけられることなく、むしろ火が損害を受けるため、「秋の金は火を恐れない」という言葉になります。

また、「旺相休囚死」は、五行の春の生、夏の成長、秋の収穫、冬の保存、土の化に対応しています。簡潔に言えば、「生長収蔵化」となります。たとえば、「人の生は草木に例えられる。草木は最初芽を出し、それから枝葉を生やし、さらに花や実を結ぶ。衰えると、花や実は散り、枝葉は残り、次第に凋む。このように草木の盛衰は時期によって異なるため、生長収蔵化があり、それぞれの時候に違いがある」と述べられています（明代・張景岳『景岳全書』）。

五行にとって、エネルギーの均衡は調和を意味します。単一の五行が支配的であるか、あるいは特定の五行が過剰になると、それは偏った状態となります。度を超えると、晦光（闇）の忌みが生じます。たとえば、『金口訣』の五行旺相所主に、「金は不順、水は沈溺、木は家貧しく逆境にあう、火は盗賊の謀略、土は蒙昧を主とす」と記されています。これは、万物はそれぞれ適切な度合いを持っていることを強調しています。

過度になると「過ぎれば災いとなる」となる可能性があります。明末清初の唐甄の『潜書・貞隠』には、次のような例が明確に示されています。

「天には六気があり、陰陽風雨晦明を表す。過剰になると災いとなる。陰が過剰だと寒冷疾患、陽が過剰だと熱疾患、風が過剰だと末疾患、雨が過剰だと腹疾患、晦（闇）が過剰だと不道徳な惑いからの疾患、明が過剰だと心の疾患となる。これらの六つは外からの侵害者である。人には、思い・気・味・飲み物・色彩という五つの情がある。過剰になると災いとなる。思いが過剰だと心の疾患、気が過剰だと肝臓の疾患、味が過剰だと脾臓の疾患、飲み物が過剰だと肺の疾患、色彩が過剰だと腎臓の疾患となる。これらの五つは内からの敵である。五つの敵が日食（日蝕）のように重なると、次第に傷つき、内部の虚弱を引き起こし、内部の疾患が形成される。それと同時に六つの侵害者がそれに乗じて外部の疾患を形成する」

前述の「旺相所主」に関して、「金は不順」は金の過剰が人を苦しめ、順調ではないことを指します。「水は沈溺」は消沈し、世俗の享楽に溺れることを意味します。「木は家貧しく逆境にあう」は、木が多すぎると貧困や行動の阻害、逆境に遭遇することを指します。「火は盗賊の謀略」は邪悪な行動に傾倒することを指します。「土は蒙昧を主とする」は保守的で無知であることを指します。これらはすべて「過剰は災いとなる」という自然の法則です。

すべての場所には法則があり、旺相休囚死は人から離れては存在しません。日常生活の中で、現在の状況には必ずそのエネルギーの共鳴があります。それがあなたの心の細やかさや明るさにかかっています。古代の人々は、五行が静止している状態を「五常」と呼び、五常は仁、義、礼、智、信と対応しています。これは木、金、火、水、土と対応しています。

三国時代の思想家である劉劭は、五徳について『人物志・九征』で直接的な論述をしています。

「温和さや柔軟さ、剛毅な精神や堅固な志は、木の徳である。意志や信念を固く持ち、心を広く開いて他人との関係を築くのは、金の徳である。謙虚な態度を持ち、他人に対して敬意を払いながら行動することで、良好な人間関係を築き、調和を保つことは、水の徳である。広い視野を持ちつつ、物事に対して柔軟な態度を保ちつつも、自分の基本原則や信念を堅固に持ち続けるのは、土の徳である。複雑な問題や論点を簡潔でわかりやすい形で表現し、それでいて鋭い洞察力を持って深い議論を展開するのは、火の徳である。体は変化し尽くすが、それでも五質に順っている。それゆえにその剛さ、柔らかさ、明晰さ、明瞭さ、堅固さは、形容に現れ、声色に見られ、情味に発露し、各々がその象に従っている」

これにより、人の身体の容姿、声、表情、感情、香りなどは、五徳の側面で表現されることが示されています。

金徳は「義」を代表します。義は智慧を持って選択することであり、何を残し、何を断ち切るかを意味します。金は金融を象徴します。金属は硬く、重いものを支えることができるため、責任や改革を担当することも象徴しています。金はまた斬り殺すことも表しており、秋の五行は金に属します。秋に金の気が盛んになると、金の力によって木は凋落し、葉が黄色く変色し、最終的には散っていきます。これが、金が木を斬るという意味です。このような自然界のバランスは、生命の継続の能力であり、義務から逃れることはできません。

木徳は「仁」を代表します。人々や動物は木の葉、果実、根を食べますが、木は不平を言わず、繁茂し続けます。これが木の慈悲と寛容性です。これは古代の法制度からもうかがえます。たとえば、古代の判決は春に行われました。春は木に因んでおり、仁を象徴しています。春の天は慈悲深く、天と人との感応があります。裁判官も思いやりと仁慈の心を持ち、罰を最大限に軽減するように努めました。死刑囚も直ちに処刑されるのではなく、秋の後に処断されることがありました。秋は五行で金に属し、金は処刑や断罪を象徴し、智慧を持って選択することを意味します。これは時の流れに合わせた行動であり、自然の摂理に従っています。『易経』には「天の道は陰陽であり、地の道は柔と剛であり、人の道は仁と義である」とあり、人々に仁義を実践するよう求められています。孔子も「仁を行いて天を知る」と述べ、仁の道を実践することで天の道を理解できると語りました。

水徳は「智」を代表します。古い言葉によれば、最も大きな智慧は善であるとされています。老子は『道徳経』で最も大きな善を「上善水の如し」と述べています。なぜ水が智慧を表すのでしょうか？　それは水が流動的で、通達性があり、柔軟であるためです。水は周りの状況に応じて自在に変化し、曲がりくねったり円滑に流れたりすることができます。水は出会ったものに応じて自らの状態を形作ります。さらに、水にはもう一つ特徴があります。上には天に通じる道があり、下には地に入る門があります。水は土中に蓄えられ、泉や地下の流れとなることもありますし、上昇して雲となり、一定の量に達した時には雨となって地上に降り注ぎ、再び大地に還ります。日本の大和ハウスの創始者である石橋信夫（いしばしのぶお）氏は、これを「水の五つの教え」として企業経営の精神と位置付けました。

１．柔軟な心：水は硬い障害物に対しても柔軟に変化することから、柔軟な心を持ち、変化に適応することが重要です。

２．悠々自適：水は自然の流れに従って自由に流れることから、無理に抵抗するのではなく、流れに身を委ねることが大切です。

３．透明性：水は透明であることから、誠実さや明快さを持つことが求められます。

4．相互依存：水は他の物質と相互にかかわりながら存在することから、協力と共生の意識を持つことが必要です。

5．永遠の成長：水は絶えず流れ続けることから、学び続けて成長する姿勢を持つことが重要です。

これらの「水の五つの教え」は、企業経営だけでなく、個人の生活や社会の中での智慧のあり方を示しています。

火徳は「礼」を代表します。火は光明を象徴し、心は暗くならず、愚かではなく、常に智慧を持つことが求められます。これが火の果たす役割であり、また礼の役割でもあります。人は礼を持つことによって文明を持ち、文明があることで温かさが生まれ、内なる輝きを持つことができます。人の一生は光明に満ちたものとなるのです。

火の方位は南であり、古代における重要な祭りや天の祭り、太陽や月の祭り、社稷の神々への祭りはすべて南方で行われました。南方は神聖な場所を象徴しています。中国は周朝以前には「祭政合一」という政治形態をとっており、祭りと政治が一体化していました。国王や部族の首長が最も重要な祭りのリーダーであり、最も重要な礼であることを示しています。また、『宋史』には、かつて宋の神宗が北宋の五子の一人である張載を招き、統治に関する見解を尋ねた際、彼は「政治が三代の法に従わない場合、終わりは道に行き着くだけ」と答えたと記されています。この「三代の統治」は、封建的な政治制度、井田制度、宗法社会制度を含んでおり、その中でも最も重要なのは礼制であり、礼制は政治、社会、文化を一体化する制度体系であり、国家統治や社会統治の根本的な要素とされています。

土徳は「信」を代表します。『礼記・楽記』には「天は言わずして信じられる」とあります。大地は一年中生命を生み出し続けます。春になると新しい草木が芽吹き、夏には花が咲き、秋には実を結び、冬には貯蔵されます。これが「人々が信念や理念を持ち、努力して目標を追求することは大切であるが、その過程で結果に執着することなく、適切な時機や方法に従って行動することが重要だ」と言われるものです。

自然界では、善悪にかかわらず、すべて土と密接な関係があります。食べ物は土から生まれ、排泄物も土に還ります。水が汚れていても土によって処理され、万物が衰えると枯れた枝葉も大地に落ちます。土は黙って、不平を言わずにこれらすべてを受け入れます。また、土は植物、金属、地下には火、地上と地下には水といったものを育みます。物を受け容れる能力を持つこの良き徳目が土徳であり、また『易経』の坤卦の徳でもあります。中国古代の「時の流れや自然のサイクルを理解し、その知識を生活や判断に応用することが、成功や調和を達成するために役立つ」のもこの「信の徳」に由来しています。

次に、「仁義礼智信」の五徳について、詳しく説明します。

木徳は「仁」を代表します。五臓のうち肝臓と胆のうは木に属し、木の病気の人は怒りっぽい傾向があります。仁徳は肝臓を養い、仁の心を持ち、他人や物事に対する愛情を持ち続け、殺生を戒めれば肝胆の病気を治すことができます。

金徳は「義」を代表します。五臓のうち肺と大腸は金に属し、金の病気の人は悩みやすい傾向があります。義徳は肺を養い、多くの義理心を持ち、他人の利益を思いやり、心の広さを持ち、貪欲や盗みを戒めれば、肺や大腸の病気を治すことができます。

火徳は「礼」を代表します。五臓のうち心臓は火に属し、火の病気の人は恨み深い傾向があります。礼徳は心臓を養い、礼を心に守り、邪悪な行為を戒めることで心臓の疾患を治すことができます。火は烈しい性質を持ち、急速に燃え上がりやすく、喜んでいたものでもすぐに捨てることがあり、言動に一貫性がないのは、定力が不足しているからです。

水徳は「智」を代表します。五臓のうち腎臓は水に属し、水の病気の人はイライラしやすい傾向があります。智徳は精気を養い、性格を柔和にし、思慮深く理解力を持ち、智慧を多く育てることで腎臓の病気や血液疾患を治すことができます。水は柔軟な性質を持ち、成長や発展が遅く、時には成就することも難しいです。

土徳は「信」を代表します。五臓のうち脾臓と胃は土に属し、土の病気の人は不満を持ちやすい傾向があります。信徳は気を養い、誠実で信頼できる人となり、虚偽の言葉を戒めることで脾胃の病気を治すことができます。

宋代の辛棄疾は「物に美醜はなく、過ぎれば災いとなる」と言いました。五行も例外ではありません。金旺は順調でなくなります。水旺は沈溺を意味します。木旺は孤立や逆境を意味します。火旺は悪事を企むことを意味します。土旺は無知を意味します。木が清らかすぎると芽が出ません。水が清らかすぎると魚やエビがいなくなります。土が清らかすぎると草木が生えません。金が清らかすぎると器物が作れません。火が清らかすぎると食べ物を調理することができません。したがって、人の品行もあまりに清らかすぎたり、行き過ぎたりしてはいけません。行き過ぎるとかえって害を与え、自分を損ないます。

五行は内と外に分かれます。外の五行は形、相、声です。内の五行は音、気、徳です。外の五行は表面的であり、流転する生死を司ります。内の五行は造化の核心です。形と相は見かけであり、実体のないものは真実です。前者は容易に成立しますが、完成するのは困難です。清代の学者である劉一明は『会心集』に「内の五行は精神性情気であり、外の五行は仁義礼智信である。性は木に属し、情は金に属し、神は火に属し、精は水に属し、気は土に属す」と述べました。

これらの五行の応用は、特に中医学に明確に現れています。人の五行は、形状、顔色、声、姿勢などのいくつかの側面から判断されます。まず形状を見て、次に色を観察し、順応と逆応を知ります。

木形の人は、体格が細長く、肩が高く突き出ています。顔は長く、やせていて骨が浮き出ており、青筋が浮かびます。歩くと高々として音が出ます。話す声は直接的で短く、怒りの時は顔色が青く、殺気を帯びています。また、体毛が濃い場合もあります。木形の人は勇敢です。

火形の人は、体型が丸くてふくよかで、肩が柔らかく、顔はナツメのような形で、上部が尖り中央が広く、赤みを帯びた顔色で、肉が多く横じわがあり、体の動きが速く、歩くと身体を揺らします（蛇行）。話す声は尖っており破裂音がします。怒りの時は顔が赤くなります。火は上昇する性質を持ち、急性であり、八卦の中の離卦（中央の空白）に対応し、結婚生活が美しくないとされます。ただし、研究や学問に適しています。これは心が神明を支配するためです。火形の人は強くてせっかちです。

土形の人は、体格が五短で三厚で背中が厚く、唇が厚く、手の甲が厚い、を備えています。顔は丸く、鼻が厚く、顔色は黄色で、行動力があり、落ち着きがあります。話すときには鼻音が強く、アヒルのような声を出すこともあります。怒りの時は顔色が焦げ茶色になります。土形の人は智慧があり広大です。

金形の人は、体型が細長く、痩せており、長方形の顔で、頬骨が高く、顔色は白く、眉毛が整っており、目が鮮明で、唇は薄く歯は白いです。振る舞いが軽やかで、声が大きく、怒ると冷笑することが多く、顔色はやや白いです。金形の人は頑固です。

水形の人は、体型が肥満しており、下部が尖った顔で、上部は広く下部は狭く、顎が前に突き出ており、顔色は薄黒く、太い眉毛と大きな目、濃い黒髪があります。迷いやすく心配事が多く、行動が繰り返され、座ったり立ったりしたり、寄りかかることが好きです。話す声はゆっくりと長く低いです。怒ると泣き出すことが多く、顔色は陰気になります。水形の人は短気ですずる賢いです。

中国の文化は聖化された教育であり、賢者を見て斉（ひとし）に思う文化であり、人々に正義を教える伝統です。そのため、自身の五行について話す際には、自己に問いかけることを学ばなければなりません。

金形の人が自問するには、私は誠実さを持っていますか？　物事を計算しすぎませんか？　偽りの言葉をよく言いませんか？　人に対して計算し、偽りを好むこと、笑顔を見せているが心の中では不機嫌です。他人に不快感を与えることは肺に害を及ぼします。

金は重く、休囚や空亡の場合には軽くなります。軽い場合は偽りの金となり、偽りの言葉を好む傾向がありま す。また、断定する智慧が不足しています。

木形の人が自問するには、私は仁徳の心を持っていますか？　自分の意見を持っていますか？　他人の欠点をつくことが好きではありませんか？　他人の欠点に執着すると怒りやすくなり、怒りは肝臓に害を与えます。肝臓が傷つくと慈悲や寛容な智慧が不足します。

水形の人が自問するには、私は智慧を持っていますか？ 疑い深いですか？ 間違いを認めて改善しますか？ 他人を悩ませることが好きではありませんか？ 他人を悩ませることとは腎臓に害を与えます。腎臓が傷つくと優雅な智慧が不足します。

火形の人が自問するには、私は理性を持っていますか？ 欲や争いの心はありますか？ 焦ることはありますか？ 火照りやすいですか？ 虚栄心や面子のために焦りやすくなり、焦りやすくなると他人を恨むことがあり、それによって心が傷つきます。心が傷つくと礼儀作法が欠けることになります。

土形の人が自問するには、私は忠実さと信頼性を持っていますか？ 疑い深い癖はありますか？ 度量は大きいですか？ 少しでも他人を怨む傾向があると脾臓に害を及ぼします。脾臓が傷つくと信用を失い、他人に対して多くの怨みを抱くことになります。

天はその常を変えず、地はその規則を変えず、人はその道を忘れない。五常の徳を用いて五臓の調和を保ち、五毒の病の根源を除去することで病気を治療することができます。常に自己反省し、問題があれば迅速にそれを解決します。これが性に従って命を変えることであり、「性に従うことを道とする」ということであり、運命を改善する方法です。

五行の生剋制化の原理は、見かけは単純に見えますが、実際には無限に変化するという基本的な法則があります。清代の曽国藩（そうこくはん）は次のようにまとめました。

「木は細く、金は四角く、水は豊かで、土形は厚く背が亀のようで、上尖で下が広いのが火である。これらの特徴を詳しく調べてみてほしい」

これは五行を人間の身体に適用した法則であり、中国の歴史の中で早くから存在していました。独自の創造物ではありません。この口訣は、宋代の名士である陳摶（ちんたん）の師である麻衣道者が著した『麻衣神相（まいしんそう）』からの伝承ですが、曽国藩の表現がより理解しやすくなっています。

現代の人が事物の学問を精通するためには、五行の生剋制化と旺相休囚死の奥義を深く理解し、格物致知の基礎を築く必要があります。

(5) 古代の五行の応用

先秦時代の人々が五行に精通していたのは、それが広く適用されていたからです。『戦国策・秦策』によると、甘羅（かんら）は「項託（こうたく）は七歳の時に孔子の師となった」と言いました。孔子は常に師を持たずに学んでいましたが、最も若い師として七歳の項橐が登場します。広く知られている『三字経（さんじきょう）』にも「昔、孔子は項橐を師とし、古の聖賢たちは学問を重んじて好んだものだ」と記されています。項橐は『史記』『淮南子』『漢書』などの古典にも登場します。中国全土に広まった『孔子項託相問語』は、日本や朝鮮、ベトナム、ロシアなどでも早くから伝えられていました。孔子と項託の物語の影響力の大きさがうかがえます。なぜ項託を師として尊敬したのかといいますと、項託は五行に精通していたからだと伝えられています。

三国時代の劉劭による著作『人物志』は、世界で初めての人材リソースの著作です。この書には「血気のある人々は、皆元の気を内に宿し、陰陽を受けて性格を確立し、五行を体現し形を成している。一旦形と質を備えれば、これを追求することができる」とあります。この言葉は、五行の特徴を備えていれば、法則的な研究が可能であり、特性を把握することができると人々に伝えています。事実もまったくそのとおりです。

人々は常に五行と交流しています。たとえば、水を飲む、火を使用する、金属の器具を使う、木製品を使うなど、生活の中で五行の存在が随所にあります。そして、人は三界の中に存在し、五行の中に存在するため、人の容貌も五行の法則に基づいて分類することができます。古代の文献には、これに関する記述が多く残されています。

『晋書（しんしょ）』では、竹林の七賢の嵆康（けいこう）について次のように記されています。

「康は幼少で孤独でありながら、非凡な才能を持ち、他の人々を遥かに超えていた。身長は七尺八寸で、美しい言葉と気品があり、風采があるが、土木のような体つきで、自己を飾ることはなかった。人々は彼を龍のような風格と鳳凰のような姿と見なし、彼の天性は自然そのままであった。彼は議論が得意で、文に通じており、その高慢な情熱と遠大な視野は、玄遠なものであった」

ここで言及されている「土木のような体つき」は、彼の身体の「長くまっすぐで四角い」という形状を指しています。そして、このような「土木のような体つき」（木と土は相剋関係にあり、最終的には自己破壊に至る）の「形相」は、彼の人生の結末とも一致しています。魏の元帝景元三年、嵆康は異端の流れに巻き込まれ、司馬昭によって殺害されました。このような偉大な人物が時代の犠牲となったのです。

これにより、人は五行に制約されていることがわかります。人の個人的な成長やその「形相」の五行の属性は重要な関連性を持っています。また、人の「形相」は物事の発展にも一定の影響を与えます。

嵆康だけでなく、史書には三国時代の劉曦についても記載があります。劉曦は「身長七尺八寸で風采が秀で、土木のような体つき」とされています（劉義慶『世説新語』、習鑿齒『漢晋春秋』）。また、『世説新語・劉伶質朴』には、劉伶が「身長六尺で非常に醜悴な容貌をしており、うつろな振る舞いをしているが、土木のような体つき」と記されています。『新唐書・郝處俊伝』にも、「處俊は姿勢が質素であり、土木のような体つきであったが、物事に臨むと勇気を持って発言した」と記されています。

これらの記述から、「土木のような体つき」は古代において非常に一般的な表現であり、またそれが象徴的な意味を持ち、人々はその内面的な意味を理解していたことがわかります。郝處俊の生涯と対照的に、この評価は本当に簡潔で要点を押さえたものです。

当時、唐の高宗李治は武則天に譲位しようと考えていましたが、多くの大臣は言い出すことができず、ただ中書令（宰相に相当）の郝處俊だけが率直な意見を述べて激しく反対しました。仕方がなく、高宗は譲位の計画を一時中止せざるを得ませんでした。そのため武則天は郝處俊を恨みました。しかし、郝處俊は慎重に言動し、かつ重要な地位にあったため、武則天は当面彼に対処することができませんでした。そして郝處俊は善終を迎え、75歳で病死しました。唐の高宗は郝處俊を失ったことを非常に悲しみ、その日は朝廷に出ずに彼のために喪に服したと伝えられています。

しばらくすると、武則天が即位し、太后は郝處俊に恨みを持っており、会奴（えぬ）が郝象賢（かくしょうけん）に対する反逆のでっち上げの告発を行いました。太后は周興（しゅうこう）に調査を命じ、象賢の一族に罪を被せました。司馬光は『資治通鑑』の中で、武則天が郝處俊の孫である郝象賢を陥れる動機と手段を明確に記録しています。武則天は冷酷な役人である周興を使い、郝象賢を反逆の罪で告発させ、三族を滅ぼしました。しかし、ある官吏はこれに見かねて郝象賢のために嘆願しましたが、結果として罷免されました。

郝象賢の処刑の際、武則天は、あたかも彼女の邪悪な怒りを晴らす唯一の方法であるかのように自ら刑場に現れ、処刑を監督しました。一方、冤罪を着せられた郝象賢は、武則天に対して公然と罵りました。司馬光の記録では、「宮中の秘密の悪事を暴露した」とあります。それは、武則天が宮中で行っていた恥ずべき不正な行為を公表したことを意味しています。

武則天は郝象賢の摘発に激怒し、刑の執行を待つことができず、直接殿前の侍衛に郝象賢を殴り殺させ、遺体を解体することを命じました。しかし、それでも彼女の怒りは収まりませんでした。武則天は彼の先祖である郝處俊の墓を掘り起こし、焼き尽くして骨を粉々にして捨てました。

郝處俊と嵇康の歴史的事件を通じて、「木土形骸」の人の性格的特徴が見えてきます。彼らは困難な状況でも言葉を激しく述べ、権力者を恐れない真っ直ぐな性格を持っていました。

この五行のパターンのまとめには、歴史上他にも多くの例があります。たとえば、「木が燃えて火になると乱れ、火と金が出会うと問題が起こる、金と木が交わると家が滅びる」といったものです。これらは真剣に考え、熟慮して活用する価値があります。そうすることで、人生はより洗練され、面白味に富んだものになるでしょう。

さらに、これらの叡智は、金口訣を判断する過程でもよく使われる言葉であり、少ない力で大きな影響を与えることができると実証されています。

さらなる理解については、本書「金口訣四位内五行関係」を参照してください。

以下に引用した文は、春秋時代の名相管仲の著作から抜粋したものです。四時五行に基づいた国の統治の智慧をうかがい知ることができます。

管子・『四時』

管子は言いました。政令を発布する際には四季の特徴を考慮すべきです。四季の特徴を無視すると、人々は消極的に様子を見、天の時を待ち、混乱と無知の状態に陥るでしょう。誰がこのことを理解できるでしょうか？四季を理解できるのは聖人だけです。四季を理解しないと、国家の基盤を失ってしまいます。穀物の成長の法則を理解しない国は滅びる運命にあります。だからこそ、聖人は天の道を真に理解し、地の道を真に聖智として、彼が理解する四季も正しいのです。君主が真に賢明で聖智に満ちている限り、その臣下も正しい行動をとるでしょう。君主の真の賢明さと聖智をどのように知るかという問いに対する答えは、有能な臣を選び抜くことと、真実の情報を聞き入れることに慎重であることです。有能な臣を登用することは賢明さであり、実情を聞き入れることは聖智です。真の賢明さと聖智を備えた君主は皆、天の恩寵を受けるのです。無能な臣を登用すると愚昧さが生まれ、愚昧で虚ろな君主は皆、天の災いを受けるでしょう。したがって、君主は成果を見ると臣民の功績を思い起こし、臣民はその重労を引き受けて努力し、後悔しないでしょう。君主が臣民の功績を軽んじると、臣民は怠惰になり、君主自身もますます傲慢になることでしょう。したがって、陰陽の変化は天地の根本的な法則であり、四季の運行は陰陽の基本的な規則です。刑罰と徳政は四季に適した措置を取るべきです。刑罰と徳政が四季に適合するならば、幸福が生まれ、四季に反するならば災いが生じるでしょう。

春夏秋冬の四季にはそれぞれどのようなことをすべきでしょうか?

東方は星であり、その時季は春と呼ばれ、その気は風で、風は木と骨を生み出します。その徳性は成長を好み、すべての生物が時季に従って生まれることを喜びます。この季節に行うべきことは、神の位を修理し清め、破滅と不運を避ける祈りを捧げ、正しい陽気を主とすることです。堤と坊を整備し、耕作と植物の世話をし、橋を整備し、水路を整備し、屋根を水の流れに適した状態に瓦や石で修理し、敵意と怨みを解消し、罪を許すことで四方と和を保ちましょう。こうすることで、穏やかな風と恵みの雨が訪れ、人々は長寿となり、動物たちは繁殖します。これが星の徳と呼ばれるものです。星は発生を統べ、発生は風に属します。そのため、春には冬の政令を実行すると草木は枯れ、秋の政令を実行すると霜害が生じ、夏の政令を実行すると人々は疲れ果ててしまいます。したがって、春の季節、甲乙の日には五つの政令を発布します。第一の政令は、幼い孤児を世話し、罪人を許すことです。第二の政令は、官職を授与し、報酬を与えることです。第三の政令は、解凍時に水路を整備し、墓を整備することです。第四の政令は、険しい道路を整備し、田地の境界を整え、田畑の境界を清掃することです。第五の政令は、幼い鹿を捕獲しないこと、花を摘まずに敬意を払うことです。これらの五つの政令が時節に従って実行されると、春の雨がやって来るでしょう。

　南方は日であり、その季節は夏と呼ばれ、その気は陽で、陽は火と気を生み出します。その徳性は施しと楽しみをもたらします。この季節に行うべきは、褒美や封爵、報酬を行い、各村を巡回して農業を奨励し、神への祭りを行い、功績を評価して賢者を報い、陽気の発展を助けることです。そうすることで、大暑が訪れ、時雨が降り、五穀百果が豊かに収穫されるでしょう。これが日の徳と呼ばれるものです。日は報酬を管理し、報酬は「暑」を象徴します。もし夏に春の政令を実行すると、大風が吹き起こります。秋の政令を実行すると、多くの水が生じます。冬の政令を実行すると、草木が凋落します。したがって、夏の季節、三つの月の丙や丁の日に五つの政令を発布します。第一の政令は、功績のある人々や国のために尽力した人々を調査し、昇進させることです。第二の政令は、長期間の備蓄を活用し、古い倉庫や地下貯蔵庫を開けて民衆に穀物を貸し出すことです。第三の政令は、戸口を開けたままにすることを禁止し、衽（おくみ）を下げ、冠を取らないことを許可しない、また水路と家屋を清掃することです。第四の政令は、以前に民に施しを行った者たちを訪ね、彼らに報奨を与えることです。第五の政令は、網を使用して鳥獣を捕獲することを禁じ、飛鳥を殺すことを許可しないことです。これらの五つの政令が時節に従って発布されると、夏雨がやって来るでしょう。

中央は土であり、土の徳性は四季の運行を補佐し、風雨が適切な時に訪れ、地の力が増大するようにします。土は皮膚と筋肉を育みます。その徳性は平和で均等であり、中庸で私心がなく、実際に四季を支えます。春には生育し、夏には成長を促し、秋には収穫を集め、冬には蓄積と保存を行います。最終的に大寒が到来し、国家は栄え、四方が従います。これが「歳徳」と呼ばれるものです。歳は陰陽の調和を司り、陰陽の調和は雨をもたらします。

西方は辰であり、その季節は秋と呼ばれ、その気は陰で、陰は金と甲を生み出します。その徳性は悲嘆と哀しみ、平和で公正で厳粛で慎重な性格です。居住する場所では淫乱な行為は許されません。この季節に行うべきことは、人々に淫乱な行動を禁じ、野に住む農民たちを励まし、秋の収穫を行うよう督促し、人々の財産を計測して徴収を行い、木を伐採し、材木を集め、あらゆるものを収めることで、人々が怠惰になることを防ぐことです。嫌悪すべきことは検討され、求められることは必ず実行されるべきであり、正義と信頼を保つことで、すべての事柄が成就します。これが「辰徳」と呼ばれるものです。辰は収斂を管理し、収斂は陰を象徴します。秋に春の政令を実行すると、草木は逆に発展します。夏の政令を実行すると、水が増えます。冬の政令を実行すると、国家は損傷を受けます。したがって、秋の季節、三つの月の庚や辛の日に五つの政令を発布します。第一の政令は、賭博を禁じ、些細な争いを避け、私恨や私闘を排除することです。第二の政令は、武器を使用しての功績を許さないことです。第三の政令は、野に住む農民を重視し、秋の収穫を励ますことです。第四の政令は、倉庫の欠陥を修復することです。第五の政令は、壁や塀を修理し、門戸をしっかりとしたものにすることです。これらの五つの政令が時節に従って実行されると、五穀は豊かに実ります。

北方は月であり、その季節は冬と呼ばれ、その気は寒で、寒は水と血を生み出します。その徳性は純潔で清らかであり、寛容で慎重であり、広く恕み深く、凝練された性格です。この季節に行うべきことは、人々の移住を禁じ、できる限り静かで安定した状態を保つことで、地の気が漏れることを防ぐことです。刑罰を明確にし、罪人を寛大に赦すことはせず、陰気の要求に適応するようにします。こうすることで、大寒が訪れ、甲兵が強化され、五穀が成熟し、国家は繁栄し、四方が服従します。これが「月徳」と呼ばれるものです。月は刑罰を管理し、刑罰は寒を象徴します。冬に春の政令を実行すると、地の気が漏れます。夏の政令を実行すると、雷が鳴ります。秋の政令を実行すると、干ばつが発生します。したがって、冬の季節、三つの月の壬や癸の日に五つの政令を発布します。第一の政令は、孤寡者を評価し、老人を慰めることです。第二の政令は、陰気に適応するために、神への祭りを行い、爵位や報酬を授け、官職を授与し装備することです。第三の政令は、会計の収支を評価し、山川の財宝を開発しないことです。第四の政令は、逃亡犯を拘束し、盗賊を捕えた者に報酬を与えることです。第五の政令は、移住を禁止し、流民を防ぎ、分居を制限することです。これらの五つの政令が時節に従って実行されると、冬に行うべきことは誤りなく行われ、求めることは必ず実現し、嫌悪することは制御できるでしょう。

春には草木がしおれ、秋には草木が茂り、冬には雷が鳴り、夏には霜と雪が降ります。これらはすべて気象の害悪です。刑罰と徳政が通常の秩序から逸脱し、秩序が失われると、「害悪の気象」が迅速に訪れます。そして、その「害悪の気象」が訪れると、国家は多くの災害に見舞われます。したがって、聖王は常に季節に合わせて政令を実行し、教えをもって武力を行使し、祭りの行事を通じて徳行を示していました。これらの三つの要素は、天地の運行に合わせて聖王が採用したものです。太陽は陽を支配し、月は陰を支配し、歳星は調和を司ります。陽は徳を象徴し、陰は刑罰を象徴し、調和は政務を表します。日食が起こると、徳恵が失われた国家はそれを忌み嫌います。月食が起こると、刑罰が不適切な国家はそれを忌み嫌います。彗星が出現すると、調和が失われた国家はそれを忌み嫌います。風と日光が明るさを競う現象が起こると、政治が乱れた国家はそれを忌み嫌います。したがって、賢明な君主は日食が起こると、徳政を重視します。月食が起こると、刑罰を改善します。彗星が出現すると、調和に注目します。風と日光が競い合う現象が起こると、政務を整えます。これらの四つの要素は、天地の罰を避けるために賢明な君主が採用するものです。これらを実行できるならば、五穀は繁茂し、家畜は増え、軍備も強化されるでしょう。治績が積み重なると、国家は繁栄します。正しくは、暴虐が積み重なると、国家は滅亡するでしょう。

「道」は大地を生み出し、「徳」は賢人を生み出します。「道」は「徳」を生み、「徳」は政令を生み、政令は事業を生み出します。だから、聖明なる君主は国を治める際、あらゆることは極端に走り、極限に達したら逆に転換し、終わりに近づいたら再び新たに始めることを意味します。徳の施しは春に始まり、夏に育ちます。刑罰は秋に始まり、冬に成長します。刑罰が誤っていない限り、四季は常に正常に進行します。刑罰と徳が正しい方向を逸脱すると、四季は逆行し、事業は成就せず、大きな災厄に見舞われることになります。国家には毎月三種の政務があり、季節に応じて政令を実行し、教令を通じて武事を推進し、祭りを行うことで徳行を示す必要があります。国家はこれに従って統治されるべきであり、それに従えば国家は永続することができます。この原則に合わないと国家は没落し、適切な統治がなければ国家は崩壊します。四季ごとに異なる政令が存在し、聖王の政策を厳守することで、春夏秋冬の各季節に適切な行動をとることが必要であり、また、上記の「三政」を必要な支援として同時に導入することも重要です。

第2章　干支の智慧

第1節　干支は経緯学

干支学は、古代中国独自の真理を追究するための学問です。中国文化は「虚を以って実を制す」という文化で、『六壬神課金口訣』は格物を実践する占いです。また北宋の大儒である張載が「往聖のために絶学を継ぐ」と言った「絶学」の一つでもあります。これは易学の中の干支システムや五行システムに属します。したがって、この絶学を学ぶためには、干支の関係を熟知する必要があり、『六壬神課金口訣』を理解するためには、しっかりとした基盤を築くことが重要です。

陰陽は中国哲学の基礎であり、五行は中国文化の基本的な構造です。世界は陰陽二気から構成され、基本的な要素は、異なるエネルギー性質に従って金、木、水、火、土の五つの要素に分類されます。五行は相互に作用し、相互に変換され、あらゆるものの運動、変化、発展を形成します。古代の人々は、時間と空間の変化の法則をより正確に表現するために、天文観測と地理学の知識を用いて、十進法と十二進法を採用し、神話の中で言及される神々の名前を用いて天地を分割することで、十干と十二支のシステムを形成しました。明代の史学者である万民英は、中国の古い文献の記述に基づいて、干支が古越人天皇氏によって発明されたものであることを確定し、彼の著作『三命通会』に詳しく記載しています。

1．干支の起源

歴史書によれば、黄帝時代から十二支が存在しており、それぞれが一年の十二の月令を表していました。天干の文字の記録は殷商時代に最初に見られます（これは天干が地支よりも後に作られたことを示すものではない）。

歴史家が長期にわたって蓄積した資料に基づいて編纂した史書『世本』には、「容成が暦法を作り、大撓が甲子を作った」という記述があり、「二人とも黄帝の臣下で黄帝の時代以降、60日ごとに干支を一周させ、干支を甲子と呼んでいる」とあります。大撓は、「五行の性質を使って北斗七星の運行に基づいて作り、日を甲乙と名付け干と呼び、月を子丑と名付け枝と呼び、天の事に用いるなら日を、地の事に用いるなら月を用い、陰陽の区別に基づき枝干の名がある」と述べています。

この基礎の上に、天干と地支を組み合わせて、六十甲子のシステムが形成されました。これは、年、月、日、時を表すのに最もよく使用され、甲子、乙丑などの干支が用いられています。このようにして、六十甲子年号が形成され、人々がよく知る「花甲」という言葉は、ここに由来しています（注：図の括弧内は六十甲子の納音）。

六十干支に関する起源について、宋代の徐昇の『淵海子平』の「六十花甲子納音と注解を論じる」によれば、「甲子は大撓氏によって、納音は鬼谷子によって、象は東方の曼倩子によって作成された」とあります。この書には六十甲子納音法が言及されており、それは戦国時代の鬼谷子に由来するものです。したがって、金口訣の応用において、六十甲子納音法を適切に取り入れる必要があります（注：六十干支の納音とは、それぞれの干支に納音と呼ばれる音を割り当てる方法）。

六十甲子納音

出品：十翼書院

学脉承千聖

甲子乙丑（海中金）	丙寅丁卯（爐中火）	戊辰己巳（大林木）	庚午辛未（路傍土）	壬申癸酉（釼鋒金）
甲戌乙亥（山頭火）	丙子丁丑（澗下水）	戊寅己卯（城頭土）	庚辰辛巳（白鑞金）	壬午癸未（楊柳木）
甲申乙酉（井泉水）	丙戌丁亥（屋上土）	戊子己丑（霹靂火）	庚寅辛卯（松柏木）	壬辰癸巳（長流水）
甲午乙未（沙中金）	丙申丁酉（山下火）	戊戌己亥（平地木）	庚子辛丑（壁上土）	壬寅癸卯（金箔金）
甲辰乙巳（覆燈火）	丙午丁未（天河水）	戊申己酉（大駅土）	庚戌辛亥（釵釧金）	壬子癸丑（桑柘木）
甲寅乙卯（大渓水）	丙辰丁巳（沙中土）	戊午己未（天上火）	庚申辛酉（柘榴木）	壬戌癸亥（大海水）

心源接万古

www.十翼書院.com　www.shiyishuyuan.com

干支は、古代の「天文観測を通じて正確な時間を伝える」システムから派生したものです。『史記・歴書』によると、「北斗七星が天空で指し示す方位に基づいて、十二か月を建てた」と説明されています。ここでの「建てた」とは、設置することを意味し、『説文解字』には「建てる、朝の規律を定める」とあります。『淮南子・天文訓』『史記・律書』『漢書・律暦志』などの書物には、十二支の語源が記録されており、地支の順序は、万物が生まれ、茂り、成熟し、衰退する状態を表すことが示されています。これは、春に生まれ、夏に茂り、秋に熟し、冬に衰える四季の循環パターンに対応しています。十二支は、日本人でも知っている十二生肖のことです。

十二生肖は、世界最初の詩歌集『詩経』に登場しました。『詩経・小雅』には、「吉日庚午、私が馬を選ぶ」とあります。湖北で発見された１０００本以上の竹簡でも、春秋戦国時代にはすでに十二生肖が使用されていたことが証明されています。文献によると、戦国時代の日記（放馬灘秦簡『日書』）にはすでに文字による記録がありました。それは中国最初の暦である「夏小正」（太陽暦）にも反映されており、虎、兎、龍、蛇、馬、羊、猴、鶏、犬、豚、鼠、牛の十二支が日を紀録するための順序として使用されていました。さらに、北斗の柄は毎年一月に寅の位置を指しており、宋代の朱熹は「夏は寅をもって人を正す」と述べ、夏の時代の寅を基準の正月にするシステムを重視しました。

中国の伝統文化システムである「干支」は、驚くべき大きな役割を持っているのです。

文字には、大道を体現させる力があります。文字を作った蒼頡は、形象を使って世界を認識し、すべてのものの本質を見抜きました。私たちは漢字を使うことで、いつでも万物に触れることができます。これが、古人がいう「文以載道」（文章は道理を述べて思想を表現するためにある）です。

「医易同源」は、中国文化の重要な特徴の一つで、中医学ではすべての病気が、まず精神に作用し発症し、次に気の病気、血液の病気となり、最後にあらゆる病気になると考えています。したがって、自分自身の問題はすべて、自分自身の「神」が問題を抱え、見る力を失っているためです。

干支も神の道に通じています。すべての干支には色、音、温度、味があります。天干地支の22文字だけで、あなたの一生を映し出すことができます。

著名な貴州省徳江県土家族の儺堂正壇戯『三元和会』の中の「上元和会」には、次のように書かれています。「天上の北斗七星、地上の五嶽が乾坤を守る。今は東南にあり、また北西にもある。六十干支が人々を統治する」（顧朴光の三元和会と儺堂戯より）

干支はそれぞれ五行の属性を持っているので、五行間の相互作用に伴い、干支間には合、害、刑、衝などの関係が生じます。それによって古代の人々はこの関係を基に、万物の法則を探究するためのさまざまな方法を総括し、多元的な体系を形成しました。これは古代易学が形成された大まかな経緯で、その中には『金口訣』も含まれます。

『金口訣』は干支の利用に非常に精巧に取り組んでおり、「茫茫たる乾坤を一袖に納め、天地の幽冥を自在に飛翔する」という表現があります。

実際に利用する際には、干支エネルギーの体感過程は修行の一種であり、自分自身の感性が世間の変化にどのように応じて変化するかを不断に見つめなくてはいけません。

古代から、大智者は天地を実践し、小さな利益に関心のある聡明な者は名声や利益を実践してきました。

大智者は、天文学や地理学を研究し、天地の法則を理解します。そして、天文学と地理学の基本的な内容である干支は、入門の階段になるわけです。北宋の邵雍は、「十干は天を表し、十二支は地を表す。干支は天地を配合するために使用される」（『皇極経世・観物外篇』）と言いました。つまり、天干地支は干が天を象徴し、支が地を象徴し、それぞれの変化を表します。また、「干支とは陰陽の変化であり、陰陽とは生死の玄関である」（『奇門大全・序』）とも言われています。天干は天からの介入を、地支は大地からの支持を表しています。天干地支は四季が交錯し、年々同じような花が咲きますが、年々異なる花が咲くこともあります。これからも、干支学の重要性がわかります。

干支は古代の蒙学の基礎であり、広く知られていました。科挙試験が１９０５年に廃止されるまで、人々は干文学に非常に精通していました。

また、歴史の中で、干支の内容を生き生きと活用した事例もたくさんあります。

⑴　漢代の規定によれば、博士の弟子になるには、六経のうち一つを習得すれば、試験に合格して官になることができました。成績が甲科の者は郎中になれ、成績が乙科の者は子舎人になれ、成績が丙科の者は文学掌故に補任されます。有名な成語「鑿壁偸光」の主人公である匡衡は、九回も受験した末にやっと丙科に合格し、太原郡の文学卒史になりました。

⑵　『三国志』に記されたところによると、東漢末期（約1900年前）、孫権の側近に呉範という大臣がいました。ある時、孫権は武漢地区の行政官である江夏太守・黄祖を攻撃することを考え、呉範に意見を求めました。呉範は、「今すぐ攻撃しても良い結果は得られません。来年攻撃するのが良いでしょう。そのときは順調に進むし、来年は戊子年で、荊州の劉表は病死し、彼の国は滅びるだろう」と述べました。しかし、焦りを感じた孫権は彼の意見に従わず、攻撃をしましたが、当然のことながら成功しませんでした。

その翌年、劉表は劉備の助言を聞かず、多くの機会を逃し、敗北を招き、やがて彼自身も病で亡くなり、彼の領地は徐々に分割されていきました。このとき、黄祖は彼の最大の残党であったので、孫権は引き続き兵を発し、黄祖を攻撃しました。軍隊が湖北省黄梅市の南西にある尋陽に到着したとき、呉範は天象と風象を観察し、船に乗って喜報を伝え、部隊に急いで前進するよう促しました。江夏に到着した後、彼らは黄祖を打ち負かしましたが、黄祖は夜の闇に紛れて逃げることができました。孫権は彼が逃げのびてしまうことを心配していましたが、呉範は、「彼は遠くまで逃げることはない。生きたまま捕まえられる」と言いました。五更（凌晨3～5時）になると、確かに黄祖を捕まえました。

干支が壬辰年になった5年後、呉範は再び孫権に、「2年後の干支が甲午年の時、劉備は益州を手に入れるだろう」と言いました。しかし、しばらくして孫権の部下である大将呂岱が蜀国から戻ってきて、白帝城（重慶市奉節県）で孫権と会いました。呂岱は、「劉備の軍隊は四散して逃げ回り、死者は半数を超え、蜀国を手に入れるのは不可能である」と報告しました。孫権は呂岱の報告を聞いて、呉範を試すために呂岱の報告を伝えました。しかし、呉範は、「私が言っているのは天道の規律であり、呂岱が言っているのは彼が見た人事の結論である。人事現象がどのように変化しても、最終的には天道に従う必要がある」と言いました（南宋の陸九淵は「物事はその理を見るべきであり、人物に囚われてはならない」と言っている）。それを聞いた孫権は何も言わず、結果を待つしかありませんでした。後になって、事態は実際に呉範が言ったとおりに進展し、劉備は蜀国を手に入れました。呉範の智慧は一般人を遥かに超えていたのがおわかりになるでしょう。

　孫権が大将の呂蒙たちと会談したとき、関羽を奇襲することを提案しましたが、多くの人が実行不可能だと言いました。その後、孫権は呉範に相談したところ、「必ず成功するだろう」と答えました。やがて、関羽は敗北し、麦城（湖北省当陽市）に撤退しました。孫権は使者を派遣して説得を試みましたが、関羽は逃走しました。孫権は呉範に「関羽は最終的に降伏するか？」と尋ねましたが、呉範は「関羽は逃げ出す気配がある。もしあなたに降伏に同意すると言ったら、それはあなたを騙すことになる」と答えました。孫権は潘璋を派遣して、関羽に会談を求めましたが、偵察に派遣された人が帰ってきて、関羽が逃走していることを報告しました。そのとき、呉範は「彼は逃げているが、まだ捕まえることができる」と言いました。孫権は呉範にいつ捕まえられるか尋ねたら、呉範は「明日の正午」と答えました。孫権は時計を見ながら待ちましたが、翌日の正午になっても何の知らせもありませんでした。孫権は呉範に「なぜ捕まえられないのか？」と尋ねましたが、呉範は「急がないでください。今はまだ正午になっていない」と答えました。言葉を終えた瞬間、風で小旗が揺れたのを見て、呉範は両手を打ち鳴らして「関羽を捕まえた」と言いました。やがて、軍営の外から「万歳」という声が聞こえ、孫権に関羽が捕獲されたことを報告しました。その後、孫権と曹操の関係が改善されたとき、呉範は「天道から見ると、曹操は表面的に私たちと和解しているが、内心では計画を練っている。早めの準備が必要である」と言いました。

　また、劉備が選りすぐりの部隊を率いて西陵（湖北省宜昌市の北西）に到着し、孫権との対決の準備をしていると、呉範は孫権に、「心配することはありません。最終的な結果は、双方の間で和平関係が結ばれるでしょう」と言いました。

呉範の予言はすべて実際の進展と完全に一致しました。彼は物事の天道の法則に対する理解が非常に深かったのです。

(3) 北京翰海(かんかい)2005年春季オークションでは、2227・5万元の高額で、注目すべき五つの北宋の名士の書簡が取引されました。この五つの北宋書簡には、北宋の宰相富弼(ふひつ)の「儿子帖(アルズティエ)」が含まれており、「息子は性格が鈍く、考えを変えることができない。都では年長の人たちと親しくすることができずにいるので、あなたが時々息子に会って、どうか、あらゆることを教えていただくことを願う。それではこれは丙去してください。また後日お目にかかりたい」と書かれています。この秘密裏に取引されたメモ用紙は、なんと462万元で落札されました。

もし干支を理解していなければ、「これは丙去してください」の意味がわかりません。五行説において、天干「丙」は火を表し、文中の「丙去」は、焼却することを意味します。

(4) 干支を理解しなければ、二十四節気を正確に理解することはできず、健康について言及することはましてや不可能です。

たとえば、毎年夏には「三伏天(さんぷくてん)(初伏・中伏・末伏の総称)」が訪れますが、この三伏天は太陽暦の7月中旬から8月中旬にかけてどのように計算されるのでしょうか?

実は古代には、初伏は夏至から三番目の庚日から10日間、中伏は夏至から四番目の庚日から立秋の前日の一番目の庚日まで、末伏は立秋の後の一番目の庚日から10日間というように記録されていました。ただし、中伏の日数は決まっておらず、年によって10日間の年もあれば20日間の年もあるため、三伏天の日数も異なり、毎年30日間または40日間になります。この陽気が昇り湿気を取り除く好機は、日光浴をして健康に過ごすための絶好の期間です。

さらに、干支と二十四節気の関係は密接で、清代の陸以湉（りくいてん）の『冷廬雑論（れいろざつろん）・天時』にはこうあります。

「立春後五つの戊の日は春社、立秋後五つの戊の日は秋社となる。芒種の後、丙の日から発酵が始まり、小暑の後、丙の日で発酵が終わる。夏至後の一日目から、三日目の初め、五日目の2時、七日目の終わりには南風が必ず吹き、十日以上も続くと『起踔風（きしょうふう）』と呼ばれる。これはすなわち、『万里初来船踔風』という詩にあるような風である。夏至の後の三つの庚から初伏が始まり、四つの庚から中伏が始まり、立秋後の初めの庚から末伏が始まる。冬至の日から数えて九日目から、9日毎に81日間続く。大寒の後に戊の日があれば、腊が始まり、立春の日に終わる。春分や秋分の後に戊の日があれば、それが社日となる。また、夏至の後の五つの庚の日が末伏となるという説もあるが、それは誤りである」

これからわかるように、干支とその日数の記録方法を理解していなければ、二十四節気の気勢を正確に理解することはできず、良い日々を送ることもできないのです。

(5)　清朝乾隆（けんりゅう）年間、大臣の劉墉（りゅうよう）は非常に才能に溢れた人物でした。ある日、臨機応変な問題を好む乾隆皇帝は、突然劉墉に、「京城の九門から、一日に何人が出て、何人が入るのか？」と尋ねました。極めて聡明な劉墉は、すぐに二本の指を立てて、「二種類の人がいます。男性と女性です」と答えました。乾隆皇帝は笑って頷きました。

次に、「国内で一年にどのくらいの人が生まれ、死んでいるのか？」と尋ねました。劉墉は指を曲げ、何かを推測しているようでしたが、やがて「皇上にお答えします。大清国全体で、一年に一人が生まれ、十二人が死亡します」と答えました。乾隆皇帝はまたも不思議そうに「そのまま行くと、国に人がいなくなってしまうではないか？」と尋ねました。劉墉は説明しました。「そういうことではありません。私の計算方法は、人の生まれた年の干支に基づいています。たとえば、今年が午年であれば、何人生まれても、すべて馬に属するので、一人が生まれると言っています。また、一年のうちに十二種類の干支に属する人が死んでしまうので、十二人が死亡すると言っています」。乾隆皇帝はこれを聞いて大いに喜び、また劉墉の才能にさらに感嘆しました。

(6)　1928年に浙江省で行われた県知事試験の問題の一部です。問題文は以下になります。
「甲と乙の二人は、己と庚の二人と対立していました。そこで、丙丁戊の三人を誘い、武器を持って己を襲撃しようとしますが、戊は途中で逃げ出しました。己の家に着いたときに、己は外出していたので、甲と乙は己の妻と娘を殴りました。丙と丁はそれを阻止できませんでした。その後、庚の家に行き殺害しようとしましたが成功しませんでした。甲と乙は追跡してきた警察官に抵抗したので、乙は銃で殺害され、逃げた甲の首には賞金がかかりました。丙と丁は逃走しましたが、次の日、二人は自首し、戊と己は警察によって拘束されました。この事件の裁判についてどう考えますか？」

この問題からもわかるように、天干地支の内容は民国時代に一般的に普及していたのです。

(7)　1927年6月1日の夜、劉節（元中山大学歴史系主任）と謝国楨（南開大学や中国科学院哲学研究所に勤務）は北京の清華西院18号の王国維の家で、陰陽五行の起源について話し合い、また日本の学者が天干地支の研究で得た成果と課題についても議論しました。翌日、王国維は亡くなりました（「劉節日記」より）。これは、現代の学者も天干地支の内容に非常に重要性を置いていることを示しています。

(8)　現代は、科学技術の発展によって、考古学の研究も進歩しており、2008年に清華大学に収蔵された戦国時代の竹簡に「宝訓」という文章があります。内容は、周の文王が死の直前の戊子の日に顔を洗い、息子の武王を呼び寄せて大切な教えを伝えたものです。「保訓」の冒頭には、時間の表示として干支が使われており、「隹王五十年、不豫、王念日之多歴、恐墜保（宝）訓、戊子、自靧水、己丑、昧〔爽〕……」と記されています（中国史研究2009年第3期、李学勤「清華簡〈宝訓〉解読補正」より）。

先秦の史書である『逸周書』は、通常『周書』とも呼ばれ、広く知られた『左伝』『国語』『墨子』『戦国策』など多くの書物に引用されています。現存する『逸周書』は70篇あり、そのうち25篇には日付が記録されており、干支による時刻の記録が広く使われていたことがわかります。

たとえば、①「酆保」には「二十三祀、庚子朔、九州の諸侯たちは周に従う。王は酆にあり、昧爽のうちに少庭に立つ」とあります。

②「小開」には「三十五祀に至った王は、口数が多いことに気づいて正月の丙子にお参りし、食事を決める」とあります。

③「宝典」には「三年目の二月、丙辰の朔日、王は鄗にいて、周公旦を招いた」とあります。

④「世俘」には「一月の丙辰日、生魄が現れ、翼日の丁巳日に、王は周から進軍して商王紂を征伐した。二月過ぎ魄死す、五日甲子の朝に商に至る」とあります。

『左伝・昭公三十一年』にこうあります。

「十二月の辛亥朔日に日食が起こった。その夜、趙簡子は、童子が歌いながら回る夢を見た。翌朝、史墨に占いを依頼し、『私はこんな夢を見たが、日食が起こったのはなぜだろうか?』と尋ねました。史墨は『六年後のこの月になると、呉が楚の都郢に入るかもしれない。しかし、最終的には失敗するだろう。郢に入るのは庚辰の日で、日月は辰の末にある。庚午の日に、日が災いを受け始め、火は金を制するため、失敗するだろう』と答えた」

以上の文献から、天干地支の内容が周代において広く普及していたことがわかります。天干地支の内容は、商朝の甲骨文に多く記載されていただけでなく、周代の貨幣にも祭祀に関連する言葉や吉祥語句がよく鋳造されていました。また、十二支と時辰の対応が広く普及していたことも記録されています。

たとえば、平肩弧足空首布は、周初期に鋳造された貨幣の一つで、通常は大、中、小の三種類に分かれます。大型のものは長さ10センチメートル、幅5センチメートルほどで、重さは約35グラムです。銅製で精巧に作られた形の整っている周初期のものです。貨幣には、単語や数の記録、干支の記録、縁起の良い言葉など約１８０種類の内容が多く記されています。その銘文には、「卯」「牛」といった組み合わせの文字もあり、卯時の祭祀に用いられる供物を指しています。これにより、十二支と時辰の対応が広く普及したことが示唆されています。

周朝の教育制度では、明文で教育方法が字学、小学、大学の順であることが規定されていました。その中で、

「字学」というのは幼児教育として、「六甲六書」という核心内容を持ちます。つまり、小学に入る前に、漢字の造字方法と六十干支の完全なシステムを熟知します。この基礎は、中国古代学問の根本であり、諸子百家の源泉や中国の智慧の源泉でもあります。

「六甲」とは、甲子、甲戌、甲申、甲午、甲辰、甲寅のことを指します。「六書」とは、『周礼』に記載されている六つの文字のことを指します。班固は『漢書・芸文志』で、「周官の保氏が国子を育て、六書を教えた。つまり、象形文字、事物文字、意義文字、音声文字、転注文字、仮借文字という造字の基本である」と述べています。私たちが今使用している六書の順序も、班固の順序に従っています。東漢の許慎は、六書について「周礼で8歳になったら小学に入り、保氏が国子に教えるとき、最初に六書を教える。一つめは指事文字で、見て認識し、察して意味を理解する。二つめは象形文字で、物を描いて体の形を追求する。三つめは形声文字で、事物を名前にして比喩的に表す。四つめは会意文字で、類似するものを合わせて意味を表す。五つめは転注文字で、同じ意味を持つ言葉をまとめて考える。六つめは仮借文字で、もともとその文字が存在しないため、音に従って意味を借りる」と解説しています（『説文解字・序』より）。

この後、『漢書・食貨志上』には、「8歳で小学に入り、六甲五方書計のことを学び、初めて家族への礼儀を知る」と記されています。また、『南史・隠逸伝上・顧歓』にも、「年が6、7歳になると、六甲の背景を推理できる」と書かれています。南朝（陳朝）の沈炯は、「六甲詩」という作品を残しています。唐代の偉大な詩人である李白は、5歳のときに学習を始め、『上安州裴長史書』によれば、「5歳で六甲を暗唱した」とあります。子供たちは六甲や六丁を書き終えると、必然的に六十干支を書くことができるようになります。天干地支を理解することができれば、時を知ることができ、24節気や72候、28星座を理解することができます。人生は天とつながりを持つようになるのです。

現代の人々には、これらの知識を理解するために多くの障壁があります。たとえば、時刻については、天干地支の対応関係を知らなければ、古代の著作を理解することができません。宋代の范成大の『梅雨五絶』を例にとると、「乙酉甲申は雷雨に驚くが、それを乗り越えれば芒種には晴れる、苗を植える前には早生の籼稲を植え、少し我慢して待てば米が炊ける」とありますが、最初の一文で障壁にぶつかります。「乙酉甲申」とは何か？天干地支の内容を知っていれば、「乙酉甲申」は乙酉日の午後の甲申時（3〜5時）を指し、そのとき彼は雷雨に驚かされたのです。

古人の毎日の時報方法である「打更」について言及します。具体的には、一更天は夜の戌時、二更天は夜の亥時、三更天は夜中の子時、四更天は早朝の丑時、五更天は夜明けの寅時となります。『華厳経・文殊菩薩清浄行品』には「朝寅旦から夕暮れまで、すべての生きものが自分自身を守ります。もし、あなたがこの地上で死んでしまったなら、すぐに清浄な土地に生まれますように」と記されています。ここでいう「寅旦」とは寅時を指します。

古代の人々は「更点」を非常に頻繁に利用し、特に三更天には睡眠が必要であると強調していました。というのは、その時間帯は肝経が通りやすい時期であり、規則的な睡眠は肝臓にとって良いとされていたのです。古代の官僚は五更に朝廷に向かう準備をし、点卯（卯時）になると朝廷に出向き、辰時になってから解散し家に帰るようになっていました。つまり、官僚たちは夜明けに起き、数時間後に家に帰れるようになっていたので、一般的には朝9時頃に一食、午後5時頃に一食とる習慣があり、一日に二食、朝9時から夕方5時までの勤務となっていました。この呼称は今でも日本で使用され、朝食と夕食と呼ばれています。

「打更」という言葉が登場した後、「打点」が現れました。古代の人々は、一つの「更」を五つの「点」に分け、各「点」が約24分間続きました。「点」の起源はもともと楽器で、小さな銅鐘のような形をしており、中央が膨らみ、両側に小さな穴がありました。更夫は縄を穴に通し、「点」を手首に結んで、時報の際に手で「点」を打ち鳴らしていました。後に時間単位や人間関係の代名詞として派生しました。『紅楼夢』には「鳳姐が３００銀子を持って彼と打点に行った」という例があり、これは言葉の異化の一例です。

これらの伝統文化の基本的な内容は、中国民族の生活と密接に関係しています。中国の民間宮殿、「山西の紫禁城」と「華夏民居第一宅」とも呼ばれる王家の大邸宅には、「寅賓」という額が門楼にあります。多くの古い邸宅にも「寅賓」の額がありますが、現代の人々の多くはその意味を知らないのが残念です。

「寅賓」とは、寅の時間に太陽が昇り、光が訪れることに関連しており、光をもたらす客人を迎えることを意味しています。古代には「迎寅」とも呼ばれ、最初に見られたのは『尚書・堯典』で、「寅時に客は去り、通常は東より仕事を始める」と記されています。太陽は毎日寅の時刻に東から昇ります。また、『書伝』には「春分になると日を迎える」とあります。「寅時に太陽が出るとは春分を指す。これを知る人は、日は春分より長くなることを知っている」と説明されています。『儀礼経伝通解』によれば、この日には王が東郊で太陽を迎え、恭しく日の出を迎えたとされています。その後、人々は東門を「寅賓門」と呼ぶようになりました。現在でも湖北省荊州市の古城壁に「寅賓門」が残っています。

唐代の文学家独孤授は、散文『寅賓出日賦』を伝えています。宋の第4代皇帝仁宗は、自らが老師である張士遜に向けて「寅亮天地弼予一人」という詩を贈りました。感謝の気持ちを表し、老師によって自身が啓発され、事業を支援されたことを表現しています。また、青島嶗山の最も理想的な日の出を観賞できる場所は、仰口の「獅子峰」であり、獅子峰への登山道には、明代の進士である陳沂が刻んだ「寅賓洞」という碑があります。その後、「獅峰賓日」は嶗山の有名な景観となりました。

さらに、人間の誕生も「迎寅」と関係があります。清代の馮楚瞻の著書『馮氏錦囊秘録・雑症大小合参巻一・水火立命論』には、「人はどうやって生まれるのか？　火によって生まれる。人は寅に生まれ、寅は火である。火は陽の体である。造化は陽を生まれる根とする。人は火を命の扉とする」とあります。

これらの歴史を理解しなければ、その文化的背景を完全に理解することはできず、生活に組み込むこともできません。

干支は、中国文化に最も影響を与えたものの一つです。古代の人々は、60の干支が天兵天将と関係があり、人々を守護すると信じていました。小説『封神演義』では、姜子牙（太公望）が封神する際にも60の干支が含まれており、中国の宗教施設の元辰殿は60の干支の神々を指します。西洋の教育は二つの学校制度、すなわち学校と教会があり、子供たちは学校を出た後、教会で精神的な洗礼を受けます。一方、中国の教育は三つの堂制、すなわち学堂、祠堂、そして中堂があります。子供たちは学校を出た後、祠堂に入り、次に家に帰る前に中堂を通ります。祠堂は祖先を祭る場所であり、中堂は感謝する場所です。古代の伝統的な建物の中庭には、通常、「天地君親師」と書かれた額が掲げられています。これは人々に、天地がなければ人間社会は存在しないので、天地に感謝すること、君がいなければ社会と個人の命が無秩序になるので、君に感謝すること、父母がいなければ私たちの肉体生命がないので、父母に感謝すること、そして教師がいなければ私たちの精神生命がないので、私たちに智慧を与えるものすべてに感謝することを伝えています。

「天地君親師」の両側には、「六甲六丁」と「歴代祖先」と書かれています。「六甲六丁」は、祝福を与えることができる天官を表しています。当時の医療条件には限りがあったため、妊娠して出産することのリスクは大きな問題でした。そのため、古代では妊娠を「身懐六甲」と呼び、天官が祝福を与えて腹中の子供が安全に生まれ、健やかに成長することを願っていました。

史料文献には、『隋書・経籍志三』に「六甲貫胎書」が記載されており、唐代の『道教義枢（ぎすう）・巻四』の「五蔭（ごいん）義（ぎ）」では、「身懐六甲」に対する異なる解釈があります。「六家」とは、「一甲寅木、主に骸骨。二甲辰風、主に気息。三甲午火、主に温暖。四甲申金、主に歯。五甲戌土、主に筋肉。六甲子水、主に血液」とされ、六甲と人体の形態や機能が関連していることが示されています。

特に、甲辰は気息を、甲午は温暖を支配するため、これらは人の生命運動を構成し、六家は人の身を成すのに役立っています。これは、筋肉、骨骼、血液、歯爪だけでなく、呼吸、運動などの生命機能にも関係し、人体の最も重要な六つの臓器にも対応します。したがって、人体の形態、機能、および生命特徴がすべて完全になります。これが女性の妊娠が「身懐六甲」と呼ばれる理由でもあります。

先秦時代の書物『六韜（りくとう）・龍韜（りゅうとう）・五音（ごおん）』には、武王が太公望にこう尋ねたと記録されています。

「古代の三皇の時代には、空の情が強いものが制御していた。文字は存在せず、すべて五行によって行われていた。五行の道は、天地の自然に基づくものである。六甲の分類は微妙な神秘を表すものである」

これにより、古代では干支学が人々の生活のあらゆる側面に及んでいたことがわかります。

『孫子兵法・火攻』には、「火を起こすのには時があり、火を制するには日がある。時とは、天気が乾燥している時であり、日とは、月が箕(き)、壁(へき)、翼(よく)、軫(しん)にある時である。これらの四つの星座の日は、風が吹く日である」とあります。

また、『六韜・虎韜(ことう)・累虚(るいきょ)』には、「将軍は、天の道を上知し、地理を下知し、人事を中知しなければならない」とあります。つまり、干支を知らず、天人一体の道を理解していなければ、将軍にはなれないのです。これが兵家の基本的な基準となっています。

『黄帝内経』には、「年の加わり方、気の盛衰、虚実の起こり方を知らなければ、医者になることはできない」とあります。天気の周期的な変化を理解していなければ、良い医師にはなれないのです。これが『黄帝内経』の基本的な基準です。

古代の人々は干支の学問を通じて気象変化を理解し、それを農業の指導に利用していました。たとえば、古代には「立春日の歌訣」というものがあります。以下はその一節です。

「陰と陽は同じ源から生じ、自然の変化はすべて天によるものである。立春の日を見て、甲乙の年は豊年となる。丙丁の年は大旱魃に見舞われ、戊己の年は耕作に適している。庚辛の年は人々が安定しない、壬癸の年は水が川を満たす」

これは先人たちの智慧であり、玄妙を悟り、大いなる智慧をもって人々を導くことができ、虚と実を見極め、天地を一つに見通すことができるのです。

第2節　干支と天の時

上述した管子の著作から、管子が天干地支に熟知し、驚くべき方法で活用していることがわかります。干支の学問に熟達した管子は、わずか3年で斉国を諸侯の中のトップにしました。大智がなければ、どうやってこのような高い境地に達することができたのか、本当に感嘆すべきことです。

天干地支

干は、十天干の甲、乙、丙、丁、戊、己、庚、辛、壬、癸のことです。

支は、十二地支の子、丑、寅、卯、辰、巳、午、未、申、酉、戌、亥のことです。

周朝の教育制度では、子供たちは「六甲六書」から学ぶことになっていました。そして、元和二（西暦85）年に、東漢の第3代皇帝である光武帝の孫で、明帝の第5子である章帝の時代に、干支が中国民族にとって、最も根幹となる色と印を確立しました。章帝は精力的に治政を行い、「明章之治」と呼ばれる有名な治世を実現しました。農業や産業に重点を置き、章草の書体を作り、全国的に干支の紀年を導入し、今日に至っています。

２０００年以上前の人々は、干支の熟知をもって、その活用を実践していました。

たとえば、３８５年、東晋の時代において、まさに大地震に匹敵する大事件が起こりました。それは、謝安が亡くなったことです。

謝安は淝水の戦いで大勝利を収めた後、勝利に乗じて北伐を計画し、北方を奪回することを決意しました。半年の準備を経て、すべてが整い、謝安自ら指揮を執って出陣します。同年1月、謝安は広陵に到着した後、残念なことに病気になります。彼は急いで北伐計画を中止し、治療のために都に帰ることにしました。そのとき、二つの不吉な兆候が現れました。一つは、謝安が出発する際、戦鼓が不可解にも突然壊れたこと。二つめは、謝安は常に注意深く決して間違えなかったのに、このときは信じられないほどの誤った言葉を口にし、周囲の人々を驚かせました。謝安が西州門に急ぎ入る時、かつての夢を思い出しました。それは、彼が桓温の輿に乗って16里を走った後、白い鶏を見たところで止まったというものでした。謝安は憂いを帯びて周囲の人々にこう語りました。

「桓温の輿に乗ることは、彼の地位を引き継ぐことを意味しており、16里を走ったのは、16年前から今までのことです。鶏は酉で、今年はちょうど酉年です。私の病気は治らないだろう」

結果的に、謝安はすぐに亡くなりました。享年66歳です。この話は、謝安が干支に通じており、干支が人生に重大な影響を与えることを示しています。

晩唐の詩人羅隠が書いた有名な詩「籌筆驛」があります。

南陽を捨てて憂いを主とし、北への遠征と東方への討伐に万全の準備をする。
時が来れば天と地は力を合わせてくれるが、運が去ると英雄は活躍できない。
千里の山川は子供のように軽々しく、二度の政権で権威をもったが譙周を恨む。
ただ残された私の心の中には、石の下の情熱的な水があり、年々驛を流れ続けている。

この詩は、羅隠が四川省広元を通り過ぎた際に、かつて諸葛亮がここにいた光景を思い出して詠んだものです。詩は、かつて諸葛亮が南陽の臥龍崗を去り、主君の劉備のために国と天下を案じ、南征北伐し、最高の智慧と才能を捧げたことを表しています。当時、彼が持っていた力は天地から授かったものであり、「空城計」や「草船借箭」など、多くの戦略で勝利を収めました。しかし、時運が逃げる時は、どんな英雄であっても活躍の場はありません。たとえば、司馬懿を火攻めにしようとした時、計画は完璧だったはずなのに、天候が悪くなり、「家虎」の司馬懿は逃げることができました。また、千里の山河は、彼の野望を実現するのを妨げました。

「両朝に冠剣して譙周を恨む」とは、諸葛亮が劉備と劉禅の両朝で剣を佩くほど偉大でしたが、譙周を恨んでいたということです。なぜかというと、諸葛亮が亡くなってから、譙周が劉禅を降伏させたからです。当時、諸葛亮は譙周を劉禅に推薦しました。譙周は『三国志』の著者である陳寿と劉禅の師であり、天文学に通じた一代の大儒でした。

当年、劉璋が劉備に投降しようとした時、群臣は言葉を失っていましたが、天文を観測する譙周だけが劉璋に投降を勧めました。そして、劉璋は譙周の意見を聞き入れ、劉備に降伏したのです。このとき、譙周はわずか20歳でした。後に、劉禅が即位すると、諸葛亮は北伐を行うことにしました。譙周は天文を観測して時期尚早であると考え、諫めましたが聞き入れませんでした。結果的に、諸葛亮の最初の北伐は失敗に終わるのです。その後、姜維が諸葛亮の遺志を継ぎ北伐を続けます。譙周が再び諫めても効果がなく、彼は「仇国論」という文を書いて、姜維の失敗を非難しました。

蜀漢が滅亡した後、譙周と一部の蜀漢臣下は洛陽に移り、官吏となりました。そのとき、蜀郡の文立が洛陽から蜀国に帰る途中、漢中を通り、譙周を訪ねましたが、残念ながら譙周は病気のため話ができず、代わりに「典午忽兮、月西没兮」という八つの文字を見せました。彼はすぐにそれを理解しました。典は司、午は馬、典午は司馬を指す暗示であり、月西は8月を指し、司馬昭が8月に死ぬことを示唆しています。その後、譙周が言ったことは的中しました。後に、辞官した陳寿が先生に別れを告げる際、譙周は彼にこう言いました。

「孔子は72歳まで生き、劉向と揚雄は71歳まで生きた。私は孔子と比べることはできないが、劉向と比較することはできる」

当時、譙周はすでに70歳で、自分が来年死ぬことを知っていました。結局、彼は次の冬に亡くなります。古より、高人とは生きていることを理解している人のことです。

天地の間には「陰と陽の道がある」と言われ、死があれば生もあります。南朝の陶弘景の『養性延命録』には、妊娠に適した毎月の日干支という興味深い記述があります。

「吉日には、春に甲乙、夏に丙丁、秋に庚辛、冬に壬癸、四季の月には戊己、すべて旺相の日がよい。お祝いの会に使うのもよく、長生きを願い、子供を持つことを望むならば必ずこの日を選ぶべきである。そうでないと忌み、病気を引き起こし、子供が生まれても短命に終わる」

孟子は、「智慧があることは、勢いに乗ることには及ばない」と記しています。この言葉は真理です。

日本文化は、中国文化に深い影響を受けています。隋唐時代から日本の指導者は、中国文化の精華を吸収して、民衆を教化するために、中国文化を国内に普及させました。その成果は多岐にわたります。

特に、干支システムの内容に関する応用は顕著です。たとえば、本間宗久（1724〜1803年）は、江戸時代の「伝説の米商」といわれる著名な相場師（現代でいう投資の大家）で、ローソク足チャートの発明者でもあり、当時日本一の富豪でもありました。

彼は、唐代の六祖慧能の「風が吹くと幡が揺れる」の物語からインスピレーションを受け、中国の五行と天干地支の変化の法則を利用して米の取引を行ったといわれます。彼は、日々の干支の法則について非常に精通しており、丑日、戌日、八専日、鳳凰池日、成就日など、中国の伝統的な文化となる干支哲学の内容がすべて、彼が取引時に行う技術分析の重要な参考資料になっていました。これを基に、彼は先物取引の神のようになり、驚くべき財を生み出しました。

彼が米相場において採用した取引戦略は、現代の日本の投資家が用いるローソク足チャートの方法です。本間宗久の米相場のキャリアは、故郷の港町山形県酒田市の米取引市場から始まったので、その取引方法を「酒田戦法」と呼びます。

そして彼が著した『本間宗久翁密録』は、「行情の神」という名声で先物取引・株式市場において広く知られ、今なお根強い支持を受けています。

その後、本間宗久はこれらの業績により当時の天皇によって大蔵省の大臣（財務大臣）に任命され、武士に叙せられ、まさにその右に出る者はいませんでした。これが干支の素晴らしい使い方です。

時間には時間の力と顔があります。「時を得れば天地のすべてのものは力を与えてくれるが、その運が去れば英雄ですら自由にできない」（唐の詩人羅隠の『籌筆驛（ちょうひつえき）』）。つまり、「時に合わせて進む」（『易経・艮卦（ごんか）』）ことがいかに重要かということがわかるでしょう。

さらに、かつて唐太宗は「銅を鑑とし、衣冠を正すことができる。人を鑑とし、得失を明らかにできる。歴史を鑑とし、興亡を知ることができる」と言いました。本間宗久が中国文化の智慧を借りて彼の人生を輝かせた素晴らしい例を通じて、私たちは「得失を明らかに」、そして実践は言葉に勝ることを理解できるかもしれません。そして、古代の偉大な学問である絶学を伝承し、途中で諦めないことが大切です。

では、常に言われる「医易同源」は、どのように証明できるのでしょうか？

それは、古人が干支の理解と応用に非常に熟知し多面的だったからです。中医学も干支の智慧を離れることができません。

かつて、唐代の薬王孫思邈（そんしばく）の『千金要方（せんきんようほう）』の「肝臓篇」には、「肝疾患は、秋の庚辛日に鶏肉を食べ西へ行くと発症する。家の中で血の臭いがし、女性がこれにあって、金銀の物を身につけていると災いになる」とあります。肝臓は五行の中で木に属し、西、鶏、秋、庚辛日、血の臭い、金銀の物はすべて金に属します。したがって、肝臓病患者は鶏肉を避け、金銀のアクセサリーを身につけることは避けるべきです。病気の発症は秋の庚辛金日（金月金日で、木を最も制する時期）に最も明確に現れます。孫思邈が干支の学問に通じていなかったなら、このように微細な総括を書くことはできなかったでしょう。そして、現代の医者で、この天地の氣息について理解できる人は非常に少ないのです。したがって、中医学が衰退してしまったのは当然のことです。

ただし、技術だけでなく、道徳的な観点も重要であることは明らかです。

「道のない者は、必ず天罰を受ける」（『黄帝内経・素問・天元紀大論』）

『黄帝内経・素問・至真要大論』には、岐伯の言葉が記されています。

「年を司り、物を備えると、遺漏する主はない」

つまり、天地の気は、毎年の太歳干支に応じて異なる方向に司令されます。そのために太歳干支に対応する気運の規律に基づいて薬を準備する必要があります。そうすると、その年に発生するすべての病気が治癒します。その年ごとに異なる天地のエッセンスを使えば、その年の病気に対して最大の効力が得られます。異なる環境や時空の状態で、薬の効果は異なるため、大医者は必ず歳気の学問を熟知している必要があります。

この分野において、過去５００年で最も代表的なのは明代に１０８巻の医書を著した万密斎です。嘉靖13年の春、鄂東地方で天然痘が発生した際、彼らは「代天宣化丸」を開発し、病気の悪化を抑えることができたので、数多くの人々が回復しました。清代初期には皇帝によって「医聖」と追封されました。その『万氏秘伝片玉痘瘡・第五巻』には、代天宣化丸の処方が記載されており、人中黄（土属性、甲己年が支配する）、黄茶（金属性、乙庚年が支配する）、黄柏（水属性、丙辛年が支配する）、梔子仁（木属性、丁壬年が支配する）、黄連（火属性、戊癸年が支配する）、苦参（補助薬）、荊芥稲（補助薬）、防風（蘆を除去して補助薬）、連翹（酒で洗い、心臓を除去して補助薬）、山豆根（補助薬）、牛蒡子（酒で淘って炒り、補助薬）、紫蘇の葉（補助薬）が含まれます。薬の選択は五運六気に基づき、年の干支と五行を組み合わせ、冬至の陽が生まれる時期から製造を開始し、始めから終わりまで手際よく行います。そのため、薬の効果は天地の気によって守られ、先見の明を持った慈悲の中で、人々を危機から救い出しました。その精神の微妙さは非常に感嘆すべきものであり、後世の人も学ぶ価値があります。

万密斎の「天時」を用いた薬の製造技術は、筆者に亜聖である孟子を思い出させます。

かつて、孟子は「天の時は地の利に如かず」という言葉を残しました。この言葉は広く知られていますが、学術界には「天の時」とは何かという難問が残されました。

『孟子・公孫丑下』には、「天の時は地の利に如かず、地の利は人の和に如かず……ゆえに君子は戦わずして、戦いに必ず勝つ」とあります。これについて、人々は孟子が言う「天の時」を「攻撃や戦争に有利な自然の気候条件」と理解する傾向がありますが、実際はそうではありません。それは時間や自然気候に広く言及される問題ではなく、孟子の「天の時」とは何であるか、という問題です。

宋代の朱熹は、彼の『四書集注（ししょしっちゅう）』の中で、「天の時とは、時日、干支、孤虚、王相などのことを指す」と述べています。これらは、自然の気候とは何の関係もありません。

「時日」とは時辰を指し、古代の人々は一日を12の時辰に分けていました。「日」とは「天」のことで、天には陰陽、剛柔の区別があります。剛は陽、柔は陰です。古代の人々は「剛日に経を読み、柔日に史を読む」と言われています。

これらを理解すると、北宋の大儒である邵雍（しょうよう）が、「老子が易の体を得たのに対し、孟子は易の用を得た」と言った理由が明確になります。この言葉の「体」とは理論のこと、「用」とは実践のことを指します。しかし、私たちは、孟子が易理論の実践をどのようにして理解していたかを証明する答えこそが、孟子が言う「天の時」なのです。

古代には、60の干支を用いて日と時を記録していました。それぞれの日や時間に対応する干支があり、これらの干支の組み合わせによって、物事の発展に特定の規則性が見出されます。たとえば、月の変化や年度の交替などがあります。

「孤虚（こきょ）」という言葉について再度見てみましょう。「孤虚」は、「奇門遁甲（きもんとんこう）」という古代中国の実践哲学の一派である「六甲孤虚法（ろっこうこきょほう）」という専門用語です。この「六甲孤虚法」には、「年孤」「月孤」「日孤」「時孤」の四種類があります。『六壬神課金口訣心髄指要』では、孤虚を「旬中空亡で、陽を空、陰を亡といい、空亡を弧とし、その対冲を虚という。時上の孤虚が最も重要で、一を知れば十を制し、十を知れば百を制することができ、一人の女性でも十人の男性と戦える」と記しました。

では、「孤」と「虚」の定義を見てみましょう。旬中空亡の地支を「弧」といいます。「弧」の対冲の地支が

「虚」です（「旬中空亡」を調べるには、日時の干支を使用する必要がある）。

「孤」と「虚」の実際の役割は、「孤を背負って虚を撃つ」ことです。つまり、自分の軍隊を「孤」の方向に配置して、「虚」の方向にいる敵を攻撃するのです。同様に、競技、交渉などの競争にも応用できます。

最後の「王相」はどういう意味でしょうか？ 実は、「王相」は「旺相」の借字です。五行の金、木、水、火、土は、月、日、時における勢いの状態を旺、相、休、囚、死の五つの状態で表現します。天の時の旺相の孤を使って、相手の休囚死の虚を攻撃することで勝利が得られるとされていることからも、天の時がいかに重要かということがわかります。

兵法において、策略は技術ですが、実際の核心は「道」であり、「道」が技術を操るのです。『孫臏兵法・月戦』に「天の時・地の利・人の和、三者を得なければ、勝っても殃（災い）がある」と記述されるように、強調されるのはこの原理です。

孟子が言う「天の時」とは、「六甲孤虚法」にある戦争や外交での応用法なのだということが、おわかりになったでしょうか。彼は、中国の干支の学問の応用を儒教の経典に貫き、隠れていながらも、伝統文化の流れに沿って、永遠に断絶することがないものにしたのです。

このことからも、現代人の想像を遥かに超えて、古代人が陰陽五行干支などの内容に熟知していたことがわかります。そして、「奇門・太乙・六壬」など、この知識に基づき多元的な格物の法が発展したことは、現代人にとって、適切な行動を取る方法を示唆しています。

古い言葉に「基礎が堅固でなければ、地は動き山が揺れる」とあります。干支を知らずに経典を熟知したいと思っても、まるで砂漠を船で進むかのようであり、氷の上に家を建てるようなものです。

冷静な知識と無謀な偶然、あなたは、どちらの生き方を尊敬しますか？

１９０５年に科挙が廃止された後、人々は干支の理解をますます欠いていき、私たちは自分たちの民族文化の言語システムと言語構造を徐々に失いつつあります。干支の使い方を理解しなければ、『易経』を理解することはできません。そうでなければ、「甲に先んじること三日、甲に遅れること三日、終われば則ち始まりあり、天は行くなり」や「庚に先んじること三日、庚に遅れること三日、吉」というような『易・蠱卦』や『易・巽卦』の文を理解することはまずできないでしょう。人々は自分たちの属相を知っていますが、干支を排除する傾向があるため、迷信とみなす人さえいます。これは自分自身と民族文化の障害になっています。文化がないことは怖くはありません。怖いのは、まだ自分に文化があると思っていることです。

この世には、善悪正邪があり、法の海からは逃れられません。千言万語を言い尽くして、一言にまとめると「早く良い方向に向かいましょう」です。

第３節　干支の妙用

周代の尹喜（いんき）は「すべてのものには、貌（ぼう）、象（ぞう）、声（こえ）、色（いろ）がある」と言いました。これは「貌、象、声、色があるものは、すべて干支で表せる」ということです。干支は、天地万物や人間の運命までも含んでいるのです。

古来、「六壬はあらゆる人事を占える」とあります。個々の人間の事象に関して、すべてのことを知ることができます。したがって、干支を基礎とした学問である「壬学」に精通するには、干支の関係とその力の方向性を熟知する必要があります。

天干は、甲（こう）、乙（おつ）、丙（へい）、丁（てい）、戊（ぼ）、己（き）、庚（こう）、辛（しん）、壬（じん）、癸（き）です。

また、甲、丙、戊、庚、壬は陽干で、乙、丁、己、辛、癸は陰干です。

地支は、子（ね）、丑（うし）、寅（とら）、卯（う）、辰（たつ）、巳（み）、午（うま）、未（ひつじ）、申（さる）、酉（とり）、戌（いぬ）、亥（い）です。

また、子、寅、辰、午、申、戌は陽支で、丑、卯、巳、未、酉、亥は陰支です。

東漢の名臣である蔡邕の『独断』には次のように記されています。
「干とは、幹を意味し10種類あり、10母という。甲・乙・丙・丁・戊・己・庚・辛・壬・癸がこれにあたる。また、支とは枝を意味し12種類あり、十二支という。子・丑・寅・卯・辰・巳・午・未・申・酉・戌・亥がこれにあたる。天皇氏は、子に天が開けるといい、地皇氏は、丑に地が閉じるといい、人皇氏は、寅に人が生まれると言った。干支の名前は、天皇氏時代に始まり、地皇氏は三辰を定め、昼と夜に分け、1か月を30日として、干支それぞれを配置した。人皇氏は、主君が虚栄心を持たず、臣下が無駄な贅沢をしない限り、政治と教育は栄え、君臣の関係が円滑になると言った。また、飲食と男女関係が正しく保たれるなら、個人的な生活は健全になる。天地の気を受け継ぎ、母と子に分かれたとき、干支はそれぞれに属するようになった」

隋代の蕭吉は、『五行大義』の中で、干支の起源は大撓によるものであると、次のように記しています。
「大撓は五行の性質を採り、北斗七星に基づいて、日を名付けるために甲乙を作り、これを干と呼び、月を名付けるために子丑を作り、これを支と呼んだ。天の事にかかわる場合は日を使い、地の事にかかわる場合は月を使う。陰陽の区別があるので、干支と呼ばれるのである」

明代の万民英は、『三命通会』の中で、「干とは木の幹のことであり、強いので陽とし、支とは木の枝であり、弱いので陰とした。昔、盤古氏は天地の道を明らかにし、陰陽の変化を示し、三才を首とした。天地が分かれ

た後、先に天があり、それから地ができた。天地の気が化して人が生まれたので、天皇氏という一つの姓の氏族13人が続いて国を治めた。これを天霊と呼び、干支の名称を定め、年を記録するために使用され、これを歳陽と呼んだ」と述べています。

天皇氏当時の干支の別名は以下のとおりです。

十天干別名

閼逢、旃蒙、柔兆、彊圉（強圉）、著雍、屠維、上章、重光、玄黓、昭陽。（『爾雅・釈天』）

甲は焉逢、乙は端蒙、丙は游兆、丁は強梧、戊は徒維、己は祝犁、庚は商横、辛は昭陽、壬は横艾、癸は尚章。（『史記・暦書』）

十二支別名

子：困敦、丑：赤奮若、寅：摂提格、卯：単閼、辰：執徐、巳：大荒落（大荒駱）、午：敦牂、未：叶洽（葉洽）、申：涒灘、酉：作噩（作鄂）、戌：閹茂、亥：大淵献

この時代の紀年法は、歳星紀年法と呼ばれ、具体的な適用は東周から後漢時代にかけて、歳星の12次（天球を天の赤道帯に沿って12等分した区画）の名称による紀年法を意味し、歳星がどの次に到達したかに応じて、「歳在××」と記録されます。

たとえば、『国語・周語』には「武王が紂を伐つ、歳在鶉火」とあり、潘安仁の『西征賦』にある「歳次玄枵」などは、歳星紀年法です。また、『呂氏春秋・序意』にある「維秦八年、歳在涒灘」のように、「涒灘」は上記の地支別名と照合して申年であることがわかります。このような太歳と歳運が組み合わされた紀年の方法は、古代の文献によく現れるため、古典文学や歴史学を研究する人々は、熟練した知識を持っている必要があります。

それ以外にも、『閼逢執徐』と書かれた書物は甲辰年であり、『著雍涒灘』と書かれた書物は戊申年であるこ

とがわかります。同様に、『彊圉赤奮若』と書かれた書物は丁丑年であることがわかります。

この太歳紀年法の本質は、実際には十二地支紀年法の初期形式であり、歳星紀年から干支紀年への過渡期にもなっています。しかし、木星の公転周期は11・8622年であり12年ではないため、80年ごとに歳星は超次現象を起こします。この現象により、歳星紀年と実際の天文現象が一致しなくなります。そのため、この年代法は短い期間しか使われませんでした（詳細は拙著『天干地支』を参照）。

清代の周鬯は『滙賦上』で「天干は尊く、日を表すとし、地支は卑しく、辰を表すとします」と述べています。したがって、「辰」は地支を指します。

1. 十天干

『群書考異』より著者の解釈を交えて、下記に記します。

甲は、圻の意味です。万物が芽生える時期を表し、開花していない状態であり、剖符によって出てくることを期待されています。甲は出てくることを意味し、最初に位置する意味を持っています。

このような認識は、古代において教育、政治、生活など、多様な領域に浸透していました。たとえば、古代の教育科挙制度では、科挙で一番になった人を「第一甲第一名」と称しました。宋代には、地方の戸籍編成に保甲制度が導入され、十世帯が一つの甲となり、その中で一番のリーダーを「甲長」と称していました。明代の湯顕祖の『邯鄲記・鑿郛』には、「私は甲長として10家族を管理している」という文章があります。また、慣用句「富甲一方」は、ある地域で最も裕福な人を表します。そして、富甲天下と呼ばれる場合は、天下で最も裕福な人という意味になります。

また、その体象については、明代の張楠の『神峰通考』によれば、「甲木は天干の首で、もともとは枝葉や根茎はない。天地に千年の存続を望み、砂泥の中に埋もれても真っ直ぐに伸びる。物事を成就するためには、炎や火を使う必要はない。資質は偏り、温かい泥を好む。しかし、柱として使う際には金で断ち切る必要があり、灰炭となって燃え上がることもある」とあります。

乙は、孽（げつ）の意味です。たとえれば、万物が圧倒的な力や制約の中で成長や発展を遂げることを意味し、若木が柔らかく曲がって美しくなる様子を表現しています。明代の張楠の『神峰通考』によれば、乙木の体象は「乙木は、根と茎が深く広がるため、陽の土地には向いているが、陰の土地には向いていない。多量の水に出遭い浮遊することを最も恐れるが、剋してくる金に逢っても苦しむことはない」とされています。清代の任鉄樵（にんてつしょう）は、『滴天髄（てきてんずい）』の注釈に「乙木は、甲の質であり、甲の生気を受け継いでいる。春は桃李のようであり、金によって枯れる。夏は穀物のようであり、水を得て育つ。秋は桐桂のようであり、金が盛り、火によって制御される。冬は奇花のようであり、火が湿気を伴って土を育てる」と書いています。

明代の著作『神峰通考』には、乙木の特徴が以下のように述べられています。

「乙木は根と茎が深く伸び、陽性の土地に適しており、陰性の土地には適していない。浮遊するものは水によって最も損なわれ、金の剋によって断たれる必要はない」

清代の著作『滴天髄』では、任鉄樵が注釈をつけており、以下のように説明しています。

「乙木とは甲の性質を持ち、甲から生気を受け取るものである。春は桃や李のようであり、金によって凋（しお）れる。夏は穀物のようであり、水によって生育する。秋は桐や桂のようであり、金が盛んで火に制約を受ける。冬は奇妙な花のようであり、火が湿気を与えて土を育てる」

丙は、炳の意味です。万物が明るく輝き、ますます順調に進歩していく象徴です。「万物は丙に盛となり、丁に成り、戊に茂る」という言葉は、清代の『牧斎有学集（ぼくさいゆうがくしゅう）』にあるもので、丙は栄えることを表し、丁は完成すること、戊は繁栄することを表しています。丙という字の本義は光明であり、人の心を表しています。心の光明が遮られると病となります。つまり、多くの疾患は心理的な感情障害と関係があることを意味します。このように、文字や文章の中に道徳や正しい生き方、人生の教訓を含ませるべきだというルールは、中医学の文化が時空を超えた智慧であることを表しています。

明代の張楠の『神峰通考』では、丙火の体像は、「丙火は太陽そのものであり、常に正しい姿勢を保っている。洪大な光が数千里先まで届き、大きな魂は八荒に渡る。出世する者には浮き木のような役割を与え、生を伝える者には温かい泥のような役割を与える。静かな水や湖など、木が成長する場所では火は害となる」とあります。

丁は、成の意味です。「丁は夏の時期に使われ、夏は大きさを表す」と清代の銭謙益（せんけんえき）の『牧斎有学集』で述べられています。夏に入ると、すべてのものが丁壮強大になり、成長が活発で堅固で見事になります。人間も「丁」から徐々に成長し、頑丈になり、成人になるまで発展します。東漢の許慎（きょしん）は『説文解字（せつもんかいじ）』で「丁」とは夏に万物が堅実になることを指す形状として、植物の茎に果実が垂れ下がっている形が描かれています。「丁」本来の意味は釘を指します。徐灝（じょこう）は『注箋（ちゅうせん）』で、「丁」が現在の「釘」の字である可能性があるとし、「象形」と述べています。古代の鍛冶場で鍛えられた形は垂れ下がった釘の形をしており、それを比喩的に用いて果実が熟す様子を表しています。『史記・律書』には「丁は、すべてのものが丁壮であることを言うものであり、したがって丁と呼ばれる」とあります。作者の司馬遷（しばせん）は、陰陽が交差する時期を「午」と呼び、天干の「丙丁」と対応しています。丙は陽道が明るくなることを表し、丁は万物が丁壮であることを表します。

こういった理由から、「丁」と人間が関係を持つようになったのです。古代には人口が増えることを「添丁進口（てんていしんこう）」と呼び、男の子が生まれた場合は「添丁（てんてい）」、女の子が生まれた場合は「添口（てんこう）」とも呼びました。また、「進口（しんこう）」とも呼ばれました。『史記』には、「丁男被甲（ていなんひこう）、丁女轉輪（ていじょてんりん）」という言葉があります。これは、当初「丁」が男女を区別しなかったことを示しています。言い換えれば、少なくとも西漢時代には、「丁」は成人した状態、労働能力を持っていることを指し、男女に限定されるものではありませんでした。たとえば、『荘子・養生主（ようじょうしゅ）』には、「庖丁解牛（ほうていかいぎゅう）」という言葉がありますが、ここでの「庖丁」は料理人や屠殺業者を指します。現代では、教師を指す「園丁（えんてい）」という言葉もあり、これは労働者を指す言葉の一つです。一定の年齢以上で労働能力を失った人は、「丁」とは呼ばれないことになります。

『旧唐書』によると、唐初期の状態は「男女ともに、生まれたばかりは黄、4歳で小、16歳で中、21歳で丁になり、60歳で老になる」とされています。唐代の詩人張籍の詩には「郡県が丁役を出すと、男たちはそれぞれ行く」とあります。つまり、徴兵に出されるのは家の男性であることがわかります。おそらく、唐中期から男児が「添丁」と呼ばれるようになったと思われます。たとえば、唐中期の詩人、盧仝は男児が生まれたとき添丁と名付けました。韓愈は詩の中で「去年生まれた息子を添丁と名付け、国家に労働力を提供したいと思っている」と記しました。そして、「国家の丁口は四海に連なっている。農夫がいないわけではない」と続けました。前述のように、盧仝が「添丁」という男児を生み、国家に労働力を提供したことが言及されています。この後、「丁口」という言葉が連続して使用されます。これから「丁」が男性を表し、「口」が女性を表すことがわかります。『清史稿・食貨志二』には、「民衆の男性は『丁』、女性は『口』といわれている。男性が16歳で『成丁』となり、成丁していない男性は『口』と呼ばれている。男性と女性をまとめたものを『丁口』と呼び、彼らは戸籍に登録されている」とあります。

古代の「丁口」という言葉は、人口の総称であり、量の単位で、男女の区別はありません。古代人は、1人を養うことが容易ではなく、「糊口」と呼ばれました。食事は生存を維持するための最も基本的な必需品であるため、人々を集めることを「人口」と呼びました。これは、古代の田地の租金、役務、兵役の重要な基盤であり、代々「丁口税」「丁口簿」「丁口銭」「丁口寄付」などが存在しました。たとえば、『漢書・食貨志』にはその記述があり、西晋時代の『占田令』にはより詳細な規定があります。男性の丁（16～60歳）は50畝の田地を納め、次の丁（13～15歳、61～65歳）は25畝の田地を納める必要がありました。役人に仕えて役務に就いたり、徴兵に従事したりする場合も、家族の男性丁数と比率に従って決定されました。

明代の張楠の『神峰通考』には、「丁火」の体象は次のように表されます。

「丁火は、ろうそくのような形をしており、太陽が出てくると光を奪われる。時には千金の鉄を鋳造することができ、失敗すると一寸の金を溶かすこともできない。少量の乾いた薪でも使用できるが、湿った木材が多くて燃えないことがある。衰えと盛りの間には、明確な区別があり、盛りは一炉、衰えは一檠に比べられる」

戊は、茂ること象徴します。あらゆるものが茂り、競い合って美しくなります。『説文解字』には、「完成する。戊は丁の声を借りた意」とあります。元来の意味は、成し遂げること、完成することです。また、「戊」は中宮を意味する言葉でもあります。「六甲五龍相拘絞」という言葉が象徴するように、戊は丁を受け入れることで、人間の肋骨のような存在となります。

「戊」は、甲骨文字の中で、天干の第五位を意味しています。『漢書・律暦志』によれば、「五と六は天と地が合わさるところである」ことから、「戊は中宮を意味する」とされます。清代の江藩は、「天は5、地は5、甲から戊までは5で、全部で10になる」と言います。徐鍇の『繋伝』によれば、「戊は中宮に居て成し遂げることを意味する」と述べています。作物は土地に依存して成長します。「成」とは、熟すことを意味し、東漢時代の高誘は「熟すこと」と述べています。「丁」とは、釘の形をしており、釘で固定されると堅牢で強固なものになるため、完成することを象徴するものです。したがって、「成」は、「戊丁の音から来ている」とされています。丁は果実の形をしており、「戊」は果実が熟すことを意味します。また、『暦書』によると、「立春と立秋の後、五つめの天干が戊である日を春秋社と呼ぶ」とあります。この日には、州や県が社稷を祭り、朝廷は太社や太稷壇で祭儀を行います。また、「春秋二丁」という行事もあり、太常の音楽家たちが『宣聖御賛』という曲を演奏し、「宣聖の大いなる徳は、ここにある。皇帝たちの模範は、今古にわたって伝えられてきた。志は『春秋』にあり、道は忠恕に通じる。堯・舜に勝る賢人たちは、日と月に共に賞賛されている。ただし、時代は栄え、この武功を休めよ。威厳を持って盛大な儀式を行い、広大な海に敬意を払おう」と記されています（『夢粱録・巻十五・学校』）。

明代の張楠の『神峰通考』によると、「戊土」は城壁、堤防と同様の体形をしており、河川や海洋を支える重要な役割を担っています。柱の中央に結合することで、力強さを備え、陽の下で偽らざる力を発揮することができます。ただ、金に漏らすと勝てずに力が弱くなり、成功するには水を排出する必要があります。普通は東南が吉ですが、身旺の場合は東南を使うと中を失います。

「己」は記録を意味し、すべての物事が形を持ち、それぞれ独自の特徴を持つことを記録できます。また、「戊」が成熟した上で、それを認識し、記憶することができます。また、「己」は波乱万丈で曲折を好み、頭を使って考えることが得意であり、計算に熟練しています。

同じく『神峰通考』によると、「己土」は田園地帯に属し、地表の深さが万物の基礎になります。水や金が盛んな場所では、身体は弱くなりますが、火や土が成功しやすい局面があります。しかし、指令を失うと剣や戟を隠すことができなくなり、適切な時に磁気を利用する必要があります。印が盛んで多くの結合がある場合でも、刑罰や衝突に遭遇すると好ましくありません。

庚とは、更なることを意味します。万物が実を結び、花が咲いて果実をつけ、次々に継承されます。環境を変えることができ、接ぎ木ができ、繁殖することができます。人にたとえると、男子が16歳、女子が14歳で結婚し、子孫を繁栄させることができます。

『神峰通考』では、「庚金」の体相を次のように述べています。

「庚金は、頑固で性格が偏っており、火によって制御され、火の地域で成功する。夏に生まれるものは東南に適し、鍛錬によって育つ。秋に生まれるものは、北西で輝く。水が深いと他のものに対して制御力を発揮し、木が旺盛であると自分自身を傷つける。戊・己の干支が土に重なると、破壊されない限り埋もれてしまう」

辛とは「痕跡」という意味です。万物は収穫され、それぞれの特徴があります。味は記憶に残り、人々の心に印象や痕跡を残します。たとえば、ぶどうを見れば酸っぱいとわかり、桃を見れば甘いとわかります。これは、味の痕跡が心に残っているからです。

明代の張楠は、「辛金」の特徴を以下のように記しています。

「辛金は、宝石のように空虚で神秘的であり、暖かく乾燥した場所と清浄な水を好む。炎熱や火は必要とせず、湿潤な泥土でよく育つ。木が多く、火が旺盛ならば西北に向かうべきであり、水が冷たく金属が寒冷ならば丙丁の年に生まれた者に適している」

また、「辛金」が座禄にある場合、体は地に強く根づき、厚い土には埋もれないとされています。

壬は「妊娠する」という意味です。生物が妊娠育成を得て、再び生まれることを期待するという意味です。『神峰通考』には、「壬水」の属性が「壬水は大海を形成し、すべての川が一体となる。干支が多く集まって流れを形成し、火と土の属性が重なると本質が傷つく。性質を育むことで、胎を結ぶのに午未の時期が必要で、長生きや禄運は乾坤に帰属する。身体が強ければ財禄は必要なく、西北に向かうと若年層は困難を経験する」と説明されています。

癸とは、測定することを意味します。万物は計測することができ、時を待って動くことができます。多目的に使用でき、必要な場所で使用でき、いつでも役立つことができます。『易経』には、「天地の大徳は生命である」とあり、女子は14歳で天癸に達し、天から生命の力を授かり、繁殖し、人道を発揮することができます。癸の水は霧のようで、天には雲があり、地には気があります。

『神峰通考』には、「癸水」の体相が次のように述べられています。

「癸水は雨露のようで、亥子に通じると江河となる。柱に坤と坎がなく、身が弱い場合は、財と官が多いほど良いとは限らない。申子辰の場合は上の道に向かい、午寅戌は調和の取れた場所となる。深夏に火と土が生まれても、西北に行くほどひどくはならない」

以上の説明は、天干が五行の「生、長、収、蔵、化」の運行規律に従っていることを説明したものです。その中で、土は中心に位置し、四行の枢紐（すうちゅう）（金、木、水、火）であり、古代には「土枢四象（どすうししょう）」とも呼ばれていました。古代の中国医学でも、このような表現がよく見られます。たとえば、清代の御医である黄元御（こうげんぎょ）は、「土枢四象（どすうししょう）、一気周流（いっきしゅうりゅう）」という独自の医学思想に基づいて、名を成した人物です。

このほか、天干に関して『滴天髄』にある「天干四言独歩口訣」も、それを理解するのに非常に役立ちます。

甲は木であり、天に参ずる。脱胎換骨には火を必要とします。春には金に合わず、秋には土に合わず、火が盛にして龍に乗り、水が宕（いわや）で虎に乗ります。地が潤し、天と和合することで千古に植えられます。

乙は柔らかい木で、羊や牛に乗り、丁や丙を抱き、鳳凰や猿に跨がります。湿気の多い地でも馬に乗ることができ、藤や網を使って甲を拘束することができます。春や秋に使うことができます。

丙は激しい火であり、霜や雪を蔑ろにします。庚金を鍛え、辛に遭遇すると怯えます。土と一緒にいると慈悲深いです。水と一緒にいると誇示的です。虎、馬、犬と一緒にいるとなおさらです。甲が来ると消滅します。

丁は中庸な火で、内面的な明るさです。乙を抱くと孝行をします。壬と合わさると忠実です。繁栄していても激しくなく、衰退しても果てしなくありません。義理の母がいる場合、秋や冬に使用することができます。

戊は頑固な土であり、重くて正しいです。静かであり、万物を支配します。水が多いと物を生み、火が多いと物を病ませます。艮や坤にいる場合、衝突を恐れて静止する必要があります。

己土は、湿気があり、中庸で蓄えることができます。木が茂りすぎても恐れず、水が荒れても怖がりません。火は少なく、金は多く、物事が盛り上がる場合は手助けが必要です。

庚金は殺気を帯びており、強く健康であることが最善です。水を得るときれいになり、火を得ると鋭くなります。土が潤うと生命が生まれ、土が乾くともろくなります。甲の兄には勝ち、乙の妹には負けます。

辛金は柔らかく、穏やかでクリアです。土が積み重なることを恐れ、水が増えることを楽しみます。社稷を助け、生命を救うことができます。暑いときは母を喜び、寒いときは丁を喜びます。

壬水は川を通り抜け、金気を解放することができ、徳のある存在です。自由に周回し、根を通り、天を駆け、地を駆け回り、変化することで愛を持ち、従うことで助け合います。

癸水は至弱であり、天の柱と言われます。龍を得ると功績を挙げ、火と土に関係なく、戊と火を合わせることで真の変化をもたらします。

以上の議論で、各天干支には、四季五行やその相剋相生の状態が含まれています。天干同士の相剋相生については、筆者は2021年にある鍛冶屋で非常に面白い対句を見たことがあります。上の対句は「扇旺丙丁火」で、下の対句は「錘下庚辛金」です。横断は「鋼鉄変金」です。このような精巧な表現の対句は、天干支五行を熟知している人しか書くことができないので、読むと本当に感嘆します。

『黄帝内経・素問・天元紀大論』には、『太始天元冊』という古代の天文文献が登場し、その中には干支の中の「戊己」と二十八星宿の関係が次のように記載されています。

「天下の気は、牛宿と女宿の間で戊の時期となる。天の気は、心宿と尾宿の間で己の時期となる。蒼天の気は、危宿、室宿と柳宿、鬼宿の間で、素天の気は、亢宿、氐宿と昴宿、畢宿の間です。玄天の気は、張宿と翼宿、婁宿、胃宿の間です。戊と己の分を指すのは、奎宿と壁宿と角宿と軫宿であり、天地の門戸となる。これは候の始まりであり、道の生まれであり、通さねばならないものである」

戊土は乾卦に対応し、己土は巽卦に対応し、六つの戊は天門であり、六つの己は地戸です。ここから、二十八星宿と干支には密接な関係があることがわかります。また、「七十二候」の誕生も、二十八星宿と密接に関連しています。

清代の馮楚瞻が著した『馮氏錦嚢秘録』の「五営運大論」には、次のように書かれています。

「候の始まりは道の生まれるところであり、それを理解することが不可欠である。五つの天体の姿は、星座の分野を経ており、五行運に属する干の位置だけでなく、六気の支の位置に及ばない。これは干と支、根と枝のようなものである。『易経』には、干支が含まれていると記されている。したがって、干と支が共に変化するものは根と枝が同化するものであり、運の位置が共に変化するものは根と枝が同化するものである。五つの気は、それぞれ五つの色があり、星座の分野を経て流れる。気が過剰な場合は先天的に到来し、不足している場合は後天的に到来する。寅卯の前後のことを考えると、それは自然に見える。つまり、候の始まりは道の生まれるところであり、それを理解することが不可欠なのである」

2．十二地支

地支は、木の枝のようなものです。歴史的に「天干は木の幹のように強く陽であり、地支は木の枝のように弱く陰である」と言われています。

子は新芽を意味し、万物が芽吹き動き出した時で、陽の気を含んで生まれます。

丑は根を意味し、万物は芽吹いた後に根を張り、気を促進します。

寅は膝蓋骨を意味し、人間の膝蓋骨のように、万物を引き伸ばして成長させます。

卯は芽吹きを意味し、万物は地面から芽を出し、ここから成長が始まります。

辰は伸びることを意味し、万物が振動して成長し、陽気が非常に強くなります。

巳は起こることを意味し、万物が活性化し、競い合って鮮やかに咲きます。

午は柿の実を意味し、枝や幹が密集し、万物が果実を付け始めます。

未は味を意味し、果物が熟し万物が風味を持ちます。

申は身体を意味し、万物が成熟し、終わりに向かっていきます。

酉は熟成することを意味し、万物が年を取り、熟成します。

戌は消えることを意味し、万物が徐々に枯れ、生命力が消えていきます。

亥は種子を意味し、万物が固い種子に包まれ、生命力が休まっているように見えます。

『太平経』という漢代の書物には、「三合相通訣」という言葉があります。「十」は数の終わりで、物事は十月に至ると再び始まるとされています。天は八月を十月とするため、物事はすべて完成します。地は九月を十月とするため、物事はすべて老います。人は亥を十月とするため、物事はすべて死滅します。これらの三つの周期が終了すると、物事は再び生まれ変わるため、乾が西北にあります。物事は亥で始まり、天は八月に分け、九月に完全に老い、十月に収穫します。これにより、天地人の三つの循環が完了し、亥で総括されます。

また、各地支は『説文解字』に解説があり、注目に値します。「未」という字は、「味」という意味があります。六月は最も味が濃い時期であり、五行では、木は「未」で墓となります。この字形は、木の枝葉が重なり合った形に似ています。

天干の「甲」から「癸」まで、すべてのものは生から蔵への過程を表し、地支の「子」から「亥」までは、すべてのものは萌芽から結実への過程を表します。これら二つのプロセスは同じ意味を持ち、天干と地支の間に動的な関係が生まれるようになりました。これは、『漢書・律暦志』に記載されています。

「孳萌は子に現れ、紐牙は丑に現れ、引達は寅に現れ、冒茆は卯に現れ、振美は辰に現れ、已盛は巳に現れ、咢布は午に現れ、昧曖は未に現れ、申堅は申に現れ、留孰は酉に現れ、畢入は戌に現れ、該閡は亥に現れます。出甲は甲に起こり、奮軋は乙に起こり、明炳は丙に起こり、大盛は丁に起こり、豊茂は戊に起こり、理紀は己に起こり、斂更は庚に起こり、悉新は辛に起こり、懐任は壬に起こり、陳揆は癸に起こる」

干支は農耕と密接に関係しており、南北朝時代の重要な農書『斉民要術』には、「穀物は、寅に芽を出し、丁に伸びて、丙に成長する」「豆は申に芽を出し、壬に大きくなり、丑に収穫する」とあります。これは農作物だけでなく、鳥獣の生命も干支に関連しており、東晋の『抱朴子』には「燕は戊己を知る」とあり、燕が泥をくわえる時に戊己日を避けることが多いことが述べられています。

『太平広記・禽鳥・千歳燕』によると、「斉魯の地域では、燕を乙と呼び、巣を作る時に戊と己の日を避けると言われている」とあり、燕は戊己日に土をくわえないようにし、土に害されることを避けています。宋代の陸佃（陸游の祖父）は『埤雅』で「申の日に行くと危険であるために、鶴と同様に庚申日を避ける。燕が戊己日を避けるのと同じである」と記しています。䗪は申日には街を渡るようですが、これは戴勝鳥（ヤツガシラ）が庚申日を避け、燕が戊己日を避けるのと同じです。

清代の蒋義彬は『千金裘・巻二十五・物部』に「瑇瑁とは、俗に言われるところでは甲子と庚申の日には必ず断食することで、これを瑇瑁齋日と呼びます」。病気の治療、お茶の入れ方、食事、宿泊などの日常生活に関することが含まれており、それらは天干地支と密接に関連しています。

たとえば、宋代の陸佃の『埤雅』には、「辰の日に薬を服することを見る。卯の日にお茶を入れる」と記されています。清代の蒋義彬の『千金裘・人部』の鄭谷の詩には、「家が吉祥になるのは戊の日である」と書かれています。虞集の詩には、「月が寅の窓に達したが、客はまだ寝ていなかった」と書かれています。『北斉書』には、「現在校正されているものは、蘭台から出て、すべての甲の館に差し出されたものである」と書かれています。鄒登龍の詩には、「丙が前夜の席を思い出すかもしれないが、庚は後ろの車に乗ることを選ぶだろう」と書かれています。『漢武故事』には、「琉璃、宝石、混ざり合った宝物を甲のテントとし、次に乙のテントとした。甲は神が宿る場所、乙は自分がいる場所とされた」と書かれています。陸游の詩には、「香を切り、丁の帳に当たって出ようとする」と書かれています。杜甫の詩には、「甲の外に鳴らし鏑が打ち込まれた」と書かれています。

甲の外は、軍陣の外を指します。また、「庚の中」は『劇談録』によれば、「将軍の陣営の外を申の中と呼び、申の外を庚の中と呼ぶ。これは西方の庚申の金の意味を取っている」と述べています。また、『斉書』によれば、「蔵栄緒は五経を尊重し、常に宣尼が生まれる庚子の日に五経を展示して拝んだ」と記されています。『隋書』によれば、「秘閣の書物は、東の部屋に甲乙を、西の部屋に丙丁を保管していた。甲乙は経書であり、丙丁は子集である」と説明されています。『後漢書』によれば、「丙戌の日に風伯を戌地で祭る」と記されています。『日家四時占』によれば、「長く晴れた後は戊の日に雨が降り、長雨の後は庚の日に晴れる」と述べています。唐代の孫思邈の『摂養枕中記』には、「甲寅の日は、亡霊が乱れ、精神が興奮し汚れる日であり、夫婦で一緒に座ったり、会話をしたり、顔を合わせたりしてはならない。清浄でなければならず、入浴して寝ずに警戒しなければならない。また、亥子の日は唾を吐いてはならず、寿命を減じる」と記されています。

このように、動物ですら天地の時間に敬意を払い、断食や禁忌について知っています。そして古代の人々は干支の哲学に精通しており、「庚」が送信の神であり、郵便配達を「庚郵」と呼んでいました。

これらの神秘的なつながりを見て、時間がどれだけ無駄に過ぎているか感じたのではないでしょうか？　では、どうやって取り戻すのでしょうか？　古い言葉に「言行一致」というものがあります。自分の行動が自分の言葉を超えるようにすることです。言い換えると、真の意義は行動の中にあります。伝統文化を本当に学ぶには、まず敬意を持ち、そして微細な修行力を持つ必要があります。

　このほか、干支に関連するより多くの内容は、晋代の許遜の『玉匣記』にも豊富に記載されています。その他の干支哲学の必読本として、明代劉基の『滴天髄』、宋代徐昇の『淵海子平』、明代の進士万民英の『三命通会』、清代の進士沈孝瞻の『子平真詮』、余春台の『窮通宝鑑』があります。これらは、伝世美誉の著作であり、後世においても議論の余地がなく、江河や日月のように廃れることがないものとされています。これらの書物を熟読すれば、人生における誤った方向性を防ぐことができます。これらの書物には、干支の関係や陰陽の変化を通じて、あらゆることが明確に解説されており、格局に縛られずに、神殺を使わずに、理性的に理解できます。この知識は、専門家や達人たちが受け継いできた、万代にわたる優れた伝統であり、この分野に精通することができれば、聖者の境地に近づくことができるでしょう。ただし、天分、学識、経験の三つを兼ね備えた人でなければ、本当にこの道に入り込むことはできません。

　以上の典籍や議論については、人それぞれの見解があり、各自が好みのものを選ぶべきです。

『御定協紀辯方書』には、十二辰と二十八宿の星座を解説する際、考原の言葉を直接引用しています。

「十二辰の禽象、子はネズミ、丑はウシ、寅はトラ、卯はウサギ、辰はタツ、巳はヘビ、午はウマ、未はヒツジ、申はサル、酉はニワトリ、戌はイヌ、亥はブタ。この言い伝えは長く受け継がれているが、その起源はわかっていない。古典には見当たらないものの、伝承や記憶、子孫、歴史を考慮すると、宋代以前にも存在したと考えられる」

　また、『御定星暦考原・巻五』には、次のように、十二辰の禽象が陰陽でどのように区別されるかが記載されています。

「十二辰の禽象は、二十八宿に分類され、十二の宮殿に配される。初巻には、十二の動物を陰陽に分ける方法が説明されている。子は前四刻が昨夜の陰、後四刻が今日の陽であり、冬至前は陰、冬至後は陽である。したがって、ネズミは前足が四本、後ろ足が五本である。丑は陰属性で、牛の蹄は分かれている。寅は陽属性で、トラは五本の爪がある。卯は陰属性で、くちばしを欠いており、足が四本である。辰は陽属性で、ドラゴンは五本の爪がある。巳は陰属性で、ヘビの舌が分かれている。午は陽属性で、ウマの蹄は丸い。未は陰属性で、ヒツジの蹄は分かれている。申は陽属性で、サルは五本の爪がある。酉は陰属性で、ニワトリの足は四本である。戌は陽属性で、イヌは五本の爪がある。亥は陰属性で、ブタの蹄は分かれている」

清初の学者、褚人獲（ちょじんかく）の『堅瓠続集（けんこぞくしゅう）・巻二』に収録されている「十二生肖」にも、以下のように記されています。

「地支には12の生き物があり、人々はそれらが完全でないものを選び取っていると言う。しかし、万物は12で完全であるわけではない。郎仁は言う。地支は下にあり、それぞれの足や爪を取り、陰陽に分ける。たとえば、子は陽に属するが、上の4刻は昨夜の陰、下の4刻は今日の陽である。鼠は前足が4本の爪で、陰を象徴する。後ろ足は5本の爪で、陽を象徴する。丑は陰で、牛の蹄は分かれている。寅は陽で、虎は5本の爪である。卯は陰で、４本の爪があり唇が欠けている。辰は陽で、龍は5本の爪である。巳は陰で、蛇は舌が分かれており、足がない。午は火であり、馬は丸い蹄を持つ。未は陰で、羊の蹄は分かれている。申は猿で5本の爪を持つ。酉は鶏で4本の爪を持つ。戌は犬で5本の爪を持つ。亥は豚で蹄が分かれている。また、子は陰の極であり、幽玄で隠れているため、鼠がそれに合わせられ、鼠は隠れる。午は陽の極であり、明るく強く、馬がそれに合わせられ、馬は速く走る。丑は陰で、うつむいて優しく生まれ、牛がそれに合わせられ、牛は子牛をなめる。未は陽で、仰ぎながら礼を守り、羊がそれに合わせられ、羊は跪いて乳を飲む」

「寅」は三陽で、陽が強ければ暴れる性質を持っています。虎を寅に対応させたのは、虎が暴れる性質を持っているからです。「申」は三陰で、陰が強ければずる賢い性質を持っています。猿を申に対応させたのは、猿がずる賢い性質を持っているからです。日が東から昇ると同時に、西の「酉」に鶏がいることから、月が西から昇ると同時に、東の郊外に兎がいることを指して、「郊酉」が日月の方角という意味になります。また、「辰」や

「巳」は陽が強まって動き出す時間帯で、龍が一番盛んで、蛇は次に盛んです。そのため、龍と蛇がペアになります。犬と豚は陰が閉じ込められて寂しい時間帯で、犬が夜を司り、豚は鎮静作用を持っています。そのため、犬と豚がペアになります。さらに、左賛による『筆記』には、足の爪が奇数または偶数になるようにペアに分けられた十二支について、なぜ「子」を鼠に対応させるのかという問いがあります。子は陰極であり、陽を生み出します。また、深夜には万物が静まりかえりますが、鼠だけは活発に動き回っています。すなわち、陰に陽が含まれ、静けさの中に活気があるようなイメージがあるため、鼠を対応させるのです。「丑」の牛は蹄が偶数に分かれます。「寅」の虎は5本の指を持っています。

　以上が左賛の解釈です。ただし、「巳」の蛇は足がなく、どうして意味を持つのかという問いについては、巳は純陽の月であり、純陰の時間帯であるため、蛇を使って表現されたのです。蛇は陰のものであり、舌が分かれていますが、足を使わなくても表現できるからです。また、『易経』には「乾は馬であり、坤は牛である。馬の蹄は丸く、牛の蹄は折れている」という記述があり、これも同じような意味です。

『欽定四庫全書』にある「御定星暦考原」によると、干支の起源は天文暦法に関連しています。十二支の名前は、天文暦法における十二次と二十八宿の分野から由来しています。十二次と二十八宿の運行は天体現象です。『陰符経』には、「天の道を観察し、天の行動を実践する」とあります。古人たちは天文を仰いで、日、月、惑星の位置と動きを測定するために、毎年の日月交差の位置に基づいて、黄道に沿って天空を十二の部分に分け、それが十二次、または十二星次、十二紀などと呼ばれるものです。その名称は『漢書・律暦志』に由来し、各々に名前があり、『爾雅』に九つ記載されています。十二次の役割は二つあります。一つは、1年の四季の太陽の位置を示し、節気の変化を表現することです。もう一つは、歳星（木星）が毎年どの位置に到達するかを説明し、それを年代の基準として使用することです。

　古代の人々が星象を区分するために比較的類推の方法を使用し、黄道周辺を西から東に12分割し、星紀、玄枵などの12の星次に命名したことを詳しく説明しています。歳星（木星）は西から東に12年かかって天を回り、年ごとに1つの歳次を通過し、具体的な地域を対応させて、時空が秩序正しく結合するようになっています。これが、古代の書物でよく見られる「歳はある次にある」という起源の理由です。

古代の西洋でも、黄道帯を西から東に向けて12等分し、「黄道十二宮」と呼んでいましたが、気と12次の分割の境界はわずかに異なっていました。両者を以下に対照しておきます。

星紀（せいき）－磨羯宮（まかつきゅう）、玄枵（げんきょう）－宝瓶宮（ほうへいきゅう）、娵訾（しゅし）－双魚宮（そうぎょきゅう）、降婁（こうろう）－白羊宮（はくようきゅう）、大梁（たいりょう）－金牛宮（きんぎゅうきゅう）、実沈（じっちん）－双児宮（そうじきゅう）、鶉首（じゅんしゅ）－巨蟹宮（きょかいきゅう）、鶉火（じゅんか）－獅子宮（ししきゅう）、鶉尾（じゅんび）－処女宮（しょじょきゅう）、寿星（じゅせい）－天秤宮（てんびんきゅう）、大火（たいか）－天蠍宮（てんかつきゅう）、析木（せきぼく）－人馬宮（じんばきゅう）。

人々が熟知している十二支の方向と順序と歳星紀年法は、実際には逆であるため、具体的な適用においてはかなり不便であったため、暦法家は太歳紀年法を創設しました。『漢書・天文志』は「太歳」と呼び、『史記・天官書』は「歳陰」と呼びます。しかし、実際には、「ただ道が虚ろに集まるだけ」（『荘子・人間世』）ということで、見えない「太歳」の運行軌跡は十二支とはまったく逆であり、十二支（地支）の運行と一致しているため、十二支に変換することが巧妙に行われました。西漢の暦法家たちは、干支を使って太歳紀年法を置き換えることによって、60年を繰り返すことができるようにしました。そして、更年拝太歳などの習慣が生まれ、中国文化を大いに豊かにしました。実際には、十二支と二十八宿の分野は、星の運行に伴って異なる場合があります（これには時差の影響もある）。春秋時代と戦国時代の

五運経天化五運図

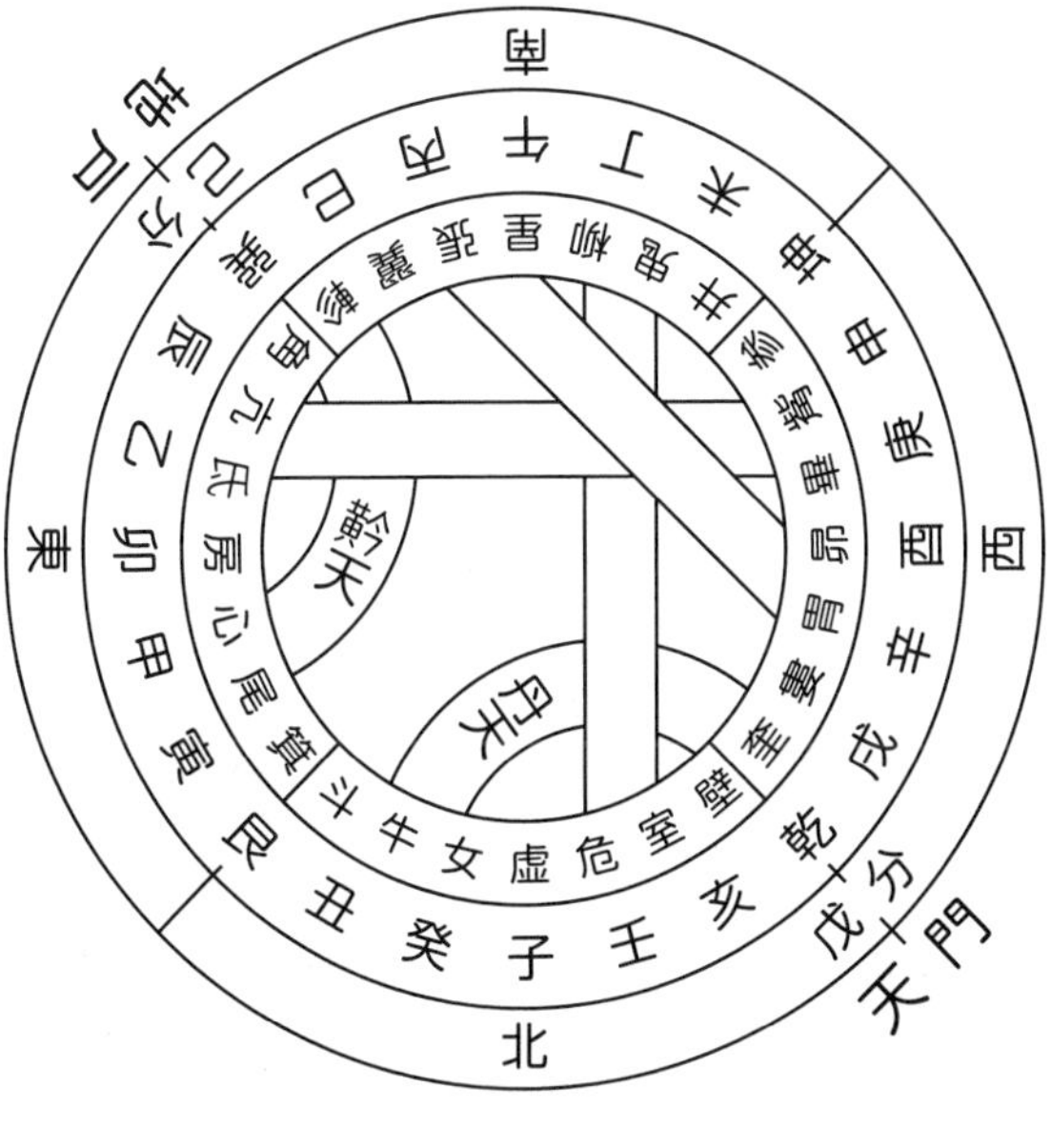

ように分野が異なる場合もあります。

以下、『史記・天官書』『三統暦』『黄帝世紀・星野』を結合し、さらに『晋書・天文志』に掲載されている「十二次と二十八宿の分野」を論拠として、十二支の名称の由来を探ってみましょう。

子は、玄枵の次で、辰において子に当たり、困敦と呼ばれ、二十八宿の虚宿と危宿の間に分野があり、国は斉です。二十八宿では虚宿は冬至の時期に南中に位置し、真夜中に居住することになります。十二消息卦の復卦（11月）に対応し、一陽が初めて生まれ、万物が再び始まる勢いがあります。

丑は、星紀の次で、辰において丑に当たり、二十八宿では北方玄武の牛宿に対応し、国は呉と越です。十二消息卦の臨卦（12月）に対応し、二つの陽が陰を押しのける象があります。それ以降、陽気は上昇し、陰気は下降して消融することを待っています。

寅は、箕宿と尾宿の間、木を割ることの次で、辰の中で寅にあることから、国は燕になります。尾宿は尾火虎とも呼ばれ、二十八宿の東の第六宿です。十二消息卦の泰卦（正月）に対応しています。『釈名』によると、「寅は、演ずることを意味する。生物を演じることもできる」とあります。三つの陽が開け、万物が生まれる様子を表しています。

卯は、氐宿と房宿の間、大火の次で、辰の中で卯にあることから、宋国となります。氐宿は東方七曜の第三宿であり、青龍の胸と前足を表します。房宿は東方青龍の第四宿であり、青龍の腹部を表します。七曜では日に、トーテムはウサギに対応するため、房日兎とも呼ばれます。後漢の王充の『論衡・物勢』によると、「卯はウサギを意味する」とあります。十二消息卦の雷天大壮卦（二月）に対応し、四つの陽が息を止め、陽気が豊かになり、跳躍する様子を表しています。雷天大壮卦は、上が震卦で下が乾卦で構成されており、震は龍を表し、乾は天を表します。大壮卦は、龍が天上を行き、大きな勢いで進むことを表しています。震卦の位置は東方にあり、鼓を打つ様子を表しています。地支の卯木も東方に対応し、鼓を打つ様子を表しており、二つの要素が共鳴し合っています。

辰は寿星の次に位置し、辰には辰があります。辰は商星で、東方七宿の一つであり、鄭国となっています。鄭国の都城は河南鄭州や河南滎陽などにありました。これは12消息卦の夬卦（三月）に対応しており、戦国時代は趙の領域で、「三晋」の地でした。

巳は、鶉尾に続き、辰の中にあって楚国の領域です。星は翼軫の位置にあり、翼宿には22個の星があり、鳥の翼が広がった形状をしています。一部は長蛇座に位置し、蛇の象をとっています。『説文』には、「巳は蛇である」と記されています。巳は蛇のような形であり、曲がって上昇し、蛇が進むような様子です。これは十二消息卦の乾卦（四月）に対応し、陽気が全面的に勝利し、巳に陰気が秘められ、万物が成文化する時期です。

午は、鶉火に続き、辰の中にあって周の国です。張宿と星宿の二つの宿の間に位置します。その中で、星宿は南方の朱雀の目に位置し、鳥の瞳は星のようであり、これに由来して「星」という美称が得られ、午という象を取ります。字形的には、甲骨文の中の「午」の字は、もちすりの木杵の形をしており、「杵」の初文に関連しています。金文の「午」の字は、甲骨文字形を基にしていくつかの変化を経て、小篆や隷書の字形を経て、楷書では「午」と書かれます。これは十二消息卦の姤卦（五月）に対応し、一つの陰が消えて陽気が始まり、陽気が減少します。

未は、井宿と鬼宿の間に位置し、鶉首の次で、秦の国になります。鬼宿は、西方にあり金に属し、怪物の頭に鹿角が生えているため、羊の象徴とされます。十二消息卦のうち、遁卦（六月）に対応し、夏の終わりの時期で、陰陽が逆転し、陰気が再び生まれてきます。

申は、婁宿と觜宿の間に位置し実沈の次で、魏の国になります。『説文解字』には、「申は神である。七月、陰気が成熟し、体は伸びていく。臼を象り、自分で持ち上げる」とあります。申は、「神」の意味を持ち、伸びやかさや進化、広がりの意味を表します。觜宿は、觜火猴とも呼ばれます。十二消息卦のうち、否卦（七月）に対応します。

酉は、胃宿から婁宿までの広い範囲を指し、大梁の次で、趙国になります。胃宿は、土雉（鶏）または倉庫を象徴しており、『天文訓』には、「酉は、満たされた状態を表す」とあります。これらを組み合わせると、食欲を満たした土鶏のようなイメージとなります。十二消息卦のうち、観卦（八月）に対応します。

戌は、降婁の次で、戌の年には魯の国に対応しました。「参」は晋が崇拝する星であり、晋が勢力を拡大した時期には、領土は魯の北西部まで及びました。また、戦国時代には、戌は宋の国であったという説もあります。戌には、十二消息卦の剝卦（九月）が対応しています。

亥は、娵訾の次であり、豕韋とも呼ばれ、亥の年には衛の国に位置しました。奎宿と胃宿の間に位置する亥は、白虎の足の部分に位置し、大きな豚のような形をしています。

中国の十二支と十二生肖の説話が、漢代から庶民の生活に浸透し、現代まで栄えていることを紹介しています。宋代の学者朱熹は、十二生肖を詩に取り入れ、「読十二辰詩巻掇其餘作此聊奉一笑」（十二支の詩巻を読み、その残りを拾い上げてこれを作り、ちょっと笑いを奉る）という詩を作りました。

「夜には空っぽの箪笥から、空腹のネズミがかじる音が聞こえる。朝にはやせた牛を引いて、荒れ果てた畑を耕す。時には虎の居る囲いで吠える声を聞くこともある。昔の仕事のウサギの園を悼む。龍は三年間冬眠する。頭の角は蛇と争わない。車を破壊し、馬を殺し、走り回るのをやめ、羊を料理し、酒を飲みながらゆったりと過ごす。猿桃を植え、緑の架を垂らし、クンジャの鳥が鳴く。客が来ると、犬が吠えてお茶を煮るよう促す。東家で豚肉を買う必要はない」

他にも、干支に関連する詩歌があります。

明末清初の李漁は、中国戯曲理論の祖として後世に称えられ、世界の喜劇の大師とも言われています。彼の字は謫凡で、号は笠翁、世には李十郎とも呼ばれています。彼は、声律啓蒙を模範とした詩を書くための韻書『笠翁対韻』を書いています。その中で「四支・其四(1)」にこう述べています。

「争うことと譲ること、望むことと思うこと。野の葛と山梔。仙風と道骨、天の造作と人の努力。多くの剣と大海の荒波。経緯と干支。地位は高く、民を主とし、徳は重んじ、帝王を導く師とする。遠くを望むことは人を遠くにするのではない。心は急いでも馬は遅く進む。金の屋は閉ざされ、茂る林の柱と筆を求めて詩を書く。玉の楼が完成した後、昌谷を背負いながら詩を記す」

『後漢書・馬融伝』によると、「堯の時代は丙子で、楚の時代は庚寅であった」。唐代の許渾の「王山人に捧げる」には、「年が上がるたびに甲子を推し量り、寒い夜に一緒に庚申を守った」とあります。唐代の張説の「皇帝の誕生日、集賢殿での宴会」には、「仲秋の金帝が起き、五日の土行きの昭であった。瑞は壬寅露を降らせ、光が甲子年の夜に伝わった」とあります。宋末の戴表元の『四明山中逢晴』には、「莎坂に風が吹き、寅の蛤が現れた。茅屋に夕日が差し込む中、乙禽が来た」とあります。宋代の陸游の「老人に出会う」には、「もしそれが楚国庚寅年でなければ、堯時代の丙子年だったに違いない」とあります。清代の梁章鉅の『楹聯叢話・雑綴諧語附』には、「甲乙の帳、戊己の屯……雌の辰。二つの丙は穴・;二つの癸は亭。谷蔡の午・;峰は丁。……李洞の『終甲山』には、甲乙が仲良くして、戊己が固い。燕は戊巳を避け、コウモリは庚申を嫌う」とあります。

3．六十甲子

十天干と十二地支の組み合わせで六十甲子ができます。

干支の組み合わせの順序は、天干の中では甲が最初であり、地支の中では子が最初です。蒼天は徳を生む力があり、五行の中で木は生命力を象徴するため、天干の甲木が最初に来ます。「水は万物を潤し、しかも争わず」（『道徳経』）という思想に基づき、また、地支の中で水が最初に来ます（詳細は「五行次第」を参照）。それで甲子は六十甲子の中で最初に来るのです。

六十甲子は六十花甲子とも呼ばれます。古代の人々は、天と地が混ざり合ったものを花甲と呼んでいました。花甲とは純粋でないことを意味します。それは、異なる干支の組み合わせから生じるためです。花甲はまた、玄黄のさらなる説明でもあり、『易経・坤・文言』には「玄黄とは、天地の混ざり合いであり、天は黒く、地は黄色である」とあります。

干支は格物学の実践における重要な手段であり、物事の発展の法則を理解するための役割を果たしています。また、中国文化では「人を以て本とする」（『管子』）という考え方がありますので、干支を理解しやすくするために、人間味を持たせました。たとえば、中国道教協会の本拠地である北京の白雲観にある元辰殿には、六十甲子の太歳の名前と像があります。

六十甲子は、文官や武将を問わず大将軍にも総称されます。太歳とは、毎年の干支に基づく呼称であり、たとえば、2021年の太歳は辛丑、2022年の太歳は壬寅です。

甲子（1984年）の太歳は金辯大将軍と呼ばれ、甲午（2014年）の太歳は章詞大将軍、乙未（2016年）の太歳は管仲大将軍、庚子（2020年）の太歳は盧秘大将軍です。そのため、太歳を拝む際には、どの将軍を拝むのかを知る必要があります。

六十甲子にはそれぞれ名前があり、それによって人物化され、社会的属性が与えられています。

『陰符経』には「天の道を観察し、天の行いを実践する」とあります。古代の人は天文を観察し、赤道を12等分して十二次を作り、十二次と二十八宿の運行を天象としました。古代の人は、象を取る方法を比較して、星座を分類し、黄道を12等分し、西から東に十二次（星紀・玄枵・娵訾・降婁・大梁・実沈・鶉首・鶉火・鶉尾・寿星・大火・析木）と命名しました。歳星は西から東に12年かかり（実際は11・8622年）、1年ごとに1つの歳次を経由し、具体的に分けた宮と対応するため、時空を表現するには大変便利でした。しかし、古代の人が知っている十二支の方向と歳星紀年法は回る向きが完全に反対であるため、現実の応用で大きな不便が生じました。そこで、暦法家たちは太歳紀年法を創設しました（『漢書・天文志』では「太歳」と呼ばれ、『史記・天官書』では「歳陰」と呼ばれる）。しかし、「道はただ虚の集り」（『荘子・人間世』）のように、実際には、仮想の太歳が運行する軌道は十二次とまったく逆であり、十二支（地支）の運行と一致しているため、十二次を十二支に変換しました。そして、西漢の暦法家たちは太歳年名を完成し、干支を用いた太歳紀年法に替え、60年周期を繰り返す六十甲子が現在まで使われているのです。これにより、歳をとると太歳を祝うなどの習慣が生まれました。

干支と社会の関連に関しては多くの文献があります。以下、簡単に記載します。

『管子・五行』篇には、干支システムに基づいて構築された統治や判断の詳細な記録があります。

「日が、甲子の木行と丙子の火行に至ると、天子は行人に内御（ないぎょ）を命ずる。戊子の土行に至ると、天子は左右の司徒に内御を命ずる。庚子の金行に至ると、天子は宗祖が禁忌の鳥獣と、最初に熟した五穀を選び、それを祖廟と五祀に推薦し、鬼神がその気を享受し、君子はその味を食べる。壬子の水行に至ると、天子は左右の使者に内御を命ずる。……そして、72日で完了する」

この文章を解説すると、冬至後の甲子日より始まるなら、木の徳を遵守しなければならず、天子が何も与えず、報奨を行わなければ、大きな斬りつけによって傷をつけることが進行して、国王が危険にさらされます。そうでなければ、皇太子が危険にさらされたり、家族や妻が死んだり、長子が死んだりします。この災難は72日間続きます。

丙子日より始まるなら、火の徳を遵守しなければならず、天子が緊急政策を採用すると、「旱札（かんさつ）」の災害が発生し、作物が枯死し、人々が疫病にかかります。この災難も72日間続きます。

戊子日より始まるなら、土の徳を遵守しなければならず、天子が宮殿や楼を修築するなら、国王は危険にさらされます。外で城壁を建てると、大臣が死にます。この災難も72日間続きます。

庚子日より始まるなら、金の徳を遵守しなければならず、山を開拓したり石を動かしたりすると、戦争に敗れ、戦士が死に、執政者も死亡します。この災難も72日間続きます。

壬子日から始まるなら、水の徳に従って時を治めなければなりません。天子は大河を開放または封鎖し、大規模な治水事業を実施すると、王妃や貴人たちは死に、国内では卵生の鳥類の孵化が成功しないことがあります。胎生の動物は流産し、妊婦の胎児は夭折し、植物の成長にも異変が生じます。この災厄は72日間続き、終わりを迎えます。

管子は、「道を法とする」「法によって国を治める」ことを強調しています。ここでの「道」とは天道を指し、ここでの「法」とは四季五行干支システムに基づいた運行規則を指します。これは人工的に作られた法律とはまったく異なる本質的なものです。管子は孔子や曹操、王安石、梁啓超など多くの人々から尊敬され、彼の思想は今でも漢語圏に強い影響を与えています。また、現代の日本のいくつかの核心的な養老の理念は、管子の韜略（六韜と三略のこと）から派生していると言われています。

管子が言及している干支の運用方法について、同様の記述が『淮南子・巻三・天文訓』にもあります。

「冬至が子午日であれば、夏至は卯酉である。冬至に3日を加えると夏至の日になる。1年は6日進むことで、永遠に繰り返される。壬午の冬至には、甲子が制を受け、木が支配され、72日間煙は青くなる。丙子が制を受ける時は、火が支配され、72日間煙は赤くなる。戊子が制を受ける時は、土が支配され、72日間煙は黄色くなる。庚子が制を受ける時は、金が支配され、72日間煙は白くなる。壬子が制を受ける時は、水が支配され、煙は黒くなり72日間で年が終わる。庚子が制を受ける時は、年は6日進むため、70年で再び甲子に戻る。甲子が制を受ける時は、柔らかく、親切に振る舞い、群衆を率い、扉を開け、通路を開け、木を伐採しない。丙子が制を受ける時は、賢人を昇進させ、功績を報い、封建を立て、商品を輸出する。戊子が制を受ける時は、老人と寡婦を養い、穀物を売り、恩恵を施す。庚子が制を受ける時は、城壁を修繕し、都市を修復し、群衆を管理し、兵器を作り、百官を置き、不法者を処罰する。壬子が制を受ける時は、門戸を閉め、人々を取り締まり、刑罰を断ち切り、有罪者を処刑し、国境を閉じ、国外への追放を禁じる」

清代の程鵬程の『急救広生集』によると、「九天神霄玉訣戊日禁忌」があるとされています。漢の武帝元封元年7月の望日、西池の王母が降臨したという逸話が伝えられています。帝が「虫や蝗、水害や旱魃などの災いは、なぜ起こるのか?」と尋ねると、王母が「世の中の民は、四季に関する知識がなく、陰陽の禁忌に反して土地を耕し、荒らしているために、雨が降らず、穀物が収穫できずに、飢えに苦しんでいる」と答えました。帝が

「どのようにしてこの災いを回避できるのか？」と尋ねると、王母が「禁忌を破ることは最も重大な過失であり、回避できる方法はない。虫や蝗の災いだけでなく、四季に反する行為をすると、それぞれの災いが発生する。土地を動かす場合には特に注意が必要で、春に六戊日を犯すと、寿命が縮むことになる。土地を動かす場合は、地霊を怒らせる。夏に六戊日を犯すと、目が損傷することがある。土地を動かす場合は、五岳の霊を怒らせる。秋に六戊日を犯すと、疫病や熱帯病が流行する。土地を動かすと、山川や社会を怒らせる。冬に六戊日に犯すと、官僚に不利な出来事が起こる。土地を動かすと、四瀆（しとく）の神を怒らせる。人々が六戊日の禁忌を避けることができれば、気候が調和し、年中食べ物に不自由しなくなり、また神秘的な法則にも従うことができる。法律家、道士、僧侶などは、六戊日に禁食し、天曹に祈りを捧げ、災厄を避けなければならない。

知識によって過ちを犯す者は、その罪は九代に及ぶものになる。風は刀のように切り裂き、容赦はなく、法を受け入れない者は三等を滅ぼす。道家の焼香は玄秘であり、説明のない門である。抱朴子は言う。『蛇は巳の日に道を出さず、燕は社日（戊の日）に泥をくわえない。虫や鳥ですら陰陽の忌みを知るのに、なおさら人は万物の霊である』」と。

道教は、干支文化を非常に重視し、戊日禁忌という実践をしています。

戊日とは、六十干支の順序に従い、天干が戊である日に限定されます。具体的には、戊子日、戊寅日、戊辰日、戊午日、戊申日、戊戌日の六つです。

また、六戊は「明戊」と「暗戊」に分かれます。明戊は、戊子日、戊寅日、戊辰日、戊午日、戊申日、戊戌日のことを指します。暗戊は、「正月は羊（未日）、二月は犬（戌日）、三月は辰にあり、四月の期間は寅を犯さず、五月は午、六月は子、七月は鶏（酉日）、八月は周流して申に、九月は蛇（巳日）、十月は猪（亥日）、十一月は兎（卯日）、十二月は牛頭（丑日）に重きをおく」という口訣で表され、特定の日に限定されます。

また、「戊不朝真（ぼふちょうしん）」という言葉があります。これは、六つの戊の日には香を焚かない、経典を唱えない、朝礼を行わない、断食や酩酊をしない、土を掘ったりしない、ということです。道教の『女青天律（じょせいてんりつ）』には「六戊日には香を焚いてはいけない」と書かれています。道院は清らかな場所であるため、規則を守り、六戊日には土を掘らず、木を切らず、経典を唱えず、法器の鐘や太鼓を鳴らしません。香客が香を焚いても、警鐘を鳴らさないため、戊日に道院はより清らかになります。

「法官、僧、道士などが、六戊日に香を焚き、経典を唱え、断食や酩酊をすると、天曹に罪を問われ、自分の身を損なう。それを知りながらも犯すと、祖先九代にも災いが降りかかり、永劫に償わなければならず、減刑の余地はない。ただ法璽を承けない者は、罪が三分の一減刑される。しかし道教では、戊日に香を焚くことが最も厳格に守られるため、六戊禁忌を犯してしまうと、何の説明も受けることができない。注意しなければならない」

以上からも、古代の先人たちが干支を理解し、応用することは非常に難しいことであることがわかります。今日においても、研究と継承が必要なものと言えます。

「天干はまるで木の幹であり、強くて陽性である。地支はまるで木の枝であり、弱くて陰性である」という古い言葉によれば、十二支を理解するためには、干支の象徴的な意味を熟知する必要があります。干支には、さまざまな特定のエネルギー情報が含まれており、大きなものも含まれ、細かいものも取り入れられています。

(1) 干支の対応する方位について

甲乙寅卯は東方で木に属します。丙丁巳午は南方で火に属します。庚辛申酉は西方で金に属します。壬癸亥子は北方で水に属します。天干戊己土は中央に、地支辰土は東南、地支未土は西南、地支戌土は西北、地支丑土は東北です。

(2) 干支の陰陽関係について

干支において、天干は陽で地支は陰です。干は支を包含することができますが、支は干を表すことができません。甲は寅を納めており、乙は卯を納めています。丙は午を納めており、丁は巳を納めています。戊は辰と戌を納めており、己は丑と未を納めています。庚は申を納めており、辛は酉を納めています。壬は子を納めており、癸は亥を納めています。天干（天兵天将）は外部環境に相当し、天気の変化など、私たちの力では変更できない要素です。

第４節　干支に隠れている意味

「干支」という22文字には、10の天干と12の地支が含まれています。世の中のあらゆる事象の発展と規律は、これら22文字の中に流れており、一文字一文字が無数の意味を持ちます。現在は、干支の微妙な意味を理解できない人が多く、その中でも火候（かこう）を知らない人はさらに多いです。

干支の組み合わせは60通りの甲子となり、60年で一周します。１００年は一世紀、10年は一大慶（たいけい）、５年は一小慶（しょうけい）、１０００年は嘉喜（かき）、３０００年以上は遠古（えんこ）と呼びます。

また、十二支を研究するには、干支の類似性を知る必要があります。そうでないと、理屈は知っていても、象徴的な意味を理解できず、机上の空論に終わってしまいます。

１．天干に隠れた意味

宋代徐大昇（じょだいしょう）『淵海子平（えんかいしへい）』の「十天干体象詩（じゅうてんかんたいしょうし）」を基に説明していきます。

【甲】

甲木は、天干の第一番目で、もともとは枝や葉、根はありません。

千年もの長きにわたり天地に存在することを欲し、砂や泥に深く埋もれていても、まっすぐに伸びようとします。

切って棟梁の材木にするには、金がなくてはいけません。灰や炭になってしまうのは、火が災いをもたらすからです。

蠢（うご）めくようではチャンスを失い、責任があれば自ら春秋を駆け巡ります。

【乙】

乙木は、根が深く、種は強いのがよいでしょう。陽が当たる地は好ましいのですが、日陰の地には向きません。

水が多く漂浮するのを怖れます。切り刻むのに金を用いると苦労があります。

南へ行って火災に遇うと軽くはありません。西へ行って土が重なる地であると禍が最もひどいです。

棟梁にするのに根が連なるのはよくありません。話は言葉を選んで、慎重にします。

【丙】

丙火は、明るく輝く太陽を表します。もとは正大で常に綱紀を守ります。

あふれだす光は千里の先を窺うだけでなく、巨大な焔は八方に行き渡ります。

世に出るのは浮木の子であり、生を伝えると湿泥の娘にはなりません。

江湖の死水はよく剋してきますが、恐れるのは林となる木が災いをすることです。

【丁】

丁火は、ローソクの炎で、太陽と出会うと光明を奪われます。

時を得るとよく千斤の鉄を鋳造しますが、令を失うと一寸の金を熔かすのも難しいのです。

少しでも乾燥した薪があれば引火できますが、湿った木ではいくらあっても火を生じません。

旺衰を見分けた時、旺であれば炉となりますが、衰であると灯です。

【戊】

戊土は、城壁や堤防と同じで、江や川、海を制するためには根が重いことを要します。四柱中に合を帯びれば形は壮大になります。日の下で虚勢に乗じると必ず崩れます。力が弱いと金の漏洩に勝てません。功を成し遂げるには、木が疎通するのを用います。平時、最も良いのは東南に向かうことですが、身旺で東南に行くと中を失います。


【己】

己土は、田園であって四維の土に属します。坤地深くにいれば万物の基になります。水金が旺ずる場所では、身はかえって弱くなります。火土の功で局を成すのが最も奇です。令を失えば剣戟を埋めることはできません。時と方を得れば、磁を用いて基とすることができます。もし、印が旺となり合が多いと、刑冲に遇わなければすべて好ましくありません。


【庚】

庚金は、頑固で愚か性質は剛に偏ります。火の制によって功を成しているなら、水郷を恐れます。夏に東南で産まれると鍛錬がすぎ、秋に西北で生まれると光芒があります。水が深ければかえって他との相剋を探します。木旺は自らを傷つけます。戊己の干支が重なって土に遇うと、冲破されなければ埋蔵してしまいます。


【辛】

辛金は、珠玉であって性は霊に通じます。最も良いのは陽の沙水に清となることです。成就するのに炎火の鍛錬を必要としません。偏愛の扶助によって湿泥を生じます。木が多く火が旺ずるときは西北が好ましいです。水が冷え金の寒さが強ければ丙丁が必要です。


【壬】

禄に座し通根していると身は旺となって、土が厚くその形を没していても愁えることはありません。

壬水は、広々とした海や百川です。悠々と天下を流れすべてに辺は逢いません。干支に多くの水があると漂蕩し、火土に重ねて逢うと本源が涸れます。性を養い、胎を結ぶのは未午で、長生から建禄までは坤乾に属します。身強はもとより自らの財禄がなく、西北に行くのは少年時代に災厄があります。

【癸】

癸水は、雨や露のようなものです。亥子に通根すれば江河になります。

四柱に坤と坎がなければ、身はかえって弱くなり、局となれば財官があっても多すぎることはありません。

申子辰全は上局を成します。午寅戌が揃うなら中和が必要です。

たとえ火土が多く夏深くに生まれていても、西北に行くのは大過とはなりません。

(1) 十天干の意味

甲木は、陽木で、大樹を意味します。甲は鋭い勢いを表し、優れた人物を象徴します。二つの甲が対峙すると、相手に譲らない状況が生じます。学業面は二つの甲があると、華やかに見えても、実力が伴わない象意です。

乙木は、陰木で、花や草木を意味します。柔らかさを表し、臨機応変な対応を示します。

丙火は、陽火で、光明な象意です。思い切りがよく、根本には悪気がありません。急躁（せっかち）で衝動的です。

丁火は、陰火で、ろうそくのように柔らかな火の意味です。温和で礼節を守り慎重ですが、疑い深いところがあります。陰謀をめぐらすことに長け、暗躍することができます。

戊土は、陽土で、純粋な土を意味します。混乱を嫌い、裏で活躍します。信用を重んじ正直で、沈着な忍耐強さがあります。戊土が多いと、人は単純になりがちですが、災いに対して踏ん張ることができます。

己土は、陰土で、曲折が多いのですが、機敏で多才なので名声を得やすい傾向があります。己土が課に入ると、家が貧しく生活が不安定な状況になりやすいです。

庚金は、陽金で、まっすぐで豪快です。勝利に執着する傾向があり、旺すぎると、硬直的で折れやすくなります。

辛金は、陰金で、柔らかく権力に強い興味を示します。気質は雅さがありますが、旺となると乱雑となります。日常使用するイヤリングやアクセサリーなどは、辛金を意味します。

壬水は、陽水で、波のような水の意味です。聡明で自由奔放です。コミュニケーション能力が高く、活発で、行動も速いとされています。

癸水は、陰水で、器にある水ではありません。性格は内向的で、幻想や空虚なものを好みます。癸水は霧がかかっているような意味で、人を憂鬱にさせ、問題については不当な扱いを受けたり、病気になると感染症や流行性疾患などを引き起こしたりします。

2. 地支に隠れた意味

文献には、黄帝の時代には十二支があったと記載されています。毎年の十二の月令と節令を表していました。清朝の趙翼（ちょうよく）の『陔余叢考（がいよそうこう）』の「十二属相」には、興味深い記述があります。

「地支は下にあるので、動物の足の爪を採用し、陰陽を区別するとされている。子、寅、辰、午、申、戌は陽で、足の爪は奇数で、子、寅、辰、申、戌はすべて五本の指で、午（馬）は一本の蹄である。丑、卯、未、酉、亥はすべて四本爪で、蛇に足はないが、舌が二股に分かれている。また、子のネズミは、前足が四本爪で、後ろ足が五本爪であり、陰陽が組み合わさり、天地が交差する時を表している」

干支に対応する生肖は、古代の人々がある特定の時刻に最も活動する動物を使って表現したものです。それが動機です。十二生肖（地支）は中国で広く知られていますが、その起源や意味を知る人はあまりいません。地支に対応する蔵象（指向性とその力の働き）は、中国の格物致知の基礎となっています。

地支の本来の意味については、『淮南子・天文訓』に次のように記載されています（一部省略）。

「（斗杓が）寅を指すときは、万物がミミズのように動き出す状態である。蔟がり生じているが、まだ外に出てきていない。

卯は、万物が生い茂る状態である。種が始めて芽を出す。

辰は、万物が振るい立つ状態である。古いものが去り、新しくなる。

巳は、万物を生じて定まった状態である。中が充実して大となる。

午は、陽気と陰気が忤う状態である。安らかに服従する。

未は、万物が実り、味が出る状態である。物事を引き付けて留める。

申は、万物が呻いている状態である。規律を軽視するために、徳が去っていく。

酉は、万物が成熟して、充実している状態である。自然に物事を大きく包み込む。

戌は、万物が滅する状態である。物を入れても満ち足りることはない。

亥は、万物が地下にこもって門を閉ざした状態である。陰気が集まっている。

子は、万物が茲る状態である。陽気がすでに中心に錘っている。

丑は、（寒気のために）紐ばれている状態である。陰気が旅旅と去っていく。

（斗杓が）卯と酉を指すときは、陰気と陽気は半分ずつであって、昼と夜の長さは同じになる。そこで、規（コンパス）は、（春で）生をつかさどり、矩（ものさし）は、（秋で）殺をつかさどり、衡（はかり）は、（夏で）成長をつかさどり、権（おもり）は、（冬で）収蔵をつかさどり、縄（すみなわ）は、（中央で）四季の根本になる」

次に、宋代徐大昇『淵海子平』の「地支十二咏」を参考にして説明していきます。

【子】

月支子は十二支の始めを司ります。谷川や海の清さは尽きることがありません。

天道が陽に向かって回り土旺となれば、人にとって水は暖まります。金の生を得られます。

もし、午の破に逢うと水の流れは形が定まりません。卯の刑に遇ってもかえって有情です。

四柱に申辰が来て合すると、江や海を成して濤声（とうせい）を発します。


【丑】

冬の丑月は霜や氷を怖れます。天の時が二陽に変わるのを誰も知らない。

暖かい土は万物を生み出すことができるが、寒冷の金を深く蔵するのは難しいです。

刑冲の未や戌は用をなさないわけではなく、同類の鶏や蛇が集まれば信用を強めることができます。

もし、日時に水木が多ければ、直ちに巽離の郷に入るのがよいのです。


【寅】

艮宮にある木は春の月建です。気は三陽に集まり、火は寅に始まります。

志は蛇と猴を合わせて三貴の客とし、卯未を同類として同じ家族になります。

凡人を超えて聖人になるには、ただ午に逢うのが良い。禄を破り提を傷つける申に注意する必要があります。

四柱に多くの火がある場合、燥性の木は南に奔走してはいけません。


【卯】

卯木は繁茂して気を受けることが深いです。仲春は金を嫌わないとは言い難いです。

庚辛を重ねて見たり申酉に憂えます。亥子が重ねて来れば癸壬を忌みます。

六冲に禍となり落葉します。三合に逢うのを喜び林となります。


【辰】

もし日時に秋金が重なり、さらに西に向かって行くと患いを止めることはできません。

辰は三月にあたり水泥は温かくなり、長らく万木の根を育てます。

甲は衰えるけれど、乙の余気があり、たとえ壬が墓に入っても、癸は魂を還らしめます。

まさに一つ鍵でよく庫を開きます。もし三冲に遇うと門を破ります。


【巳】


巳は初夏の火で光を増し、造化は進み六陽となります。

庚金の令を失えば母が生じるのを頼り、時を得れば戊土の禄は娘に従います。

三刑の伝送はかえって害はなく、登明にぶつかると傷があります。

東南に到れば生となる地で、天を焼き焔が烈する勢いは尋常ではありません。


【午】


午月の火は炎炎として上昇します。六陽の気は続けて一陰を生じます。

庚金は位を失って身には無用となります。己土は垣となって禄を成就します。

申子がそろうとよく戦剋し、戌寅を同時に見れば光明となります。

東南は正に身強の地となり、西北は休囚の地で、すでに形を失っています。


【未】


未月は陰が深く火は徐々に弱まります。官星と印星は蔵していますが財星はありません。

近くに亥卯がなければ形を変じることは難しいです。遠くに刑冲を帯びても庫は開きます。

火がないのに金水の地へ行くのを恐れ、寒さが多いときは丙丁を好みます。

用神の喜忌の判断にあたっては、宝石と普通の石を間違えてはいけません。


【申】


申金が剛健で月支となれば、水土がこの宮にあって長生となります。

巳午の炉中に剣や戟となり、子辰の局中に鋭い光を得ます。

木が多くても水がなければ最後には勝利しますが、土が重くて金を埋めてしまうと凶となります。

この神を知ろうとしても、どこにも似たものはありません。柔らかい宝石と同じではありません。


【酉】

八月は従魁（じゅうかい）といいます。他を羨みやすく金は白で水の流れは清くなります。

火が多い時に東へ行くなら寅卯を愁えます。木旺で南へ行くなら丙丁を怖れます。

四柱に水泥を見ると有用となり、運が西北に臨めば無情ではありません。

もし、三合となれば堅鋭となり、頑金と比べて錬成されることはありません。


【戌】

九月は河魁（かかい）で性質は最も剛です。ゆっくりと物を収蔵するのに適しています。

あふれる炉の巨大な火は成就しやすく、鈍鉄や頑金に主張を頼ります。

海窟にいる龍に冲されれば雨露を生じ、山頭の虎に合えば文章が動きます。

天羅は魂を迷わすけれども、火命の人がこれに逢うと独り傷を負います。


【亥】

登明の位は水源が深いです。雨や雪が寒さをもたらし六陰となります。

必ず勝光を待って土を用います。伝送に逢わなければ多くの金を浪費します。

五湖が集まって象に成り、三合に留まればまさに心があります。

乾坤と暖処を知りたければ、艮、震、巽、離に尋ねます。


一つ注目に値するのは、十二支の始まりである「子」は、左手の無名指（むめいし）（薬指）の指根に対応するということです。老子の『道徳経』には、「道は名を出ず」とあり、子の時刻は陰陽が交差し、混沌が初めて開かれた時間に対応します。さらに驚くべきことに、子供たちは生まれるときに偶然にも「子」の位置をつかんで生まれるのです。誰かが教えたわけではなく、これは生まれつきのことです。

中国の医学では、無名指は肝臓に対応しており、「肝は魂を蔵し、肺は魄を蔵し、心は神を蔵し、脾は意を蔵し、腎は志を蔵す」とされています。そのため、この肝の魂竅を押さえることで魂を安定させ、心を静めることができます。これは天道に照らして明らかであり、不思議なことです。

実は、さらに驚くべきことがあるのです。仏教もまた十二支と驚くべき縁があります。たとえば、日本の奈良興福寺が所蔵する鎌倉時代の木彫りの十二神将の彫刻には、それぞれの地支が特定の仏菩薩と一対一で対応しています。


子神は毘迦羅大将に対応し、鼠を表し、本尊は釈迦如来です。

丑神は招杜羅大将に対応し、牛を表し、本尊は金剛手菩薩です。

寅神は真達羅大将に対応し、虎を表し、本尊は普賢菩薩です。

卯神は摩訶羅大将に対応し、兎を表し、本尊は薬師如来です。

辰神は博雅羅大将に対応し、龍を表し、本尊は文殊菩薩です。

巳神は因達羅大将に対応し、蛇を表し、本尊は地蔵菩薩です。

午神は珊底羅大将に対応し、馬を表し、本尊は虚空蔵菩薩です。

未神は頞你羅大将に対応し、羊を表し、本尊は毘盧遮那仏です。

申神は安底羅大将に対応し、猿を表し、本尊は観音菩薩です。

酉神は迷企羅大将に対応し、鶏を表し、本尊は阿弥陀如来です。

戌神は伐折羅大将に対応し、犬を表し、本尊は大勢至菩薩です。

亥神は宮毘羅大将に対応し、豚を表し、本尊は弥勒菩薩です。


これは人々に、どの菩薩と縁が深いかを示しており、お参りするときに重点を置くように伝えているのです。

(1) 十二地支の拡張意義

子水：陽の中に動き、運搬を司り、水、氷、河川、泉、井戸、車船、貿易、盗人、軍人、若者、文字、鍵、流動性と技術的な職業、機密文書または機密装置に関連するもの（科学実験には白鼠が最も多用されるため、「子は機密」であるとわかる）。自己の意見を持たず、機敏で、策略的で、四肢が強い。水があふれたり盛んである場合、狡猾で盗賊的で、自己の意見を持たず、流されやすく、感情があふれたりします。子水が多い場合、感情的に抑うつし、多くの災難や病気に苦しみます。

丑土：陰の中でもっとも陰の場所です。北方の寒く湿った土地を表しています。暗い場所、沼地、堤防、闇、隠れた場所、鉱山、賢人、官僚、醜悪、怨をもつ女性、恨みの呪いを象徴しています。忠実で正直で実直であり、沈黙を好みますが、権力にこだわることはありません。頑固で愚痴を言うことが好きです。また、「丑土」は怨をもつ女性を指すこともあり、恨みの呪いを象徴しています。商売においては、金融業、会計、出納、証券、保険など金融に関連する職種や、書類、印鑑、証明書、領収書などを代表することがあります。

寅木：陽の始まりであり、陽の集積であり、疏泄（そせつ）（肝の生理機能）を司ります。甲骨文の「寅」という字は、「矢（や）（矢印）」と「口（はく）（筒）」から成り、筒の中から矢を取り出す意味を表し、新しい力と突破の傾向を予示します。官や貴族、文書、財宝を表し、清高で勇敢で学識豊かな老人として描かれます。冒険が好きで情熱にあふれ、洞察力が強く、類推力に優れています。時装、情報、通信機器、ハイテク製品、宣教職などを代表する職業です。寅が複数回現れる場合、政治に適しているとされます。

卯木：陽の身体を表し、開閉、曲線、屈曲を主とします。晋代の書物『楽志（らくし）』には、「二月の十二支は卯といい、卯とは茂えるという意味である。陽気が生まれて茂るということを示している」とあります。老いた母を生むことを象徴すると同時に、少女が子供を生むこともできることを示します。性格は忠実で率直です。卯木が過剰に強い場合、競争や論争に傾倒し、結婚生活が円満でなくなり、「坤安震殺（こんあんしんさつ）」の原因となります（卯木は震卦に相当する）。建材、土木工学、花木、ロープ木工、車船、飛行機などの交通機関を代表する産業で、空を飛ぶ飛行機、ネットワーク、手紙、電信などを表します。また、媒体、運転手、官僚、四肢、玄関などを主とします。特筆すべきは、京都府の平安神宮近くにある東天王岡崎神社で、794年に天皇が京都に遷都した際、平安京の城を守るために四つの方向に建てられた神社の一つです。この神社は東側に位置しているため、「東天王（ひがしてんのう）」と名付けられました。この神社には、結婚と出産の順調を祈願し、成功したいと思えば、お腹をなでるだけで神の加護を受けられる兎の守護神が祀られています。神社には、縁を結ぶ兎、「招き猫」と同じように幸運を招く兎の絵が描かれた提灯や紙戸など、兎に関連する多くの要素があります。それにより、卯は縁と永続性を象徴するエネルギーを持っています。

辰土：陽の中の陰であり、陰の集合体です。東方の土地であり、調節を司ります。牢獄を司ります。湿った土地、泥、水の貯蔵庫、池、水中の田園、土産品などを司ります。屈強で好戦的な性格を持ち、情熱的で強力かつ独立心が強く、怒りっぽく、目は小さいが声は大きく、顔つきは凶暴で、争いを好み、物事を強く主張する中年者や威厳の象徴です。旺の時には、理をわきまえず、善悪を判断できない人物が多い。地支の中で龍だけがトーテム物として扱われ、人々が実際に見たことがありません。龍と麒麟はトーテムとされており、トーテム物はすべて龍類に属するため、辰によって表されます。業界では医師、巫術師、占い師、宗教関連の人物を代表とします。また、警察官、外科医、鍼灸師、宗教指導者なども含まれます。明代の謝肇淛（しゃちょうせつ）が『五雑組（ござっそ）』で記述したところによると、「龍は最も淫乱な性格を持っているため、牛と交尾すると麒麟が生まれ、豚と交尾すると象が生まれ、馬と交尾すると龍馬が生まれる。女性に出会った場合でも、汚される可能性がある」とされています。それゆえ、「辰と戌が出会うと近親相姦が起こる」ということわざがあります。

歴史の中で、孔子は何度も老子に「礼」について問いかけ、そして「今日老子を見たが、まるで龍であるかのようだ」と言いました（『史記・老子申韓列伝（しんかんれつでん）』）。なぜなら、龍は「風雲に乗って天に上る」ことができるからであり、若き孔子は老子が深遠で、手の届かない高みにいると考えたのです。そのため、辰の地支も「玄妙なる」力を持っていると言えます。

故宮は、中国で最も有名な古代建築の典範です。その中の角楼は、中国古代建築の中でも重要な建築物です。角楼という名前は、角落に位置するからというわけではなく、古代の建築物は通常、大きな木材で作られていたため、防火対策が重要でした。火を抑えるため、雨を司る龍王を招く必要がありました。天上二十八宿のうち、角星は龍の角に対応し、龍王の力を最もよく表現しています。したがって、角楼を建てることで、角星を地上に招き、防火に協力してもらうことができたのです。そして、屋根の上には「五脊六獣」と呼ばれるものがあります。殿堂や寺院の正脊の最も高い位置の両端と四本の垂脊には、龍のような神獣が配置され、龍形正吻と呼ばれます。これは鴟尾、龍尾、龍吻、璃吻とも呼ばれます。鴟尾は、龍の九つの子のひとつとされ、火を抑える力があると伝えられています。唐代の書物『唐会要』によると、「海中には魚虬があり、尾は鴟のようで、波を立てると雨が降る。その尾の姿を模して、火除けのお守りとして使用された」とあります。神獣の鴟尾は、火を鎮める力があり、正脊に立てることで、火災から人々を守ることができたのです。

「角楼」は宮廷だけでなく、城内にも同様の配置があります。宋代の孟元老の『東京夢華録』には、「東角楼街区。宣徳門から東に進むと東角楼に到達し、それは皇城の東南隅に位置している。……」とあり、繁栄する景色を非常に詳しく描写し、人々をうっとりさせました。

巳火：陽の変化、陰陽の集合体であり、陰と陽の両方を持ち、変化が複雑であり、気化、三焦、ミミズ、キウイフルーツ、思想、文化、虚業、暖かさ、燭台の象徴です。魅力的で知的で熟考深い人を象徴し、多疑、頑固、話し好き、ムッとしたり、おねだりしたり、自己中心的で恐怖心があったり、多疑で夢をよく見たり、軽率で淫乱で女性的、小さな物に執着するなどの性格を持ちます。代表的な業界はネットワーク、文書情報、学術研究者、ファッション、アート、ＥＣなどです。

午火：陽の中の陽であり、陽気が充実しています（馬は立ったまま寝ることもできる）。書物、栄誉、賞状、筆力、絵画、少年、驚き、ちょっとした欲、虚栄心、心臓、四肢、災害を表します。面子を気にする利益志向の人で、素早いが不安定で、強烈で衝動的、虚栄心がありすぎます。熱血漢で、栄光に満ち、波乱に満ちた人生を望みます。親子不和や多くの離婚があります。あまりにも旺盛な場合、凶暴になることがあり、午火が重なると、精神的に抑圧される傾向があるとされています。代表的な業界は、文化、文芸、官僚、インターネット、心理学（精神医学）、電気（電気に関連すること）などです。

未土：陽の化身で、南に位置しています。運命を司り、その力は暖かい（羊肉のように温かい）、果実を生む、口にする食べ物や酒の席、良い飲み物、皮膚、毒薬（副作用のある薬）など。お酒を好む人が多く、夢想を追求することが多く、多感で利他主義者であり、独立性が欠け、常に支援を必要とします。坤は平和を司り、二つの坤が重なると物事が逆転することを示します。未土が重なると、不安や不安定であることを示します。未は謀略家、口先が上手、食べ物を好む人、技術のある人、バーテンダー、販売、すべての食品関連や食品包装の人を代表します。業界の代表は飲食、レストラン、販売、歯科医師、宣教職などです。未は夏季であり、庭園に属するのはなぜ卯ではなく未であるのかは、卯木が豊かで自らが繁茂している一方、未は木の墓地であり、壁に沿って生えている花木のようなもので、多様なものが混じっているため、「庭園」には未が適しているからです。

申金：陰の始まりを司り、清めを行い、気を下げて収束させることを主とし、粛然としていて、冷静で、理性的で、高貴な客人や老人を主とします。伝達の神を代表し、不安定なものを主とします。たとえば、『西遊記』の第100回の目次には、孫悟空に三つの名前があります。「悟空」（5回言及）、「行者」（11回言及）、そして最も多く言及された「心猿」（合計17回言及。「心猿意馬」の「心猿」は、内心が落ち着かないさかさまになった猿のように騒々しい人を表現している。孫悟空が征服しなければならない最大の敵は、妖魔鬼怪ではなく、彼自身の内なる「心猿」である）。申金はまた、移動手段や手術、武術、兵器、軍警、政法、法執行者、武術銃器を主とします。好奇心が旺盛でやんちゃで、他者を超越しようとする力があり、凶暴で、目が黄色くて首が短いとされています。申金は坤卦の位置に対応しているため、申金が重なると坤六断の勢いを生じ、婚姻の離別が多いことが予想されます。代表的な産業は、軍警、政法、法執行者、教育職などで、職業的に移動性が高く、道路の危険にさらされることが多く、武術、武器、銃器などに興味がある人が多いです。

酉金：陰のうちの陰で、司るのは収斂。事においては巧妙で疑心暗鬼で、計算に優れた、理性的な思考を持ちます。皮膚、四肢、装飾品、化粧品、鏡、金銀のアクセサリー、美容院、金融業、庭園、理髪店、金属器具、秘密、暗闇のこと。自己を過大評価し傲慢で、秩序はあるが専横的な性格を持ちます。卯と酉が向かい合うと、夫婦の分離を主導します。辰と酉が合わさると、秘密裏に乱れた行動をとることを示します。土を見つけて水が制御されている場合、女性は落ち着いて上品です。水が強くて土が制御されていない場合、浮軽で放蕩的で売春婦を示します。酉が盛んで水が出会うと、「金水相会美人容」と呼ばれ、秘密裏にあいまいなことがあります。酉金が重なると、人は計算に優れて、秘密裏に行動し、疑い深く、理性的な思考を持ちます。代表的な業界は、暗い業界（クラブ、性風俗産業）、化粧品、アクセサリー、美容、金融業などです。酉は従魁、亜魁星（あかいせい）であり、試験においては多くが魁星に次ぐ成績を収めます。

アメリカは湾岸戦争の際に、化学兵器攻撃に備えて多くの鶏を戦場に連れて行きました。酉（鶏）は暗いものを象徴するため、毒ガスも暗いものの一つです。鶏は毒ガスに非常に敏感であり、酉は五臓のうち肺を代表するため、また、肺は鼻から出入りするため、鶏の鼻は非常に鋭く、犬を超える感度があります。

地支の六合では、辰と酉は合いますが、これは暗合、秘密の合わせ方で、明るいものではありません。感情が関係する場合、辰酉の組み合わせは暗合となります。酉は鶏を表し、辰は竜を表します。「鶏見辰、乱人倫」という言葉があります。現実の実験でも、手が鶏の目の前から遠くに動くと、注意が脳の上部に移動してしまい、戻ることができなくなり、元の姿勢を保持するしかありません。これは鶏の「意識」が非常に弱く、外部環境に影響を受けやすいことを示しています。

道法自然――自然の法則に基づき、金口訣の基本的な訣を掌握すれば、多くの問題が簡単に解決できます。古い言葉に「基礎が弱ければ地が揺れる」とありますが、天干地支の関係の本質を本当に理解すれば、神秘的な力を使い、高い次元に到達することができます。

戌土：戌土は、陰の中の陽で、西方に位置します。「煙」の古い字は「烟」で、本来の意味は土の気であり、字形の意味は「火が燃え尽きた後の灰」で、西方の土に属することから、戌土は灰色の土であり、すべてのものが滅びる象徴です。これは、『晋書』に記載されている「戌は滅びであり、時の物がみな衰退することを意味する」に合致します。燥性の土壌で、活力やエネルギーの源であり、窯業、鉄砲、火薬、引火性のある化学工業に関係します。宗教信仰、宗教用品、占い師、孤独な人などを支配します。人格としては、誠実で正直であり、信頼に値します。悪人、マフィア、法執行者（無根拠な虚言を含む）、内通者、刑務所、刑罰、古墳、寺院、市場、風俗店、中年の人々、警察、伝統中国医学（旺相は家に宗教信仰者がいることを示す）などを象徴します。業界としては、「玄妙」、「精神的教化」、「是非を解決する」（弁護士、訴訟など）、古美術品、修復など、変革の可能性を秘めた業界を代表します。

亥水：陰の守護神であり、水と湿気を司り、陰気に傷を負わせます。清代の陳昌治が編纂した『説文解字・巻十四・亥部』には、「亥は豕を指す。十月には微陽が昇り、盛りの陰に接する。『二』は『二』を構成する要素であり、古文の上字において、男性一人と女性一人を表す。『乙』は、くるぶしをかくす布を持った子供のような形を象ったものである」とあります。つまり、亥とは草根を指します。古代の紀時法では、十二支の中の「亥」は10月を表し、この時期には地上に微弱な陽気がまだ残り、徐々に盛んになっていく陰気が続きます。字形は「二」を偏に採用しており、「二」は上の古い字形の「上」を意味します。字の下部にある二つの「人」は、男性と女性を表しています。また、字形には「乙」も使われ、お腹に胎児を抱えたような形になっています。

清代の段玉裁の『説文解字注』には、「荄也。十月、微妙な陽気が現れ、陰気が増してくる」とあり、東漢の許慎は「荄也」と記し、『釈名』では「亥、核也。万物を収める。核心を探って、善悪真偽を取り出す」とあります。荄とは根を意味し、陽気は下に根を下ろしている」とあります。段玉裁と陳昌治の解釈は基本的に同じで、亥は草根を表し、微弱な陽気と盛んな陰気をつなぐということを示しています。

亥は、具体的なイメージとしては、静水、灌漑、暗渠、筆記用具、酒、水産物の魚類（唐代の詩人白居易による「寅年には竹垣の下で虎に出くわし、亥日には砂浜で初めて魚を売る」という詩句がある）、沈溺、科学技術、計算、贈与、施し、心優しいことなどを象徴します。人格としては、素直で力強く、他人を助けることを主にします。女性の場合は、優しく、旺盛であるが制御されないと軽薄で幻想主義的な傾向があり、不明瞭な状況や問題、不明瞭な病気や売春婦、義務を果たさない人や悪徳者などを象徴します。環境としては、歌舞場、浴場、トイレなどの汚れた、曖昧な場所を表します。豚が毎日出す汚染物質は人間の六倍です。また、亥の豚の鼻の感度は酉の鶏よりも優れており、国の税関では犬と豚を一緒に使用して商品を検査することがあります。亥同士が出会うと、文字や文学の才能（書道、絵画など）を持っている可能性があります。代表的な業界としては、公益団体、サービス業、老人施設、宣教活動、特許発明などがあります。亥が旺盛な場合、文化的な専門知識を持っていることが多いです。もし合致すると、結婚に求めること、秘密の病気、乞い求めることなどを象徴します。

中国の古代建築の八大古典的な要素の中で、「馬頭壁」という要素は漢民族伝統住居建築流派である贛派建築や徽派建築（徽州建築）の重要な特徴であることが注目に値します。「馬頭壁」という用語が明確に確立されたのは、明代の弘治癸亥（1503年）の時、当時の徽州知事であった何歆と密接に関係しています。彼は火災を防ぐためには、まず壁を治めることが重要だと考え、村人五家族に命じて、レンガや石を使用して山壁を上に積み上げ、屋根より高くするよう指示しました。これにより、火災を封じ込め、燃え広がることを防止することができたため、「封火壁」と呼ばれるようになり、一部の文献では「風火壁」とも呼ばれています。具体的な構造は、屋根の傾斜に従って段々になっており、傾斜の長さによっていくつかの段階に分けられ、壁の頂部には三本の線の軒瓦が飛び出し、小さな青い瓦で覆われています。また、各栈の頂部には、風を防ぐ板（金花板）が取り付けられており、各種の異なる様式の「座頭」（主に「馬頭」）が設置されているため、「馬頭壁」と呼ばれるようになりました。何歆が癸亥の年（1503年）を選んだことには、暗に意図が含まれています。癸亥は五行がすべて水であり、水は火を克服することができます。壁を建てる目的は火を防ぐことなので、この天佑の時期を選んで、その意味を示そうとしたのです。これにより、「馬頭壁」の形成と紫禁城の「角楼」の形成には、奇妙な類似点があります。

さらに、馬頭壁の壁面と屋根は、白壁青瓦のスタイルを採用しており、遠くから見ると、明るく上品で、そこに住む人たちは清白な家庭であり、清々しい心で生きていることを伝える無言の教えといえます。この建築デザインは、実用性、機能性、教育性の三つの主題を完全に表現しており、後世にとって学びの価値があるでしょう。

五行のうちの土属性は、十二支の中には四つあり、外的特性と内的エネルギーが異なります。その中で、辰の土は硬い岩石で、鉱石、玉石、ダイヤモンドなどを含みます。戌の土は灰色の土やほこりで、溶岩やセメントを代表します。丑の土は植物が育つ湿った土壌です。未の土は砂や乾燥した土壌で、植物が育つのが難しい地域、たとえば砂漠などです。

以上からわかるように、干支によって内在的なエネルギーが異なります。漢方薬と同様に、産地が異なると効果も異なります。出身地が性質と効果を決定するのです。また、十二支も完璧ではありません。たとえば、「鼠は歯を欠き、牛は歯を欠き、虎は首を欠き、兎は唇を欠き、龍は聴覚を欠き、蛇は足を欠き、馬は勇気を欠き、羊は瞳孔を欠き、猿は脾臓を欠き、鶏は腎臓を欠き、犬は胃を欠き、豚は筋を欠く。これらはすべて、十二支に生まれたからである」（明代の張楠の『神峰通考（しんほうつうこう）』）

古代の十二支の概念を基に、筆者は時代の特徴と結び付けて解説したので、読者は干支の特定のエネルギーに精通し、中国文化をより理解しやすくするための指針となることを期待しています。

漢代の太初年間、中国では太初暦が実施され、「一日を十二時に分け、干支を記録する」方法が採用されました。すなわち、十二支が十二の時辰に対応する計時方法です。

具体的な十二時辰は、現代の時間に合わせて、以下のとおりです。

子時（23時から01時）、丑時（01時から03時）、寅時（03時から05時）、卯時（05時から07時）、辰時（07時から09時）、巳時（09時から11時）、午時（11時から13時）、未時（13時から15時）、申時（15時から17時）、酉時（17時から19時）、戌時（19時から21時）、亥時（21時から23時）。

それぞれの雅称は、夜半、鶏鳴、平旦、日の出、食時、隅中、日中、日没、晡時、日没、黄昏、人定の順に始まります。これらの情報を通じて、筆者は時代の特徴を踏まえ、古代の十二地支の類似性を説明したので、読者は干支の特定のエネルギーを理解し、中国文化をより深く理解することを望んでいます。

清代の康熙帝は、北宋五子の一人である邵雍を非常に尊敬しており、邵雍の詩句をしばしば引用していました。たとえば、李光坡（李光地の弟）に贈った詩聯の一節、「道通月窟天根里、人在清泉白石間」は、邵雍の「因探月窟方知物、未躡天根豈識人」（『観物吟』）と「月窟與天根、中間來往頻」（『月窟吟』）から、「月窟天根」という語を引用したものです。清代の乾隆帝も邵雍の「安楽窩」を訪れ、帰京後には圓明園の清漪園萬壽山西麓、昆明湖を南望できる場所に「邵窩殿」を建設するよう命じました。このことから、邵雍への崇敬の念が窺えます。

上記の詩に登場する「月窟」と「天根」について、後世ではしばしば混乱が生じていました。しかし、明代の嘉靖年間に状元（第一等）に輝いた羅洪先は、「次康節観物吟」の詩で解説をしています。

「地も天も生まれ、それぞれに存在がある。身の内に天地が宿る、それはどうして貧しいことだろうか。有るもの無いものは予測できず、最終的に何かになる。動きと静けさの間、人には説明しがたい。寅が到来し戌の時に月の洞窟を観る。子の年から申の年にかけて天の根源が起きる。天の根源と月の洞窟は朝と夕に分かれ、それを認識することでわかる。未だ分かたれていないことが春であることを理解する」

この詩から、「月窟」は十二時辰の寅時から戌時までの時間を指し、「天根」は子時から申時までの時間を指すことがわかります。

唐代の詩人羅隠は「時が来れば天地は力を同じにする」と言い、時を得ることの重要性を説いています。そして、古人たちが十二時辰の健康法を使いこなすことの高い精度には驚かされます。

清代の程鵬程の『急救広生集・解十二時病』によると、丑寅時は、精気が生じるときであり、深く眠らずに布団にくるまり、床に座って一、二度呼吸をし、濁った気を出します。両手をこすり合わせ、鼻の両側と目の周りを5〜7回擦り、両耳を捻って前後に5〜7回動かします。両手で頭を抱え、手のひらが耳にかかるようにし、食指（人差し指）で中指をたたき、脳の後ろを24回ずつたたきます。左右に体をのけぞらせ、腕を広げて弓を引く動作を5～7回行い、その後、股関節を5～7回伸縮させます。歯を鳴らして7回数え、口の中で水を含み、丹田に気を集中させ、3回喉を通して、五臓の火を消し、小さく息を吐きます。

「卯」の時刻に、朝日を見て寒暖を測り、衣服を着ます。明るい窓の下に座り、温かいスープを一杯飲みますが、紅茶は避けます。髪を100回とかし、風を通して火を散らし、目を鮮明にし、脳の熱を除きます。手洗い・うがいをしたら、朝はお粥を食べて、お腹を満たします。ゆっくりと50～60歩歩き、酒一瓶を机の上に置き、出かける前に一、二杯飲みます。

昔、三人が濃い霧の中を歩きました。一人は病気になり、一人は死んでしまい、一人は何事もなく元気でした。原因を尋ねられたところ、何事もなかった人は「酒を飲みました」。病気になった人は「食べ物を食べました」。死んでしまった人は「空腹でした」と答えました。これからわかるように、酒の力は邪気を払うのに最も優れていることがわかります。もし外出することができない場合や疲れている場合には、休憩することで気力を回復させます。

辰時と巳時には、子どもの勉強や家事を行い、そのことに喜んで取り組み、些細なことで気を動かさないようにしましょう。何もすることがない場合は、お香を焚きながら一人で座り、目を閉じて精神を集中し、唾を数回飲み込みましょう。子の時から真気が生じ、午後には微妙になるため、呼吸を調整して養うことが適しています。

午時には、食事は腹八分目ぐらいにして、美味しいものを食べましょう。美味しいということは、あらゆる食材が水陸両方から用意された豊かなものではなく、物の種類や硬さや温度にこだわらないということです。唐代の著名な書家である柳公度（りゅうこうど）は、89歳の時に、自分は胃腸が熱くなるようなものや、温度や硬さにこだわって冷たくて硬いものは食べず、美味しいものだけを食べていると語ったそうです。また、強制的に食べすぎないようにし、お腹がすいているときに食べ、過度に満腹にならないようにしましょう。食後には100歩ほど歩いて、お腹を揉んだり、腰のあたりを揉んで体を温めたり、体内の水分や土の運動を促し、適量のお茶を飲みましょう。

未時、書斎に座り、軽い読書を楽しんで気分を高めます。古詩を吟じて心を開放し、友人と会っても、婦人のこと、権力や人物を論じたり、是非を争ったりしないで、控えめに話し、気を養います。また、友人と一緒に100歩ほど散歩し、衣服を着なくても良いので、自由にリラックスし、労苦をして礼儀を守る必要はありません。

申時、軽食には小麦粉や果物を選び、古い書道作品に触れたり、古琴を弾いたりして、疲れたらやめます。

酉時、夕食は遅くならず、飢餓感や満腹感を過剰にすることは避け、適度に飲んで陶酔します。孫思邈は、「半酔半醒の中、一人で宿泊し、柔らかい枕と温かい毛布で足を包み、言葉には味がある」と言いました。子弟には一日の学習計画を厳しく守るように指導するが、過度に苛めてはいけません。

戌時、灯火を燃やして足を洗い、熱い湯で身体を温め、火気を降し湿気を取り除きます。冷たいお茶で口をすすぎ、一日の飲食の毒素を洗い流します。昼間は黙って読書し、興味のある部分を再度読みますが、多すぎず、読みすぎは目に悪いので避けます。鄭漢奉は、「思い悩むことの害は、酒や色欲よりもひどい。思い悩みが多いと、心の火が燃え上がり、火が燃え上がると腎臓の水が枯渇し、心と腎臓の交流が途絶え、人としての理がなくなる。だから、心を安定させるために思い悩むことは少なくし、夜更かしも控えるべきだ」と言いました。涌泉という二つの穴は、精気が生まれる場所であり、寝る前に何度も擦るべきで、ベッドの前に香を焚いて不浄な気や悪いものを避けます。

亥子時、安らかに眠り、元気を養う。体を横向きにし、片足を曲げて寝ます。先に心を休め、後に眠りにつきます。過去や未来、人や自分自身のことを考えず、善いことに思いを向ければ、奇妙な夢も見なくなります。これらの方法によって気を調整し、心を養うことが大切なのです（『修養集説（しゅうようしゅうせつ）』より）。

第5節 「伯（孟）、仲、叔、季」とは何か？

古代の人の名前には、伯（孟）、仲、叔、季という文字との関連があります。これはなぜでしょうか？『左伝・隠公元年』には、「恵公の妃である孟子」とあります。これを唐代の孔穎達が注釈しています。「孟・仲・叔・季」というのは兄弟姉妹の年長順の呼び名で、「孟」と「伯」はともに最も年長です。『儀礼・士冠礼』には、「伯某甫、仲・叔・季、それぞれに対応する呼び名を与える」とあります。漢代には、経書の注釈者である鄭玄が「伯仲叔季は、年長の呼び名である」と説明しています。また、班固の『白虎通・姓名』にも「時によって年長順に呼び名をつけることを伯仲叔季という。伯とは、子供の中で最も年長であり、父親に近いことを意味する。仲とは、その次である。叔とは、その次に年下である。季とは、最も年少である」とあります。以上から、仲は次男の呼び名であることがわかります。また、伏羲氏の子孫には、羲仲という人物がいました。

周の古公亶父は、太伯・仲雍・季歴の3人の息子をもち、季歴は最年少でした。古公亶父は、季歴を最も賢明な息子とみなし、彼の息子昌が聖徳を持って生まれたことを喜んでいました。古公亶父は、将来昌が大成するだろうと言いましたが、太伯と仲雍は父親の望みを叶えるため、自分たちが王位を継がず、季歴に譲ることを決めました。太伯と仲雍は、荊蛮に逃れて身体に模様を刻み、頭髪を刈り、王位を継がないことを示しました。その後、太伯と仲雍は江東に移り、呉国を建国し、呉太伯または泰伯として知られるようになりました。季歴は後に商の文丁王によって伯侯に封じられ、西方の諸侯のリーダーとなりました。

次に、春秋時代に斉の君主である斉の庄公を殺した崔杼と、彼を直接報告する史官の一族である太史仲、太史叔、太史季に関する歴史的な内容を紹介します。

崔杼は弑君（王を殺す）の罪を犯しましたが、斉の庄公が彼の妻を奪ったこと、また崔杼が大権を握っていたことから、人々は彼に手出しできませんでした。しかし、当時の史官である太史伯は、義務を全うし、歴史書に「周の霊王23年夏5月乙亥、崔杼は彼の君を弑した」と記しました。

この報告に怒った崔杼は太史伯を殺害しますが、太史伯には太史仲、太史叔、太史季の三人の弟がおり、彼らもまた史官でした。彼らは、「率直かつ正直に報告するのは史官の天職です。私たちは手紙を書くために死ぬことを選びます。命を捨てても義務を放棄しません」と述べ、兄弟は立て続けに殺されました。後継者である仲叔も、依然として崔杼が君主を弑したことを直接的に報告することを選びました。これを聞いた崔杼は、「自分は国家のためにこの無道な君主を殺したのだ。あなたが報告しても、人々は私を許すだろう」と力なく言いました。仲叔は、「直接的に報告することは、史官の人格と道徳的な高さを表しています。史官は後世に歴史的責任を負わなければなりません」と答えました。崔杼はこれを聞いて、仲叔を処刑することは諦めました。

古代には、兄弟の名前に伯、仲、叔、季という順位を付けることが一般的でした。たとえば、三国時代の孫堅の4人の息子の名前は、長男の孫策は字が伯符、次男の孫権は字が仲謀、三男の孫翊は字が叔弼、四男の孫匡は字が季佐でした。かつて魯国には季孫氏、孟孫氏、叔孫氏の三つの家族があり、「三桓氏」と呼ばれていました。また、漢の高祖である劉邦の兄は劉伯、次兄は劉仲、自身は三男で劉季と呼ばれていました。

伯仲の二つの字が連続して使われる場合、ほぼ同じで高下がつけられないことを表し、「不相伯仲、伯仲之間」という慣用句があるほどです。兄弟だけでなく、姉妹も順位をつけることがありました。嫁ぐ女性にも、通常、姓の前に「伯（孟）、仲、叔、季」などの順位を示す字が付けられました。ここで孟は最年長の順位を表します。また、哭夫崩城で有名な文学人物の孟姜女は、姓が姜であることから、姜家の長女であることがわかります。

孟、仲、叔、季の順位は、兄弟が4人以上いる場合でも、最後に来るのは季です。3人しかいない場合は、季は三男を表します。

この他に、四季の月の順序にも「孟、仲、季」が使われています。「春夏秋冬」のそれぞれの季節に対応する三つの月が孟、仲、季と順番に並べられます。すなわち、孟春、仲春、季春、孟夏、仲夏、季夏、孟秋、仲秋、季秋、孟冬、仲冬、季冬です。

上記の常識を理解すると、私たちは最も親しみのある孔子の字が仲尼であることを知ります。彼は家族の中で二番目に生まれた男性であり、彼の前には異父兄の孟皮がおり、足が少し不自由で伯尼と呼ばれています。さらに、私たちが知っている司馬懿は、司馬仲達とも呼ばれており、兄弟の中で二番目に生まれたことがわかります。隋の王通は仲淹という字を持っていますが、これからも彼が兄弟の中で二番目に生まれたことがわかります。范仲淹も同様です。この淹という字がどこから来たのかは不明ですが、地名や文章の出典に関係があるかもしれません。ただ、それは重要ではありません。重要なのは、古代人の名前に伯、仲、叔、季が含まれている場合、最初にその家族内の序列を知ることができることです。

これは中国文化の基礎的な常識であり、特に書画の専門家はよく知っているべきです。

第6節　干支について

干支の相互関係が明確でなければ、十干と十二支の重要な役割を正確に判断することが難しくなり、金口訣の吉凶判断も正しくできなくなります。

天干地支は、それぞれが自然界の循環を表し、天干の「甲」から「癸」は、すべてのものが生まれてから隠れるまでの過程を示し、地支の「子」から「亥」は、すべてのものが芽生えてから結実するまでの過程を表します。これらの二つのプロセスは同じ意味を持ち、天干と地支の間には一定の関連があります。

十干と十二支には独自のエネルギー特性があり、それらが組み合わさると新たなエネルギーが生じ変化し、新しい勢いの規則性が形成されます。これは、水素原子と酸素原子が結合して水分子が生成されるのと同様です。

六十干支それぞれが持つエネルギーの規則について、古典には多様な記述があります。たとえば、南宋時代の大学者洪邁（こうまい）の著書『容斎随筆（ようさいずいひつ）』は、毛沢東が晩年に必読書としていたとされており、その中の第十巻「五筆」には、「丙午・丁未の年に、中国は変革期を迎え、内部で災いが起こるか、外部から侵略を受けることがある」という記述があります。また、元代の大学者元好問（げんこうもん）の『癸辛雑識（きしんざつしき）』（続集下）には、「諺には『虎（とら）が三子を生むと、必ず一匹は豹（ひょう）になる』」と書かれています。干支の戊寅は「豹」と対応し、行動が軽率で衝動的であることを表します。

これらの干支に関する記述を熟考すると、非常に興味深いものになります。

1．干支の方位と陰陽について

甲乙寅卯は東方の木、丙丁巳午は南方の火、庚辛申酉は西方の金、壬癸亥子は北方の水に属します。中央は戊己の土で、前が陽で、後が陰です（ただし、地支の五行の水と火は逆転する）。辰は東南、未は西南、戌は西北、丑は東北に属します（辰戌は陽の土に属す）。

(1) 干支の色

隋の蕭吉（しょうきつ）が著した『五行大義』には、「甲は青、己は緑、丙は赤、辛は赤みがかった白、庚は白、乙は淡い青緑、壬は黒、丁は紫、戊は黄、癸は黄褐色で、これが本来の色である」と書かれています。

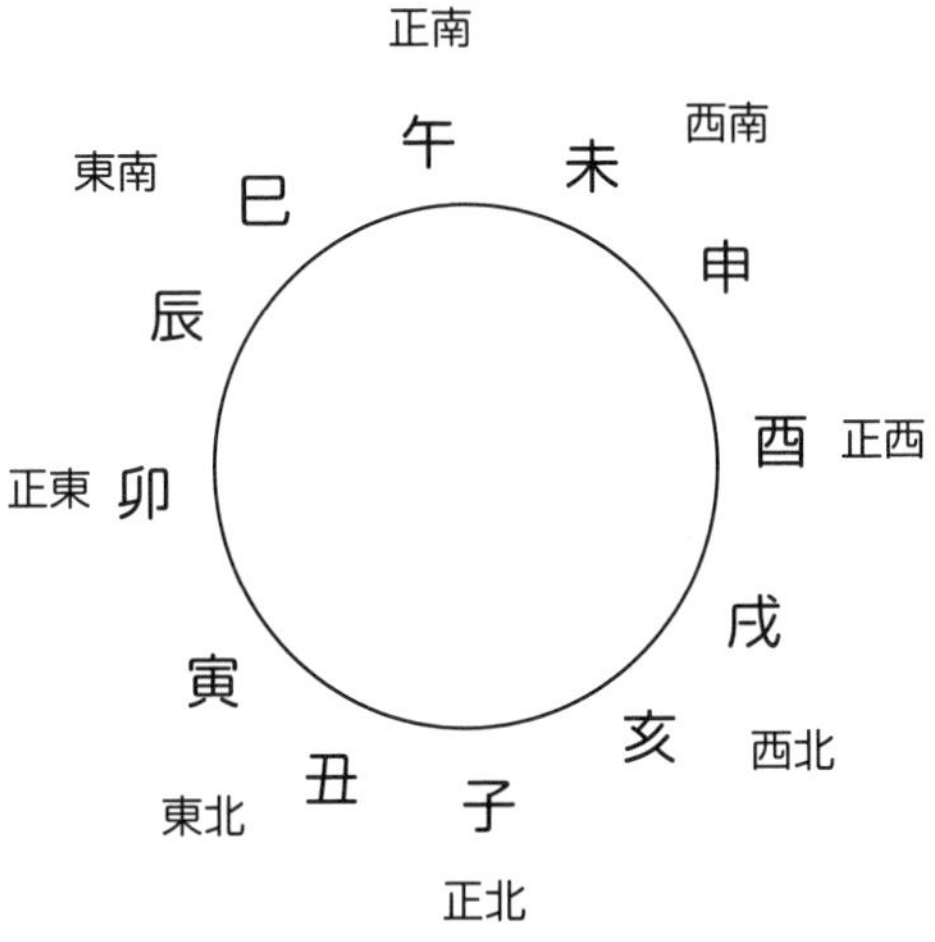

東方：甲・寅は青色、乙・卯は青緑色。
南方：丙・午は赤色、丁・巳はピンク色。
西方：庚・申は真っ白または金色、辛・酉は銀白色。
北方：壬・子は深緑色、癸・亥は明るい緑色。
中央は戊・己で、四季の辰・戌・丑・未は黄色、茶色、または灰色に属します。
隋代の蕭吉が著した『五行大義・第三・第一論配五色』によると、「土の戊は木を畏れるため、己の妹を甲の妻にした。黄を青に加えて、東方は緑色になる。『詩経』には、「緑色は正式の色ではない」とある。金の庚は火を畏れるため、辛の妹を丙の妻にした。白を赤に加えて、南方はピンク色になる。『論語』には、「紅紫は下品な衣服の色ではない」とある。木の甲は金を畏れるため、乙の妹を庚の妻にした。青を白に加えて、西方は青白色になる。火の丙は水を畏れるため、丁の妹を壬の妻にした。赤を黒に加えて、北方は紫色になる。孔子は、「紫を好むのは朱を奪うことだ」と言った。水の壬は土を畏れるため、癸の妹を戊の妻にした。甲は青色、己は緑色、丙は赤色、辛は薄ピンク色、庚は白色、乙は青白色、壬は黒色、丁は紫色、戊は黄色、癸は黄褐色である。これらは天干の本来の色で、妻の色は複雑なものになる」と説明されています。

(2) 干支の動きについて

甲乙を生とし、丙丁を長とし、戊己を化とし、庚辛を収とし、壬癸を蔵とします。これは種が芽を出し、枝を伸ばし、葉が散るまでの循環を示しています。

(3) 干支と五行について

五行の意味と作用は決まっていて変わりません。甲は木を表し、乙は風が吹きます。丙は林や連絡とし、丁は草の斜面の高低を分けます。戊は高い塀や巨大な墓を意味し、己は小さな墓を表します。庚は川沿いや道路にある小山を統括し、辛は鉄や雷電を支配します。壬は道路や石積みの山を治め、癸は川や小川を管轄します。このように解釈する正しさは、疑う余地がありません。また、金は雷、木は風、水は雨、土は雲、火は晴天を意味します。

注：ここでは陽が大きく陰が小さい。金は寒さや冷気も意味する。具体的には旺相休囚死などを参照。

(4)　干支と人体の関係

天干

甲は頭、乙は首、丙は肩、丁は胸、戊は腹、己はへそ、庚は腰、辛は肋骨、壬は脚の付け根、癸は四肢に対応しています。

地支

子と丑は足、寅と亥は膝、卯と戌はお尻、辰と酉は両腕、巳と申は両肩、午と未は頭と顔に対応しています。

この対応は、古代「十二地支周身遊」という言葉遊びがあったほどに知られていました。

十二地支周身遊

(5)　干支と内臓器官の関係

天干

甲は胆、乙は肝、丙は小腸、丁は心、戊は胃、己は脾、庚は大腸、辛は肺、壬は膀胱と三焦が対応しています。腎臓や心包に関するなら癸です。

地支

子は膀胱や尿道・耳、丑はへそや脾胃、寅は胆や目・脈・両手、卯は十本の指の内側・肝、辰は脾臓や肩・

胸・痰、巳は顔・歯・喉・小腸・肛門、午は心臓や目、未は胃や脾臓・脊髄、申は大腸や経絡・肺、酉は喉や気管、戌は命門や足首・足、亥は骨・尿道・腎臓に対応します。

人体のある部位に病気があれば、それに対応する地支が意味をもちます。これを「変化を観察し、その占いを遊ぶ」と呼びます（『易・繋辞』）。この「遊ぶ」は、運命の規則を楽しむことを意味し、簡単に言えば「命を遊ぶ」ということです。しかし、天干地支は複雑であるため、運命の学問を楽しむことは難しいことです。孔子ですら「君子は運命と争わない」と嘆きました。運命がわかっても、運命の法則に従う必要があります。運命は変えられないわけではありませんが、変えることが難しいのです。仏教の経典にあるように、定業難転（前世から定まっている善悪の業報を変えるのは難しい）なのです。

2003年、上海の復旦大学は「同性愛研究」の授業を設置し、その内容は社会的性別と同性愛、性別適合手術、同性愛の異文化比較など、いくつかの分野があります。また、性別適合手術についての情報も聞かれるようになったことから、この社会現象に対する研究が学問体系の中に組み込まれたことを示しています。また、現代の仏教の高僧である宣化上人は、かつて同性愛について「天理、倫理、生理に反する邪悪なものだ」と説き、このような行為を行う人々は生涯を連体双胞胎（結合双生児）として過ごすことになると警告しています。現在、世界中で連体双胞胎の事例が報告されており、将来的には「連体の動物たち」が出現する可能性があるとされています。一方、このような文化背景から、中国文化においては連体双胞胎や動植物の連体の現象についてどのように解釈されるのでしょうか。

実は、中国の哲学において、天干地支は経天地緯学であり、易道を通じて万物を包括させます。つまり、世界のあらゆる現象を干支智慧体系の中に対応させます。『易』には、「天に象を成し、地に形を成す」とあります。同性愛や連体などの現象は、干支智慧体系の中で戊己の土支に対応します。天干は陽で地支は陰、干支は陰陽に分かれています。甲には寅が、乙には卯が含まれます。また、戊土と己土には、同性の地支である辰土や戌土、丑土や未土が含まれています。辰戌は陽土で、丑未は陰土です。陰陽一体の状況が存在します。動物界では、ウナギはほとんどが雌性で生まれ、産卵後にほとんどが雄性に変化します。また、ミミズや陸産カタツムリ、ウミウサギなども同様に雌雄同体の特徴を持っています。

大自然はどこでも天人合一の道を実践しています。天干地支は神秘な道であり、必要に応じて使用できます。各干支の所属と類象を理解し、柔軟に応用することができれば、天地人の神が音で伝え合い、相互に交響していることに気づくことができます。

2. 天干戊、己土の地支変換方法

天干と地支の関係を使う多くの占い方法があります。そのため、天干と地支の関係を理解し、判断し、適用する能力は、占いの水準に直接かかわってくることはよく知られています。

天干に対応する地支は下表のとおりです。

天干は地支を含むので変換できますが、地支は天干を含めないので変換できません。戊は辰と戌に対応し、己は丑と未に対応します。具体的に戊と己が、辰・戌・丑・未のどれに対応するかを判断する方法は、現存する易学の文献には明確に説明されていません。しかし、これは非常に重要な問題です。なぜなら、もし対応関係を間違えた場合、混乱を引き起こすだけでなく、問題に対する結論に影響を与える可能性があるからです。

本書で、『六壬神課金口訣（りくじんしんかきんくけつ）』に関する戊、己の具体的な変換適用方法を紹介します。旬を基準にして、子午線で分ける方法です。

甲子、甲申、甲戌の旬においては、戊土は戌土に変換し、己土は未土に変換できます。

甲寅、甲辰、甲午の旬においては、戊土は辰土に変換し、己土は丑土に変換できます。

たとえば、干支が己酉の場合、己酉は甲辰の旬なので、己土は丑土として使用されます。つまり、

天干	甲	乙	丙	丁	戊	己	庚	辛	壬	癸
変換支	寅	卯	午	巳	辰戌	丑未	申	酉	子	亥

己土は未土ではありません。酉丑は金局の半局であり、酉金単独の力量よりも金局の力量がはるかに強いため、具体的な判断において、事象をさらに精密に分析し、判断レベルを向上させることができます。

同様に、干支が戊申の場合、戊申は甲辰の旬なので、戊土は戌土ではなく辰土として使用されます。もし子支が現れた場合、申子辰の三合水局が形成され、五行の軽重や事象を明確に判断することができます。

また、別の支を素早く判断する方法もあります。前の六つの支は未・戌に変換し、後ろの六つの支は丑・辰に変換します。陽干は陽支に、陰干は陰支にします。

戊子、寅、辰は戌にし、戊午、申、戌は辰にします。己丑、卯、巳は未にし、己未、酉、亥は丑にします。

(1) 干支五行と数の組合せ

五行数

水と土は1・5・7の数、金と木は3・6・9の数、火は2・4・8の数になります（旺相が大で、休囚死が小なので、注意深く選ぶ）。

干支数

甲己と子午は9を表し、乙庚と丑未は8を表し、丙辛と寅申は7を表し、丁壬と卯酉は6を表し、戊癸と辰戌は5を表し、巳亥には干がなく4を表します。

第7節　干支の奥深さ

古代から人々は、干支から遠ざかることはできません。各干支の内在的な位置エネルギーの法則は、すべて霊的で明らかです。

地支は天干を担っているため、実際の応用では地支の位置エネルギーの解明が主になります。十二の地支の中で、子が水を代表しています。子と天干との組み合わせには、甲子、丙子、庚子、戊子、壬子の五つの場合があります。子は水の五行に属しており、水は木を生むことができます。これが大原則です。しかし、すべての子の干支が木を生むことができるわけではありません。たとえば、熱いお湯は木を生むことができません。丙子は熱いお湯を意味します。丙子の水は、人が溺れるのではなく、熱傷を負うことを意味します。干支の解釈には細部に注意を払うことです。

同様に、行動の方向を判断する場合、天干の位置が方向を示します。甲子が現れた場合、人は東に向かいます。丙子が現れた場合、南に向かいます。庚子が現れた場合、西に向かいます。壬子が現れた場合、北に向かいます。戊子が現れた場合、子は水で戊は土なので、土が水を制御するため、自分自身を制御することができず、動くことができません。水は土に包まれてしまい、原点から動かずに「家」に留まります。甲子、庚子なども、単に水としてだけではなく、柔軟に理解する必要があります。

天干地支は、見た目は非常に簡単ですが、それらはすべて微細な位置エネルギーと方向性を含んでいます。もし、干支に習熟せずに、単なる技術だけで究極の目的を達成しようとするのであれば、それは妄想にすぎません。だからこそ、私は、自分が陰陽五行、天干地支に精通していると言い、直接的にコツや秘法を学びたいと言う人たちを最も嫌います。

基礎が固まらなければ、地盤が揺らぎます。しっかりした基礎がなければ、コツも虚しいものになります。このような状況で法を伝えると、師を傷つけ、あなたを傷つけ、法を傷つけることになります。基礎のない人が、人々の師となるので、油断してはいけません。

・甲子の人は、多くを学びますが、少ししか成し遂げることができず、短気でやりすぎの傾向があります。夫なら妻より年上、妻なら夫より年上のほうが良いでしょう。甲子の人が、相性の良い相手と結婚すると、夫婦関係が調和的で、人柄が仁義にあふれたものとなるでしょう。甲子は最初の干支であり、改革や創新の力を持っています。特筆すべきは、毎年六つの甲子日が日本の仏教界の財神である大黒天の祭りとされることです。

・甲午は「戦敗神（せんぱい）」と呼ばれ、火によって木が燃える様子から、事業や結婚に難題が生じるような、自滅的な象徴とされます。

・甲辰は「六甲窮神（きゅうしん）」と呼ばれ、辰の強固な石は甲木を育てないため、貧しさを象徴します。この日に生まれた人は、富豪でも貧しい命運にあるとされ、資産があっても現金が不足することが多いのです。性格は熱く、言葉遣いに無頓着です。この日に起課すると六甲窮神が入ってしまい、他の人は収穫を得られるのに自分だけは失敗することがよくあります。

・甲戌は「精神の神」と呼ばれ、神器（宗教的な内容を含むもの）、伝統的なもの、古いもの、などを象徴するとされます。

・癸酉は、鶏の体に水があるような象徴で、「ずぶ濡れの鶏」と同じような状況にあり、行動はしばしば挫折し、途中で投げ出してしまい、非常に困難な状況に陥ることが多いのです。癸水自体も憂鬱で気分が沈んでいる傾向があり、敗北や屈辱的な状況に直面することが多いとされています。

・壬申は、申が猿で、壬が水であるため、壬申は水猿となります。『西遊記』では、孫悟空が壬申日に誕生しているとされています。現実でも、猿は泳ぐことができます。壬申は水猿であり、孫悟空をイメージしたもので、智慧があり、思考力が鋭く、独自の意見と繊細な感性を持ち、芸術的才能があり、ネットワーク、デザイン、絵画、美術、クリエイティブ、計画、インターネットなどの分野に適しています。

・戊申は、戊が土であり、戊申は土猿で、土の中の猿を表しています。見た目は素朴ですが、実際には非常に賢明であるため、戊申のポテンシャルは非常に高いとされています。

・庚申は、天干と地支がともに陽金で非常に堅い性質を持っています。この人の性格は頑固ですが、正直な傾向があります。葛洪の『抱朴子内篇・巻六・微旨篇』には、「天地には犯罪を取り締まる神があり、人々が犯す軽重に応じて、彼らの運命を決めることができる。算命が減ると、人は貧しくなり、病気になり、悩みに悩まされる。算命が尽きると、人は死ぬ。数百の出来事で算命を奪われることがあるが、それらをすべて説明することはできない」と書かれています。

また、人体には三つの亡霊があり、それらは物質的ではありませんが、霊魂、神霊などに属します。人を早く死に至らしめる場合、この亡霊は霊魂になり、自由に移動し、人々に崇拝されます。したがって、庚申の日になると、葛洪は神に対し罪を告白するために上天するといいます。葛洪は道家の有名人物であり、庚申は道教にとって重要な意味を持ちます。『神仙守庚申法』および『太上三尸中経』には、「庚申の日には夜通し寝ずに、明け方に体が疲れても、寝ないようにする。このようにすれば、この亡霊は天帝に報告することができなくなる」と書かれています。これが、道士が庚申の夜を守る習慣の由来です。

唐代の詩人、権徳輿は、「道を観、真実と善を理解し、世を救うことを意識して行動する。深夜に修行し、仙人の教えを学ぶ経典を読むこと」と詠んでおり、程紫霄は、「庚申を守らなくても疑わないこと、この心は常に道と結びついている」と詠んでいます。清代の有名な丹家である劉一明は、著書『会心集』の中で、次のように書いています。「良い夜、月の下で酒を飲み、詩を吟じ、自然の力を活用し、竹や松に親しみ、心を安らげ、庚申を覗き、自分の心を取り戻し、自分の人生を自然の流れに合わせるのか?」と述べています。これらの言葉からも、「庚申」の寓意が広く民間に伝わっていることがわかります。

「庚申講」の信仰は日本に伝わってからも根強く、長い夜を寝ずに過ごすようになりました。しかし、この「庚申」は日本人の社会的な組織形態の一つでもあります。同じ信仰を持つ人々が集まると「講」と呼ばれるのです。かつては「江戸八百八十講」という、神々がまだ生きていた時代がありました。

守庚申は18回続き、およそ3年かかることから、古代日本人は村の入り口に庚申塔を建てるようになりました。

また、青面金剛が疫病を鎮め、三尸を追い払うと考えられていたため、庚申信仰が広まった地域には、庚申堂

（奈良市）、金剛寺（京都市）、猿田彦神社（山之内庚申とも）（京都市右京区）、庚申寺（浜松市）、庚申社（直方市）などがあり、青面金剛像、庚申塔、三猿（赤と白で蜷曲した球状の奇妙な装飾品「身代わり猿」）が設置されています。また、庚申の日は素食が適しており、日本には専門の「庚申素菜のレシピ」があります。

・丁酉は「丁酉は鬼をなす」と言われ、人間でもあり鬼でもあり、不運や災難に見舞われることが多く、金の出所が不明で、女性に頼ることが多く、金銭を求める場合には口を閉ざします。また、丁酉は鬼才を示す傾向があり、情熱的でセクシャルな面を持ちます。中国医学では、手の太陰肺経の外側の人差し指と中指の付け根にある「少商穴」または「鬼哭穴」と呼ばれる穴で、これが丁酉の位置エネルギーに対応しています。

・辛酉は、志はあるものの、多くの場合孤独であり、自己満足しているような人物で、仕事は独りでやる傾向があります。「辛金は酉に旺となり、優美な声が響き渡る」と言われ、歌唱や曲芸の才能を持つ人物を表します。干支が両方とも金であるため、改革や切り開く産業に向いていますが、金が多いため他人を巻き込み、仕事に非常に疲れる傾向があります。清潔好きなために、感情的な争いを起こすことがあります。

・癸巳は、非常に賢くて機敏で、思考が飛躍的ですが、事業や結婚がうまくいかないことが多く（遠距離恋愛の苦労として現れることもある）。このような人は、不思議なこと、奇妙な景色、奇妙な人物によく遭遇します。精神的に進歩し、向上することを好む傾向があります。古い言葉に「癸巳は修行に適している」とあり、神秘的で不可思議な因縁を持つことがよくあります。

・癸亥は、六十干支の中の最後で、最も悪く、最も弱いことを表しています。したがって、この干支は「憂鬱の家」とも呼ばれ、天生的に憂鬱で、特に感情面でそういった傾向が強いのです。また、女性の月経を表すこともあります。富を成す人々は、しばしばお金の出所が不明瞭であることがあります。

上記の「同象」の結論は、類比思考の結果です。実際に適用する場合、それを具体的な環境に置き、その場にあった解釈をする必要があります。

たとえば、同じ富豪でも、異なる国や地域では、彼らが所有する富は大きく異なります。しかし、運用する妙はひとえに心にあります。宋代の大学者洪邁の『容斎随筆』にある「丙午丁未」の章は、人々に洞察力を与えるでしょう。情を動かし、理に通じさせることが大切なのです。

天干地支を深く理解することで、心が通じ合い、息が合います。そうでなければ、心は理解されず、無情な場所で情を求め、無意味な場所で努力をして、結果は苦しむだけです。

干支の組み合わせは異なるため、そのエネルギー特性も非常に多様です。

たとえば、丁が丁を見ると、家庭が不安定になります。寅が寅を見ると、政治家に適しています。誤魔化しや威嚇の意味です。辰が辰を見ると、自己傷害になり、自分自身と戦っている状態になります。午が午を見ると、主に精神的な抑圧を意味します。未が未を見ると、内心が不安定であることを示します。申が申を見ると、坤六断の一つであり、問題を解決することを示します。

卯と酉が衝突すると、目の損失、転倒、筋肉や骨の損傷が主な意味です。戊子と庚申は、戊子は天下に枯渇しないものであり、庚申は世界に苦しいものがないという意味です。戊子はまた地震を示すものでもあります。癸亥は、考え方や意志決定などが優柔不断で、多くの冤罪を示します。丁卯は、丁丁卯卯といい、つまずいたり転んだりすることが避けられません。卯が多く旺盛な場合は、不安定であることを示します。甲子と辛酉は、改革や変化を示します。丙午と丁未は、内から災いが生まれない場合、外敵に侵略されることになります。

唐代の呂洞賓（呂岩）は『徽宗斎会』という詩を書きました。「高談闊論しても誰も聞かず、残念なことに明君に会えなかった。もし陛下が私に尋ねる日があれば、丙午丁未の春を見てください」とあり、後半は、国家が丙午丁未の春に不安を受けることを強調しています。そして、当時、宋の徽宗は即位して間もなく、ある夜、青衣の童子が天から降ってきて彼に玉の札を見せ、「丙午年に、真人が現れる」と書かれていると言いました。徽宗は目が覚めて喜びに満ち、丙午年までまだ20年以上あるが、この美しい夢を大々的に宣伝する詔書を作成するための準備を始め、また真人を探しに各地に人を派遣しました。丙午年になったら、真人も見つかるだろう、自分が用意した詔書を取り出して自慢することができるのではないかと思ったのです。

しかし徽宗は、丙午年が来る前年まで真人に会えなかったので、夢を実現させようと思い、皇位を自分の息子に譲って〝真人〟にさせることに決めました。まもなく金が開封を攻め落とし、彼と息子は共に捕虜になりました。しかし、彼はまだその美しい夢を忘れず、側近の大臣に「なぜあの夢が実現しなかったのか？」と尋ねました。大臣は「丙午年は女真人が荒れた時期です。女真人があの真人だったのですよ！」と答えました。これを聞いて、宋の徽宗は言葉を失いました。

「子午線」とは陰陽の二つの道のことであり、子午線で庚甲が現れると、主には他の土地での仕事の構築が起こります。癸乙壬に卯酉が加わると、男女には多くの秘密の関係があります。壬は玄武、乙は六合、癸は天后、卯酉は扉であり、癸乙壬が卯酉に出会うと、多くの場合不義の関係が発生します。

「辛丁巳亥酉」という組み合わせは、乙は六合であり秘密の意味があり、辛は太陰であり主には陰があります。丁は玉女であり不義を意味します。巳亥は門戸であり、この天干地支の組み合わせは自分の意見を主張するため、しばしば口論や不和が生じます。

五行には生旺死絶という区分があります。

⑴　干支五行のうち自ら生になるのは、甲申、丙寅、己亥、辛巳、戊申の天干地支の組み合わせです。これらは四季の旺相を待つ必要がなく、自然に生まれたときから超然としていて、優れた力を持っています。この五行を持つ人が高位に昇ると、徐々にその力を発揮して行くことができます。富貴になる場合でも、この五行を持つことで栄えることができ、自然に生まれた力を最大限に活かせます。

⑵　干支五行の中で自ら旺となるのは丙子、戊午、辛卯、癸酉、庚子です。これらの干支は四季の旺盛期を待つ必要はなく、自分で活力を生み出して活気にあふれ、幸運力を発揮し、塵から離れた存在となります。

⑶　一方、五行の自墓の特性を持つのは、癸未、壬辰、丙辰、甲戌、乙丑です。これらの干支は、庫の場所を見つけると、それに対応する物事のエネルギーが集まって充実した庫になる傾向

があります。たとえば、壬辰の水は、多くの水が集まり合流する必要があり、そうでなければ旺盛になれません。金が交互にやってくる場合、重要な地位を獲得することができます。しかし、水が火を剋す、火が金を剋す、戌土があると、「貧印不起（ひんいんふき）」の印星が虚弱で力がなく、助けがないため機能を果たせずに運命が悪く、貧困や不幸などの状況に陥る可能性が高いという状況になります。

(4)　五行の自死のエネルギーを持つ干支は、乙卯（きのとう）、丁酉（ひのととり）、壬午（みずのえうま）、甲子（きのえね）、己卯（つちのとう）です。

万物自然の法則によれば、生きることは労働を伴い、死ぬことは休息につながります。これらの干支は、自ら死の場所を持つことで、物事は自然に帰着します。自死とは、真の帰着の法則を得たものです。これらのエネルギーは、智慧が多く幸運が少ない特別な存在であり、積極的な行動よりも静かで控えめな生き方が適しています。真の仙人である者のみが、生死の扉を超え、それに縛られることなく自由に生きることができます。

(5)　五行の自絶になる干支は、癸巳（みずのとみ）、乙亥（きのとい）、庚申（かのえさる）、壬寅（みずのえとら）、丁巳（ひのとみ）です。

天の道には断ち切ることができないものがあり、干支自体のエネルギーが絶えたとしても、再び生まれ変わることができます。この干支に遭遇する人々は、喜びと悲しみが定まりません。たとえば、癸巳の水は自ら枯渇しているのですが、癸酉の金がそれを助けてくれれば、枯渇した水が再び生まれることができ、吉兆になります。ただし、自分自身が死を帯びていたり、生を絶たれたり、庫や墓などの干支を持っていたとしても、それだけで結論を下すことはできません。季節や月の出入りと照らし合わせて、その清濁を判断しなければならないからです。清澄ならば、制御力があります。たとえば、水が土に遭遇すると濁りますが、土で防げば止まることができ、その後徐々に澄んでいきます。しかし、濁っている場合は制御することができず、水が多すぎると勝手に氾濫します。しかし、水は段階的に木を生み出すことができます。『易経』には「苦しくなったら変化する、変化することで通じる」とあり、五行の象も常に変化するものであり、変化しないものではないのです。五行の効力で最も重要なのは「隠れたもの」であり、「表面的なもの」ではありません。

もし、死や絶を意味する干支に救済がある場合、それは「還魂（かんこん）」と呼ばれ、価値があるとされます。もしも干支が生旺しているのに、剋制関係がある場合、その人は傲慢で、福気は薄いと考えられます。もし、互いに相生の場合は、順調に発展しますが、逆の場合は勢いを失います。一方で、互いに相剋の場合は、順調に進むと勢いが強まり、逆に行くと傷つくことになります。

古い言葉に、「小を以って大を凌ぐと、自らを害することになり、弱いものが強いものに勝とうとすると、自ら災いを招くことになる」とあります。たとえば、一つの水が三つの火に勝つのは、弱いものが強いものに勝とうとした結果です。陰が陽に勝つ場合、災いは明確ではありませんが、危害は深刻ではありません。二つの陽が互いに阻まれると、凶悪な災厄が巡って来ます。二つの陰が敵対すると、居心地が悪く、転居することになります。たとえば、乙巳が壬申を剋す場合、陰が陽に勝っていますが、陰陽はお互いに影響し合っているため、大きな害はありません。

また、金・木・水・火の四つの五行は、存在しないものから存在するものになるまで、すべて土の運化の功によってその勢を成すことになります。土が持つこの含蓄、起承転合の功の枢紐となる美徳が、四季に位置する理由となります。さらに、五行の中で、天干が秀気で雑味がないことは栄華の象徴を表しています。たとえば、亥卯未から成る木局が甲乙と出会った場合、互いに栄華を育みます。また、寅午戌の火局が丙丁に出会った場合は、福を集める象徴となります。壬癸水は、潤いを与える水局の申子辰に出会うことが最も好ましいです。

また、五行の中で、天干の秀気不雑が栄華の象徴です。たとえば、亥卯未の木局は甲乙と会うと相互に栄え、寅午戌の火局は丙丁に出会うと福を集めます。壬癸水は潤下の水局の申子辰に会うと潤下の力を発揮します。庚辛金は巳酉丑の従革金局に出会うと刷新の力を持ちます。戊己土が四季土に出会うと旺盛で喜ばれます。水は潤下の力があり、文才が顕著になります。土は稼穡の力があり、富貴や商業に適しています。春に甲乙が出ると、仁徳の心が倍増します。夏に丙丁を見ると、洞察力が優れています。秋に庚辛金が盛んだと、剛毅果断になります。冬に壬癸水の局に出会うと、智慧と権謀を備えます。

木が旺盛で金がないと、仁義の心はあっても、自然の造化を成就することはできません。火が旺盛で木が衰えると、学識があっても尊敬を得ることが難しいです。水が多く旺盛な土に遭遇すると、土が水を克服し、堤防の役割を果たすことができます。木が旺盛で強い金に遭遇すると、金が木を克服し、棟梁のような存在になることができます。

水と火が相止まり、火が水を妨げると、『易経』でいうところの「水火既済（すいかきさい）」という卦になります。土が旺盛な木と出会うことで、稼穡の功を発揮できます。金と火の勢いが拮抗していると、鋭利な武器が作られることがあります。これらの五行の造化は、見えない幽玄な力によって形成されるものです。

たとえば、木が衰える原因は、木徳の仁を失って自己中心的に振る舞うからです。金が衰える原因は、金徳の担当を見失って、不義無恩になるからです。火が消える時には、礼法に従わない者が現れます。水が濁る時には、利を得るために愚かな行動をする人が現れます。土が木に剋制されると、言葉は信用できなくなります。金が多くなると、策略や殺戮がよく見られます。水が溢れると、淫らなことが多くなります。

明代の張三丰（ちょうさんぼう）は「順に従えば凡人となり、逆らえば仙人となるが、その違いは紙一重」と言いました。先述の「敗、衰、滅、濁、剋」からもわかるように、「皇天は偏らず、徳だけが助けとなる」（『尚書』）の言葉どおり、天は徳のない人には才能を授けず、失徳者には痕跡を残します。また、『易経』にある「徳を進め、業を修める」という教えは、世の中に目覚めをもたらす、万能の薬といえます。五行が衰えたり弱まったりすると、人生は孤立し、手助けを受けることができず、生旺の時期に合わせると、一生を輝かしいものにし、功績を上げることができます。これこそが「法なき乱れた世界」のことであり、理に昏く、法が不明であるため、暗闇の中を盲目的に歩き、不運に陥ってしまいます。書物に限りがあり、言葉にも限りがありますが、ここに明かりを灯し、啓蒙の役に立ちたいと思います。

荀子（じゅんし）の『天論（てんろん）』によれば、「人を誤り、天を思えば、万物の情を失う」とあります。天干は天に応じ、地支は地に応じ、天と地の間で人は道を証明します。したがって、適用するには常に「人間中心主義」の軌道から外れないでください。そして、技術が熟練するにつれて、常識に戻り大道に合致し、朽ちたものを神秘的に変えることができます。このように、通達する智慧があるのです。

このことは、長期的な努力が報われ、天道が勤勉を報いるということであり、自分自身が神に恵まれることで、幸運はなんでも可能になるのです。

第8節　干支の合化関係

文化の「化」という文字は、中国文化に大きな影響を与えてきた重要な特徴の一つです。古代から「化」に関係する言葉はたくさんあります。たとえば、変化、文化、消化、涵化（アカルチュレーション：文化変容）、化解、出神入化などです。ある国の国籍を取得する場合は「帰化」と呼ばれ、融合の意味があります。万物が生まれる方法には、胎生以外に卵生、湿生、化生があります。「繭化蝶」というのは、蚕の繭が蝶に変化し、母体から完全に抜け出た状態を指します。

そして、五行の相生相剋と変化過程において、最も理解が難しいのも「化」の文字です。

「化」とは具体的に何でしょうか?

古い言葉に、天は高く、地は低く、万物は散り散りに存在し、結合して変化することが「化」である、とあります。万物が極限まで成長発展することを「変化」といい、変化が滞りなく行われる状態が「化」です。予測不可能な変化は「神」であり、神の作用の変化が無限に続くと「聖」になります。神秘的な変化の影響は、天界では深遠で理解し難く、人間界では影響が潜在的であり、地上では万物が言葉を発しない化生となります。

中国の古代文献で「化」に関する説明については、唐末五代の譚峭の『譚子化書』（略称『化書』）が最も重要です。この書には、六つの「化」が含まれており、「道化」「術化」「徳化」「仁化」「食化」「倹化」が挙げられています。

『易経』には、「天においては象を成し、地においては形を成す」とあります。天には、形のない六つの気があり、地には形のある五つの行が存在します。変化の理論について説明する際、「徳化」の「五常」として、「儒家が五常の道を説くとき、それを五つの事柄に分け、五行に属させ、五色に分け、五音に変え、五岳に鑑み、五つの星座を仰ぎ、五つの金属に対応させ、五つの精霊を配し、五つの味を感じ、五つの感情を表現する。こうして、万象が変化し、万物が生まれ、陰陽が通じ、神明が現れる」とあります。

これは『華厳経』にある「一即一切、一切即一」と同じで、一つの個体は全体の中にあり、個体の中にまた全体があり、個体と全体とは互いに関係しているとする考え方です。それは唐代の永嘉玄覚禅師が言った「一つの月がすべての水を普遍的に表現し、すべての水が一つの月に集約される」でもあり、天地を包括する「化境」ということになります。

「化」の境地を人でいえば、『譚子化書・仁化』の中の「知人」に、次のように書かれています。

「文章を見ると、人の身分がわかる。篆書を見ると、人の性格がわかる。琴や瑟を聴くと、人の道徳がわかる。教えを聴くと、人の吉凶がわかる。小人は唐堯の淳朴さ、虞舜は明朗さ、伯禹は広大さ、殷湯は堂々さ、文王は偉大さ、武王は強大さ、仲尼は皇帝のような風格です。このようにして、世の人々は自分たちが愚かなのか賢いのかを自己認識できる」

このように類推して明確に理解する力を持つことは、人が神出鬼没の境地を追い求めることと同じです。

「化」の境地が生活において具現化される場合、『譚子化書・食化』によると、「庚氏は池を作り、竹を組んで足場にし、歩くと『ツウツウ』という音がする。辛氏は池を作り、木を組んで足場にし、歩くと『ダンダン』という音がする。二つの池で魚を飼い、足場で餌を投げると、魚は必ず躍り出てくる。数日後、餌を投げなくても、『ツウツウ』と『ダンダン』の音が聞こえたら、魚は躍り出てくる。これにより、庚氏の魚は『ツウツウ』と名付けられ、辛氏の魚は『ダンダン』と名付けられました。習慣によって『化』されるのです」とあります。文中に描かれた魚たちが自然に応答する様子は、生命の「化」の状態でもあります。

この本は、高い哲学的思考とわかりやすい言葉で書かれており、化境に達することなく、このような透徹した文章を書くことはできないでしょう。

注：天人合一、陰陽五行など、より多くの内容については、拙著『解読中国の智慧』を参照。

干支の組み合わせの中で、干支の合化はよく見る現象です。合化とは、天干の五合と地支の六合です。兄弟の仲の良さ、夫婦が出会うことなど、合化は神羅万象でいえますが、象はあっても形はありません。

1．天干関係

(1) 天干合化・五合

清代の程文囿（ていぶんゆう）の著書『医述（いじゅつ）』には、「十二化五運歌」という、天干の五合の合化方法が記載され、「甲己化土乙庚化金、丁壬化木尽成林、丙辛便是長流水、戊癸南離火焔侵」という歌詞があります。

甲己が土に化するのはなぜかというと、甲己の年の月支辰は戊辰になります。辰は龍に属し、変化することができます。戊は土に属するため、甲己が土に化すのです。乙庚は庚辰に、丙辛は壬辰に、丁壬は甲辰に、戊癸は丙辰に化します。これからわかるように、天干合化は、変化する龍を参照点とし、五子元遁法に従い、辰に対応する天干の五行で知ることができます。

甲己合化土は、天干の「甲」が主で、「己」が客になります。甲が己に会いに行きます。恩合、中正の合となります。甲が己と合うことで、恩を知り返報することを表しています。

乙庚合化金は、天干の「乙」が主で、「庚」が客になります。乙が庚に会いに行きます。仁義の合となります。乙と庚が合わさることで「官星を合化」し、横刀を振るい、馬に乗って相手を制するような官僚の格好を表しています。これは立派な格局であり、堂々とした風格を持ちます。

丙辛合化水（貴人の合、威合、正合、明合）は、「丙」が主で、「辛」が客です。丙が辛と合化します。丙辛が合化すると、貴人になります。もし辛が透出する年、月、日、時に丙が現れた場合、貴人が手助けしてくれるでしょう。

丁壬合化木（淫合）は、「丁」が主で、「壬」が客です。丁が壬と合化します。これは飛蛾が火に向かって飛んで自滅する象徴的な合化です。また、宋代の胡太初の『臨汀志』によると、「南は丁の方角を表し、水と丁が合すると形としては汀となる」とあります。つまり、「汀」には丁壬合の勢いがあるということです。

戊癸合化火（無情の合）は、主は戊で、客は癸です。戊が癸を合化します。火は無情なので、結婚には不利です。

以上の五つの合はすべて、陰陽の基礎の上に築かれています。陰陽は四象に分かれており、少陽、老陽（太陽）、少陰、老陰（太陰）の順に循環相生する関係にあります。五行は陰陽の具体的な体現であり、陰陽の四象の運行は、中和の気である土に依存しています。つまり、「土は中心の要素であり、その周りに金・木・水・火の四つの要素が存在する」といわれ、少陽（東）－老陽（南）－中和（中）－少陰（西）－老陰（北）の順に循環相生する関係になっています。これらの五つの生剋関係も、五行と同様です。

漢代の鄭玄は、『範洪注』の中で、「行とは、天地の気が順調に巡ることである」と述べています。ここでの「行」は運行のことを指します。つまり、五行は物質間の気の運動の状態であり、単に五つの物質を指すだけではありません。たとえば、古人が甲を大樹と言ったとしても、それは少陽が昇る気を人々に理解しやすくするための例であり、甲が必ずしも大樹であるとは限りません。甲自体は、固定された形ではなく、不断に変化する気であると言えます。十天干とは、実際には五行の気のより詳細な説明にすぎません。この点を理解したら、十干

天干五合

を五行に分類することができます。

甲は少陽の気で初生の気であり、乙は少陽の気で成長の気です。

丙は老陽の気で初生の気であり、丁は老陽の気で成長の気です。

戊は中和の気で初生の気であり、己は中和の気で成長の気です。

庚は少陰の気で初生の気であり、辛は少陰の気で成長の気です。

壬は老陰の気で初生の気であり、癸は老陰の気で成長の気です。

陰陽五行の生成については、『易経・繋辞上伝』に次のように記載されています。

「天は一で地は二、天は三で地は四、天は五で地は六、天は七で地は八、天は九で地は十。天の数五、地の数五、五つの位が相互に対応し、互いに調和する」

また、『尚書大伝・五行伝』には、「天は一で水を生み、地は六で成す。地は二で火を生み、天は七で成す。天は三で木を生み、地は八で成す。地は四で金を生み、天は九で成す。天は五で土を生み、地は十で成す」とあります。1から10までの数のうち、前の五つは生の数、後ろの五つは成の数になります。生成の変化については、宋代の朱熹が『周易本義』にて、「変化とは、一が水を生み、六がこれを化成する」と述べています。

上記の記述に基づくと、天干五合の原理がここから生じたことは明らかです。十の天干のうち、最初の五つの天干は生数で、後ろの五つは成数です。それらは一対一で合致します。したがって、天干五合と河図の「一六、二七、三八、四九、五十」の順序と完全に同じであることがわかります。

清代の馮楚瞻が著した『馮氏錦嚢秘録』によれば、「すべての物は、生まれるとき天からの恵みを受け、成長するとき地から栄養を得る。天は一で水を生み、地は六で水を成す……生成数はすべて五で、その気は平で……すべてのものは生まれ出ると同時に、またそれらに戻る」とあります。五運六気と季節の時節を熟知していると、生成数に基づいて気を補充し、五臓六腑を調整できます。このように、見えない法が実体のある命を保護するのです。

また、隋代の簫吉が著した『五行大義・第三・第一論配五色』には、次のように天干五合についての記述があります。「土の戊は木に恐れを抱くために、妹である己を甲に嫁がせる。……金の庚は火に恐れを抱くため、妹である辛を丙に嫁がせる。……木の甲は金に恐れを抱くため、妹である乙を庚に嫁がせる。……火の丙は水に恐れを抱くため、妹である丁を壬に嫁がせる。……水の壬は土に恐れを抱くため、妹である癸を戊に嫁がせる」ということです。

(2) 三奇

天三奇は、甲戊庚です。軍隊や警察、政治家、法律家、高官、ある特定の分野で成功している人、高貴な人を表します。また、多くの困難を解決する力を持っているとされます。

地三奇は、乙丙丁です。思いがけない出来事や奇妙な現象に出会うことを表します。多くの困難を解決する力を持っているとされますが、天三奇よりは弱いです。

人三奇は、壬癸辛です。人間関係が良好で調和がとれていることを表します。多くの困難を解決する力を持っているとされますが、地三奇よりは弱いです。

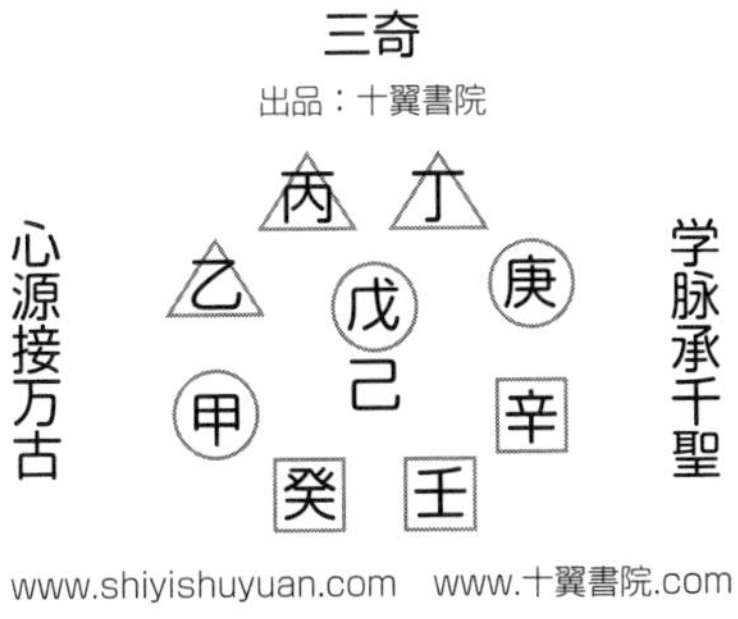

2. 地支関係

(1) 六合

六合は、子丑の泥合化土、寅亥の破合化木、卯戌の滅合（淫合）化火、辰酉の暗合化金、巳申の刑合化水、午未の明合化土です。

上図は、左手の薬指と中指の付け根に子と丑を対応させています。位置が隣同士なので、六合の中でも子丑は隣合になります。中指の先端と薬指の先端に午と未を対応させています。午未も隣合になります。

六合の中では、この二つの関係だけが隣同士で相性が良いです。人間関係を判断するためにこのような関係を使用すると、血縁や人脈関係を判断することができます。

人差し指の根と小指の根には寅亥を対応させ、図に示されているように、辰酉合、卯戌合、巳申合は隔てられた関係です。この隔てられた関係は、友人、同僚、従兄弟、遠戚などの関係であり、純粋な血縁関係や親密な関係ではありません。

六合の中で、子丑と午未は親合で近合ですが、他は隔合です。陽支が陰支に向かう合が四種類、陰支が陽支に向かう合が二種類あります。子丑の合は他の五つと異なり逆向きです。

子丑の合は、土に化します。泥合ともいい混乱の状態です。無理やり付き合っていて、どちらが正しくてどちらが間違っているかわかりません。結婚においては本来の意思に反し、本人はあまり望んでいません。

寅亥の合は、木に化します。泄合ともいい、他人を助けるのに長けています。

卯戌の合は、火に化します。淫合ともいい、自己の欲望を制御する力が弱く、同棲する人たちのようなものです。

辰酉の合は、金に化します。暗合ともいい、曖昧で私的な交流や取引があります。訴訟が絡んだり、意見が合わなかったりする場合もあります。

巳申の合は火に化します。刑合ともいい、二人が一緒にいると不和になりますが、別れた後でも想い続けます。

俗に「銅鍋に鉄のたわし、打ち合いながら一生を過ごす」と言われるような関係です。

午未の合は、火に化します。明合ともいい、陰陽のバランスがとれ、高貴な人に会えます（自分にとって有益な人に出会うこと）。

春に風が吹くと雨になりますが、冬に風が吹いても雨にはなりません。干支の組み合わせにはそれぞれ相性があり、地支の合化は、天干の影響を受けます。このため、合化にはできるものとできないものがあります。格を成すものは「造化」し、格を成さないものは「頑固不化」と呼ばれます。人々がよく使う「造化」「頑固不化」という言葉は、干支の関係から来ているものです。

干支という概念は固定化されたもののように見えますが、実は豊富な人文的な内容が含まれており、非常に意味深いものです。干支の使い方を柔軟に操ることで、「善易者不占（良い占い師は占いをしない）」という領域に到達することができます。この「善」とは、深く理解し、円滑に処理することで、神出鬼没であるということです。

地支の相互作用には、それぞれに意味があり、無秩序ではありません。特筆すべきは、六合が地支同士のマッチングであり、人々がよく知る「支配」という言葉は、ここから派生したものです。

(2)　三合局

三合局とは、三つの地支が持つ力学的な関係を指します。すなわち、亥卯未の三合木局、寅午戌の三合火局、巳酉丑の三合金局、申子辰の三合水局です。そのうち、「木は亥で生まれ、卯で成長し、未で死に、三つの支は木に属す。火は寅で生まれ、午で成長し、戌で死に、三つの支は火に属す。土は午で生まれ、戌で成長し、寅で死に、三つの支は土に属す。金は巳で生まれ、酉で成長し、丑で死に、三つの支は金に属す。水は申で生まれ、子で成長し、辰で死に、三つの支は水に属す」（『淮南子・天文訓』）とあります。

注：合局内の各地支は正三角形の関係にある。

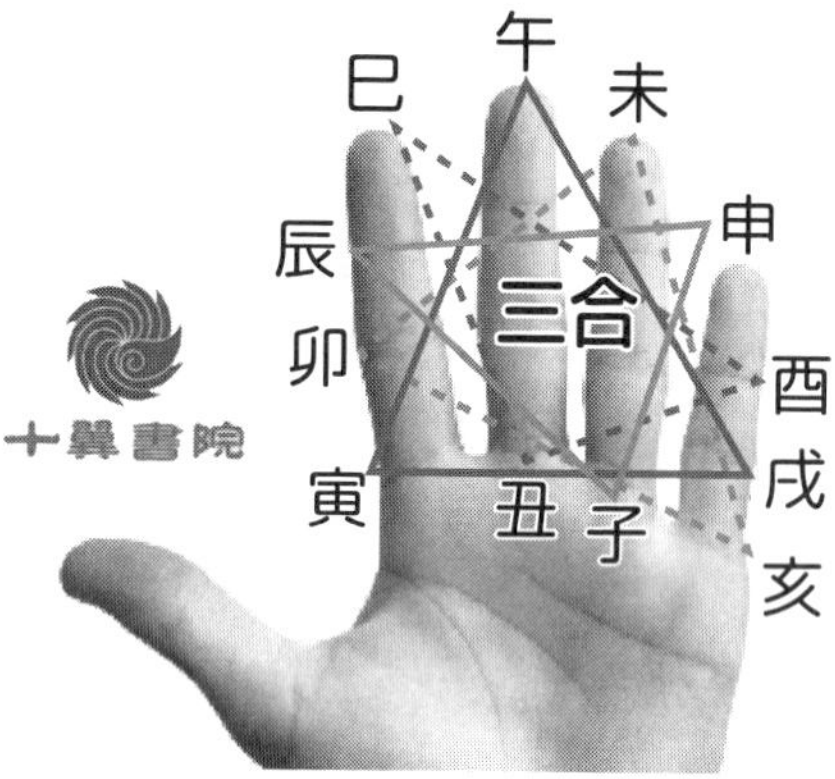

寅午戌合火局は「炎上課」と呼ばれ、財産や書類、繁栄に適した組み合わせです。ただし、忌むべきは亥子の水で、すべてのことがうまくいかなくなります。もし干支が丙であれば、火局の良い影響を受けます。庚であれば、邪気が体に入り込んで不調になる可能性があります。甲であれば、相性が良くなります。

亥卯未合木局は「曲直課」と呼ばれ、取引や結婚など、交流に適した組み合わせです。ただし、忌むべきは申酉の金で、すべてのことに障害が出るかもしれません。もし干支が乙であれば、木の影響を受けます。己であれば、官鬼が動いて問題が生じるかもしれません。癸であれば、相性が良くなります。

申子辰は「潤下課」と呼ばれ、移動や争いごとに適した組み合わせです。ただし、忌むべきは辰戌の土で、すべてのことに変化が起こるかもしれません。もし干支が壬であれば、水の影響を受けます。丙であれば、官鬼が動いて問題が生じるかもしれません。庚であれば、相性が良くなります。

巳酉丑は「従革課」と呼ばれ、陰陽のバランスが崩れ、軽薄なことに適した組み合わせです。ただし、忌むべきは巳午の火で、すべてのことに間隔が出るかもしれません。もし干支が辛であれば、金の影響を受けます。乙であれば、官鬼が動いて問題が生じるかもしれません。己であれば、相性が良くなります。

『六壬神課金口訣』に、「壊局は、下が上を剋すと迅速で、上が下を剋すと阻隔がある。中間にあれば壊局として求めることは半分しか得られない。すべての三合は、形を観なくては、吉凶禍福について語ることができない。剋、合、生の関係からも判断する。たとえば、寅午戌の火局全で、神干に壬水または癸水がある場合は、途中に阻害があるため、合しても合せず、易しくても易しくない」とあります。

その他に課に官動や鬼動があるか、四季の休旺、空亡などを見て判断します。休息や活力、空間の価値によって判断されます。課に三合があれば、変化に応じて全体を見て、日沖、月破、空亡、剋合などを細かく分析する必要があり、一概に合局全体で論じてはいけません。

さらに理解を深めるなら、明代の進士である万民英は『三命通会・巻十』に、次のように書いています。

「金、木、水、火の五行四象は、すべて土の中に隠れて生成される。五行の中で、天干が清秀であることは、栄華を象徴している。たとえば、亥卯未は甲乙を繁茂し、寅午戌は丙丁を集め祝福する。壬癸は潤下することを喜び、庚辛は従革を愛し、戊己は四季に欣喜している。水が潤下すれば文学の才能があり、土の稼穡によって富貴に至る。春に生まれた甲乙は仁徳の心を抱き、夏に集まる丙丁は、明弁の才能を秘める。秋の金は剛毅な性格を持ち、冬の水は智慧と権謀を持っている。木が盛んでも金がなければ、仁徳を実現することはできない。火が盛んで木が衰えると、高貴で有名になることは難しい。水が多く土に出会うと堤防の功を成す。木が盛んで金に出会うと、柱や梁になる。水と火が相停すれば既済となり、土が木の旺に出会うと、稼穡となる。金と火の気が均衡すると、鋭利な武器を生み出す。五行の造化は、すべて隠れた変化によって成り立っている」

木が倒れると仁義を欠き無駄な努力をし、金が衰えると言葉数が少なく恩知らずです。火が滅すると無礼な輩で、水が孤立すると愚かな人物です。土が木の剋に遭うと言動は常に信用を欠きます。金が強いと殺を好み、水が盛んだと多くは淫乱です。土は衰墓に逢うと孤立しやすく、生旺であれば一生山や谷のけわしさがあります。これらの口訣は、格物の基礎で代々伝わる家宝です。

また、五行のうち金、木、水、火の四行は三合局があります。それぞれの合局の最後の地支は土です。この土は旺衰の状況に基づいて庫または墓と呼ばれます。庫は倉庫の意味であり、三合局は辰が水庫、戌が火庫、丑が金庫、未が木庫です。すべての庫は土であるため、中国文化を導入した日本文化では、倉庫を「土蔵」と呼んでいます。

【例】今年の財運について占いました。

【解析】財爻が死んでいますが、本当の死ではありません。寅午戌の三合局は庫に入るので、財爻にある火庫戌は旺と考えられます。財を求める場合、完全な火局が現れることが最も好ましく、火が旺盛であれば富裕となることができます。

【注意事項】

①子、午、卯、酉は局の根（身）であり、三合にはなくてはならない存在です。他の地支が欠けている場合は、虚一待用となります。身が壊れると、局の根が欠けているので、買い手と売り手はいますが、仲介業者がいないために、売買できないか、取引が成立しないということになります。

乙酉	庚辰	戊子	丁巳
戊	土死		
甲寅＊	木旺		
壬戌	土死		
午	火相	空	

②辰、戌、丑、未は四つの庫です。庫は破られると労力が無駄になり局も破れます。途中の過程も重要ですが、結果はそれ以上に重要です。

③土の分類：辰は硬い石、硬い土、石、玉石、ダイヤモンドのようなものです。戌は灰土、溶岩です。丑は湿った土、農作物が育つ土です。未は乾いた土、砂のようなものであり、植物を育てるのは難しい土です。

(3) 三刑（さんけい）

三刑とは、三つの地支間に相刑のエネルギー関係が生じることを指します。「三」は数量を示し、古代人が数字3を用いることが多かったことから、三刑は必ず三つの地支間で相互作用するエネルギーが生じることになります。ここで、「三刑」に対する長年の誤解を正す必要があります。「辰午酉亥は自刑、子と卯は相刑」という説は誤りで、「三刑」にはならないことです。

幾何学的な観点から言えば、十二支を円周上に均等に配置すると、隣り合う二つの地支の間は30度です。そして、三刑と呼ばれる三つの地支を線で結ぶと、二等辺三角形ができることがわかります。たとえば、寅申巳亥と子午卯酉を線で結ぶと、必ず正方形になります。三刑は、三つの地支の間の相互作用を意味するもので、四つの地支や二つの地支の組み合わせの相互作用ではありません。

古代の人々は、干支の数字関係について、さまざまな定量的な性質を定義してきました。古典的な文献には句読点がなく、長年経過すると文字が崩れるため、後世には誤伝が多くあります。たとえば、「三家渡河（さんしとか）」という有名な例では、「三家」は本来「己亥（つちのとい）」の間違いであることがわかっています。

三刑の本来の意味は、驚き、苦痛、刺激などを受けることを指します。三刑があると、心が乱れ、不安や憂鬱になり、仕事、旅行、恋愛に障害があることを示します。財を求めるときに三刑が成立すると、資金が行き詰まり、商業活動に障害があることを示します。

具体的に言えば、三刑それぞれのエネルギーの向きは以下のとおりです。

子卯午（ねうま）の刑は、礼無き刑です。五行において木が旺盛な時に、酉を見ると悪化してしまい、家を破ることになります。隋代の蕭吉の『五行大義』には、「王者は子卯相刑の日を忌んでいる」という言葉があります。

寅巳申（とらみさる）の刑は、恩無き刑です。不義を犯すことを意味します。五行において火が旺盛な時に、亥を見ると和らげられます。

丑未戌（うしひつじいぬ）の刑は、勢いを恃む刑です。五行の中の土が盛んで、辰が現れることで刑を和らげることができます。自信過剰で、政治家として活躍することができ、平衡感覚に優れます。

辰酉亥（たつとりい）の刑は、自刑です。五行の中で金が盛んで、心配や疑いが主で、恋愛は解決しづらく、思考がうまくいきません。自分自身を苦しめることで、自殺や病気、公的地位での問題が生じます。

酉が辰を見ると、倫理観が乱れます。また、自刑については、隋代の蕭吉の『五行大義』でも「火は午で自刑し、金は酉で自刑し、金と火が盛んになり、自分自身を傷つける」と述べています。

三刑が課にあって吉神を助ければ吉、凶神を助ければ凶とされます。五行が旺盛な場合は、乗馬や車に乗るように順調であり、五行が弱い場合は病気や拘束、口論、不安、心配などが生じます。これを官が受けると名が知られ、一般人が受けると災難が生じます。病気を占うのは難しく、家庭の問題に関しては吉凶があるため、注意が必要です。たとえば、寅木は巳火を生じ、巳火は申金を煉り、申金は寅木を剋服するために無恩の行為となります。他の三刑もこのように解釈されます。

(4) 四孟、四仲、四季

「四孟」「四仲」「四季」などは、干支の四つの地支の関係作用を表します（注：古代の人々が言う黄道、白道、赤道は、干支と密接な関係がある。太陽が回転する軌道は黄道と呼ばれ、子午卯酉で示される。月が回る軌道は白道と呼ばれ、寅申巳亥で示される。赤道は辰戌丑未で示される）。

「四孟」は寅・申・巳・亥がすべて揃った状態を指し、戸建てや教育、宣教などを担う人（たとえば孔子のような人）や、独り言を言う人、感情的に孤独を感じたり、故郷を離れたりすることを意味し、養子縁組が適しています。

「四仲」は子・午・卯・酉がすべて揃った状態を指し、財産を失うことや、猫や犬を飼うことによる不運、色恋沙汰による不運、賭博による不運を象徴し、トラブルや非常識な行為を行うことが多く、学問や技術に習熟しないことを意味します。

「四季」とは、辰・戌・丑・未の四つの干支がすべて揃った状態のことであり、四庫または四季会殺とも呼ばれています。この状態では、家族の中で精神的な病気にかかった人や思考力に問題のある人が現れることがあります。また、事件や病気、感情などによる苦しみや無気力状態にも関係しています。老人や子供がいる場合は、吝嗇を主張することもあります。四季がすべて揃うと、悲嘆や追悼、礼拝などの精神的な活動を行うことが主な意味となります。

【例】貴州の劉昭（りゅうしょう）さんの2020年1月20日の日課

課内外で四季がすべて揃い、巳（み）（丁（てい））酉丑（とりうし）の金局が現れると、土が金を生み出し、内外両方で祭祀の象徴とな

己亥	丁丑	壬戌	甲辰
	辛		
	丁未		
	丁未		
	亥		

ります。実際には、その日に悪霊を追い払うための儀式が行われました。

四季の中で、辰・戌・丑・未はそれぞれ五行の水・火・金・木の「庫」または「墓」となります。「庫」と「墓」を区別する方法は、以下のとおりです。

五行が生気盛んであるものが「庫」であり、五行が衰えて生気がないものが「墓」です。生気盛んであるものは繁栄する可能性が高く、衰えているものは孤立し支援を受けられないことが主な意味となります。さらに、四季の中で、辰・戌・丑・未のうち、辰は堅い石、堅い土、石、玉、ダイヤモンドを表し、戌は灰色の土、溶岩を表します。丑は湿った土、肥沃な土壌を表し、作物が育つことができます。未は乾燥した土、砂地であり、作物を育てることが難しいことが主な意味となります。

(5) 三会

亥子丑が水局に会し、仙縁を得ます。寅卯辰が木局に会し、人縁を得ます。巳午未が火局に会し、官縁を得ます。申酉戌が金局に会し、仏縁を得ます。局が会することは、百川が海に集まるようであり、合局よりも大きな力が生まれます。

亥子丑会水局は、仙縁を得るための好機であり、修道や修仙の人々と交流する機会が多く、智慧が豊富で、技術や機密の事に携わることもあります（金口訣を学ぶことも機密に属する）。北方の位置に対応しています。

寅卯辰会木局は、人縁を得るための好機であり、人間関係が円滑であることを示します。東方の位置に対応しています。

巳午未会火局は、官縁を得るための好機であり、官僚の保護や高貴な人々の援助を示します。南方の位置に対応しています。

申酉戌会金局は、仏縁を得るための好機であり、酉戌はもともと相剋する関係にありますが、申の存在によって双方の間に通じるものが生じ、徐々に和解することができます。西方の位置に対応しています。

「会」とは、意思の疎通やコミュニケーションを意味し、特定の日時や方位を決定するために使用されることがあり、時間や方向性から相手の場所や時間を特定することができます。

甲子の日に東北の丑の方向からの電話を受け取りました。筆者は亥の属相であり、かつ甲子の日であったことから、丑の位置とともに亥子丑三会局を用いて電話の内容を占ってみました。すると、贈り物（亥）を意味するという結果が出ました。実際に、その電話は友人からの衣服の贈り物でした。

また、春の生と夏の成長に対応する三会局は、青龍、白虎、朱雀、玄武の四神と順次対応しています。すなわち、東方の青龍は寅卯辰、南方の朱雀は巳午未、西方の白虎は申酉戌、北方の玄武は亥子丑に位置します。明代の進士である万民英の著書『三命通会』には、「青龍伏形、朱雀乗風、白虎持勢、玄武当権」という言葉があります。

(6) 六冲

子午冲、卯酉冲、寅申冲、巳亥冲、辰戌冲、丑未冲はそれぞれ対応する動物の年の干支が相冲していることを指し、それぞれの相冲の勢いと方向性は異なります。直冲、明冲、暗闘などの現象があるものの、すべて冲突や対立、転換などを表す「冲闘」と「冲動」の本質から外れません。六つの神が主体を持たない状態を表し、盛んな冲突と衰える冲突があります。私たちがよく知っている「衝動」という言葉もこのことから来ています。

子午冲は、子と午が相対することを指しており、この状態になると身体が不快になったり、不安や病気の原因になったりする可能性があります。子と午は、血液を代表することができ、午はまた、頭部、心臓、血管を代表するため、この状態にある人は脳梗塞、脳出血などに罹患する可能性があるとされます。たとえば、患者が北側に座っているとき、（午年の）親戚の病気の状態を尋ねることで、病気が心臓や血液に関するものだとわかることがあります。

丑未冲は、冤罪や呪い、口論、中傷を表しています。言葉の衝突について言及しており、実質的には衝突していないとされています。

寅申冲は、出入りや計画の変更を表しています（旅行など）。昔から寅と申は貴重な客とされ、虎や猿の神格を持つ人は尊敬される客とされています。

卯酉冲は、運転手の驚きや車の事故のことです。卯は家の出入口を意味するため、家の出入り口を変えることを指します。

辰戌冲は、争いや喧嘩が起こり、実質的な衝突があります。

巳亥冲は、イライラや息苦しさを引き起こします。巳亥冲はもの乞いを意味します。病気の場合、めまいやふらつきの症状を示し、人元が癸の場合、巳が現れると低血圧を意味し、人元が丁の場合、亥が現れると高血圧を意味します。

(7) 六害（りくがい）

「害」とは、自分自身の運気を損なう他の人の存在を指します。この場合、害は、悪意を持って計画を立てたり、労力を費やしても報われなかったり、人間関係がうまくいかなかったり、圧力や分離があるなど、人生に悪影響を与えることがあります。相手から害を受けないようにするためには、他人のために手を貸しすぎたり、人に信用を置きすぎたり、トラブルを起こしたり、噂話を信じすぎたりしないことが大切です。

子未害は権力に頼る肉親の害を指します。暗躍して害を企てたり、泥棒に被害を受けたりすることを意味し、また、六親に不利な状況を主導することもあります。

丑午害は官鬼による怒りの勝利による害を指します。多くの場合、財産や役人が害を受け、無実の罪を着せられたり、根拠のない告発を受けたりすることを意味します。

寅巳害は自己の才能を誇示して競い合うことによる害を指します。しばしば書類などが制限され、告発や苦情、逮捕などの報復を受けることを意味します。

卯辰害は、年下の人が年上の人をいじめることを指します（鬼害とも呼ばれる）。冤罪による害や、社会的規範に従わない振る舞いによる害があります。

酉戌害は冤罪や呪詛による害を指します。悪意があって人を陥れたり、暗に攻撃する言葉を投げかけたりすることを意味します。

申亥害は才能や競争心が原因で発生する害を指します。被害者が道路や旅路上で被害に遭うこともあり、また、病気が多いとされています。

たとえば、子年で未を見ると小吉であり、酒食が減るという意味があると述べられています。また、丑月で午を見ると、文字や乗り物が損傷するという意味があると説明されています。

最後に、卯の木の神が辰の土の神と会うと、外部からの脅威や訴訟裁判、喧嘩などが起こる可能性があると述べられています。

【例】経営状況はどうですか？（注：課の人元壬は誤っている）

丁酉	癸卯	己酉	乙亥
	壬	水死	
	甲子	水死	
	癸酉＊	金相	
	戌	土旺	

【解析】課に酉戌の相害があります。人から妨害されるのに気を付けてください。

(8) 六秀（りくしゅう）

六秀は、丙午（ひのえうま）、丁未（ひのとひつじ）、戊子（つちのえね）、戊午（つちのえうま）、己丑（つちのとうし）、己未（つちのとひつじ）です。

この人は性格が聡明で、思考力が強く、才能に恵まれ、博学で多才であり、容易に功名を成し遂げることができます。

寅酉金絶と言われ、文書や道路に関連する問題が発生しやすいとされます。また、「卯申木絶」という場合は、財産や車両に関連する問題が生じやすくなります。さらに、「午亥水絶」という場合は、口論や請求に関連する問題が生じやすくなるとされます。最後に、「子巳火絶」という場合は、女性や男性が驚きや恐怖を感じるような問題が発生しやすいとされます。

(9) 四絶（しぜつ）

この文章は、五行思想に基づいて、各組み合わせに対する意味を説明しています。口舌、斬殺、断絶、冷淡、死亡といった意味が含まれます。五行相剋相生の関係から、それぞれに対する主事があります。太古の宦官、去勢動物、また不妊手術を専門とする医師など、天性に「絶」の傾向がある人々がいます。

たとえば、寅が酉の金に遭遇すると、文書や道路に被害がある金の絶です。小さな金属は大きな木を制御できず、陰性の金属は陽性の木に勝つことができません。金と木は互いに傷つけ合い、仕事がうまくいかず、苦労しても報われないことを意味します。そのため、寅は一般的に文書や情報を、酉は道路や非公式の問題を示します。他の組み合わせも同様に解釈されます。

卯申木絶の場合、主に道路や財産、乗り物に関連した事象に影響を与えます。卯は車を意味し、弱い木は強い金に制御されるため、外からの強盗による車両の盗難や損傷が起こる可能性があります。

午亥水絶では、主に言葉や口論、訴訟に関連した事象に影響を与えます。亥は陰の水で、午は陽の火であり、水は火を消すことができます。つまり、口論や訴訟が中断される可能性があるということです。

子巳火絶の場合、主に女性や男性に関連した事象に影響を与えます。強い水が弱い火を制御するため、急な出来事が起こる可能性があります。また、男女の主要な問題は、それぞれの命式に基づいて判断されます。

明末清初の名医李延昰（りえんし）が編纂した中医の文献『脈訣滙辨（みゃくけつかいべん）』によれば、「腎臓が絶すると、歯が長くなる。脾臓が絶すると、唇が逆に反る。肺が絶すると、毛が抜ける。肝臓が絶すると、舌が巻く」と述べられています。すべての絶は死を意味し、この書の「死症」篇には次のように記載されています。

「死体の臭いがすると舌が巻き、胆嚢が縮んで肝臓が絶える。口が閉じられて脾臓が絶える。皮膚が滑らかでなく、唇が胃拒否になる。髪が枯れて歯が落ち、遺尿して腎臓が絶える。毛が焦げて顔が黒くなり、目を直視しても目は開かなくなり、陰気が絶える」

この「四絶」について、治療において不思議な効果があります。花粉アレルギーで長年治療しても治らなかったある人のケースを紹介します。

ある日、彼女がこの悩みを話したとき、筆者は彼女に尋ねました。「家の中の環境に、植物が多くないですか？」彼女は「はい」と答えました。「花粉を気にして、花が咲かない植物をたくさん育てています。非常に元気に成長しています」と語りました。私は「それなら、あなたにアドバイスをしましょう。家の中の植物を取り除いて、二週間後に肌の問題が改善されているかどうかを確認してみてください。不思議な効果があるはずです」と言いました。彼女はそのアドバイスに従って、すぐに行動しました。

三週後、彼女は突然筆者のもとを訪れ、「先生、すごいですね。何も薬を飲まなかったのに、植物を取り除いて半月もしないうちに皮膚のアレルギー症状が治まりました。本当に神秘的です」と喜びを口にしたのです。その後、彼女はその理由を尋ねたので、「とてもシンプルです。『金は木を剋つ』ということわざがありますが、植物は木に分類され、皮膚は中医学では肺に分類され、五行説では金に属します。つまり、木が盛れば皮膚の金が不足するのです」と答えました。

これが、中医学が五行説に基づいて確立された弁証法です。世の中のあらゆる事象には、追跡できる痕跡が存在します。こういった理由から、中国文化には「格物」という智慧があります。「物事の性質には制約、作用、適性、避忌があり、その強さや柔らかさ、長さや短さにも気を配り、経験を積んだうえで間違いなく使用することが最も重要な医術である」と清代の医家王学権（おうがくけん）は『重慶堂随筆』に書き残しました。

四絶という概念は、中医学以外にも漢字の中に表現されており、『容斎続筆（ようさいぞくひつ）・巻八（十五篇）』の「五行衰絶字」には、「木は申で絶え、柛の字は木が自滅することを示し、水と土は巳で絶え、汜（し）の字の訓は『説文』で貧しい渓谷を意味し、圯（い）の字の訓は岸や覆いを意味する。火は戌で衰え、壺の字は消滅を示す。金は丑で衰え、鈕の字は閉じることを示す。文字の意味が明らかになっている。それは漢代の出来事である」とあります。小さな文字の中には大きな哲学が含まれていることがわかります。古代の蒙学教育は「文字学」と「訓読学」から始めることを強調しており、その先見性には驚かされます。

また、「絶」の意味についての文学作品は独特の趣があります。たとえば、唐代の詩人である張祜（ちょうこ）の『題恵山寺』には、「泉の音は池に至り、山の景色は多くの階段に昇る」とあり、その中の「至り」は泉の音が「絶える」場所を示しており、情景描写が豊かです。

二十四節気の中で「絶」と「離」という言葉にはもう一つの意味があることに注目してください。唐代以前の『玉門経』（ぎょくもんきょう）によると、「四絶者、四立前一辰也」とあります。ここでいう「四立」とは、立春、立夏、立秋、立冬で、それぞれ季節が始まることを意味しています。これらの四つの節気の前日を「絶日」と呼び、前の季節が終わり、次の季節が始まることを表しています。季節の観点からは、立春は木が旺盛で水が衰え、立夏は火が旺盛で木が衰え、立秋は金が旺盛で土が衰え、立冬は水が旺盛で金が衰えます。四つの「絶」の日は、季節の終わりを意味します。古人は連綿と続くことを重視しており、そのため四つの「絶」の日には仕事を避けました。

また、『玉門経』には次のような記載もあります。

「離は陰陽が前一辰に分かれる時である。すなわち、建卯の月に陽気が出て、陰気が入り、建子の月に陰気が下降して、陽気が上昇する。建酉の月には陰気が出て、陽気が入り、建午の月には陽気が下降して、陰気が上昇する。そのため、一日前が四離の辰である」

春分は卯月の気、秋分は酉月の気、冬至は子月の気、夏至は午月の気であり、四季の陰陽には異なる性質があります。陰気が出て陽気が入り、陽気が出て陰気が入る。陰が上昇して陽が下降し、陰が下降して陽が上昇する。陽が消えて陰が伸び、陰が消えて陽が伸びる。陰と陽は相互作用し、互いに消長し、上下し、出入りすることで、終着点から始まり、成長し、均衡し、離れていくことを繰り返します。冬至の前日は「水離」、夏至の前日は「火離」、春分の前日は陽が分離して「木離」、秋分の前日は陰が今ここにある「金離」となります。離は分離、減少、不和の傾向があり、古人は「和」が上であると考え、「離」は不吉であると考えました。古人がこの四つの「絶」と「離」の日を設けたのは、季節の変化を時期に合わせて調整し、天地の加護を受けて共に美しく生きることを人々に提唱するためです。

「絶離日」について、古代から現代に至るまで、その日に生まれた人は、多かれ少なかれ対応する現象を持っているとされています。天地は虚しくありません。そして、古代の人々は「絶処逢生（ぜっしょほうせい）」という言葉も持っていました。これはどういう意味でしょうか？

四つの「絶」の中で、絶体絶命の中から再起することを「絶処逢生」と言います。これは、お互いに助け合うことがあることを示しています。たとえば、卯の木が申で絶つが、甲申に出会うと再起することができます。酉の金が寅で絶つが、戊寅に出会うと再起することができます。亥の水が午で絶つが、壬午や庚午に出会うと再起することができます。巳の火が子で絶つが、丙子や甲子に出会うと再起することができます。これからわかるように、お互いに絶たれている場合でも、絶と言い切るべきではなく、弁証的に分析するべきです。

【例】私たちは一緒に行けるでしょうか？

【解析】寅酉が絶となり、最後まで一緒には行けません。

また、深圳（しんせん）の門下生である賀寶儀（がほうぎ）になりますが、彼の元部下の何人かが20年以上前の先生の誕生日に粽子（ちまき）を贈ってくれました。彼はこれが「断ち切って再開し、昔のことを再び蒸し返す」という言葉に呼応したものだと思いましたが、後で自分がガレージで車をバックさせていたときに、トランクを柱にぶつけてしまったことにも呼応していたのがわかりました。これは「卯」の車が損傷し、破滅の象徴です。

さらに別の例として、２０１８年、広州出身の彭俊杰（ほうしゅんけつ）は、十翼書院で米鴻賓（ミイホンビン）先生の「易経の智慧」コースに

癸未	乙丑	壬子	乙巳
	丁	火旺	
	己酉	金死	
	壬寅＊	木休	空
	未	土相	

参加した後、干支を取る方法について大幅に向上しました。米先生によって指示された方向と方法に従って、彼は自分で日常トレーニングを行うことを決めました。思いがけず、進歩が速く、楽しくなりました。たとえば、戊午日には、戊は午火に対応する離卦に落ちているので、その日は離卦を中心にしています。その後、その時の環境から自由に10個の離卦を取得します。または逆行法を使用して、10個の物事を自由に練習して、それぞれの卦象を探したり、人の仕草や動きを観察したりすることもできます。総じて、非常に柔軟で方法に縛られないトレーニングです。このようにトレーニングを続けることで、表現力や迅速な反応力が飛躍的に向上し、新しいステージに到達しました。米鴻賓先生は何度も「熟能生巧、巧能生妙、妙能生玄、玄能生慧（練習は完璧を生み、技能は素晴らしいものを生み、素晴らしさは神秘を生み、神秘は智慧を生む）」という言葉を強調し、私に多大な助けを与えてくれました。

後になって、彼は再び米鴻賓先生に従い、金言を学びました。学習中、先生は「法法不相違（ほうほうふそうい）」と強調しました。そこで、彼は干支の象取りに上記の方法を応用しましたが、想像以上に彼の類推能力を向上させました。このトレーニングの過程で、うまく説明できないものに遭遇するたびに、より深く考え、よく使われる記号の象徴については、その理由を考えるようにしました。たとえば、寅と亥が合わさって木になるのは、育むという意味であり、亥が贈り物を象徴するためです。また、辰と酉が合わさるのは、酉が暗示を示す神であるため、暗示することを意味する……などです。

さらに、米鴻賓先生は「虚実相間（きょじつそうかん）」「顕微無間（けんびむかん）」も強調し、トレーニングの際には、目に見えるものや景色だけでなく、見えない事象や心理活動の象取りの修練を行う必要があると指摘しました。この内容は抽象的な部分も多いですが、彼は2020年2月に、助教の天喜先生からのインスピレーションを受けて、日々の授業のトレーニングから始めて、日課の奥義を徐々に体感することができました。たとえば、夜に髪を洗って、ドライヤーで髪を乾かすプロセスで、心の中で「これは午亥絶じゃないか」と思ったり、朝に微かな雨（亥）が降って、花職人が花を仕事しているのを見たりして「これも午亥絶だ」と気づいたり、昼間に太陽が熱くて地面の水たまりが蒸発しているのを見たりして「これも午亥絶の勢いだ」と感じたり、午後に友達から問題が発生したというメッセージを受け取ったりして「これも午亥絶だ」と理解したりしました。これらの些細な生活の細部は、同じ種類の干支勢力が、干支の勢力と多様な事象の間で相互に行き来しながら対応を探し求めることで、実際には「干支勢力の代謝次元を探し求める」という米先生の言葉に該当することを、深く実感しました。

この身をもって干支エネルギーを体験し、確かめる過程で、彼はますます米先生の見識と推奨する日課の方法を称賛するようになりました。また、古人が言った「道は空でなく、人にある」ということを確認しました。この進歩の喜びは、自分自身にしかわかりません。

「この問いを透過して、天地に独り立つ」ということです。

(10) 四廃（しはい）

四廃とは、干支が完全になくなることを指します。たとえば、庚申、辛酉は春に完全になくなり、これは春季において金が最も弱いときであるためです。壬子、癸亥は夏に完全になくなり、これは水が最も弱いときであるためです。その他も同様に、干支が完全になくなることがあります。

(11) 帰忌（きい）

李賢（りけん）が引用する『陰陽書・暦法』によると、帰忌日は、四孟が丑の日、四仲が寅の日、四季が子の日であり、この日には旅行、帰宅、引っ越し、結婚は避けなければならないとされています。また、『星歴考原（せいれきこうげん）』によれば、それぞれの月の帰忌日は、一つ後の時辰まで避ける必要があるとされています。また、漢代の王充（おうじゅう）の『論衡（ろんこう）』によると、家族の葬儀が行われている場合でも必ずしも帰忌日に合わせる必要はないとされています。唐代の韓鄂（かんがく）

の『四時纂要』によると、正月の丑日は帰忌日であり、旅行、帰宅、結婚、葬儀は行ってはいけないとされています。清代の大儒江永撰の『礼書綱目』によると、父母の喪が明けた後に帰忌日が来る場合には、宗族のもとで喪を弔うことが求められます。

清代の梁章鉅は『浪跡続談』において、「帰忌往亡。今の人々は、旅行する際は往亡の日を避け、帰宅する際は帰忌の日を避けるという考え方が最も優れていると言われている」と述べています。

帰忌とは、婚嫁や葬式、旅行などが忌まれる日のことです。最初の適用例は『後漢書・郭鎮伝』に見られます。桓帝の時代、汝南には陳伯敬という人物がいました。彼は歩くときは必ず直立し、座るときは必ず膝を揃えました。道中で凶事があると、直ちに車を降り止まり、帰宅する日が帰忌日であると、村の茶屋で一晩過ごし、翌日に再び帰宅したのです。

第９節　干支は天の声

１．早朝目が覚めると、ソファーの上に見知らぬ黒い斑馬のぬいぐるみがあるのに気づきました。自分の家にこのようなものがあったことはありません。私はこういった突然現れるものには、そのエネルギーが向かう方向を真剣に考える癖があります。斑馬は馬の一種で、馬の干支は午。色は黒で、黒は五行説において水の属性を持ち、干支では子に対応します。子と午は相剋する関係にあり、相剋すると身に不安を感じるとされます。では、身に不安を感じているのは誰でしょうか？　あの斑馬は私のものではなく、どこから来たのかわかりませんが、この子午相剋が私には関係がないことを理解しました。

真剣に考えごとをしていた時、突然外が濃霧に覆われました。窓から外を見ると、道路には車がほとんど見えませんでした。このような天気に遭遇すると、私はすぐに思い出しました。「これは不明瞭なものに属し、地支の亥に対応するものである。不明瞭なものとは、感情、事件、病気などを指す」

午は女性を表し、亥は天気を表します。亥が今日の天干と組み合わされると、丁亥となり、不意の出来事や驚くことが起こることを示す状態となり、時間的には夜の9時から11時までに対応します。丁亥はまた太歳星と同じで、官僚に関係することがあるとされています。

ですから、私は「今日は本当に面白い、何か対応する出来事があるのか？」と考えるのです。

2．洗面中に、母親から「家政婦が生理中でお腹が痛いので、少し遅れるようだ」と伝えられました。私が「あの斑馬は誰が持ってきたの？」と聞くと、母親は家政婦が持ってきたと答えました。その瞬間、私はすべての出来事を思い出しました。子午相冲は家政婦に適用されるのです。家政婦は離婚して四川から北京に仕事をしに来ました。腹痛は不安な心を表し、生理は地支の亥に対応するものです。私はその「斑馬」を片づけました（誰かがそれを持って遊ぶと、何かに影響を及ぼすことを心配したからである）。

昼にリビングに入ったら、斑馬を再び見つけました。私は誰がそれを出したのか尋ねたところ、家政婦がそれを出したと言いました。私は「本当に運が悪いときは連鎖するものだ。斑馬を再び見たら、彼女は必ずまた不安になるだろう」と思いました。

果たして、午後2時過ぎ、家政婦が急にやってきて、「お腹が激しく痛むので早く帰って休みます。半分だけ摘んだ野菜がそこに置いてあります」と言いました。

3．晩ご飯の後、私はトイレの床に水跡があることに気づき、思い切って水をもう一度かけ、徹底的に掃除をしました。以前は家の掃除は家政婦が担当していたので、自分でトイレを掃除するのは久しぶりでした。掃除が終わってから、静かにパソコンの前に座り、一日の経験を振り返りました。思わず自分自身で笑ってしまいました。人生はどうやら規則性があるようです。なぜ今日トイレの掃除をすることになったのだろうか？　元来、トイレも亥に属するのでした。亥は、プライバシーや曖昧な領域を表しており、私が以前に判断した「亥」との対応が完全に一致していることに気づきました。天干地支の不思議な作用には感嘆せざるを得ません。すべてに意味があるのです。

4.「目の前の技術は誰もが知っているが、心の内側の修行は誰も知らない」ということわざがありますが、自分の内面で行っている努力や工夫は、外から見る人にはわからないものです。今考えてみると、『易経』にある「変を観て占いを楽しむ」という言葉の「楽しむ」は本当に素晴らしい使い方をしています。毎日、このように人と神とが対話するように占いを楽しむと、本当に楽しいものです。古代の聖人たちは「自分で道を求め、他人には頼らない」と強調していたのは、自力更生が必要だからです。自分の努力によって自分の人生を新たなものにできるのです。自力がなければ、どうして自分自身をより豊かにできるでしょうか？

5.荀子は、「心が理解してから、その道を説明できる」と言いました（『荀子・解蔽（かいへい）』）。孔子は、「人々は日々経験し、日常生活で使っていることを知らない」と嘆きました。日々の経験や活用はするけれど、それを見直さずに習慣化してしまうことで、集団的な「習慣化と無自覚化」が起こってしまうのです。そのため、このような状況では、多くの人々が、教えてくれなかったことや秘密の知識や技術を持っている人々に対して怒りを感じるようになり、最終的には天にまで怨みを持つようになってしまいます。しかし、あなたは考えたことがありますか？　先生や先人、そして天にも彼らが涙を流すことがあることを。彼らはあなたが「不幸だ」と感じ、そしてあなたが「戦わない」ことに怒りを感じているのです。

6.「大易至簡（たいえきしかん）」という言葉は、非常に馴染み深く、素朴なものです。毎日の「天の声」は、それを具体的に実践し、人々に多大な恩恵を与えます。

「素朴な言葉には真実がある」と言いますが、真実は時には高貴なものとして高く評価されることがあります。しかし、実際には真実はありふれたものに隠れており、最も単純な方法で存在しており、人々が一生をかけて実践する価値があります。この言葉は真実です。

7.古い格言に「道は人から遠くない、人が自ら遠ざかるのだ」とあります。

今日を振り返ってみると、本当に波乱万丈で変化に富んだ一日でした。人生で最も楽しい学びの一つは、天地（干支）と一体となって「自分で楽しむこと」です。もしあなたがそれを楽しいと感じるのであれば、自由に「天」を翻し、「地」を覆って遊びましょう。

第10節　豹三と戊寅

清代の武官の服制度によると、一品はキリン、二品はライオン、三品は豹、四品は虎、五品は熊、六品は彪とされていました。『説文解字』によると、「彪」は「虎」と「彡」から作られています。ここで「彡」とは、虎の体にある斑点を指します。すなわち、虎の体に斑点があるものを「彪」と呼びます。『水滸伝』の祝家荘の「祝氏三傑」の3人兄弟の名前は、「龍」「虎」「彪」となっています。これからわかるように、「彪」は猛獣の一種で、非常に尊敬されていました。唐代の茶聖である陸羽は、『茶経』の中で、「彪は、風獣である」と書いており、「虎嘯風生」という諺の「虎」は、性格がとても大きく、荒々しいことを意味しています。

『唐国史補』によると、剣聖の裴旻が北平を鎮守していた際、その地には多くのトラがいたとされています。ある日、裴旻は31匹のトラを仕留めたことがあり、とても誇りに思っていたと言われています。地元の老人が、裴旻が射殺したトラを見て、「これらはすべて彪だ」と言ったとされています。

宋代の周密の『癸辛雑識』によると、「虎の子渡し」という言葉の説明が以下のようにあります。

「虎は三子を生むと、必ず彪が一匹いる。彪は最も凶暴で、虎の子を食べてしまう。虎が子供たちを連れて川を渡る場合、先に行くと子供たちが彪に食べられるため、必ず彪を抱いて川を渡り、対岸に置いた後、一匹子供を持って渡る。その後、再び彪を抱いて戻り、また子供を渡していく。最後に、彪を抱いて川を渡す。母親の虎が川を四度渡る必要があるほど、彪の凶暴さがわかる。三番目に生まれた子供が彪であるため、彪三と呼ばれ、凶暴さを表す」

英国女王に絶賛された15世紀に建てられた世界文化遺産の日本の京都・龍安寺には、「虎の子渡しの庭」と呼ばれる枯山水の庭園があり、これは周密の典故にちなんで作られました。河を渡ることは苦しい海を渡ることと同義であり、智慧と苦行が必要であることを示しています。

元代の元好問の著書『続夷堅志・賈叟刻木』には、「横たわる一匹の青い豹、虎目が金色に輝き、見る者の髪の毛が逆立つ」と描写されています。また、漢代の『漢書』の作者である班固は、『白虎通・姓名』の中で、「年齢によって呼び名をつける。最も年上の子を伯、父に近い位置にいる。真ん中の子を仲、年下の兄弟を叔、末っ子を季と呼ぶ。最も年上の兄を伯といい、伯禽とも言われる。次に年上の兄を孟といい、魯の大夫孟子に由来する」と記載しています。これにより、伯仲叔季は兄弟の序列を表していることがわかります。孔子（字は仲尼）、司馬懿（字は仲達）は、兄弟で二番目に生まれたとされています。班固の父親である班彪の字は叔皮であり、家庭内で三番目に生まれたことがわかります。そして、「彪」という名前は、虎の三男子から命名されたものです。現在でも北方では「彪三」という言葉が使われており、それはこの意味です。これにより、「彪」という漢字が漢代においても尊敬されていたことがわかります。

「彪三」とは、六十干支の中で、干支の戊寅に対応しています。寅は虎を表し、干支の組み合わせにおいて、天干の十干の中で陽干（甲・丙・戊・庚・壬）の三番目に位置します。戊寅はまた、伏虎を表します。寅の木が上の戊土に覆われているため、地に伏した虎のように見えます。

宋の太宗の時代、虎寺の禅院の修行僧たちは、寺の前の壁に龍虎の戦いの絵を描こうとしていました。絵は、龍が雲の上で旋回していて、虎は山の頂上に踞っており、飛びかかろうとしている様子が描かれていました。絵を何度も修正しましたが、まだ動きが不足しているように感じられました。ちょうど無徳禅師（汾陽善昭）が帰ってきたので、修行僧たちは禅師にアドバイスを求めました。無徳禅師は絵を見て、「龍と虎の外形は悪くないが、龍と虎の特性をよく理解していない。龍が攻撃する前には、必ず頭を後ろに引かなければならない。虎が飛びかかるときは、頭を下げる必要がある。龍が首を後ろに曲げる角度が大きくなればなるほど、虎の頭が地面に近づけば近づくほど、より力を発揮できるようになる」と言いました。

修行僧たちは大変喜んで「あなたは真に一言で問題点を指摘された。龍の頭を前に描きすぎただけでなく、虎の頭も高くしすぎた。だから動きが不足していたのだ」。この機会を利用して、無徳禅師は「人生や禅修の原理も同じである。一歩引くことで、より遠くへ進むことができる。謙虚に反省したあとで、より高いところに上がることができるのである」と言いました。修行僧たちはすぐには理解できず、「後ろに退く人が前に進めるわけではないし、謙虚な人がどうしてより高いところに登れるのですか?」と尋ねました。無徳禅師は「禅詩に『青苗を手に田に植える、うつむくと水の中に天が見える。身心を清めて道を行く、退くことは進むことである』とある。諸仁たちはこの意味がわかるか?」と。学僧たちはこれを聞いて、全員が何かを悟ったようでした。

無徳禅師は学僧たちとの対話の中で次のように強調しました。

「虎が上に飛びかかる時、頭をできるだけ低くして伏せることが必要です。これこそが伏虎の勢いであり、この時に虎の威力が最も爆発し、戦闘力が最も高い状態になる」

古来、五行に土がなければ安定しません。天干に戊土がある干支戊寅は、寅木の戦闘力を最も安定させる基盤を持っています。つまり、戊寅には「彪三」の特徴があり、戦闘力のポテンシャルが最も強いのです。

この他にも、干支は干が上で支が下に並びます。干支戊寅は、寅木地支が戊土天干を剋します。下が上を剋す形式になっており、上を攻めやすく、衝動的で強靭な傾向があります。中国北方語系では、人が軽率で衝動的に、無分別に行動し、頑固で結果を考えないことを「彪呼呼的（ビャオフーフーダ）」と表現することがあります。より誇張的な表現としては、「頭の固い若者」のように、頭を使わずに行動することが挙げられます。

『詩経』には「天は民を生み出し、物があり、秩序がある」とあります。すべてには痕跡があります。戊寅の「彪三」のエネルギーを理解すると、兄弟姉妹の中で同性別の三番目の人がなぜ「彪三」の性格傾向を持つことがよくあるのかがわかります。天地は虚しくなく、すべてが実存しています。ただ、人々は日常生活でそれに気づいていないだけです。万物はそれぞれ特有の性質を持ち、微妙な違いがあります。注意深く品定めすることが大切です。「心の明かりを点灯することで、法界を照らすことができます」という言葉もあるように、何事も見落とさないようにしましょう。

孟子は「たとえ智恵があっても、勢いに乗ることができなければ意味がない」と書いています。私たちは、勢いを理解し、それに沿って自然に行動できる大いなる智慧に満ちた人にならなくてはいけません。

そして、軽やかな洞察力を持ちます。昔、洪州双嶺玄真禅師が道吾禅師に、「神通力のある菩薩は見えなくても仕方がないが、神通力のない菩薩もなぜ見つけにくいのですか？」と尋ねた。道吾禅師は「同じ道を歩む人しか、それを知ることができない」と答えたといいます（宋代『景徳伝灯録・巻十』）。

第11節　壬の人

中国文化は干支哲学なしには語れません。十干の壬については、以下のような出来事を紹介することで、より深く理解できるようになるでしょう。

北宋の科学者である沈括は、多くの賞賛を受けています。たとえば、蘇軾（蘇東坡）によって張衡に次ぐと称賛され、イギリスの有名な学者であるジョゼフ・ニーダムによって「中国の科学史の中で最も傑出した人物」と賞賛され、日本の数学史家である三上義夫によって「中国の数学の模範的人物」と評されています。彼の代表作『夢溪筆談』は「中国の科学史上の画期的な書物」と評されています。しかし、そんな才能あふれる人物にもかかわらず、彼には明確に別の側面があります。彼の品行は悪く、臆病で内気であり、「前後矛盾する」「大臣に付随し、自己の利益のために巧みに行動する」ことで、同僚をだましたり、同じ時代の人々から軽蔑されたりする存在でもありました。

北宋皇祐三（1051）年、沈括の父である沈周（当時74歳）が杭州の老家で亡くなり、王安石が彼の墓誌を執筆しました。二人の深い友情がうかがえます。このような友情があったからこそ、王安石は沈括を浙江地域の農田水利の巡察に推薦しました。

この件について、宋の神宗は王安石に「沈括は信頼できるか」と尋ねました。王安石はこの杭州出身者について固く約束して、沈括を「利益を理解し、慎重な性格をしているため、軽率な行動に出ることはない」と答えました。その後、沈括は三司使に任命され、国の財政を担当することになりました。これからも、宋神宗と王安石が沈括をいかに重視していたかがわかります。

しかし、王安石が初めて罷免され、復職した後、彼の沈括に対する態度は根本的に変化しました。宋神宗が沈括を兵部の責任者にすることを提案したとき、王安石は直ちに反対し、「沈括は壬の人であり、接近すべきではない」と述べました。その後も、王安石は何度も沈括を「壬の人」と呼んで罵倒しました。

実は、当時王安石以外にも、沈括を嫌悪する人々は多かったのです。宰相の蔡確は、沈括を「前後矛盾する」と言い、「大臣に依存し、自らの利益を巧みに図る」人と定義し、「首謀者と手先の者が別れることなく協力し、陰険な策略を用い、農民を害するための策略をする」とまで称し、『宋史・沈括伝』に記載しました。そのため、沈括は死後、墓誌銘すら残されませんでした。

また、別の宰相の呂恵卿も、沈括に対する攻撃を遺憾なく発揮し、宋の神宗さえ「呂恵卿は何事についても沈括に批判的だ」と言いました。一人二人があなたを批判しても、それは他人の誤解かもしれませんが、世間の怒りを招くようなことになれば、問題を深く考える必要があります。この点で、「沈括は実際に何をしたのか、なぜこれほど多くの人々を敵に回してしまったのか？」と思う人がいるかもしれません。

古い言葉に「風靡するには理由がある」というものがあります。南宋の王銍の『元祐補録』によると、熙寧六（1073）年に沈括は、浙江省の農田水利を巡察する任務を受け、この時、杭州通判であった蘇軾と出会いました。沈括は蘇軾と旧交を温め、彼の手元にある新しい詩を書き写してもらい、家に帰ったら署名するように頼みましたが、そこに書かれた言葉はすべて沈活の皮肉を書き写したものでした。すると沈括は、帰京後、自分が誹謗とみなした蘇軾の詩句に詳細に「注釈」を付した上で、皇帝に提出し、彼が詩文で「朝廷を愚弄し」「君臣の道徳がない」と暴露し告発したのです。この行動は、朝野の人々を驚かせ、大騒ぎになりました。蘇軾は沈括の父と親交があり、彼を高く評価していました。実際、蘇軾は張衡に次ぐ詩人として評価されていました。しかし、沈括は小者の手法を使い、公然と密告し、蘇軾を売り渡して政治力を得ました。沈括のこの行為は、彼を取り巻く人々から疎外され、攻撃され、彼の一生の「悪夢」となったのです。

『呂氏春秋』によれば、「道を持つ人は、身近なものから遠いものまでを知り、現在のことから過去を知り、目に見えることから見えないことを知る。だからこそ、床下の陰の状態をよく観察することで日と月の運行、陰と陽の変化を理解し、瓶に入った水の氷を見ることで天下の寒さ、魚や鱉（スッポン）の隠れ家を見ることでその存在を知ることができる」とあります。沈括の蘇軾に対する行動から彼の人物像を垣間見ることができますが、王安石が彼を「壬人」と呼ぶのも納得です。

　また、蘇軾が杭州通判を務めていたとき、同僚の趙君錫は彼の文章を評価する中で、「蘇軾の文章は『六経』を追求し、班固や馬融に倣って、何でも言うべきことを言う。壬人たちは彼を畏れ、彼に対して控えめになる」と同様の言葉を使っています。沈括が彼を追い詰めようとした重要な理由のひとつであったと思われます。

　人々は疑問に思うでしょう。上記の史料に記載されている「壬人」とは、一体どのような意味なのでしょうか？　実は、この言葉は現代の人々が干支哲学を学ぶ上で、非常に啓発的な意義を持っています。「壬人」は、本来巧言でこびへつらい、正道を行わない邪悪な小人を指す言葉です。この言葉の意味は、天干の「壬」の水の特性に密接に関連しています。壬は大きな水を表し、動きが止まらず、風が吹くと波立ち、たゆたうことから、巧言でこびへつらい、言葉に反すること、人を悪口で批判する人間を、「壬人」と呼んでいるのです。さらに、

「壬」天干と地支が組み合わさって形成された「六壬」の中でも、「壬辰」の干支力はこの意味をより豊かかつ明確に表しています。このような意味をよく味わってください。中国の文化にとって、陰陽は中国哲学の基礎であり、五行は中国文化の基本的な構造です。これらのことからも、陰陽干支を理解しなければ、古典文学すら難しいことがわかります。そして、それが古今文化の基盤の重要な違いでもあるのです。

第12節　心を動かし、人々に希望を与える干支

1．夜の6時、飛行機は北京空港に着陸、着陸直前に空中から見た景色に安堵感を覚えます。数日間、遼寧省本溪市の深い山々で、私は再建する寺の場所を探していました。その地域の温度は9～16度です。機内の放送で北京の温度は28度と聞いていましたが、飛行機を降りて感じたことは一つだけ「暑い！」。北京に向かう高速道路を走っていると、疲れきった身体は少し回復した気がします。車に乗っていると、交通警察がトラックを検問しているのを見かけました。それで、私は一瞬、「占ってみよう」という衝動を感じました。「学んで覚える」の実践です。

2．六十甲子に詳しいとはいえ、易学は帰納的な学問であることを深く理解しています。つまり、干支が同じであっても、それに対応する現象には必ず差異があるということです。そのため、私にとって馴染みのある場所に行っても、その都度異なる風景があると考えています。自分自身に常に気を配ることで、鈍感にならず、日々精進し、日々新しいことを学ぶことができるのです。

3．今日は「丁卯日」で、現在は「庚戌時」です。日と時の地支が「卯戌」の「六合」の関係を形成し、この六合合化の結果は火に化します。その中で、卯木は車、船、飛行機などの交通手段を象徴し、戌土は犬、軍人、警察、

法律家、可燃性物質（燃料油を含む）などを象徴します。

⑴「卯戌合」は、交通警察が車両を取り締まる現象を正確に反映しています。卯戌合が火に化すことで、卯の木の車は戌の土の火庫に入り、管轄区域内で制限されることになります。そのために取り締まられることになるのです。化合して火になると、火の性質が支配的になるので、今回は車が二台取り締まられたと思われます。

ちょうどそのことを考えていると、前方で大型トラックを追跡する警察車両が目の前を通り過ぎました。その後、警察車両が追いつき、トラックを路肩に停めるよう指示したので、おそらくそのトラックの運転手も自分の不運を嘆いたことでしょう。

私が乗っていた車が彼らの近くを通り過ぎたとき、「なぜ前の車と同じように、警察に捕まえられなかったのか？」とふと思いました。この日の天干を考えると、一瞬で納得しました。「卯」は車を象徴し、「丁火」は「戌の警察」に対して制限されるという意味を持ち、「庚金」は「丁火」に剋されるため、警察は制限され、必然的に疲れや犠牲を払わなければならないのです。

目的地に到着するまで、二台の取り締まられた車しか見かけませんでした。これは火の数と一致しています。

⑵『易伝』には、「事と事は関連し、物と物は相応する」とあります。車に乗っている途中、ラジオでアメリカの兵士（戌土）が乗る飛行機（卯木）でオイル漏れ（卯戌合わせ火）が発生したという驚くべきニュースを聞きました。それはまた、卯戌の合という対応関係があることになります。そして、なぜアメリカのニュースなのかと思ったのですが、飛行機のオイル漏れは航空事故につながる可能性があります。卯酉が衝突するのは恐怖の象徴であり、交通事故を意味します。酉金の方角は西ですが、アメリカは西洋の国家であり、方向的にも対応関係があります。

なぜ実際に飛行事故が発生しなかったのかと思ったのですが、卯（う）・戌（いぬ）・酉（とり）の三つの十二支は、卯酉が衝突するためには、まず卯戌が合わさる必要があります。卯戌が合わさると、衝突することを忘れてしまうことがあり、虚偽の警報になってしまうのです。

(3) 突然、自分はなぜ今とても暑いと感じるのかと思いました。それは卯戌の合の結果で、合して火になるからです。火は熱く、私はその中に身を置いていて、その制約を受けているわけです。天と地の間にいるのが人である限り、外側にいるわけではないので、不思議ではありません。

4．下車する時、火に油を注ぐように、自分が車の中で感じた思考を以下の三つにまとめました。

最終的な結論：世の中のすべてが心に留めているということがわかりました。人は天と地の間において精神世界で自己を楽しませることができます。荘子のように自由奔放、洒落た開放的な生き方をすること、つまり今を生きる！ のです。

5．この世界には、20歳の朽木も、80歳の常緑樹も存在しています。人生は花のようで、花が咲くのはしぼんでしまうためではなく、より輝くためです。自分自身をより輝かせよう。

第13節　干支を活用する鑑定医

２０２０年７月23日、庚子年の癸未月の丁卯日の夜、私の友人で中医学を研究している人から、こんな連絡がありました。

「神秘的な医者が宣伝されているので、会いに行くことにした。結果はどうなるかわからないが、とにかく行ってみようと思う」

当時、私は日本の大阪市内を歩いていて、道路を渡る準備をしていました。その連絡を見たとき、私は顔を上げると左前方に空き地があり、そこには雑草が生い茂り、広さはおよそ４００〜５００平方メートルほどでした。そして私は彼にこう答えました。

「第一に、あなたが会いに行く医者は師弟関係がなく、自分で悟りを開いたもので、教養が浅い人物である。第二に、この医者の将来の時間はあまり多くない。第三に、彼から学ぶことはあまり効果がないだろう。第四に、この人は喫煙頻度が特に高い。第五に、彼の子供たちは彼から学んでおり、家庭状況はまあまあだが、彼自身は非常に貪欲である。第六に、あなたは滞在することはできず、すぐに離れることになるだろう」

友達はすぐに返事をくれました。

「言われたことが非常に正確だ。私は名前を聞いて来たが、今日は彼が住んでいる都市に来て、今彼の家を出たばかりである。第一に、彼は非常に有名で、家は診療所であり、多くの患者がいる。第二に、彼は一日中何箱もタバコを吸い続け、家の中は煙で霞んでいる。第三に、確かに師弟関係はなく、独学であり、話すことは常に大衆語で、時々好ましくない言葉を使い、彼のイメージに悪影響を与えている。私は長い間学んでいる人たちがどのように学んでいるのか尋ねたが、支離滅裂な説明しかできなかった。彼らの精神的な状態も衰弱していて、学んでいることがあまりうまくないとすぐにわかった。おそらく、授業料の支払いをしたので黙って我慢して学んでいるのだと思われる。第四に、彼は80歳を超えていて、健康状態も良くないため、寿命は長くないだろう。第五に、二人の息子は彼に習っている。家には贈り物がたくさんあり、授業料は非常に高く、弟子になるには少なくとも20万元の費用が必要で、毎年師匠に敬意を表する費用も支払わなければならない。病気を治療するためには数万元以上かかるが、それでも多くの絶症（不治の病）患者が彼のところに来ている。第六に、私は非常に失望し、翌日の高速鉄道の帰りのチケットをすでに予約している」

友達は「どうやってそれを判断したの？」と何度も尋ねました。

私は友だちにこう伝えました。

「第一に、私はWeChatを見ているときに横断歩道を渡っていた。もう四分の三ほど渡っていたが、ちょうど私に向かって若い男性が歩いてきて、タバコを吸っていた。私は生まれつきタバコを吸わないので、タバコの匂いに特に敏感で、彼がまだ数メートル離れた時点でタバコの匂いを感じた。日本人は一般的に公共秩序を守るので、私が日本で出会った初めての歩きタバコの人だった。私はタバコの匂いを嗅いだ後、避けて歩いたが、風が吹いて、再びタバコの匂いを嗅いだ。そこで、その瞬間の状況に基づいて、相手が頻繁にタバコを吸うと判断した。

次に、私の左前方は八卦方位で言えば巽卦に属している。巽卦は草木を表すものだが、その場所は高い木や建物ではなく、荒れ地に雑草が生い茂っているだけだった。これによって、この人には伝承も文化もないことが証明された。また、地面に生える草が枯れていることから、彼の教育水準もそれほど高くないと判断できる。第三に、東南方向の巽卦に対応する地支は辰と巳であり、辰巳は地網を意味し、病気や災害、訴訟などの問題を引き起こす。医者に行くことから、その気勢は医療に向いているが、地網は複雑で、ここでは複雑な難病を専門治療することを主とする。そして、彼が貪欲であると判断した理由は、一つは辰巳地網のためであり、もう一つは私が歩いていた時が酉の時間であったことから、辰酉と巳酉は暗示的な合となり、財宝が集まってしまうため、地網が常に内部に収束していく性質があることが加わり、網を投げて魚を捕るように、この人は貪欲であると断定した。

その上、私が道路を渡っているとき、左後方には明るい照明のスーパーマーケットがあった。左後方は八卦の中の艮卦であり、子孫を表す。スーパーマーケットには高価なものはない。日常品が出入りし、子孫や弟子を表し、大器の成就者はいない。これは教育に不利と言える。そのとき私はもう道路の真ん中を渡っていて、道路は水を表している。水が背後にあると、子孫が移動し、後継者が困難であることを示す。また、私が渡っているのは横断歩道であり、人が立ち止まることはできない。これを『当下機』と言い、したがって、あなたがそこに立ち止まることは不可能だと判断した」

友人は、「素晴らしい推察だけど、深く考えさせられるね。ゆっくり消化しなきゃ」と言いました。私は彼に、その老医師には霊がとりついていると説明しました。彼が人を見るとき、直接的で幽玄な光があるのです。目の周りが黒くなり、体がまっすぐに座っていられず、肩甲骨に突き出た症状があり、活発で声も女性のようだと説明しました。友人は、「本当にそうだね！　彼の声だけでなく、多くの動作も女性のようだ。彼の診察を受ける人たち、そして彼から学ぶ人たちの精神面も上がらない。全員衰弱しているように感じられる」と言いました。

友人は、どのようにして判断したのか再度私に訊ねたので、こう答えました。

「左前方は巽卦で、巽卦は医術、巫術、卜占、相術を表し、神秘的で玄妙な性質がある。たとえば、神道、巫蠱、宗教などである。話し合うときが夜で、光がないため、巫蠱附体の傾向があるため、宗教的な伝承ではない」

この例からわかるように、私のアプローチは非常に柔軟です。たとえば、光、草木、人、周囲の環境、周りの参照物などです。これが「機に応じた表法」であり、問題が出た瞬間に捉え、法界に契合して、問題解決のスキルを示すものです。

このような余裕を持って対処する応用は、前提として陰陽五行、八卦干支、河図洛書、物物一太極などの格物法竅の基礎を心得ていなければなりません。野の花は植えなくても毎年咲きますが、悩みは根無し草のように日々生じます。より広い視野、胸の内、そして洞察力のある思考で世界万象を支配することを学ぶことが必要です。これにより、より明確に、より賢く、そしてより先見の明を持った智慧を持つことができます。

第14節　心が明るい人こそが、天が求める理に近い人

真の智慧は、今この瞬間から離れることはありません。見えていることが起こっていることだと思うのは、浅薄な経験にすぎません。本当の深い体験は、思考の微妙な輝きの中にあります。

何かをしようと決めても実行せずに、やがて再び考え直し、不安が生じる。このような現象は、卯申の絶に対

応し、切れてはまた継続するエネルギーです。

今すべきことに真実の智慧を働かせて、その理を明らかに洞察する訓練をします。この世界には法則があり、虚実が交錯し、形影は離れません。すべては真の空の中に存在しています。

干支は神明の道に通じ、必要に応じて自由に使えるものです。

家の中の酉（西）の位置に、犬の置物や装飾品がある場合は、酉と戌（犬）は相剋するため、男の子は元気に育たず、子孫には問題が起こります。家の申（西南）の位置に虎（寅）のおもちゃや絵などの飾り物が置かれている場合、どんなことをしても成功するのは難しいです。これは、寅と申が相剋するためです。もし、この家の主人が蛇年生まれであれば、寅巳申の三刑が形成され、主人は困惑することが多く、煩わしいことが起こります。

また、家で飼っている動物が、住んでいる人との相性が悪い場合は、飼わないようにしましょう。特に人を優先し、人と動物との調和に注意する必要があります。たとえば、家族の誰かが辰年生まれの場合、犬を飼うと運気が衝突するため、犬が病気になったり、その人が怪我をしたりすることがあります（運や体の損傷を含む）。

金は純金でないと価値が低いように、酉の金は純粋である必要があり、そうでなければ価値がありません。混沌なエネルギーを持つ雑種の鳥などの混合動物を飼うことは避けることが望ましいでしょう。「福と禍には門はなく、人が自ら招き入れる」という言葉がありますが、これはその人の内面が世界と感応することによるものであり、宿命と言えます。

地支は人の身体と密接に関係しています。体に傷や持続的な痛みがある場所は、それに対応する出来事があります。

人は三界と五行の中で生きているため、いろいろな体験を通して干支を研究し、課を起こしたら、運命エネルギーの方向性を正しく明確に理解できるようになります。

これにより、概念が空回りしたり、知ったつもりになったり、本当の理解が進まずに混乱してしまうのを防ぐことができます。学問を修めるのも同様で、理論から理論に進むだけでは意味がありません。実践から理論へ、そして再び実践へと陰陽が交互に作用することによって、大道を体験することができます。

もし、もう進歩していないと感じたら、理論が追いついていないということです。物事を学ぶ際に、干支の基礎がなければ、どんな技法を学んでもレンガで鏡を磨くことになってしまいます。今持っている基礎力（精神的な基礎を含む）だけでは、あなたはこれ以上成長することができないのです。

老子は「人を知る者は知者であり、自己を知る者は明者である。大器晩成である」と言いました。根が深かければ、枝葉が茂るということを知る必要があります。したがって、断片的な知識に捉われたり、流れに身を任せたり、本当ではないことは捨て去り、根源を追求することを学ぶ必要があります。中国の格物学は天人の学問であることを知っておく必要があります。最初に研究するのは天理です。

梁啓超は「心が明らかであれば、天理も明らかになる」と言いました。心が明らかでなければ、天理を理解することはできません。

第15節　心に平和をもたらす数

1．満ち足りていても虚しくしていても、数はある

「天高く地は遠し、宇宙には果てがない。興が尽きると悲しみが訪れる。物事が満ちあふれたり、虚しくなったりすることは決まっている」という言葉は、唐代の王勃（おうぼつ）による『滕王閣序（とうおうかくじょ）』という文章から引用したものです。古代の人々は宇宙に関心があり、上に天理を求め、下に術数を作りました。万物にはそれぞれに定められた数があるので、生まれる数と死ぬ数があります。１年は３６５日で、４つの季節、24節気、72候、12の月、そして１日は24時間といった具合です。これらの数について、古代からさまざまな研究が行われてきました。その研究に

おいて、方法は異なっても、法則性は相反しないばかりか、独自の特徴を持っているのです。

【例1】

曹操が名を成す前、有名な許劭は彼を「治世の能臣、乱世の奸雄」と評しました（『三国志・魏志・武帝紀』）。裴松之の注による孫盛の『異同雑語』や劉義慶の『世説新語』の「乱世英雄」にも同様の表現があります。

曹操を評価する場合、平和な時代には才覚ある臣下であり、乱世には凶暴な梟雄であるとされます。この一文は、曹操の今後数十年の動向を概括しています。また、この表現は、宋代の文学者である蘇東坡も確認しており、「確かに時代の英雄である」という表現が『前赤壁賦』にあります。

三国時代の二人の美女に大橋と小橋がいました。大橋は周瑜に、小橋は孫策に嫁ぎました。彼女たちの父である橋玄は、非常に大義の人でした。『後漢書・橋玄伝』によると、橋玄の幼い息子が十歳の時、誘拐されたため、橋玄は自分の息子の生死を顧みず、差官に誘拐犯を殺すよう命じました。それは社会制度を確立することで、「都の人質誘拐は、地位のある家だけでなく、こうした犯罪は完全になくなった」とされています。橋玄は正義感だけでなく、人を見抜く能力も持っており、曹操が若い頃、非常に期待して彼を特別に保護しました。後に、曹操は一代の梟雄として名を馳せることになりました。ある時、曹操の軍隊が橋玄の墓を通過する際、そこに陣を張り哀悼の意を示し、非常に悲しんだと伝えられています。

曹操もまた逸材でありました。『孫子兵法』（十三章）の最高の注釈、たとえば『孫子略解』や『兵書接要』などは彼によって注釈が付けられました。そして、曹操は周の文王を非常に尊敬していました。誰かが彼に皇帝になるよう勧めたところ、「私は周の文王になる。皇帝にはなりたくない。息子にさせてください」と答え、自分の息子に帝位を譲りました。曹操は自分が周の文王のようになり、息子の曹丕が周の武王となって天下を治めることを望んでいたのです。

曹操はまた人材を見極めることにも優れ、臣下の司馬懿についても観察していました。『晋書・宣帝紀』によると、「魏武（曹操）は帝（司馬懿）が大きな野心を抱いていて、狼顧の相があると聞いた。それを確かめるために、体を動かさず、正面を向いたまま後ろを振り返れと命じた」とあります。

曹操は司馬懿を招いて、彼に前を向いて歩かせ、そして後ろを見るように言いました。しかし、司馬懿の首と顔は後ろを向いていましたが、全身は前に向いたまま動かず、一点の揺らぎも見られませんでした。この形を「狼顧」といい、司馬懿が野心を抱いており、曹操はこの人物が臣下に甘んじるような人物ではなく、将来的に曹家王朝を危険にさらす存在であると断定しました。そして、彼は息子の曹丕に、「司馬懿は臣下に収まらず、きっとおまえの帝位を奪うであろう」と忠告しました。残念ながら、曹丕は父ほど賢明ではなく、司馬懿の思惑を見抜けませんでした。数十年後、司馬懿父子は勢力を拡大し、曹家王朝を打倒し、晋朝を建国することになります。

【例2】

『甲乙経序』『太平御覧』などの文献には、東漢時代の医聖である張仲景が曹丕の師匠であり、建安文学の頂点に立つ王粲（字仲宣）を診察する話が記されています。

仲景は、当時20歳余りであった侍中の王仲宣に会い、「君には病があり、40歳になると眉が落ち、半年後に死ぬ。五石湯を服用することで回避できるだろう」と言いました。仲宣は、仲景の言葉が不遜であると思い、薬を飲むことを拒否しました。三日後、仲景は仲宣に会い、「薬を飲んだか？」と聞きました。仲宣は「飲んだ」と答えました。仲景は「見た目から、薬を飲んでいないとわかる。どうしてあなたは自分の命を軽んじるのか！」と言いましたが、仲宣はそれでも信じませんでした。20年後に実際に眉毛が落ち、その187日後に亡くなりました。仲景の予言どおりでした。この張仲景は、本当に医聖だったので、驚くことではありません。

【例3】

「管輅（かんろ）が趙顔（ちょうがん）に延命を教える」という文章が、東晋の干寶（かんぽう）によって伝えられています。

管輅は平原に到着すると、趙顔が夭折であることを知りました。趙顔の父親は、管輅に息子の寿命を延ばすように頼んだところ、管輅はこう言いました。

「あなたは家に帰って、清酒と鹿肉一斤を用意してください。卯の日に麦畑の南の大桑の木の下で二人が酒と肉を取り囲み、一緒に飲み食べしているのを見つけ、彼らが飲み終わったらさらに酒を注ぎ、その度に一緒に飲んでください。もし彼らがあなたに何か尋ねたら、ただ礼を言って話さないでください。必ずあなたを助けてくれる」

趙顔は言われたとおりに行くと、本当に二人が碁盤を囲み、酒と肉を取り分けながら飲んでいるのを見つけました。彼らは遊びに夢中で、飲み食べを続けました。しばらくすると、北側に座っている人が趙顔を見つけて、彼に向かって「なぜここにいるんだ？」と叫びました。趙顔はただ礼を言いました。南側に座っている人は言いました。「ここに来て酒と肉を食べたのか？　それは情がないね？」と北側に座っている人は言いました。「文書はすでに決まっている」と南側に座っている人は言いました。「文書を借りて確認しましょう」。彼らは趙顔の寿命が19歳で止まっていることを見て、筆で「助けは90年間続く」という言葉を書きました。趙顔は礼を言って帰りました。

管輅は「大いなる助けである。寿命が延びたことを喜びなさい。北側に座る人は北斗で、南側に座る人は南斗である。南斗は生を示し、北斗は死を主宰する。人が生まれるときは南斗を通り、どんな祈りも北斗に向かう」と言いました。

この話は非常に神秘的ですが、驚くだけでなく多くの示唆を与えています。一つは、麦刈りの季節が太陽暦6月、つまり夏至の時期であることです。夏至の夜、南中天の方向を見ると、人馬座が見えます。南斗六星（見かけ上は斗杓のような形をしている星座）は、人馬座の内側のやや西側の位置にあります。麦刈りの季節はちょうど夏至の時期であり、南斗の時期と一致しています。卯日を選んだのは、地支の「卯」が夏至の「午」月と出会い、卯午捧印となって、天梯（天のはしご）の使用に適しているからです。しかし、なぜ鹿肉を選んだのか、深い意味があるのかはわかりません。

以上の例からわかるように、人生は木のようであり、松か柳かは種を蒔いた時点で、生命の質、量、効果が決定されます。これが定数です。しかし、定数の中にも変数があります。変数をどのように判断するかは、明代の『了凡四訓』をよく読む必要があります。すべては心から生まれるのです。

2．数が心を伝える

因果は自然の法則であり、宗教に属するものではありません。

あらゆるものには原因があり、それによって結果が生じます。結果だけを見て原因がわからないのは、智慧が足りないことになります。また、原因を知っているのに結果がわからないのは、経験が不足していることになります。古から、多くの文献が因果の法則を記録し、証明してきました。

たとえば、『大学』には、「言悖而出者、亦悖而入；貨悖而入者、亦悖而出（道に外れた言葉を発すると、相手からも道に外れた言葉を返される。道に背いて手に入れた財宝は、また道に背いて出ていってしまう）」とあります。悪口を言った人には、人々も同じように対応するものです。物事は良い状態で始まるわけではなく、良い状態で終わることもありません。『呂氏春秋・用民』には、「麦を植えたら麦が育ち、稷を植えたら稷が育つ。瓜を植えたら瓜が実り、豆を植えたら豆が実る。愛を植えたら愛が育つ……」と記されている。

これらはすべて自然界における因果の法則であり、検証するのは難しくありません。どんな場所や時代でも、この世界に存在するすべての関係には、因果法則が隠されています。ただ、人の智慧には限りがあり、それを理解することが難しいだけです。

明代の黄宗義は、『宋元学案』で「他人を傷つけることは自分を傷つけることになるし、他人を愛することは自分を愛することになる」と述べています。他人を傷つける人は、実際には自分自身を傷つけているのです。一方、他人を愛する人は、実際には自分自身を愛していることになります。

清代の周安士が著した『安士全書（文昌帝君陰騭文）広義節録』に、「一片の肉が三つの命を奪う」という物語があります。

康熙辛亥年の夏は、大干ばつでした。七月十五日に昆山樹麓地方で、夫婦が一緒に船に乗っていたところ、突然雷雨が激しくなり、夫が雷に打たれ死にました。しかし、その夫は素行が誠実で、死因は誰にもわかりませんでした。妻は密かに嘆き、たった18斤の肉のために夫が死んでしまったと言いました。周りの人々は疑問に思い聞きました。妻は去年の冬に、都に税金を納めに行った際、船を岸に停めていたところ、空き船に1肩の肉が置かれているのを見つけました。誰も来なかったため、すぐに船をこぎ戻して持ち帰り、家で計ったら重さは18斤でした。しかしこの肉は岸辺に住む裕福な家のもので、その家に雇われている女中が洗い物をするために一時的に置いていた際に紛失してしまったものだったのです。その家の妻は女中を叱責し棍棒で殴って殺してしまいました。夫は、女中を殺したことで家財が没収されると考え、妻と大喧嘩し、妻も怒りに身を任せて自殺しました。雷斧による処刑は、このような事故が起きたためだったのです。

宋代の詩人蘇東坡は、「天地にある物は、すべて持ち主がいます。もし自分のものではないのであれば、一毛でも取ってはいけません」と言っています。道端に落ちている物を偶然拾うことで、これに相応する災いがやってきます。不義の財を貪る必要があるのか、注意深く生きることが大切です。人生の最高の境地は、人に損害を与えず、人に求めず、人に恥じないことです。そうすることで、心から安心して生きることができます。

世の中の出来事は、林林総総（極めて数が多いさま）ですが、善悪は明らかです。

「善は善を呼ぶ、助け合うことは自分自身に福をもたらす」ということがわかります。善行は人生において根本的な福となるのです。これが、邵雍が子孫に、善行を選び、善人と交わり、善い環境に身を置くことを教えた理由です。因果は変えることができますが、それを実行するには心から始める必要があります。これが本当の道です。

古い言葉に「相は心から生まれる」とあります。心は五臓六腑の霊長です。心が変わると外見も変わり、外見が変わると運命も変わります。心を改善する最も効果的な方法は、精神の改善です。『楞厳経』に「心が物を変えることができるなら、あなたも如来と同じである」とあります。明代の憨山大師の「獅子吼」の言葉が心に残っています。「楞厳経を読まなければ、心を修練し迷悟する鍵がわからない。法華経を読まなければ、如来が世を救うために心を痛めていることがわからない。華厳経を読まなければ、仏の富と栄光がわからない」

ある年、アショーカ王が僧侶を招いて説法を行った際、賓頭盧尊者が遅れて到着し、次の偈を唱えました。「千の山々が同じ月を照らし、万の家々が春を迎える。千の川々には水があり、千の川々には月が映る。万里の空には雲がなく、万里の天にあるのはただただ広がりだけ」

このような「壁がすべて扉である」状態は、精神的な富と貴さだけでなく、空と有の統一を表すものであり、すべてを持ち、すべてに達することができます。

「命を知らなければ、君子にはなれない」という言葉があります。運命は自分自身が作りだすものであり、幸福は心から生まれます。多くの幸福を求め、吉を得て災いを遠ざけるには、これが自己を救うための唯一の方法なのです。

ある年、周の蘧伯玉は「五十にして四十九の過ちを知る」と言いました。新たな輝きを放つために自己の問題を直視し、法に問いかけることが必要です。これこそが「教義は空虚ではなく、すべて人にかかっている」という意味です。

さらに、古代の人々が「文昌」と呼んだものは、単に学問が優れているだけではなく、人々が智慧を増やし、道理を理解し、名声を高めることができることすべてを指していました。そして、干支およびその応用については、その中に含まれる自然の理と外的な自然の現象を自由に幻想的に表現することができる場合に、本当に意味を理解したと言えます。必ず覚えておくべきことは、表面的な現象は方法を表し、正しいことに従えば平凡なことであり、逆にしたら超自然的なことになることがあるということです。

上記の理解については、明代の王陽明の『伝習録』の中にある以下の史料が非常に役に立つでしょう（銭徳洪録〈27〉）。

問：「良心はただ一つしかありませんが、文王が象辞を作り、周公が文辞を作り、孔子が『十翼』を書いたとしても、なぜ彼らが見た理念は異なるのでしょうか？」

先生は言いました。

「聖人は、古いパターンに縛られることはない。すべての考え方が良心から出たものである限り、彼らがそれぞれに異なる見解を持っているのは問題ない。竹枝園での竹の比較のように、枝の差がそれほど大きくなければ、それは同一のものである。それぞれの枝の細かい部分が完全に同じである必要があると拘泥すると、それは自然の神秘的な創造ではなくなってしまう。あなた方は良心を育てるよう努力すればよい。良心が同じであれば、それぞれにわずかな違いがあっても問題はない。あなた方が努力しないなら、竹の芽さえ育てることができないのに、どこで枝のことを話し合うことができるだろうか？」

これは老子の『道徳経』の「大象を扱えば、天下が動く」という言葉に通じるものです。したがって、真理は行動の中にあるのです。すべての体験は、自分自身で豊かな智慧を得るために必要なものです。

第3章　六壬神課金口訣起課の方法

「古代の道を知る人は、陰陽の法則や占術に長けていた」
『黄帝内経・素問・上古天真論』

「いかなる計画にも道がある。必ずその原因を知り、状況を把握しなければならない。状況を理解できれば、『三儀』（天・地・人）を確立できる」
『鬼谷子・謀篇』

第1節　起課方法

1. 課の構成について

占う時間の四柱を出し起課します。

課内論点

立課したらまず、四位の陰陽から用爻を定めます。そして四位の五行の相剋から旺相休囚死を見て、物事の吉凶を判断します。地分、将神、貴神、人元からあらゆることを知ることができます。

2. 起課の方法

手の指を使って起課します。古代の人々の衣服は袖が長かったため、熟練者は袖の中で指を隠して課を起こしていました。金口訣の秘伝となる手法を相手にわからないよう隠すためです。そのため、金口訣は「袖中金（しゅうちゅうきん）」とも呼ばれています。

＊＊年	＊＊月	＊＊日	＊＊時			
		人元	→	略して	干	
	神干	貴神	→	略して	神	
	将干	将神	→	略して	将	
		地分	→	略して	方	

六壬神課金口訣起課

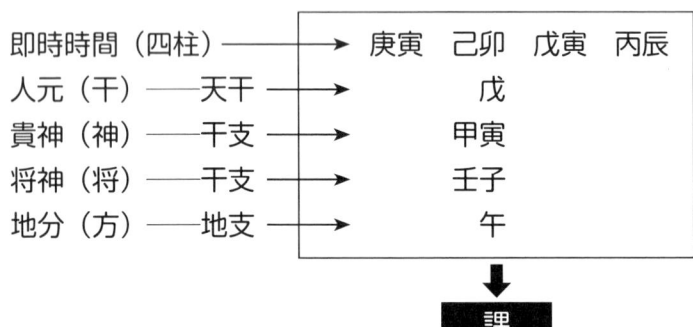

即時時間（四柱）	→	庚寅　己卯　戊寅　丙辰
人元（干）——天干	→	戊
貴神（神）——干支	→	甲寅
将神（将）——干支	→	壬子
地分（方）——地支	→	午

↓

課

まず、十二支を下図のように左手掌に割り振り、その位置を固定し、干支の方位や五行に対応させます。

左手の無名指（薬指）の根本を十二支の「子」として順に廻していきます。

無名とは『道徳経』の中にある、「道は無名であり言葉や名前で表すことはできず、実体のないものである」という道理に呼応しています。この方法は「掐指一算（親指で他の指の関節を押さえて数える）」として人々に知られています。

3. 起課八法

第一　敬虔深い心が必要です。
第二　起課を忌む日には注意が必要です。
第三　一番上に四柱を書きます。
第四　占う事を右上に簡潔に書きます。
第五　まず地分を決め、乾坤（発展方向）を確定します。
第六　月将を時支に加え地分まで尋ね、将神を得ます。
第七　貴神の順逆は戌辰を境に決めます。
第八　五子元遁法を使い、人元、神干、将干を決定します。

金口訣の起課はとても簡単です。四柱を並べる、忌む日時を確認する、問題を書く、地分を決める、将神を求める、貴神を決定する、三干を配する（人元、神干、将干）という手順で行います。

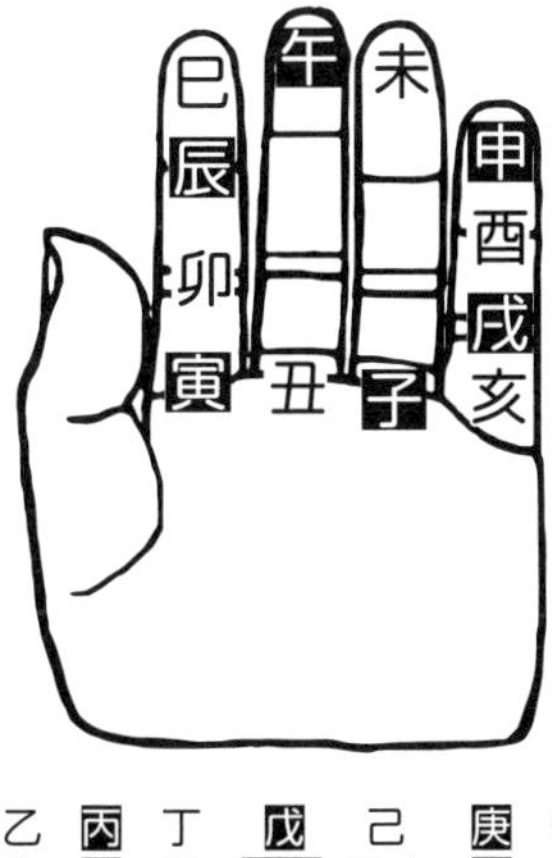

天干：	甲	乙	丙	丁	戊	己	庚	辛	壬	癸
納支：	寅	卯	午	巳	辰戌	丑未	申	酉	子	亥
五行：	東方木		南方火		四季土		西方金		北方水	

以下、詳細に説明していきます。

第1　敬虔深い心

起課する際に必要な最初の一歩

(1)　潔、浄、精、微

『礼記・経解』には「潔、浄、精、微は、易の教えなり」とあり、「易」の道はこの四つの文字から始まっています。事を行うのに清浄、静粛、精密、微細にすることができれば、その中には恩恵があるという意味です。こうすることによって智慧は確固たるものとなり、人生はより充実します。万物と一つになり、天地の守護神の力を得られるのです。

敬虔深い心、清らかな精神は、天と繫がるのに重要です。たとえば、水が汚れていたら物を洗うことはできません。したがって起課の度に私たちは心を清めるように自分を訓練する必要があります。これが難しいと、始めた時点で多くの混乱が生じます。自分が原因で正確さが低下し、学びの効果が減少してしまうのは、非常に残念なことです。

(2)　伝承力

歴史上、最も伝承力のある文字は、「経、訣、呪」の三種類です。心を込めて作られたものには伝承力があり、それは本であっても同様です。そのためできるだけ、正規の書籍を購入することが必要です。本物は内在的な位置エネルギーが異なるため、得られる満足感と安定性も大きく異なります。

その他にも敬意の心を常に持つことが重要です。そうしないと真の伝承力を得ることができません。唐代の薬物学者である孫思邈（そんしばく）は、人は「五畏（ごい）」を持つことで、心が清らかになると言いました。「五畏」とは道を畏（おそ）れること、天を畏れること、物を畏れること、人を畏れること、身を畏れることです。覚える価値のあることだと思います。

また、立課の際は手で盤を配することが重要です。それが学習者に伝承力を与えることになるため、軽視することはできません。そのためソフトやアプリを使っての起課は絶対にやめなければなりません。

これに対して、「ソフトを使ったほうがより速く、より正確ではないですか？　なぜいけないのですか？」と言うかもしれません。

以下の物語を通じて、私たちはその疑問を解決することができます。

子貢（紀元前５２０～４４６年）は楚から晋に帰る途中、漢陰（安康市）を通りかかり一人の老人が野菜畑にいるのを見かけました。老人は暗渠（通水路）を掘って、井戸から桶で水を汲んでは菜園にかけていました。老人は大変苦労しているようでしたので、「今は機械があります。一日に三千坪もの畑を灌漑できるし、人手も省けて効果も大きいのに、どうして使わないのか？」と子貢は尋ねました。老人は顔を上げて、「どんな方法があるのか？」と子貢に尋ねました。子貢は「木材を使って、後ろが重くて前が軽くなる仕掛けを作る。水を汲み上げるのは素早く、湯気があふれるほどである。この機械は桔槔（はねつるべ）と呼ばれている」と答えました。老人は、「聞いたことはあるが、必ずしも便利になることばかりではない。機械を使ったら機事（使ったがゆえの仕事）が生じる。そして機事にかかわっていると必ず心まで影響を受け、機心（謀をめぐらす心）が生まれる。心の中が機心だらけになると、純粋で自然な心が失われてしまう。純粋な心がなければ、心が不安定になる。心が不安定になると、『道』に合うことができなくなる。私は機械を使うことは知っているが、恥ずかしくて使うことができない」と落ち着いた表情で言いました。

子貢はそれを聞いて非常に恥じ入り動揺し、顔を上げられませんでした。しばらくして、「あなたは何をしている人なのか？」と老人が尋ねると、子貢は「私は孔子の弟子である」と答えました。老人はそれを聞いて、「学問においては優れた人たちであり、聖人に肩を並べようと自らを優れた存在と自慢し、名声を誇示する人々なのか？　あなたは先ほど身体も心も力が抜けて、神気をすっかり失っていた。自分の身体さえ調えられない人が、天下を治めようというのはどういうことなのか？　早くどこかへ行ってください。仕事の邪魔である」と言いました。

子貢は顔を赤らめてそそくさと去り三十里ほど歩いてようやく気を取り直しました。同行者が「さっきの人は誰だったのか？　なぜそんなに落ち込んでいるのか？」と尋ねると、子貢は答えました。「私は何事にも合理性や功績を求め、人手や物資を減らし、より多くの成果を上げることが聖人の道であると思っていた。しかし今回の事で『道』を実践する者は自然な道徳を備えているとわかった。完全な徳を持つ者は、完全な身体を持っている、完全な身体を持つ者は、自然に完全な心と精神を持っていることを、ようやく知った。心と精神が完全であることこそが、聖人の道である。彼らは民と共に生きながらも自分の行いを気にすることはなく、見かけは漠然としているが純粋で誠実であり、損得勘定がない。このような人は神の意志に反することはないし、自己の心に沿わないことをすることは決して行わない。たとえ世間が彼らを褒め称え豊かになっても、彼らは動じることはない。同様に世間が彼らを非難しすべてを失っても、彼らは無関心である。世間中の非難と称賛が何らかの影響を与えない、これが全徳を持った人なのである」

さらに、ある人が「では、私たちは何者でしょうか？」と尋ねたところ、子貢は、「私たちは風下の小草や波上の軽い浮草である。一生安定しないで揺れ動き、浮き沈みを繰り返し、すべて運命に従う。私が名前をつけるなら、それを〝風波の民〟としよう」と答えました。

魯国に戻った子貢は、このことを孔子に話すと、孔子は子貢に言いました。

「それは仮の姿である。彼らは古代の真人道術を修めた人である。外部の人々はそれを一つしか知らず、二つめを知らない。彼らは内に在る本性を保つことに注視し、外部のものに支配されることを避ける。彼らの内面は清らかで澄んでいて、無為自然である。神霊の本質を抱き、世俗の人々の中を自由に動き回る。だからあなたがそんなに驚いたのである。このような古代真人道術を、我々がどう理解できるだろうか？」

『荘子・天地』の篇に記されているこの老人が強調しているのは、巧みに物事を扱う者は必ず機心を重んじることであり、それはつまり人の心を盗むことを意味しているということです。心を盗まれることは、あなたを不安にさせ、正しい道から遠ざけ、自己を滅ぼすことになるでしょう。ですから元代の国師である中峰明本禅師が「うまく行かない人は、しばしば心を盗まれているだけである」と言ったのです。努力が実を結ばない場合、それは心がまだ欲にとらわれているためであり、道徳心が固まっておらず見識が浅いためです。その結果、自分自身を偽りで満たすことになります。

したがって起課の際はソフトやアプリに頼ることを避け、自分の手を動かし、純粋な心で完全なものを求めることが重要です。そうすればさらに天の助けを受けることができます。

⑶　善に従うこと流るるが如し

これは「善と善を出会わせると相乗効果が生まれる」という意味の言葉です（清代周安士『安士全書（文昌帝君陰騭文）広義節録』）。

『左伝』によると、季札（春秋時代の呉で活躍した政治家）は叔孫豹（魯の大臣）の言葉を引用して「善を行っても人を選ばないと良い結果を得られない。後に災難が起こるだろう」と述べています。また、北宋の儒学者である張載（儒学者）は、「高潔で立派な人々のためには、より深い洞察力や計画が必要であり、小さなことに執着する人々には、そういった努力をする必要はない」と述べました（『正蒙・太易十四』）。

したがって起課する前には、まず相手が人格者かどうかを判断する必要があります。そうでないと、不義な人々に血液を提供するようなもので、この世界に暗闇や不名誉を増やし、罪を共にすることになるからです。実際古代の伝説的な師たちが言うことや、行うことを実現できたのは、清廉な官吏、親孝行な子供、貞節な人々などの徳の高い人々だけでした。重要な点は、相手の徳が効果を発揮していることにあります。つまり、私たちが誰かを助けられるか、予言が実現するかどうかは、ただその人自身の持っている福気（天からの智慧）によるものであり、すべてその人の福気が許容する範囲内で成し遂げられます。

たとえば、官になることを考えてみましょう。その人の福気が許す限り宰相になることはできますが、皇帝にはなれないでしょう。このような明快な理論は、人々が多くの貪欲に取り憑かれているため、理解できる人は少ないのです。そのため私たちは福気を増やすために努力する必要があります。福に報いることがなければ、どんな幸運もやって来ません。

第2　起課を忌む日

ここでは、起課の前の避けるべき注意点を記します。

万物にはそれぞれに特性があり、完璧なものはありません。したがって、「避忌」という概念が生まれました。避忌の方法は、あらゆるところにあります。たとえば、薬の服用や食事、健康管理、環境の選択、設計、造園、植物の選択等です。避忌を知らずに行動すると、人々の健康に害を及ぼすことにもなります。

古来「医易同源」と言われており、医術からもその概念を窺い知ることができます。清代の名医王秉衡（おうへいこう）が著書『重慶堂随筆』に記したところによると、「順流丹は、痘症がひどい時の治療薬であり非常に効果的である。これを含む薬を合わせ与えれば数百人の救済に役立つ。ただし薬を混ぜ合わせる時は香を焚き、部屋を清め、吉祥な人が行う必要がある。鶏や犬、宦官（かんがん）、喪服を着た人、身体障害者、病人を避けて、慎重に行う必要がある」とあります。これ以外にも特定な物や人に対する製薬時の避忌が強調されています。

また同書には、「清明節には、柳の枝を屋根の下に挿す習慣があった。盧不遠はこれを治療に使った。大人や子供が白濁で尿閉になっている場合は、煎じて飲むか、外部を燻すことが効果的であった。ただし南に向かって使う必要がある」という記述もあり、方向にも避忌があることがわかります。

これらの避忌は数多くあります。

金口訣の起課の方法において、古人が強調した日にちと時間の避忌があります。

(1) 避日

①太歳天剋地冲の日は避ける。
たとえば庚子年なら、天干は庚なので天剋は甲、地支は子なので地冲は午です。そのため甲午日は天剋地冲の日となります。つまり庚子年に起課する場合、甲午日は避ける必要があります。

②月建天剋地冲の日は避ける。
たとえば丁亥月なら、天干は丁なので天剋は癸、地支は亥なので地冲は巳です。そのため癸巳日は月建丁亥の天剋地冲日となります。つまり丁亥月に起課する場合、癸巳日は避ける必要があります。

③「絶日」と「離日」は避ける。
二十四節気のうち、節入りの前日を「絶日」、節気の前日を「離日」と言います。

(2) 忌時

④月による忌む時刻
寅午戌月は卯時、亥卯未月は子時、申子辰月は酉時、巳酉丑月は午時。

⑤日による忌む時刻
甲乙日は酉時、丙丁日は子時、戊己日は卯時、庚辛日は午時、壬癸日は未時。

⑥五不遇時（ごふぐうじ）

歌訣
五不遇時には龍が精を失い、日と月の光明が欠ける。

甲日は庚午、乙日は辛巳、丙日は壬辰、丁日は癸卯、戊日は甲寅、己日は乙丑、庚日は丙子、辛日は丁酉、壬日は戊申、癸日は己未の時刻を避ける。

五不遇時を知ることは難しくありません。時干が日干を剋した場合には災いがあります。

時干が日干を剋せば、奇門遁甲を用いたとしても不利となります。避忌日時に間違って立ててしまうと、それを用いる人に予測不能の損害をもたらす可能性があります。学習者は避けることが望ましいです。この歌訣は三式にも通用します。初心者は特に注意をしてください。

古人が述べた日時は、式を用いる際の正確性が大きく変動することが多く、予測できない誤差もありますので、実践する際は慎重に行ってください。

第３　四柱を配置する

占う日時の四柱を書きます。

金口訣の起課には、その時の時刻を使用します。

万年暦を調べて、起課時の年月日時の干支を最上部に書きます。

２０２１年２月24日14時に起課する場合、四柱は上記のとおりです。

年	辛丑
月	庚寅
日	癸卯
時	己未

第４　占うことを右上に書きこむ

占うべき問題を簡単かつ具体的に書きます。例は省略します。

第５　地分を決め乾坤（発展方向、規律）を確定する

起課で最も重要なのは、地分を決めることです。決定したら最下部に書きます。

地分は柔軟に決めます。一滴の水には三千大千世界（さんぜんだいせんせかい）（仏教において、一人の仏が教化する世界のことであり、

仏教の世界観における宇宙の単位）が含まれると言われています。

「物物一太極、人人一太極」（物も人も独自の運命がある）ということから、尋ねた質問は地支によって分類することができます。

ここで重要なのは「柔軟性のある心」です。特に以下の32文字の「格物の智慧の応用の核心」を厳守する必要があります。

同声相応　同気相求　事事相関　物物相応
近取諸身　遠取諸物　其大無外　其小無内

同じ響きを発するものは共鳴し、同じ気を求め合います。すべての物事の間に相関性があり相応しています。

解決の結果やきっかけを探すために、身近なものならその細かい特徴を観察し、遠く見えないものなら、近くの相関関係があるものを探し出し、観察し判断します。

その原理原則は、時間や場所を超えて存在し続けます。

これは格物の学問の核心原理です。

規則を知って守りつつも、それらには縛られないようにすると、より深い理解を得られるようになり、他者への理解が容易になります。

一般的な地分を取る方法は、数字から取る、方角から取る、位置から取る、本命から取る、色から取る、外応から取る、五行類象法等々があります。

覚えておいてほしいのは、一つの方法というものは存在しないということ。決まった方法は正しい方法ではなく、柔軟に変化することを理解することです。熟練することで技術が向上し、状況に応じて適切に対応していくことが最も重要です。

1．取数法

問われた事柄や問う人の名前、字数などの総画数を12で割った余りを取り、それを地分として立てます。割り切れる場合は12とします。具体的には、子を1、丑を2、寅を3、卯を4、辰を5、巳を6、午を7、未を8、申を9、酉を10、戌を11、亥を12とし、その余りを地分とします。また、相手が言った数字、本から見つけた数字、携帯番号、車のナンバープレートの番号などを用いることもできます。

2．指方定位法

問う人が任意に方位を指定するか、自由に物を回転させたときに静止した方位を、地分として立てます。

3．取方定位法

占いを行う人を中心にして、30度毎に12支の方位を順番に並べます。占いを行う人の後ろが「子」、前が「午」、左が「卯」、右が「酉」となります。そして、地分を取ります。質問をする人と占いを行う人との相対的な位置によって、地分を取ります。たとえば、質問をする人が前にいる場合は「午」、やや左にいる場合は「巳」、やや右にいる場合は「未」が地分となります。

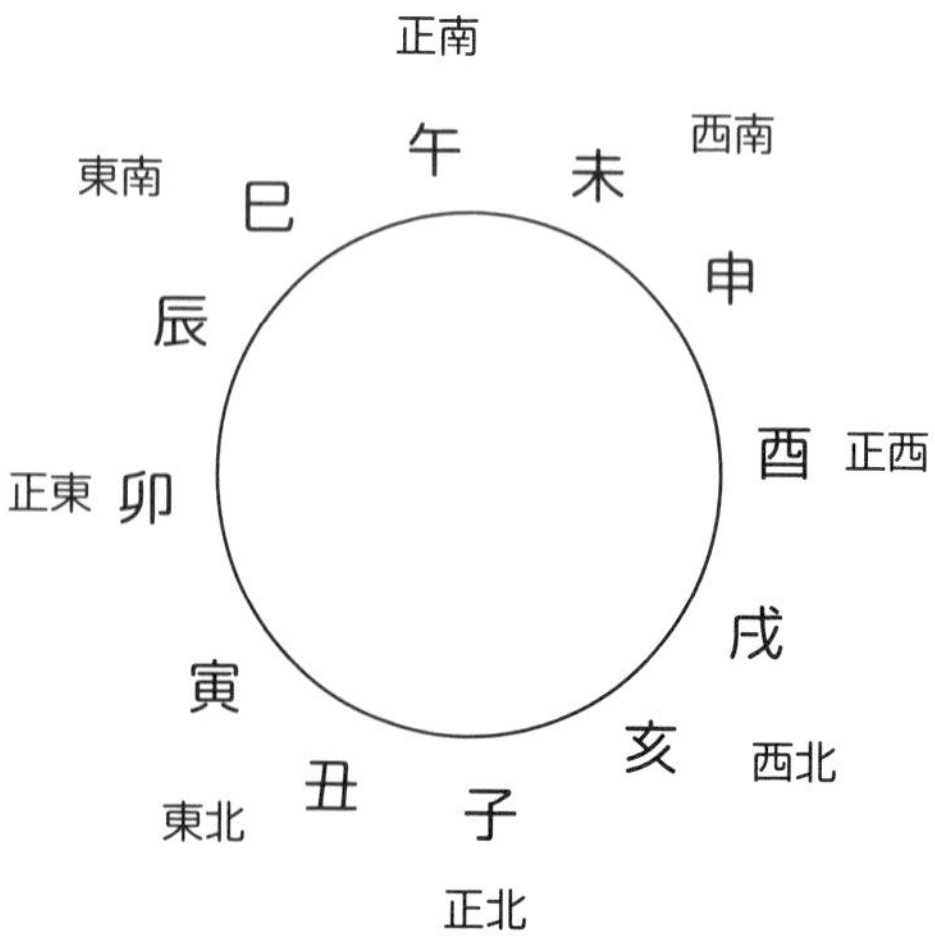

4. 本命法

質問をする人の生年を地分とします。具体的には、鼠年生まれの人は「子」、牛年生まれは「丑」、虎年生まれは「寅」、兎年生まれは「卯」、龍年生まれは「辰」、蛇年生まれは「巳」、馬年生まれは「午」、羊年生まれは「未」、猿年生まれは「申」、鶏年生まれは「酉」、犬年生まれは「戌」、猪年生まれは「亥」が地分となります。方位に関係なく、質問をする人の属相だけで地分を決める方法です。

5. 外応法

外応法は、形式に囚われない柔軟な占いの方法であり、金口訣ではよく使われています。金口訣において、地分を決定することは神意と形式が一致する最も重要な部分であり、占いをする人はその理論を深く理解し、技術を磨き深めることで、より高い神通を得ることができます。

来意を知るためには、自分が座っている方向を基準に地分を決定します。富貴を占う場合は、その人の生年を基に判断することができます。成功や失敗についての問いなら、その人が自由に文字を書いたり数字を言ったりすることで、その内容を知ることができます。旅行についてなら、車のナンバープレート、質問の時間、服の色、行先の方位、家の番地などを基に柔軟に判断します。

筆者は「隔山打牛法」という方法をよく使います。まず当事者となる人が知らない人を指します。指示された人はまた、別の知らない人を指し、三番目の人が数を言うことで地分を決定します。その地分は当事者とは何の関係もないのに、どうして当事者の内面と事情を当てられるのかというと、これは拙著『運命をひらく智慧の言葉』（太玄社）で述べた「習うより慣れよ、巧妙から絶妙に、絶妙から智慧が生まれ、智慧から玄妙さが生まれる」という修練によるものです。

6．五行類象法

目、耳、鼻、舌、身体、心の感覚、色、音、香り、味、感触を用いて地分を取る方法です。

「目」は、見たものによって地分を取ることです。方向、形状、色、数字、動きを見ます。同じ体液でも、涙（木、震卦は感動）、汗（火、熱くなると汗をかく）、涎（土）、鼻水（金、体液中で最も収斂性が強い）、唾液（水）などのように五行に分けられます。

「耳」は、聞こえたことによって地分を取ることです。方向、動き、叫び声（木）、笑い声（火）、長い歌（土）、泣き声（金）、うめき声（水）などです。

「鼻」とは、嗅ぐことによって地分を取ることです。

「舌」とは、味わうことによって地分を取ることです。

「身」とは、身体で表現されることによって地分を取ることです。方向、形状、動き、顔色などが含まれます。

「意」とは、感じた心の状態によって地分を取ることです。温かい、熱い、寒い、冷たい、孤独、情熱、麻痺、喜び、やる気、鬱などが含まれます。

「色」とは、見る色によって地分を取ることです。青、赤、黄色、白、黒、

五行に対応するもの

五行	木	火	土	金	水
五数	八	七	五	九	六
五方	東	南	中	西	北
五季	春	夏	季月	秋	冬
五気	風	暑	湿	燥	寒
五色	青	赤	黄	白	黒
五音	角	徴	宮	商	羽
五味	酸	苦	甘	辛	鹹
五臭	臊	焦	香	腥	腐
五谷	麦	黍	稷	稲	豆
五畜	鶏	羊	牛	馬	豚
五臓	肝	心	脾	肺	腎
五腑	胆	小腸	胃	大腸	膀胱
五神	魂	神	意	魄	志
五液	涙	汗	涎	涕	唾
五体	筋	脈	肉	皮	骨
五兪	首	胸脇	脊	肩背	腰股
五声	呼	笑	歌	泣	呻
五志	怒	喜	思	悲	恐
五毒	怒	恨	怨	悩	煩

多くの色、色と形などが含まれます。

「声」は、前述の「耳」と同じです。「香」は、前述の「鼻」と同じです。「味」は、前述の「舌」と同じです。「触」は、前述の「意」と同じです。

決まりはなく、状況に応じて柔軟に対応して地分を取ります。

以上に挙げた五行に対応する地支の取り方は、現在の位置エネルギーの大きさに基づいて、どれに対応するかを決定します。たとえば、泣くことは木に対応しますが、激しく泣く場合は大きなエネルギーを持っているため、陽木に対応し、寅木を取ります。泣き方が軽い場合、エネルギーが小さいため、卯木に対応します。その他も同様です。

起課は規則を守りつつ、大きなものを取る、動くものを取る、奇妙と感じるものを取るという格局を取る方法（拙著『解密中国智慧』に詳細に記載）に基づき、柔軟に使い、状況に応じて決定します。

たとえば、急に良い香りが漂ってきたら、その香りに基づいて関連する人や事柄を占うことができます。

第６　月将を時支に加え地分まで尋ねて将神を得る

１．将神を起こす

まず「月将」とは何でしょうか？　将神を得るためには、まず当月の月将を知る必要があります。月将とは月建（月支）と六合する支（詳細は「六合の地支関係」を参照）のことです。たとえば、正月の月建は寅です。寅の六合は亥なので正月の月将は亥です。

月将は月建の六合であり一陽と一陰は引き合います。上に示すとおり寅月の月将は亥で、同じように亥月の月将は寅です。

六合の地支

午＋	――――	未−
巳−	――――	申＋
辰＋	――――	酉−
卯−	――――	戌＋
寅＋	――――	亥−
丑−	――――	子＋

『六壬神課金口訣』において、月将は節気を境に変更します。

隋代の蕭吉が著した『五行大義・第五・第二十論諸神』における「将神」についての解釈は以下のとおりです。

神后は子で水神、大吉は丑で土神、功曹は寅で木神、太冲は卯で木神、天罡は辰で土神、太乙（または太一）は巳で火神、勝光は午で火神、小吉は未で土神、伝送は申で金神、従魁は酉で金神、河魁は戌で土神、登明は亥で水神です。

子は神后、すなわち黄鐘君道（古代音楽の天道）であり、そのため「后」と呼ばれます。これは陽の始まりであり、陽が内部で動き始め形を成していないため、「神」とも呼ばれます。

丑は大吉、万物は丑に至り芽生えます。陽が生まれることによって、大きな吉兆が現れるため大吉となります。

寅は功曹、万物は寅に至りその功績が見られます。曹は多くのものを意味し、多くのものの功績が寅に見られるため功曹と呼ばれます。

卯は太冲、万物は卯に至り心が躍動します。蕾が膨らむように、気が満ち溢れる様子を表現して太冲と呼ばれます。

辰は天罡、北斗七星の柄に位置し、その神は剛健です。

巳は太乙、純乾の力が働く場所であり、天徳が存在するため太乙と呼ばれます。

午は勝光、陽気が大きな勢いを持ち、陰気が時に動きますが、陽が先に存在することによって勝利するため、勝光と呼ばれます。

未は小吉、万物は完全に熟成し、小さな吉兆が現れるため、小吉と呼ばれます。

月建、月将表

旧暦	新暦	月建	月将
正月	(二月)	寅	亥　登明
二月	(三月)	卯	戌　河魁
三月	(四月)	辰	酉　従魁
四月	(五月)	巳	申　伝送
五月	(六月)	午	未　小吉
六月	(七月)	未	午　勝光
七月	(八月)	申	巳　太乙
八月	(九月)	酉	辰　天罡
九月	(十月)	戌	卯　太冲
十月	(十一月)	亥	寅　功曹
十一月	(十二月)	子	丑　大吉
十二月	(一月)	丑	子　神后

申は伝送、それを伝え、冬に蓄積するように送ることを意味します。

酉は従魁、斗の中で二番目に輝く星です。

戌は河魁、河の先端に位置し、斗の魁の先端にもあたります。

亥は登明、水の中で輝き外部には見えません。微妙な陽気があるため、子の方向に明るくなります。

神后子は女性、大吉丑は農業、功曹寅は国の移動、太冲卯は役人、天罡辰は殺戮、太乙巳は財宝、勝光午は祭祀、小吉未は結婚式、伝送申は捕獲、従魁酉は死や喪、河魁戌は病気、登明亥は召喚に関する神です。

2．将神を取る口訣は月将を時支に加え地分まで数える

月将を時支に加え地分まで数えます。すなわち月建（月柱）の六合の十二支が月将で、月将を時支に加えて地分の位置まで十二支順に数え、そこにある地支が将神です。

たとえば、戊戌年、戊午月、庚午日、甲申時に起課し、午が地分の場合、午月の月将未を時間申に加え、地分午まで数えると巳になります。巳が将神となるので地分の上に書き込みます（下図を参照）。

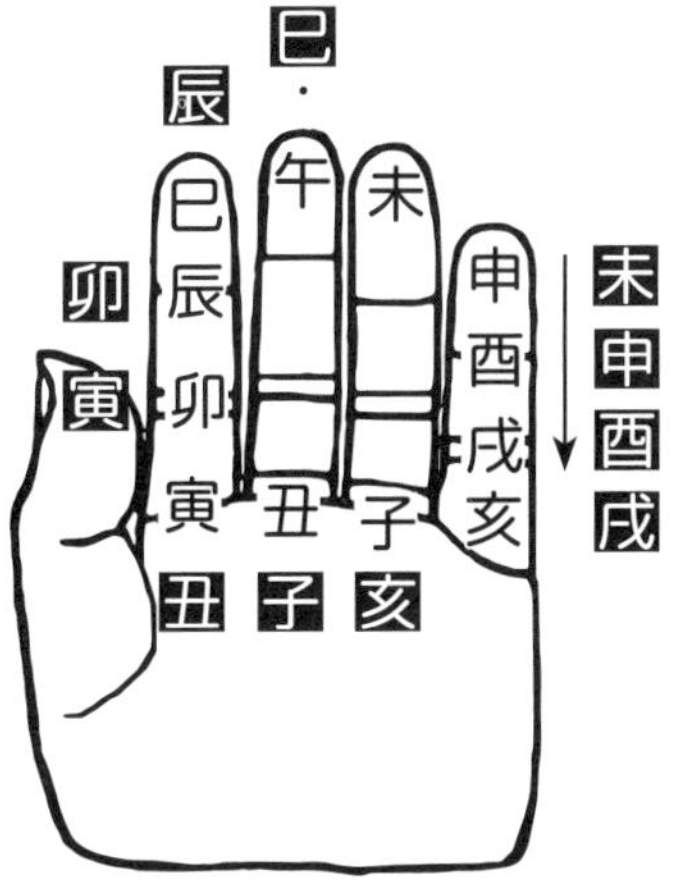

戊戌年　戊午月　庚午日　甲申時

将神：　巳
地分：　午

内側の文字は十二支の固定位置であり、外側の文字は回転する十二支を示している。

第７　貴神の順逆は戌辰を境に決める

ここでは貴神を求めるための手順を説明します。まず、貴神を求める際には日干が基準となります。そして、起課時に太陽が見えるかどうかによって、陰貴か陽貴のどちらを使うかを決定します。太陽が見える場合は陽貴を、見えない場合は陰貴を使います。次に、「辰戌線より上は逆行し、辰戌線より下は順行する」という陰陽の規則に従い、対応する歌訣に貴神を当てはめます。地分に対応する地支まで数え、求める貴神の地支を得ます。

貴神は12個あり、天乙貴人（丑土）、騰蛇（巳火）、朱雀（午火）、六合（卯木）、勾陳（辰土）、青龍（寅木）天空（戌土）、白虎（申金）、太常（未土）、玄武（子水）、太陰（酉金）、天后（亥水）の順番です。簡単な口訣は「貴、騰、朱、六、勾、青、空、白、常、玄、陰、后」です。

使用の際には、この覚え方と次の貴神の歌訣を参照してください。

貴神歌

甲戊庚牛羊、乙己鼠猿郷、

甲戊庚の日は、陽貴は丑から順、陰貴は未から逆

乙己の日は、陽貴は子から順、陰貴は申から逆

丙丁猪鶏位、壬癸蛇兎蔵、

丙丁の日は、陽貴は亥から順、陰貴は酉から逆

壬癸の日は、陽貴は巳から逆、陰貴は卯から順

六辛逢午虎、陽順陰逆行。

辛の日は、陽貴は午から逆、陰貴は寅から順

辰戌線

十二支に対応する指の位置を見て、辰戌線より上が逆行、辰戌線より下が順行することを指します。

また、貴神の順逆については、壬、癸、辛の日に起課する場合、貴神は、昼間は逆行し、夜間に順行します。

それ以外の日は、昼間に順行し、夜間に逆行します。

昼と夜の区別については、日出と日没を境にしていています。天気が曇りや雨の場合は夜貴を使用します。

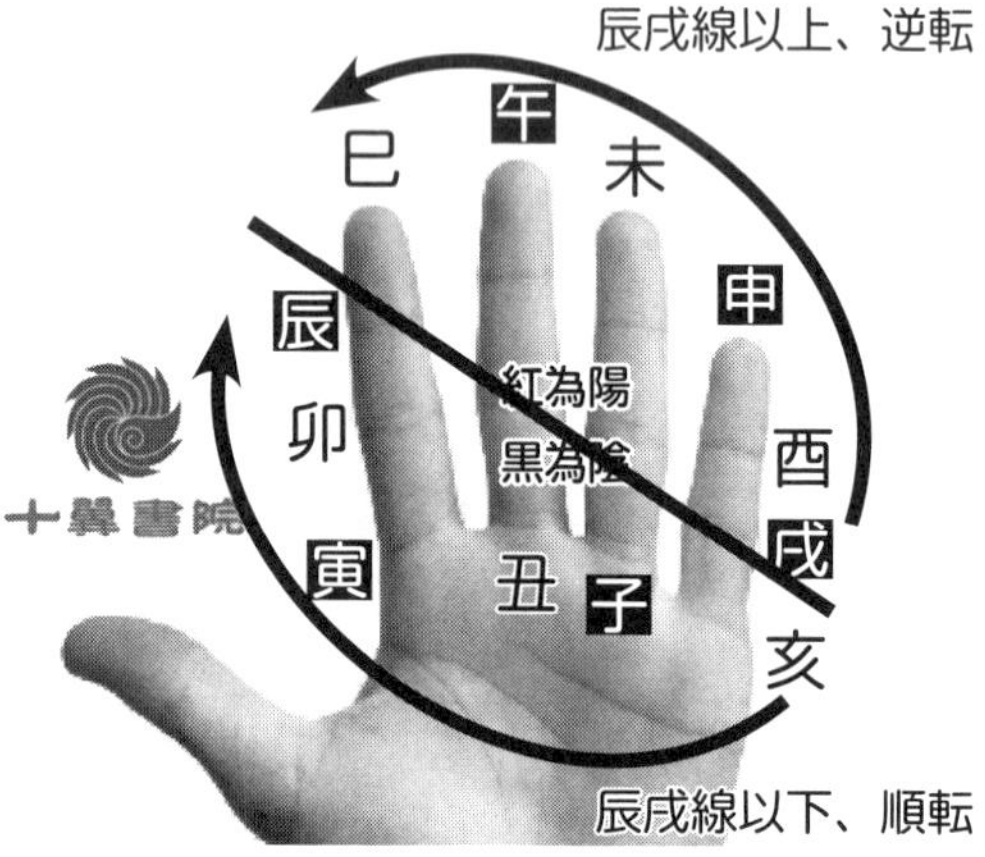

貴神の例を挙げます。

もし丙子日の夜に起課する場合、対応する貴神の歌訣は「丙丁猪鶏位」です。夜は夜貴を取り、対応する地支酉は辰戌線の上なので逆行します。酉から始め「貴、螣、朱、六、勾、青、空、白、常、玄、陰、后」と地分戌まで逆に数えます。したがって「后」（対応する地支は亥）が貴神になります（注：どの地支から始めても、貴神の歌訣の順序は変わらず、「貴」「螣」……と順番に数える）。

前の例に引き続き、戊戌年、戊午月、庚午日、甲申時に起課し、地分は午であるとします。日干が庚であるため、「甲戊庚牛羊」の歌訣に従って、晴天の場合は丑から順に起こします。貴神の順序（貴、螣、朱、六……）に従って地分午まで順番に数えると、青龍寅木となり、これが求める貴神の地支になります。これを将神の地支の上に書きます。

もし曇りの日であれば、未から逆行し、貴神の歌訣の順序（貴、螣……）に従って、地分午まで数えると螣蛇巳火なので、貴神は巳となります。これを将神の上部に書き込んでください（下図を参照）。

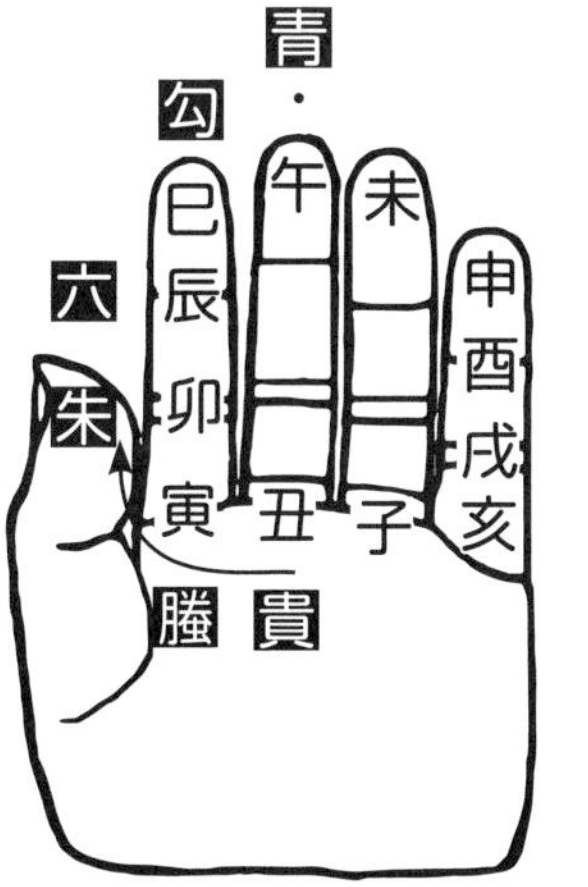

順起貴神、甲戊庚牛羊

戊戌年　戊午月　庚午日　甲申時

貴神：　寅
将神：　巳
地分：　午

貴螣朱六勾青空白常玄陰后
丑巳午卯辰寅戌申未子酉亥

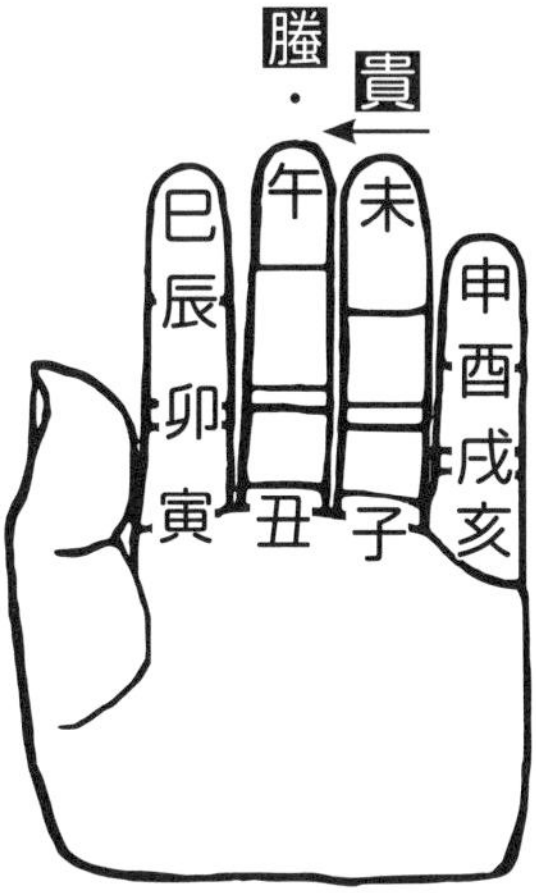

逆起貴神、甲戊庚牛羊

戊戌年　戊午月　庚午日　甲申時

貴神：　巳
将神：　巳
地分：　午

貴螣朱六勾青空白常玄陰后
丑巳午卯辰寅戌申未子酉亥

貴神の位置エネルギーについて、隋代の蕭吉は『五行大義・第五・第二十論諸神』の中で、「貴人丑は天徳、螣蛇巳は驚きと恐怖、朱雀午は文書、六合卯は慶事、勾陳辰は拘束、青龍寅は福、天空戌は虚耗、白虎申は争い、太常未は賞を賜る、玄武子は死や病気、太陰酉は隠し事、天后亥は神后、天乙は貴人の后である」と述べています。

また、金口訣の貴神と大六壬の貴神の違いは、六壬では玄武を亥、天后を子としているのに対し、金口訣では玄武が子、天后が亥とされている点です。

第8　五子元遁法で三干を定める

人元を配します。

人元は日干を基に五子元遁法（日上起時法とも言う）により求めることができます。

五子元遁口訣

甲己還加甲、乙庚丙作初、丙辛従戊起、丁壬庚子居、戊癸何方発？壬子是真途。

（甲己は甲から、乙庚は丙から、丙辛は戊から、丁壬は庚から、戊癸は壬子から起こします）

日干に子を加えて天干を定めます。日柱天干を基準とし、五子元遁歌に従って対応する日干を見つけます。日干にかかわらず、すべて「子」を起点とし、歌訣に従って「子」から順に天干を数え、地分に到達したところで対応する天干が人元（略して「干」）となります。

また、この方法に従って、将神と貴神の地支を用いて天干を出すと、それぞれ将干と神干になります。これで、完全な課が起こせます。

【例】戊戌年 戊午月 庚午日 甲申時

人元：	？
貴神：	寅
将神：	巳
地分：	午

　この課の日柱は「庚午」です。「五子元遁歌」から「乙庚丙作初」により「丙」を「子」に加え、天干を順番に数えます。丙、丁、戊、己、庚、辛、壬、この順序で数えると、地分の地支「午」に対応する天干は「壬」です。これが人元です。「壬」を人元の位置に書き込みます。

図で示します。

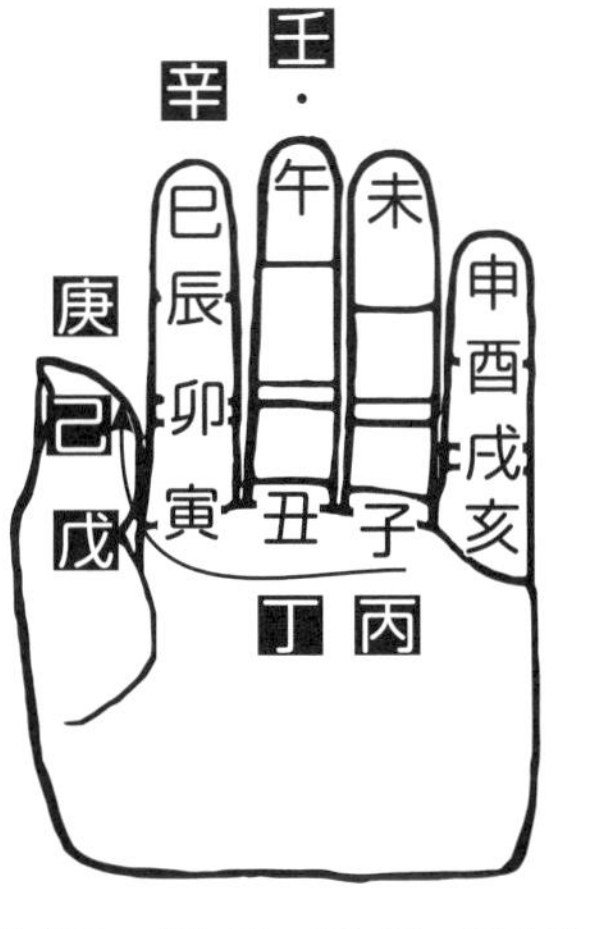

戊戌年　戊午月　庚午日　甲申時

人元：　壬
貴神：　寅
将神：　巳
地分：　午

　五子元遁法によって求めた人元を基に将神、貴神の十二支の前に天干を配するという手順を踏んでいきます。

　上記の手順に従い、得られた完全な「課」は上のとおりです。

年	月	日	時
戊戌	戊午	庚午	甲申
人元	壬	水	
貴神	戊寅	木	
将神	辛巳	火	用爻
地分	午	火	

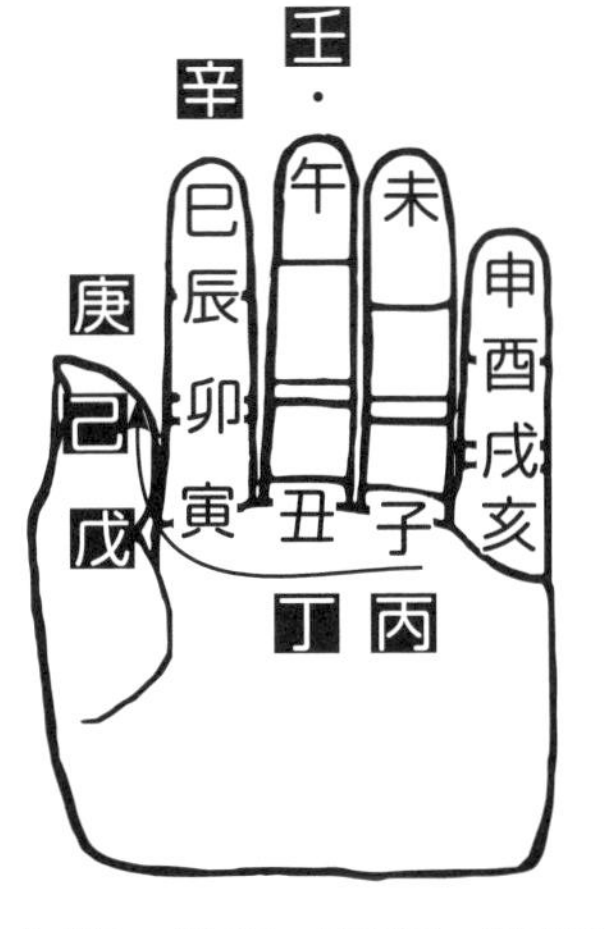

戊戌年　戊午月　庚午日　甲申時

人元：　壬
貴神：　戊寅
将神：　辛巳
地分：　午

4. 起課の例

たとえば、2019年12月5日21時30分、晴天に起課したとします。本のページから、143という地分が得られました。12で割った余りは11です。これにより地支は「戌」となります。入門の起課手順は次のとおりです。

①起課時の四柱を記入します。

己亥年　乙亥月　丙子日　己亥時

②今日は、避忌はありません。

③問題を書き込みます。

問「今日学んだことはどうでしたか？」

④地分（方）　１４３　戌

⑤将神（将）　己丑

⑥貴神（神）　己亥

⑦人元（干）　戊

完成した課は次のようになります（注：天干の前には明堂があり、広くて清潔である必要があるため、なるべく何も書かないようにしてください）。

年	月	日	時
己亥	亥月	丙子	己亥
	戊	土旺	
	己亥	水死	
	己丑	土旺	
	戌	土旺	

起課のコツは大きいものを取る、奇妙に感じるものを取る、動くものを取ることです。

まずはリラックスすることを学ぶ必要があります。これにより、瞬時に自分自身をクリアにし、大自然の位置エネルギーの方向を感じることができます。

『孟子』には「四十不動心」とあります。明代の儒学者・王陽明（１４７２～１５２９年）は、「孟子の教えは、自分の内面を充実させ、満たし、自らが自由自在に動き回り、生き生きとしている、これこそが浩然とした気概である」と述べています。王陽明は、後に「心は動かさず、自然のままに動く」という洞察を示しました。

この洞察の応用は、物事の智慧の原則である格物に基づいています。すなわち、『易経』が述べる32文字の秘訣「同声相応　同気相求　事事相関　物物相応　近取諸身　遠取諸物　其大無外　其小無内」に基づいています。

では、どうやって課を解読するためのレベルを上げていけば良いのでしょうか?

王陽明は、「人々は経験や困難を通じて成長し、内面の安定と均衡を保ちながら、外部の変化や動きにも適応できるようになる」と述べています。レベルを上げるためには、自分自身で努力しなければなりません。基礎を熟知し、毎日日課を立てることが重要です。課を立てる時は心を静かにし、雑念がないようにしましょう。誠実さと静けさの程度が、学習の質を保証する要因となります。なぜなら、どんな学びも真実であり、偽りのない実践的な経験がなければ、正道から外れたものになるからです。

「長寿を得ることは容易ではなく、それについて聞くことも容易ではない。道を聞くことは難しいが、それに反しないことを聞くことも難しく、行うことも難しい。しかし、それを続けることがもっとも難しい」（東晋『抱朴子』）

学ぶ人は、道を悟ることができないのではないかと心配する必要はありません。その代わり、努力が継続できるかどうかを気にかけるべきです。常に精進し、変わらず努力を怠らないことが重要です。

理解を深めるために、ここに古文を記します。読者が智慧を開くことができることを祈ります。

清代紀暁嵐の『閲微草堂筆記・巻十二・槐西雑誌二号』に、許文木が康熙朝末期に、李鷺汀という古物商がいたということを語っています。李鷺汀は六壬の占いに優れており、毎朝自分自身の占いを行っていましたが、他人のために占いを行うことは決してありませんでした。彼は、未来を漏らすことが神々の憎しみを引き起こすと信じていたからです。

ある人が、「あなたと北宋の五子である邵雍（諡号は康節）では、どちらが占いは上手ですか?」と、尋ねました。すると李鷺汀は「自分は邵雍と比べて6、7割しかできない」と答えました。そして、「ある日、仙人が竹杖を持って現れ、酒を飲み、詩を書いて去って行くだろうと占ったことがある」と語り出しました。そのため、李鷺汀はその日早めに香を焚いて待っていました。すると唐代の呂洞賓（中国の民間伝承の八仙の一人である道教の仙人）の竹でできた像を売りに来た商人が来ました。呂洞賓の像は、酒入れのヒョウタンに寄り掛かっており、さらにそこには呂洞賓の書いた有名な『朝遊北海』という詩が刻まれていました。李鷺汀は言いました。
「邵雍はこんなミスを犯さないだろう？」

李鷺汀は50歳を過ぎて子供がいませんでしたが、妾が1人いました。ある日、許文木の父親が彼を訪ねたところ、彼の妾が泣きながら「これは何事ですか、冗談にできることではない。私を試すつもりなのか？」と言っているのが聞こえました。また、「これは本当のことで、冗談ではない」と李鷺汀が必死に弁明している声も聞こえました。許文木の父親が騒動の理由を尋ねると、李鷺汀はこう言いました。「奇妙なことではあるが、今日課を立てたら、彼女に関係のある2人の骨董品の買い手が来ると出た。1人は彼女の最初の夫で、ただ一晩の関係である。もう1人は彼女の後の夫で、半年以内に彼女と結婚する予定である。私も含めて3人の夫が、すべて同じ場所で生まれている。私は彼女に課の結果を話したところ、急に怒り、泣き出してしまった。しかし、運命は決まっているので変えられない。私はこのことで泣くことはないが、彼女は泣き止まない。私は気にも留めずに話したが、彼女はとても気にしていた。本当に愚かな女である」と言いました。

半年後、李鷺汀が亡くなりました。彼の妾は翰林の家に売られ、正妻が妬んで受け入れることができなかったため、一夜だけ過ごした後に追い出されました。その後中書舎人（古代の官職）の家に売られ、ようやく定住することができました。この2人こそ李鷺汀の家に古美術品を買いに来た人たちでした。

このように信じられないくらい奇妙な壬課（李鷺汀が占った結果）は、人々を驚嘆させました。

李鷺汀が占いの技術を高めることができたのは、彼が「毎日自分自身だけ占うが、他人の卜占はしない」という精神的修養に基づいています。この「自己を知る」修練がなければ、「他人を知る」という智慧は得られず、「彼を知り己を知れば百戦殆うからず」という兵法の境地にも到達できなかったでしょう。

北宋五子の一人である邵雍は、『極論』で素晴らしい詩を書いています。
下に黄泉があり、上に天がある。人は皆百年ほど住むことができる。
しかし死を何度も経験するたびに、皆まるで生まれたことがなかったかのように感じる。
真珠を知りたければ大海を渡り、良玉を求めるなら名山に登らねばならない。
自分自身を理解してこそ、世の中のことを語ることができるようになる。

自分の事が先決であり、それができてはじめて他人の事を行うことができます。それによって、日々の事柄の重要性がより明確になることがわかります。そのためにも日課は非常に重要です。

第2節　次客法

歴代の先師は伝えています。金口訣は法則に従って作られ、あらゆる疑問を解消し、同じ時間帯に複数の相談者がある場合でも、すべてに通じる神秘的な占いです。

もし同じ時刻で皆同じ地分だとしたらどうやって占うのでしょうか?

古代の人々はそのための方法をすでに持っていました。次客法(じきゃくほう)、移神法(いしんほう)、換将法(かんしょうほう)、換日辰法(かんにっしんほう)、用爻支合法、用爻干合法などです。

これらには深い奥義がありますが、全体を一括りにして理解しようとすると、曖昧になったり矛盾したりすることがあります。ゆえに注意深く、疑いの余地がないように慎重に選ぶ必要があります。

1. 移神法

移神法とは、月将を換えずに貴神を換える方法です。貴神は十二貴神を順番に取ります。人元は両遁の法によって得ます。一時間に同じ地分で十二課を立てることが可能です。十三課目はまた最初に戻します。

たとえば、十月寅将、壬子日、戊申時、地分辰で十二課を立てたとします。最初の課の貴神は螣蛇巳です。次の課は朱雀午です。その次は六合卯と転換します。課の立て方は十二貴神の歌訣を覚えるだけで十分です。人元は五子元遁法により辰を見たら戊、辰を見たら丙、他も同じように得ます。

2. 換将法

換将法は、貴神を換えず将神を換えます。陽将は十二支を三つ戻し五つ進める、陰将は三つ進めて五つ戻します。貴神は変えずに人元を上に置き、本位まで数えます。

換将法を使う場合、子、寅、辰、午、申、戌は六つの陽将です。次の客に会ったら、陽将なら三つ戻し五つ進めるので、寅月将に立課した場合、三つ戻した月将亥を使用し、次は五つ進んだ月将辰で課を立てます。また丑、卯、巳、未、酉、亥の六つの陰将なら、三つ進めて五つ戻すので、巳月将に立課した場合三つ進めた月将申を使用し、次は五つ戻した月将卯で課を立てます。将神を変更して貴神は変更しません。人元は人元両遁により得ます。

たとえば、十二月子将、甲子日、申時に地分辰を得て立課した場合、もし再び辰の位

某年 亥月 壬子日 戊申時

人元	甲	戊	丙	壬	甲	戊	丙	壬	甲	戊	丙	壬	甲
貴神	螣	朱	六	勾	青	空	白	常	玄	陰	后	貴	螣
将神	戌	戌	戌	戌	戌	戌	戌	戌	戌	戌	戌	戌	戌
地分	辰	辰	辰	辰	辰	辰	辰	辰	辰	辰	辰	辰	辰
	(1)	(2)	(3)	(4)	(5)	(6)	(7)	(8)	(9)	(10)	(11)	(12)	(13)

置に座って課を問うなら、子は陽将であるため、三つ戻した酉将を使って立課します。酉将を申時に加え、辰まで数えると太乙巳火が得られます。人元は五子元遁法により、辰まで数えると丙になります。問う人が再び辰に座ったら、五つ進めるので寅将とし、寅将を申時に加えて辰まで数えると河魁戌将となります。人元は五子元遁法により辰まで数えると壬になります。もう一度地分が辰の場合、三つ戻して亥将を取り、月将に時支を加えて……このように、繰り返し12の課が立てられ、13回目は最初と同じ課に戻ります。

同じ法則で陰将は三つ進めて五つ戻します。同じ時間同じ地分で12の課を立てられ、13回目以降は繰り返しとなります。

同じ時間同じ地分で、重複しない12の課を立てることができ、十二の方位で１４４、１日12時間で考えると、１５２８課が立てられます。５日間の干支60時間で、７６４０の課が重複せずに得られるのです。このように、１日で１５２８の問題を解決するための課を立てられますので、正確かつ詳細に見ることができます。また、格局や神殺を組み合わせることで、どのような問題でも判断できます（注：次客法には「換日辰法」と「用爻支合法」等があるが、ここでは省略する）。

３．月将を日に加えて地分まで尋ねる

この方法では、月将を日に加え、地分まで尋ね将神を見つけます。貴神や将神、人元は換えません。

某年　丑月　甲子日　壬申時

人元	戊	丙	壬	甲	戊	丙	壬	甲	戊	丙	壬	甲	戊
貴神	六	六	六	六	六	六	六	六	六	六	六	六	六
将神	申	巳	戌	未	子	酉	寅	亥	辰	丑	午	卯	申
地分	辰	辰	辰	辰	辰	辰	辰	辰	辰	辰	辰	辰	辰
	(1)	(2)	(3)	(4)	(5)	(6)	(7)	(8)	(9)	(10)	(11)	(12)	(13)

【例】丁酉年　甲辰月　戊寅日　庚申時

人元	戊
貴神	甲寅
将神	癸丑
地分	午

将酉は日支寅の上にあります

この方法は、当日の天気や旅行、日常の吉凶を占うためによく使われます。

第4章　課の判断の手順や方法

到達すると、常人が知らない世界を見ることができます。

心を集中させると、高い山の頂上に座っているような気分になります。

金口訣は玄妙で、疑問を解決できます。

基礎は奥深く、未来を予測することができます。

地分を取り人元、貴神、将神で課を成し、神殺を見て鬼神の妙により吉凶を判断します。


「解課」とは課の関係を解析し、基礎を築くことを指します。

古語には「基礎がしっかりしていなければ、地が揺れ、山が動いてしまう」というのがあります。初心者は毎日課を立て、判断の練習を30〜50回行うことが重要です。それから初めて次の段階に進むことができます。

課を判断する六つの方法

第一　課の中から必要な要素を見つける
第二　旺相、空亡を把握する
第三　五行関係の大局をつかむ
第四　三動五動を見つける
第五　まず吉神を見て後に凶殺を見つける
第六　干支関係を詳細に見て分析する

第１節　用爻を取る

どのような課でも、まず用爻を取る必要があります。これは解析への入り口ですが、必ずしも核心であるとは限りません。これは解析のきっかけであり、法則を探究するためには、それに従って進む必要があります。

課の用爻が陰陽どちらであっても、冲、刑、剋、破を受けたり、用爻が空亡になったりすることは良くありません。その事柄は虚偽であったり、吉凶は不安定で変動しやすく、人を訪ねても会えるはずの人に会えなかったりと状況が変わるからです。

１．用爻の取り方

⑴　課に三つの陰爻と一つの陽爻がある場合、陽爻を用爻とします。速やかに行動することが望ましいです。事は男性に関係があります。

⑵　課に三つの陽爻と一つの陰爻がある場合、陰爻を用爻とします。動かないことが好ましいです。多くの災難や病気が続きます。事は女性に関係しています。

⑶　課に二つの陰爻と二つの陽爻がある場合、将神を用爻とします。将神の陰陽に従って、陰は女性、陽は男性に関することです。成敗や吉凶については、用爻の旺相休囚死に基づいて判断します。

⑷　課のすべてが陰の場合、将神を用爻とします。「物事は極まると必ず反する」の理論から、陽と取ることができます。望むことは先に凶事が起こり、後で吉事が訪れます。先に女性で、後から男性に関することへ変化します。静かにしていることが吉で動くと凶です。家にいるのが吉で外出は凶です。内部と合いますが

外部とは合いません。主は吉で客は凶です。内部は明るく、外部は暗いので遠出は不利です。男性が純陰を見るとその人は弱く、女性のような相をしているか、女性的な性格です。

(5) 課のすべてが陽の場合は貴神を用爻とします。「物事は極まると必ず反する」の理論から、外側は強く、内側は弱いです。客は吉で主は凶です。外部と合い、内部と合いません。求人、求職、求めることは外部ではスムーズに行われますが、内部ではうまくいきません。女性が純陽である場合、結婚運に凶で、男性のような相をしているか男性的な性格です。

【例】庚寅年　己卯月　戊寅日　丙辰時　地分午

この卦は純陽反陰課です。(※記号は用爻、＋は陽を表す)

人元	戊	＋土死	
貴神	甲寅	＋木旺	＊
将神	壬子	＋水休	
地分	午	＋火相	

2. 課の内外の関係

用爻から決定します。

A. 用爻が貴神のとき、貴神と将神を内とし、人元と地分を外とします。

B. 用爻が将神のとき、将神と地分を内とし、人元と貴神を外とします。

3. 四象所属図

「金口訣」の起課方法は簡単で1分以内で迅速に複数の課を起こすことができます。五動や干・神・将・方の相生相剋関係を把握すれば、事象の大まかな状況を明らかにすることはできますが、細微までわかるような真の領域に到達したければ、さらに基本的な内容を習得する必要があります。

「金口訣」の四象所属図は、課を判断するのに非常に重要です。主と客、内と外の関係、天地上下の関係、老人と若者の関係、主人と使用人の関係、人体における頭、胸、腹、腿、足の位置関係等の基準を示しています。四象所属図には天時、地理、人事にかかわるさまざまな要素が含まれており、私たちが課を判断する際に直接参照できる根拠が提供されています。したがって、四象所属図に示される情報や各種の関係を明確に理解し、心にしっかりと刻み込み、熟練して活用する必要があります。

たとえば、家庭のさまざまな情報を尋ねた場合、四象所属図により人元は祖父世代、貴神は父母世代、将神は自身、地分は子孫になります。そのうえで、旺、相、休、囚、死によって吉凶を定めます。

官運について尋ねた場合、貴神を用神とします。

財運について尋ねた場合、財爻を用神とします。

訴訟について尋ねた場合、貴神を主として、人元は相手であり客です。

体調について尋ねた場合、人元は頭、貴神は胸、将神は腹、地分は腿足になります。

四象所属図が提供する情報は、標準的なパラメータシステムにすぎません。課を判断できるようになってきたら、各位の関係は、質問者の問いに応じて柔軟に変化させる必要があり、それによって適切に対応できるようになります。

四象所属図

人元	祖父母	君、社長	天	国家機関	客	外	頭
貴神	父母	臣、社員	人	官禄 仕事	主	内	胸
将神	自身	妻、親戚	人	財			腹
地分	子孫	使用人、 部下、生徒	地	土地建物 ペット 車			腿 足

4．起課の方法

大きなものを取る、奇妙に感じたものを取る、動くものを取るときに、理解しておきたいのは、多くの場合、立てた課は正確ではないということです。なぜでしょうか？　それは「絶えず動く物事の中にある原理原則を理解できるかどうかは、その人次第である」からです。つまり、起課した瞬間が、人の洞察力を最も鍛える瞬間だということを知っておくべきです。

もし起課の方法を、毎日本をめくったり、時刻や干支に注目したりするだけであれば、正確な占いをすることはできません。なぜなら、その方法には変化がないからです。言い換えると、凝り固まった頭では、柔軟な課を起こすことはできないということです。

5．起課の秘訣

毎日心を整え清々しい状態で、高揚感を持って臨み、細かいことを気にせずに起課し続けることが最もすばらしいことです。象を汲みとり一つの形にこだわらず、日々自身の存在を検証していくことで、象の真理を見出すことができます。

そしてそれによって、日常がいかにさまざまな物事に囲まれているかということを知ることができます。

どのように課を断じるか？

(1)　基礎を熟知し、毎日起課することに徹する。
(2)　自分自身をクリアにし、大自然を感じることを学ぶ。

孟子は、四十不動心（四十で心を動かさず）と言いました。明代の王陽明（儒学者・高級官僚）は、「孟子は、自らが満ち満たされ欠乏や後悔はない、自分の思い通りに振る舞い、自由自在で、活気に満ち満ちている、これこそが浩然（こうぜん）の気というものである」と解釈していました。それにより、「心を静かに保ちながら、状況に応じて柔軟に行動することができる」のです。

6．四象五行図

天候、地理、人事、病気の四象は、五行に従って論じ、空破があれば変化します。たとえば、木は風を表しますが、剋や死に遭うと無風になります。また木は肝臓・胆嚢を表すので、旺ならば実病、休囚死は虚病です。これが五行の本意です。

(1) 天候

人元	金	
貴神	木	
将神	水	旺
地分	火	

【解析】この課は水が旺なので、雨、霧、氷、霜、雪です。

人元	金	
貴神	土	旺
将神	水	
地分	火	

【解析】この課は土が旺なので曇りです。また水も見るので曇りで小雨があります。

	金	木	水	火	土
天候	雷	風	雨	晴	曇
地理	道路	林野	河川	高山	平地
人事	凶悪	浪費	漂流	せっかち	純朴
病原	肺	肝臓	腎臓	心臓	脾臓・胃

人元	土	
貴神	火	旺
将神	金	
地分	土	

【解析】この課は火が旺で土が相なので、晴れのち曇りです。

人元	火	
貴神	土	旺
将神	土	旺
地分	土	旺

【解析】この課は火生土です。土が旺で曇り、火を見たら晴天か曇りのち晴れです。

(2) 地理

人元	土	
貴神	金	
将神	火	旺
地分	土	

【解析】火が旺で土が相なら、高山です。

人元	金	
貴神	火	
将神	木	
地分	水	旺

【解析】水が旺なら川の水が流れる道、溝、渓流です。

人元	水
貴神	火
将神	土　旺
地分	金

【解析】　土が旺で金が相なら、金は主に道路、土は山岩です。

人元	木　旺
貴神	土
将神	火
地分	火

【解析】　木が旺で火が相なら、木は主に林、野原、草木、果樹園等です。

(3)　人事章

木が旺の人は、仁義を重んじる、優雅、穏やかですが、独立しています。

水が旺の人は、主張がない、無感情な行動か、悩みを抱えている、弱気、流されやすいです。

金旺の人は、さっぱりしている、断固としている、忍耐力がありません。

土旺の人は、深みがある、善行を好む、性格が歪んでいます。

火旺の人は、せっかち、虚栄心がある、自己主張が強い、会話をすることが好きです。

(4)　疾病章

金は主に肺、大腸、のどが渇く、便秘です。

水は主に腎臓、骨、毛髪、膀胱、結石です。

木は主に肝臓、胆嚢、筋肉、神経、四肢です。

火は主に心臓、目、小腸です。

土は主に脾臓、胃腸、血肉です。

病気を論ずる場合、旺相なら実病で、陽性の症状です。この場合は、子を泄し母を守ることが重要です。休囚死なら、虚病で陰性の症状です。母に補い、子を守る必要があります。この陰陽の調整方法で、凶を避け吉に向かうことができます。

第2節　旺相と空亡

1．用爻の旺衰の取り方

【例】（ここでは年月日時を省略する）

死	土	戊
旺	木	丙寅＊
休	水	甲子
相	火	午

課の中に四つの五行がある場合（土、木、水、火）、木だけが剋を受けないので貴神寅木は旺です。旺爻を確定したら、旺が生じるものが相です。ゆえに寅木が生じる地分午火が相です。また旺が剋すものが死なので、寅木が人元戊土を剋し、土が死です。旺を生じるものが休なので、将神子水が寅木を生じ、水は休です。

課の用爻が旺相なら目的を達成することができ、吉凶の力が強くなります。また、少なかったものが多く変化するので、財が少なくても多くを得られます。吉であればより吉となり、凶であればさらに凶となります。しかし旺が極端になりすぎると、制するものが必要となります。制するものがないと、吉の中に隠れた凶や、凶はさらに凶など逆境に陥る可能性が高くなります。

用爻が休囚死なら、吉凶の力がなくなり、望みを達成することができません。大は小に変化し、多いものは少なくなったり、強いものは弱くなったりします。計画は、速やかに行動する必要があります。人の方位を借りたり、天候等の外応によって助けを得たりします。

用爻が冲、剋、破、刑、害、死を受ける場合、望み事、求財、出世、裁判、旅行、結婚、交易等に影響があります。主に望み事に変化が生じます。成功が失敗に、失敗が成功に変わります。吉が冲や剋に遭うと凶で、吉の中に凶が隠れています。凶が冲や刑に遭うと吉か、凶の中に吉が隠れています。四庫が冲を受けると吉です。冲がなければ庫は開けられず、事は成し難く達成する力がありません。出かけた人は冲に遭ったら動けません。病気に関しては、一時的な病気は冲を受けたら必ず回復しますが、長患いの場合は冲に遭ったら死に至ります。

(1) 課内四位（干神将方）の旺爻を確定する

①剋を受けないものが旺です。
②課内で同類が多いものが旺です（三つあれば多い）。
③生剋の勢いが大きいものが旺です。何が他を剋したり生じているのかによって旺が決まります。剋の力は生じるより勢いが大きいです。

(2) 相休囚死を確定する

原則により、旺が生じるものが相、旺が剋すものが死、旺を生じるものが休、旺を剋すものが囚です。

確定相休囚死

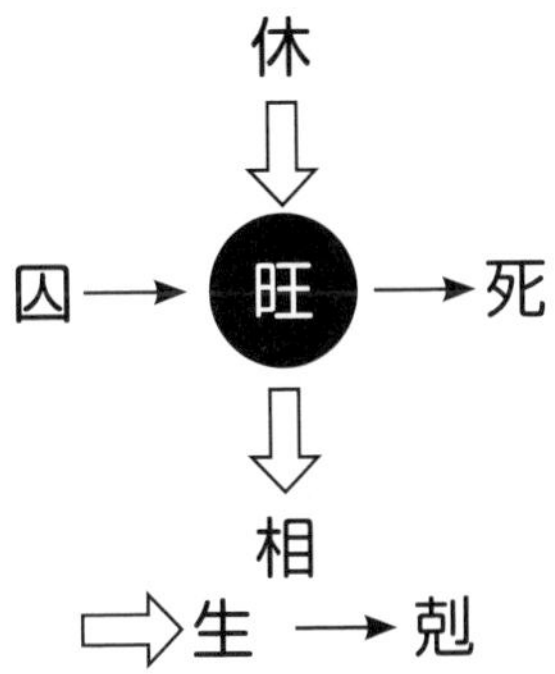

旺生者為相、
旺剋者為死、
生旺者為休、
剋旺者為囚。

(3) まず旺爻を確定する

①四つがすべて同じか、すべて異なる五行の場合、第1条を参考にします。剋を受けないものが旺です。たとえば、土土土土なら、課中はすべて同じ土属性であり、剋されるものがないため、四つすべて土旺です。金木水火なら、金は木を剋し、水は火を剋し、火は金を剋しますが、水は剋されないため、水が旺です（水旺木相金休火死）。

簡単な判断方法としては、課中に存在しない五行を見つけ、その五行に剋される五行が旺です。たとえば、上記の例では「金木水火」で、「土」が存在しません。土は水を剋すので、水が旺になります。

②三つ同じ五行がある場合は、多いものが旺です。

【例】

金金金木　金が多い　金旺　金剋木　金旺木死
金金金水　金が多い　金旺　金生水　金旺水相
金金金土　金が多い　金旺　土が金を生じますが、金が多いので金旺土休
金金金火　金が多い　金旺　火剋金　火が金を剋しますが、金が多いので金旺火囚

このようなパターンは格局の特殊な状況があり、季節と結びつけて判断する必要があります。たとえば、夏季に立課したなら、夏は火が旺なので金が多くても火旺金死となります（注：「囚」は課の中で比較的少ないが、通常は剋の力が強いため、動けない状況なのでそれを囚と言う）。

③三つの異なる五行の場合は、生剋のエネルギーにおいて、より大きな勢いを持つものが旺です。生剋のエネ

ルギーとは、生あるいは剋の力量のことを指します。たとえば、金生水というのは、金は生じるエネルギーを持っていると言えます。木剋土では、木は剋のエネルギーがあるのです。生と剋のエネルギーが同時に現れた場合、剋のエネルギーの方が生のエネルギーより大きいとします。

【例】

金水水土　金生水　土剋水　土生金

土は剋と生が同時にあり、土のエネルギーは大きいです。ゆえに土旺水死金相です。

金金水木　金生水　水生木　金剋木

金は剋と生が同時にあり、金のエネルギーは大きいです。ゆえに金旺水相木死です。

金水水火　金生水　水剋火　火剋金

剋のエネルギーは生より大きいので、水旺火死金休です。

金木木火　金剋木　木生火　火剋金

剋のエネルギーは生より大きいので、火旺金死木休です。

④二つの同じ五行がある場合、生や剋のエネルギーを持っているものが旺になります。

【例】

土土水水　土剋水　土旺水死

土土金金　土生金　土旺金相

土土木木　木剋土　木旺土死

土土火火　火生土　火旺土相

(4) 例題

人元	金	休
貴神	木	相
将神	水	旺
地分	火	死

①水が剋を受けないので、水旺木相金休火死です。

人元	木	旺
貴神	木	旺
将神	木	旺
地分	火	相

②木が旺で火が相です。

人元	水	休
貴神	木	旺
将神	木	旺
地分	木	旺

③木が旺で水が休です。

人元	火	旺
貴神	火	旺
将神	土	相
地分	土	相

④火が旺で土が相です。

人元	金	旺
貴神	水	相
将神	水	相
地分	木	死

⑤金が旺で、水が相、木は死です。水は剋を受けませんが、金の勢いのほうが大きいです。

人元	木	旺
貴神	木	旺
将神	金	休（囚）
地分	木	旺

人元	木	死
貴神	木	死
将神	金	旺（秋は金が旺の月）
地分	木	死

⑥この課は一般的には木が旺で金が休ですが、秋季に立課したら金が旺になります（月令を考慮するのはこのような場合だけ）。

以上が旺相休囚死の基礎判断であり、課の判断の第一歩です。学習が深まるにつれて、徐々に課の年月日時（第4章第5節の年月日時が入課した場合）を参照し、総合的に分析していく必要があります。

2. 旬中空亡

まず、日柱がどの旬に属するかを確認し、その旬に基づいて旬中空亡を見つけます。

①六甲の中で、各旬に出てこない二つの地支が空亡となります。
②天干に関係なく、地支のみを考慮します。

用爻が空亡になると力が無くなり、望み事は虚偽で為しにくいです。吉は不吉に、凶は凶ではなくなります。病気や訴訟は危険が無くなります。失せ物は見つかりにくいです。

また、凶神が空になると凶事から脱することができます。吉神が空になると嬉しい知らせが来ることは難しくなります。合が空になると吉事は変更されます。旺相が空になると、その時期を過ぎればうまく行き始めます。財や官が空になると、成果は得られません。鬼や賊が空になると凶は凶にはならず、目的は半分叶います。

空亡は虚偽であり、事柄はすべて誠実ではありません。悲しいことを聞いても悲しくならず、嬉しいことを聞いても嬉しくなりません。求める計画は実現せず、望んだ地位にはなれません。周りの人を信じられず、病気や訴訟の危険にさらされます。逃亡者は捕まらず、紛失した物は見つけにくいです。妻財が空になると求婚は成立できません。

また空亡は、電話、手紙、ファックスなどです。行程が空になると飛行機での移動です。

旬											空亡
甲子	甲子	乙丑	丙寅	丁卯	戊辰	己巳	庚午	辛未	壬申	癸酉	戌亥
甲戌	甲戌	乙亥	丙子	丁丑	戊寅	己卯	庚辰	辛巳	壬午	癸未	申酉
甲申	甲申	乙酉	丙戌	丁亥	戊子	己丑	庚寅	辛卯	壬辰	癸巳	午未
甲午	甲午	乙未	丙申	丁酉	戊戌	己亥	庚子	辛丑	壬寅	癸卯	辰巳
甲辰	甲辰	乙巳	丙午	丁未	戊申	己酉	庚戌	辛亥	壬子	癸丑	寅卯
甲寅	甲寅	乙卯	丙辰	丁巳	戊午	己未	庚申	辛酉	壬戌	癸亥	子丑

3．四大空亡

まず日柱がどの旬に属しているかを確認し、その旬の四大空亡を見つけます。

歌訣によると、子午旬には水がなく、寅申旬には金がありません。子は甲子旬、午は甲午旬、寅は甲寅旬、申は甲申旬です。六十甲子納音中、甲子、甲午、甲寅、甲申の四旬の中には、五行はすべて揃っていません。前の二つは水が無く、後ろの二つは金がありません。

甲子、甲午旬の課で、干、神、将、方の四位の中に水があれば四大空亡と言います。寅申旬は金が無く、他も同様に考えます。計画については吉凶不成です（四大空亡干支具論）。

もし甲子旬の戊辰日の課なら、壬・癸・子・亥は四大空亡となります。ここで注意すべきことは、干支が共に空の場合は亡として扱い、干支が一つだけ空の場合はその部分だけを空として扱うということです。たとえば、日柱が戊午日で甲寅旬に属している場合、課の将神が庚申なら、「寅申は金を見ない」により、天干の庚と地支の申が共に金の空亡となります。

課の中の用爻や各位が空亡になると空想です。空動は妄想、事は虚偽であったり、計画がうまくいかなかったりすることがあり、吉凶が定まりません。旺相に空があると望みは半分しか叶いません。休囚死に空があると求めて進めても功は得られず、望みは叶わず事は不成立です。地位はあっても権限がなかったり、複数の役職にあっても実権がなかったりします。財を求めても得られず、騙されて何の収穫もありません。鬼賊が空になると凶は凶にはならず、盗難にあっても損失はありません。驚くことはあっても大きな災いにはなりません。婚姻を占ったら男性が空なら男性に力が無く、女性が空なら女性に力がありません。

【例1】　財運を占います。

己卯	戊辰	己丑	甲戌	
	甲	木	死	
	癸酉	金	旺	空
	癸酉＊	金	旺	空
	戊	土	休	

【解説】　己丑日、甲申旬、四大空亡金

課の用爻は旺相ですが、空亡なので財は得られません。

【例２】　夕食は何人で食べることになりますか？

辛丑	辛卯	丙辰	丙申	
	甲	木	休	
	丙申＊	金	死	空
	丙申	金	死	空
	午	火	旺	

【解説】

１．この課は比較的特殊です。用爻の申金は空亡で（神将も同じ空亡）、午火は旺で申金を剋しています。しかし申金は空で火を恐れることはありません。同時にまた太歳丑は金の庫で、申金得令です。課の中に金と木があり、口訣「金木３６９」により最大数を取り９人と断じましたが、実際に当たっていました。

２．課の中の旺相は、主要人物の姿を現しています。課の甲木は休ですが、春には旺相なので細身で背が高い人とします。神干将干は丙火で地支は午火で課の中では旺相なので、その人は木と火の形の人となり鼻は尖っています（課の中では甲午に対応する）。

また空亡の金により声は金音（商音）です。丙辛干合により皮膚は白く（辛金は白）、丙申により猿目（落ちつかない、ひそかに人のようすを盗み見る目つき）の人と断じましたが、その通りの人でした。

第３節　四位内の五行関係

四位内の五行の位置エネルギーの動きを分析します。

1. 合局と分局

合局

人元が貴神を生じる、地分が将神を生じるのは合局相生です。内外が調和し、喜び事が重なります。人元が貴神を剋す、地分が将神を剋すのは合局相剋です。主に凶、内外不和、行き詰まりとなり凶です。

分局

貴神が人元を生じる、将神が地分を生じると分局相生です。一つのことが二つに分かれ、喜び事が起こることは難しいです。

貴神剋人元、将神剋地分は分局相剋で吉凶両方があります。

2. 順番の関係

①上から下を生じる場合

外部から収入や財産が入ります。新しい家族が増えます。親戚が訪れて喜ばしい事が起こります。

②下から上を生じる場合

商売に吉です。

【例】　今後発展するかを占いました。

甲戌	死	相	相	旺
甲辰	金	土	土	火
丙寅	庚	乙丑	辛未＊	午
己卯				

【解析】

火が土を生じ、土が金を生じ、四位の下から上に順に生じています。外で発展し有名になります。

③上から順に下を剋す場合

家庭内で不義、浪費、疾病、裁判、外部から内部に妨害を受けます。家業衰退、訴訟による財の損です。家庭内が大変です。

④下から順に上を剋す場合

外部の人が家の人と組んで裏切る、財物の運搬、家庭内での対立、官の権力争い、財に傷や刑罰、暴力や殺人者が出ます。多くは外出の象です。

3. 五行判断

人元	×	×	×	×
貴神	木	木	木	木
将神	火	土	金	水
地分	木	木	木	木

木火木　子供が迷子になるか子孫を失う。
木土木　牢獄に入り財産や土地を奪われる。
木金木　財産が人に侵害される。
木水木　資産が増え喜ばしいことがある。

人元	×	×	×	×
貴神	火	火	火	火
将神	土	木	金	水
地分	火	火	火	火

火土火　女性が原因の財産の争い。
火木火　友人との酒食が楽しめる。
火金火　病気、死傷、犯罪に巻き込まれる。
火水火　妻や財産に傷、犯罪を起こす。

人元	土	土	土	土
貴神	水	木	金	火
将神	土	土	土	土
地分	×	×	×	×

土水土　遺産争いで裁判。
土木土　田畑や家屋を売却し、分割する。
土金土　田地や墓地を巡って、争いが起こる。
土火土　情報、土地、和合を表す。

人元	金	金	金	金
貴神	火	木	土	水
将神	金	金	金	金
地分	×	×	×	×

金火金　妻や子供を失い、家庭に悲しみが広がる。
金木金　家財や家畜を分散することで損失を被る。
金土金　土中に隠した金銀財宝を収集することが難しい。
金水金　子孫に喜ぶ事が起きる。

人元	水	水	水	水
貴神	木	金	火	土
将神	水	水	水	水
地分	×	×	×	×

水木水　商売や交易、結婚のこと。
水金水　遠方から便りがあり酒食のもてなしをする。
水火水　驚き、恐れ、訴訟、心臓病。
水土水　妻の病気、財の損、土地の災害。

以上の歌訣は、五行の象を取り上げて説明するものです。例として、二つの水が土を挟む場合、土は財文であり、土は動かない象があるため不動産を表します。水が大きく土を冲すと、必ず財を破り土地を害することになります。他も同様です。また、二つの水が一つの火を挟む場合、火は主に心、驚き、言い争い、文書を表し、二つの水によって上下から剋されると、驚き、訴訟、心臓病です。

【例】　病気を問いました。

乙酉	乙酉	辛酉	己亥
	丁	火旺	
	丙申	金死	
	庚寅＊	木休	
	酉	金死	

【解析】
木が金に挟まれ、家財や家畜が分散し苦しみが発生します。金は空で木を剋すことができません。木が金の空にぶつかり、病気で叫び声やうめき声をあげるとします。

4．四位雑断歌

人元が貴神を剋すと人が自分を利用します。貴神が人元を剋すと自分が人を利用します。

地分将神が人元を剋すと幼い者が年長者に逆らいます。

人元と貴神が将神を剋すと妻に凶です。

将神が地分を剋すと子供が傷つきます。

重ねて上を剋すと自分一人が独占できます。

重ねて下を剋すと多くの災難や病気があります。内部で争い、外部で戦争があり混乱が続きます。

人元が貴神を生じると多くの富と栄誉を得ます。

地分が貴神、将神を生じると事は平和になります。

将神が地分を生じると、財の喜びがあります。

人元が貴神、将神を生じると、友人がやって来ます。

貴神が人元を生じると、幸運を見つけます。

将神、貴神が相生なら親孝行な子孫です。

地分が将神を生じると婚姻です。重ねて上を生じると上位者を敬います。

四位が相生ならすべてのことに吉です。もし冲や剋があれば凶になります。

陽が多ければ少女に関すること、陰の数が多ければ少男に従います。

人元が貴神を剋すと官職や地位を失います。庶民は自分自身の財産について悩みを抱えます。もし官職に関する心配が消え去れば、胸や肋骨に痣ができ自己の災いです。

人元が将神を剋す、将神が地分を剋すと、財を求めても得られず衰退します。

将神が人元を剋す、地分が貴神を剋すと、地位の高い目上の人からの支援を得ることは難しいです。

地分が人元を生じると、官職に昇進することが緩やかになります。

人元が地分を生じると、幸運がやってきます。

地分が将神を剋すと妻財の損です。将神が地分を剋すと官職に関する問題が発生します。

人元と地分が同類なら兄弟動で、友人同士が出会い心を開放してお互いを受け入れます。

5．四位相生

人元が貴神を生じ、地分が将神を生じたら、これを「合局」と呼びます。この場合、家庭が富貴であるだけでなく、内外が和睦していることを示します。

将神が地分を生じたら、親族が遠出をします。自分について占ったら財に関係します。願いは叶えられ、子孫が繁栄します。

人元が貴神を生じたら、親戚が物を借りに来たり、友人が訪ねてきたりすることがあります。貴神が人元を生じたら、会いたいと思っている人を訪ねると必ず会うことができます。

地分が将神を生じたら、主に婚姻に関することで望みが叶うことを示します。

将神が貴神を生じたら妻は賢く子供は親孝行で、富貴を極めます。

四位が上から下へ順に相生したら、外部から財物の受け入れや、新たな家族の増加、親族が訪ねて来るなど、喜ばしいことが起こることを示します。

6．四位相剋

人元が貴神を剋したら、自分に害を与えようとしている人がいることを示します。

貴神が人元を剋したら、自分自身が他人を害しようとしていることを示し、どちらの場合も公的機関に関連しています。

将神と地分が同時に貴神を剋したら、主に卑しい者が尊い者に逆らいます。

人元と貴神が同時に将神を剋したら、主に妻財に損です。将神が陽支の場合は男性、陰支の場合は妻妾を傷つけます。

将神が地分を剋すと子供に傷で、陰陽どちらに属するかで判断します。

基本的に人元は客、貴神は主であり、客は姓で、主は家長です。

貴神が陰ならば家長は女性、貴神が陽ならば家長は男性が主導権を持っています。

貴神が人元を剋すと、主が理を得ます。

人元が貴神を剋すと、客が理を得ます。

休旺で老人か若者かを判断するには、休囚は老人、旺相は若者です。

7. 四爻生剋

上が下を剋すと内に入ることを示し、家の中で政府に関係することが起こります。

下が上を剋すと外に出ることを示し、外で財産を損ないます。

上が下を生じると、他人から自分が必要とされます。

下が上を生じると、自分が他人を必要とします。

象陽入陰（陰が下にあり陽が上にある格局）とは、本来は陽性（男性）であっても、陰将の位置に入ると女性ということになります。象陰入陽とは、陰が陽に入り込み、すべての物事は陰人に通じ、陰が陽の位置にあることです。

上の三爻が下を剋すと、家庭内に関する課です。

下の三爻が上を剋すと、旅行の象です。旺相なら吉凶の力が強く、休囚ならば吉凶の力が弱くなります。

吉が凶を剋すと事はうまく進みます。凶が吉を剋すとうまくいきません。

地分が将神を剋すと財が集まります。将神が地分を剋すと争いが生じます。

地分が客を生じると、人を訪ねます。人元が地分を生じると、自分を訪ねてくる人が現れます。

上の二爻が下を生じると、財がたくさん集まります。

下の二爻が上を生じると、子孫が繁栄します。

凶神が剋を受けると不安や苦労が減ります。吉神に傷が無ければ、幸運や繁栄が訪れます。人元が制を受けると争いはなくなります。

主が休で客が旺なら、自分は短く相手は長いです。地分が強くて用爻が弱い場合、自分は悩み、相手は楽しみます。四位が相生なら、すべてのことが良い方向に進みます。四位が相剋なら、すべてのことが凶です。陰が多く、陽が少なければ男性に関することで、陰が少なく、陽が多ければ女性が原因です。

四位生剋において、人元に傷が無ければ争いには理があります。人元が制を受けると争いは無くなります。財を求めるには、最も大切なのは主と客の和合です。そうすることで、最終的には障害はなくなります。もし客が主を剋し、人元が貴神を剋すと、望みはかなわず、争って手に入れるか外部の人に理があります。主が客を剋し、貴神が人元を剋したら、望みは叶えられず空手で帰ることになります。入式歌によると、客が主を剋したら物を手に入れようと頼み込みます。主が客を剋したら、客は手ぶらで帰るとあります。

二つの見解は同じであり、主に争いの事例を表しています。

人元と貴神が相剋することを外戦、将神と地分が相剋することを内戦と呼びます。外因と内因、両方とも主に口論やいさかい、災や財産の損失です。たとえば、四位が下から上に剋する場合、家族や外部との関係が複雑で、財物を移動することになります。家族の不和、官との口論、財産や刑罰の問題、または犯罪者が出ます。

四位が上から下に剋す場合、その家は不義や浪費、病気、官との問題、外部から家族を攻撃する人が現れます。あるいは家計が豊かではない、子孫が途絶える、争いや訴訟、財産に傷です。

8. 四位内の五行の見方

二木爻を為すは得難し

「四位に二つの木がある場合、多くのことがうまくいかない」とあります。しかし、「二木があり、水土もあればかえって大きな喜びをもたらす」とも言われます。木に水土があると根が育ち、良い結果をもたらすためです。木があれば主に政府関係やお金の問題です。家に林木が茂っていますが、材料になるほど成長していません。必ず政府関係、不和、病気や災難に悩まされ、財産を損なうことを意味します。

占いをする際には四位を注意深く見る必要があります。四位に二木があれば、希望は叶わず、うまくいきません。仮に地分が寅であれば、上に太冲卯があると二木になります。もし貴神が水で、水が下の二木を生じたら、卯は門戸であり門に財が来ることを意味します。地分が寅である場合、寅は財帛を意味し、二木は水によって生気を得るため、喜ばしいことが起こります。さらに人元が土神なら、財帛課をもって論じ、土は我、貴神の天后亥水を剋し客は旺です。二木は財帛に変わり、人元を剋し大きな喜びを得ます。二木があっても、望みを持つことは難しくありません。慎重に、一つの判断方法に固執しないように注意しましょう。

(1) 何を得難いと言うのでしょうか? 木は樹です。樹は風に吹かれるとすぐに揺れ動きます。主は自分の考えを持たず、他人の意見を容易に受け入れる傾向があります。木が多く茂っている場合は、複雑で混乱した事象が生じることを示しています。

(2) 「二木爻を為すは得難し」とは、次の四つの状況に分けられます。

①人元、貴神が木を見る場合、事柄が始まるときに得難くなります。
②貴神、将神が木を見る場合、事柄が進行中に得難くなります。
③将神、地分が木を見る場合、事柄の結末時に得難くなります。
④四位中隔てて木を見る場合、全体のプロセスで得難くなります。

(3)　五行生剋制化は自然の理から取られたものであり、自然界における力学的変化を具体的に分析したものです。単なる理論を適用するものではなく、状況に応じて詳細に観察し、その吉凶や良し悪しを判断すべきです。

もし課に土・水・木・木の組み合わせが現れた場合、課内の五動は地分が人元を剋し鬼動です。貴神が将神を生じ、貴神が地分を生じ、神干は将干を生じます。将神は人元を剋し、木の爻は旺になります。用爻卯は門戸で、寅は主に財なので、財は門の外にあります。これは将神が内にあり、地分が主であるためです。

樹は水、土、火を見ることで茂りますが、金に剋されないため、荒れた樹は材になることができません。しかし、水、土、火、金に会うことで立派な材となります。したがって出世するには、金の年、月、日、時を待つ必要があります。

土死		戊
水休	（天后）	丁亥
木旺	（太冲）	己卯
木旺		寅

寅木旺は七の数によって論じられることが多く、遠近や財産の量なども七の数に応じます。神将は内爻であり、人元や地分は外爻です。内部が旺で外部を剋すなら、必ず手に入れることができますが、努力する必要があります。内部が旺で外部を生じるなら、財は外に流れるので、財を使って人を求め、名声を得ることができます。外が旺で内を剋す場合は、財の損や、外部で財物を争う等が起こります。外が旺で内を生じる場合は、求めなくても、貴人に助けられて名誉や利益が得られます。

三木の場合は、公的な問題に巻き込まれます。あるいは兄弟三人が父母を亡くして孤児となり、彼らは子孫がなく、事業を持ち、新しい家の建設に取り組んでいますが、資金不足で家の内部は未完成のまま貧困と困難に直面している状況です。

二土の比合は遅延となる

あらゆることが成功するためには、時間がかかります。二土があり傷が無く比合なら遅くならない、剋を受けたら遅れると思いがちですが違います。土が旺ならその特性が現れるので、比があるほうが遅れます。

四位に二土が現れる場合、その家は財を求めているか、財産を争っています。四位内に二土がある、あるいは地分が土であるか、人元が水である場合、喜び事が重なります。さらに貴神が木である場合、木は主で、主は財を剋します。土は無気で、財は逆に人元を剋しますが、主客は相生です。したがって、家の財は必ず得られます。

二土は主に遅れるという意味ですが、求めれば大きな喜びが訪れ、しかも喜びは重なります。

(1) 四位内に二土があると、事柄は遅れます。土は万物を生み出す力があり、重厚で実在的であり、人に対して情熱的であり、強固で頑固な性格を持ちます。また土は移動が遅く、容易に変わることはありません。これが土の性質です。

(2) 外見については、丸顔で黄色く、太っています。旺相ならば背が高く、休死では背が低く、痩せています。

(3) 人元と貴神が二つの土を見ると、始めの段階では成果が出ますが遅れます。貴神と将神が二つの土を見ると、途中で困難が多く、遅れがちで事は繰り返されます。地分と将神に二つの土を見ると終わりが順調にいかず、すでに答えが出たとしても遅れや繰り返しがあります。

四位内で三つ土がある場合はどうでしょうか?

後妻は凶悪であり、あらゆることは報われません。勾陳辰や太常未を見るとこのようなことが起こります。あるいはその家には姉妹が三人いて、孤児や寡婦のような孤独な人がいます。同類は兄弟であり、我を生じるのは父母で、我が生じる者は子孫、我を剋す者は官鬼、我が剋す者は妻財です。つまり四位に相生相剋がなければ、同類だけとなります。また土は万物を生み出すものです。今は生まれていないので孤独となります。姉妹三人というのは、勾陳や太常から論じています。

四つの土を見た場合はどうでしょうか？　それは大凶です。

ゆえに、三土四土は醜女で凶悪です。禍福は同じように断じます。土が多すぎると暗い光を忌み、運気が低下します。

⑷【例】財を求める場合

四月（申将）、丙丁日、巳の時間に立課しました。

壬		水休
庚寅	（青龍）	木旺
乙未	（小吉）	土死
辰		土死

①課の四位で内の将神が人元を剋し、人元が貴神を生じ、将干乙と神干庚が合で、青龍寅木は旺です。青龍は主に官貴や財です。また主客の関係が合で、すぐに得られます。あるいは外が内を生じ、外部から助けを得ることができます。また、貴神が将神を剋し、事は家族や友人の中で問題が起こり、巻き込まれます。訴訟や官との争いで、気が重くなります。

②五行の観点から見ると、四位内に二つの土と二つの水があり、夏に問うなら青龍木は旺です。金に逢い青龍木は剋され財となり事は成立します。将干乙と神干庚が合し、青龍木を剋し、将神未は庫となり財が入ります。入庫すれば剋を受けず、この財は遅く得られます。求めれば財が入り大きな喜びの象です。課に二土は喜び事が重なります。

二金に刑や剋があればすべて不順

二金は皆凶神で白虎であるため不順で、その家は訴訟が絶えません。兄弟は不正を行い、義理の姉妹は不和です。

さらに、金の上に火を見ると、家に死者が出ることを示します。

もし人元が金で、貴神も金、将神が木である場合、刑殺で凶です。二つの金が陰の木を剋すと妻を亡くします。

二金で上が貴神を剋すと、破財で経済的にうまくいきません。将神、貴神が金で、人元が木で、人元を二つの金が剋したら、官職の問題や災厄が生じます。さらに殺が同時に来ることを嫌います。客は刑罰を受ける責任を受け入れることで、訴訟に関する占いにおいては吉兆を得ます。また、二つの金が両端にあり、上下に水や土があれば、喜ばしい出来事があります。水が中央にある場合には、女性が後継ぎとなります。土が中央にある場合には、子孫が商売のために外に出ることを示します。また、上下の地支が比和の場合、必ず財運が向上するとされます。そうでなければ移転です。

(1) 金は剛健で信念を曲げず、硬いです。行動は速くせっかちであり、口論やいざこざが多いです。金は暴力的で権力を持ちやすく、官位や軍権を握ります。また、軍人の負傷や死亡、兄弟の不義です。

(2) 外見的な特徴として、旺なら太っていて、休死なら痩せています。顔は四角形で、剋を受けると中央が尖っています。金の顔色は白色で、土と金を見たら黄白、水金を見たら紫玉色（しぎょくいろ）、木と金があれば青白く、火と金は紅白です。

(3) 人元、貴神が金で刑剋を見たら（木や火に遭う）血の出る傷、争いごと、喧嘩です。また、貴神、将神が金を見ると、物事の進展過程、人生の中期の運勢、友人に訴訟など凶事が起こります。地分、将神が金を見ると、最後が不順調、あるいは子孫に血の流れるような争いごとが起こるか、家やペットに損失があります。

(4) 人元と貴神が金で、将神が木の場合、将神が内爻で主に妻を表します。外側の二つの金が木を剋すと、金が旺の年月日には妻に傷です。地分と将神が金で、貴神が木の場合、金が木を剋すと財動で、財が旺になると、官運や身体が損なわれ、財を求めると逆に財を失うか、訴訟になります。

四位内の地分が将神を生じ、貴神と将神が人元を生じ、貴神と将神は比で、土が旺の場合は外出して商売することが適しています。

(5) 金が土を見ると生気を得ます。火を見ると道具になり、水を見ると堅硬になります。凶に逢っても吉と化し、災いから福を得ることができます。もし金が木を見ると、主に財の損で、口論や紛争、馬や車の損害です。二つの金を見ると、金銭や土地の争い、四肢や筋骨を傷つけます。

水		金	金	土
癸	甲	申（白虎）		
	乙	酉（従魁）		
		未		

樹であれば、枝や皮を傷つけます。火が盛んで金を見ると、呼吸器や消化器の疾患、皮膚病、火傷等不運なことに出会います。または途中の交差点で事故に遭うことがあります。

三金の場合は、その家庭には淫らな女性がいるため不安定です。門師（祈禱師）が家を護る必要があります。死亡につながる不吉なこと、また官職や仕事に関すること、その禍福はどちらも二つの金と同じように断じます。

四つの金がある場合は、純金の象で、主君が主君らしくなく、臣が臣らしくなく、父が父らしくなく、子が子らしくなく、秩序が乱れます。その父母兄弟などの身内も不順となり最も大凶です。二つの金より三つや四つの金の方がさらに大きな災厄を意味し、その深刻度が一層高くなるとされます。

二火を災いとして傷を残す

四位に二火を見たら凶です。その家には陰険な女性がいて、さらに家人を火で焼き払います。もし火の上に二水があれば、妻が死産します。

二火に二水があれば、夫婦は不和で離婚になります。

しかし二つの火を見たとしても、それが良い結果をもたらすこともあります。たとえば、南方の午地が一つの火で、さらに勝光が午地に臨み、朱雀がその家を守っている場合、その人が土の力を受けている場合、その家は豊かになります。二火と二水と一緒に現れる場合、さまざまなことがうまくいかず大凶です。水が上にある場合は財産を失い、下にある場合は家庭が不和になります。二つの水が両端にある場合、出産の危機に陥ることがあります。二つの水が上にある場合、夫婦関係がうまくいかず、別れることになります。

⑴　「災いとして傷を残す」とは、火が無常であるため、傷つける、残忍、荒っぽい、あえて反抗するという意味があります。善に会っても欺かれず、悪に遭遇しても恐れず、注目されることを喜び、断固として主張を持ちます。また夫婦関係が合わないこともあります。

⑵　外見から判断すると、旺相では背が高く、頭や指が尖っています。休囚では背が低く痩せています。顔色

は、木火を見たら青紫色、金火を見たら白紅色、土火は黄紅色、水火は黒紫色です。

(3) 人元、貴神が火は、初運に弱く、火傷をしやすく、父母に不利です。貴神、将神が火は中年運に身体が不自由になる、争い、文書、政府に関する訴訟、火傷などがあります。もし地分、将神が火を見ると、晩年に官災、心臓や腎臓疾患、分離、負傷などがあります。

(4) 四位で判断すると、以下のようになります。

死	土
旺	木
相	火
相	火

戌
乙卯（六合）
戊午（勝光）
午

貴神が人元を剋すと官動です。貴神卯木は将神を生じ、地分午火は人元を生じ、父母動で印綬です。四位の中で六合卯木は旺で、火は相です。地分、将神は主に財や宅で、旺であれば大富豪です。東方位は財を謀るには大吉で、木が火を生じて財を得ることができます。官動があり、官を求めたら得られ、出世することができます。出世できなければ訴訟に巻き込まれます。

五行の理論に基づくと、木が旺で火を生じると富貴です。課中の貴神、将神、地分は財爻で旺相なので、家業が大きくなるか、先祖からの財産によって富を得ることができるか、財を得ることによって官職を得ます。

人元が戊や己で火から生じられると、最初は貧しくも後で豊かになります。もし水が無ければ、一時的に大きな富を得ることができますが、水を見たら100年にわたって豊かな生活を送ることができます。これは水が木を生じるからです。六合卯木は主に交易や取引であり、財が旺であれば、財を得ることができます。また金の方角に行くと、主に財の損で、交通事故や家族の分裂です。木が旺で火を生じ、同様に火を論じることもできます。火が旺で極まると財が外に流れる象です。火が土を見ると、土は火気を泄らし、旺極まった火が土を見る場合、火が形を成し、その家は必ず大きい富が得られます。

三火を見ると、女性の公職に関することです。さらに女性による悪事が起こります。女主人の家です。陰が旺で陽が弱いです。その家は女性が多く生まれ、外部の人が家を支配します。

四火の場合は、二火は災いとして傷を残します。三火がすでに非常に悪いのに、四つの火があればどれほど酷いことでしょうか？

二水は皆大吉とする象

二つの水を見ることは、非常に喜ばしいことであり、災いをもたらすことはありません。

上に二つの土を見る場合、男性が夫婦を傷つけ、財を賊によって傷つけられます。

上に二つの火を見る場合、必ず官の事件によって人が傷つけられます。

上に二つの金を見る場合、財を求めると大吉となります。

上に六合を見る場合、結婚が成立し、役職を得ます。青龍は富を象徴します。

二水の吉凶を判断する際、ただ単純に吉や凶と断定して判断するべきではなく、必ず貴神将神を十分に明確にしてから定めます。四位内の二水が比和、間隔がある、冲刑がある、殺を受ける、生剋を受ける、体無しかどうかを明らかにします。たとえば、伏位が子で、二つの水が内部にあり、上に二土がある場合、必ず二人が傷つき、破財や盗賊による謀に巻き込まれます。また上に二火がある場合、訴訟や家族の分離の悩みが出ます。上に二木がある場合、外に財を求めることが大きな喜びとなります。二木を見て、内に青龍寅があれば主に財帛、六合卯なら結婚や会議、交流、役職、官吏に関することです。火が木の上にある場合、女性が結婚することを意味し、家を占ったら南側に張りがあります。また二火が上で二水が下にある場合、病気や死者が出ます。二水が上、二火が下にある場合は、死産、妻が夫を嫌っている象で、火災が数回起こることがあります。
(1)　何を大吉とするのでしょうか？　水は万物を生育することができ、実体はあっても形が無いので他人に従いやすいです。主体性が無く、行動的でありながら、好色で盗みや泥棒をし、醜悪で放蕩な振る舞いをします。人付き合いが上手で、流されやすく、定まった場所がありません。
(2)　外見については、水が旺相ならば、背が高く太った体型になり、水が休囚なら背が低く顔は小さく面長です。肌の色は水金を見れば白玉色、水木があれば、黒や青っぽく、やや灰色がかっています。水火は黒紅、水土は黒黄です。西方位は旺相、東方位でお金や力を費やし、南方位で消耗し、北方位は本位で助けが得られます。

(3) 人元や貴神に水があると、初運に吉で聡明です。水難に遭います。年長者に可愛がられたり、養子縁組があったりします。貴神や将神が水にあると、中年に淫蕩、不正、窃盗、訴訟、財産の損失をもたらします。将神や地分に水があると、末期の運は家が定まらず、孤独で心細いです。他人に財産を盗まれます。土地や家屋に対する争いが起こるなどの問題が生じます。

【四位の例】

金	土	木	水
辛	庚戌（天空）	癸卯（太沖）	亥

地分が将神を生じ、将神が貴神を剋し、貴神が人元を生じ、人元が将神を剋し、人元が地分を生じます。四位内で金は旺で、木は死です。

(4) 内爻を生じ外爻を剋すのは外出の象です。財動で求財は可能ですが、木が死のせいで求めても得られずかえって損をします。

五行論によると、水は火に到ると力がなくなります。木に到ると努力が必要ですが求めることは得られます。水が多いと氾濫し、波立ち漂流します。北方に到ると本位で大海に戻ります。もし土に剋されたら、水は物の形を借り、発達し材と成ります。

西方に到ると助けが得られます。しかし金から生じられた水は土から制されることで器となり、その水は吉となり喜び事が起こります。

三つの水を見る場合は、痔の痛みを抱えた幼い男児が家にいます。外部の盗賊によって何度も財物を奪われることがあります。水災があります。この課は大凶です。

四つの水を見る場合も、三つの水と同様にすべて大凶となります。

9.『入式歌解』要約

立課の後、四位内で剋を受けていないものを旺爻とします。この場合、通常は旺爻を用神とし、用爻を取らないので旺より判断します。もし事が存在するかどうかを尋ねる場合、剋を受けると存在しないと言えます。

たとえば、課内に二火と二土があり土の月なら、その格局は、火が休囚で土が旺です。課内に生があり剋が無いので、土の勢いは最旺で、物事を論じる際には旺相の土の特性を基にして論断する必要があります。

【例】　なぜ病院に行くのですか?

己卯	壬申	丁未	戊申
	庚	金休	
	乙巳	火死	
	己酉＊	金休	
	子	水旺	

【解析】

1．人元生地分で子孫動です。事は主に子供のことです。

2．子水は旺で、かつ巳酉己（丑）合金局により子水はさらに旺になっています。そして、「剋の無いものは旺より判断する」の理論により、子孫に関する事柄であり、子孫が増える兆しと解釈されます。

実際、入院して出産することになりました。

分析として、この課は用爻酉を中心として占断すると重点を外すことがあります。そのため課を判断するには、「格物の智慧の秘訣」の応用「大きいものを取る、奇妙に感じるものを取る、動くものを取る」を使って占う必要があります。

五行関係で詳細に判断する

四位内の五行の相剋を分けて、吉凶を判断します。

戊午	戊午	丙午	甲午
	甲	木休	
	丙申	金死	
	乙未	土相	
	午	火旺	

人元、貴神、将神、地分の四位の五行の生剋と、年、月、日、時の五行の生剋関係と組み合わせます。また自分自身の年、月、日、時と組み合わせたりして推断します。合、化、刑、冲、剋、害、絶などの関係を基準として、物事の発展や変化を知ることができます。

この課は火が旺であり、年月日時も火であるため火が極旺です。主に火災や人口の減少、口論や法的な争いを起こしやすいです。また、家庭内で女性の病気が多く発生します。課内に剋がなく生がある場合、物事が極に達すると必ず反動が生じ旺極は変化し、火災、凶死、障害となります。また「剋は凶、生は吉である」とあり、休囚死に逢うとかえって助けを得て、凶ならばさらに凶に、吉ならばさらに吉になります。そのため、四位の五行の生剋関係を注意深く考える必要があります。古代の人々は「法無定法（法には定めが無い）」という言葉を用いて、五行の相互変化を議論しました。学習者が五行の変化の原理を理解し、干支間の相互の微妙な関係を把握できれば、研究する過程で熟達することができるでしょう。

貴神と将神の吉凶について

貴神を主とし、主は尊神です。将神を相とし、相は事を取る者とします。災福を十として、七分はこの二つの神によって分類されます。また首と尾があります。首と尾とは人元、地分です。事の始まりを頭とし、完成を尾とします。ある一つの課の首と尾を論ずると、人元が首、地分が尾となります。このように、貴神と人元は主と客を分け、将神と地分は財産を分け、さらに貴神と将神それぞれで善悪を決めて、吉凶を断じます。将神と貴神と人元は、下、中、上に分けられ、初、中、末となります。そして、災福を判断する際には、地分と共に考慮します。

(1) 身体に関する占いなら、貴神が主で尊神です。財を求める場合は、貴神は財を表し、人元が身体を意味します。課内が主客相合すれば、万事うまくいきますが、主客が相剋ならば不吉です。

(2)　将神は相とされ、相とは事を取ることを意味します。陽将は男性、陰将は女性を意味します。陽将であれば速く進むことが適しており、陰将はゆっくりと進むことが適しています。四位内から災福について論じるなら、七割は神将の相互関係にあり、残りの三割は人元と地分の関係にあります。

(3)　事象の発展過程や物事の始まりと終わりについて論じると、人元と貴神は事象の開始を表し、初めであり、上であり、頭です。一方、地分と将神は事象の終わりを表し、結末であり、下であり、足です。そして、貴神と将神は事象の途中段階であり、中間であり、腹部です。

(4)　もし四位が相生であれば吉で万事調和しています。相剋する場合は、すべてに障害があって凶です。もし四位が凶神で生じられれば、凶の中に吉が隠れています。凶神に剋がある場合、凶に逢えば凶がなくなります。吉神が生じられるとさらに吉となります。ただし、吉神に剋があれば吉の中に凶があり、凶が隠れていて順調の中に阻害があります。四位の旺相休囚死を論じる場合、極まれば必ず反するという原理を考慮し、これに基づいて吉凶や善悪を論じると、すべてのことが実証されます。

来訪者の方位を使う占い方

来訪者が、どの方位から来たかで課を立てます。十二の地分には十二の将神と十二の貴神があり、人元が上にあります。これらを四位内で慎重に考慮します。もし吉神が上から来るなら、財の喜びや、転居、昇進などのことがあります。旺ならば成功し、合ならば成就し、すべてのことに災いはありません。もし凶神が凶位の上に来たら、逃亡、迷子、争い、裁判、官に関する災い、病気などです。来訪者の方位や、座った位置から災福を知り、来訪者の命から成敗を知り、日辰を用いて定めた後、四位により情報を詳細に推測すれば、正確に未来を現実化できます。

(1)　問う人が来た方位を地分とし、将神、貴神、人元を配します。四位間の生剋制化関係を細かく判断することで、事象の始まり、中間、終わりの過程での吉凶禍福の詳細を知ることができます。来た人の方位で来意を知り吉凶を断じることが、地分を立てる上での基本となります。

⑵　吉神なら財宝の喜び、転居、あらゆることが順調の象となります。天徳、月徳、天月徳合、天喜、天赦、三奇、三合、六合、生気、青龍、六合、貴人、功曹、大吉、小吉等は皆吉神です。旺なら成功し、生合なら成就し、あらゆることに凶兆はありません。

⑶　凶神が凶位に出たら、主に逃亡、迷子、争い、法廷闘争、政府関係の災い、疾病、喧嘩など不吉です。凶神とは、截命、飛符、五鬼、喪門、吊客、白虎、天空、勾陳、太冲、游都、死気、天旋、地結、関隔鎖などは皆凶神です。また、刑剋冲破も凶神とされます。

⑷　方位から来意を知ることができます。四孟（寅申巳亥）は紛失、財物、文字、器物を表し、四仲（子午卯酉）は交易、商売、求財、人に事を頼むこと、外出などを表します。四季（辰戌丑未）は婚姻、媒酌、文字情報、あるいは曖昧なことを表します。

⑸　座る位置から災いや幸福を知ることができます。質問者が座っている方位から推測します。たとえば、子の位置で立課し、課の中に火が水に入れば、やけどや水害、あるいは心臓・脳血管疾患、眼病、潰瘍などの病気です。寅があれば主に財運が旺で、文官や福禄を意味します。

⑹　来た人の命を見て成敗を知ることができます。問う人の事柄の成否、将来、病気などを知りたい場合、生年を地分とし立課します。近い場合は1年の吉凶禍福を推定し、遠い場合は人生の変遷を論じることができます。その神妙なところはすべて掌の中にあるということです。

⑺　天干によって吉凶神を論じます。古人はしばしば「甲己は艮にあり、乙庚は乾にあり、丙辛は坤位に喜神として安じ、丁壬は離宮に座り、戊癸は元来巽の間にあった」、あるいは「甲己は端坐し、乙庚は眠っている。丙辛は怒りの表情で眉をひそめている。丁壬は食べて飲んで酔っ払っている。戊癸は喜神の位置に元々いる」と論じていました。今日でも参考にできます。

水が火に入ると、女性は安心できない

巳火が将神にあり地分が土だと、火には根がありません。さらに貴神に水が来て火は剋され、人元に救いが無ければ、女性は心痛や死に至ります。もし貴神の火が休で気が衰えているとき、亥水が剋して来ると、父母死亡と占います。三水が上にあって下の火を剋すと、二人の死者がいます。一水が二火を剋すと官事は災いがあります。以上の二説は、旺相休囚死を見てさらに詳しく決定します。

(1) なぜ女性は安心できないのでしょうか？　火は女性を表します。火は炎上することができても根が無く、風が吹けば動き、自分というものがありません。火は主に目、心臓、婦人科です。水は潤し下に向かうことができます。もし水が火の上にあれば、水は旺で火は死です。主に難産、死産、損財、心臓病等の障害が残ります。

(2)【例】

壬		水
甲午	（朱雀）	火
癸巳	（太乙）	火
辰		土

癸巳の将神は腹部です。人元壬に剋され、腹部や腸が冷えて寒症です。人元が貴神を剋すと心疾患です。地分が人元を剋すと頭の疾患で、嘔吐、吐血、水災等です。辰は災禍を表し、土地家屋に関する訴訟が起きます。壬水が二火を剋し、二回火傷に遭います。人元は頭で、頭痛、めまい、嘔吐あるいは頭部を傷つける災いがあります。貴神は肋骨で、剋され心臓病、腸の病、息切れ、胸痛等です。将神は腹部で、剋を受け腹痛、怪我、婦人病、消火器系統、痔痛等です。地分は足で、剋に遭い足腰の損傷です。

(3) 四位によると、地分が人元を剋し、人元が貴神と将神を剋し、神将が地分を生じると、四位の土は旺です。また神干と将干が合で、甲は寅、癸は亥、寅と亥は六合です。五行によると、火は心臓、水は腎臓、土は胃を、木は肝臓です。ゆえに人元が貴神火を剋すと、主に心疾患で、心痛、小腸疾患等です。地支辰土が旺で人元を剋すと、腎臓病、骨の病、毛髪の脱落、歯痛、筋肉や骨の損傷等です。

金が木の郷に入ると口論で憂いがある

金が木の郷に入るとは、申金や酉金が寅木卯木に臨み、内に冲刑があり、さらに上に朱雀午火、螣蛇巳火をみることで、口論や闘争になります。あるいは辰戌が用爻なら必ず訴訟です。

なぜ口論で憂いがあるのでしょうか？　申酉金と寅卯木は相冲、相絶、相刑です。申金が卯木を見たり、寅木が酉金を見たら相絶です。主に殺戮、分離、分散、絶情で、お互いに孤立します。金が木を剋すと主に言い争い、訴訟、心配、損財、車の災、四肢の怪我、親族の争い、木の伐採、父母に傷などです。四位内に朱雀午、螣蛇巳、辰戌土などがあれば、口論が発生し争いが絶えません。

【例】

金	金	木	木
	（白虎）	（太冲）	
庚	申	卯	寅
	丙	辛	

福となります。

人元は外部で客です。主に天候、祖先、上司を表します。貴神は管理職で、両親、官禄を表します。将神は妻、財、親族、同僚などです。地分は部下、子供で内部を表します。

人元と貴神が将神を剋し、外の二金が木を剋すと、家庭内で心配事が起こり、外部からは謀（はかりごと）が起こります。卯木は門戸を表すので家の門戸の損傷や改修や車両の損傷です。人元と貴神が地分の寅木を剋すので、財の損や、足や子供の怪我等です。幸い将干辛と神干丙が合化で水となり、金の気を漏らし木を生じるので、死ぬ目にあっても生き返るかの如く、災い転じて

火が金位に臨むと困難に遭います

巳や午の火が申酉の金に臨むことです。もし上に玄武子水を見ると、賊の謀、告訴状、あるいは裁判です。土地を争うと必ず理を失います。貴人丑土を見ると、やりたくないことを頼まれます。青龍寅木を見ると、裁判による憂いや財帛金銀の争いです。六合卯木を見ると、裁判所から呼び出されます。巳午の火を見ると憂いや奇怪

なことで血の出る災いが起こります。

⑴　困難に直面して前に進めなくなっています。もし地分が申金か酉金で、将神が勝光午火か太乙巳火ならば、必ずそうなります。貴神から論じても間違いはありません。火が金に臨めば、逃げ出します。

⑵【例】

水		癸	
水	（玄武）	子	甲
火	（太乙）	巳	己
金		酉	

人元は将神を剋し、貴神は将神を剋し、将神は地分を剋し、地分は人元と貴神を生じます。神干と将干は甲己で干合化土となり、水を剋します。人元と貴神は同じ五行で比和、外からの影響があります。人元と貴神は将神太乙巳火を剋して主に損財、妻に傷、支援や援助を乞う、憂鬱、政府の問題による災い、論争等です。あるいは、女性の争いか、外部の人からのいじめです。地分は酉で家を表します。人元、貴神が将神を剋し、将神は地分を剋し、外から内に何回も剋すのが、外部から内部が欺かれるということです。したがって自分の家や財産は外部の人に奪われます。神干と将干は干合し、貴神が将神巳火を剋すので、親戚や友人との争いです。玄武子水が貴神にあり、盗賊、妨害、公的な文書、論争、土地の争い、不正等です。三陽一陰により、貴神が用爻なので貴神を重要視します。

⑶　五行から見ると、火が剋され心臓病です。火が酉金を剋すのは肺病です。水が旺の場合は腎炎です。中医では「陽が旺なら炎症、陰が衰えれば虚症であり、実症は陽、虚症は陰です。虚であれば補い、実であれば泄（せつ）します。『素問・宝命全形論』によると、「人は形が有り陰陽から離れることはできない」とあります。『素問・四気調神大論』では「陰陽四季の関係は、万物すべての発展過程に関連し、始まりから終わりまで常に影響を及ぼしている。生死の本質である」と書かれています。物事は陰と陽に分けられ、顕在的なものと隠れたもの、理論と実践、寒い季節が来て暑い季節が去るように、無限の循環があり、これが陰陽の道なのです。

(4)【例】

庚			金
甲	寅	（青龍）	木
丁	巳	（太乙）	火
	申		金

人元庚金は青龍木を剋し、財の損や失職、財をめぐる争いです。あるいは家の老人が怪我や死亡、地位が無い、学識がないことを表します。また貴神が将神を生じ、近所で争いごとがあります。四位の火は旺で金に臨み、求めることは困難が重なります。家では怪我や災があり、逃げることや避けることを表します。

木が土に入ると刑罰や獄である

木が土に入るとは辰戌の二神が巳亥の上にあり、青龍寅や六合卯を見ることで、これを木が土に入るといいます。さらに上に金を見ると、その罪は軽くはなく斬殺の厄です。土が水の上にあると拘束され財を失います。火を見たら血の出る災いです。

(1) 地分が巳亥あるいは貴神に巳亥を見る、あるいは神干、将干に丁や癸を見ることを刑獄といいます。将神に辰戌、あるいは人元に戊土や己土を見ればトラブル、口論、争いです。辰戌は神殺で天羅、地網、天牢であり殺戮を表します。ゆえに必然的に牢獄です。もし貴神に青龍寅、六合卯、及び人元が甲乙なら、木が土に入る、あるいは土の上に木を見る（関）となります。人元に木を見たら牢獄、土を見たら裁判で争い拘束され、金を見たら重い罪で死刑、火を見たら血の出る災い、水を見たら水刑、水災です。

(2)【例】

牢獄の課を論じるには、土の上に木を見ると関で、木の上に土を見ると隔となり牢獄の災は重くなります。冲破、空亡あるいは天赦、天徳、月徳があれば災いはなくなるか貴人が助

辛	乙	己	丁	癸
戊寅	癸卯	庚寅	己卯	辛卯
丙戌	甲辰	戊戌	庚辰	壬辰
巳	巳	亥	亥	巳
（斬殺）	（牢獄）	（刑徒）	（火光）	（水災）

けてくれます。

斬殺の課を見ると、貴神青龍寅が将神戌土を剋し、木が土に入ります。地分巳に地結するので牢獄の災です。寅は官貴、身体、主の意味があり金に剋されると必ず斬殺で、身体を剋され必ず死に至ります。入るとは必ずその上に現れることを意味します。この用法は書物によって異なりますが、この解釈が一般的です。

【例】　結果はどうなりますか？

乙酉	乙酉	庚申	丁亥
	戊	土死	
	戊寅	木旺	
	癸未＊	土死	
	寅	木旺	

【解析】
1．用爻は死で、内外から救いは無く、死に死が加わることになります。用爻の干癸は、悩み苦しむことです。
2．格局は木と土が交じり口論や争いで、対立を引き起こします。二つの木が用爻の土を剋し、牢獄や官災を意味し投獄の象です。

土が水の上にあれば田庄（田畑や荘園）の争いである

辰戌丑未の土が亥子の水に臨むことです。四季の土を見なくても、勾陳辰が月将であるか、亥子が土の上にあっても同じ意味になります。あるいは玄武子が大吉丑に臨んでも同じになります。また、朱雀午が未に臨む、螣蛇巳が亥子に臨むと争いです。

人元が水で貴神が土であれば外部の人と、貴神が水で将神が土なら親戚や友人と、将神が水で地分が土なら、家庭内で土地や資材の争いや訴訟になります。

上が下を剋すと外から、下が上を剋すと外に向かって進む

問題は外で起こるか内で起こるかのどちらかです。人元が貴神を剋す、貴神が将神を剋す、重ねて上から下を剋すと、問題は外からやってきます。将神が貴神を剋す、貴神が人元を剋す、あるいは下から重ねて上を剋すと、問題は内からやってきます。

客が主を剋すと物を求めてくる、主が客を剋すと客は空しく帰る

自身のことを占うのであれば、貴神が自分です。財を求めるのであれば、貴神が財で人元が主です。主が客を怒ると（人元が貴神を剋す）、物を手に入れようとします。客が主を傷つけると（貴神が人元を剋す）、主は逃げ客は何も手に入れられずに帰ります。手に入れたいものがあれば、主と客の関係を詳細に見なければなりません。主と客の関係が悪ければ、何も得ることはできません。

一般的には人元が客で貴神が主です。財を求める課なら、人元が主で貴神が財です。生じられれば万事がうまくいき、剋があれば得ることは難しいです。また訣によると、「主が客を剋せば容易ではないが財は得られ、客が主を剋せば争って得る」とあります。

四位相生はすべてに吉、内に刑剋があれば憂いや患いがまとわりつく

四位が相生であれば、吉にならないことはありません。相剋は凶です。どこの位が剋を受けるかを見ます。人元であれば主に官事、貴神であれば目上の人、将神ならば妻財、地分であれば子供に傷です。凶神が生じられれば凶の中に吉があり、吉神が剋を受ければ吉の中に凶が隠れています。四位内で生じるということは恩恵や福を表しています。一つの位が三つの位を生じる、三つの位が一つの位を生じる、あるいは外が内を生じる、内が外を生じるのは、すべて一団となり和やかな雰囲気を醸し出し、福をもたらします。もし一つの位が三つの位を剋

す、三つの位が一つの位を剋す、あるいは内が外を剋す、外が内を剋したら、争いや訴訟です。相剋があるからこそ凶災となり、ライバルが生まれ、天災や災厄が生じるのです。

1. 貴神が人元を剋せば、出世を求めると利があります。もし出世を求めないのなら、自分が旺で他が死で、自分は他を制約します。大切なものを失ったり、外に財を求めても得られなかったり、主客は何も手に入れることができません。
2. 貴神が剋を受けると、仕事運は凶で失職したり、財産や権威を失ったりします。あるいは心臓の病や家長の怪我です。客が主を剋したら、外部から物を頼まれる象です。
3. 将神が剋を受ければ、妻の怪我や財の損です。あるいは家の中で失財です。
4. 地分が剋を受けたら、子供、使用人、部下、目下の人の怪我です。田宅の損、道具やペットを失います。
5. 貴神が人元を生じると、外で喜びがあります。人を尋ねたら必ず会えます。
6. 人元が貴神を生じたら、外が内を生じるので喜び事は外から来ます。外から人が訪ねて来ます。
7. 貴神が将神を生じると、親族と会えたり、仕事で財や物を得られたりします。
8. 将神が地分を生じると、子供、田宅、ペットに旺で、母親は立派な子女を持つことができます。
9. 地分が将神を生じると、婚姻がうまくいき、孝行な子供がいるか、名声が高まります。

寅申は貴客、子午卯酉は食べ物、巳亥は物を要求すること、小吉未は女性・酒食・宴会です。寅は天の役人、申は天の城なので貴客となります。小吉未は女性・酒食・宴会で、人を招待するのに良いです。射覆(せきふ)にはこの判断を使い、災禍を判断する際にもこれに準じます。

課の中に寅や申が旺相で剋を受けていないなら、その人は貴客か、ある方面に能力のある人です。もしその人の見た目が虎や猿に似ていたら貴客として見ます。

水土金火は竈（かまど）である

四位内に水土金火がすべてであれば、土地の争いです。宅を占うなら、必ず周辺に竈があります。懐中の物を占えば瓦です。

水土金火がすべてであれば、田宅についてのことです。竈で焼き作られたものを表します。

庚辛は臼及び門窓を意味する

月将を時に加え地分まで数えて起課します。

宅を問うなら、地分の上に庚を見たら臼、辛や酉を見たら碾臼（ひきうす）です。庚は門で、辛は窓です。また、水の通る道です。庚辛金が剋を受けたら、古い門窓や、壊れた門窓を意味します

庚午は門を改め、家を改築する

人元の庚に午が加われば、その家の門を改める、南を増築することを意味しています。そうでなければ、門か、西南の扉に一本の柱が接しています。二金があれば、以前は梁が接続されていました。上が下を剋したら、その家の石は必ず傾きます。

人元庚が午に臨む、貴神、将神に庚午を見たら門を改築します（午は南方位）。そうでなければ、その門は家屋とつながっているか西南にあります（庚の納支は申で西南方位）。

一本の柱で家屋と接しているか、新しい部屋の増築をします。二金を見たら、新しく二つの部屋を作ります。下が上を剋すと、その家の門の横には必ず石があります。

四孟相生は草ぶきの家である

四孟は寅申巳亥です。五子元遁を行い、壬寅、戊申、乙巳、辛亥となれば、この干支の組み合わせは相生となりその家は必ず草ぶきです。

宅を問うなら、すでに適していないところが多くある家か、変えたところがあります。

学習者はこの部分においては、少しの知識で十分です。

丙丁が旺なら悪人である

宅占では四位内でどの神が旺になるのかを見ます。火が旺で高地に住んでいなければ、その家には必ず悪人がいます。水は悪習に囚われる、木は仁義、火は策略や陰謀、金は不順、土は淳厚です。これに基づいて類推してください。

課の丙丁の火が旺で剋されていなければ、その人は自己中心的で傲慢であり自制心が無く、深刻な問題を抱えています。さらに火は策略や陰謀で、水を見れば応じるとあります。

姓の五行との相生で子孫は繁栄する

課内で火が旺のとき、角徴宮の姓の人が占ったら相生の気があります。

古代の姓は宮（きゅう）、商（しょう）、角（かく）、徴（ち）、羽（う）の五種類の音に分けられ、五音と呼ばれていました。

五音は古代の学問（文字、訓詁、音韻）中で音韻に属します。社会的な教育の一部であり、通常子供は十歳から十二歳までに基本を学習します。五韻に対応する五行は各々異なり、課の中の旺爻は生、剋、比等の関係で影響が生じます。

もし姓の五行と旺爻が相生、相比なら、その家は人が多く子孫は繁栄します。その逆も然りです。この方法は古代に宅占で使っていました。

四位に相刑があれば悪いことがあり、上下に相生があれば福に満ちる

占う人の命（その人の生年支）より五つ前にある地支が宅、命の三つ後ろの地支が庄（村内、町内）です。たとえば、卯年生まれの人が占えば、申が宅です。申を地分として課を立てます。課内相生は吉、相剋は凶です。四位内で、上にある三位が下を剋すと天窓を破り、下にある三位が上を剋すと必ず家は崩れ落ちます。また破財、子孫が弱く問題があるか、後妻がいます。下にある三位が上を剋すと、法律問題が度々起こり、頭や目の疾患が多くあり、最も凶です。もし四位内で下にある二位が上を剋すと、主に訴訟や病を患います。また上にある二位が下を剋すと、妻を殺します。上が下を剋すと家は低地にあり、下が上を剋すと高台にあります。この家は破財の家です。

老子の『道徳経』の中で、「人は地に法り（のっとり）、地は天に法り、天は道に法り、道は自然に法る」とあります。その中の「人は地に法り」は、人の命運には規律があり、環境に制約されていることが書かれています。人は一つの場所に長く住むと、その環境の気の影響を受けます。古人は「地に久しければ方は地に権有るを知る」と言いました。宅の環境の判断の良し悪しは生命にとって重要なことであり、さまざまな判断方法が生まれました。

上が下を剋すと家は低い場所にある

人元	戌
貴神	丁卯
将神	戊辰
地分	辰

十月の将は寅、甲子日の寅時に辰を地分として立課しました。

天羅辰の伏吟を見ると辰は丘峰の神です。また六合卯木を見ると木は二つの辰を剋し、その家庭は不和で、祖父はいません。木が天羅を剋すためです。また人元は戊で辰と一家族をなし、これらを剋すので兄弟は仲が悪いです。さらに木が中心にあり、両側の土を剋すので、地位のある人はかつて裁判で争ったことがあり、地位の低い人は権利がありません。この家は必ず東

西側の低い場所にあります。

六合卯木が下の二土を剋す、上が下を剋すと、その家は低いところにあります。ただし、一つの陰木が二つの陽土を剋すことは難しいので、そこまで低くはありません。戊辰は丘峰で東西西北方向（地支の辰土は十二地支の中で東から南に15度傾いたあたりの位置）です。剋を受けると、その家は南北ではなく東西に低くなります。

下が上を剋すと家は高いところにある。水が火の下にあると難産である

十月の将は寅、甲子日の亥時に巳を地分として立課しました。

伝送申が巳に臨み、下が上を剋します。また勾陳辰が上にあるので、その村は南に位置し、山の側面にあり、門は西に向いています。そうでなければ西に行くか、その家の女性たちに争いがあります。宅占なら四位内が火旺で、その家は高いところにあり、その家と姓が相生なら生気があり大いに喜びがあります。姓が旺気で丙があれば、かえって下を剋し、家庭内に争いごとがあります。家に旺気があっても、その家には必ず凶悪な人がいます。

人元	己
貴神	戊辰
将神	壬申
地分	巳

四位内に土旺を見れば、その家は必ず丘の上にあり、家の敷地には墓があるか、近所に墓があります。土の上に木を見たら、疾病で苦しんで死んだ人がいます。四位内に木旺を見たら、訴訟がありその家は新築で、木が茂っていて兄弟は義があります。木の上に金を見たら主に訴訟です。木の上に水を見たら、財帛の喜びです。木の上に火を見たら、その家は女子が産まれます。火の上に火を見たら家の中に女性の病人がいます。四位内に金旺を見たら、金は刑剋の神で、その家は争いや訴訟があります。兄弟は不義で、軍人が出ます。武功は優れていますがその人は凶悪です。旺金の上に土神を見れば、災厄が多くなります。比和は先に凶で後から吉です。金の上に木を見ると六畜に傷です。火を見れば大凶、または訴訟、病の人は治りにくいです。金の上に水を見ると大吉です。もし玄武水なら窃盗する人がいます。四位内に水旺を見たら、賊人が出ます。その家は河が近くにあり、水災があります。さらに鬼のような顔を持つ子孫が、頻繁に盗賊として侵害を行います。火が上にあれば出産に

凶で、下にあれば夫婦は不和です。木が上にあれば財帛の喜び、金を見ても喜びです。上に土を見ると妊婦に不利です。水を見れば病気で亡くなります。

1．下が上を剋すと家は高いところにあり、山間部で、その人は山の上に住んでいます。もし平地に住んでいたら住むところの地勢は比較的高い場所で、都会であれば高層マンションです。占うときは、実際の状況と合わせて具体的に判断するようにしてください。

2．丑と戌は廟神（びょうしん）です。申が廟神を見たらその家からは上級の軍人が出ます。

3．比和とは同じ五行のことで、生じることも剋すこともないので吉です。ただし金旺であれば不順、ゆえに先に凶で後から吉です。

この方法は、古代には軍事地域の選択にもよく使用されました。

甲乙は林で、単独であれば樹である

人元再遁を行い、地分が木で人元が甲乙になると必ず林があります。単独とは一、二本の木があることです。甲乙が水に臨むとその家には必ず菜園があり、内に小さな木があります。甲乙が土の上にあると、その樹には必ず枯枝があります。甲乙が火に臨むと焦げて乾燥します。水に臨むと渓流が近くにあり、金に臨むと樹木があってもその樹は必ず空虚で、多くは槐（えんじゅ）の樹です。

地分を変えず五子元遁法の歌訣「甲己環作甲」により人元再遁を行い、甲木を得ます。もし寅や卯が地分にあれば、必ず林があります。

金を見ると枝を損ない樹皮に傷がある

人元再遁を行い新しく人元となった十干に照らし合わせて用います。甲乙が対冲の庚辛になれば、庚辛が甲乙を剋すので、その樹は枝や樹皮がありません。陽に剋されたら枝で、陰に剋されたら樹皮です。地分申は変えず、人元が庚なら、五子元遁法により、地分申に対して人元は甲になります。人元を再遁すると甲となり課の内外に甲を見たら対冲となり樹は必ず枝に傷があります。

丙丁が旺なら住む場所は高台にある

人元再遁を行い丙丁が旺になれば高台や丘（都市にあれば高いビル）です。午未か子丑に臨めば東西、寅卯辰巳、申酉戌亥に臨めば南北に横たわります。水に冲されると溝になります。剋があると高地であり、丙丁が寅卯の木に臨むと山林です。

庚辛は斜道とし、状況をさらに詳細に調べます。

庚辛は斜道とし、状況はさらに詳細に調べる

人元再遁を行い、道が東西南北のどこに向かうかを知る方法です。四孟の上に庚辛（庚辛の位置は西か西南）を見ると、その道は必ず斜めに向かいます。また干は大道で支は小道です。火は金と対冲なので、道は必ず分岐点になります。本位に臨むなら必ず大道で、もし他の十二支であれば小道です。巳午か丙丁あるいは冲なら、その道は分かれ道か十字路です。

戊己が旺であれば墓である

人元再遁を行い、戊己が旺で剋が無い場合、必ず山か墓があります。墓の中の死者が何の病気で亡くなったか知りたければ、後述する方法で判断できます。また何色の服を着ているのかを知りたい場合は、人元再遁をし、納音五行を用いてその色を推測します。

土は墳墓や丘陵を表し、死者に苦痛があったことを示す

戊己が庚か寅木の上にあると、その墓の死者は痛みに苦しみ亡くなりました。あるいは、墓が崩れたり、かつて墓を修復したりしたことがあります。

もし六合卯木や青龍寅木があれば、墓の上に花の咲く樹があります。

壬癸は河川や溝である

人元に壬癸を見ると河川です。納音が水なら必ず水があります。もし戊己の冲を受けたら、その河川には水はありません。白虎申金は道路か、河や水の交わるところです。もし大吉丑土を見たら、必ず土橋があります。太冲卯木なら船や車、あるいは橋があります。

川の曲折は刑傷を見る

壬癸は川で、壬寅癸卯を見たらその川は南北に長く、水は南に流れます。丙丁があると南を前方とします。旺爻が刑剋に遭うと流れが止まり、辰土が水を剋すと水は東西に流れ、南に流れていた川が北の乾に向かいます。下が上を剋すからです。甲辰、乙巳、丙午、丁未が壬癸の水を剋すと、水は本来の位置に向かって北に流れます。

下記は十二貴神の代表的な物事ですので、入課したらこれを用いて判断してください。

大樹が死ぬと家長がなくなります。水が上に来ると谷川が傍を通ります。

貴人丑は祠で宅への道です。太陰酉は碓が並んでいます。

螣蛇巳は竈です。朱雀午は巣が損なわれています。

六合卯は樹の生死を見ます。勾陳辰は溝や渓谷の土の堆積(たいせき)地です。

青龍寅は神樹や槍刀です。天后亥は池や渓谷、泉です。

玄武子は鬼神と書画です。太常未は酒食や五穀豊穣です。

白虎寅は道路及び刀剣です。天空戌は寺院、道、僧、仙です。

これらは孫臏の真の甲子であり天地の移り変わりを掌中に観ることができます。

この意味は、「六十干支の手法を用いて天地が掌中に現れる」ということであり、老子の『道徳経』の中にある、「天網恢恢疎にして漏らさず（天の網は荒いように見えて決して見過ごすことはない）」ということです。

寅は大樹で、もし貴神や人元に庚金があり旺なら、寅木は死地です。貴神は家長、老翁で、ゆえに「大樹が死ぬと家長が亡くなる」となります。これは「地に久しければ方は地に権有るを知る」という理論です。

古人は天地の格物の気象を見抜くことができるほど、洞察力にあふれていたことがうかがえます。


【まとめ】

五行の理論は玄妙であり、後の学習者も細かく論じることができます。ここで引用した原書の内容の詳細は拙著『六壬神課金口訣心髄指要』（太玄社）を参照してください。これは金口訣の方法で最も大切な基礎知識と応用です。頻繁に学び続けることができれば、解断の方法を迅速に理解することができます。

これらの口訣は、起課しなくても日時、方位、干支の関係を用いて直接判断することができます。

第４節　金口訣四位関係

金口訣は四位が干、神、将、方の四つに分かれています。これらの間には相生相剋制化など玄妙な理があり、問いの結果を決定します。したがって、四位の相剋関係とその主な事柄をよく覚えて、柔軟に活用する必要があります。そうすることでこの絶学を習得し、人と天は定数の大門に入ることができます。課内で四位の判断をする際には、まず五動、三動を確定し、次に干、神、将、方の四位の生剋関係、神殺を見て具体的に解析します。

1. 五動

金口訣の応用をする際、五動から事柄の大まかな概要を決定します。

「五動は発用の門である。五動を知らずして発用の門を知ることはできない」と言います。五動は事柄の性質を決定するものであり、それゆえに以下の五動の歌訣を熟知し、熟練することが必要です。

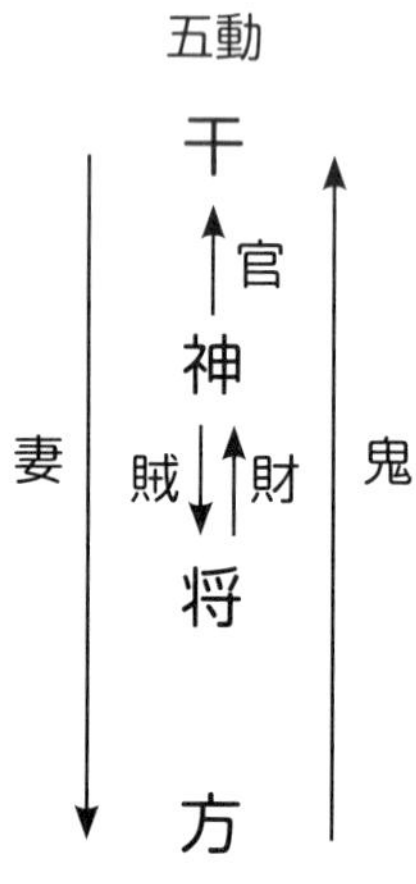

(1) 人元剋地分は妻動である

妻動は妻妾のことです。占うことは主に妻妾に関することです。婚姻について問う場合、男性側に意見があり不成立の象です。もし成立しても婚姻後に浮気が多いです。

仕事運や財運を占えば、失敗したり損をしたりするので注意が必要です。官職があっても求財は不利で、損失があります。財を求めても地分が副財爻のため、土地や家屋の損失、財産の損失などがあります。

人を占えば、上が下を剋すので人を訪問したらその人は家にいますが、訪ねても喜びません。上から隔てて下を剋すので、行けば必ず阻害があり、訪れても相手は不快であり、来た人を受け入れたくありません。

外から内を剋すので、外の人に物や金品を取られるか、外部から干渉されることがあります。地分が剋を受けるので、目下の者に言い争いが外から来ます。射覆では上が下を剋すので、そのものはひっくり返っています。

また、下部に欠けがあります。下が剋を受けるので物の一部が欠けているか足がありません。

【例】結婚はどうですか？

年	月	日	時
丙申	辛丑	辛丑	乙未
	庚	金旺	
	壬辰	土休	空
	乙未＊	土休	
	寅	木死	

【解析】

人元が地分を剋すので妻動です。男性の浮気が発覚し、対立が起きました。

(2)　貴神剋人元は官動である

貴神の官爻が動くので、官動は官職を求めるのに利があります。もし駅馬に逢えば必ず出世や栄転となります。官動が年、月、日、時間、貴神、青龍寅、朱雀午、白虎申、鬼動を見れば速やかに昇進します。父母動（印綬）を見れば職権や官職を持つようになります。官動が冲に遭うと、他人の訴訟を手伝うか、虚偽の官職を持っているということです。

二馬（天馬、駅馬）に逢えば出世の喜びで官職の移動があります。課内の貴神が旺相ならば高い地位と大きな報酬を得られます、休囚死なら移動は起こりません。

官爻が人元を剋し、一般の人にとっては公や役所に関することです。官はあっても財を望むことは難しいです。財動は将神が貴神を剋すので官職を傷つけます。官動が合に逢えば、公の物を得られます。人元が剋を受けるので、自分のことであり、外に求めるのはよくありません。財を得たいなら損失に注意が必要です。自分が外を剋すので、財は秘密で守る必要があります。上が剋を受けるので、頭部に病気があります。天干は頭部、主に頭痛、めまい、頭部に傷、また、喉に問題があります。酉を見たら気管支、未なら食道の疾患があります。

【例】 出国は順調にいきますか？

乙酉	庚辰	丁亥	庚戌
	戊	土相	
	乙巳	火旺	
	丁未＊	土相	空
	申	金死	空

【解析】

乙巳が旺で文書、条款を表します。巳申が刑合で、所在地区で刑事制限を受けています。

地分は空で刑は空刑です。文書での制約を受けています。

乙木が戊土を剋し官動です。公的な機関に関することで公式の書類で制限を受けていることを示しています。

実際には国外へのパスポートを申請しましたが、政策の制約により申請が受け入れられませんでした。この事例は旺爻が蔵に入っている象で、干支関係、神殺、五動の四つから総合的に判断しました。

(3) 貴神剋将神は賊動である

賊動は内に賊が発生します。内の財爻が剋を受けるので、陰謀によって財物を盗まれます。財爻は将神で、家の中の財物及び妻です。内部と外部が結託し、家庭内から外に財物が運ばれ盗まれます。あるいは家の中に後妻がいる場合、怪我や疾患、不幸が起こります。

盗まれた物品には内部の関与があります。結託したかは明らかではなく詐欺については不明です。内爻が剋を受けるので、腹部の病気や婦人科系、腰、腎臓疾患です。財産の損失、妻位が傷を受けるので目下の者や子供に災いや疾患があります。

貴神が将神を直接剋すと、内外は不和で、謀や望みは成就しません。貴神と将神が相合なら謀は達成できます。相生ならうまくいきますが、冲・剋・刑・破なら家族との不和、法的な問題が家に迫っており、外部から欺かれる、隣人との関係が悪化し、争い事が起こります。不道徳な行為や、秘密の浮気、妻財が剋を受けて不正なことが起こります。将神は妻妾で剋を受け、不倫です。他の人が関与して不正な関係を築こうとし、不透明な出来事や行動が不明瞭で、状況は曖昧です。妻財が剋を受け、淫蕩、盗んだり譲ったりと必ず損失があります。盗まれて物が移動する、将神が剋を受けて財産の損失及び奪われて壊れます。妻妾の淫欲で、家庭内は不明な財や曖昧不明なことがあり、女性は家庭を維持することができません。内爻が剋を受けるので物事は曖昧不明です。病の恐れがあり軽くはありません。内部が調和していないと、女性や子供は災いや病が発生します。軽視してはいけません。

癸未	乙丑	壬子	乙巳
	丁	火	旺
	己酉	金	死
	壬寅＊	木	休
	未	土	相

【例】　プロジェクトはうまくいきますか？

【解析】

賊動、寅酉絶です。計画は実現しないまま、途中で中止されました。

(4)　将神剋貴神は財動である

財動は財を求めるのに良いです。内が外を剋すので、求財は必ず得られます。また、財を求めるためには自分で動き、外に出て財を求めます。官を占うと、うまくいきません。官爻が剋を受け、官を求めても不順調か、財の損失で職権を失います。将神は妻妾で、主人の妻は美しく、家庭を良く守り、妻が富を築いたため、主人は外で浮気をしています。他の関係に動揺しています。内が外を剋すので、人は外に出ていき、外で大きな富を築く一方で、途中で障害が発生します。災厄が起こりますが、それは妻妾によるものではなく、自身に生じます。また、貴神が剋を受け、家族の中に病気や自然災害、人災などが起こります。病気は回復が見込めません。貴神が剋を受け、病気は心臓にあります。薬は無く治療方法がありません。また、身体的な不安があります。財産に関しては貴神が剋を受けるので損害があるか、コストがかかります。あるいは、事情が変わることがあります。職位を失う恐れがあります。官爻が剋を受けて不利であり、女性とのかかわりを持つと官職に損害を与え、職務権限が変動します。

【例】　今日の買い物はどうですか？

丙申	辛丑	壬寅	乙巳
	庚	金死	
	戊申	金死	
	乙巳＊	火旺	空
	戌	土相	

【解析】

巳火が申金を剋し財動です。将干乙木も神干戊土を剋し財動です。課中の用爻は得時で、寅巳申の三刑です。その買い物には損失を伴います。

実際、その日に三つの本棚を購入し、受け取ったときは満足していましたが、後で以前に購入したものよりも小さいことに気づきました。

(5) 地分が人元を剋すと鬼動である

鬼動は災いに憂うことや怪しいことです。占うことは怪しいこと、あるいは怪しい人に関係があります。野心が高まり、謀を外に求めます。成功しますが、家庭は不順調になります。

下が上を剋すので、仕事運は外に出るとうまくいきます。位を隔てて外を剋すので、訴訟は必ず他人や親族、友人を巻き込みます。軋轢は内外の間柄から生じます。下位の人が上位の人に対して歯向かい不正な手段で利益を得ようとします。国民が官吏を告発し、また官吏が仕事を通じて他の官吏を騙すことがあります。人元は剋を受け喧嘩です。事は口論が原因で内部から起こります。事は家庭内から生じ、曖昧不明で、争いごとが後に他人を巻き込むことがあります。小さな争いが外部で訴訟に発展します。また、自身が官職に損害を与え、他人を陥れようとします。恨みや仇によってお互いに損害が生じます。

病気は良くなります。地分が人元を剋し、病気は目の下から顎の上にあります。

家庭は安定していません。家庭内が不穏で、人々は不安であり混乱があります。

壬午	己酉	庚寅	丁亥
	癸	水死	
	丁丑	土旺	
	丙子＊	水死	
	未	土旺	

【例】　どんな気持ちですか？

【解析】
　鬼動があります。家庭が不安定で、論争と不和が続いています。

2．三動

地分が人元を生じるのは父母動です。印綬、小さな者が大きな者を尊び大吉です。文書、印鑑、名誉などが得られます。

人元が地分を生じると子孫動です。主に子孫のことであり小吉です。子孫繁栄、外から財物が入ってきます。

人元と地分が同じ五行だと兄弟動です。比肩があると事の多くはうまくいかず、小凶です。兄弟や友人との間で争いや不和の相です。

【例】　妊婦は病院に何をしに行ったのでしょうか？

己卯	壬申	丁未	戊申
	庚	金休	
	乙巳	火死	
	己酉＊	金休	
	子	水旺	

【解析】
　1．子孫動、子水が旺でかつ巳酉己（丑）合金局生水でさらに旺です。子孫動は人が増えることを表し、病院へ行き、子供が産まれることを意味します。
　2．課の中の用爻は酉で六合は辰です。申子は三合申子辰の辰が足りないので、辰日の酉時に産まれると判断しました。

【結果】
実際そのとおりでした。

3．四位の生剋について

(1) 人元

人元が貴神を剋すのは外が内を剋すので、一般の人は財や仕事や地位を失います。

人元剋貴神は客が主を剋し、外から妨害を受けます。一般の人は財産を失い、役職を持つ人は役職を失ったり罷免を防いだりする必要があります。他人によって計画された策略によって、不利な状況に追い込まれます。司法の場で敵に勝たれ、戦う力がありません。

人元が将神を剋すのは破財です。心配や病気にまとわりつかれます。

人元剋将神は求財に不利、一般人は財の損や病気で憂います。将神が陽なら男性、陰なら妻、婦女です。また家に他人が入り物を盗むことで財産を損失し、妻に怪我です。

人元が貴神を生じるのは外から助けが来ます。親戚や友人が訪れます。

人元生貴神は外から物や富を受けとることができます。家の中が生き生きとします。官府の中で働いている人がいます。

人元が将神を生じると、内外の調和が取れ、他人からの干渉や贈り物があることを示します。

人元生将神は、誰かが財を持って自分を助けに来てくれます。誰かが自分に関与し、外から人が助けを求めに来ます。遠方の親戚が私に頼みごとをし、他の人が自分に物を送ってきます。

(2) 貴神

貴神が地分を生じると内外が和合します。

貴人や官職のある人が助けてくれます。

貴神が地分を剋すと、間接的に求財することになりますが遅くなります。

貴神剋地分は、仕事には妨げがあり、計画や願望がスムーズに進展しません。

貴神が将神を生じると内外は和合し、人が財物を持って助けに来てくれます。

貴神生将神は計画が順調に進みます。外から人が訪れ、夫婦が和合し、妻は髪を結い、親族が仲良くなります。

貴神が人元を生じると出世です。

仕事運では信頼できる人がいます。官府で働いている人がいます。他人から物を与えられ、自分は他人に財を求めます。求めれば必ず得られ、探せば必ず見つかります。内が外を生じるので、自分が外部に求めたり、外に出て人を訪ねたりすると必ず会えます。

(3) 将神

将神が人元を生じるとすべてに順調です。

将神生人元は、自分がお金や財産を貴人に贈ります。内外が調和します。父子関係や夫婦関係が良好になり、家庭が裕福になります。財産や人が繁栄する兆となります。内が外を生じ、さまざまなことが順調に進みます。

将神が人元を剋すと、喜びが重なります。試験の場合は、遠くへ行くのが良いです。

将神剋人元は二つの喜びがあり、外に財を求めれば必ず得られます。家庭内の人と財がどちらも旺盛になります。

将神が地分を生じると外から助けがあり、子孫は繁栄し富み、幸せが多いです。

将神生地分は家内和合、自分が人を助けます。親族が分かれて遠くへ行くことで求財に大きな喜びがあり、土地家屋は豊かになります。子孫は繁栄し名誉と富貴を持ち、官職につきます。

将神が地分を剋すと争いが起こります。子供の怪我や、土地や家畜の損失です。将神剋地分は訴訟や官職の問題です。家財の崩壊や、子供に障害や足や手を骨折して四肢が傷つきます。

(4) 地分

地分が貴神を剋すと、外部の財産を損ないます。下が上を剋して市民が役人に苦情を言います。

地分剋貴神は、下が上を剋すと隔位が相剋となるので、子供が親の指示に従いません。

地分が将神を剋すと妻の財産を損ないます。最初は失望して後に喜びに変わります。

地分剋将神は家の財が失われ、妻に怪我です。外出先で財産を失い、最初は憂い、後で喜びです。

地分が貴神を生じると内外和合、才能に恵まれ事業が順調に進みます。

地分生貴神は人の手を通さず直接財が入ってきます。家の中の子供は孝行で、孫は賢いです。

地分が将神を生じると、幸せな結婚です。

幼い子は母を尊敬し、家庭和合です。恋愛において地分の六合が対象の方位になります。

(5) 干

神干が将干を生じると、喜びは外から入ってきます。

将干が神干を生じると、喜びは内から来ます。

貴神将神の二干が分局すると、相生は喜びになりません。

貴神将神の二干が合局なら、喜びは重なります。

神干が将干を剋すと、災いは外からやって来て、賊動と同じになります。

将干が神干を剋すと、事は内から起こり、財動と同じになります。神干と将干は、貴神と将神の十二支との相剋により、事は交互に起きたり重なったりします。神干や将干が庚辛金で剋されると（寅卯木）、家庭内での奇妙な出来事、災い、訴訟、喪事があります。金は白虎の気があるからです。貴神と将神干の上にある十干は、たとえば、六乙日に将神卯に五子元遁をすると己卯を得ます。貴神が朱雀ならば壬午です。

剋、比、合の場合も前の方法に従って判断してください。

神干と将干が相冲剋の場合、貴神と将神の十二支が生合でも喜びは不成立なことがあります。神干と将干が相合、たとえば、甲己合で貴神の十二支と将神の十二支が相生の場合、喜びは重なります。

分局とは貴神が人元を生じ、かつ将神が地分を生じます。

合局とは人元が貴神を生じ、かつ地分が将神を生じます。

剋も同じように考えます。例として将神卯木が貴神午火を生じ、また神干壬が将干己土に剋される場合、事は交互に起こり成就は難しいことになります。十二支は生じて十干は剋す場合、事は繰り返されます。

(6) 一類朝元

一類朝元とは、人元と陰陽五行が同じ十二支が貴神、将神、地分の三位にあることとです。課に天乙貴人丑があれば、権力者や上司の命令や招集に応じて従うべきですが、一般人にはよくありません。

十二支ごとに朝元をあげると、甲は三寅、乙は三卯、丙は三午、丁は三巳、戊は三辰か三戌、己は三未か三丑、庚は三申、辛は三酉、壬は三子、癸は三亥を見れば皆一類朝元です。生剋合が無いので、事は重なり合い、伏して動かず、栄誉なし、名声なし、阻害され滞留します。また同類のため比肩であり動きはなく、父母、官鬼、妻財、子孫動はありません。もし純金、純火の課であれば、この判断は使いません。火はあらゆるものを燃やし尽くし、金は凶殺の気を持っているからです。

庚子	甲申	戊戌	丁巳
	甲		
	甲寅		
	甲寅		
	寅		

【例】

2020年8月23日娘がアメリカからシンガポールに戻り、PCR検査を受けましたが、健康状態はどうでしょうか？（門下生の劉結紅さん）

【解析】

秋の課で、四つの甲木を見て一類朝元です。木は旺で金を侮らず力は均衡です。事は動かず変化もなく、健康の兆です。その後、8月26日に結果が出て、すべて正常でした。

(7) 四位倶比

①四位が庚辛申酉金の比は、西方の白虎、太陰の象です。主に兵、喪、訴訟、邪淫、不義、人の死、親族の刑罰、家庭不安定で万事が吉にはなりません。

②丙丁巳午火の比は、南方朱雀、螣蛇の象です。争いごとや法廷の問題、災難や傷害、釜が鳴る、火光、親戚との関係が悪化し、住まいに不吉な兆候があります。

③壬癸亥子水の比は、北方玄武、天后の象です。水の性質として氾濫です。家計に損害が生じ、不正や邪淫、疫病、水害、未亡人や孤児、盗賊の害です。

④甲乙寅卯木の比は、東方青龍、六合の象です。吉ではありますが生気に欠け、仁はあっても恩に欠けます。兄弟はいても父母はなく、何度結婚しても後継ぎができません。求めることはなしにくく、名誉栄誉なし、困難に直面しあらゆることが滞ります。

⑤戊己辰戌丑未土の比は、中央の勾陳、天空、魁罡の象です。事は重なります。父母、官鬼、妻財、子孫がなく、相生相剋もありません。土の万物を育成する功がありません。あらゆることが遅れ、阻害されるため

望みはなしにくく、問題が次々引き起こされ事態は収まりません。

(8) 五比同類

①人元と地分の比は正比です。問題は友人、比肩にあり、多くは実現しません。親族と友人の争いで小凶です。
②人元と貴神の比は近比です。問題は外にあり、自分に関係しているか、外から妨害が来るか、外部に金銭を騙し取られます。
③地分と将神の比は遠比です。問題は友人や同僚にあるか、外部から排除されることがあります。
④貴神と将神の比は次比です。問題は親族や近所にあり、親族や友人との争い、不和です。
⑤四位の比は合比です。問題は親族や周りの人にあり、門が重なり閉じ込められて出られません。

「比」は、まったく相容れないエネルギー状態を示しています。それ以外の場合は、直接比較する必要はなく、直接受け入れるか従うことです。相比の中で、友好的な比と敵対的な比が存在します。融合できるものは親比（水と火など）、できないものは敵比（金・木・土など）です。ただし、具体的な分析は詳細にする必要があります。なぜなら、陰陽が入課し、明と暗があるからです。天干が親比でも地支が敵比である場合、表面的には調和がありつつも、裏では対立しています。このように決まった法則はありません

(9) 五絶

寅酉は金絶で文書や道路に関することです。
卯申は木絶で財宝や車馬に関することです。
午亥は火絶で口論や訴訟に関することです。
子巳は水絶で驚きや恐れ、男女問題に関することです。

①将神と貴神にあれば正絶です。事はすべて終わり、人は集まって散り、夫妻は離別します。求めることは成就せず、病を占えば亡くなります。
②将神と日支にあれば遥絶です。貴人は喜ばず、官職を退きます。
③将神と時支にあれば次絶です。役人が中断や分散について話し、物品が損傷します。
④将神と命（生年の十二支）にあれば大絶です。非常に驚くこと、災禍、破産、旧事が動き、進退が不安定、病占は必ず死に至ります。
⑤将神と地分の絶、地分と貴神の絶は、内絶です。正絶と同じように判断します。
以上の五絶の主な事柄は断絶、人との離散、器物損壊、病を占えば大凶です。卯申午亥があると、合の中に絶があります。卯申は木絶、午亥は水絶です。課の中に金水土があると絶とすることはできません。卯午は集まってもまた散ります。申亥なら断念しても再び継続し、失ってもまた得ます。

将神と地分は日、時間や四位との関係から絶を考えます。五行の相絶は基礎ですが、応用する際はよく注意をしてください。

(10) 三合全身

①寅午戌は炎上課といいます。財帛、文書の喜びの合です。亥子水による壊局を忌み、壊局になると望み事はなしにくいです。人元が丙であれば火局全です。人元が庚であれば鬼動で身を剋します。人元が甲ならば相生です。
②亥卯未は曲直課といいます。婚姻、会合の合です。申酉金による壊局を忌み、壊局になると望みごとに阻害があります。人元が乙であれば　木局全です。人元が己であれば官動や鬼動です。人元が癸なら相生です。
③申子辰は潤下課といいます。移動、企て、争いの合です。辰戌土による壊局を忌み、壊局になると望みごとは変わります。人元が壬であれば　水局全です。人元が戊であれば官動や鬼動です。人元が庚なら相生です。

④巳酉丑は従格課といいます。男女淫乱、軽薄の合です。巳午火による壊局を忌み、壊局になると望ごとは隔たりがあります。人元が辛であれば　金局全です。人元が乙であれば官動や鬼動です。人元が己なら相生です。

壊局は、下が上を剋すと迅速で、上が下を剋すと阻隔、中間が剋されると求めることは半分しか成就しません。三合課は、三支が全部揃うと吉凶や禍福を語ることができます。剋合、生合も同様に判断することができます。たとえば、寅午戌火局全で、もし神干や将干に壬水癸水があると剋合となり、順調な中にも阻害があります。合して合せず、変わりそうで変わらず、なのです。他の三合課も官動、鬼動、四時の休旺や空亡で判断します。三合課は変化が全体で決まるため、日沖、月破、空亡、剋合を考慮することが必要であり、合局全身と同じように判断してはいけません。

⑾　五合

①貴神と人元の合を官合といいます。官職のある人は永禄を得ます。官職を求めるのに良く、一般の人は法律に関することとです。

②将神と貴神の合を正合といいます。婚姻の喜び、親族や友人と集まります。病占は良くありません。求めれば成就し、家族は共に助け合います。

③将神と人元の合を隔合といいます。内外につながりがあり引き立てを受けますが、妨げがあるため、遅延します。

④将神と地分の合を進合といいます。協力しながら物事を進めます。謙虚に行動し、小さなことから大きなことに向かい、事は遅くなりますが成就します。

⑤地分と人元の合を鬼合といいます。官職を求めて禄を得ます。出世しますが親族は不和です。憂いや患いがあり、病占にはよくありません。

干支の相合は天地陰陽が配合する意味であり、万物を生成して吉凶がすべて備わっています。たとえば、甲己の日に五子元遁法で立卦すれば、丙寅と辛未は合、丁卯と壬申は合、戊辰と癸酉は合、己巳と甲戌は合、庚午と乙亥は合となります。

同じ旬内の干支が相合であれば、君臣が共に喜び合う象です。異なる旬の支干相合は、天地の徳合です。五合は協力して計画や望みを成就することです。支干ともに合であれば、その物は円形です。合の中に空亡があれば、占う物は円形で中は空で、求めることはなしにくいです。合して合せず、分かれて分かれず、合してもかえって分かれたりします。親族が疎遠になる、先に合しても後で離れる、親しんでも親しまず、義があっても不義です。

神干と貴神の合の場合も官合といいます。

鬼合の相合とは干と干を除き、支と支の相合とし、干を納支したものと支の相合も同じように考えます。すなわち地分が人元を剋して剋合があるのは、人元の干を納支したものの場合です。

【例】

人元	辛
貴神	辰
将神	酉
地分	巳

辛の納支は酉です。巳酉の半合で、巳剋辛は鬼動です。すなわち、この課は鬼合があります。鬼合には二種類あり、一つは鬼合課、もう一つは鬼合全身課です（詳しくは『六壬神課金口訣心髄指要』（太玄社）の48節「六十四課鈐」第一課と第二十四課を参照）。

『易経』には「神に方無し易に体無し」とあります。易学の観点から干支を論じると、天干は陽で、地支は陰です。陰陽の和合こそが、干支の組み合わせがあることの理由です。

⑿　五行気化

甲己は土、乙庚は金、丙辛は水、丁壬は木、戊癸は火と化します。

課の中に土が無くても、もし神干と将干が甲と己になれば、元の気は変化して土として作用します。射覆では土類か、土の中から出たものです。物事を判断するには、土の気として考え、土が旺となる日時が応期となります。

たとえば、丁壬の日に、人元甲、貴神螣蛇巳火、将神河魁戌土、地分辰土を得たとします。甲木は下の螣蛇巳火を生じ、巳火はまた辰戌土を生じるので土は旺です。また、神干は乙、将干は庚なので、乙庚干合は金と化し、金は土に生じられますが、人元甲木は金から剋されますので、詳しく考える必要があります。

仕事占の場合は鬼動で判断し、仕事運は吉ですが政府関係のことを占えば凶です。これらを基準として、さらに日辰や月令を見て判断してください。

甲己が乙庚、乙庚が丙辛、丙辛が丁壬、丁壬が戊癸、戊癸が甲己を見ると制を受けて化すことができません。妒合は化せず、時冲は化せず、空に逢うと化せずなど、条件に合わないと化すことができません。これは五行の奥義であり、詳細に考慮しないといけません。

上記の例は以下のようになります。

甲
乙巳（螣蛇）
庚戌（河魁）
辰

課の年月日時の干に己土があっても、甲己は合化して土になることはできません。甲己は乙庚に制を受けるので、金により傷つけられ、化すことができません。他も同じように考えます。

第5節　神殺

1. 合用神殺

神殺とは暦紀の学問とも呼ばれます。その中の神が吉神であり、殺は凶殺です（殺は勢いを弱めるもの）。古語では、「殺は治めるよりも化すほうが高い」とあります。このことから、殺は化されることを好み、悪を善に変えることができます。

神殺の体系は干支をパラメーターとして系統立てています。中国では、唐代初期に初めて確立され、清代の乾隆帝によって『協紀辨方書（きょうきべんほうしょ）』が承認され、大成しました。

以下に挙げるのは六壬神課金口訣でよく使われる神殺です。応用する場合はその問題に基づいて選択する必要があります。大きな要素、特異な要素、格局の基礎に基づき、関連性のある要素を取り上げ、関連性のないものを排除することが、神殺の取り方の基本原則です。そうでないと複雑になり混乱し、選択が難しくなってしまいます。

(1) 徳秀

徳とは、月に生じられ旺となるもので、どんな凶神をも解きます。

秀とは天地中和の気で、五行によって変化します。天地の清らかな気と、四季で旺となる神です。つまり、寅午戌月は丙丁が徳であり、戊癸が秀となります。申子辰月には壬癸、戊己が徳で、丙辛、甲己が秀です。巳酉丑月は庚辛が徳で乙庚が秀です。亥卯未

徳秀		
月	徳	秀
寅午戌	丙丁	戊癸
申子辰	壬癸、戊己	丙辛、甲己
巳酉丑	庚辛	乙庚
亥卯未	甲乙	丁壬

ご愛読者カード

ご購読ありがとうございました。このカードは今後の参考にさせていただきたいと思いますので、アンケートにご記入のうえ、お送りくださいますようお願いいたします。

●お買い上げいただいた本のタイトル

●この本をどこでお知りになりましたか。

1. 書店で見て
2. 知人の紹介
3. 新聞・雑誌広告で見て
4. DM
5. その他（　　　　　　　　　　）

●ご購読の動機

●この本をお読みになってのご感想をお聞かせください。

●今後どのような本の出版を希望されますか？

購入申込書

本と郵便振替用紙をお送りしますので到着しだいお振込みください（送料をご負担いただきます）

書　籍　名	冊数
	冊
	冊

●弊社からのDMを送らせていただく場合がありますがよろしいでしょうか？

□はい　　□いいえ

料金受取人払郵便

神田局承認

1915

差出有効期間
2025年7月
31日まで
切手を貼らずに
お出しください。

郵便はがき

101-8796

509

東京都千代田区神田神保町3-2
高橋ビル2階

株式会社 太玄社

愛読者カード係 行

フリガナ		性別
お名前		男・女
年齢	歳	ご職業
ご住所	〒	
電話		
FAX		
E-mail		
ご購入先	□ 書店(書店名:) □ ネット(サイト名:) □ その他( )	

ご記入いただいたお名前、ご住所、メールアドレスなどの個人情報は、企画の参考、アンケート依頼、商品情報の案内に使用し、そのほかの目的では使用いたしません。

月は甲乙が徳で、丁壬が秀です（明代の著名な進士である万民英『三命通会』より）。

徳秀があり、破・冲・剋が無ければ、天性の聡明さがあり温厚で和やかです。もし吉神を見たらさらに高貴となります。冲や剋があればその力は減少します。

「聡明は徳秀に他ならず、怠惰は常に怠け者を作り出す」といいます。徳秀の貴人は、生旺に逢えば喜び、休囚に臨むことを忌みます。もし全力を尽くしても役に立たず終わることがあります。たとえ徳秀の貴人であっても、一生を通じて目標を達成できず、退廃し、秘めた才能を抱えたままになるでしょう。

(2) 天徳

天徳は天の助けです。天徳が入課したら憂いや禍はなくなります。凶が吉に転じ、危険はなくなり、目上の人や貴人の喜びです。

紀暁嵐（清代の官僚・学者）の『閲微草堂筆記』には、北京昌平に住む老婦人が多くの鶏を飼っていましたが、卵だけを売っていたという奇妙な話があります。誰かが鶏を買って持ち帰りたいと思っても、老婦人はどんなに高くても売りませんでした。しばらくすると鶏は繁殖し、ますます数が増えていきました。毎朝、鶏たちは互いに鳴き合い、まるで軍隊のようでした。ある秋の日、老婦人は刈り取った麦を外に干していたところ、鶏の群れが突然やってきて、麦をつつき始めました。老婦人は不思議に思いました。これまで鶏たちは決して食べ物をむやみに食べることはなかったのに、今日はどうして従わないのだろうと考えました。しかし、鶏があまりにも多かったため、家族全員を呼んで鶏を追い払うことにしましたが、東側から追い払っても、鶏たちは西側に行って麦をつついてしまい、家族は鶏たちを追いかけ大変なことになりました。その最中、

天徳											
寅	卯	辰	巳	午	未	申	酉	戌	亥	子	丑
正	二	三	四	五	六	七	八	九	十	冬	腊
丁	申庚	壬	辛	癸亥	甲	癸	甲寅	丙	乙	巳	庚
天徳合											
壬	巳乙	丁	丙	戊寅	己	戊	己亥	辛	庚	申	乙

突然大きな音が聞こえ、老婦人一家が住んでいた五つの部屋が突然崩壊してしまいました。それで鶏たちは散り、もう麦をつつくことはなくなりましたが、老婦人はその時初めて、鶏たちは家族を家から引き出し、一家が災難から逃れることができるようにしたのだと気づいたのでした。

これが天徳であり、天からの助けです。漢代の賈誼（かぎ）（政治家・思想家）が言った、「愛を与える者に愛が返り、幸福を追求する者に幸福が訪れる」という言葉も、この原理にもとづいています。

天徳の具体的な応用は、天干を用いるということです。たとえば、課内の将干や神干、人元にかかわらず、正月に丁を見たら天徳が入ります。他の例も同じように考えます。

【例】父親の病気を占いました。

己丑　辛未　己未　辛未
乙
甲子
甲戌＊　甲は天徳が入課
亥

【解析】
丑未戌は三刑です。病占においてこの人は苦痛や心身に制約を受けています。甲乙で頭に疾患があり、行動に影響を及ぼしています。幸い六月（未月）の起課で、課の中の甲は天徳が入課しています。これにより困難は解決されます。

【結果】
実際にそうでした。父親は突然の急性脳梗塞を発症し、歩行に影響が出ましたが、現在、基本的に回復しています。

(3) 天徳合

天徳と相合する干支が天徳合です。

入課すると災難は解決し、凶は吉と化します。また年長者や貴人が喜びます。他もみな同じです。たとえば、正月（寅月）に丁を見たら天徳ですが、もし課内に壬があれば天徳合となります。冲、破、空亡に遭うとその力は無力となり吉から不吉に転じます。

(4) 月徳

入課すると年長者が喜びと調和をもたらし、悩みと危機を解消します。凶を吉と化し、万事順調になります。正月（寅月）に起課し、課の中に丙を見たら月徳が入課します。冲、破、空亡に遭うと、その力は無力となり吉から不吉に転じます。

月徳合

月徳と相合する干支が月徳合です。

その作用は月徳と同じですが、吉の程度はわずかに弱いです。

例として正月（寅月）の月徳は丙で、丙と相合する辛が月徳合です。寅月に辛があれば月徳合です。

特筆すべきことは、天徳や月徳が合するところが陽干（甲、丙、戊、庚、壬）であれば、それ自体で解決能力を持っています。陰干（乙、丁、己、辛、癸）であれば、外部の力を借りれば解決できるという象です。

月徳		
月	月徳	月徳合
寅午戌	丙	辛
亥卯未	甲	己
申子辰	壬	丁
巳酉丑	庚	乙

(5) 天赦

宋代の廖礼伯『五行精紀』によると、「春の戊寅、夏の甲午、秋の戊申、冬の甲子、甲は干の徳の最初であり、戊は干の徳の中心です。子午は陰陽の正であり、寅中は陰陽の成である。それらは皆天地の中の正気である。ゆえに『天宝暦』には『陽の盛りは寅で、陰の盛りは申である。子で陽が生まれ、午で陰が生まれる。皆四季は生旺の気であり、天に対して正しくないことはない。春と秋には戊土が盛りを助け、冬と夏には甲木が仁徳を広げます。それが「天赦」である。罪を許し傷つけない、過ちを許し、罪を宥める神のことである。ただし、五月の甲午と十一月の甲子は、天赦であっても、天地の転殺日と同じであり、月建の圧が加わるため、土地を動かすなどの作業を行う際は、注意して行う必要がある」と述べています。

また、清代の程良玉（程元如）は『易冒』の中で、「天赦は人に新たな機会を与える」と述べています。すなわち、春の戊寅、夏の甲午、秋の戊申、冬の甲子は、刑罰の占いにおいて、罪を許す機会を得る時であり、古代の帝王はこの日を利用して天下全体に大赦を実施しました。

さらに、民国時代の袁樹珊は、『命理探源』の中で、「『三車一覧賦』には、『天赦とは、命の中に天赦があれば、一生心配することはない』と述べています。また、『天宝暦』には、『天赦とは、時の過ちを許し、罪を赦す時のことであり、天が甲と戊を生み出し、地が子午寅申を創り上げたため、甲戊を組み合わせて天赦を作った』と書かれています。

天赦			
春	夏	秋	冬
戊寅	甲午	戊申	甲子

春に戊寅を見る、夏に甲午を見る、秋に戊申を見る、冬に甲子を見る場合、それらはすべて天赦の主要な日であり、これらを見ると大吉です（毎年最大6日）。清代の小説家である雲陽嗤嗤道人が書いた長編小説『五鳳吟』（現在はハーバード大学図書館に所蔵されている）には、「我々はただこれを利用して身を寄せ、不安を抱えつつ天赦を待ち望んでいる」という文章があり、人々が天赦日を待ち望んでいることがよくわかります。

唐代の『四時纂要』によると、天赦は刑罰や悩み、危機を解消する力があり、祭祀、祈禱、修繕、結婚、子孫繁栄、墓地の整備、葬儀、出入りに利益をもたらし、平穏で安全であり、貴人の協力を受けることができるとあります。また、善行や放生をすることで、効果は倍増します。もちろん犯罪者を追跡し、事件を解決することも含まれます。明代の無名（匿名）の著『道法会元』には、「山中の妖怪や邪悪な者に対して、天赦日は、彼らを追い詰めて罪を断つことは許されている」とあります。

天赦日は、毎年めったにない天が罪を許す日で、感謝の気持ちを返す最も良い日であり、この日に祈願し、懺悔し、カルマを消し、疫病神を追い払うのに最適です。また、冬の甲子天赦が最も良いとされています。この日には、名山、美しい場所、聖地などに訪れ、過去の罪を省み、感謝し、自身の業を捨て去り、心身を浄化するべきです。また、甲子日は善財童子が検斎[注1]する日でもあり、願掛けをすると子孫が繁栄し、財や幸福が訪れる大吉の日とされています。

古代における「天赦」に関する記録は珍しくありません。たとえば、陳寿の『三国志』の「魏書・王毋丘諸葛鄧鍾伝」には、「今日の天赦を得たら、子孫がいない場合でも、指示に従って後継者を指名し、祭祀を絶えさせないようにしてください」と、あります。唐代の李益（詩人）の『大礼畢皇帝御丹鳳門改元建中大赦』には、「霊鶏鼓舞天赦を承け、高翔百尺朱幡を垂る」という句があります。

宋代の宋庠（文学家）の『孟津歳晩十首』には、「高潔な人々に日常の品行を保ち続けるよう促し、罪を許された人々には天赦を受け入れるよう助言している」という句があります。

宋代の王仲修の『宮詞』には、「吉兆が集まり、それが天からの恩寵である天赦となり、五つの聖山が共に万

注1「検斎」

検斎とは、願いをかなえることです。唐の貞観元年正月十五日、唐太宗皇帝は大臣たちに「天下のすべての民に、毎三四日、長明（明けの明星）に斎戒（精進潔斎して心身を清浄にする）を設け、幸運を祈願しているのになぜ災厄が生じるのか?」と尋ねました。三蔵和尚は、「万姓が斎を設ける日は、凶神に遭遇しているのです。すべての災厄は『蔵経』（仏教の経典）に記載された吉神の日に従わなかったために発生しているのです。ですから私たちは、『蔵経』の中の『如来選択記』にあるように、福や災は日の吉凶によってもたらされると思います」と述べました。

壬戌日と癸亥日は、「諸仏が検斎しない日であり、用いる必要がない」とされています。この二日は、すべての仏神が斎供養の時間を見ていないため、斎戒を行う必要がないのです。このことからも、仏教文化が中国に伝わった後、多くの中国文化の要素と融合され、唐代の『六祖壇経』が出現したのち、仏教中国化の完成を象徴していることがわかります。

歳の歓声を呼び起こす」という句があります。

宋代の李洪の『送徐致州交代賜第帰親庭』には、「詔書が完成し、速やかに賛美を招集し、普遍的な朝廷を称え、感銘を受けても、静かに天赦を受け入れるべきである」という句があります。

宋代の王鞏の『甲申雑記』には、「門を出て、列に座って聴き、許しを求める。その後、牛を呼び寄せて一人の人に告げた。あなたの家族が功徳を積むなら、天があなたを赦しましょう。その人は空中に舞い上がって去っていった。話が終わると、牢獄の様子は以前のように戻った。その人が赦免されていることから、囚人たちはわずかな瞬間だけ静まり返った」とあります。

『遼史』巻七「本紀第七・穆宗下」には、「丁未の日、宮殿に戻った。戊申の日、自分の誕生日が天赦の日にあたるため、祝いを受けることなく、都にいる囚人たちを特別に赦免した」とあります。

元代の馬端臨の『文献通考』には、「正月の一日、毎月八日、太歳、三元、天赦の日、及び上慶誕日には、どれも極刑を中止する」とあります。『元史・本紀第五・世祖二』には、「王鑑が王に関することで大理へ行って殺された。王鑑の子は自立していないので、その子は天赦により優遇された」とあります 。

『全元曲』からの一節には、「龐涓が夜になり急速に馬陵道を駆け抜け、九層の天から一枚の天赦の紙が降ってきた」とあります。

明代の作者不明『花箋記』には「法廷で、天赦に到り、死から生へのつながりが今ここにある」と、清代の余治の著書『得一録』には、「毎年、清明と冬至の二回、または天赦の吉日に、官吏は石碑の文字を塗りつぶすために、漆工と共に動き、すべての小さな墓石や碑文に朱の色を一度塗り、人々の注目を引く」と記されていて、これは清明、冬至、天赦日には、石碑の文字を新しく書き直すことができるということを言っています。

清代の潘榮陛の『帝京歳時紀勝』には、「春の戊寅日が天赦日であり、新たに埋葬された墓に対して戊寅日前の期間に祭祀と墓掃除が行われる。言い伝えによれば、新しい墓は天赦日を超えてはならないと言われている」という内容が記されています。

天赦日に生まれた人々について、歴史には特別な記録もあります。たとえば、『宋史・列伝七十二』や明代の陳耀文の『天中記』では、北宋の宰相である富弼に言及し、その特徴を強調するために「天赦」という言葉が使用されています。「富弼は字を彦国といい、河南出身であった。初めに、富弼の母親である韓は妊娠していた。彼女は夢の中で色とりどりの旗、鶴、雁が庭に降りてきたのを見た。夢の中で、それは『天赦』が訪れることを意味していると言われた。そして、後に富弼が生まれた。彼は幼少期から学問に熱心であり、非常に高潔な性格を持っていた。范仲淹は彼を見て驚き、「彼は王佐の才（国家の発展や安定に大きく貢献し、国家を支える要）である」と言った。彼の文章を王曽、晏殊（北宋の詩人）に示し、晏殊はその妻を彼に嫁がせた。後に蘇軾（北宋の政治家）は、彼の碑文を「天赦があり、その後に公が生まれた。彼が民衆のために尽力し、業績は、北は燕然、南は河まで及び、多数の人々を生かし、彼はその手で人々を慰めた」（富弼碑）」と書きました。

この他にもまた、天赦の日に生まれた人々に関連した伝説的な物語があります。

明代の欧陽重は、楊向春注2に占いを頼みました。何のことかを言わずに、ただ「梅」という文字を紙に書いただけで、楊向春はその紙を見て、「梅には二人がいて、下には『母』の文字がある。あなたは二人の子供を持つ

注2　楊向春（『了凡四訓』の孔道人）

明代の『了凡四訓』（『陰隲録』とも呼ばれている）は、各地で一世を風靡しました。この本の始まりは、驚くほど的確な判断力を持つ「孔道人」という人物によるものです。彼は袁了凡の一生を詳細に予言し、袁了凡が明代の四大高僧の一人である憨山大師の師匠である雲谷禅師に出会った後、彼の運命が変わったと述べています。

では、「孔道人」とは一体誰なのでしょうか？　彼にはどのような伝説的な物語があるのでしょうか？　この「孔道人」こそが、明代の雲南大理祥雲県の楊向春（字体元、号野岩）なのです。彼は北宋の邵雍（邵康節）の『皇極経世』を学んだ後、名声を博し、当時の大学者であった李贄ですら彼を尊敬していました。楊向春の著作『皇極経世心易発微』は、四庫全書（清の乾隆帝の勅命によって編纂された中国最大の叢書）にも収録されています。楊向春は後に「孔道人」と改名し、長い間福建で隠居し、武夷山で七祖仇然に法を伝えました。その後、「先生は旅に出て戻らず、どこへ行ったのかわかりません。まるで神龍のようです。頭だけ見えて尾は見えません」という伝説が残されています。

だろうが、年少の方は男で、赤文呆人である」と答えました。数年後、欧陽重は再び楊向春に会った際、「あなたの言うことを信じる。赤文呆人というのは隠語であるが、今聞くことができるか?」と尋ねました。楊向春は、「その子供は天赦日に生まれ、『赦保』と名付けられる」と答えました。欧陽重は非常に感銘を受け、「あなたのような人は他にはいない」と言いました。

このように、古代において天赦日は非常に重要視され、特に赦免の必須の日として、幅広く広がり、長い歴史を持っています。

たとえば、中医学では夏季の天赦甲午日に雨が降る場合、雨水は「純陽無根水」となり、雄黄（ゆうおう）（ヒ素の硫化鉱物）を加えて入浴すると、夏季のあせもや、虫や蛇による咬傷を避けることができます。また、冬季の天赦甲子日には、酒造りが最も適しています。古人は十月の天赦日の水を使って作った酒を「天赦酒」と呼び、寒気を取り除く効果が非常に高いとしています。後の人々は、農暦の十月十日を酒仙の降臨の日と定め、「十月天赦酒は、午時の水よりも良い」という民間のことわざがあります。

さらに、天赦日は瘟神（おんしん）（疫病神）を払うのに適しています。疫病は瘟疫であり、瘟神（疫病の神）によって管理されており、季節ごとに指揮官が異なり、太歳と同じように独自の役割を持っています。『三教捜神大全・巻四』に記載された瘟神は、「かつて隋文帝の開皇十一年六月、空中に五つの力士が出現し、それぞれ高さ約三五丈の高さに浮かんでいた。彼らは五色のローブを身にまとい、それぞれ一つの物を持っていた。一人はしゃもじと壺を持ち、一人は皮袋と剣を持ち、一人は扇を持ち、一人は槌を持ち、一人は火壷を持っていた。皇帝は『これは何の災いや福の神であるか?』と太史である居仁に尋ねた。張居仁は『これは五方の力士であり、天では五鬼、地では五瘟にあり、五瘟と呼ばれています。春の瘟は張元伯、夏の瘟は劉元達、秋の瘟は趙公明、冬の瘟は鍾士貴、総責任者は中瘟の史文業です』」と報告した。

『古今医統大全』には、温病（うんびょう）（急性の発熱性感染症）の原因について「冬に寒さを受けると、春に必ず病気になる。瘟疫は運気によって発生する。巣氏の『病源』によると、春は温和であり、夏は暑く、秋は涼しく、冬は氷のように寒い、これらは四季正気の順序である。冬は非常に寒冷で、万物は深く隠れている。賢明な人々は堅く閉じこもることで、寒さでも傷つかない。しかし寒さに触れてすぐに病気になる場合は、それを傷寒と呼ぶ。病気にならなければ、寒さが肌の中に隠れていることになり、春になると温病に変わり、夏になると熱病になる。そのため、過酷な労働をする人は、春と夏に温病にかかることがあり、それは皆冬の寒さに触れたために引き起こされるものである。傷寒から温病になる病気の場合、まず先の夏至日に温病となり、後の夏至日に熱病となる。寒冷な状況にさらされる人々は、春と夏には必ず疫病にかかることがあり、それはすべて冬の寒さに触れることによるものである。冬は季節に反して暖かい日があるため、冬温という病気が発生する。冬温は、その季節には発生しないはずの病気である。冬の寒冷な気候では、賢明な人は身を守り、外部にエネルギーを漏らすべきではない。外部にエネルギーを漏らすことは、冬の期間に精気を蓄えず、春になると必ず疫病にかかることになる」と書かれています。

(6) 天解

木の絶は申、寅はそれを破るので天解となります。困難な時冲に逢えば、困難が取り除かれます。

(7) 天喜

清代の程良玉（程元如）の『易冒』によると、以下のように説明されています。

「孟春寅に戌があれば、仲春卯に亥があれば、季春辰に子があれば喜ばしいことがある」

喜神を用いることは遁甲に特化しています。遁甲は甲を隠し、庚を拒みます。ただし、丙と丁がそれを制し、そのため甲己が五遁で丙寅を得ると、喜神は寅にあり、乙

天解			
春	夏	秋	冬
寅	巳	申	亥

天喜			
春	夏	秋	冬
戌、亥、子	丑、寅、卯	辰、巳、午	未、申、酉

庚が五遁で丙戌を得ると、喜神は戌にあります。喜神となる法則は、寅は戌、卯は亥、辰は子で成立します。他の季節も同様に考えることができます。

喜神の法によれば、甲己は東北、乙庚は乾、丙辛は独自の位置にあり、坤に向いていると言えます。丁壬は二日離宮の上に位置しており、戊癸は東南の喜びごとに関連しています。もし喜神の位置が子孫動なら、旅行は順調に進みます。その他の場合でも、動いている方向に進むことが望ましいです。

入課したら、仕事運を占えば理を得ます。あらゆることが成功し、危険は安全に、悩みは喜びに変わります。天喜を見ると喜びと祝福が訪れ、食事や宴会で人々が賑わい、家庭に新しい命が加わります。喜び、美しい人、財産が増え、計画や目標が成功し、昇進と繁栄が見込まれます。

春に戌、亥、子が入課したら天喜で、幸運で調和があります。その中で、貴神が天喜を見たら、喜びは外部にあります。将神が天喜を見ると、喜びは内部にあります。外爻が内爻を生じたら、喜びは外部から、内爻が外爻を生じたら、喜びは内部から出てきます。しかし、冲、破、空亡などがある場合、喜びはないか、一時的なものとなります。

天喜は真と偽に分かれます。たとえば、寅月に起課し、課内に戌を見たら真天喜です。しかし、亥や子なら偽天喜です。偽天喜が入課したら、他人の喜びか、一過性の喜びであり、自分自身とは関係がありません。他の場合もこれに従います。

注：「喜」という字は本来、人々が太鼓をたたき、口を開けて大笑いし、喜びの声を発する様子を表しており、祝賀の場面が余りに多いため、喜びの意味があります。天喜とは子孫繁栄を象徴し、女性が妊娠することを「有喜」といいます。また、「喜」という漢字には二つの口があるため、音を表し、常に楽観的な象徴でもあります。

また、『封神榜（ほうしんぼう）（封神演義）』（中国明代に成立した神怪小説）の中で、商紂王は罰せられず、姜子牙が神として封じる際に「天喜星」として封じられました。これには深い意味があります。

(8) 天馬

入課したら、速やかに行動することが大切で、遅らせるべきではありません。希望することは早く実現し、行動や旅行は有益です。逃亡者は遠くへ行き、戻って来ません。行方不明者は見つけるのが難しいです。他の場合はすべて有益です。たとえば、正月または七月に起課し、課中に午を見たら、天馬が入課します。他の場合もこれに従います。

旺相で天馬を見たら迅速で、休囚死は速くありません。貴神に天馬を見たら、出世や官司の知らせが迅速に来ます。貴神が内爻を生じると、出かけた人は早く帰宅します。将神や地分が天馬を見る場合、自身または家族の願いごとが速く実現します。内爻が外爻を生じると、出行は迅速で、希望どおりの結果が得られます。ただし行方不明者は見つけるのが難しいです。天馬が剋を受けると、求めることは遅くなり、停滞して動くのは難しいです。天馬が冲を受けると、行動は速くなります。西漢時代の張衡（ちょうこう）『東京賦』では「天馬半漢、龍雀蟠蜿」という一節があります。『晋書・天文志上』には「房四星……または天駟とも呼ばれ、これは天馬で、車の御者を指す」と、記されています。また、『封神演義』において、姚公伯は万仙陣で戦死し、死後に封神となり、房日兎として封じられました。これは房宿を指します。

(9) 駅馬（えきば）

入課すると求職、望みごと、移動、転職、旅行、手紙などは迅速になります。ただし逃亡や行方不明の場合、遠くへ行き、見つけることは難しいです。また、移動や出入りに関することや、仕事運に関することは非常に良い兆候です。囚人を捕捉することは難しいです。

駅馬が入課すると、風のように速くなり、逃亡者や行方不明者を捕まえることは難しくなり

天馬											
寅	卯	辰	巳	午	未	申	酉	戌	亥	子	丑
正	二	三	四	五	六	七	八	九	十	冬	臘
午	申	戌	子	寅	辰	午	申	戌	子	寅	辰

ます。昇進や昇格、遠い場所への移動は喜びと楽しみに満ちあふれています。

申子辰年、月、日、時に起課し、課中に寅があれば駅馬が入課し、求めることは迅速になります。駅馬が外を生じると、出行は迅速になり、内を生じると、出かけた人は早く帰ります。失物は見つけることが難しいです。空、破、冲、なら吉凶は不定です。計画変更は、空、破、冲の後に可能になります。また用爻の位置で駅馬を定めてください。他も同様に見てください。

三合局の中で、局根（子午卯酉）か局庫（辰戌丑未）がある、または二つが同時に出現する場合、駅馬の勢いを論ずることができます。たとえば、子と辰が寅を見た場合（その他も同様）、駅馬が動きます。ただし、三つの内部の勢いは異なります。

たとえば、子が寅を見た場合、消耗の駅馬となります。なぜなら、子水は寅木を生じ、外に消耗するので苦労が伴います。一方、辰が寅を見た場合は、発展する駅馬となります（「辰寅」は相剋だが、最終的に発展する）。子辰が寅を見たら、「万事準備は整っているが、一押しが足りない」ということになります。これは申金が不足しているからです。

また、亥卯未が巳を見た場合、駅馬となります。その中で卯が巳を見る駅馬は、外を生じ、外耗です。未が巳を見た場合は、巳火が未土を生じ、卯未が巳を見た場合は、亥水が不足しているため、条件が足りません。さらに、寅午戌に駅馬申がある場合、午が申を見て、明るい火が強い金を剋し、強い制となります。戌が申を見た場合は、土が金を生じ、外耗になります。午戌が申を見たら、寅木が不足しているため条件が足りません。

自帯駅馬干支					
駅馬	駅馬在地支	駅馬在天干	馬頭帯箭	自生駅馬	干支互為駅馬
申子辰馬在寅	庚寅、壬寅	甲申、甲子、甲辰	庚寅、甲申、甲辰	壬寅、甲子	庚寅、甲申
亥卯未馬在巳	癸巳、乙巳、己巳	丁亥、丁卯、丁未	癸巳、丁亥	乙巳、己巳、丁卯、丁未	癸巳、丁亥
巳酉丑馬在亥	丁亥、辛亥、己亥	癸巳、癸酉、癸丑	丁亥、己亥、癸巳、癸丑	辛亥、癸酉	癸巳、丁亥
寅午戌馬在申	甲申、丙申	庚寅、庚午、庚戌	甲申、丙申、庚寅、庚午	庚戌	庚寅、甲申

巳酉丑の駅馬は亥で、酉が亥を見たら、金は水を生じ、外消です。丑が亥を見たら、土が水を剋し外を剋すので、自分が動いて他人を成功させます。また、酉が丑を見ると、巳火が不足しているので条件が足りません。

「馬頭帯剣」は、庚や申が寅午戌を見る場合をいいます。庚午でも同様です。馬に「鞭打ち」（丙申も同様）をすると、北に向かって走り、南に向かって停止するという、目的が混乱することを意味します。もし日時に駅馬が出現する場合、必ず相合があり、この場合、この状況は「連繮（れんきょう）」と呼ばれ、大きな財富と幸福を集め、卓越な行動をすることを指します。駅馬の前に刑冲がある場合は、「帯剣」と呼ばれ、繮（馬を制御するための手綱）が切れた状態を示します。もし冲の金が来たら木を剋し、その災難は特にひどく、主に他国での亡命です。

駅馬を用いる場合は、順は課の中から、逆は課の外から取ります。もし馬に柵がない場合は、自由に走り回り、止めることはできません。また、刑冲に逢うと、馬は速く走り続け、休むことができません。この場合、一生懸命努力し、四方に奔走します。もし刑冲の神が、三合や六合に遇えば、「加鞭」（行動の混乱）は発生しません。

要するに、具体的な状況に基づいて詳しく分析して判断する必要があります。しばらく練習して熟練してくれば、うまく使えるようになります。

【例】　昇進できますか?

乙亥	己丑	辛酉	丙申
	乙	木旺	
	己亥	水休	
	己亥＊	水休	
	未	土死	

【解断】

1．この課は乙木があり、天徳が入ってあらゆる災難が解消され、官を求めるのは成功することができます。

2．用爻が亥で、日の駅馬となり仕事運について占う場合は必ず動きがあり、酉金が亥水を生じ、外部から支援があります。

3．用爻駅馬が月や日に臨み、その月に必ずうまくいきます。

4．丁丑年になると、用爻は駅馬になり、再び動きがあります。
5．亥卯未の木局が完成しているので、この問題はすでに決定が下されているということがわかります。

(10) 喪門（そうもん）

太歳の二つ先の十二支を喪門といいます。

入課して上が下を剋すと、喪に服す子供を表します。心配や不安、喪に関することです。病占なら大凶です。

たとえば、太歳が寅なら二つ先の十二支は辰です。課に辰があれば喪門が入課し、病気、怪我、喪事などです。

もし貴神が辰なら、人元が貴神を剋し（上剋下）、喪に服す子供、喪事、凶災、病気などです。もし将神が辰を見て貴神が剋したら、主に近所や親戚の間に凶の喪事があります。他も同様です。

課の中にあるだけではなく、「喪門」は動物（特に馬）の毛の形状にも表れます。たとえば、唐代の徐成（じょせい）の『王良百一歌・毛病・二』によると、「髪の後ろには〝喪門旋〟があり、前方には〝挟尸〟もある。髪を伸ばさないとしても、何も問題がないわけではないことに疑念を抱かなければならない」とあります。つまり、後ろ側に毛が巻いた形があれば、「喪門旋」を形成しているということです。徐成は、『王良百一歌・毛病・四』では、「帯剣（剣を持つこと）は些細な問題で、喪門（不吉な出来事）に立ち向かうことはできない。涙が口に入るような場合も、幸運に対して用心が必要である」と述べています。

(11) 吊客（ちょうきゃく）

太歳の二つ前の十二支は吊客です。

入課すると驚き、心配、陰の悪事、災い、病気です。病占では凶です。

吊客は怪我や病気や死のことで、薬や毒の服用、自殺などを表します。たとえば、太歳が亥なら二つ前の十二支は酉で、課の中にあれば吊客です。将神に吊客があれば内に、貴神にあれば外に凶災があります。他も同様に見てください。

⑿ 喪車（そうしゃ）

入課したら病占にはよくありません。もし喪車が人元を剋したら、必ず死に至ります。

春に酉を見たら喪車が入課し、病災、怪我、喪事です。

夏に子を見たら喪車が入課し、血の出る災、障害です。

秋に卯を見たら喪車が入課し、車の事故や病気です。

冬に午を見たら喪車が入課し、水に関連した災害（洪水など）、死産、または離別のことです。

喪車とは葬儀で使われる車です。『周礼・春官・巾車』には、「王の喪車は五台……墓に到るまで門を開け、車を止める」と、あり、唐代の孔穎達（くえいたつ）（哲学者）の注釈によれば、「喪車は孝子が乗るべきでない不吉な車（遺体を運ぶ車）である」と説明されています。『南史・后妃（こうひ）伝上・殷（いん）淑儀（しゅくぎ）』では、「南掖門から上がってきて、葬儀の車が通り過ぎるのを見て、自分を抑えられずに悲しんで、周りの誰もが涙をこらえない」と、あります。唐代の文人韓愈（かんゆ）の「董相公を祭る文章」では、「今、公爵が帰ってきた。公爵は喪車にいる」とあります。

喪車			
春	夏	秋	冬
酉	子	卯	午

【例】　年配の親戚の病気はどうですか?

辛巳	庚子	己未	己巳
	庚	金	死
	甲戌	＊土	相
	丙寅	木	休
	午	火	旺

【解断】　課に喪車を見て、午火が人元庚金を剋すので、必ず亡くなります。

⒀ 截命災殺（截路）

甲己に申酉があれば最も悩みが多く、乙庚に午未があれば凶、丙辛に辰巳があれば問う必要がなく、丁壬に寅卯があれば無駄な努力、戊癸に子丑があると追及するべきではなく、課の中にあれば必ず悩みが生じます。

『淵海子平』における詩訣では、以下のとおりです。

甲己申酉があれば最も悩みが多く、乙庚午未は求めるべきではない。
丙辛辰巳があれば問う必要がなく、丁壬寅卯は努力が無駄になる。
戊癸子丑があれば、覚えておくべきだ。
人生はこれほどにおいて多くの悩みがある。
突然、再び胎内で出会い、白髪がたくさんで苦しみが絶えない。

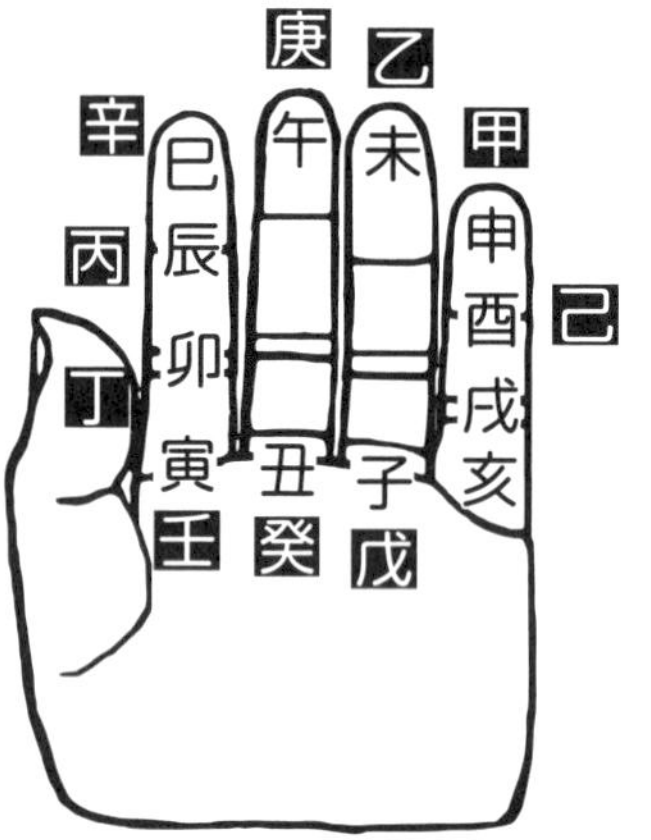

截路とは人生で出会う障害の星です。截命災殺は入課したら出行が妨げられ、求める策はうまくいきません。出産はスムーズに進まず、遅延、病気やペットについての占いならよくありません。

截命災殺は、通常日干を基準としますが甲年、月、日、時に申が入課したら、求めることはうまくいかず、敵対する人に遇います。乙年、月、日、時未に入る場合も同じです。他も同様に考えてください。

截命災煞／截路		
截路	截路(干支)	顛倒乾坤
甲乙申酉	甲申、己酉	庚寅、辛丑
乙庚午未	乙未、庚午	乙卯、丙申
丙辛辰巳	丙辰、辛巳	戊午、丁酉
丁壬寅卯	丁卯、壬寅	乙巳、甲子
戊癸子丑	戊子、癸丑	壬戌、己亥

【例1】

公元1542年、明の嘉靖21年の壬寅年、閉関修煉（長期にわたり一室に籠もり、外界との接触を遮断し、修行に専念すること）していた明世宗嘉靖帝（朱厚熜、年号嘉靖）は、長命を求めて不老神丹を苦練しており、13、14歳の幼女たちを宮殿に大量に召集し、彼女たちの処女の血を採取して丹薬を製造しました。宮女たちの清純を保つため、月経期間中でも食事をとってはならず、桑の葉を食べ、露水を飲むよう命じられました。

また、嘉靖帝の多疑で暴虐な性格や気分の変化が激しいことから、宮女たちは鞭打たれることが日常茶飯事でしたので、虐待を受けた宮女たちが耐え切れず、楊金英を首謀とした反乱を起こし、嘉靖帝を絞め殺す寸前でした。これが「壬寅宮変」として記録されています。

最終的には、反乱に参加した宮女たちはすべて酷刑で処刑され、首謀者は処刑後、九族（父・祖父・曽祖父・高祖父および子・孫・曽孫・玄孫の九代にわたる親族）まで滅ぼされました。さらに、嘉靖帝に仕えた端妃や王寧嬪（共に嘉靖帝の妃嬪）も首を刎ねられました。これは中国史上類を見ない宮女たちの反乱でした。

この歴史的な事件は「壬寅宮変」と呼ばれており、干支の「壬寅」は「丁壬寅卯一場空（無駄に終わったこと）」の截路災殺のパターンに入るため、運命がもうすでに決まっていたとされています。

【例2】　老人は何の病気にかかっていますか?

丙申	辛丑	癸卯	辛酉
	癸	水死	空
	辛酉	金相	
	丙辰＊	土旺	空
	丑	土旺	

【解析】

丙辰は截命災殺であり、二土が辰酉亥（癸の納支は亥）を見たら、自刑で腫瘍です。課内の五行に木が不足しており、肝臓の疾患、肝癌です。

【例3】　門下生の張粉栄さんの今日の課「何を悩んでいるのか?」について占いました。

癸巳	丙辰	丁丑	己亥
旺	+土	戊	
休	−火	癸巳	
旺	−土	乙未	
死空	+水	子	

【解析】

用爻乙未と人元と地分戊子は截命災殺です。災殺は主に心配で憂うことです。用爻が旺相で天干乙木は天徳合なので、多くの厄災は解消できます。大きな障害はありません。

【結果】

昼間彼女は、娘とのコミュニケーションが難しいと不満を漏らしていました。さらに、気に入っていたある人の電話番号が突然見当たらなくなり、少し落ち込んでいます。

【例4】

この例は干支関係から直接判断しました。

2022年4月19日（壬寅年、甲辰月、壬寅日、乙巳時）、ある実業家から「地元の人から6月の全国フォーラムに参加するように頼まれ、5万元を支払うように言われました。公式の招待ではないことはわかっていますが、何か収穫があるでしょうか?」と、連絡が来ました。

私は時間を見たとたんに「止」と一つの単語で返信すると、相手からもすぐに「了解しました!」と返事がきました。

およそ10分後、相手から再びメッセージが届きました。

「尊敬する米老師こんにちは。ちょうど9時50分頃に起きた出来事ですが、ある上司から電話がかかってきました。その上司は私が提出するはずだった第2段階の建設申請書が、まだ提出されていないと言いました。私は、第1段階および2棟の建設許可手続きを先に進めなければならないと言いました。第二次の土地を再度取得しようとすると、経済開発区は再び税収約束や投資約束をサインするよう求めてきます。私はこれに何度も騙されてきたので契約を結びたくないと悩んでいました。この出来事を話し終えた直後、私のポルシェが高速道路で他の車に後ろからぶつけられ、車が大破しました。車の中でフォーラムの人が支払いを求めてくるので、米先生にアドバイスをお願いしたのですが、米老師の『止』のお返事はとてもタイムリーでピッタリでした。感謝致します。ありがとうございました」

【解析方法】

その日は壬寅日であり、相手は私の知り合いで卯年生まれであることを知っていました。これは截路歌訣の「丁壬寅卯一場空」とピッタリ対応しており、事柄を議論し、それに出くわすと即座に確認することを意味しています。これは正に「天が人に警告するのは、災厄を示すためであり、神が人に警告するのは、災禍を示すためであり、人が人に警告するのは、怨みを示すためである（唐代　李義府（りぎふ）　政治家）」（『度心術・警心第九』）であり、天、神、人からの警告は、それぞれ天災、災禍、怨みを表しています。

⒁　病符（びょうふ）

太歳の一つ前の十二支を病符といいます。

入課すると主に災難や病気です。酉年に申が入課すると、怪我や病気の心配があります。

⒂　劫殺（ごうさつ）

入課すると君子には吉で、小人には凶です。君子は政治、法律、軍人、警察、首領、医師などです。吉ならば、君子は国を治めて安定させます。凶ならば休死が劫殺を見たら逆に、傷害や災害が発生しやすく、凶や災、傷害について論じることができます。旺相が劫殺を見れば止まり、出先の人を占う場合はすぐに着きます。

次のような言葉があります。

「劫殺は四季前一位（土の次の十二支）君子は印を掌握して人々の悩みを解消することができる。果敢に大衆を服従させ、善行を行使し権力を持つ者は、通常の人々の凶事と訴訟の悩みから免れる」

そのほか、劫殺の中で（ここでは駅馬と同様）申子辰が巳を見ると、子と巳で火絶となり、劫は不劫となります。もし辰が巳を見ると巳火は辰土を生じ、外から劫がやって来ます。子辰が巳を見ると、申金が足りないので、何かが問題のように見えるが、最終的には何も変わらなかったり、無駄に時間や労力を費やしたりします。

亥卯未が申を見ると、卯申の木絶となり劫は不劫となります。未が申を見たら土が金を生じ外耗で、権力を掌握する能力があります。卯未が申を見たら、多くの人が虚偽に驚きますが、実際には問題がありません。

寅午戌が亥を見ると、午亥の水絶で劫は不劫となります。戌が亥を見ると、土剋水で外剋となり、劫は外から来ます。午戌が亥を見たら多くの人が虚偽に驚きますが、実際には問題がありません。

巳酉丑が寅を見ると、酉寅の金絶で、劫は不劫となります。丑が寅を見たら木剋土で自ら劫を受けます。酉丑が寅を見たら、多くの人が虚偽に驚きますが、実際には問題がありません。

劫殺		
三合	劫殺	地殺
申子辰	巳	戌
巳酉丑	寅	未
寅午戌	亥	辰
亥卯未	申	丑

たとえば、申子辰年、月、日、時　劫殺は巳にあり、課の中に巳を見たら劫殺が入課します。他も同様に考えてください。

【例】　計画通りに進むはずが、成果が得られなかったのはなぜですか？

```
戊午　癸巳　乙丑　癸未
旺　　水　　壬
相　　木＊甲寅
死　　火　戊午
旺　　水　　子
```

【解析】

これは「旺相が劫殺に遭えば止まる」（日付や地支で用爻の寅と遭遇すると劫殺が止まる）という理論に該当します。

(16) 地殺

劫殺の五つ先の十二支は地殺です。

申子辰の劫殺は巳にあり、その五つ後ろの十二支は戌です。入課したら行方不明の人や出かける人を占うのはよくありません。阻隔があり通らず凶です。また求めることは順調に行きません。

(17) 望門殺

劫殺の冲を望門殺といいます。入課すると心配、妄想、不義行為、妻妾に関することです。

申子辰の劫殺は巳であり、対冲は亥です。課の中に亥を見たら望門殺が入課します。妄想、空想、行うことは現実的でなく計画は実現困難、または淫らな妄想のことです。他も同様です。

唐代の詩人崔護（さいご）は『題都城南庄』という詩を書きました。その中には、「去年の今日この門で、美しい人と桃の花が互いに映え、紅く染まっていた。美しい人はどこに行ってしまったのか、桃の花は昔のまま春風に微笑んでいるのに」とあります。この詩の中で表現されている門前で会えない感情は、望門殺の気持ちを表しています。

(18) 往亡

春を例にとると、立春の七日後、啓蟄（けいちつ）の十四日後、清明の二十一日後です。他も同様です。

立春後七日、2020年庚子年の立春は2月4日丁丑日で、七日後は甲申です。もし課の中に甲申を見たら往亡が入課します。往亡とは、去って亡くなることです。

課に往亡を見たら、拝官（官に任ぜられることや官に任じること）、赴任、出軍、遠出、病を問う、婚姻を忌みます。

唐代の法令や制度の変遷を記述した『唐会要』によると、「毎年正月9日および毎月の10斎日（いみび）（神に仕える者が物事を行うのを避け慎む日）には、刑罰を執行してはならない。公私においては、屠殺や漁業を中断し、これを常態とするべき」とあります。また、出行の禁忌についても唐代には五月の「忌五」の説があり、五月は悪い月で、毎月二つの数字の合計が五になる日が忌む日でした。つまり毎月の初五、十四、二十三日は旅行を避けるべきです。それ以外にも「往亡日」を避ける必要があります。ただし、課の中に徳星があればその影響は薄れます。

実際の生活でも、さまざまな例があります。たとえば、2015年に話題となった、「ゆで卵を生に戻す」という論文です。これは「往亡」のエネルギーと対応しています。

往亡		
春		
立春	啓蟄	清明
后第七日	后第十四日	后第二十一日
夏		
立夏	芒種	小暑
后第八日	后第十六日	后第二十四日
秋		
立秋	白露	寒露
后第九日	后第十八日	后第二十七日
冬		
立冬	大雪	小寒
后第十日	后第二十日	后第三十日

⒆ 天医・地医

天医とは救済の神であり、命が絶えないよう、生命を守る徳のことです。

寅月戌、卯月亥、辰月子、巳月丑、午月寅、未月卯、申月辰、酉月巳、戌月午、亥月未、子月申、丑月酉が天医となり、入課すると病人は回復します。

清代の程良玉『易冒』には、天医の「活曜法」が記載されています。五虎遁により正月に甲を遁して丁神を探すと、丁卯と丁丑が見つかります。そのため、正月は丁卯を天医とし、他は丁丑です。二月に乙を遁して丁亥を得て、三月は丙を遁し丁酉を得ますが、丑に変えられ三月は丁丑を天医とします。それは酉は仏の領域であり、日が沈む死の場所であるため、天医は居ることができません。四月は丁を遁し丁未を得て、五月は戊を遁し丁巳を得、六月は己を遁して再び丁卯を得て、他は丁丑となります。七月は庚を遁しまた丁亥を得、八月は辛を遁しまた丁酉を得て、酉に反して丑から始まり、九月は壬を遁してまた丁未を得て、十月は癸を遁しまた丁巳を得て、十一月は甲を遁しまた丁卯を得、十二月は乙を遁しまた丁亥を得て終焉します。

「天医は正月に卯と猪に臨み、三月には牛に、四月には未に現れ、五月には蛇に、六月には兎に、七月には亥に住み、八月には丑に、九月には羊に、十月には巳に存在する。十一月に再び卯に、十二月には亥に医者として現れる。活曜法において、正月は卯から順に進む」という言葉もあります。

仁には仁を、智には智を、皆さんは実践から法則を見つけ出すことができます。

天医の対冲する十二支を地医といいます。

地医は天医と同じですが、その力はやや弱いです。たとえば、正月に課内に戌を見れば天医ですが、対冲の辰は地医です。他の月も同様です。

天医は病気に関する星神であり、「天医が照らすと良い医者になれる」という古い言葉があります。それには身体の治療と心理的なサポートが含まれます。後者は心理カウンセラー、哲学者、教育者などが含まれます。

清朝の梁章鉅『浪跡叢談・続談・三談・巻八』によると、康熙帝（清の第4代皇帝）によって「天下第一」の看板が授与された名医葉天士は、自身を「天医星」と称しました。

宋代の詩人范成大は、『問天医賦』の中で「私は考える。その天医は邪なのでだろうか?」と述べ、清代の文献『協紀辨方書・義例二・成』にも、「天医とは、天の巫医であり、病を避けるために薬を求め、巫師に祈禱を依頼すべきである」と記しています。

天医											
寅	卯	辰	巳	午	未	申	酉	戌	亥	子	丑
正	二	三	四	五	六	七	八	九	十	十一	十二
戌	亥	子	丑	寅	卯	辰	巳	午	未	申	酉
地医											
辰	巳	午	未	申	酉	戌	亥	子	丑	寅	卯

課の内外に天医を見たら、病気を占う場合、悩みの中に楽しみもあり、危険の中に安全も存在します。また、特定の方位に天医を求めて病気を治療する方が良いことがあります。それは課内に見たら大きな効果が期待できます。たとえば、正月に病を問う場合、戌が「天医」として入課したら、死は生に回復し、その力は冲、破、死、絶、馬倒、禄倒等の凶神に対抗できます。

【例】 女性の病状はどうですか?

辛巳	乙未	己亥	辛未
	己	土死	
	丁卯	木旺	
	戊辰＊	土死	
	巳	火相	

【解析】
課中の卯木太冲は旺相で制を受けていないので、神経疾患です。課の中に天医を見るので、この病気は治療できます。卯木は病気の根源であり、天医でもあるので、それほど深刻ではありませんが、卯木が旺相なので解決までに複雑になる傾向があるため、何度か繰り返し治療する必要があります。

20 五鬼

たとえば、甲年、月、日、時に午が入課すると五鬼となり、訴訟、財物の損、災害、障害、疎隔、途中で放棄する、無力などを意味します。月建で旺相であれば凶悪の神となりますが、君子が問えば吉となり、小人が問えば災いとなりますので細かく判断してください。

また、甲午、己巳、庚寅などの場合も、五鬼を見るので同様に考えます。

十二支の中で辰だけが五鬼を持たず、月建が辰土を見ると追従や護衛の象になります。「五鬼」の疎隔や解決困難な無力感の困難なエネルギーについて、古代の人々はよく知っており、文学作品で比喩として使用されていました。たとえば、唐宋八大家のリーダー韓愈（かんゆ）は『送窮文（そうきゅうぶん）』の中で「この五鬼は吾を五患となし、飢え寒さをもたらす」と述べています。元朝の一代文宗（文学的な称号）である元好問（げんこうもん）の『沁園春』には、「これらの五鬼は人を不快な顔、意味のない言葉、病気をもたらす」とあり本当に無力の極みです。この中の「五鬼」は「五窮（ごきゅう）」であり具体的には智窮（知恵が乏しい）、学窮（学識が乏しい）、文窮（文化や文学的な素養が乏しい）、命窮（生活や健康の面が困難）、交窮（社会的な交流や人間関係において孤立していること）のことです。

宋代の詩人唐庚（とうこう）の『児曹送窮以詩留之』には、「世の中には貧富は二つの浮雲の如し、すでに茶陶に住んで陳に比せられた。たとえ本当に貧しき鬼を去ることができても、自らの力では富の神には及ばない」と記されています。

他には宋代の詩人陸游（りくゆう）は『閑中楽事』の二編で、「五窮は困難であるが、二人の若者はすでに逃げ去った」と、金代の辺元勲は『七夕』の中の詩で「高い建物から人々が散り、酒器は空、新しい詩を五窮に捧げよう」と、明代の卓人月『花舫縁』の第一には「20年もの努力の結果、劉蕡は自己の不遇を理解した。五窮に立ち向かっても、李広のように幾度も昇進する運命には恵まれていない」とあり、清代張令儀の『不寝』という詩にも「もう1年が終わり、五窮が再び現れる」とあります。しかし、達観した見方も少なくありません。南宋時代の「栄枯は皆定められた運命、無駄に貧困を送る詠み歌を作る」といったものがそれです。

この他、南宋の洪邁（こうまい）（政治家・儒学者）が著した『夷堅志（いけんし）・夷堅丁志巻十一・天随子』（志怪小説集）には、「歩兵が困難な道で泣く。文公は五鬼に感謝する」という句があります。「金元文学の冠」と言われる元好問もまた『送高信卿』で、「文学的な才能や知恵も貧しく、五鬼はさらに叫ぶ」という句があり、古代において「五

五鬼		
五鬼	五鬼(干支)	顛倒乾坤
甲乙巳午癸未	甲午、己未、己巳、癸巳、癸未	丙寅、己丑、丁未、丁亥
乙庚寅卯	乙卯、庚寅	乙卯、甲申
丙辛子丑	丙子、辛丑	壬午、己酉
丁壬戌亥	丁亥、壬戌	癸巳、戊子
戊癸申酉辰	戊申、戊辰、癸酉	庚辰、戊戌、辛亥

鬼」「五窮」の内容は、古代一般的な内容だったことがわかります。

もちろん「五鬼」は人を比喩する際にも使われ、権力者や特定の個人の道を妨げたり、権力を行使したりする存在です。『南唐書・巻四・宋斉丘列伝第二』には「元宗が即位し、太保中書令により任命され、周宗とともに政権を担当した。斉丘の中で、最も親しい友人は陳覚で、元宗も彼を有能な人物と認めていた。馮延巳、馮延魯、魏岑、査文徽と陳覚と深く結びついていた。内主は斉丘で、当時の人々は「五鬼」と呼んでいた」と書かれています。

宋代真宗の大中祥符（趙恒の治世に行われた三番目の年号）に、背が低く首にイボのある、「癭相（こぶの意味）」と呼ばれた王欽若がいました。彼は他人を欺いたり、不正直な手段を用いたりして、自己の利益を最優先にする不正直な行動で、帝の意向に巧みに迎合し、丁謂、林特、陳彭年、劉承珪とともに、「五鬼」と呼ばれました。彼らは天書封祀（天からのメッセージや予言を含む文書や情報を祭壇に安置し、崇拝する儀式や活動）などの活動を支援し、互いに秘密裡に連携し、権力を濫用し悪事を働いたため、歴史上「五鬼交通」として知られるようになりました。

言及すべきことは、截路と五鬼のエネルギーは同じです。ただし五鬼は暗截（目に見えない障害）を多く含んでいます。

【例】

丁亥	丙午	丙戌	乙未（日課）
	庚	金旺	
	戊戌＊	土休	
	庚寅	木死	
	寅	木死	

【解析】

庚寅は五鬼で、入課し用爻を剋します。必ず混雑や交通渋滞が発生します。

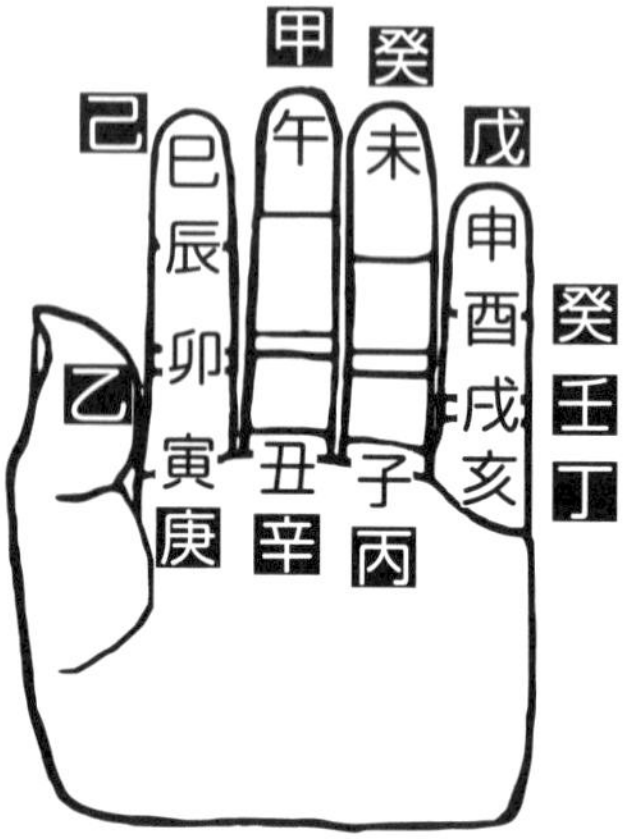

【結論】

今日外出し、道路で珍しく交通渋滞に遭遇しました。

飛天八方五鬼

甲己巽、乙庚艮に対応し、丙辛乾は問うに及ばず
丁壬坎は必ず覚えるべし
戊癸は西南に向かうべからず

(21)　喜神

甲己艮、乙庚乾、丙辛は坤位に配置され喜神が安定しています。丁壬はもともと離宮に座り、戊癸は原来巽に配されていました。

喜神不喜の歌訣にこうあります。

「甲己は座って、乙庚は眠っている。丙辛は怒りの表情で両眉をひそめている。丁壬は酔いつぶれてぼんやりし、戊癸はもともと喜神の位置にいる」

この歌訣によって、喜神の位置は方位によって決まり、用爻で判断することが重要です。

たとえば、「ある人を訪ねることができるか?」と起課後、会えるかどうか判断することができます。しかし、会った後にその人がどのような感情の状態であるかを判断するには、用爻で判断することができます。用爻が甲か己なら、座っていることを示しています。乙や庚が出たら、その人は寝ているか、休んでいるか、頭がはっきりしていません。丙や辛であれば、訪ねた人は怒っていたり、何か心配事を抱えていたりします。このようにして、学習者は、一つのことから他の事例も分析することができます。

㉒ 連茹（れんにょ）

課の中に三つ、あるいは三つ以上の地支が前後に連続している場合、連茹といいます。たとえば、課の子、丑、寅や丑、寅、卯などです。

①陽連茹

十二支のうち、陽支と陰支はそれぞれ六つずつあります。陽支の中で子、寅、辰（地分：子、将神：寅、貴神：辰、その他同様）が連続する場合や、寅、辰、午等が連続する場合、陽の連茹になります。直接的な行動や、前途が明るいことを示します。

②陰連茹

陰支の中で丑、卯、巳や、卯、巳、未、酉等が連続する場合、陰連茹といいます。秘密裡な行動や、曖昧不明なことを示します。

連茹は順連茹、逆連茹、跛脚連茹の三種類に分けられます。順連茹は期限内に完了しますが、逆連茹は期限内に完了しません。

③順連茹

地支が順番に並ぶことは、未来の出来事を表しています。

④逆連茹

地支が上から下に向かって並ぶことは、逆連茹とされ、過去の出来事を表します。

⑤跛脚（はきゃく）連茹

地支が連続しているが、順序が乱れている場合、跛脚連茹といいます。たとえば、子寅丑、申未酉などが該当し、行動にまとまりがなく、不連続であることを表します。

もし課の中に二つの連続した支があり、年、月、日、時支にもう一支が見られて三支を形成していたら連茹です。日に連茹が見られる場合、1日の内の出来事を表し、時に連茹が見られる場合は、2時間内の出来事です。連茹は応期を断じることができます。出来事の始まりと終わりの時間を示すために使用され、また数字や人物を特定するためにも利用できます。

　連茹は冲を受けたら破れます。空亡の場合は問題ありません。

　連茹が課に入ると、遅滞しうまくいきません。人間関係について問う場合は、友人や親族、同僚などに関係します。連茹は状況が継続していますが、陽連茹と陰連茹では継続の形式が違います。

丙戌	壬辰	癸巳	壬戌
	丙	火相	
	丁巳	火相	
	乙卯＊	木旺	
	辰	土死	

【例】　子供の病気はどうですか？

【解析】

卯辰巳午が連茹です。これは地支の連続が最悪の一種で、病気を問うと長引きます。

(23) 隔角（かくかく）

寅申巳亥が角で、辰戌丑未は隔です。進むには陽で、父に不利です。戻るのは陰で、母に不利です。たとえば、寅卯辰で巳を見たら孤で、丑を見たら寡です。隔角とは丑寅が艮卦の中にあるように、乾坤艮巽の四つの角です。隔角は丑寅が曲がり角の場所を指し、艮卦に対応し、阻隔の象です。乾、坤、艮、巽の四卦は、西北、西南、東北、東南の四つの角（四隅）に対応し隔角です。地支では戌亥、未申、丑寅、辰巳に対応しています。そのうち、未申と丑寅の隔角は阻隔がひどくなり、辰巳隔角は疾患、戌亥隔角は訴訟問題が増加します。

　隔角がある場合、課の用爻が陽支にあるのは陽宮で、父親に不利であり、父親を妨げることを示します。逆に、用爻が陰支にあるのは陰宮で、母親に不利であり、母親を妨げます。また、肉親との別れ、孤独な感情を示し、親子であっても関係的なつながりが薄いか、不仲になります。

たとえば、課の中で辛丑が庚寅を見たら寅は丑孤辰、丑は寅寡宿、寅丑は互いに寡宿です。孤辰寡宿は孤独で寂しいことです。古語によると、「男が妻と別れ、孤辰に出会うと、一生縁談がない。女は夫と死別し、寡宿に出会うと、何度再婚しても老後を共に過ごすことはできない」（注：絶は四絶である。また、陽は夫、陰は妻）

(24) 天羅地網（てんらちもう）

占った日の次の日の十二支を天羅といいます。その十二支の対冲を地網といいます。

もし年月日時間にあれば、囚人、訴訟、災難、病気が多くなります。

天羅地網は牢獄や訴訟を表し凶、失物は見つからず、盗まれやすい、行動はスムーズには行きません。迷子や失物を見つけることはできますが、出かけると障害に遭うことが多く、訴訟が必ず起きます。占った日の次の日が入課するか、年、月、日、時にあると天羅が入課します。天羅の対冲は地網となります。

甲子日の次の日は丑で天羅、対冲は地網です。課の中に丑か丑方向に行く場合、または年、月、日、時に丑が含まれている場合は天羅となり、年、月、日、時および方角が未の場合は地網となります。

別の方法では、戌と亥が天羅、辰と巳が地網です。男性は天羅、女性は地網が良くありません。金代の詩人である元好問の『遺山集　十二月六日・其二』の中に、「天機不可料　世網若為逃（天の機密は予測できないが、世の網を逃れることはできる）」という一節が引用されています。

【例】　女子の病気はどうですか？

丙戌	辛丑		辛卯	庚子
	甲		木	
	乙巳	＊	火	
	甲辰		土	
	辰		土	

【解析】

巳火が旺で、天行疫病です。辰が巳を見ると地網です。男性は天羅、女性は地網に注意で、女性が地網を見ると病気や災害が多いです。二つの土があり死地で、病気は次々と続くことを表しています。

(25) 関隔鎖（かんかくさ）

寅に酉は関で、戌に卯は隔、申に卯は鎖です。

酉の上に木を見ると関、卯の上に土を見ると隔、卯の上に金を見ると鎖です。外出はスムーズにいかず、出かけた人はまだ目的地に着いていません。囚われた人は逃げられず、病気や出産は阻隔があります。人を訪問しても会えず、逃亡者は遠くへは行けず、物を占えば隔たりがあり、すべてに阻隔があり、万事滞ります。

関は通りを妨げ、隔はスムーズにいかない、鎖は遠くの人が戻らない、囚人は釈放されません。

【例】

丙申	辛丑	庚子	庚辰
	庚	金旺	
	己卯＊	木死	
	丙子	水相	空
	辰	土休	空

【解説】

申時、男性浴場のドアのロックが開かなくなっていましたが、後から誰かが窓から入ってロックを開けました。卯の上に庚金は鎖です。子は鍵で、子は空で丙子であるため、冲であり自分では力が及びませんでした。

関の上に金を見ると斬関で、申寅酉です。土の上に木を見ると毀隔で、寅戌卯です。金の上に火を見ると破鎖で、午申卯です。

酉の上に木を見ると関で、金も木を剋すと斬関となり、陽金が木を剋します。卯の上に土を見ると隔で、木も土を剋すと毀隔で、陽木が土を剋します。卯の上に金を見ると鎖で、火が金を剋すと破鎖です。断言するに、囚われた者は解放され、病気や妊娠も安全になり、逃亡や罪から逃れることができ、外出も順調になります。

愚人が関隔鎖は一時小吉、斬関、毀隔、破鎖は不吉で良くないといいます。しかしそれでは賊の上に賊、兵の上に兵となると甚だしい傷となり、もし敵が私たちを包囲したなら、同時に私たちの援軍が敵を包囲し、このように何層にも包囲されると、両者が大きな犠牲を払わなければならなくなってしまいます。

応用としては五行の相生相剋の原則を使用し、微細な詳細を把握し、ある一つ神殺だけを取り判断すべきではなく、全体を見ることが大切です。

(26) 飛符

飛符は水（亥、子）に臨みません。

飛符が入課して日辰の助けがあるか、旺相であれば、凶災が身に降りかかります。健康や財産損失、盗難に遭います。

【例】トラブルに巻き込まれましたが、結局どうなりますか?

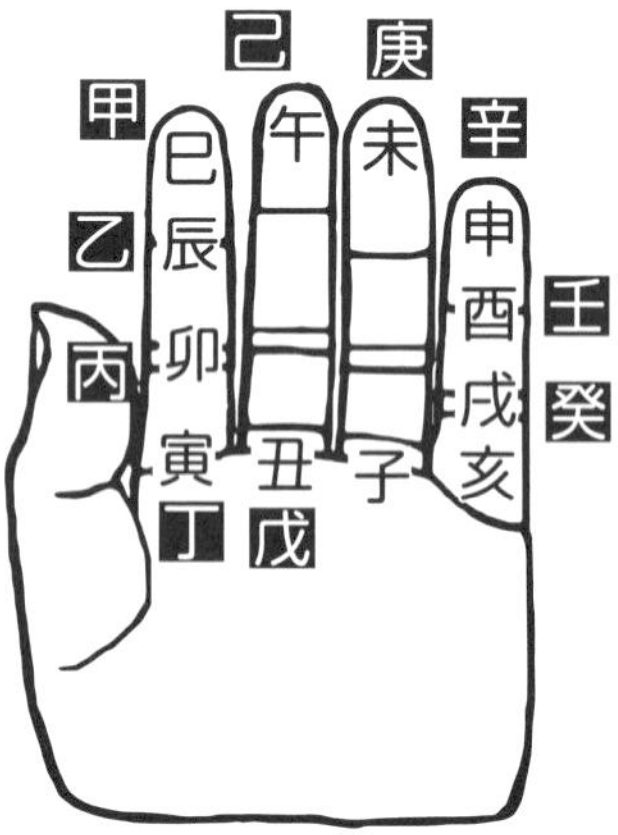

乙酉	乙酉	庚申	丁亥
	戊	土死	
	戊寅	木旺	
	癸未＊	土死	
	寅	木旺	

【解析】飛符が用爻に臨み、不慮の災難です。

(27) 魁罡（かいごう）

魁罡は臨機応変の能力があり、聡明で、思い切りが良いです。

飛符										
日	甲	乙	丙	丁	戊	己	庚	辛	壬	癸
用爻	巳	辰	卯	寅	丑	午	未	申	酉	戌

魁罡は天罡と地罡の二種類に分かれます。天罡は庚戌と壬戌、地罡は庚辰と壬辰です。

【例】　魁罡の働き

丁亥	甲辰	乙丑	癸未
	庚	金死	
	庚辰＊	土相	
	壬午	火旺	
	辰	土相	

【解析】

1．二つの魁罡により力が増し強靭な人です。富裕層の中の貧しい人で（市長の秘書として上司との関係が良い）、洞察力を持っています。辰は主に紛争や訴訟を表します。清廉、細かいことに囚われず、自己管理し、制約を受けず、他人から恐れられます。

魁罡が壬午を見ると、勤勉で質素であり、父母を早くに亡くしたり、刑罰を受けたりします。親が不在で、兄弟姉妹が親の負担を背負うことがあります。一からの出発で、頼るものが何もありません。

2．辰が寅を見ると発展や繁栄を示し、寅が多いと富貴が多いです。１９９８年戊寅年は、甲戊庚の天三奇があり、予期せぬチャンスがあります（１９９８年に長春の副秘書長から直接北京に転任できた）。

3．２０００庚辰年は魁星が三回重なり、異性（夫または妻）に必ず災難があります（彼の妻は二回大手術を受けた）。

4．三金、金が多いので金が重く、金が多いと他人を引きずり込みます。庚金は大きな問題が起きた際に適切な対処ができません。庚が庚を見ると、家は大きく事業も大きいですが、手元には財産がなく積み重ねがありません。

5．辰は、頑固で争い好きで怒りっぽく、威厳があり、独立心が強く、激昂、正義感が強く、豪快で、機敏で断固とした性格です。辰が多ければ繁栄しますが、受ける論争や対立も多いです。庚辰は、魅力的で、忙しい日常生活で多くの労力を費やし、心配事や悩みがあります。

6．壬午年は、子午相冲なので仕事は激動で身体的に不安定です。水が上にあり、火が下にあり、水は下に流れ、既存の組織システムは、内部から下に向かって発展することが、より有利です。

7．魁罡が重なり、遠くか、僻地へ行くことがあります。2002年壬午年、北京から直接新疆に局長として異動しました。その年、株の売買で大儲けしました。2005年乙酉年、乙庚が合で、辰酉も合、天地相合で出世します。

8．この課の論点は、戊を見れば出世、庚を見れば病気、壬や乙の場合は昇進する可能性がありますが、部長までです。

(28) 月厭

入課すると、呪い、恨み、嫌悪、不明な事柄です。婚姻にはよくありません。病占なら病気は長引きます。もし、天医や月厭が両方とも戌の時に出現したら、一つは病占が吉で、もう一つは病気が長引くとなった場合、どのように判断したら良いのでしょうか？

この場合、持続的な不健康な状態にある病気が、天医と出会ったということは、良い方向に向かいます。

(29) 桃花（とうか）

桃花は愛情、芸術的な感覚、美的観念、ロマンティックな気持ち、夢想的な思考、異性運や性的な事件などを表します。具体的な状況に応じて解釈してください。

桃花の応用は主に二つあります。一つは年、月、日、時間の地支が課内用爻の地支にあること（桃花は課内にある）で、二つめは、用爻が課内外その他の地支に用いられていることです。

桃花が空亡に遭うと心が不安定で妄想に耽り、酒や性的に乱れます。あるいは性的な内容を観ることを好みます。

月厭											
寅	卯	辰	巳	午	未	申	酉	戌	亥	子	丑
正	二	三	四	五	六	七	八	九	十	冬	臘
戌	酉	申	未	午	巳	辰	卯	寅	丑	子	亥

桃花には以下の種類があります。

①壁内、壁外の桃花

桃花は課内と課外の区別があります。つまり、壁内と壁外の区別です。壁内の桃花は、夫妻の愛情とロマンスを指し、壁外の桃花は、課外の年、月、日、時にあれば、浮気しやすく、精神的な浮気を含みます。

②天喜桃花

課内に桃花と天喜があれば、感情は美しく魅力的です。「天は良いことを語り、桃の花は風に乗ってやってくる」という古代の言葉にあるように、幸運がやって来るということです。

③紅鸞（こうらん）桃花

早い恋愛、早熟です。通常、課内外天干に甲を見たら、桃花は午になります。

④咸池（かんち）桃花

時支に桃花があることです。人々を魅了しやすく、たくさんの人を虜にします。

⑤桃花劫

桃花が劫殺、截路、五鬼に遭うことをいいます。名声や財産が、色欲によって損なわれます。また、刑、冲、破、害があると、性的な問題や法的問題が多く発生します。さらに多合（酉や子が主）の場合は、桃花酒で、軽薄で浮ついているか、淫乱です。

⑥沐浴桃花

課内の地支に桃花を見て、課の内外の天干と対応する場合です。

たとえば、子が甲、卯が丙や戊、午が庚、酉が壬を見る場合です。興奮しやすく、迷惑、敏感、大胆な行動を取りがちで、しばしば酒や性的な問題、水厄に遭いやすいです。沐浴桃花は、露水桃花とも言われます。

桃花	
三合	桃花
申子辰	酉
亥卯未	子
巳酉丑	午
寅午戌	卯

⑦正縁桃花

男性が問う場合、桃花は妻を示し、夫婦仲が良く、夫妻のトラブルが少ないことを示します。一方、女性が問う、桃花は優れた夫を示し、夫妻の愛情が深く長続きすることを意味します。

⑧紅艶桃花

優雅で美しく、追いかけている人がたくさんいます。桃花の干支が透火で、たとえば、丁卯のような場合、このことが当てはまります。

⑨玉門桃花

己卯、己酉、戊子、戊午なら、感情や精神を支配する欲が強いです。

⑩死桃花

桃花が死地なら花が咲く力がありません。感情は寂しく、悲しく、孤独で深い思いに沈んでいます。多くの恋愛関係で面倒を起こします。これは桃花の一種を表します。

⑪飛水桃花

課内外に丙寅、辛卯を見たら飛水桃花になります（丙辛合化水で、飛水という）。

⑫桃花滾浪

桃花が旺で制を受けていない場合（年月日時すべて見る）、桃花滾浪といいます。水性の楊花（柳の花）を表し（壬子を見るのが一番）、もしもパートナーが清純でなく、ふさわしい相手と出会えないならば、この人は淫らで、多くは娼婦売春婦のようです。たくさんの良くない関係を持ち、パートナーにとっては大迷惑をかけます。「山で人に会えば山で休み、道で人に出会えば、道で眠る」ようなものです。

⑬遍野桃花

子午卯酉をすべて見ると遍野桃花となります。これは咸池であり、桃花殺でもあります。これは気性が豪放で、才能にあふれ、色気がある性格を指します。たとえば、宋代の著名な詩人、婉約派の代表的な人物である柳永が挙げられます。彼は「井戸があるところなら、どこでも柳の詩を歌うことができる」という評判があります。しかし、彼は才能にあふれていたにもかかわらず、何度も試験に落ち続け、晩年になって合格してもすぐに役職を失い、売春宿で溺れました。貧困と悲哀に陥り死ぬ時には一文無しであり、親族による葬儀もありませんでした。歌妓たちはその才学と痴情を惜しんで、三千余人が葬儀費用を出し合いました。毎年清明節には、彼の墓地を訪れて祭り、その慣習は「吊柳七」や「吊柳会」とも呼ばれ、宋朝南渡時代まで続きました。

【例】　雲南省の門下生、王波宇さんの日課（２０２０年１月13日辰時）

庚辰	乙卯	丁丑	己亥
	火旺	丙	
空	金死	乙酉＊	
	火旺	壬午	
	土休	戌	

【解析】

課中の用爻は乙酉で、申子辰が酉を見て、巳酉丑が午を見ます（課内子午卯酉は飲食や宴会の楽しみ）。両方とも桃花であり課に「双桃花」（二つの桃花）が含まれています。


【事実】
１．朝いきなり気分が乗り、「一剪梅・迎庚子」という詩を作りましたが、偶然にも「双桃花」が使われていました。
２．夜は友人との集まりが約束されていましたが、意外なことに二人の友人が妻を連れて参加し、「双桃花」の局を形成しました。

⑶⓪　丁甲

丁甲をすべて見たら、守られた状態にあります。

課の中に丁甲が現れる場合、行事には祝福があります。

また、丁、甲にかかわる歌訣には、「人元に丁を見たら、家庭は不安定になる」と「人元に甲を見たら、思いがけない幸運が訪れる」というものがあります。

宋代の趙崇嶓には、「春風三夜動。春雨随風来。万類萌甲喜、愁人生意開（春風が三夜騒ぎ、春雨が風に乗って来る。万物に生気を吹き込まれ、憂う人の運勢が開ける）」という詩があります（『立春后三日山行喜雨』）。

(31) 平頭殺

甲乙丙丁をすべて見る場合、平頭殺といいます。

平頭殺は主に障害と損失をもたらします。人は主に年長者です（注：無頭の物も、平頭殺とする）。

たとえば、『水滸伝』の呉用は豊富な経験と知識を備え、人々には「知恵の星」と呼ばれ、梁山では三番目に評価されています。彼は梁中書（北京知府）から太師蔡京に捧げるために十万貫の生辰綱を巧妙に手に入れた後、官府の追及を避けるために梁山泊に身を寄せ、「軍師」としての生涯をスタートしました。彼は李逵と共に、推命師と聾唖の少年に変装し、盧俊義の屋敷に占いを行うために出かけました。「甲子年、乙丑月、丙寅日、丁卯時」に生まれたと聞いて呉用は大いに驚き、「百日以内に、必ず血の災厄が起こる。家族や財産は守れず、刀剣によって死ぬだろう」と言い、彼に東南の遠くへ避難するように勧め、壁に「蘆花のしげみのうちの一扁の舟　俊傑にわかにこの地において遊ぶ　義士もしよくこの理を知らば　身をかえりみ難を逃れて憂いなし」という頭字語の詩（中国の詩の形式で、一般的には頭文字や単語の頭文字を組み合わせて成る言葉が、詩の最後になるように構成されたもの）を書き残しました。

江湖の人々に「河北三絶」と称される玉麒麟の盧俊義は、騙されてすべての財産を失い、やむなく梁山泊に参加しました。その後に高俅の毒酒により船に乗る際に転落して亡くなりました。

その他の平頭の現象は、
①木の頭が切り取られること
②理髪の際、思ったより頭頂部が短く切られること

③人に見下されることなどです。

神殺生剋

吉の神殺に剋があれば──吉の中に凶を含む
凶の神殺に剋があれば──凶の中に吉を含む
吉の神殺に生があれば──さらに吉になる
凶の神殺に生があれば──さらに凶になる

2．年、月、日、時が入課した場合

(1)　歳君建破

歳は皇帝の象徴であり、諸々の神殺を支配します。出世や仕事運について占ったり、出世に結びついたりするような吉兆を見出します。剋を受けると、災厄があります。一般に神将と太歳が相生なら、その年には昇進や吉祥な出来事があります。太歳が入課すると、官職が高まり、希望どおりの成功を求めることができます。

歳神は太歳であり、子年には子が太歳です。もし年干も同じなら、真太歳であり、指導者や大臣、リーダー、家長を表します。仕事上で良い人脈に会えます。

一般の人なら政府や公に関することを意味します。

ただし門戸、日支、年命（子午卯酉年）である場合は、年長者に凶です。もし功曹寅月から伝送申まで占って、今年の太歳があれば六月以前のことです。去年の太歳を見れば去年のことです。七月以降に来年の太歳を見たら、来年のことを表しています。

歳冲は別名歳破、または大耗とも呼ばれ、太歳と対冲する十二支です。入課したら道路や情報、財産の散失、家屋の損耗です。

歳の上半期は、喜びは喜びでなく、求めることは得難いか、喪のことです。

歳宅は、年始の五つ先の十二支です。入課したら土地や家を争い、家族の繁栄についてのことですが、宅神が制を受けると、災害や不安なことが起こります。

⑵ 月建旺相

月建とは正月は寅、二月は卯などのことです。入課して旺になると、旺の状態が長く続き、吉凶の力が強くなります。月内に新しいことを始めることです。月建が現れると、それを龍徳と呼び、謁見を望んで動けば吉凶がすぐに確立されます。

貴神、将神、月建が旺の場合、物は盛大で数は多くなります。元気で容姿が若々しいならば、吉で幸福は一層厚くなり、凶の場合、災厄はより深刻になります。計画は成功を期待できますが、長期的な目標を立てることです。生や合に逢えば、新たな財産や富が得られ、協力の喜びが得られます。凶であれば新たな訴訟、病気、喪、事は破れます。また、吉星に月建が入るとさらに吉となり、災いの星が生旺に逢うともっとひどい災厄となります。

旺となるものは三つあり、一つは四季の旺で、春は木、夏は火、秋は金、冬は水です。二つめは相生の旺で、寅卯は亥子に生じられ、亥子は申酉金に生じられ、申酉金は四季土に生じられ、辰戌丑未は巳午火に生じられます。三つめは日辰によるが旺です。将神が亥子水なら申酉日、将神が巳午火なら寅卯日、これを長生合旺と呼びます。日辰透出の旺です。

相とは、寅月に卯将があること、卯月に辰巳将があること、辰月に巳午将があること、巳月に午未将があることを指します。他も同様に見ます。将来は気があり、相です。将来の事柄は動きによって望みが実現し、いまだ達成されていない新しいことがあります。

また、吉兆や幸運は将来に集まり、凶兆や災難はそれに続いて迫ってきます。四季の月建が旺なら、詳細な注意が必要です。

例として、辰月に卯将、巳月に辰将、午月に巳将を得た場合、もともと盛んであったものが次第に衰えます。災厄が訪れ、危機に直面しますが、次第に回復します。病気が再発するか、未解決の問題が再び現れます。財運占なら吉は凶となり、過去に終わった出来事が再び起こります。詳しい吉凶の判断は具体的な状況によります。

(3) 月破休囚

月破とは、寅月は申、卯年は酉、辰年は戌……というように月令と相冲する十二支をいいます。正月は寅木が月令なので申が入課すると月令と冲になり、月破となります。

他にも、申巳、戌未、寅亥、寅巳、丑辰、午卯、酉子の関係も月破になります。

破は月建ほど強力ではなく、その理は不明ですが、物事を論じる際に使われます。

入課すると器物破壊が起こります。その中で「器物破壊」とは二つの意味があります。一つは物自体が壊れたことを示し、二つめは物品の配置や使用が不適切で、これは無形の損害に属します。

心配事は拡散します。悩みや心配事は広がるものであり、それは解決されないまま広がっていくという意味です。病気で死亡、計画はうまくいかない、財運の気がありません。

妊娠を表します。妊娠は身体の本来の状態を打破するものであり、肉体が人間の生命を受け入れ、１人から２人、またはそれ以上の命を抱えるものに変化します。

囚禁脱離（拘束からの解放）も、用神が月建に冲破されることによるものです。

また、課が凶神に遭うと、月破は解神します。時空に空亡がある、休囚が破を見ると無くなります。これが空亡論です。

課に凶神があり、月破を見れば解神されます。その理解は、宋代の宗暁が著した『法華経顕應録』に記載された「羌地達上人」を参考にすることができます。

「晋隆安の地、僧慧達は隴山の北で甘草を掘っていると、羌（西北部に住んでいる中国の少数民族チャン族）の人々が飢饉に苦しんでいた。人々は他者を捕らえて食べるようになり、慧達もその犠牲者となった。慧達は囲いの中に置かれ、肉を選ぶ際に太っている者が最初に食べられた。慧達は非常に恐れて、一心に観音の名を唱え、普門品（観音経ともいわれる）を読み上げた。他の人々が食べ尽くされた後、最終的には慧達と一人の小さな子供だけが残った。慧達は寿命があとわずかしかないことを知りつつも、終夜にわたって念仏を唱え続け、離れることなく過ごした。明け方になり、突如として一匹の虎が草の中から逃げ出てきた。その咆吼が山を揺るがし、羌の人々は恐れて逃げ去った。虎は柵を嚙み破り、穴を掘りながら去って行き、慧達は小さな子供と一緒に、無事に逃れることができた（『台宗別行義疏』）」

簡単に言うと、慧達禅師は食べられる寸前まで追い詰められ、危機的な状況の最後の一日に老虎によって柵を破られて救われました。慧達禅師にとって「囚禁脱離」の状況は、まるで用神が月建によって破られるかのような功績でした。

休囚とは、春に土、夏に金、秋に木、冬に火のことであり、人占において吉神を得てもまだ吉とならず、凶神を得てもまだ凶となりません。病気の診断では懸念と危険があり、凶でもそれが咎にはなりません。計画や希望は実現せず、財は浅く多くはなく、物は少なく微細です。気持ちはあるが無力で、事は速やかに進めたいがむしろ遅らせるべきです。

(4) 日時入課

日建とは、将神と日辰が同じ十二支の場合、一日内に起こる出来事や吉凶を表します。貴神、将神、地分、人元が休囚であれば、日辰を見たら吉の場合は最初に凶であり後に吉となり、凶の場合は最初に吉であり後に凶となります。

日冲とは課の中に日辰によって冲破されることです。入課すると器物破壊、望みは成果が得られず、人間関係の不和、出入りに不安があります。悲しいことを聞いても悲しくなく、喜びごとを聞いても喜ばず、公的な問題が解決しないことを示しています。

また、格局が冲されると不成立で、生合破は用いず、旺相に逢えば冲は動き、凶があっても危険ではありません。休囚破は空で、吉に見えても凶です。卯酉は門戸で、もし剋を受けるか相を加えるものがあると、家宅は不安定であるか建て替えや戸口の変更が行われることがあります。

鬼動や賊動であれば、家庭内は不和です。また、凶は門に迫り災厄が襲い、吉は門に合い、喜びが到来します。

他には、得時が最上であるといえます。

「得時」とは、成就の力は強力ですが、具体的な格局を見て確定します。得時は現在の位置エネルギーが大きいことを示します。しかし、課内の格局が理想的でない場合、得時のエネルギーも弱まることがあります。

『黄帝陰符経』（道教の経典）には、「食ふに其の時を失はざれば体内百骸皆其理を得。動くに其機を以てすれば天地自然の理に従ふて何事も成就せざることなし（時に食し、身体は調和する。機を動かし、万化は安んじる）」とあります。孔子は『論語・郷党第十』で「不食不時（時に食べるべからず）」と述べ、唐代の孫思邈（中国唐代の医者）は『千金要方』で「時を守り、飢餓と満腹は中庸を得る」ということを強調し、唐代の羅隠は「時が来れば、天地の力はすべて同じである」と述べています。これらはすべて、「得時」の重要性を強調しています。

古語では、「得時の狸猫、老虎に勝る」というものがあります。そうです、得時は、天地の祝福を受けることができます。時が来て運気が好転し、枯れた枝に芽が生え、枝葉は再び茂るようになり、人々は驚嘆するでしょう。

「得日」は、現在直面している問題において、直接的にある事柄の是非や成敗に対する判断に比較的重要です。古代は太歳に対応させていましたが、現代社会では生活のリズムが大幅に加速しており、以前は1か月かかっていたことも、今では1日で済ませることができます。したがって、時に順応し、変化に対応する必要があります。このため、得日が重要になってきます。得日は、得時よりも力がありますが、持続力は得月には及びません。

「得月」は、外部からの支援は強力で、成長力も大きく、持続時間が長いです。特に得時よりも持続力が強くなります。

「得太歳」は尊い人から助けを受けます。年運を論じる際には、太歳の動きを多く参考にします。太歳の影響を受けると、名誉や学業などに利がありますが、その力は得時ほど強くありません。

この陰陽五行の気は、厚薄と集散があります。その中で、足りている場合は厚みがあり、精神が集中している場合は集まります。単寒なものは薄く、精神が虚脱しているものは散ります。厚くて集まるものが一番優れています。厚くて集まらないもの、集まるが厚くないものが次に優れています。厚い中に薄いがあり、集まる中に散るがあり、一つ出て一つ入るものがその次です。薄くて微かに厚く、散って微かに集まるものは、衣食自給自足であり、袋や箱は空ではありません。しかし、もし薄くて育てる手段がなかったり、散って収める手段がなかったりする場合、どちらの場合も貧しい状態に属します。もし両方ならばそれは確実に極貧者です。ですから、格物の学問、陰陽の道、五行の理、干支の勢いは、終始厚くて集まるもの、薄くて散るもの、始めは厚くて終わりは薄いもの、始めは集まって終わりは散っているものがあり、これらさまざまな現象が存在します。すべてが「人を中心に」説明されています。南の山が北の山よりも高く、万物は異なる源から生じています。

たとえば、手の指が伸びても永遠に均等にはならないように、人間の世界でも貧富や名誉の差などがあるのではないでしょうか？　これが「生まれて天下に在りて自ずから整わず、人生は水の如く常に流れるものである」ということです。世の中には完璧なものはありません。私たちは前を見ていると後ろが見えなくなるように、必ず欠点はありますが、成長の過程において、常に強みを生かし、弱みを避け、取り入れ活かすことが必要です。

まるで水と同じように、水の大小にかかわらず、その勢いを止めてはなりません。常に不足があるものであり、人生は成長の過程で絶えず得意を伸ばし、不得手を避け、利用できるものを取り入れるものです。水と同じように、勢いがどんなに大きくても小さくても、前進する勢いを止めないようにすることです。

「一憂一喜はすべて心の炎であり、一栄一枯はすべて眼の塵である。心を静めて炎と涼しさの事象を見抜き、とこしえに夢の中の者とはならない」（浄覚法師『憂与喜』）

世間の憂喜は本来定まりがなく、万物の消耗はすべて原因があります。しかし、物事を深く見る目と優れた方法があれば、その原因を理解することができます。そして、その慧眼と妙法こそが格物の智恵なのです。

第5章　六壬神課金口訣の判断方法

『詩経』に「あらゆる物には必ず規則がある」とあります。また、先賢は「理に通じなければ法則はわからない」と言っています。

占うための法則は、占ったことの吉凶を判断するための入り口です。

先賢はみな占いの法則をきちんと理解していました。まず心を究め、眼中に先師を見るように、心を神の波長にあわせます。このような境地に至れば、用爻と旺爻を決めるだけで、占うことの大象は明らかになるのです。

古に「易は君子が謀をするための術である」とあります。邪悪な陰謀は、どのようなものであれ占うことはできません。人が占ってもらいに来た時、プライベートで複雑な問題や人の命にかかわる問題に、はっきりとした結論を答えるのは控えます。相手の尊厳や感情を傷つけないようにします。もし問題が緊急でない場合は、大象だけを見ます。結果の高低美醜にかかわらず、何度も占わないでください。自分勝手に結論を出すのは避けてください。

占った課の中にある吉凶は一つだけではありません。人に力を与える答えもあります。天より授かった命には、どんなに不利な状況になっても、常に勝利する余地があるのです。それを見つけたら、宝珠を手に入れたように、複雑な問題も簡単に統べることができます。

魏晋時代の王弼が『周易略例』で「言は象に生まれるので、言を探究することで象を観察することができる。象は意から生まれるので、象を探究することで意を観察することができる」と言いました。

単に単語や文章を覚えるだけでは、金口訣の門を通り抜けることはできません。しかし、真実の言葉はすべての象を明らかにします。真実の言葉を理解すると、象を知ることができます。そして、象は意から生まれるので、象を理解すると神意を知ることができます。神は言葉を話せないため、象を借りて伝えます。つまり、象を観察する人は神意をよく理解することができます。

北宋時代の邵雍は、「心易」に最も注目しました。それは、変化は心意から始まるということです。事物には無数の変化があり、言葉だけでは意味を尽くせないものもあるため、神意によって明らかにする必要があります。

古い方針に固執するだけではなく、時代や人や状況に応じて柔軟に変化に対応することが必要で、これによって感覚が神意に通じるようになるのです。

占う時に、心意が不誠実であると、正確さがなくなります。正確でないと、占いの結果には何もありません。予想もしなかった結果となり、占いは外れます。そして、課を判断する方法も混乱してしまいます。その判断結果は妄想であり、誰にも吉凶は理解できません。世の中には、心意がなくて起こる事象は何もないのです。たとえば、眼を閉じて集中していると、部屋の外で足音が聞こえたり、景色が見えたりすることがあります。しかし、心意が他所を向いていると、人が通り過ぎても気づかなかったり、音が聞こえなかったりすることがあります。心意がないと幻想や闇の存在を知ることはできません。すべての課は、天と地を貫通するように判断します。自分自身の心意を捨て、課の形だけに固執すると、当たるはずが当たりません。注意が必要です。

金口訣は、古代の人々にとって最も重要な占いで、無数の微細なものの中から、絶学の独特な魅力となる「茫々たる宇宙を一つの袖に収め、天地や幽冥を自由自在に飛翔する」という言葉のように、天地の広大な宇宙を手中に収めたのです。

1．孔子は「大節があり小節もあれば上君とし、大節はあるが小節がなければ中君とする。私は、大節がなく小節だけがある人以外は見たことがない」（『荀子・王制』）と言っています。金口訣を使う際には、大節をつかむことを学び、全体の流れを見極め、すべての細部はそこに含まれているということを覚えておく必要があります。

2．『易経・恒卦・九三爻辞』には、「徳を恒にしないと、羞辱を受けることになる」と書かれています。孔子はこれについて、「恒心のない人は卜占を学ばないほうがよい。そうしないと運が悪くなるだけだ」（『論語・子路』）と説明しています。

3．貪欲でなく剛毅でいることが大切です。占いを始める前は、リラックスした状態でなければいけません。先入観を持ってはいけません。

重要なのは、自分自身を捨て去り、自我を忘れることができた時、万物と同一の状態に入ることができることです。占いを始める前に、自分自身に向かって真剣であることを確認してください。

『管子』には、「欲を空にすれば、神は入ってくる」と書かれています。普段の思考や論理を捨てるほど、正しい課を得ることができます。

4．機に応じて判断します。特に、誤った課を判断し終えた場合、判断した後に課の間違いに気づいても、判断しなおすことは避けなくてはいけません。間違えた課の答えが正しいのです。

5．二十四節気の知識に精通し、その変化の規則を知ることは重要です。

２０１６年11月30日、「二十四節気」は正式にユネスコの無形文化遺産に登録されました。日本は、中国の伝統文化を大切に受け継いでいます。日本人が、二十四節気に関する行事を実践する姿勢は、私たち中国人を感動させるものがあります。

日本では、二十四節気に対する関心が非常に高く、広く普及しています。カレンダーに二十四節気を記載するのに加え、漢唐時代の二十四節気に関する月や花を、茶碗やハンカチ、掛け軸、建築物などの形で広く活用しています。そして、より明確に継承しているのは、「二分二至」（春分、秋分、夏至、冬至）で、大切な行事をしたり、祭日として国民が休みをとったりします。日本人は幼少期から節気の重要性を知っています。

また、立春の前夜となる二十四節気の周期的な交替の最後の瞬間に、「節分祭」という儀式を行います。立春と節分は特別で、陰気から陽気に転じる天地の気の節目を意味し、災難を払い、新年を迎える意味があります。したがって、この日の祭礼は非常に重要です。

節分では「豆まき」が主要な儀式となります。来年の太歳の方向にお祭りをし、炒った大豆を神に供えた後、声高らかに「福は内、鬼は外」と唱え、豆を撒きます。鬼を追い払い邪気を避け、平安を祈願します。節分の儀式で使われる炒った大豆は「福豆」と呼ばれ、この豆を食べると病気や災害などから逃れられるという伝説があります。食べるときには、自分の年齢よりも一つ多い数を食べなければならないとされています。

これは中国でも続く習慣であり、人が死んだ後、日時の干支の口訣（例：寅は窓、卯は門、辰は壁など）に従って、人の魂がどの場所に留まるかを決定し、その場所に炒めた大豆をまくことで邪気を払います。しかし、生の大豆を使用する場合もあり、使用後はそれらを土の中に埋め、幸福が永遠に続くことを祈願します。

節分祭の習慣は、中国古代周朝の「追儺」の儀式に由来します。節分の豆まきの儀式は追儺が変形したもので、「驅鬼」という邪気を払い病気や災いを除くための儀式です。この儀式は、日本の遣唐使が文武天皇の時代（中国の唐の時代、武則天の時期）に持ち帰り、日本の宮廷儀式の一つとなりました。江戸時代になると、神社を通じて一般の人々にも広まり、「追儺会」「節分豆まき」「節分星祭り」の儀式となりました。これらの儀式には、天皇から幼稚園の子供たちまでが参加し、神社に人々が押し寄せる活気ある壮大な光景になっています。これらは、今でも筆者の眼に焼き付いており、非常に心を打たれました。

この時期の日本の飲食店や食品売り場には、節分と密接な関係があるものが並びます。たとえば、スーパーには節分の大豆や節分五色豆などが至るところで見られます。二十四節気の内容を民間の生活に完全に融合させ、立体的な視点から生活と結びつけることで、節分を忘れられないものにしています。特に言及すべきことは、建築にも二十四節気の内容を取り入れている点です。不動産業者はマンションの販売資料に必ず「二分二至」の内容を記載します。この四つの節日に当たる建物内のすべての部屋において、日射の角度や日射量の面積が個別に示されています。部屋の外に日陰がある場合には、具体的な日陰の時間帯も示されています。ここまで重視して実践している姿勢には、驚かされました。

古代中国の時間を測るシステムと同じく、日に関しては中国以外の国でも重要視され使われています。筆者が子供の頃、祖父から受けた忠告を思い出します。「日々を大切に過ごすこと」が「時と同じくすること」で「時が天地の力をもってくる」という話です。一日一日を大切に過ごせば、最大限の祝福を受けることができます。

筆者の心の中にある「時に合わせて、適切なことをする」ことは、先人たちの教えだけでなく技能や智慧でもあります。明代の高濂は『遵生八箋』という書物で、「人は時に合わせて自分を調整することができれば、神秘的な薬を飲み、導引の努力を重ね、競い合うこともしないで、病気を遠ざけ、寿命を延ばすことができる」と述べています。

日本人の長寿の原因に、多かれ少なかれ関係があるかもしれません（以上、拙著『中国人の時間の宝典』より抜粋）。

6．基礎が不十分だと、地が揺れ山は崩れます。自然法則は非常に優れていますが、基礎が重要です。基礎に漏れがあると、自分で自分を罠に陥れてしまうことがよくあります。基礎をよく考え、必要なときには随時利用できるようになることが必要です。特に、ニュースイベントを考えるときは、即座に占うと効果があります。たとえば、なぜ日本やスウェーデンの自殺率が高いのか。また、今後、国外の植物が移植された場合に、どのような現象が生じるのかについて占って考えることは重要です。

7．最もよく犯す誤りは、他人が立てた課を判断することです。他人の課を判断すると、的中精度が低下することがよくあります。中国では「医易同源」といいますが、医者が患者の脈を診て、その結果に基づいて処方された薬を飲むのは患者です。医者の診断が正確であることが保証できるのでしょうか？　金口訣も同じで、他人の課を判断する能力は、人によって異なり、常に正しいとは限らないのです。自分が起こした課は、自分で判断することが重要です。自分のことは、自分が一番よく知っています。自分で判断すれば、課を混乱することなく明確に判断できます。そうすることで、自分の道をうまく進んで行くことができます。長年にわたり練習し熟練することで、巧みになり、妙になります。妙になることで、智慧が生まれ、慧になることで玄に通じます。

以上の七つの点について、金口訣の達人と共に学び合うことを推奨します。

第１節　占う問題の範囲を定める

『詩経』に「あらゆる物には、規則がある」とあります。それは、万物に成、住、毀（き）、滅の定めがあるからです。

天地間のあらゆるものは、その定めから逃れることはできず、それは定数です。定数でなければ、物の性質と変化を分析する学問である格物学は成立しません。時間と空間は、事物の発展の規則を決定します。金口訣は、このような規則に基づいた格物学の応用モデルです。金口訣を使うには、判断したい問題の時間範囲を決め、現実の流れを正確に、課に再現することが必要です。そうすることで、式占法の最大の効果を発揮できます。

古今を通じてどの占いも、その適用範囲と原則が存在すると言えます。金口訣の範囲を定義する方法は二つあります。一つは時間の範囲、二つめは事象の分類です。

１．時間の範囲とは、問題の期間がいつまでなのかを定義するものです。

天地万物のすべてに定数があるため、占いの相談者がいつ問題を提起し、何を問い、どのような言葉を選んだかも定数となります。

たとえば、筆者が経験したケースでは、講義中にある人が体調不良を訴え、新型コロナウイルスの感染を疑い、すぐに病院に行き検査をしましたが、その後の講義の中で今日の結果は陰性であると占いました。そして、夜に陰性であることが判明しました。しかし、翌日の検査では陽性に変わっていました。これが範囲を定義する大切さです。

また、今日の仕事が成功するかどうかを占う場合、日時の干支と占った課の爻を組み合わせて総合的に分析して判断します。しかし、年月の干支は参照程度です。１年間の問題について占う場合は、年の干支を占った課の爻と組み合わせて判断します。これらは課を判断する際に、時間のパラメータを確定する必要があることを言っています。

2．事象の分類とは、四爻の中の取り方を指し、これによって解釈の方向が確定されます。たとえば、相手が金銭について質問した場合、占いの際には財爻が判断の中心になります。ただし、お金を求める場合に、用爻が財爻ではなく官爻の貴神にある場合、その行動プロセスにおいて、役人を通して、役所の人々や政府との協力などが必要になることを示します。

もし相手が役職について尋ねた場合、その解釈は官爻の貴神に基づきます。用爻が貴神ではなく将神の財爻にある場合、お金を手にするために役職を求めるか、女性の力を借りるなど、お金と役職に関連があることを示しています。

財を求めることや官職を求めること以外のすべての問題の判断には用爻が重要になります。これは、金口訣の解釈において、質問に関する主体を表す爻だからです。

つまり、金口訣を習得するためには、四爻の選択の原則と対応する時間の選択の問題を解決する必要があります。対応する二つのパラメータを正しく理解し、それに従って解釈することが正しい方法です。もしこの二つの点が明確でなければ、学習は進まず、成果も上がりません。そのため、明確な範囲を定義することが、金口訣の解釈において最も重要な前提条件であることを理解する必要があります。

第2節　判断の手順

金口訣で吉凶を正しく判断するための8項目の透解（とうかい）（徹底的な解決策）

1. 用爻の旺衰を決めて、判断に用いる事柄と比較分析する。
2. 課内の空亡干支を求める。
3. 用爻と関係するか問題に関係する五動と三動を求める。
4. 干支関係を探す。
5. 神殺星を探す（注：通常、日を基準に神殺を取り、用爻や天干を優先する）。
6. 干神将方の四位全体を見る。
7. 四位の関係と四位の五行関係を調べる。
8. 綜合的に占断し、吉凶を伝える言葉は慎重に選ぶ。

以上は金口訣の初心者向けの八つの基本項目であり、「透解」と呼ぶ理由は、雲を払い陽を見、正しい判断を提供するという意味があるからです。この章では、これを公開しますので、学ぶ人はその要点をしっかりと理解することができるでしょう。

1. 用爻の旺相休囚死を決める

用爻は貴神か将神にあって、六十干支の中の一つです。したがって、干支に関する熟知度は、学習者にとって最も重要な基礎となります。干支を知る最も良い方法は、毎日自分自身の日課を設定して「感じて理解する」ことです。毎日、干支の組み合わせを知ることができれば、数か月後には、六十干支の基本概要を把握することができます。そしてやがて、自然に理解することができます。

用爻は事柄を論ずる主体です。用爻の旺衰が事象の展開状態を決定します。通常、用爻が旺相であれば、事を行う力があり、休囚死であれば実現不可能か無力です。策を求めるとき、用爻が休囚死では実現不可能なのですから、手をつけないほうが良いかもしれません。

ただ、用爻が旺相であっても、必ずしも実行可能とは限りません。総合的に判断する必要があります。この原則を把握すれば、方針が明確になり、実行可能な計画を立てることができます。

2. 空亡を求める

空亡を求めることは非常に重要なステップで、吉凶を示す星が空亡になっていると、吉であっても吉ではなく、凶であっても凶ではありません。四大空亡は天干も空亡を論じます。旬中空亡は天干の空亡を論じません。本来、干支共に空亡になると亡といい、物事は嘘で機を得ることはできません。

用爻の地支が空亡になると、神殺を取る必要はありません。空亡は神殺の影響を受けないからです。五行の自然な状態であれば、金空は音が鳴り、木空は枯れ、土空は崩れ、火空は爆発し、水は空になりませんが、空亡になると水路です。

3. 用爻と関係するか問題に関係する五動と三動を求める

初心者はしばしば五動と三動をすべて求めて、最後には自分自身が何を分析すべきかわからなくなってしまうことがあります。判断時には、五動、三動、神殺など、解決すべき問題に関連する要素を特定する必要があります。それぞれの意味や主題を理解することが重要であり、しっかりとした基礎があれば、吉凶判断はより正確になります。また、問題の何に価値があり、何が無価値なのかを明確に区別することが重要です。

４．干支関係を探す

判断においては、干支関係の六合、六冲、三会、三合、三刑、四絶、六害などが非常に重要です。特に用爻にそれらの関係がある場合は、さらに注意が必要です。たとえば、三刑が現れた場合には必ず凶兆があるため、冲破で解く必要があります。干支の関係とそれぞれの干支の意味を明確に理解することで吉凶を的確に判断します。

５．神殺星を探す

天干に現れる神殺星は全般的に論じることができますが、地支に関する神殺星は、用爻によって判断することが重要です。こうすれば課を判断する思考を明確にし、混乱を避けることができます。そうでなければ、40以上の神殺星のほとんどが課に入ってしまい、自らを縛りつけることになるでしょう。

たとえば、財を求める時に天医、喪門、吊客などの神殺星が現れた場合、判断することはできません。これらの神殺星は課において役に立たないからです。空腹の時に食べ物でなく、絵や字がたくさんあっても、空腹の助けにはならないのと同じです。

神殺星を判断する際には、二つの点に注意する必要があります。

一つは、質問の種類によって分類することです。二つめは、用爻を見ることです。用爻に関連する神殺星は有用であり、用爻に関連しない神殺星は一般的に無視して構いません。

中国の古いことわざに「遠い水は近くの渇きを癒すことができず、県の役人は直接関係する役人に及ばない」とあり、これはこの道理を物語っています。問題の判断に役立つ場合は取り入れ、それ以外の場合は無視します。さもないと、神殺が多すぎて、自分で自分を縛りつけてしまいます。

次に、神殺を選ぶ際には、通常、問題に対して日上の神殺を重視します。年について尋ねる場合は、年と日の神殺を一緒に見ます。月について尋ねる場合は、月と日の神殺を一緒に見ます。日と時について尋ねる場合は、日と時の神殺を一緒に見ます。一般的にある問題を占う場合は、日上の神殺を基準にします。

6．干神将方の四位全体を見る

干神将方の四位で判断するのは正しい道筋であり、特に相談者の意図や行年を占う際には、最もよく用いられます。

7．四位の関係と四位の五行関係を調べる

この手順は、課の応用判断の第一歩で最も重要です。たとえば、用爻が卯木で旺相であり、他の位に別の木があり空亡でなければ、求めることは得られません。原書の歌訣に「二木が爻にあると求めることを得るのは難しい」とあります。二つの木が現れる場合、旺相であっても望む結果が得られなくなることがあります。したがって、吉ではありません。

四位内の五行関係を占いに取り入れることは、金口訣を応用するには重要な方法です。関連する詳細な歌訣と解説については、拙著『六壬神課金口訣心髄指要（りくじんしんかきんくけつしんずいしよう）』（太玄社）を参照してください。

8．総合判断、結果を伝える言葉を選ぶ

以上、七つの手順を踏めば、基本的な事柄は明らかになります。結論を下す際には、総合的に判断し、思慮深く言葉を選択する必要があります。荘子が言うように、「勝つことがあっても、それによって相手を傷つけたり

痛めつけたりしない」ことが、占い師としての上級者です。金口訣を学ぶ人は、この考え方を深く理解する必要があります。

応期合徳

応期を求めるのは、最も難しいのですが、合を取るのが妙となります。

合には、以下の5種類があります。

1．天地徳合。たとえば、甲子の日に戊辰が用爻なら、癸酉の月、日、時が応期です。戊と癸が干合し、辰と酉が支合します。また、甲戌が用爻なら、合となる己卯の月、日、時が応期です。同様に、庚子が用爻なら、合となる乙丑の月、日、時が応期です。

2．用爻と干合するもっと近い日時が応期です。たとえば、六乙日に占い、用爻が戊寅なら癸日が応期です。また、用爻が甲子なら己の日、時が応期です。用爻に、干合の甲己、乙庚、丙辛、丁壬、戊癸を取って応期とします。

3．三奇の合を取って応期とします。三奇とは甲戊庚、乙丙丁、壬癸辛のことで、将干と神干に甲戊があれば、庚の日、時が応期です。将干と神干に丙、丁があれば、乙の日、時が応期です。この三合は、命理家の「虚拱暗位」の説と同じです。

4．虚一待用。三合を取って応期とします。三合は、寅午戌、巳酉丑、申子辰、亥卯未のことです。もし寅午の合があって戌がない場合、戌月、日、時を待って応期とします。三合を成立させるのに足りない地支が出現したら、それが応期になります。

5．六合を取って応期とします。六合は、子丑の合、寅亥の合、卯戌の合、辰酉の合、巳申の合、午未の合です。もし用爻が寅である場合、亥月、日、時を応期とします。もし用爻が卯である場合、戌月、日、時を応期とします。もし用爻が酉である場合、辰月、日、時を応期とします。また、外出した目的は、用爻が旺相で劫殺や駅馬を伴う場合は、合が現れたときに達成でき応期となります。遠ければ年月、近ければ日時を見て、合を選んで応期にします。

応期を取る方法には、三合、三奇、六合、干合があります。これは課の将神と貴神に対して適用されます。将神や貴神に日辰が入課したり、時辰が入課したりする場合、その日やその時間を出ずに応期になります。また、干合を取って応期にしますが、必ずしも干支が揃わなくてもよいのです。三奇と三合を重視し、劫殺や駅馬があると合によって応期となり、すぐに来ると言います。合が冲に逢うと破れます。一般的に、冲は動き、合は止まります。ただ、法則が確定しているわけではないため、詳細に検討する必要があります。

その他の応期を求める方法は以下になります。

6．地分の次の十二支の天干が丁甲になる場合、三旬以内の丁甲日が応期です。地分の前の十二支の天干が丁甲になる場合、三旬以降の丁甲日が応期です。また、課中の位に丁甲が現れた場合、甲子の順番で丁甲の日が応期になるか、近い丁甲の日が応期です。今日を占った場合は、その当日に限ります。

たとえば、十一月下旬の丑を月将として、乙卯日、巳時に課を立てました。

この課は、地分未の次の十二支は申です。貴神申の天干は甲になっています。「地分の次の十二支の天干が甲になる場合、三旬以内の甲日が応期である」より、己卯日を応期とします。五子元遁で乙庚日より己卯を得ます。課中に己卯があり、将神が卯なので三旬を待ちません、今日が応期になります。

　癸
甲申（白虎）
己卯（太冲）
　未

7．課中で用爻が旺相であれば、冲となる日時が応期です。休囚死が冲にあっても応期になります。方位を占うときは、この方法を常用します。

8．課に蓮茹があれば、蓮茹の最後の地支が応期です。

9．課に四孟、四仲、四季を見て一支が足らなければ、その地支が現れる日時が応期です。

【まとめ】　上記の8項目を理解することで、金口訣という秘術を学ぶための真髄を徐々に習得できます。金口訣の原書にある「神将源会所主」などは、判断力が一定の段階に達した後、順次学んでください。
金口訣を学ぶ人が、上記の8項目の方法に従えば、陰陽の易理の奥深さを理解し、天の大門に入ることができます。

第3節　常用口訣と応用

以下の例題は、具体的な8項目の使い方と応用です。

【例1】ある女性が最近の運勢を占いました。
口訣に「火に水が加わると、妻を傷つけ、財を損ない、訴訟の問題が起こる」とあります。

戊寅	辛酉	甲子	甲戌
	庚	金休	
	己巳＊	火死	
	甲子	水旺	空
	午	火死	

【解説】8項目の手順
8項目の1：課内で、用爻己巳(つちのとみ)は火死になっています。巳は驚きや不安を表します。
まず、課内の己巳の己は不順を意味し、一波三折の象意です。巳火は死地です。また、課外の年月日時に火の助けがありません。以上より、比較的悪い意味で用爻を解釈します。
8項目の2：課中の財爻は甲子(きのえね)で空亡です。
8項目の3：課中に、官動、財動、鬼動があります。

財動が空亡なので、投資や空売りなどの商売です。官動は官公庁と関連しており、政府関係に財を求めます。「政府関係に財を求める」とは、巳火が庚金を剋す官動だけで判断するのではなく、官動に財動の意味を加えて総合的に判断します。

鬼動は、驚きや昇進、変動、下位の者が上位の者を脅かす、民が国に告訴するなどの意味です。この課は部下が上司を告発します。鬼動は、災いや異変を心配するため、驚くことが発生します。干方の干支は庚午で、寅午戌の駅馬が申となり、鬼動が駅馬を見ると、人が昇進することを表します。

官動が鬼動を見ると、官職を求めるのに利があります。なぜ、「昇進」と判断せずに、「部下が上司に告発する」と判断するのかというと、寅巳申の三刑が成立しているからです。三刑があると、必ず面倒な問題があります。そして、鬼動は単に地分午火が人元庚金を剋すだけではなく、寅午戌（とらうまいぬ）の三合火局によって人元庚金を剋す形が構成されています。

8項目の4：課中で用爻巳火は死地で、財爻子水と相絶となり、財によって憂いが生じます。初心者は通常、「子巳（ねみ）の相絶は口論を意味する」と覚えますが、熟練したら「神将正絶」という関係を理解しないといけません。この課では、「財爻が用爻を剋す」というアプローチも必要です。

総合的な判断は、心配事が財の問題によって引き起こされるという結論になります。寅巳申（とらみさる）（庚（こう））の三刑は、面倒な問題があり、官動に逢うと昇進ではなく訴訟を意味するという解釈ができます。これにより、干支の関係を通じて財動、鬼動、官動の意味が非常に明確になりました。

8項目の5：用爻巳は天喜ですが、死地にあるため喜ぶことができません（死喜となり、喜びごとがあっても、うれしくない）。

甲日に巳を見ると飛符となり大凶です。

課の中の甲と庚は、天徳と月徳で多くの災難を解決でき、問題や悩みが解決され心配はなくなります。

課の中の巳は天医ですが、天医は病気の問題に関連するため使用しません。

課の中の己巳(つちのとみ)事体が截路となり、相談事には阻隔があります。
８項目の６：用爻は死地で、旺爻の子水と日支の子水に剋絶されます。したがって、最近の運勢はとても悪いです。「金口訣の四位関係」の五絶の口訣に「将神と日支の相絶を遥絶といい、偉い人は喜ばず、官職を失う」とあります。
８項目の７：課中は、水が火に挟まれています。訣に「火に水が加わると、妻を傷つけ、財を損ない、訴訟の問題が起こる」とあります。必ず、財を損ね訴訟や言い争いが起こります。相談者が女性なので、妻を傷つけるという判断は採用しません。また、訣に「二火はすべてのことに災いを残す」とあります。謀を求めても不順で、求めることは達成しにくいのです。
課中の巳火は死地で、巳はガソリンで、この問題に怒っています。日支子と地分午は冲で、引っ越しや仕事の変更などがあります。
８項目の８：総合判断は、己巳は截路で正絶と遥絶、劫殺と結びつき官職や財産などの心配をしています。

【例２】ある人が問いました。新作ドラマの問題を解決できますか？
口訣に「干と神の比は、問題は外部にあって自分で事にあたる」とあります。

壬午	己酉	戊申	壬子
	己	土旺	
	癸丑	土旺	
	癸亥＊	水死	
	未	土旺	

【解説】８項目の手順
８項目の１：課中で、財爻の用爻癸亥(みずのとい)は死です。しかし、神将の天干がすべて水であるため、亥水を助けています。それでも用爻の力は弱いのでしばらくの間は問題を解決できません。癸未(みずのとひつじ)年や癸亥月を待たなければなりません。遠い水で渇きを癒すことはできません。
８項目の２：課中に空亡はありません。
８項目の３：課中に賊動と兄弟動があります。賊動があると、問題ははっきりしなくなります。兄弟動があると、問題は友人や共同作業者の間で発生します。

8項目の4：課中に丑未の冲があります。内部に紛争があります。癸丑は截路で、阻害があり進路が阻まれます。官職に傷がつきます。土が多く冲に逢うと、冤罪や呪いの象意となり、相互に非難し合い、争いを起こします。

8項目の5：課内の用爻癸亥は地殺になり、問題は解決しにくいです。用爻の亥水は自分自身を表しており、土と土の間にいるので、問題は自分自身によって引き起こされたわけではありません。亥水はプライベートで曖昧な状態を表しており、問題が複雑に絡み合っていることを意味します。太歳と用爻は午亥の相絶で、文書に関して口論や問題が生じます。

8項目の6：課中で、人元が神干を剋すと斬官です。外部から欺かれます。干と貴神が比であると、外部で自分自身を巻き込んだ問題が発生します。人元の己土は口論や訴訟につながり、外が内を剋すので、外から内に向かい問題が起きます。神干と将干が比なので、問題は家の近くで発生します。

8項目の7：純陰の課です。問題は非公式の場で話し合い、女性が介入することで解決できます。それでも土が水を挟むので問題の解決は難しく、自分自身には解決する力がありません。土土は公的な機関による解決が必要です（土は晦光を忌むため）。課には多くの土があり、問題の解決には時間がかかります。

8項目の8：総合判断は、解決には癸未年の冬を待つ必要があります。

【例3】訣に「甲寅は大胆で犀牛と競争をしようとして、一人で頑張ると最後は危うくなる」とあります。

そこで、ある人が投資の可否を問いました。

判断は、特殊な課を除いて、次のように簡単に判断します。

1．用爻を取ります。

（外部環境）
乙酉　甲申　戊辰　壬戌
（課内）
己　土死
癸丑　土死　空
甲寅＊木旺
未　土死

2. 空亡を求めます。
3. 五動と三動を見ます。
4. 干支と神殺の関係を調べます。
5. 五行の格局を調べます。

規則を知り、規則を守り、そして規則を脱却します。規則を知り守ることができたら、逆に規則を転用することも容易になり、真の理解が生まれます。理解し、融通し、消化した後、ようやく本当の柔軟性が現れ、それが「法とは、法が定めない」という境地です。基礎がなく、基本的な規則から外れ「法とは、法が定めない」と言うのは、自己欺瞞的な「法」の盲点です。

古い言葉に、「天と地を測るには、細心の注意が必要である」とあります。この「細心」という言葉は、まず基礎を重視することを強調しています。戦国時代、百里奚は秦の穆公を支援し、中国を統一する基礎を築きました。ある時、孔子は斉の景公と秦国について話しました。

景公は「秦国が弱小な西方の戎狄の国から強大な国に変化した理由は何だろうか?」と尋ねました。

孔子は「秦国は小さかったが、志が大きかった」と。加えて、「その計画は明確であり、法は公平であり、命令に対して不平をいわなかったため、強大になることができた」と答えました。

三国時代には、劉劭の『人物志』に、「心は小さいが、志が大きい人は、聖人の友である」とあります。ここでの「小さい」とは微細なことを選別することを意味しています。すべての細部を注意深く考慮し、大志を持っていれば、成功しないということはありません。基礎が、いかに重要かがわかります。

課を判断するには、最初は帰納的でも、そのあとは演繹的です。

上記の例を具体的に解説します。

最初に課内を見ます。

1．用爻は将神の甲寅です。神干癸水は空亡です。

2．三動と五動は、財動と兄弟動があります。兄弟動は、同輩や親戚の求めによるものであり、比肩が多いため、物事はうまくいきません。寅木が丑土を剋す財動です。財爻は旺なので、財を求めるのは利益のためではありません。

3．己土が癸水を剋すと斬官といいます。外が内に謀をします。人元の己土は、物事を進めるにあたって、多くの障害があります。用爻の天干は最初の十干の「甲」で、貴神の天干は最後の「癸」なので、癸甲が循環することから、物事は始め良い方向に進みますが、後には乱れることになります。

4．用爻の甲寅は、大胆で細心の注意をしないため、一人で結果を考えずに行動します。また、太歳が乙木で、月が甲木であるため、甲乙木が用爻の甲木を圧倒しています。これは、2人の人間が銃を持って、用爻を圧迫しているようなもので、用爻は相手に従わなければなりません。

5．用爻の寅は将神の財爻にあり、丑の劫殺です。寅は将神の財爻の上にあり、財を奪われます。投資は必ず困難に直面します。劫殺とは、高速道路を走行中に突然警察によって停止を指示され、急ブレーキをかけるような状況を指します。「劫に逢うとすぐに止まる」と言います。

6．癸丑は官爻であり、事業を代表しますが、癸丑自体が五鬼截路です。丑と未が相冲することから、家庭内で意見が一致しないことを意味します。

課中で癸水は空亡で、癸丑は截路です。もし丑が空亡で癸が空亡でない場合は、見かけは通らないように見えますが、実際には通ることができます。一方、癸が空亡で丑が空亡でない場合は、見かけは通るように見えますが、実際には通らないのです。これが天干と地支の空亡の判断の違いです。課内で丑と未が相冲することから、内部で矛盾が生じますが、影響力は限定的であることを意味します。

農暦七月の癸は天徳になりますが、空亡のために用いることができません。癸水が空亡では、甲木を生じることはできません。

7. 用爻の甲は天に参ずる大樹で、木が土を剋すことから、形象を帰納すると掘り起こす、発掘するという意味にとれます。さらに、類比的には、採掘、切り開く、修復するという意味もあります。

8. 将干甲と人元己は、干合して土に化します。寅木は土を剋し、木と土が争いを繰り広げ、口論や訴訟にかかわることを意味します。

9. 丑と未の土の間に木が挟まっていることから、訣に「土が木を挟むと、土地と家屋を売却することになる」とあります。金銭を損失することを意味します。

10. 課中に辰戌丑未の四庫がすべて揃っています。土庫を開くとは掘り起こすことであり、それは投資と同義です。四季会殺は、口論や紛争が必ず発生します。

課の外部の情況を論じる

1. 年月日時は外部の環境を表します。絶とは断絶のことで、中途半端に終わることを意味し、殺す、情を絶つという意味もあります。甲乙が比で寅酉が絶だと、将来的にはパートナーと反目し、情が絶たれます。比は相容れず、2人がリーダーの地位を争うことであり、譲り合いがなく、一方が優位に立つことになります。

口訣に「神が甲乙になったとき、客に会うと必ず席上で争いが起こる」とあります。また、用爻甲寅自体が木であり、太歳が乙木、月干が甲木で、訣に「二つの木が爻を為すと、求めることは得難い」とあります。さらに木が多くなると、より得難くなります。

2. 用爻寅と月支申は相冲です。冲すると必ず動きます。甲寅が甲申にぶつかると、申金は鐘であり、木が鐘を叩くと必ず反応があります。

3. 用爻寅と日支辰は相剋です。寅は日上の駅馬なので、事態が急に起こります。

総合的に判断すると、投資は避けるべきで、損失が出る可能性があります。

【思考】

課を判断する上で強調すべきことは、集中してもリラックスし、すべてに敬意を示すことが智慧の前提です。もし人が急いで来て質問した場合、相手が慌てていても自分は慌ててはいけません。静かに動く必要があります。問題を分析し論理的に判断する過程は、陰陽の判定にかかわるものであり、精神を集中させることができれば、直感が必ず現れます。思考方法が正しくない人だけが「難しい」という言葉が心を支配します。

根が深くなければ、成果は出ません。建物が高くなるほど、地盤は深くなります。陰陽の比率によって、陰が大きければ、陽も大きく現れます。英雄的な人物は、苦労して基盤を築いてきたものです。基礎がなければ、秘訣を多く学んでも、結局は化粧をするだけで、最終的に恥をかくことになります。時折、「自分は何十年も学習してきた」と耳にしますが、スキルと学習年数は比例しないのです。三つの修士号を取得しても、一つの博士号と同等にはなりません。

思考法を正しくすれば、技術以外のものについては、自然に身につきます。非常にしっかりとした基盤を持っている場合、難しい問題に関しても明師が軽く助言するだけで、最高峰に簡単に到達できます。基盤がしっかりしていない場合、幸運にも明師に出会ったとしても、彼が助けようと手を差し伸べても理解できません。とても残念です。

覚えておいてください。成功は準備された人にしかもたらされません。そうでない場合、名声と実績は釣り合わず、必ず混乱に陥ります。

【例4】訣に「重ね重ね上を剋していくと、自分自身の努力によって名声を得る」とあります。

日運を占いました。

【解析】

丙申	庚子	丁丑	庚戌
	戊	土旺	
	乙巳	火休	
	辛亥＊	水死	
	申	金相	空亡

1．用爻は辛亥で、もともとの意味に失敗があります。この日の計画は達成されませんでした。

2．地分が空亡で、その人は家にはいません。この日は一日中外で忙しくなります。

3．辛金剋乙木の財動があります。また乙木は戊土を剋します。だんだん上を剋すので、財運があります。この日は一日中お金を求めて忙しいです。また、亥水が巳火を剋し財動ですが、財爻は死のために財を求める力がありません。神干剋人元は官動です。天干乙木は外なので、年長者や政府関係の人を探します。

4．神殺は、戊申が截命災殺となり、事がうまくいかないことを示しています。戊申は孤鸞殺であり、一人で多くの人と向き合うことになります。また、駅馬は巳で、巳と亥が冲のため、仕事は忙しいです。しかし、課内の馬星は死地にあるため、死馬となり仕事が無駄になったり、出かけて行っても阻害があったりします。

5．干支関係は、辛亥の辛を酉に変換すると、酉の傍に亥水があり酒を表し、この日は酒を飲みます。

巳亥の冲と申亥の害は、怒ったり不満を持ったりでイライラします。

亥子丑は三会局で、人と約束をして外出して会います。集まりや話し合うことを意味します。戌亥子丑は蓮茹です。間接的なつながりで人を呼びます。その間にいるのは女性で、容姿は美人ではありません。

丙辛干合は、外部の人が訪問してきますが、申亥が相害のため、話が合いません。

子巳の絶は、物事に関して否定的な発言をします。

乙丙丁は三奇で、今日は予期せぬ事故が外で起こる可能性があります。

辛金が乙木を剋すと、車のトラブル、禍によって怪我、四肢や筋肉の痛みなどが起こります。卯酉が相冲だからです。

戊庚の半三奇があり、甲がないので方向性が見出せません。

巳申は刑合のため、経済状況や業務展開に不利で、有能な人や助手がいないことを示します。
課内に四孟の寅がないので、虎年の人が現れると良いでしょう。

6．この課の格局は、神将の干支が天剋地冲で、天干は下が上を剋し、新しいビジネスを開拓する象意です。

【例5】訣に「丑未戌の三刑で、内に刑剋があれば憂いや煩わしい問題がまとわりつく」とあります。

昇進できるか問いました。

壬辰	辛亥	辛巳	己亥
	戊	土旺	
	乙未	土旺	
	己丑＊	土旺	
	戌	土旺	

【解析】

1．官動がありますが、冲に逢って無力です。乙木は草木で土に埋まっているため、頭を垂れて力不足です。さらに、課外には二つの辛金があり、冲剋され制されているため、力量は微弱となり、相談内容は、成し遂げられません。

2．四位倶比や一類朝元は、物事が停滞して動きません。

3．課内に四季会殺があり、混戦状態になっています。また、四季会殺を見ると「精神病の人」を表し、話が通じず、相談者はこの問題に煩わされています。

4．月上と時上の亥水が牛と羊（丑未）を見ると、「水草地では牛羊は困惑する」の格局で、困難に直面することを示します。

5．天羅地網のため、行き詰まっている状態で、前進できません。男性は天羅、女性は地網を恐れます。天羅地網が揃うと、牢屋に入れられたようなものです。

以上の判断から結論としては、昇進できないということになります。

翌日、枠が一つ追加されたとの問いに対しても、変わらず無力であるとします。訣に「賊動があると賊は内に発生し、いろいろ策略を巡らしても結果は出ない」とあります。

干支による解釈

第1に、干と方に戊戌があります。干と方は基盤であり、判断の基礎となり、相談内容の外部的な面を表します。

戊土は混乱を象徴し、当事者は内面的な事情を理解しておらず、競争に夢中になります。

第2に、用爻は己丑です。訣に「戊己が課に入ると貧乏である」とあります。競争が激しくなり、突然枠が1名追加されたとしても、最終的には何も残らない状況になります。「貧乏」とは、空っぽであることを示す象意です。

第3に、貴神は乙未です。乙未は自己表現や自発性を象徴し、人元に戊土、将干に己土を見て、草木は根を張って自ら成長することを意味します。しかし、乙未は他者と協力しないため、砂漠の中の一本の草のような存在です。課内に水がないために、課の内外で亥卯未三合木局を形成し、つるがまとわりつくように複雑に絡み合っているため、事態は複雑であると解釈します。

第4に、三刑があります。結果はすでに決定していますので、この事象をより深く検討してみましょう。

課内に丑未戌の三刑があります。訣に「内に刑があると、悩みや病気を引き起こす」とあります。三刑は、煩わしさや疾病を意味します。課内は、土が多く土が旺盛なので、時間が長引くことを表しています。この人自身に持病があり、病気は治りにくく、気持ちは混乱し、体は疲れています。

課内に刑に加えて冲の辰戌冲、丑未冲、巳亥冲があると混乱します。したがって、課を立てたら、先に格局の「局勢」を調べます。格局には力があるとされており、古人は「格局があれば、天下をつかむことができる」とか、「大局はすでに決まった」と言います。

これは道理で、課中の福をどのように判断するのかと言うと、木を例に挙げると、伐ることも、風に倒されることも、水に流されることも、折れることも、腐ることも、人に利用されることも、斧や鋸によって傷つけられることも、薪として使われることがなくても、それでも梁になって建物を支えることができるため、それは大きな福であるとされます。

判断後の質問

【質問1】用爻によって問題の主体を特定するのに、なぜこの課では乙未が重要視されるのでしょうか?

【答え】名声に関しては、官爻を重視します。亥卯未三合木局は、戊土を剋し官動となるために、官を求める願いが強いからです。

【質問2】丑亥が辰に臨むと、星を崇拝し神々を召喚する道教の歩み方を示す「踏罡布斗」と言われますが、この課では、どのように解釈されるのか教えてください。

【答え】この言葉は、計画的に行動することを意味しています。辰は太歳で上司と事前に交渉したことを示しています。木局が土を剋すため、上司は彼のために力を貸しますが、乙木は冲に逢うため、彼の言葉には力がありません。

【質問3】三刑に辰が現れた場合、解くことができると言われます。この課は解くことができますか?

【答え】三刑に辰を見れば解くことは可能ですが、まずは刑を受けます。知っておくべきは、病気を治すのと病気にならないのは別の問題だということです。したがって、判断すべきエネルギーが課内か課外のどの位置にあるかを見る必要があります。もし、三刑が用爻に臨むなら、課に辰を見れば解くことができます。もし、辰が用爻であれば、自分が人々の悩みを解決します。

【質問4】亥卯未の三合木局は、金の剋を受けて材木になりますか？

【答え】亥卯未三合木局が、乱れたつる植物であるか、大樹であるかは、前提が必要になります。乙木が土中に挟まれ、辛金に剋される場合は、乱れたつる植物になります。つる植物であれば、材木にはなりません。もし、旺相であれば材木になると判断します。これは、干支の象を取る際には、具体的な状況に応じて判断する必要があることを示しています。


【質問5】木局は孤木ではなく、亥水に生じられ三合木局になります。金局は木局を剋しますが、亥子丑月は五行で水であり、水は木をよく生じるのに、なぜ旺にならないのですか？

【答え】土中に挟まっているため、金の沖剋を受け力がありません。

一枚の葉では森を知ることはできません。四季会殺は非常に強力で、踏罡布斗と木局官動は四季会殺という大格局によって否定されます。


【質問6】乙木が土中に挟まれていると、頭を垂れて気を喪失するというのはどうしてわかるのですか？

【答え】課内に戊寅、己卯があると、木が土中にある象意です。頭を出すことが難しいので、頭を垂れて気を喪失するといいます。

【まとめ】　物事に真剣に取り組み、本質を理解することが、技と智慧の結晶です。上記の諸例を分析することで、金口訣の複雑な応用を簡略化し、奥深く微妙なところにまで踏み込み、核心を直接つかみ、全体を見失うことなく判断することができます。

第４節　金口訣は絶学への道

1．五感が相助け合う

先人たちはすでに式を完成させているので、後学者は自らが、その道を歩むことになります。

金口訣は始めに、感受力を訓練することが最も重要です。細部までこだわり抜く能力を身につけ、徐々に五感のそれぞれの機能である眼、耳、鼻、舌、身、意という六つの認識を本当に理解し、その主人であることを学ぶのです。そうすれば、それぞれの思考や事柄のエネルギーの発展方向と規則を知り、自分自身が物に勝ち、その物を傷つけずに、軽やかに前進することができるようになるのです。感覚を超越した知識を持ち、「心を明確にし、外界のことに動じない」大いなる智慧を身につけ、まったく新しい世界観と価値観を築き上げ、人生を素晴らしいものにするのです。

2．日々に新たなり

鬼谷子（きこくし）は「あらゆる策略には道があり、道を見極め、その状況を知り、状況を把握して三つの基準を確立する必要がある」（『鬼谷子・謀篇（ぼうへん）』）と言いました。金口訣を学ぶには、日課から始め、日々の些細なことに気を配り、目標を設定し、具体的な計画を立て、行動に移すことで、人生の方向性を明確にし、始めて目的を達成することができます。

さらに、戦闘方法を学んだだけでは勝利できないことを明確にする必要があります。勝敗には、個人の視野、心理要因、運など、多くの要因があるため、長期的な訓練が必要です。

漢代の桓寛の『塩鉄論・論鄒』には「一回曲っただけで九折分を進みたいと欲し、一隅を守ってすべての方位を守りたいと欲し、基準の位置が決まっていないのに高下を知りたいと欲し、定規やコンパスがないのに方円を描きたいと欲す」とあります。つまり、「自分の部屋も掃除せずして、天下を掃除することができるのか？」ということであり、「地支のエネルギーさえも理解していないのに、どうやってスムーズに判断することができるのか？」と言っています。

したがって、先秦時代の諸子の長である戦国時代の鄒衍が掲げた学問の要点である「小さな物から経験を積み重ね、大きな物に至るまで推し量る」を覚えておかなければなりません。物事を学ぶときは、小さなことから始めて焦らずに成長するために時間をかける必要があります。

マリオ・プーゾの『ゴッドファーザー』に、「偉大な人物は生まれながらにして偉大なのではない。成長する過程で偉大さが現れるのだ」という言葉があるように、長い時間積み重ねることで、質的な変化が生じるのです。また、古いことわざに「三尺の厚さの氷は、一日冷え込んだだけではできない」ともあります。

他に、経天緯地のように、必ず細心の行いをすることです。多くの過ちは、急いで成果を求めることが原因です。すべては、はっきりと見えているのです。あなたがそれを見つけるのを待っているだけで、静寂の中に妙となる道があります。日課には、すべての日常生活の軌跡（思考を含む）が含まれています。その前提として、清浄な心で起課する必要があります。その問いに強い執着がある場合は、結果は無駄な行為となります。心が静かでなければ、力が足りなくなり、法がはっきりせず、混乱が必ずついて回ります。

人生には静けさが必要であり、成果を急ぐ必要はありません。毎日心を整え、清潔で明るく、気持ちが高揚したところで起課します。課に現れた事象をたくさん判断する必要はありませんが、途切れずに続けることが大切です。神と同じように敬意を持って扱い、その象意を理解しながら、決してそこに固執せず、日々自己で実験を試みることで、象意を判断するだけのレベルを超え、本質的なレベルを得ることができます。

「時機を待たず」という言葉があります。つまり、機会を捉えることが大切だということです。古代の言葉には、「月影はあちらこちらにあるが、真の月は一つである。諸源の水は複数あるが、水の本質は一つである。森羅万象には複数のものがあるが、空虚は一つである。道理を説く話は数多くあるが、悟りを開く障害となるものは一つもない」とあります。さまざまな学問から、すべてのものの内面にあるポテンシャルを発見し、静かに動かずに道を開くことが道を得る方法であることがわかります。

最後に、格物学の金口訣を学ぶことで、自分の世界観が変わり、現象は自分自身の投影であることがわかります。すると、より穏やかで、悟りの真理に近づくことができ、実践的な修行の智慧を得ることができます。

あなたは、万物と調和することが真の技であるということを、さらにはっきりと理解するでしょう。これを失って智慧について話すのは、錯覚にすぎず、ただの理論であり、現実的でないのです。それは、時間を無駄に過ごし、煩悩を増やすだけです。基礎がしっかりしていないと、地が動き、山が揺れます。急がず安定することこそが早道です。歴史的に見ても、真の富や栄誉は安定の中にあるものです。

第５節　歌訣指要

金口訣を一通り学んで入門の域を出ましたら、『雲霄賦（うんしょうふ）』『三才賦（さんさいふ）』『金蘭略（きんらんりゃく）』『玉華略（ぎょくかりゃく）』『定寿経（ていじゅきょう）』『光明経（こうみょうきょう）』といった原書の歌訣を繰り返し勉強すべきです。

これらの歌訣は、古代の人々の実践的な智慧の結晶で、金口訣の精華的な章で、著者には無限の恩恵をもたらしてくれました。日常的に繰り返し朗誦し、長期間にわたって使用することで、自然に手に取れるようになり、判断方法が確実に向上していきます（詳細については、拙著『六壬神課金口訣心髓指要』参照）。

原書の歌訣は非常に貴重であり、それぞれに智慧が込められています。たとえば、雲霄賦には「鬼蠱気疾（または残とする）、為土星塡北海（辰戌土剋亥子水）」とあります。

解説すると、課中に辰戌の土が亥子の水を剋すと、驚きや喘息の病気が生じることを意味しています。この土星は古代の名前で鎮星とも呼ばれます。土星は約28年で1周します。毎年二十八宿の中の一つを通過し、二十八宿を順番に滞在するように見えるため、「歳鎮一宿」と呼ばれ、土星は、鎮星または塡星とも呼びます。「塡」と「鎮」は、文字の書き分けが必要ないとされる字です。

この歌訣には、以下の意味が隠されています。

「腎は強さの官吏であり、技巧はそこから出る（『黄帝内経・素問・霊蘭秘典論』）」

腎は精気を貯め、水液を支配し、気を取り込み、人体の臓器の陰陽の基礎であり、生命の源です。よって、先天の元と呼ばれています。五行説においては水に属し、陰の中の陽に位置しています。腎は人体の水液の代謝を支配しており、栄養物に含まれる津液が臓器組織に潤滑作用をもたらし、全身に供給される一方で、各臓器組織の代謝利用後の濁液を排出するためにも必要です。これら両方は、腎の気化に依存しています。腎は肺が吸い込む空気を取り入れ、呼吸を調節する役割もあります。

「肺は呼気を主管し、腎は気を取り入れる。陰陽が相互作用して、呼吸は調和する」（清代石寿棠『医原・聞声須察陰陽』）という言葉からわかるように、人間の呼吸運動は肺が主管しますが、吸い込んだ気は必ず腎に帰って、腎気が摂取することによって、呼吸がスムーズかつ均整がよくなります。

明代の羅洪先の『万寿仙書』にある陳希夷左右睡功図の口訣に

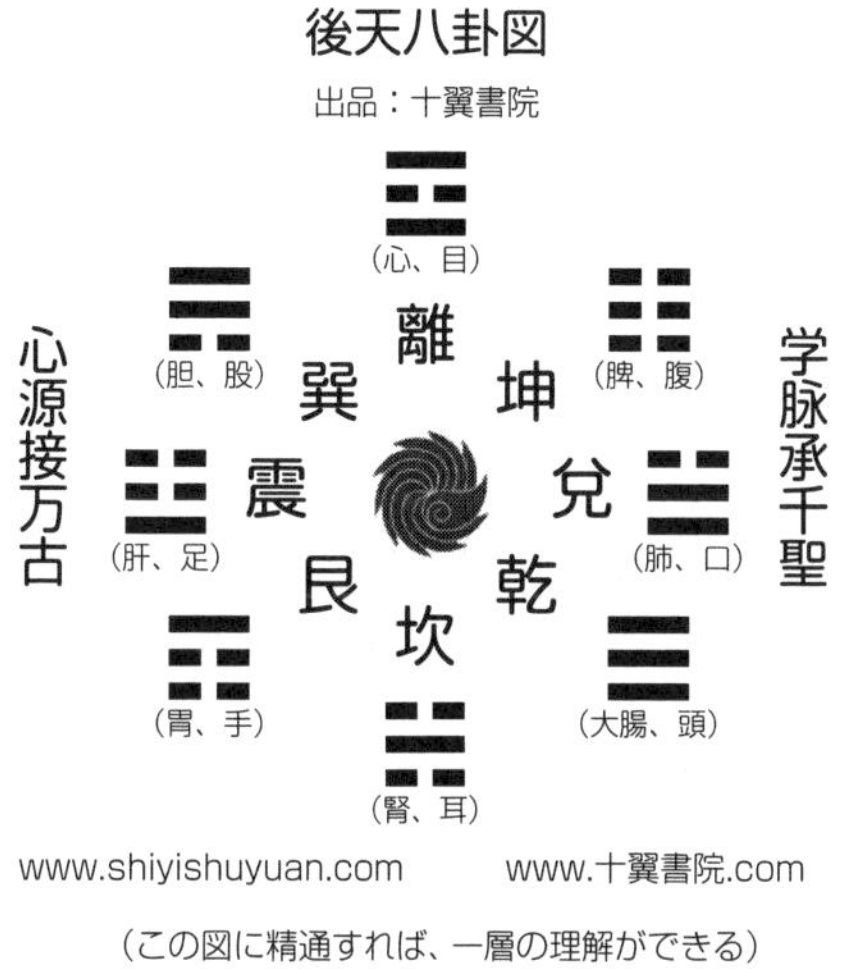

（この図に精通すれば、一層の理解ができる）

は、「肺気は長く坎にとどまり、肝気は離宮に向かう。脾気は呼び寄せて中位を合わせ、五気は元に向かって太空に入る」とありますが、最初の一節は、肺と腎の気の関係に呼応しています。

清代の馮兆張氏の『馮氏錦嚢秘録』には、「足に精があれば百病は生じず、精を尽くすと万病が起こる」という記述があります。そのため、「鬼蠱気疾」とは、恐怖や息切れなどの病気であり、腎臓病の前兆であるとされます。古い言葉に「六壬は人事を尽くす」という精妙な表現がありますが、これからもその一端が見えてきます。また、「医易同源」という原理からも、このことが理解できます。

たとえば、門弟の劉詩乙さんは、2020年8月13日の庚申時に、パソコンで表を作っている途中、突然視力に問題を感じ、すぐに視力検査に行ったところ、老眼と左目（巳位）が斜視であることが判明しました。帰宅して日課を見直したところ、人元癸水が時柱丁巳の剋を受けていました。訣には「蛇と馬が泉に沈むと、眼の災いを生じる」（『雲霄賦』）とありました。驚いた彼は、金口訣の不思議さを感嘆しました。

これらの歌訣は、万物現象の勢いを抽象化したものであり、使う際には「万法帰一」となり、一つひとつの技法に囚われず、理解した上で身心を言葉を超えたレベルまで昇華させ、応用することが真の達人の境地であると言えます。

この「蛇と馬が泉に沈むと、眼の災いを生じる」という歌訣に対して、著者には別の事例があります。2020年8月、友人が新しい家に引っ越した時、上の階からの水漏れが南の窓から入り、ロビーの新しい床を水浸しにしました。彼がこのことを話したとき、「家の誰かが眼の病気にかかるだろう。問題は深刻ではないが、治療が難しい」と私は言いました。彼はすぐに、「その日、母親が眼の乾きや痛みがあり、視力低下のために眼の検査を受けに行った。結果は黄斑の深刻さに起因するものだったが、医師は手術することができないので、視力改善のために眼の習慣の改善と薬物治療に頼らなければならない」と言いました。

みなさんは「どのように判断したのか？」と不思議に思われるかもしれません。筆者は上記の口訣に基づいて判断しました。つまり、階上からの水漏れは「泉に沈む」に対応し、浸水位置が部屋の南側であるため、「地支の巳と午」に対応した位置となります。そのため、この勢いの結果は必ず「眼の災いを生じる」ことになります。これが「現象は法を表す」の格物致知です。

また別の例もあります。ある人が新しい家に引っ越してきて、執筆を続けていました。1年後、彼は筆者を家に招待し、自分の書斎を自慢げに紹介しました。書斎は正確に南向きで、執筆する唯一のスペースです。窓から外を見ると、南側の少し左に建設現場があり、深さ3階建て分の大きな坑があり、そこには水が溜まっています。雨が降ると、水が増えます。彼に、「あなたはここで執筆をするようになってから、左眼の視力が曇り、低下したことに気づいたのではないか？」と尋ねました。彼は非常に驚き、「そうだ、そうだ。頸動脈や糖尿病などが原因だと思って、検査をしても原因がわからず、最後には長時間コンピューターを見ることが原因だと考えていた。本当に原因を見つけることができて、驚きだ」と言いました。

この判断にも、「蛇と馬が泉に沈むと、眼の災いを生じる」という訣を使用しています。本当の智慧は、多方面に適用できるものです。それができないのは、自分自身で障害を生み出しているだけなのです。

ある時、禅宗の第四祖道信（どうしん）禅師は、第三祖僧粲（そうさん）禅師に会い、「解脱の法を教えてください」と言いました。第三祖は「誰があなたを束縛しているのか？」と尋ねました。道信は「誰にも束縛されていない」と答えました。第三祖は「誰にも束縛されていないなら、それが解脱である。なぜ解脱を求める必要があるのか？」と続けました。道信は、その言葉で悟りました。

子供の頃、田舎の祖父の家で暮らしていました。祖父は筆者に多くの歌訣を教えてくれました。その中には「眼の病気」と関係があるものもあり、最初に覚えたものです。歌訣は「窓辺に枯れ枝が向いていると、必ずその家には眼の病気の人がいる」というものです。窓の前に枯れた木の枝が見える場合、しばらくすると家族が眼の病気にかかるのです。後に、祖父が私を一軒の農家に連れて行きました。庭に入ると、大きな木が枯れており、枯れ枝はその家の窓に向かっていました。私がためらっていると、家から一人の汚れた服装の老女が出てきました。髪の毛が乱れてほとんど眼を覆っており、髪の隙間からしか眼の動きが見えませんでした。しかし、今でも忘れられないのは、彼女の動く眼のほとんどが白色で、恐ろしかったことです。それはまるで幽霊のようでした。そのため、本能的に祖父の後ろに隠れてしまいました。

その後で、祖父はその女性の眼があのようになっているのは、重度の白内障にかかっているためだと話しました。そのとき、恐怖に身を震わせながらも「窓辺に枯れ枝が向いていると、必ずその家には眼の病気の人がいる」という歌訣を思い出したことを、今でも鮮明に覚えています。そのとき、筆者はまだ10歳にもなっていませんでした。

現在の都市では、建物が高くなっていて、窓の外に木を見ることはありません。しかし、みなさん考えてみてください。枯れ木の装飾品を枯れた枝と見なすことはできますか? 枯れ木の装飾品を窓辺に置くと、「眼の病気」を引き起こすのでしょうか?

理が明らかになると法も明らかになり、「法と法は互いに矛盾しなくなる」ことを覚えておいてください。自分を理解するためには、努力をする必要があります。

この点で言えば、顔回（子淵）は私たちの模範です。孔子は人々の前で、子貢に「お前と顔回を比べたら、どちらが優れていると思うか?」と尋ねました。子貢は「私は一つを挙げて二つを知る人で、顔回は一つを挙げて十を知る人だ。私は彼に及ばない」と答えました。孔子は頷いて喜びました。

これが、孔子が顔回を最も好む理由です。

また『雲霄賦』には、「虎負岡隅、必主羸痩之症。（甲乙木剋辰戌土。）」と書かれています。「羸痩」とは、人がやせ細っていて、顔色も悪いことをいいます。しかし、このパターンに出会ったからといって、必ずしも人がやせているということを意味するわけではありません。覚えておいてほしいのは、虚実が交錯し、微妙な差異がある場所には必ず法則があるということです。

一部の人は情報が閉ざされ限定されるため、文章の裏にある意味を理解できません。認識上の「羸痩之症」です。これらの口訣は、古代の経典や仏典と同じように、比喩の方法を採用しています。その目的は、エネルギー代謝の出口を容易に指示することです。したがって、思考力を高め、自分自身を透明な空中の城にする必要があります。老子が『道徳経』で「幼児に戻る」と言ったのは、人生で幼児期だけがすべてに柔軟に対応し、物事を受け入れる能力が最も高いからです（この例は、筆者の学生である付麗莉（ふりり）が授業中に尋ねた質問に対する回答である）。

上記の例から見ると、金口訣の中のこれらの微妙な歌訣には、玄妙なものがあり、想像を絶するものがあることがわかります。そして、どんな学習も、熟練すれば巧みが生まれ、巧みになると妙味が生まれ、妙味を身につけると悟りが生まれ、悟りを得ると玄妙が生まれるのです。

しかし、玄妙に達するための前提条件は、陰陽五行、干支八卦、医易同源などの基礎理論をしっかりと理解することです。そうでなければ、基礎が揺らぐと、地が揺れ動くことになります。

荘子は「怠惰であって誠実さがなければ、人を動かすことはできない」と言いました。まさにそのとおりなのです。

第6章　体道の応用

体道とは、自然を理解し体現することです。

「偈子：狂風は浮草の先端から起こり、巨大な波は微細な波間から生まれる。真の友情は微細な瞬間に生まれる……」

この言葉が意味するものは、人生を勝ち抜くには、心を鎮め、精神を微細に開放させる必要があることです。謙虚であり続け、学び続け、道に対する誠実な姿勢で、状況の可能性を感じ取れれば、積極的な行動に移すことができるのです。功徳を積み上げ、自分の行動をコントロールし、あらゆる状況に対し感謝し、恩返しをすることによって、自然に天地を動かすことができます。「気」「地」「事」「力」の仕組みを理解し、これらの「四機」の秘訣に従って類推することができ、堂々と行動し、変化に適応できるのです。常に心が柔軟であれば、人生の勝利は自分の掌中にあります。

さらに、学ぶべきなのは、真剣に死ぬことと、楽に生きることは同じことであり、楽に死ぬことと真剣に生きることも同じであることです。楽とは何か、真剣とは何かについて考えてみてください。

これは束縛のない智恵であり、「(勢) エネルギー」を得て勝ちとる道です。

第1節　体道の分類

以下は、「金口訣体道応用」中の一般的な分類とその定型句です。分類は以下のとおりです。

1. 求財章　2. 官職章　3. 疾病章
4. 出行章　5. 婚姻章　6. 係争章
7. 天気章　8. 失物章　9. 試合章

10．来意章　11．家相章　12．雑占章

では、それぞれを解説していきます。

1．求財章

(1) 占求財

求財に関しては、青龍寅、貴人丑、太常未が旺気に乗っている場合、また主客が相生している場合、干支徳合となっている場合、あるいは貴神将神が相生している場合、財動となっている場合に財を求めることができます。財を求める場合、賊動に遭ったり、鬼動、地分が将神を剋したり、日冲や月破、休、死、空亡であれば財が破れるでしょう。あるいは分局相剋がある場合は、財は散らばります。

また、書には「分局相剋は破れ、合局相生は共に楽しむ」とも言われています。

財を求める場合、自分が剋せば妻財として見ます。貴神に六合卯や太陰酉が乗れば妻財、青龍寅、貴人丑、太常未などがあり、旺気がある場合は財として考えます。

財神は、青龍寅、六合卯、太常未、功曹寅、勝光午、大吉丑、小吉未、甲乙木です。

自分自身のことを占うのであれば、貴神が自分で主ですが、財を求めるのであれば、人元客を主に変え、貴神を財に変えます。貴神が財で人元が主です。したがって「人元が貴神を剋すと争って物を手に入れて得る」とあります。貴神が人元を剋すと、客は何も取れず手ぶらで帰ることになります。主と客の相生相合をよく見る必要があります。

(2) 占売買

「占売買求財」とは、商取引において利益を得るための占いのことです。

青龍寅や太常未が旺相の地にあり、今日の干支と生旺になれば、商売で財を求めて利があります。空亡や脱気はよくありません。かえって財を損ないます。青龍寅で解説すると、今日の商売は、吉神が動いて財郷に入れば出入りによろしく財を求めて得ます。することに喜びもあります。もし空亡や刑、脱気の地であれば、多くのことは整いません。

青龍寅が亥子寅卯の郷に臨むと財局といい、商売など財を求めてすべて吉です。巳午に臨むと本位を生じ、財を使います。もし申酉の郷に落ちると足を折るといい、財を求めても得られません。もし、辰戌丑未にあれば不明な財で、はっきりせず不利です。

この方法は、青龍寅、太常未が地分と旺相、生旺なら求財は可能で財を求めることができるというものです。ただし、課の中に空、刑、破、害、冲、剋があれば求財は損失です。また、貴神の青龍寅が落ちるところを探し、水ならば吉で多くの財が入ります。南火なら財を使います。申酉は、財が得られません。辰戌丑未は不明の財で曖昧です。

(3) 占富貴の財

貴人が生気を得て、財郷が旺相であれば、貴人に謁見して財を求めて吉です。空亡や剋があると、必ず空回りします。貴人と今日の干支との生旺を見て、かつ辰戌に臨むと獄に入ると言い、物事は不利です。

【注釈】貴神から財を求めるには、貴神の生、漏の地を探します。たとえば、天乙貴神丑土であれば、南方火地か西方金地に赴けば吉です。もし青龍寅木であれば、北方の水場か火旺で南方の土地です。相生の土地が最も良く、比、剋、冲、刑に逢えば利を得ません。

常用口訣

1．財運を求める場合、財爻（将神）を重視し、旺相していれば大吉です。生合や財動などがある場合は、財運を求めることで大きな利益が得られます。それ以外でしたら、財運を求めることは不利となります。
2．財動と賊動が同時に存在していれば、利益と損失が生じます。
3．用爻官爻の場合、求める財運には公務員が介入するか、公務員との協力があります。
4．刑、冲、剋、害が重なり下を剋し、地分が将神を剋した場合、財運を求めることはできません。
5．財爻が休囚死している場合、財運を求めることはできません。
6．財運を求める場合（借入、契約を含む）、財爻が天羅、地網、連茹帯害（卯辰巳、酉戌亥等）などに遭うと、財運を求めることで争いが起こるため、避けることが望ましいです。
7．財動と三奇が遭うと、予期せぬ財運を得ることができるか、財運を求める過程で奇妙なことが起こります。

【弟子高双平の例】２０２０年6月2日サウジアラビアＯＰＥＣにて

乙未	丙子	辛巳	庚子
	土旺	己	
	土旺	己丑	
	水死	戊子	
	水死	亥	

【解析】

1．課内には、三動五動中、妻動と賊動があります。貴神は地分を剋し、減少、損失する勢いがあることを示しています。
2．人元、貴神、将干が比で、話し合いの時間が長くなっていることを示しています。
3．己土が一波三折、三転五起し、また己が己に会うことで、複雑な展開が予想されます。
4．課中丑が天喜で、旺地にあり、太歳の子水と相合しているため、多くの利益や予期せぬ喜びがあることを示しています。
5．戊子は截路で、道を断ち、停止する意味があります。財爻戊子でありますが、「天下に窮する戊子はない」と言い、問題は起こらないと示唆されています。天盗が課に入ることで、内部の盗みや減産の兆しがあることを示しています。

6.「丑が川のそばで亥に出会うと、盗賊は自滅する」という言葉があり、自ら減産するという意味があります。

7.課内の干支関係は、亥子丑の水局方合に会い、子未害、子巳絶、丑未冲、冲になると（官爻丑が動く）、亥子丑は順連茹で、未来のことを表しています。これらは、将来的に減産の勢いがあることを示しています。

8.課内の五行は、土が多く土が旺盛で水が死んでいます。二つの土と二つの水に遭遇すると、土が水の地に入り、土地や家屋の争いが起こる可能性があります。また、戊己は窮する神であり、減産量には限界があることを示しています。

【結論】 減産協定は達成されますが、量は限られています。

【フィードバック】 ロイター通信によると、石油輸出国機構（ＯＰＥＣ）とその他の主要な産油国は、過去に達成された歴史的な減産協定を7月末まで延長することを決定しました。新しい7月の減産量は1日あたり960万バレルで、5、6月の670万バレルよりもわずかに高くなります。これは歴史的な初の減産協定です。

(4) 失財占

財物を失ってその行方を占うには、相談者が立っている方位で課を立てます。人元と貴神は外部で、将神と地分を内部とします。外が内を生じていれば失った財物を求めて良く、内が外を生じていれば財物運は良くありません。上が下を剋していれば盗まれ、下が上を剋していれば失くしました。将神が剋を受けるか剋を受けないかの理論を上手に使用して判断します。剋を受けると問題は解決しません。

しかし、剋されたものが完全になくなるわけではなく、剋された内部に生ずるものがあり、再び生まれる可能性もあります。たとえば、貴神が剋を受けると、失くしたものは会社の財物で、将神が剋を受けると、失くしたものは自分か妻や家の財物で、地分が剋を受けると、器物や家畜です。人元が剋を受けると、絹やオモチャです。物を盗んだ人は、用神で判断します。窃盗の動機や気持ち、時間や場所は、三合や六合で判断します。

常用口訣

口訣に「鬼合課であれば、自分が神を装い鬼のように振る舞う自己中心的」とあります。

2．口訣に「魁罡で火旺であれば、家庭や財産が安定していることを意味する」とあります。

3．口訣に「天羅地網であれば、物事が順調に進まなくなることもある」とあります。

4．口訣に「木局に遭遇すると、紛らわしい状況に陥りやすい」とあります。

5．口訣に「貴神将神が同じ五行の比であれば、相性が悪いとされる」とあります。

6．人元が将神を剋せば、財産の損失や、外部からの盗難に遭いやすくなります。

7．陰が陽を剋すると、正財を損ない、逆に、陽が陰を剋すると、偏財を損ないます。

8．人元が将神を剋し、また地分が人元を剋している場合、財が救われ、外部から侵害されることはありません。

9．もし地分が財を生じる場合、使用人や職員から、または土地や不動産で財が得られます。

10．貴神が将神を剋しているか、人元が将神を生じている場合、紛失した財が再び入ってくることになります。

11．人元が貴神を生じ、貴神が将神を剋している場合、財を二回失い、集団や組織から財を侵害されることになります。

12．貴神が人元を剋しているが、同時に将神も剋している場合、公の機関から罰金や押収を受けることになります。

13．貴神が将神を剋し、かつ将神が地分を生じ、地分が貴神や人元を剋している場合、内部からの救いがあります。もし、人元が貴神や将神を生じていれば、外からの救いがあるため、財を失うことはないか、失ったとしても再び得られます。

14．貴神が将神を生じた場合、公の組織から財物を得ることになります。駅馬を見れば、財が迅速に得られます。

15．人元が貴神を生じ、さらに将神を生じる場合、二重の財を得ることができます。

16．人元、貴神、地分が同じように財爻を生じる場合、財が旺盛になり、容易に入ってきます。財は三度や三つの方向からやってきます。

17．人元や貴神、地分が同じように財爻を剋し、冲、刑、害などあれば、財を三度失うか、職務上の陰謀などで損失を受けることになります。

18．人元が将神を生じる場合、外での財産が豊かになります。

2．官職章

以下に関連する口訣は、拙著『六壬神課金口訣心髄指要』（太玄社）から引用しました。

(1) 占官職俸禄

仕事運や財運を占うには、貴神や将神が人元を剋せば地位を得られます。
貴神が空亡、将神が貴神を剋すと、文才があっても平民です。
貴神が殺を帯びると悪いことが起き、栄誉があっても災いがあります。
父母動は名声運ですが、人元に刑殺があり、将神が囚死だと普通の人です。

【解読】

古代、人の運命について占う方法は、すべて禄命学と呼ばれていました。仕事運、財運、食禄等を占いました。仕事運を求めるには、貴神の旺相休囚によって官禄を定めます。官爻に貴人丑、青龍寅、朱雀午、白虎申が太歳、月建や時建に逢う時や、干合がある時です。太歳合は助けがあり必ず職権が取れるか、兼職することができます。貴神が人元を剋すと官動です。地分が人元を生じると父母、印綬動で、求職や転職には有利です。もし貴神が休、囚、空亡、冲、破なら知識もキャリアも無い人です。

(2) 占官位

職位を占うには課中で判断します。四位内相生は財運に恵まれる運であり権威を手にします。貴神が人元を刑剋するなら職位を求めてよいです。

四位相生は禄があり、貴神が天禄に乗れば出世します。貴神が人元を剋し、天馬、駅馬を見れば官位の昇進があります。

禄を帯びた官が旺相であれば、出世します。月、日、時干支からの吉作用や、四位内で貴神が旺相となり太歳や月建に逢えば、必ず高位高官になります。

空亡や劫殺は敗れとし、冲破空亡死休囚であれば、放蕩で定まらず職が無いか、職があっても権威がありません。咎にあって物事は無に帰します。咎処とは、休囚死絶害が地分を剋すことです。

①官爻貴神を自分の職位とします。課に重要な貴神を見る必要があります。朱雀午が旺であれば、必ず職位を持つ人がいます。馬や鬼、殺、動が無ければ、昇進の原因を見ます。寅申に逢い太歳が入ればトップです。連茹（十二支が順に三つ以上並んだもの）や三合に逢えば、職位を兼ねますが仕事は度々変わります。分局で空亡になると、失職の可能性が高く、望みを遂げることは困難です。

将神が人元を剋すと吉で、収入が増え、衣食住に困りません（貴神将神が相生となった時）。貴神が空亡で将神を剋すと、才能があり、やる気はありますが空回りです。官動があり、貴神と将神が相生食神であれば、新しい職位を得ます。

②貴人丑が課に入り地分を剋すと、失職し災いが生じ悩みます。地位を象徴する印は、飛符に生じられることで、身分が高い人々に仕えることになります。

太歳が入り、旺相であればトップです。卯と午を見ると権力も強くなります。卯木は権であり、朱雀午火は印です。卯午を見れば印に関することです。

官動を見れば官位は頻繁に変わります。

卯や午が空亡だと罷免や退職、官鬼に逢えば中傷されたり官職を失ったりします。

(3) 占仕事運

仕事運を占うには別の見方もしなくてはいけません。まずは、四位の状態が真か偽かを見極めます。

下が上を多く剋すなら地位があります。人元が地分を刑剋すると平民です。

陽貴人の貴神と陰貴人の貴神が同じになると、武官と文官両方の職権を持ちます。子時あるいは、星の落ちる時間、地分を取って陰貴神の貴神と陽貴神の貴神が同じ貴神となれば文武の職権を得ます。たとえば、丙丁日に酉亥を起こし地分は辰であれば、陰陽とも貴神は青龍寅貴神となります。

劫殺や分局の課は、仕事運は平凡であり、いろいろな職種に分かれます。

人元が貴神を生じるなら客が来て、功労により特権を与えられます。

仕事運を占うには、貴神の官爻を見ます。貴神が人元を剋すと官動です。官動があれば職権を持つ人です。官爻が動かず、貴神が天乙丑、朱雀午、青龍寅で月建や太歳が入ると運気があり、その人は官職がある人です。将神が人元を剋すのも吉です。常に、朱雀午は官職と禄のある人で、卯は権威があります。父母動の地分が人元を生じれば印綬となり名声があります。馬が動くと出世で、さらに鬼動があれば迅速です。官動がないのに官職を求めるのは難しく、印綬もなく、権力もありません。貴神が空亡で将神が貴神を剋すと、財産はあっても官職はありません。

任命を占うには、官動を皇恩転殺（こうおんてんさつ）といい吉です。皇恩転殺とは、大六壬神殺の呼び方で、官職を求めて吉です。馬がなければ職権は変わっても移動はしません。太歳は君子で、寅申は上位の職です。連茹や合局は、兼職したり代行したりします。あるいは相互に改めます。空亡、歳破、月冲は失職して移動があります。分局に遇うと、物事は改まって分散し、罷免されます。

官職を占うなら、禄神があれば食禄は豊かです。官動がなく、鬼動や父母動があって貴人丑であれば、必ず刑により失職します。官位の上下は、神殺や旺相休囚を見ます。官動が馬を帯びれば、新しい官職を得るか職位が変わります。

(4) 占文官と武官

文事を占う際には青竜寅を見、武事を占う際には太常未を見ます。申は「天城」（天の城塞）を表し、寅は「天吏」（天の役人）を象徴します。太常未が巳に加わると権力があり、朱雀午が巳に加わると大出世です。皆吉兆です。もし財の郷に見れば吉慶があります。天喜が地分にあって相生で旺相であれば、官を占って成就します。皆仕事中に喜びがあり、俸給も上がります。もし、空亡や冲、刑、剋に遇うと官を求めても阻害があります。必ず空回りをし、災を見て労あって功なきとなります。金生水や青龍寅、白虎申は、百官を糾弾する上位職です。動がなければ吉将を探し、貴神将神相生であれば職位は上がります。吉神があれば必ず栄転があり吉です。

常用口訣

1．青龍寅、朱雀午が巳に落ちると、自由自在に文書を用い、主は文官です。白虎申、太常未が巳に落ちると、棒印（契約事）となり、主は武官です。旺相すると、主は高官です。

2. 刑、冲、剋、死、囚を見ると、失職します。
3. 財爻が旺で官爻を生じると、財を因としてまたは妻の力を借りて昇進します。
4. 地分、将神が天喜を見て、かつ貴神を生じると、家に喜びごとがあるか、上司が喜びごとを持ってきます。
5. 空刑冲剋の地であった場合、官職を求めても阻まれたり、空回りしたりします。
6. 課内に貴神、休囚死を見て、冲破刑剋があれば無力、ただし吉将と地分から生じれば、復職となります。もし凶将から生じれば、復職は不利です。将神、地分がそれを剋する場合、妻財または年少者や使用人から傷官の影響を受けます。
7. 人元が貴神を生じると、リーダーシップによって昇進します。人元が貴神を剋すると、上司からのいじめを受けます。
8. 貴神が人元を剋すと、仕事が優秀であり、名声と富を手に入れて昇進することは必定です。貴神が人元を生じると、物を持って昇進を求めます。
9. 人元干と貴神干が干合すると、リーダーとの密接な関係があります。
10. 人元干と貴神干が干合すると、評価されて成功します。
11. 人元干と将神干が干合すると、能力や実績が認められ昇進、成功を実現します。
12. 地分が貴神を生じ、貴神が人元を生じ合えば、親友から恩恵を受けます。
13. 将神が人元を生じるか、人元が将神を生じる場合、どちらも妻の力を得ることを意味します。
14. 課の中の四建（年、月、日、時）が貴神を生じる、あるいは貴神と同じであれば、昇進することを意味します。四建より刑冲剋害に遭えば、官が傷つきます。四建が地分を生じ合い、地分が貴神を生じる場合、昇進し家庭が栄えますが、逆の場合は官を損なったり身体に損傷を被ったりすることになります。四建が地分を生じ、地分が将神や貴神を生じる場合、家の中にお金が入ったり、官職を得たりします。

15. 官動が妻動に遭えば、隠密な男女関係が多いものです。
16. もし神将が干を剋する場合、家庭内で財や官位が豊かになり、財によって官位を得たり、妻の力によって官位を得たりします。
17. 将神が貴神を剋する場合、家庭内のお金は豊かであるが、財が原因で官位を損ねたり、財を失って身体を害したりします。
18. 貴神が空亡であり、将神に剋される場合、人は才能や能力を持っているかもしれませんが、志を達成することは難しいでしょう。また官位があっても、空虚な役人や閉職に就く可能性があります。
19. 貴神が劫殺、災殺、または凶神が見られる場合、最初は名声があるかもしれませんが、後に家族や本人が官職に就く中で健康を害したり、訴訟や刑罰などの災難に遭う可能性があります。
20. 客の貴神が旺相であっても、殺や刑が将神にあれば、妻を傷つけ財産を失い、家庭が乱れます。さらに外部から地分を剋せば、子孫に害が及び、家庭に凶兆が現れます。
21. 貴神が休囚死の場合、役職や高官について論じる価値はありません。何も官位や高貴な地位がありません。
22. 天馬、駅馬、鬼動、劫殺、地分と人元の冲、これらは主に地位昇進に関連しており、動かないことが最良です。
23. 転居をする方位については、貴神の支合、三合、三奇、神干合（貴神の干合）、天地合（干合支合）を考慮して決定されるべきです。
24. 連茹や三合局が見られる場合、兼職を意味します。
25. 貴神が空亡の場合、仕事がうまくいかず、志を達するのは難しいでしょう。
26. 貴神空となり将神から剋された場合、最初は貧しさがありますが、富貴、徳、高位が一身に訪れます。将神が人元を剋す場合、昇進し禄が得られ、生計に困ることはありません。官動があり、さらに将神が人元を剋していた場合、新しい地位で昇進し、役職と禄を得ます。

27. 官印が生じており、さらに飛符、駅馬、劫殺を見れば、窮乏から一転して王臣になります。また太歳が旺相している場合、必ず官職に付き位が高くなります。

28. 名声について論じる際、用爻が寅で旺じており、甲と逢えば計画は成功するでしょう。

29. 口訣に「玉堂金馬が高い場所に登り、高山流水が知音を賞賛する」とあります。つまり、高い位について華麗な場所にあり、共感できる友人、知己と過ごしていけることが示されています。

30、口訣に「二木は求めても得難い」とあります。例を以下に挙げます。

【例】　昇進できますか？

丙戌　辛卯　庚戌　丙戌
　　　　戊　土死
　　　戊寅＊木旺
　　　戊寅　木旺
　　　　寅　木旺

【解析】　官動、鬼動が見られる場合、昇進は必至です。二木は求めても得難いと見えますが、課には天赦があることで問題は解決されます。そのため、成功するでしょう。

31. 訣曰：「陰差陽差、称賛しがたく、歌うのも難しい」。陰陽の混在は、陰と陽が乱れることから、食い違いや間違いが生じるとされます。

32. 訣曰：「湿った木は強い金に剋されるのを恐れない」

33. 訣曰：「壬子が重なった場合、孤独で貧しい状態になる」

34. 金口訣は用爻を主としますが、官爻も同様に考慮します。官爻と用爻が旺相で空亡に落ちていなければ、官職に就きます。もし休囚死であれば、官職や権力を持ちません。刑冲剋害を見れば、官が損なわれたり、解雇されたり、思った事が実現せずうまくいきません。

【例】　門下生の何敏（湖南出身）の立課：転勤は成功するでしょうか？（友人の姓名より地分を取る）

己亥　庚午　己亥　戊辰
　　　　壬　水死
　　　辛未　土旺
　　　乙亥＊水死
　　　　申　金相

【解析】

1. 用爻が死であれば、事がうまくいかず官職や、権威を持つことはありません。
2. 貴神辛未の干支は、自己を低く見せても他者から取り入れてもらうことは困難で、苦労しても評価されにくいのです。
3. 官動、主人が外出する、本人は転勤を切望しているが、四大空亡で、官動が空亡に落ちていて、計画は実現しません。
4. 将神と貴神の地支が相合し、内部に助けがあることを示しますが、課内に父母動があり、最終決定権は父母の手にあります。
5. 賊動、内部に賊を生じます、主は人に計算されて財を失い、内部に裏切り者がいます。
6. 五行の水と土が加わり、この格局では、財を失い、身体的苦痛を伴います。
7. 用爻の乙木納支卯、地分の申と卯申の木絶の勢を形成し、事は中途で断念されます。
8. 地分と将神が申亥相害の勢を形成し、計画が実現しません。
9. 課内の亥卯未の木局、混乱と迷いがあり、内外の金によって切られることを意味し、内外の圧迫があります。
10. 壬申は水の猿を表し、その人は群れることが得意ではなく、単独で行動することに適しており、束縛を受けず、自由に能力を発揮することが特に適しています。特に創造的な仕事に向いていますが、彼女は話す際、視点を重視せず、全体の大局を考慮しないため、個性が強すぎて体制内での仕事には不向きです。
11. 未申は西南方を表し、家の環境に不利な要素があることを示します。西南方に高い建物、東北に欠角または水（川や交差点、古代では道も「水」とされる）があり、西方に凹みや雑物があります。

【結果】

(1) 転勤は実現せず、この友人は非常に迷い苦しんでおり、どうすべきかわからない状態です。
(2) 上司は彼女の転勤に同意せず、裏で妨害し、この件を阻みました。
(3) この件のために彼女はすでに贈り物をしたが、結果的に事は達成されず、心労と労力、さらに金銭的な損失がありました。
(4) 彼女の家の西南には実際に高い建物があり、東北は交差点である。家の西側は地下鉄工事のために大きな穴が掘られ、深い凹みがあり、昼夜を問わず工事が行われています。
(5) 彼女は確かに創造的な才能があり、個性が強く、一人で行動するタイプで、集団に馴染みません。

35. 官爻が二つの馬（天馬、駅馬）を見ると、昇進を意味する。鬼動を見ると、外出して官職を求めるのが良い。三合、六合、奇合などを見ると、兼職や流動性のある官職、または宗教、精神、奇妙な事物を扱う分野の責任者であることを意味します。
36. 官爻が空亡に遭遇すると、官職を求めても成功しないか、名誉職（実権のない仮職）を意味します。
37. 斬官に遭遇すると（干剋神）、官職を剥脱されたり、職を失ったり、権力が縮小される。斬官が空亡に落ちると、官職の剥脱はされないか、職位は残るが権力はなくなります。
38. 連茹を見ると、他人に巻き込まれて官職が動く、また多くの人々（人を通じて）によって官職を求めることを意味します。
39. 一類朝元と四位倶比課に遭遇すると、官職について問う場合、閉鎖的で停滞し、進まないことを意味します。
40. 用爻が将神である場合、用爻を用いて占うとともに、官爻も考慮する。これは官職を買うこと、あるいは財官（収益を生む官職）を意味します。
41. 名声には昇進、昇学、表彰などが含まれ、官職を求めることと同様に考えます。

【事例】望みを遮られることを恐れない

友人の娘が国内の有名大学で優秀な成績を収め、3月にアメリカのスタンフォード大学とイギリスのロンドン・スクール・オブ・エコノミクスの大学院に同時に合格し、彼女の通う学校で初めてロンドン・スクール・オブ・エコノミクスに合格した人となりました。

友人は、英国の学校は優れて、非常に良いが、学業が大変なため、スタンフォード大学も良い選択肢なので、どこにしたらいいかを相談しに来たので、筆者はアメリカへ行くことを勧めました。しかし、友人は学校の先生と何度も深く話し合い、イギリスの学校へ行くほうが良いと結論を出しました。しかし、彼の娘はとても頑固で、親の意見を形式的に尋ねただけで、実際にはすでに決心をして、学校が定めた返答期限前に（期限を過ぎると自動的に辞退とみなされる）、自分でスタンフォード大学へ行くことを決めました。

その後すぐにスタンフォード大学から電話があり、「あなたは特に優秀なので選ばれましたが、最終確認の際に『IELTS』を受験していることがわかりました。当校は『TOEFL』のスコアが必要ですが、あなたは『TOEFL』の成績を持っていないため、残念ながら入学を許可することはできません。これは私たちのミスで、ご迷惑をおかけして申し訳ない」と説明されました。

この状況下、彼女はTOEFLを受験しなければならず、しかしさまざまな理由で時間がまったく足りず、結果的に彼女の成績はすべて無効になり、ゼロからやり直さなければならなくなりました。この件について友人と長い時間話し合い、彼女は何度も涙を流しました。

以下が、この話を元に地分を立てた課です。

己丑　庚午　乙未　甲申
　　　　己　土死
　　　己卯　木旺
　　　戊寅＊木旺
　　　　卯　木旺

【解析】

1. 官動鬼動があること、官動鬼動は必ず昇進があります。
2. 天干と地支の関係を見て、寅木か卯木以外に、上に己土があります。これは「二木は求めて得るのは難しい」とされ、課内に三つの木があるため、求めることはさらに困難になります。

3．この課は一つのパターンを形成しています。断課ではパターンの解釈に重点を置きます。何かを見るとき、あるいは人や社会現象を分析するときは、まずマクロな視点から見るべきで、具体的なポイントに焦点を当てるべきではありません。

人を見るのと同じで、まずはその全体的な顔立ちが調和しているか、服装が合っているかを見るべきで、特定の器官の良し悪しに焦点を当てるべきではありません。そうすると全体の判断が影響を受けます。断課も同様です。

この課では、三つの地支が木で、三つの天干が土であり、「上は土で下は木」という大きなパターンが形成されています。これは、種子が土に埋まって芽を出さないような、落胆した様子を示しています。才能があるのに出会いがないような状況です。

また、課内外の天干には三つの己土が現れ、己は本来波乱を表し、事の主は多くの曲折があることを示しています。幸いなことに、用爻は戊土で、災難に対抗できます。

4．神殺を見ると、課中には甲、戊、庚の天三奇があります。これは彼女の事情にまだ救いがあることを示しています。しかし官動鬼動があると、必ず官職の変更や転職があります。官職に就く場合と同じで、官動鬼動があれば、地元での昇進ではなく、転職や転勤が必要です。試験や学業に関しては、当事者が希望する学校ではなく、別の学校へ行くことを示しています。

ここでの鬼動は「口論と争いが予想外に起こる」という意味です。官動は、官職や学位の変化を表し、彼女の名誉や学業に対応しています。入学時には予期せぬことが起こり、中国の学生にとっては前例のない出来事で、怒りと無力感を覚えました。怒りの理由は、学校のミスによってこの結果がもたらされたことであり、無力感の理由は、既成事実で変更できないことです。彼女の母校にとって、彼女は母校にとって史上最も優秀な学生であり、このような状況が起こることは大打撃でした。

この課では、用爻「寅」と時辰「申」が相冲し、道筋や計画を変更することになります。事の全体的な経緯を振り返ると、計画の変更が必要になることがわかります。イギリスの大学は彼女の「ＩＥＬＴＳ」の成績を認めていたが、スタンフォード大学を選んだのは彼女自身の決定であり、誰のせいでもありません。

その後、彼女はイギリスでの学業を選び、３年以上かけて学士号を取得し、その後スタンフォード大学で修士号を取得し、１年半後に博士号を取得しました。この経験もまた、彼女が特異な才能を持っていることを示しています。

【その後の筆者の考えと心得】

友人は当初、「どの学校に行くほうが良いか」と尋ねていましたが、それは「どの学校に行けるか」という前提ではありませんでしたので、まだ自責の念があります。これは重要な問題です。なぜ当初、彼女に警告やアドバイスを与えなかったのか？　なぜ当初、彼女の考えに流され、堅固な立場を取らなかったのか？

……

人は非常に良好な思考習慣を育てるべきで、物事に対してはまず冷静であるべきです。多くの場合、他人が指し示す方向や一つの道に偏るべきではありません。自分自身の見解を持つ能力も必要です。これは筆者にとって最も重要な教訓です。そして、より優れた習慣を身につけ、「高い山の上に立ち、深い海の底を歩く」ことを学ぶべきなのです。

3．疾病章

中国の伝統文化では、人生において知るべき四つの理（原理）があるとされています。それは天理、地理、人理、医理です。人として生まれた以上、少なくとも一つの理を理解すべきであり、その中でも特に医理は健康の質にかかわり、普遍的かつ重要です。

古人は医学を学ぶことは世界中の誰にとっても重要なことであると信じていました。なぜそんなことを言うのかというと、親孝行するには医学の知識（医理）に熟知すべきだからです。「親として医学の知識がないのは不親切、子や孫も、医学知らずでは親不孝者といえる」のです。

中国文化では「孝（親孝行）」を特に重視しますが、それを実践するには、親を尊重する、侮辱されない、子供を育てるという三つの原則に加え、次のような基本的な要件があります。医学を理解すること。医学に精通していれば、たとえ病気を治すことができなかったとしても、高齢者をより良く世話をしたり、凡医（インチキ医師）の手に委ねたりすることは避けられます。

晋・元時代の四大名医の筆頭にあげられる張従正は、『儒門事親』の中で、「唯儒者がその原理を明らかにし、事親者（親に仕える者）は医を知るべきである」とさらに深く論じています。彼は世界中の学者に向けて、尽孝（親孝行）の基本的な要件を提示しました。学問は心を整えるためのもの、医学は健康を維持するためのものであり、学者は身心両方を治療する能力を備えるべきだ、と（中医学が科挙の必須科目になったのが、いつの頃のことか不明）。

この点で、北宋の五子の一人で「横渠四句」で有名な張載や、近代の大儒・馬一浮なども、学問と医術を兼ね備え、仁心と仁術を併せ持っていました。『紅楼夢』に登場する賈宝玉や薛宝釵が、太医の処方箋を手にして批評する様子は、古代において、学者にとって医学の知識は必須の素養であったことを示しています。

中国文化は聖人を教育し、賢人を見習う信仰、聖人や賢人を教化する文化です。漢代の大学者、賈誼は「聖人が朝廷にいないなら、必ず医卜（占い）の中にいる」と言いました。聖人が朝廷にいるのは、民のために主を務めるためであり、医卜の中に立つのは、民の命を調えるためです。学者は医易（医学と易学）が同源であることを理解し、巧みに通じる治療法を見分け、「上では君主や親族の病を治し、下では貧しい者や低い身分の者の災厄を救い、中では自分を守って長く全うする」という聖なる功績は、ただ一族の福祉に止まるものではないのです。

昔の言葉に、「天の秘密はすべて病の中で明らかにされ、解決策は常に医学の中にある」とあります。金口訣で病を論じる場合、課内外の五行は均衡であり、順序が整っているべきであり、過度に旺盛でも過度に衰弱でもいけません。干支の五行の中で欠けているものや、過度に旺盛で制御されていないものはすべて病の領域であり、これが金口訣で病を占う際の良い目的です。

(1)　占病疾

病気を占う法は精密にする必要があります。通常どおり立課します。月将を時に加えて課を立てます。

四孟は流行り病、四仲は急病、苦痛のある病、四季は長患いで腸や胃の慢性病です。四位内の用爻の休囚死が病で、天医、地医、生気、天徳合、月徳合を得たら吉です。

喪門、弔客、四丘、四墓、天鬼、死気などの神殺は病状が軽いか重いかの変化です。

課内が空亡に逢えば神殺は解け、長患いは死に至ります。

日時が用爻を冲、剋すると死です。もし死気日に病になる、あるいは陰暦の5、14、23日に病になれば、凶の喪です。

また、四仲は痛みを伴う病気で、四孟は流行病です。

四季は慢性病です。刑剋を見て良いか悪いかを知ります。

金が剋されると肺病や大腸の病気で、咳が出て喉や鼻が痛みます。

木は肝臓や胆嚢、目が悪く、難聴でしゃべれません。

水が剋されると腎臓や膀胱の病気で、腰痛や小便が出にくいです。

火が剋されると大腸やのどが渇く病気で、のどに腫瘍ができ心臓が痛みます。

土が剋されると脾臓や胃の病気で味がわかりません。腹が張って重く、肺は虚証です。

人元は頭、貴神は胸、将神は腹、地分を足とするのが正しい判断法です。

ここで再度孫臏について触れられていますが、この病を占う方法は盧法占病の法として伝えられています。

これが盧医の真の妙法で、孫臏は自分のものにしましたが、人には伝授しませんでした。

(2) 占五臓症状

病気を占う方法は妙にして幽玄です。月将を時に加えて立課します。

人元と貴神をあわせて、地分と将神を見ます。それぞれの位に何があるかを見ます。

最初に孟仲李で分類し、同時に五臓の関係を見ます。

「甲胆乙肝丙小腸、丁心戊胃己脾、辛肺癸腎庚大腸、壬膀胱は真言なり」という天干で病を知る歌があります。

甲は胆囊、乙は肝臓、丁は心臓や腹、丙は腸、戊は胃、己は脾臓です。

庚辛は肺臓、癸は腎臓、五臓六腑は五色と同じです。

金が剋されると咳や下痢、水が剋されると悪寒がし腹部が痛みます。

火が剋されると心臓病で冷たい物に害されます。木が剋されると風邪や歯痛に我慢できません。

水が剋されると病気は肝臓や腎臓です。男女によって詳細に判断します。

癸亥は産婦を傷つけ、陽の水気は男性に病気がまとわりつきます。

孫臏の病占法を会得すれば、脈拍を診なくても病気の原因がわかります。

(3) 占病症状

病気の原因を詳細に占うには、四位に問題点を加えて全体を見ます。課内の五行関係と用文で病の状況を知ります。

金木が交わっていれば動悸がある病気で、顔は青く肝臓が悪いです。

火が金を剋しているなら顔は赤く、咽喉が渇き肺臓が悪いです。

水と火は顔の皮膚は黒っぽく、水と金は肌の色は美しいです。

土と水は顔の色は黄色く腎臓が悪いです。病気を恐れ治りません。

さらに劫殺が鬼動や駅馬とあれば、黄泉の国に赴くことになります。

(4) 占病の原因

病気になる原因を占うには、課の中に原因を探します。主に用爻で病気の原因を推測します。

四仲は喜びごとの飲食が原因で、四季節は復讐する気持ちが病気になります。

四孟は道の怪異によって驚くことが原因です。旺相休囚死をよく見ます。

客が旺で主が休であれば病気は良くなります。客が休で主が旺であれば心配に転じます。さらに生剋や諸々の神殺、関隔、人元、地分を調べます。

(5) 占病に関する歌訣

その１

病気になったら速やかに名医を尋ねます。月将を時に加えて地分まで推し量ります。

神后亥や太冲卯は吉です。太乙巳は死期が近いです。

天罡辰や従魁酉は災いがすぐに起こり、河魁戌は医者では病気を治せません。

伝送申や功曹寅は必ず病気は治ります。勝光午や小吉未は良くなります。

登明亥や大吉丑は、病気は治癒します。

医者の来る方位か本人の行年で立課し、貴神と将神で病状の吉凶を判断します。

孫臏の法は課を優先して判断します。

その2

病気を占う時は課を詳細に調べます。喪門や吊客は最も凶で死となります。将神に合や刑があり、白虎中の金神に逢うと病気はひどくなります。殺神が人元を剋すと治りにくいです（殺神が剋せば回復が困難な肝臓の病もある）。財動や鬼動があって貴神を傷つけると死に際に逢えません。

さらに空亡となれば、必ず葬儀が度重なります。

その3

病気を占うには四位を求めます。貴神と将神の関係が悪いことを忌みます。殺が門に臨むと災いがあり、人元が財爻より刑を受けると健康は不順です。四土は身を剋し鬼への道となります。三金が殺を帯びるとあの世に行きます。さらに、路上で交通事故に遭います。病人を占うには、この理で決めます。

その4

往亡が課に入ると病気の状態はよくありません。金火があると痛みはひどいです。室内に鳥が飛んできて禍を送り込み、夢の中に鬼神が訪ねてきます。丁符（干が丁）は蔵の中は空ではありませんが、酷い状態です。丁の家は平穏ではありません。将神と地分が刑であると泣き声に変わります。四位や将神が殺を帯びると、必然的に涙を流します。

(6)　占病の治癒

病気を占う時はまず凶の神殺を探し、続いて吉神を探します。人の病気が治るかどうかを占うのに、四丘や四墓、喪門があると寿命を縮めます。

喪門があるとついには治らず死に至ります。天喜があれば医者で治ります。

劫殺や空亡、冲刑は死気で、仮に天喜があっても悲しみとなります。

禍や病気は、もし天徳や月徳に逢えば、危険な時期は危険でなくなります。

蔣棠老師（十翼書院院務委員会主席、湖南巨星集団董事長）の忘れがたい医療の事例

２０１９年３月、私は人生最大の試練に直面しました。健康診断で肺に結節（１・８㎝）が見つかり、医師からは二つの可能性が示唆されました。一つは肺の感染炎症、もう一つは肺癌です。私はすぐに、長沙で最も良い三甲病院に入院しました。病棟は非常に混雑しており、仮入院した四人部屋には、すでに二人が手術を受け、肺癌と診断されていました。

ここで関連する検査を再度行った後、医師は安心して入院し、手術治療を待つよう勧めました。その話を聞いて、診断の方向が何であるか心の中で理解しました。

しかし、「万が一、誤診だったら……」と納得がいきませんでした。そこで、心静かな時に、私は自ら一つの課を立てました。

【例１】２０１９年３月13日、手術を受けるかどうかを決定するための課を立てました。

己亥	丁卯	己酉	乙亥
	庚	金死	
	庚午	火旺	
	己巳＊	火旺	
	午	火旺	

【解析】

1．この課では、五行中、火が旺で金が死です。
2．庚は天徳、己は月徳合を表し、これらが課に含まれる場合は、多くの災難を解消することを意味します。
3．午が午を見る場合、精神的な抑圧や不幸を意味します。
4．乙庚干合して化金を生成し、これは「横刀駅馬宰相行」という表現で、庚（天徳）の力は金を強化帮助し、火が金を剋するのは難しいことを意味します。
5．巳と申の支合は刑で化水となし、火を消します。巳と午の半会火局は官禄（半会火局は官縁、目上の人との縁）を意味し、貴人の助けや専門家の支援があることを示します。
6．巳と亥の冲は、背く、逆らうということを意味します。
7．午と亥で水絶、口論や疲労を意味します。
8．亥、卯、未で三合木局が形成され、この事柄に関しては複雑で解決が難しいことを示します。

課を立てた後、私はすぐに希望を見つけ、手術をしないことを決めました。しかし、親しい友人や医師たちは一生懸命手術を促し、愛の力で極限の心配を表現し、息ができないほどのプレッシャーを感じ、心は非常に悩んでいました。

決断に迷いつつ、米先生に相談しました。米先生の返答は、次のとおりでした。

「この出した課は単なる虚しい驚きにすぎない。旺火が庚金（肺部）を剋すが、庚自体は天徳であり、災いは自然に解消される。さらに、巳酉の半合があり、始まりがあっても終わりがないこと、加えて己土が徳星として命に照らされており、巳火は旺だが、徳星が抑え制し太歳のバランスが取れているため、心配する必要はない」

この返答を見て、本当に嬉しくなりました。私はすぐに決断し、静かに病院を後にしました。熟知している病院のリーダーたちは、焦って私を探し、家族にも手術を急ぐように催促しましたが、これらは私の決心を揺るがすことはありませんでした。

２０１９年３月24日、米先生の助言と手配により、私は日本で再検査と治療を受けることにしました。これについて、私は再び課を立てました。

【例２】日本での検査と治療の結果はどうなるでしょうか？

甲申	庚申	丁卯	巳亥
	水死	甲	
	水相	丁亥＊	
	土休	丙戌	
	金旺	申	

【解析】

1．人元甲を見ると和合、慶事があります。

2．甲は月徳であり、水から生じられるため春に木が旺となり得時、金は木を剋すので動きません。

3．甲申の得時のときに日本に行くことが最適であり、甲申は月徳で天徳であり、幾重の障害を解消します。

4．申は申に会うと問題が解決します。日本に行くことで重病から解放されます。

5．春に戌亥を見るのは、天喜、天医が入ります。

6．課に申亥の相害を見るが、甲と丁が守り、神々に守られます。

7．丙丁は半三奇であり、災禍を解く奇縁をもたらします。

この課の結果を見て、内心喜びました。３月26日、私は日本に行き、米先生が全行程を一緒に付き添ってくれました（これらを思い出すと、私は今でも感動の涙が止まりません）。米先生の計画と援助の下、日本の著名な医学博士である井上正康教授を通じて、日本の癌治療認定医療機関である姫路医療センターの有名な肺疾患専門家である宮本好博教授に推薦状を書いてもらい、診断してもらうことにしました。すべてが非常に順調に進みました。

兵庫県姫路市の関連する病院で血液検査やPET－CTなどの検査を受けた後、親切な宮本教授はすぐに「肺部のリンパ節がなく、炎症による症状である可能性が90％以上確認されたため、治療や薬の服用は必要ありません」と言いました。しかし、結果を確認するために、宮本教授は私に2か月後の6月18日に再度診察することを提案しました。

【例3】6月16日、日本に出発する一日前、日本での再診に関する課を立てました。

己亥	庚午	甲申	乙亥
	癸	水旺	
	癸酉	金休	
	巳巳＊	火死	
	酉	金休	

【解析】

1. 甲己合化土、土は癸水を剋し、憂いが取り除かれます。
2. 巳酉丑の金局が、癸水を見れば駅馬であり、離れていく象意で、入院の必要が無くなります。
3. 課の中の甲（寅）申、巳の四孟が一緒に出現しています。これは独りよがりの病のようにも見えますが、見えなく触れられず、跡形もなくなることを表します。
4. 癸は天徳であり、幸運です。天徳は人元にあると、祖先が積み上げた徳を表しています。また、用爻干にあると、前世に自分が積み上げた徳を表しています。
5. 巳酉丑の三つの支が合わさると、癸酉が「截路」となりますが、癸は天徳でもあるので、この結果、すべての災厄が解消されることを表しています。天徳が見られると、神々が喜ぶとされ、吉兆であるとされています。

70歳以上の宮本好博教授は、検査結果を見て、私に笑いかけて「おめでとうございます。癌は消え去り、炎症も自然に消え、すべて正常です」と言いました。この命にかかわる結論を聞いて、私は喜びを感じました。病院を出て、美しい姫路市を散策し、非常にリラックスした気分でした。

この3か月以上を振り返ると、まるで夢のようです。もし金口訣を用いて自ら判断し、先賢の格物の智慧に対する自信を持っていなければ、私はもう化学療法を受ける病床の患者だったでしょう。幸いなことに、金口訣の智慧により、人生の刀兵の災難を避け、深く感慨に浸っています――金口訣を学ぶことで、自ら命を判断し、自分の運命を握ることができます。古人の智慧には本当に感嘆します！

また、米先生を含む多くの方々の支援がなければ、私の人生はどれほど耐え難いものになっていたかわかりません……。

古い言葉に「どれだけお金持ちであっても将来を見通すことは難しい」とあります。日常生活において、人は選択に困ることがありますが、そういうときには特に賢人の指導が必要です。米先生に出会えたことは、私の人生で最大の幸運であり、恐怖と不安が減少し、吉兆が増え、生命は恐れることなく軽やかに満ちあふれています。《呂氏春秋（ろししゅんじゅう）・不苟論（ふこうろん）・賛能（さんのう）》には、「十頭の良馬を得るより一人の伯楽（馬の名手）を得るほうが良い。十本の良剣を得るより一人の欧冶（剣の名手）を得るほうが良い。千里の地を得るより一人の聖人を得るほうが良い」とあります。

賢人と共に過ごすことで、長い時間が経てば、あなたも賢人になるかもしれません。米先生に従うことで、私も賢人になる道を歩んでいます。天干地支は私の法器であり、生命は天地に満ちています。

(7)　占病状

月建は、正月は寅、二月は卯等、十二支に従って順に数えます。

病状を占うには、常に登明亥を月建に加え、本人の行年の上まで数え将神を求めます。甲午旬の男性の一歳は丙申から起こします。女性の一歳は壬寅から逆に起こして将神がどこに落ちるかを見ます。

伝送申、功曹寅は鬼神を論じません。六月になれば回復して健康になります。

従魁酉か太冲卯を見れば、樹神が災いとなり宅神を犯します。香水を求めるなら申月がよいでしょう。住んでいる人には凶ではありません。天罡辰か河魁戌なら三月に治ります。三日間で治らなければ病気は継続します。大吉丑か小吉未は五日で治ります。見逃してはいけません。太乙巳か登明亥が行年の上にくれば、伏していた龍が祟りをなし香りに誘われます。清水を求めるなら三日がよいでしょう。九天玄女が法として伝えました。勝光午か神后子は大人が病気で、家の中には喧噪な女性がいます。また、四つ足が妖怪となっていますが、六日で病気は良くなっていきます。

祟は、鬼怪や鬼怪が人を害することを指し、不正な行動を比喩的に表します。祟の感召は、すべて人の心にあります。明末清初の唐甄（とうけん）が著した『潜書（せんしょ）・貞隠（ていいん）・巻二』には、「私は祟には二種類あると聞いている。外祟と内祟である。内祟が成立した後に外祟が影響を及ぼすことができる。見かけ上は徳でも実際には徳でなく、見かけ上は道でも実際には道でないこと、さらに美しい色、厚い利益、珍しい器物、豪華な家屋などもすべて外祟である。見かけ上が実際に徳であり、見かけ上が実際に道であり、色や利益を好み、偏った嗜好や安楽を求めることもすべて内祟である。

心智が暗く閉ざされ、固定された見解に気づかず、血気が勢いを増して、行っても戻らない。異端を正とし、狂気を聖とする。その結果、賢者は非異端に陥り、愚者は邪淫に溺れ、心は妖怪に変わってしまう。彭生（ほうせい）（伝説上の人物）が形を見せたり、申生（しんせい）（晋の王子）が人間の言葉を話したりする必要はない。それが災害になるからである（一般的な見解や表面的な現象にとらわれず、より深い理解や判断が必要との比喩）。『春秋』の是非の基準は、与えたり奪ったりすることで、非常に異なるものを見せる。人々は忠誠だと思っても、『春秋』はそれを非忠誠と見なし、人々は孝行だと思っても、『春秋』はそれを非孝行と見なし、人々は仁義だと思っても、『春秋』はそれを非仁義と見なし、人々は義理だと思っても、『春秋』はそれを非義理と見なし、人々は信義だと思っても、『春秋』はそれを非信義と見なし、人々は道徳だと思っても、『春秋』はそれを非道徳と見なす。これを理解することで、内祟は起こらず、外祟は入り込まない」と記されています。

(8)　占祟りの病

日将を時に加えて行年を見ます（行年を地分とし、月将を時支に加え将神を出し、日干から貴神と人元を出す）。功曹寅を見れば土地の氏神です。

太冲卯は宅神で祟りをなします。天罡辰は死鬼に囚われて侵されます。

太乙巳は大人が女鬼に憑りつかれています。宅神により驚きがあって禍が頻繁に起こります。

勝光午は釜土の神がやってきます。小吉未は西南の方位に大人を送ります。

伝送申は老翁の家の中に鬼がいます。従魁酉は死鬼で家族に及びます。

天魁戌は文人で北斗に対応します。登明亥も宅神を犯します。

神后子は北神が祟りをします。大吉丑は道で五道軍に逢います。

五道軍は日本でいう百鬼夜行のようなものです。

(9)　占病の解釈

病気を治す判断方法はとても奇です。人元を首とし根底とします。

老人は休囚の位が良く、若い人は常に旺が良いのです。

相気は子どもに良く、分局や刑殺があれば詳細に見ます。

吉凶の強弱は時より判断し、玄機に通じれば、神妙の機を得ることができます。

法に曰く、白虎は四季の土位に落ちてはいけません。死神と死期に臨むのは同じです。甲寅木旺を見ると棺桶の神と見て病気を患っていれば必ず死にます。生合旺相や相生であれば、救いがあり吉になります。長く患わっている病気は空亡に逢うと良くありません。

病気になったばかりなら空亡は良いのです。巳午の螣蛇朱雀を見ると、出血、破損、殺人、強すぎると心臓に良くありません。眼病や脳の病気になります。

辛酉の白虎太陰を見ると、ストレス、筋骨が痛み、腹が腫れて咳が出ます。寅卯の青龍六合を見ると精神病、麻痺、怪我などです。戊辰戌、己丑未の土神を見ると、脾臓の疾患、腫瘍、腰痛、心筋梗塞、臓器に不安があります。玄武子天后亥を見ると、虚弱で腎臓が悪いです。

歌に曰く「病気を占えば、財動官動鬼動があり、二神（棺の神と土の神）が位に臨むと寿命は短い。喪門や弔客が加われば、患者は十中八九治らない」

(10) 占医師

医者や薬で治療できるかどうかを占うには課を詳細に見ます。

人元と地分の生剋、神殺、官動、鬼動によって生死を判断します。鬼合、鬼動剋合も同じです。

人元を患者とし地分を医者とします。

地分の医者が人元の病人を剋すと病気は治ります。病人が医者を刑剋すると病気は治りません。

薬が病人を剋していても、関や隔、鬼合があると病気は治りにくく健康は悪化します。

さらに神殺が我を剋すと、悲しみの声は近所にまで知れ渡ります。

【例題】6月の壬申日の辰時に、午の地で病を問う者がいるとします。

6月は陽の火の元素が支配します。勝光将神（午）の影響を持ち、丙は陽火、天后は亥の陰の水（用爻）、申は伝送陽金、午は陽火です。

【解析】この課は病気に関するものです。それは陰の気質の人がストレスなど感情的、不満などによる不調によって得るものであり、吐き気と下痢があり、時に腹痛や頭痛、視界の不明瞭、四肢の無力感があるが、大きな障害はなく、ただ回復が遅いだけです。

なぜなら、三陽一陰がある場合、それは女性に関することを示すからです。四位において二火が現れる場合、それを用いて用爻に適用されます。「水が火に入れば女性は安らげない」とあり、上部が下部を剋すると下痢、下部が上部を剋すると吐き気（上が下を剋すると主に下痢が起こり、下が上を剋すると主に吐き気が起こる。これは、一つの水が二つの火を剋することを意味する）の主要な症状であるとされます。

丙	亥	申	（天后）
辛	戌	午	（伝送）

また、足の病気や腹痛、金が火に傷つけられることによる息切れ、筋肉や骨の痛み、四肢の無力感（地分の午火が剋を受け、午はまた頭を意味するため、頭痛が起こる。将神の申金が剋を受け、これは腹部に関係している。申金はまた肺や筋骨を主にするが、金が火によって傷つけられるため、喘咳や筋骨の痛みが主な症状となる）についても言及されている。大きな障害がないのは、用爻に気があるからである。病気が治るのは秋以降であり、水と土が相互に良い状態に合わさるからです。

病気を占う方法では、人元を頭とし、貴神を胸とし、将神を腹とし、地分を足とする。金は息切れ、筋肉や骨の損傷を司り、肺に関係する。木を剋すると風疾や眼の病気があり、これは肝に関係します。火を剋すると煩熱（熱が原因の症状）、心痛、血の疾患があり、また、上下からの生や剋を見て、心を論じます。

土を剋すると胃の損傷、飲食障害、各種の腫れがあり、これは脾に関係します。水を剋すると寒さが増し、下痢や水毒があり、これは腎に関係します。用神が四正である場合、突然の重病が発生します。用神が四孟である場合、邪気が発生します。用神が四墓である場合、遠く長い病気があるとされます。

たとえば、火が人で、水が病で、土が医者で、木に遭うと生まれ変わるとされます（火は「人」を象徴し、水は「病」を、土は「医」（医者または治療）を、木は「生」（生命や活力）を象徴する）。また、年月日時によって、行年が寅午戌の三合または支合の助けに遭うと、病人は死に至らず、回復するとされます。課中に水が旺、火が休であり劫殺が課中に入ると、死は疑いないとされます。金が木を剋し、その木が死墓の日辰であれば、それが死の時であるとされます。

常用口訣

1．まず課内四位が清らかか、そして干支が対応する身体の関係を理解します。

人元は頭、貴神は胸、将神は腹、地分は足に対応します。

甲は背中、庚は腰、乙と辛は肋骨、戊は腹、己はへその周り、丙と丁は肩、壬は腹部、癸は足となります。これが真実です。甲は胆、乙は肝、丙は小腸、丁は心、戊は胃、己は脾、辛は肺、庚は大腸、癸は腎水、壬は膀胱です。

課中地支は周身游（第2章第6節1－(4)干支と人体関係参照）のとおりです。午は頭、未は顔、巳と申は肩、辰と酉は腕、卯と戌は太もも、寅と亥は膝、子と丑は足です。

金は肺、水は腎、木は肝、火は心、土は脾です。これが五行と五臓の対応関係です。

2．訣曰：「子午卯酉は歩行が困難である」

3．訣曰：「辰戌丑未の四つの『庫』が開けば、老人を埋葬する運命である」

4．訣曰：「金に木を加えると、病が痛み苦しくなる」

5．訣曰：「申が子を見るとき、婦人病が起こる」

6．訣曰：「卯が旺で制されないとき、神経の病が起こる」

【例1】病症について問いました。

辛巳	乙未	己亥	辛未
	己	土死	
	丁卯	木旺	
	戊辰＊	土死	
	巳	火相	

辛巳	庚子	己亥	己巳
	庚	金空	
	甲戌＊	土	
	丙寅	木	
	午	火	

丁酉	丁未	戊戌	丁巳
	庚	金	
	庚申	金	
	辛酉＊	金	
	申	金	

【解析】課中、用爻が辰土死、辰巳は空亡である。丁卯木が旺相で制がない場合、必ず神経系の疾患を主とし、患者は苦痛を受けます。しかし、課で天医が見られる場合、この病気は治療可能であるとされます。

7．訣曰：「寅申巳亥がすべて揃う場合、遊魂（さまよう魂）は戻らない」

【例2】病気はどのようなものでしょうか？

【解析】課中寅が地医として課に入りますが、周囲の火で困らされている状況では、自焚（自己破壊）の象であり、地医の力を得られません。訣曰く、「喪車が人元を剋すと必ず死ぬ」と言われています。また、課中に寅巳申が見られ、患者は亥の人である場合、寅、申、巳、亥の四游神が現れ、遊魂は戻らないことを意味し、この疾患は救いがないとされています。

8．訣曰：「二金相刑剋は、すべてにおいて順調ではない」

【例3】病気はどのようなものでしょうか？

【解析】課内で下から上にかけてすべてが金である場合、これは四位すべてが課に関与することを意味し、性格は頑固です。五行が過剰なら災害となる。用爻酉金旺の場合、主に肺の病気を意味し、疑心暗鬼、被害妄想が重いことも示します。訣曰く、「二金相刑剋は、すべてにおいて順調ではない」とあり、「三金、四金などはさらに悪い」とされ、病気については不吉とされます。

9. 病気の原因：用爻が四孟の場合、天による疫病を意味します。四正は飲食による病気、四墓は気の影響で慢性病を引き起こします。

10. 治療：四正の場合、西洋医学を主とします。四墓の場合は、中医（伝統医学）を主とし、四孟の場合は東洋、西洋医学の組み合わせを主とします。

11. 症状：四正は痛みを伴う病気、四墓は徐々に重症化する病気、四孟は天による疫病を意味します。

12. 用爻が旺相で制御があるなら平安です。しかし、休、囚、死、空の状態で、さらに刑、冲、剋、害が見られる場合は、病気を示し不吉な兆候とします。

【例】三歳の息子は何の病気でしょうか？

庚子	壬午	丙申	戊戌
	戊	＋土旺	
	己亥	－土旺	空
	乙未＊	－土旺	空
	戌	＋土旺	

【解断】

1. 課中土旺が水を剋す場合、病気は腎臓や血液などに関係しています。
2. 亥水と乙木及び未土が三合木局を形成する場合、病気は複雑に絡み合っており、かつ午未申の連茹であり、遺伝的なものや疾患の連鎖といった傾向があります。
3. 戌が亥を見れば天羅となり、男性は天羅を恐れ、女性は地網を恐れます。病気は治療が難しいとされます。

【結論】子どもが患っているのは確かに血液に関連する遺伝病です。現在の医学手段では治療が難しいものです。

13. 干（人元）は病を表し、方（地分）は医を表します。方が干を生じる（医が病を治す）場合、他の治療方法を探す必要はなく、また治療を続けていてもそれ以上病気が悪化することはありません。干が方を生じるか、方が干を剋する場合は、病気は治癒できます。これが医師を探す方法です。

14．病気は遠近に分けられます。近い病気（急性や初期）は冲に遭遇すると回復し、遠い病気（慢性や末期）は冲に遭遇すると危険です。

15．病符が課に入る場合、とても軽い症状であっても身体の不調を示し、通常は何らかの病を患っていることを意味します。

16．疾病を占う際に最も忌むものは鬼合課で、訣曰く、「病を問う際に、財、官、鬼、連茹があるかどうか。もしそのような課であれば、必ず寿命は短くなる」とあります。鬼には鬼動のほかに、「丁酉を鬼とする」という論もあります。

【例：門下生が課を立て、教えを求めたもの】父親の病はどのようになるでしょうか？

甲午	辛卯	庚午	己亥
一火旺	丁		
＋金死	丙申		
空　＋土相	戊戌＊		
一金死	酉		

【求めに応えた返答】状況は深刻です。注視する必要があります。すべての準備を整えてください。

【結果】その老人は庚子年の戊午月、壬辰日の壬寅時に亡くなりました。

4．出行章

古代では交通が不便で、情報通信の条件も限られていました。そのため、情報をタイムリーにやり取りすることができず、出行（旅行や出かけること）の吉凶は必然的に家族や友人に影響を及ぼしていました。このため、古代では出行の吉凶を占うことが一般的でした。

以下は、拙著『六壬神課金口訣心髄指要』（太玄社）から抜粋した関連する歌訣です。

(1) 占外出

課の中で外が内を剋し、上が下を剋すと阻隔で通りません。下が上を剋し、関、隔、鎖が無いなら南北どこへでも行けます。外出に良くないのは鬼動、劫殺、災殺、五鬼等の凶神で、凶災があり不利です。
外出は、どの方位に行くと良いかを課中に探します。劫殺に逢い鬼動があるのを忌みます。関隔などがなく、下が上を剋すと南北に拘らずに自由に行けます。

【門下生の王君の事例】2020年2月12日木曜日、今日は米師に「易経」の問題を相談しましたが、その時に米師を邪魔してしまった感じがしました。そこで米師に「今日の授業中に丙子か癸未か丁亥が出現しましたか?」(注:下記五子元遁歌訣にて説明)と尋ねました。米師は日課を立てていなかったが、好奇心を満たすために、手際よく日課を一つ立てました。

2020年2月12日、小雨、日本・大阪

庚子	戊寅	乙酉	壬午
	丙	火相	
	癸未＊	土旺	空
	庚辰	土旺	空
	子	水死	

【解析】(注:この課は将神を誤って出しているため、正しくは辛巳)

1. 癸未が官爻にあり、他社で打ち合わせを終えた後、近くで食事をしました。未は食を意味し、癸が未に遭うとスープを飲むことを示しますが、「癸を見てスープを飲まず、窓の外には小雨と霜が見えました」。

食事中、誰もスープを注文しませんでした。出かけるときは雨が降っており、階下に降りた後、傘を取るために再び上がりました。そして会食が終わった後、道路にはずっと春雨が降り続いていました。これは申子辰の水局に対応しています。子は地分にあり、課の中で最も下に位置しています。地下鉄(地下道を通る)に乗る以外は、地面を歩くときも足元は水浸しです。

2. 米師は、課中に三つのうち二つが出現したと言いました。癸未と丙子はどちらも截路五鬼です。截路は次のように表れました。米師はもともと家で原稿を整理していましたが、急に友人に呼ばれて会食に出かけたため、原稿は一文字も書けませんでした。

3. 癸未が官爻の上にあるのは、男性で外を表します。食事をした人の中に一人の男性（日本の行政書士）がおり、高齢だが未婚で、これは感情の截路（道を断たれた）に対応しています。

4. 丙子は子午冲で、心身が不安定であることを示し、また子水が午火を剋する鬼動の象です。通常は友人が車で米師を迎えに来ますが、このとき米師はなぜか断り、初めて自分で地下鉄に乗りました。

5. 干方の丙子は、課の大象を表し、今日は対応するエネルギーがあることを意味します。食事中、みんな心身が不安で、武漢の疫病について議論していました。人々は涙を流したり、マスクについて悲しんだり怒ったりしました。米師も疫病について深く心配しており、これも心身不安の対応です。

6. 課中で丙と癸は相対立し、火が絶えるとされています。これは文書、印信書、計画が相互に絶えることを意味します。今日、席にいた全員が携帯電話にFacebookの支払い機能をインストールしましたが、最終的に誰も成功しませんでした。

7. 庚辰は魁罡で、争いを主とし、財爻の上にあると女性を表します。席にいたある女性が家族に電話していました。彼女の娘が祖父と口論していましたが、彼女は誰も説得できませんでした。魁罡は頑固さや硬さを主とします。神将が同じ五行の比であり、空亡、これは彼女が直接会わずに電話で娘と祖父の争いを聞いたことを意味します。

8. 申子辰の配置で、駅馬は寅にあります。課中で申子辰の合局が最大ですから、申子辰を応期とし、申時に外出しました。

9. 神将どちらも空亡で、何かの用件などはありません。ただ長い間会っていなかったので、一緒に食事をしました。

【付記】課中の四位内の三組の干支がどの旬に属するかを確定するには、五子元遁の歌訣を用いて確定します。

五子元遁の歌

甲己は再び甲を生む、乙庚は丙を始めとする、丙辛は戊子を生む、

丁壬は庚子に居る、戊と癸はどこを始めとするか、壬子こそ真の道である。

この歌は、五子元遁法を用いて、ある日の干支がどの旬に属するかを決定する方法を説明しています。たとえば、「甲と己は再び甲を生む」は、甲日または己日に遇った場合、その干支が甲子旬に属することを示しています。

天干が甲または己の日には、「甲己は再び甲を生む」が適用され、したがって、課中の三組の干支（加えて時柱）はすべて甲子旬に属します。甲子、乙丑、丙寅、丁卯、戊辰、己巳、庚午、辛未、壬申、癸酉、甲戌、乙亥（この旬には、鳳凰池：戊辰。五鬼：己巳、癸酉。截命災殺：丁卯、庚午がある）。

乙または庚の日には、「乙庚は丙を始めとする」となり、課中の三組の干支はすべて丙子旬に属します。丙子、丁丑、戊寅、己卯、庚辰、辛巳、壬午、癸未、甲申、乙酉、丙戌、丁亥（この旬には、鳳凰池：なし。五鬼：丙子、丁亥、癸未。截命災殺：甲申、辛巳がある）。

丙または辛の日には、戊子旬に属します。戊子、己丑、庚寅、辛卯、壬辰、癸巳、甲午、乙未、丙申、丁酉、戊戌、己亥（鳳凰池：己丑、戊戌。五鬼：甲午、庚寅。截命災殺：乙未、戊子がある）。

丁または壬の日には、庚子旬に属します。庚子、辛丑、壬寅、癸卯、甲辰、乙巳、丙午、丁未、戊申、己酉、庚戌、辛亥（鳳凰池：丙午、孤鸞殺：丙午、辛亥。五鬼：戊申、辛丑。截命災殺：己酉、壬寅がある）。

戌または癸の日には、壬子旬に属します。壬子、癸丑、甲寅、乙卯、丙辰、丁巳、戊午、己未、庚申、辛酉、壬戌、癸亥（その中で、鳳凰池：壬子、甲寅、乙卯、丁巳、己未、庚申、辛酉。孤鸞殺：壬子、甲寅、戊午。五鬼：乙卯、壬戌。截命災殺：丙辰、癸丑がある）。

上述のとおり、すでに截路が存在するという前提のもとで、課中に五鬼が出現すると推測されます。

しかし、五鬼が多数存在する中で、いかに五鬼と確定するのかといいますと、答えは、丙子旬中の五鬼です。すなわち、乙酉日には、「乙庚は丙を始めとする」となり、課内の三組の干支は必然的にすべて丙子旬中に位置します。そして、その旬中の五鬼は、丙子、丁亥、癸未の三つあります。したがって、この日の課を逆算することで、対応する干支を見つけ出すことができます（五子元遁歌訣を参考。乙日または庚日に遭遇した場合、その日の課内の干支は丙子旬に属することを意味する。そして指定された日（乙酉日）の課内干支のすべてが丙子旬に属することを示し、丙子旬においては特定の配置「五鬼」が存在し、それは丙子、丁亥、癸未の位置に現れる。この知識を用いて特定の日の特性や影響を理解できる）。

【門下生の蔣艾伶の事例】

新型コロナウイルスCOVID－19が海外で広がるにつれ、多くの中国の留学生が海外に滞在していました。私はアメリカ留学中の娘のために帰国の航空券を手配しようとしましたが、非常に入手困難でした。連続して3回航空券を予約しましたが、いずれもフライトのキャンセルで実現しませんでした。

ついに2020年3月29日に帰国できる航空券を娘に予約することができました。娘が帰国することを考えると、喜びと楽しさが自然と湧き上がってきました。しかし、喜びつつも、心のどこかにわずかな不安が残っていました。特殊な時期の何度かの異常な変更によって、娘の帰国行程が順調に進むかどうか心配したのです。私はこの不安を娘に伝えると、娘は「ママ、学んだ金口訣を使って、私の出行に関する課を起こしてみたらどう?」と電話の向こうからこう言いました。確かに、学んだことを実践に活かすべきだと思い、娘の属相（生年支）を基にして出行に関する課を立てることにしました。

【解析】

課内で出行に有利な要素は以下のとおりです。

1．丙申の用爻が旺盛で、申は伝送を意味し、出行に吉利です。娘の帰国にとって有利です。

2．申は当月の天徳（福星）で、娘の出行に好影響を与えます。

3．丙辛は貴人の干合で、娘の帰国を助ける有利な要素です。

一方、出行に不利な要素は以下のとおりです。

庚子　己卯　癸未　癸巳
（戌亥空亡・水空亡）
辛　金旺
辛卯　木死
丙申＊金旺
卯　木死

4．丙申の用爻が絶し、能力が限定され、出行に障害があることを示します。

5．課内に妻動や斬官があり、出行に不利です。

6．木の上に金があると鎖が形成され、課内の大象（全体的な象意）は外から内への剋であり、かつ二つの大きな鎖が上にもあり、出行が阻害される象徴です。

7．用爻申と日支未が「未申」の隔角関係を形成し、今日に障害が生じることを示します。

8．課の外の環境から見ると、卯木が月建を得ているため、課内では絶えるが、死地にはならず。しかし、金は卯月に囚絶され、月令の強い卯木が用爻申金を侮辱（本来の力を制約）することになります。

9．貴神は辛卯で、人元地分も辛卯で、卯酉（辛）の相冲（衝突）は門戸の変更を示し、課内に二回現れると、それに応じたエネルギーが増してきます。

課内にこれほど多くの不利な点があることを見ると、「もしかして、今回のフライトもキャンセルされるのでは？」と私の不安はさらに高まります。航空会社の友人が、「今回の中国東方航空のフライトは絶対にキャンセルされない」と何度も確認してくれています。

しかし、考えれば考えるほど心配で、特に課内の二つの辛卯の組み合わせが形成する卯酉の相冲や門戸の変更のエネルギーについては、解決が難しい問題として私を悩ませます。一体何が門戸の変更を引き起こすのでしょうか？　しかも二度も？

万が一の失敗を避けるために、私は航空会社の友人に飛行機のチケット情報と娘のパスポート情報を再度送り、確認してもらいました。娘がこの大変な帰国便に確実に搭乗できるようにするためです。しかし、調べてみると、驚くべきことに、娘の行程表のパスポート番号と生年月日が間違っていることがわかり、私はその場で気を失いそうになりました。二つの間違いを修正する必要がありましたが、これはまさに二つの誤りが合わさっている、変更の方向を示す象徴でした。

時間を見ると、ちょうど午後3時過ぎ、申時でした。天の恵みに守られ、多くの災難から救われたのです。すぐにチケット発券所に連絡し、関連情報を正常に修正することができました。

娘が無事に搭乗券を手に入れ、搭乗準備が整ったと連絡してきた時、私はようやく安心しました。幸運に感謝し、金口訣の不思議な力を讃えました。

この出来事は一生の忘れられない経験となり、金口訣への畏怖と尊敬の気持ちをさらに深めました。特に、米師がよく言う「干支には無限の意味があり、運命には必ず兆候がある」という言葉に、より深く理解し、体験することになりました。

名師は世のためになるものです。もし5年前に米師に従って金口訣を学んでいなければ、今日の知恵と幸運はありませんでした。かつて北宋の王安石が江寧府で講義した際、陸游の祖父陸佃が学びに行き、帰ってきて感嘆しました。「平素の十年の学びは、安石の一日に匹敵しない」と。私も同じ気持ちです。

(2)　占遠行

自分が家を離れて遠くへ旅をするなら、行く方向を課の中に求めます。

地分が人元を剋すと不利で、空亡や劫殺は賊による憂いがあります。金神は鬼となる南方を忌み、火が人元を剋すなら北に行ってはいけません。陽将であれば順調で、陰将であれば滞りがあります。徳合があって相剋がなければうまくいきます。遠くへ行くなら官動、鬼動、劫殺、往亡や貴神、将神が忌む方位に行くのを避けます。もし金であれば南方を忌み、火であれば北方を忌みます。貴神や将神を制剋する方位は、不利な場所となります。

(3) 占船旅

出かけたとき船に乗り、その吉凶を占うには、水と木を判断の基準にします。課内で水を剋せば船は予定通り進み、水が空亡であれば船はどこかに問題が生じます。下が多く上を剋し劫殺に逢えば、水に落ちて一命を失います。上が多く下を剋すと危険に逢います。上下相生は必ず予定どおりに進みます。下が上を剋すと順調に進みます。上が下を剋すと逆で不調です。他が我を生じると順調で、我が他を生じると逆になります。外出するなら、天獄が日辰、行年、出かける方位に加わるのを忌みます。刑務所に入ったり訴訟の問題が起こったりするのを恐れ、凶の災いがあります。天獄は、春は卯、夏は午、秋は酉、冬は子です。天獄が課に入ると、行く人が路上で災禍に遭う、口舌による争いがあります。たとえば、春に問い、課内に卯を見るか卯が用爻で、旺相に逢えば凶、休囚死であれば凶ではなくなります。

出かける時は、天盤地結を忌みます。身動きができない状態になり凶です。避けるべきです。伝送申が戌に臨むと天盤で、亥に臨むと地結です。また、申が辰に加わると天盤で、巳に加わると地結です（伝送申が辰戌巳亥に乗ったのが天地盤結であり、出向において阻害があり通行ができず、牢獄、訴訟による囚われが生じる）。出かける時は遊都が臨むところを忌みます。盗賊に逢い怨みを生じます。あるいは役人に拘禁されます。占った日の前日の干支を禍とし、凶意は二日間作用します。あとはこれに倣ってください。

(4) 占旅人

出かけた人を占うには、四孟であればまだ出かけてなく、四仲であれば道の途中、四季であれば到着しています。さらに旺相を詳細にして判断します。

出かけた人を占う法は最も奇ですが、四位の関係をはっきりさせれば自ずと知ることができます。

下が多く上を剋し金水があって、空亡でなければ遠くへ出かけた人は帰ってきます。冲、空、破、休、死であれば変更があります。

劫殺は人が盗賊に出会うことで、空亡は混乱状態になることです。

旺相休囚死、相生相剋を見極めれば、出かけた人の状態を知ることができます。

千里以上の外出は、太歳の干支から貴神を起こし、百里以内なら月の干支か日干から貴神を起こします。その人が戻る時期は、旺相の爻か、用爻の干支が合の時です。貴神、将神の旺相休囚空亡冲破で推測し、相生相合なら戻ることを考えていません。

たとえば、六月未月、丙辰日、卯時に地分を午として出かける人を占いました。月将午を卯に加えて、地分午まで数えると将神として酉を得ます。丙日は貴人丑を亥に起こし、地分午まで数えると貴神として申を得ます。人元は五子元遁で甲木です。

甲
丙申（白虎）
丁酉（従魁）
午

貴神と将神は金で比となり、下より順に上を剋します。占った人は家を出て道半ばです。将神酉で、酉は仲、よって家を出て道半ばといいます。その人は道に沿って歩いています。白虎が二金となって比和だから、道に沿って歩いています。あるいは凶災があり、悪人に狙われています。白虎は凶神で酉金と比、ゆえに狙われています。二金が人元を傷つけるので、午火の救いを喜びます。劫殺が人元を傷つける場合は救いがありません。必ず盗賊に遭うので凶災から逃れないといけません。

外出した人が遠くへ行った場合、太歳に遇えば年内に戻る動きがあります。月が動けばその月を出ません。日辰が動けばその日のうちに帰ってきます。いつ帰ってくるかを知るには、干支相合の月や日が応期となります。来る人の同行者が誰かを知るには、酉戌を見ると使用人、卯未を見ると家族の小さい子、空亡や用爻が天空であれば一人で来ます。太陰酉、六合卯や天后亥、太常未は、物を持ってくるか老人や若者と来ます。勾陳辰はまだ来る途中か途中で帰ってしまいます。卯未が水の郷に臨むと船に乗ってきます。寅申を見ると途中で阻害がありますが、子午や辰戌、巳亥、丑未の相冲は来ます。卯酉が門に臨むと着きます。太陰酉、天后亥は妻妾を連れていますが、来ません。貴人丑は、年長者は途中で留まっています。螣蛇巳、白虎申に死符が加われば、必ず途中で病気による阻害があります。悪神を見れば必ず途中で死にます。勾陳辰、螣蛇巳を見ると買い物をした荷物に阻害があります。

(5) 占外出先の事象

出かける方向あるいは課を問う人の方位を使って地分を取り立課します。用爻で人物の様子や、出かけた先の景色やどんなことに遭うかがわかります。

寅は政府の役人で年取った男性です。身に紫色の良い服を着ています。

卯は女性で船や車のことです。果物や食べ物を捧げ持つ音がします。

辰は男性で医薬にかかわる人です。丑は女性やロバで道の隅を歩く人です。

さらに、腰痛や足の病気を患っています。路上で逢えば相手の凶意は妄想ではありません。

巳は少女で、捧げものを取りに外に行きたいと思っています。

午は若い男性や馬です。道を行くとき出血を見ます。

未は老人の女性です。酒食や宴会で良い状況になります。道で黙っている尼に逢います。神に捧げものをして祈禱するために羊を牽いています。

申は男性で道を行きます。身分は軍人で槍を背負っています。

酉は女性で門を破ることをします。タンスも壊し人を傷つけます。

戌は男性で故郷の物を担いでいます。五穀やこやしを天秤棒で運びます。また骸骨や汚いものです。道で因果応報により驚くことになります。

亥は若い女性です。豚は逃げ出し別の場所にいます。

子は若い男性です。馬に乗り女娘を追いかけます。

丑は老人の女性です。相手のために筆を使うのに忙しいです。

(6) 占外出時の遭遇

外出した時に出会う出来事を占うには、月将を占う時の時支に加え、どの貴神と将神になるかを見て、貴神と将神の旺相を詳細にします。正午までに外出するなら、午を地分とし、月将を時支に加え将神を出し、貴神と人元を取り立課して占います。何が起こるかを予測するには、月将を時支に加えます。

すべての吉凶は課を見て、詳細に判断します。

神后子は曇りや雨、鳥やネズミ、燕を見ます。

大吉丑は牛や馬を牽いている人に逢います。功曹寅は役人に逢います。

太冲卯は風が吹き雨になります。武人がウサギやキツネを狩っています。

天罡辰は曇りや小雨、武人や悪人に逢います。

巳午は緋色の服を着た人に逢ったり、茜雲を見たり鮮やかな馬を見ます。

小吉未は老人に逢います。酒や醬油、羊、雁の臭気がします。

伝送申は白雲がなびいています。親しい人が堅い物を送ってきます。白色の服や車馬に乗った客、往来や徘徊を楽しんでいます。

従魁酉は白い雲、鳥が舞い飛んでいます。
河魁戌は争いや訴訟で、口バや犬、役人に逢います。
登明亥は高くて立派な物です。豚や犬の毛は黒色です。
天乙丑はわずかに雲がかかっています。地位のある人が珍しいものを持ってきます。
螣蛇巳は色物の服です。怪奇なことに驚き、気がふれています。
朱雀午は南方の馬です。文書で来意を告げてきます。
六合卯は風や曇りです。きれいな友人に会います。
勾陳辰は多くは戦いや恨みです。貧賤な服を着た数人が騒いでいます。
青龍寅は金銭や高級品です。僧侶や道士でよい服を着ています。
天后亥はわずかに雲が広がっています。尼僧が冠帯をつけています。
太陰酉は力となってくれる人を探します。物を送ったり白色の服を着ていたりします。
玄武子は黒雲か雨です。黒色の服を着ており金銭を失います。
太常未は酒や食べ物を携えています。地位のある人といろいろな場所へ行きます。
白虎申は凶事や葬式です。病人は道路で亡くなります。
天空戌は使用人が逃げ出します。昼間に詐欺に遭います。
　六壬は、物事を玄妙に判断することができ、理を悟れば神仙のようになれます。
たとえば、四月巳月、癸酉日、乙卯時に地分を巳として課を立てました。

辛		
戊	寅	（青龍）
丙	戌	（河魁）
	巳	

　月将申を卯時に加え地分巳まで数えます。将神河魁、貴神青龍が求まります。口バや犬、役人、金銭、高級品を送ります。四月は火が旺、河魁戌土は相ですから、争いごとがあります。後はこの判断に従ってください。

(7) 占吉方位

戊己の日で天乙貴人丑を得たら、どの方位に行くと吉になるでしょうか？

西北に行くと土生金で脱気、東の方位は木剋土で鬼、物事は不利です。南方に行くと生旺の地となるので、南に行って物事を始めれば吉です。課内の財旺が最も良い場所です。

常用口訣

1. 五鬼、飛符、賊動、往亡、関隔鎖、天羅、地網、劫殺、截路などを見ると、必ず不順となります。
2. 用爻は旺相を喜び、用爻が相冲、相刑、相害、相剋することを忌みます。
3. 用爻が四孟（寅、申、巳、亥）に遭遇すると、出発せず静かにしていることを示し、四正（子、午、卯、酉）に遭遇すると、出発して途中を示し（半路）、四墓（辰、戌、丑、未）に遭遇すると、すぐに到着することを示します。
4. 上が下を剋すと、必ず来ます。下が上を剋すと、阻害があります。内が外を生じると、来ません。外が内を剋すると、来たい思いがあります。
5. 神殺の吉凶の事柄においては、内爻にあれば、家内の吉凶を示します。他の類似した事柄においてもこれに倣います。
6. 用爻が冲に遭遇すると、不確実性、迷いやためらいが生じ、行程や計画が変更されるか、偶然に誰かと、もしくは何かに遭遇し、他人と争ったり、不和になったりします。
7. 用爻が合に遭遇すると、助けを得たり、誰かと共に行動したりすることを示します。
8. 空亡に遭遇すると、吉凶は定まらず、事を成すのが難しいです。用爻が旺相で空亡に遭遇すると、事の半分は成功すると考えられます。

9. 連茹に遭遇すると、多くの人とかかわり、共に行動するか、多くの場所に行くことを示します。また、出発が不順で、遅延や混乱、無秩序な計画を示します。
10. 主客の相生に遭遇すると吉で、交流が密になります。主客の相剋に遭遇すると凶で、交流には注意が必要です。
11. 神将の相剋に遭遇すると凶で、交流に慎重になります。神将の相生に遭遇すると吉で、交流が密となります。
12. 貴神が旺相で剋がない場合は吉、休囚死の場合は凶です。
13. 課内で相生すると喜びや祝いが多く、相剋すると凶事や災難が多いです。
14. 課内で火と金を相見る場合、行程で血光の災いに遭遇することがあります。
15. 訣曰：「丙が申の位に臨むと、火は煙を発しない」
16. 訣曰：「二土の比は、物事が遅れる」

【例】遅滞課。

乙酉	庚辰	戊子	戊午
	己	土	
	壬戌	土	
	壬戌＊	土	
	未	土	空

5. 婚姻章

(1)占婚姻

男女の婚姻、家庭を問うなら、本人の属性かその人のいる方位で立課し、生剋刑冲によって詳細を見ます。婚前は将神と地分の関係、あるいは貴神と人元の関係を見ます。結婚後は将神と貴神の関係を見ます。地分と人元の関係で、夫婦のどちらが長寿かわかります。

女性が婚姻を問う場合、劫殺、災殺、貴神が将神を剋す、人元や貴神が将神を剋すのは良くありません。妻は最後まで夫に添い遂げることができません。男性が婚姻を問う場合は、鬼動は途中で損失の災いがあります。主に結婚の吉凶をどのように判断するかというと、地分を妻とし、人元を夫とします。夫婦相生であれば意気投合し、人元と地分が刑や剋に逢うとお互いの愛情は薄いです。

地分が人元を剋すと夫は先に亡くなり、人元が地分を刑剋すると妻は早く亡くなります。妻が忌むのは殺や賊動で、夫が忌むのは鬼動です。常にこの方法で判断すれば外れることはありません。

法に曰く、六合卯や天后亥が生じられて旺相であれば、結婚は成立します。もし、破殺空亡刑に臨むと不利で結婚は破れます。六合卯が地分を剋すと、男性には人徳がありません。六合卯が人元を剋すと、女性は不肖です。太陰酉や玄武子を見ると、共に曖昧なことですが、単に生じられて旺であれば吉です。

天后亥が辰や戌に落ちると、結婚の話は暗礁に乗り上げます。太陰酉と天空戌は子孫ができる意味で、天后亥が相生であれば良い女性の意味です。女性の容貌を占えば、辰戌丑未はほくろがあり、白虎申は斜視で破相です。亥子は肌が黒く、申酉は白く、寅卯は青っぽく、巳午は赤いです。

常用口訣

1. 四位内の相生合を喜び、刑、冲、剋戦を忌みます。その中で二木や二金を見ると不順で、二土を見ると遅れ、二火を見ると多くの場合成就しません。

2. 用爻旺相を喜び、休囚死、空亡、天羅、地網、連茹、妻動を忌みます。神将が相生すると結婚生活が満足、相戦すると争いや離婚が起こりやすくなります。神将が相冲すると途中で分かれることになり、長く一緒にいられません。

3. 結婚前の占いでは、男性が問う場合、男性は将神、女性は地分とします。女性が問う場合は逆です。結婚後は、用爻をもって、問う男性（または女性）とし、もう一方（神または将）を相手方とします。

4．結婚後の占いでは、用爻自身が相冲するのを忌み、自身の状況に変化があり、本人に何らかの考えや願望があることを示し、それが結婚生活の不調和につながることを意味します。

5．結婚について問う際に三奇（乙、丙、丁）が見られると、一目惚れし、巧みな出会いで結婚することを示します。暗合、剋合、争合を忌み、曖昧不明な事柄を示します。

たとえば、辰と酉の合は密かな永遠の結びつきを、酉が辰を見ると人倫乱れることを意味します。

6．子、卯、午の三刑を忌みます。結合後に不和が多いことを示します。

7．訣曰：「卯と酉が相冲すると、家庭に変化がある（家宅が不安定になり、改築や門戸の変更が必要になる）」

8．訣曰：「重ねて下を剋すは多くの災いと憂いをもたらす」

9．訣曰：「女性が純陽を見ると、夫を留めることができない」

10．訣曰：「貴神が甲乙であれば、客との会合は避けるべきで、必然的に席上で争いが起こる（夫婦間の不和や争い、相互の不協和から双方が結婚から逃れたいと思う状況を示唆する）」

【例1】争いが多く美しくない結婚

甲申	辛未	甲辰	辛未
	甲	木相	
	乙亥	水旺	
	乙亥＊	水旺	
	子	水旺	

【解析】

1．課中で「貴神が甲乙となり（神が甲乙に至る休会課）」という格局であり、夫婦間の争いや不和を示しています。

2．神将比により、夫婦が相容れない様子を示します。

3．課内で地支の水が三干の木を生じる様子を見ると、水が旺じて木が漂う象を示し、双方ともに結婚から逃れたいと思っていることを意味します。

【例2】物事は極まれば反転し、マイナスとマイナスはプラスになります。原点に戻って新しいことを始め、時とともに進みます。

これは非常に特別なケースです。２００2年夏、北京から深圳へ向かう飛行機の中で、私と同行した女性が尋ねました。「私の夫はどうでしょうか？（これは男性を値踏みする典型的な例である）」その出した課の中で（課例は省略）、彼女の官爻（夫爻）は空亡に落ちていました。

私：「彼はあなたの本当の夫ではありません」

彼女：「私たちはもう長い間一緒にいます」

私：「それでも彼はあなたの夫ではありません」

彼女：「私たちは長い間一緒に生活してきましたが、何年経っても（彼女はすでに50歳近い年齢）、婚姻届も出しておらず、子供もいないのです」

私はその時「なぜ私は間違えたのか？」と、とても不思議に思いました。後になって気づいたのですが、それは私が生まれて初めて飛行機の中で占いを行った時で、この特別で珍しい環境背景を考慮していなかったことです。

飛行機は空中にあり、天にも地にも届かない、空っぽの状態に属します。私は空中で課を出し、さらに用いた爻も空亡で、この二つの空が重なり合い、負と負が正になるエネルギーを生んだのです。彼女が尋ねた人物は実際に彼女の夫で、ただ彼らは結婚の法的手続きを履行していなかっただけで、事実上の夫婦でした。届け出をしていないのは、単に「空」の一つの表現にすぎないのです。空中で行ったこの特別な「空亡」の占いは、私の記憶に非常に深く刻まれました。

この占った課は10年以上経った今でも鮮明に覚えています。しかし、心の中では微笑んでいます。このように負と負が正になることを、おそらく古人も想像していなかったことを。

それ以来、私は講義の度に「環境」を強調しています。たとえば、「橘は淮南に生まれれば橘となり、淮北に生まれれば枳（ざし）となる」と。

また、干支の中の子水には五つのエネルギーがあります。庚子は冷水、丙子は熱水、戊子は泥水、甲子は流水、壬子は波濤です。これは問題を分析する時に、具体的な状況と環境背景に注意を払い、微妙な違いで大きな誤りをしないようにするためです。

(2) 占妊娠

古代では、子供を産むことは自然なことでしたが、医療の限界もあり、健全な妊娠と胎児の発育がうまくいくかは人命にかかわる問題となり、多くの人が果たせませんでした。しかし、金口訣はこの方面で多くの智慧を蓄積していました。

問う人の方位や妊娠した月の十二支で地分を取り、太乙巳を月将として妊婦の生年支に加え地分まで数えます。将神、貴神、人元を出し立課します。用爻、あるいは将神の陰陽で男女を、旺相休囚生剋制化等で子供の状態を推測します。

将神が陽であれば男の子とし、陰であれば女の子とします。生剋の関係を見て問題のあるなしを決めます。貴神と将神が空亡だと胎児は死産で、将神が地分を刑剋すると母親の健康に憂いがあります。貴神に良い気があれば貴子が生まれます。空亡劫殺は流産に注意します。

【事例】

２０２０年6月17日、７５０年以上の歴史を持つ日本の伝統老舗、舞昆のこうはら社長である鴻原森蔵氏とその妻・明子夫人、娘の舞さんが、自ら立てた課を持って筆者のところへ解釈を求めに来ました。

問題は「妊娠している娘（鴻原舞さん）はいつ出産するのか？（本来は12日が予定日）」

課を見て、「２０２０年6月20日に出産するでしょう」と答えました。

庚子	壬午	辛卯	戊戌
	戌	土旺	
	乙未	土旺	空
	乙未＊	土旺	空
	戌	土旺	

【解析】

1．占った課中で土の要素が多く、物事は遅れがちです。また、夏で火が旺じ土を生じるため、さらに遅れます。出産の予定日は6月12日なので、すでに遅れています。

2．課中で戊庚が見られるが甲がありません。甲日になると、甲戊庚の天三奇がすべて現れます。６月20日は甲午日で、甲の納支は寅、寅と甲午と課中の地分戌と合わせて寅午戌の火局となり、見知らぬ人との出会いを示します。

3．寅午戌は火局で、午未合は半会火局ですが、現在は夏季で火が旺じている季節であり、これらの火局はすべて離卦に入り、離の中は虚であるため、妊婦のお腹が空虚で、母子が分離、すなわち出産の象を示します。

4．甲午日は夏の天赦日で、この日に生まれた人は一生平安な人生です。

5．この課に基づき、筆者は胎児が臍帯巻きつけの状態であると言いました。妊婦は驚きましたが、その後の検査で実際に臍帯が首に巻きついていることが確認されました。病院の撮影したビデオも見せてくれました。この結論は、乙木が人元戊土を剋し、さらに乙未は卯未の半合木局で、木局は絡みつくことを示し、この課中、神と将が共に空亡であるため、首に絡みついても重大な結果にはなりません。

6月20日が天赦日であることを知り、鴻原社長はとても喜び、もし予定どおりに出産されたら、先生に車をプレゼントすると言いました。

【検証】6月19日の午後に陣痛の症状が明らかになり、入院して待機しました。午後4時頃に子宮口が4センチ開き、妊婦は痛みを感じ始め、その後、6月20日（甲午日）の1時23分（丑時）に、男の子が無事に生まれました。喜びの中で、子供の出生時間の正確さに、鴻原社長一家は皆非常に驚きました。

これこそ、「玄妙を悟り、大きな智慧を持つ。虚を観て実を照らし、天地を握りしめる」ということです。

6．係争章

係争を占う際は用爻を主とします。用爻が旺相であれば理にかない、勝訴する可能性が高いです。しかし、用爻が休囚死などを見る場合は逆に考えます。

時に「勝敗は主客で決まる」という説がありますが、これは誤りです。主客関係も用爻の旺相休囚死によって決まり、もし主が客を剋しても、主が休囚で客が旺相ならば、どうして主が勝つと言えるのでしょうか。ゆえに学ぶには深く理解し、細かく識別することが必要であります。

(1) 占文書有用

朱雀午火は出世を意味するので、青龍寅木が旺相であれば、相生となって地位は上がります。移動するのにも好ましいのです。もし、空亡、刑、剋、殺に逢えば、労あって功はありません。朱雀午と玄武子があれば、機密の文書、あるいは個人的なことです（午は文字、子は機密。朱雀午、玄武子相見れば機密文書である）。

(2) 占訴訟

勾陳辰は争いや訴訟です。空亡となって気がなければ、訴訟はありません。螣蛇巳や白虎申が勾陳辰と一緒にあって地分を剋すと、必ず鞭打ちの刑で出血や島流しになります。生気で徳合を見れば、問題はなくなり和解します。朱雀午が天空戌や玄武子と一緒にあると、多くは不利です。太陰酉を見れば遅滞し不順です。太陰は酉金で、辰酉支合は訴訟を帯びて、阻まれ遅延します。天后亥を見て生旺であれば、恩赦となって問題はなくなります。

(3) 占口論

言い争いにおいて内が外を剋したり主が客を剋すと、こちらが勝って相手が負けます。官動や鬼動があり旺相で、空亡でなければ、相手を剋して訴訟に理があり有力な助けがあります。空亡や刑戦、剋があると不利で、阻害があって不吉です。刑なく、動なければ、吉です。勾陳辰、白虎申が地分を剋すなら、訴訟を起こすとかえって傷を受けます、自分に責任があり、理はありません。

常用口訣

1. 訣曰：「木が土を剋すが屈服することはない」
2. 訣曰：「金と木が相見ると、財を損なう」
3. 訣曰：「辛未は努力に見合った報酬や結果が得られない」。
4. 官動を見ると、多くは官訴が身に及ぶことを示します。鬼動に遭遇すれば、事情が突発的に起こることを示します。
5. 連茹を見ると、多方面に関与するか、関与されることを示します。
6. 用爻に辰、戌を見ると、天牢殺（官司闘争を示す）であり、これもまた法的な争いや訴訟、口論を示します。
7. 四庫全を見ると、長期戦を意味します。

7．天気章

(1) 占天気

風雨を占う者は空の観察をして知ります。十二支の方位の空を見て雲がやってくる方位で立課し断じます。法に曰く、「天は成象、地は成形、風雨の象は皆、手の内に知ることができる」とあります。課の用爻五行によって、風雨雷を知り、旺相生剋によって有無を知ります。たとえば、用爻水で旺であれば大雨、剋を受ければ雨は降らないか、小雨です。火が旺じていれば晴天、剋を受ければ雲が出ますし、霧雲に至っては水剋火となるのです。

その日の天候はどうでしょうか？　風が吹くか雨が降るかを占うのは難しくありません。その日の天気を知るには、四仲を地分とする立課もあります。子、卯、午、酉をもって課を立てます。課中の用爻旺相休囚死生剋制化によって天気を断じます。雲か霧かなどは人元の五行で判断します。

人元金は白色、土は黄色、水は黒色、木は灰色、火は紅色、雲霧の色は生剋制化をもって断じます。課中に水があれば雨が激しく降ります。四位水が旺であれば雨、また年月日時より生じ助けがあるかで、雨の大小や有無を定めます。

下が上を剋すと雲や霧に蔽われます。地分が剋されると雨で、他所で風も強く吹きます。地分土が外爻水を剋せば、一面雲霧に覆われ、小雨が微かにあるか、雨は降りません。外爻から地分を剋せば雨ですが、局地的な雨ではありません。

太陰酉が劫殺、災殺に遭うと雷や雷雨です。課に劫殺、災殺を見れば天災の禍があります。課に土金を見て鬼動が無ければ曇りから晴れに変わります。下が上を剋せば雲霧に満ち、剋が無ければ晴れです。

木が多く関隔があると風が強く吹くだけです。二木三木で上に土があり隔となるか、金があって関となれば風はあるのですが、雲が密集しているわけでなく雨ではありません。
貴神青龍寅木が地分辰土に逢って、将神金が土に生じられると、陰の気が強く風や雨は朝から晩まで続きます。青龍寅木が火に入るか日時に火があると、強い風や雨は急速に収まり雲が消えます。さらに、課に気があるかないかを見て、天気の状態を調べます。

【例】
青龍寅は龍を指し、辰土は家宅を指します。貴神青龍寅木が地分辰土に逢う課において、人元壬水が貴神青龍木を生じ風、将神伝送申金が貴神木を剋し風、地分辰土は金を生じ、将神金が人元水を生じます。また地分が人元を剋し鬼動で、四位金旺は辰の家宅に入り必ず風雨が続きます。

壬		
庚	寅	（青龍）
丙	申	（伝送）
	辰	

課に青龍寅木が巳午の火に入り、また火の日時を見れば今日は晴天であり、大雨でも止みます。

常用口訣
1．天気を占うには二つの方法があります。
①一日の中の四正の時間「子、卯、午、酉」を地分として取り、月将を日支に置き逆回りで地分の子午卯酉上に置きます。貴神、人元は通常の方法で取ります（注：子午卯酉は起課時に取る。もし子時を過ぎていれば卯を地分とし、卯時を過ぎれば午を地分とし、午時を過ぎれば酉……以下同じ）。
②通常の方法で起課します。
2．気象に関して言えば、水が旺相の場合は大雨が降ります。冬は雪が降ります（具体的な地域によって異なる）。火死なら陽はあたりません。木相なら風が吹きます。金相なら寒冷で雪や雹が降ります。旺は「有り」、死は「無し」を意味します。

以下、五行による天気の指し示すものです。

金：雷、雹、霜雪。
木：曇り、大風、小風。
水：雨雪、大雨、小雨。
火：晴天、太陽、暑さ。
土：霧、曇り、曇天。

3．天気について論じる場合、人元の旺相休囚死を基に定め、人元遁法で天気の変化を探ります。

4．訣曰：「下が上を剋す時、雲霧が満ちる」

【例】

辛巳	庚辰	壬寅	丁酉
	水死	癸	
	土旺	丁丑	
	土旺	丁丑＊	
	土旺	未	

【解析】用爻が天徳に臨むと憂いを解きます。人元の癸が死地にあると、癸は小雨を主とします。土が旺だと、雲霧や曇りがあり、せいぜい小雨程度です。人元順遁し、乙木を得ると、天気には小風があるとされます。

(2) 日の選択（擇日）

古人は天に頼って生計を立て、時空の大いなる用途を特に強調し、天人合一の思考を重んじていました。唐代の詩人、羅隠の『籌筆驛』の名句「時来れば天地も共に力を合わせ、運が去れば英雄も自由でない」から、古人が天時を重視する様子が見て取れます。

古代の擇日（日を選ぶこと）の基準は多岐にわたりますが、その基礎が固まっていることは擇日方法を熟知する上での前提です。

陰陽は中国哲学の基礎であり、五行は中国文化の基本的な構造です。学者がこれらに対して深く真実の理解と把握を持たなければ、決して高みには至れません。陰陽について言えば、人々が陰陽について最初に最も密接に認識するのは天気の面でのことです。私たちは日々、天気が曇りか晴れかを知ることができます。この知識は私たちの身近な経験から来ており、何の困難もありません。しかし、私たちは日々の陰陽の先見性を理解することをしばしば怠り、これらの単純さと現実を飛び越え、退屈なものを求めてしまいます。

古人は、日々の天気が曇りか晴れかを判断できることを、陰陽認識の基本的な水準の判断基準とし、また擇日の水準の高低を測る最も重要なパラメーターとしました。現代人は「風雲、雨雪、霰(あられ)、霜を知らず、両目を開いて陰陽を蒙る（誤る）」――「百姓は日常使っていても知らず、ゆえに君子の道は稀だ！」と言われます。

人生の大事には、皆が天の恵みを望むものです。通常、結婚などの重要な日は事前に選ばれ、その天気の変化は擇日（日取りを選ぶこと）の水準を反映します。たとえば、有名な上海の養雲安縵（アマンヤンユン）ホテルが着工する際、半年前に日を選び、当日は曇りの中で晴れることを告げました。翌年、筆者が指定した日に着工した際、数日前から雨が降り続き、当日も降っていましたが、定礎の30分前に、周囲は依然として雨が降り続けていたのにもかかわらず、雲の中から一筋の日光が直接差し込みました。その後、2017年にホテルが建設され、2018年4月28日に開業した際も、天象は同様の不思議さを持っていました。

古代の記録には多くの擇日方法があります。たとえば、冬に入った後の最初の甲子日には、西南地方や華北地方で濃霧が発生し、特に四川や重慶などでは視界が5メートル以下になることもあります。数日前には大風などの警告が出されたこともありますが、なぜでしょうか？

実は、古人はすでに多くの法則をまとめていました。『孫子・火攻篇』には、「火を発するには適切な時があり、火を起こすには特定の日がある。時とは、天気が乾燥している時であり、火を起こす特定の日とは、月が箕、壁、翼にあることである。これら四宿は、風が起こる日であり火を広げるのに有利であり火攻法に適している」とあります。「天文を知らなければ、将師になる資格はない」というのが、兵法の基本的な基準です。「年に何が加わり、気の盛衰、虚実の起こるところを知らなければ、工としてならず」とも言われます。工とは医師のことで、天気の周期的な変動を理解しなければ医師として適さないとされます。これは『黄帝内経』の基本的な基準です。

春秋時代の宰相、管仲は『管子』の中で時間の特質について詳細に論じ、その重要性を強調すると同時に、管理に応用しています。「冬至の後に甲子日に遭遇すると、木の徳性に従って時に応じて事を治めるべきであることを意味する。天子は命令を出し、左右の士師に内侍として事を治めさせる。各階級の官爵を統一して分け、賢い者とそうでない官吏を評定する。秘蔵の物を発し、全国各地に賞を与える。農家の田畑の数に従って、国家の古い穀物を彼らに分配する。都市を出て、国家の官吏に山林を巡らせ、木の伐採を禁じることは、草木を愛護するために求められることである。続いて、水が解凍し、草木が芽生える。土中の虫を駆除し、雛の成長を促進すること、春の耕作を遅らせず、春の苗の根元に土を十分に加えること、幼い鳥を殺さず、幼い鹿を害しないこと。束縛を強くせず、赤ん坊を傷つけないこと。時を守ってこれらのことを行えば、草木は繁茂し周囲に広がる。これら季節のサイクルは72日間続けられる」

その後、『管子』は冬至の後「丙子、戊子、庚子、壬子」などの日に天子がどのように行動すべきかをさらに詳述しました。そして、天時に従って行動しない場合の結果についても強調し、こう述べました。

「甲子の日に木行を視る時、天子が秘蔵の物を発さず、賞を与えず、大規模な伐採を行えば、君主が危険にさらされる。王位継承者を殺さなければ、家族や妻が死ぬか長男が死に至る。72日間でこれらが終わる。丙子の日に火行を視る時、天子が急政を行使すれば、旱害、苗が死に、民が苦しむ。72日間でこれらが終わる。戊子の日に土行を視る時、天子は宮殿や台榭（だいしゃ）を修復し、城郭を築けば、臣下が死ぬ。72日間でこれらが終わる。庚子の日に金行を視る時、天子は山を攻め、石を破壊すると、戦争で敗れ、士が死に、政治的な混乱が起こる。72日間でこれらが終わる。壬子の日に水行を視る時、天子は水路を変更すれば、洪水が発生し、王后や妃が死ぬ。そうでなければ、羽毛のあるものや毛のある動物が死に、妊婦は流産し、草木の根本が傷みを受ける。72日間でこれらが終わる」

これにより、天干地支には自然の天象規則があることが明らかです。

甲子の応用に関して、古人は重視していました。唐代の張鷟が著した『朝野僉載』には、「俗諺に『春の雨が甲子に降ると、千里もの赤土が現れる。夏の雨が甲子に降ると、市に船で行く。秋の雨が甲子に降ると、穀物の頭に穂が生える。冬の雨が甲子に降ると、千里も雪が飛ぶ』とある」と記されています。

もう一つ民間の諺として、「冬の雨が甲子に降ると、牛や羊が凍死する。カササギの巣が地上にあれば、その年は大洪水になる」という少し異なる表現もあります。これらは、甲子の日に雨が降ると、気候の変化、農作物の成長、人々の生活に影響を与える経験の総括です。

唐代の徐夤は、『人事』に「豊年の甲子の春には雨が降らず、良夜の庚申の夏には十分に眠れる」と書いています。南宋の范成大は『四時田園雑興・秋日（六）』で、「秋が来て雨が降り続くのを恐れる。甲子の日に雲がなければ稲を収穫し、作業を終えて米を干し、晴れが続いて倉に入れるまで万事順調」と書いています。この詩の中で、秋の甲子の日には雨が降ることを最も避けるべきであり、そうでなければ秋の収穫に影響があることを強調しています。

また別の詩では、「千山の雲が深く甲子の雨が降り、十日間地が湿って東南風が吹く。静かな場所で人が訪れず、火の輪が黙々と存在している」（『梅雨五絶・千山雲深甲子雨』）と書いています。また、南宋の方岳も『社日雨』で、「今回の春の長雨は甲子を避けず、田で苗を植えるが、年間に水が三寸不足する。社戊の日に豊作を占う儀式があるが、この儀式で出た占いのために農作業をやめることはない。指導者や地主が立ち上がり、雨具を着て鋤と共に農作業に従事する」と書いています。

この詩は、春の雨が激しく、甲子の日も休むことなく降り続ければ、年間を通じて田畑に水が不足し深刻な状態になる様子を書いています。これはまさに「春雨が甲子の日に降ると、千里四方が赤地（土壌の悪化）となる」という俗諺を写し出しています。

　注目すべきは、南宋の陸游が『剣南詩稿校注・巻十五』「甲子晴」で、「今日は甲子晴れ、秋の収穫について話すことができる」と書いていることです。これは古典的な表現である「甲子雨」の逆用です。

　また、他の詩でもいくつか「甲子雨」に言及しています。

「春の甲子に雨が降るのを恐れ、暗い灯りの下、庚申に雨で外出できず家で過ごす」「至る所で甲子の晴れを喜び、家々が庚申の日に屋根を建てるのを急ぐ」

　この内容に触れた詩は他にもたくさんあります。たとえば、南宋の辛棄疾は「山城の甲子は暗い雨」と詠じ、魏了翁は「連夜の雨が田畑を満たし、農家のために小麦の収穫を行い、さらに年の初めの晴れた甲子の日を迎える」と書いています。洪咨夔は「甲子に晴れると二種類の小麦が豊かに実り、これ以上の喜びはない……」、舒岳祥は「甲子の春晴れは良い、美しい春の日に鳳凰が安らかに休む」、岳珂は「人々は夏の月に甲子の雨が降れば、赤地が千里もあり本当の旱害だと言う」、強至は「雨師が天の命を握り、……農民は甲子を見極める」、陸文圭は「春に甲子の雨に遭い、悲しく滴り落ちる音を聞く」、元の方回は「新正三日に甲子の雨」と書き、また「壬子晴れに加えて甲子晴れ」（「三月十八日甲子晴」）、清の宋琬は「無端に甲子に暗い雨」と記しています。

　これにより、古人が干支と四季の気候との密接な関連を重視し、非常に熟知していたことがわかります。時節を重んじてその時にふさわしい行動を取り、自分の立場や地位をしっかりと守ることは伝統文化の智慧であり、異なる季節にどのように行動するかという智慧は、どの時代においても人々が持つべき智慧です。現代の人々は、視野を広げ実践すべきです。「日に熹（朝日）あり」が、人生で一番美しい瞬間なのだということを知らなければなりません。

　もちろん、これらの知識があっても、福徳がなければ、賢聖やその慧言に出会うことはできません。福徳が少なければ、出会っても理解できないでしょう。福徳がもっとあれば、理解はできても実行できません。そして、福徳が十分にあるときにのみ、見ること、聞くこと、行うことが、水乳交融のように調和することができるのです。

８．失物章

占いや予測する技術は理解しやすく難しいことではなく、問題の解決や障害を克服する方法が手に取るように明らかとなります。陰陽五行を理解することで深い真理を理解でき、天干地支がその玄妙な世界への扉を開けます。

(1) 占失物

失せ物を占うには、全体の情報を見ます。将神を財帛とし鬼動を賊とします。

上下相生であれば隣人が盗み、貴神と将神が相生であれば親族が持っています。

上が多く下を剋すなら家の中を探します。下が多く上を剋すなら失せ物は外にあります。

空亡であれば近くを探し、劫殺が門に臨むなら急いで探すと良いでしょう。


さらに、生剋旺相休囚死を見て、将神が時支を生じていたら探せば見つかります。貴神と将神の関係を重視します。天羅地網に逢う、天盤地結、遊都が日に臨む、外が内を剋す、外が内を生じるなら、見つかります。また、将神の干支が日、時間と生合なら見つかります。

【門下生の余伯承（よはくしょう）による事例】２０１９年10月16日、昨晩夫と口論になったあと、女性が子供を連れて去ったが、どの方向に行き、戻ることができるかを占います（注：古来、妻と財は一家において重要であり、妻は男性の財産でもある。良い妻は夫を繁栄させ、財産や名声、才能をもたらす）。

己亥	甲戌	丙戌	壬辰	（陰天）
	丙	火旺		
	癸巳	火旺		
	乙未＊	土相	空	
	申	金死	空	

【解析】

1．干が方を剋すのは妻動であり、主に妻子の事柄を示す。しかし動いて空亡に落ちると、実際には夫婦だが登記していないか、すでに離婚していることを示します。

2．申は駅馬であり、駅馬が空亡に逢うと、はっきりとした目的がなく漠然としていることを意味します。さらに「申が辰戌を見ると、旅客は何を頼るのか」とあり、出行に固定目標が無く、課内に見る「巳亥は怒り」であり、生命力や活力が原因で何かが離れ去ることを示します。

3．巳午未は連茹であり、巳午未は三合会局で、外出は一人ではなく、少なくとも三人であることを示します。

4．乙未は五鬼であり、遠くへは行きません。また癸と乙未は暗合して亥卯未の三合木局となり、すでにどこかに落ち着いていることを示します。木局はまた車を運転することも意味します。

5．口訣には「神将が相生するのは親戚にあり」とあり、親族の助けを借りて探すのが有効です。

6．口訣には「上から下を剋すのが多いのは、家の中を探す」とあり、探す場合は家の近くか、家族を通して探すことを示します。

7．口訣には「空亡が課に臨むと、近くを探す」とあり、用爻が空亡で、近くにいて遠くへは行っていないことを示します。

8．課内外の「辰戌丑未」四季会殺がすべて揃っている（己の納支は丑）ことから、家に狂った人がいることを示します。これは人が感情のコントロールを失い、狂ったような状態になっていることを表しています。己土の中に隠れた丑土は、東北方向を示し、その人が東北方向へ行ったことを意味します。また、丑年生まれの人を通じて連絡を取ることができます。

9．課中の神干の癸と人元の丙火が相絶しています。丙癸相絶は、文書や言葉のやりとりを費やすことを示します。話し合いの途中で口論になることもあります。また、心は熱いが口が災いの元であることも示しています。

10. 課中で見られる丙は天徳と月徳が重なり、徳星が命を照らし、事柄に救いがあることを示します。
11. 課中に乙丙（丁は無し）を見ると、半三奇であり、探し物をする過程で意外な出来事があることを示します。
12. 課中の用爻乙未と地分申金の関係は、未申が隔角の関係を形成し、直接取ることはできず、曲折を経て求める必要があります。第三者を通じて事態を柔軟に挽回することが求められます。乙木の納支は卯木で、申金と合わせて「卯申の絶は断たれてもまた続いていく」の象を形成します。和解した後も、類似の出来事が再び起こることを示します。また、未と申が空亡に落ちていることは、子供を連れて一緒に去ったことも示しています。
13. 課中に見られる丙火と巳午未の三合会局、そして戌の火庫。火が過剰に旺盛で制御がない状態です。口訣には「巳午に人は来ず、白髪に至る」とあり、和解しても長続きするのは難しいことを示しています。

【検証】以上の事件の概要と性格の描写は非常に正確でした。

その女性は確かに夫との口論の後、怒って車で２人の子供を連れて去りました。夫は３日後に彼の妹を通じて女性と連絡を取りましたが、妹はちょうど乙丑年生まれでした。妹は姉が滞在しているホテルを見つけ、そのホテルは彼らの家の東北方向にあり、直線距離で１キロも離れていないところでした。最終的に、男性は女性と子供たちを連れ戻すために多くの時間を費やしました。しかし、良い状態は長く続かず、21日後の11月６日に再び口論が起こり、女性は再び子供たちを連れ去りました。こうした行ったり来たりの状態にもう麻痺してしまったようです。また、２人の間には子供がいますが、婚姻届を出しておらず、空亡のエネルギーを示しています。

清代の有名な丹家（錬丹術士）である一明（いーみん）はこう言いました。

「世の中の物事は極めて数多いが、『食禄（生計）の因縁はそれぞれに分かれており、無闇に強く求めるべきではない。分を越えて強く求めれば、必ず福を削る』と」（『会心集』）。

人生は一生で、配偶者や子どもたちはすべて借り（因縁）である。借りを取り立てるのではなく、借りを返すことが人生です。ある人々は善行、施しを行い、寄付をして福を積むが、知らないのは『布施するより借りを返すほうが良く、福を修めるより罪を避けるほうが良い』ということです。これは、善行や布施よりも、自分の過去の行いや因縁に対処することがより重要であるという考え方です（洪邁『夷堅志・李綬祝火』）。

(2) 占失踪

たとえば、11月、戊辰日、巳時、ある人が申の方位で行方不明になりました。11月は大吉丑が月将、庚申は陽金、白虎申は陽金、天罡辰は陽土、申は陽金です。

断じて曰く、行方不明の人は女性です。女性は主人を裏切り、諸々なことが不順で、主人の意に反して父母の家に戻りました。行方不明ではなく逃亡です。

なぜ、女性は父母の家に戻るのでしょうか？　申金が辰土に入り、土生金は父母の家です。曰く、この課は純陽で陽極まり陰となります。課に二金があると不順です。白虎申は凶で喪のこと、天罡辰は争い、使用人は主人を乗り越えていきます。下のものが上のものを犯します。凶神だからです。ゆえに理に逆らい、主人を犯すといいます。その女性は父母の家に帰り、今月27日丙子日に家族が送って来ます。探す必要はありません。課に申辰の二字があり、子の一字が足りません。虚一待用で、子の日になれば三合が成立して、帰って来る時期となります。

庚
庚申（白虎）
丙辰（天罡）
申

　行方不明の課は、四位をよく見ます。上が下を生じていれば自分で帰って来ます。下が上を生じていればどこかに行きました。辰があると地網、戌があれば天羅、行方不明の人を探すには支合の十二支が行った方位で、三合が戻る時期です。駅馬は遠くへ行ったとし、劫殺は迅速とし、探しても見つからないとしますが、課をよく見て判断します。

　たとえば、将神が剋を受けると、財物を盗んで逃げます。地分が剋を受けると器物を盗んで逃げます。貴神が剋を受け、官禄、財物を損ないます。また内が外を剋せば戻っていなく外にいます。外が内を剋せば、他が主となるのです。内が外を生じれば人を探して、他人に頼ります。外が内を生じれば待てばすぐ戻ってきます。ゆえに課内を詳細に見て特定します。

常用口訣

1．失物を占う際は用爻で定め、神殺及び四位の関係を併せて論じます。
2．用爻が土旺であれば、物品は失われていない象です。

【門下生の馬輝（まき）さんの事例】親族が重要な証券を急ぎで使う必要がありますが、家の中を探したが見つかりません。見つかりますか？

庚子	癸未	壬子	甲辰
	丁	火旺	
	己酉	金死	
	己酉＊	金死	
	未	土相	

【解析】
⑴ 課中火旺で土相、土の月で月令を得るため、物は失われていないことを示します。
⑵ 神将が比、物が隠れて動かないことを示します。用爻が死地にあり、截殺（突発的な障害）であるため、物が失われていないことが確定します。
⑶ 巳酉丑で金局を形成し、己（丑）と酉は失物を示し、丁（巳）によって三合を形成しているため、物が失われていないことを示します。
⑷ 己土は一波三折であり、多くの人が何度も探していまだ見つからないことを示します。
⑸ 地分の未土が用爻の酉金を生じ、未は南西であり、また木庫であるため、南西にある木のキャビネットの中にあるはずです。

【結果】家の中の南西方向にあるベランダの衣服キャビネットの引き出しの中で見つかりました。

3．用爻が空亡に遭遇しても、物は失われていません。
4．刑、冲、剋、害に遭遇すると、物は必ず損傷します。
5．天羅地網に遭遇すると、通常は見つけることができます。
6．用爻が上下で相生する場合は、物が隣の家にあることを示し、神将が相生する場合は、物が親族にあることを示します。
7．賊動や地網に遭遇する場合は、内部に内通者がいることを示します。
8．失物の遠近：天馬や駅馬は遠くを示し、走る道の途中であることを意味します。上が下を剋すと、物は遠方にあり、探しにくいです。下が上を剋すと、物は家の近くにあり、探しやすいです。鬼動に遭遇すると、外出時に物を失うか、意外な失物であることを示します。三奇を見ると、物は失われていないこと、探すことができることを示します。他の類似したこともこれに倣います。
9．課を断ずるには用爻を主にします。事件が解決できるかどうかを尋ねる場合は、用爻を犯人とし、三刑、天羅、地網、関隔鎖、休囚死などが見られると、犯人は逃げられません。逆の場合は捕まえられません。玄妙な変化の理はすべて質問の瞬間から取り、範囲を定めることが非常に重要です。相手がどのように尋ねるかを見て、用爻を定めます。
10．用爻が土旺で、盗賊について論じる場合は、隠れて動かないことを示します。三奇に遭遇し、捕まえられるか尋ねる場合は、意外な捕獲を示すことが多いです。連茹に遭遇すると、共犯者がいるか、多方面に関与していることを示します。
11．訣曰：「申が申を見ると、坤の六断（決定的な判断を示す）となる」

【例】事件は解決できますか？

丁亥　辛亥　壬申　戊申
　　　　庚　金相
　　戊申＊金相
　　甲辰　土旺
　　　　戌　土旺

【解析】用爻が我々の側で、旺相で得時を得て、天三奇を見ることから、百の災いをも解決することを示し、さらに課が申を見ることから、坤の六断（決定的な判断を示す）となります。このことから、事件は必ず解決されます。

12．訣曰：「火に土が加わると、女性が原因で財産争いをする」
13．訣曰：「寅申が相冲すると、計画が変更される」

【例】戊寅日の申時に、交渉の結果を尋ねる場合

【解析】法に定まった法則がなく、この占いは完全に干支の関係に基づいて判断されます。寅日の申時に占うことで、寅と申が相冲することから、対立や争いが続き、決着がつかないことを示します。また、企画計画の変更を示し、交渉のアプローチが間違っていること、調整が必要であることを示しています。

交渉人を日主として、酉時に至ると、寅は酉を絶することから、文書や計画の絶を示します。絶は斬殺や断絶の象であり、「天に叫んでも応えない、地に呼んでも効かない」という意味です。亥時に至ると、寅と亥が合します。合は美しい夢が実現する意味があり、問いかける人の心を正しく反映しています。寅と亥が合して木を生じ、寅の身を生じることから、事は成就することを示します。また、寅と亥が合して化木となり、木は絡み合う象意とするため、事は絶える方向でなく新たな成果が現れることを示します。

「凡そ物の然るものは、必ずその故あり。その故を知らずしては、たとえ正しくとも、知らぬものと同じであり、その終わりには必ず困難がある。先王や名士、達師が俗を超えるのは、その知るゆえによるものである。水は山から出て海へと流れるが、水が山を悪く思い海を欲するのではなく、高低によってそうなる。稲は野に生じて倉に蓄えられるが、稲に欲があるわけではなく、人々がそれを使うからである」（『呂氏春秋・審己（しんき）』）『詩経（しきょう）』には、「物には則りあり」とあります。万物は皆、それ自身の発展規則を持っています。起課を通じて、

干支の真意をより深く理解し、格物の智慧の喜びを感じ、「外の世界や周囲の出来事に対して、執着や心を動かさない」という「事物を深く追求しないことで得られる心の平静や智慧」の境地に達することができるのです。

9．試合章

(1)占競技

勝敗を占うなら、問う人が来た時間か競技の開始時間を地分とします。課内の生剋制化か、地分の生剋関係により勝負を判断します。

【例】7月、戊戌日、午時に地分を申とした課です。

この課では勝負してはいけません。脱気（泄気のことで、我が生ずるもの）の郷にいます。地分を我、人元を相手とします。相手が我を剋すと我の負け、我が相手を剋すと相手の負けです。もし比和であれば勝ち負けなしです。もし相手が我を生じると、我が旺となり、必ず勝ちます。

庚金	白虎	小吉土	申
	庚		
	庚申（白虎）		
	己未（小吉）		
	申		

常用口訣

1．勝敗を論じる際の一般的な方法は、双方それぞれに一つの課を立て、用文を主として勝敗を判断することです。

2．課を立てる方法としては、双方の名前の画数を使って各々一つの課を立て、用文を比較して勝敗を判断することができます。また、各方が自ら地分を定めたり、数字を使って課を立てたりするなど、方法は一様ではありません。

3．ある日の競技を占う場合、月将に競技が行われる日の日支を加えて地分を求め、将神を起こします。

4．訣曰：「格局がある者に天下がある」

【例】

丁酉	乙巳	甲午	癸酉
	丙	火相	
	丙寅	木旺	
	乙丑＊	土死	
	寅	木旺	

5．訣曰：「旺相で截殺（途中での障害や終止を示す）に逢うと、中途で廃れる」

【例】

丁酉	乙巳	甲午	癸酉
	己	土相	
	庚午	火旺	
	戊辰＊	土相	空
	巳	火旺	

6．訣曰：「天羅が入課すると、言葉を費やす」

天羅が入課すると、競技中に争議や争訟が発生することを示します。

7．訣曰：「土が水を剋すと、強者が勝つ」

【例】ワールドカップで、フランスとブラジルの戦いの勝敗を占います。

（一九九八年ワールドカップ・フランス（A）の勝ち）

戊寅	戊午	庚申	辛巳
癸	水死	乙	木死
庚辰＊	土旺	癸未	土休
乙酉	金相	丁亥＊	水相
未	土旺	酉	金旺
（フランス）		（ブラジル）	
（A）		（B）	

【解析】Aの課では、用爻の庚辰が土旺で、辰は争いを示し、勝利を必ず奪う心があることを示しています。また、官動から、名声を求める意志があることを示します。Bの課では、用爻の丁亥が自身で相冲し、パフォーマンスが振るわず、日害と時冲を受けることから、不順であることを示しています。A側の用爻の辰土がB側の亥水を剋すため、Aの勝利となります。

8．訣曰：「適切なタイミングでそれを手に入れた者が最強である」

戊寅	壬戌	丁未	丁未
辛	金死	辛	金相
丙午	＊火旺	辛丑	土旺
己酉	金死	丁未＊	土旺
丑	土相	亥	水死
(A)		(B)	

【例】AとBの勝負はどうですか?

【解析】Bが日建を得、得時を得ることから、天の時と地の利を尽くし、必ず勝利することを示しています。そして実際にそのとおりになりました。

10. 来意章

(1) 射覆歌

射覆は、古代の格物を用いる易を学ぶ者にとっては高度な占い技能であり、また一種の遊びでもありました。その後、古代の雅を求める人たちの生活の中における高級な趣ある遊びになりました。

「射」は当てるの意味で、「覆」は隠す意味です。覆すのに盆や箱などの器を使って当てる物を隠し、射る人は占いによって、隠されたものが何かを当てるのです。

『漢書・東方朔伝（とうほうさくでん）』に「諸数家（しょすうか）は射覆を楽しんだ」とあり、『顔師古（がんしこ）』の注に「器の下に隠す物を置き、これが何かを当てる。これを射覆という」とあります。射覆で隠す物は、ほとんどが生活用品でハンカチ、扇子、筆、箱などです。射覆は早くは漢代に宮中で流行しました。歴史上の例題は非常に多くあります。

その1

寅木を衣服とし、卯を東園の草とします。

辰を薬の類とし、巳火を文章とします。

午を赤い果物や文書での連絡とし、未を衣食関係の必ず黄色の物にします。

申金を紙幣、酉を珍宝とします。

戌土を瓦の類、亥を細長い縄とします。

子を毛筆や墨、丑を鉄や五穀とします。

射覆を学ぶ人は情報を整理すれば、杯の下に隠した物を当てることができます。

その2
貴神が旺相なら用神とします。

青龍寅は銭や財、鉄、木でできたものです。螣蛇巳は灰、花、磁器、瓦です。

朱雀午は文書、ウサギの毛の類で、文や美しい赤い花です。綿で作った素晴らしい衣服です。

六合卯は草を素材にした器物や竹、木で作った盆です。

勾陳辰は中央に土を使ってあるものです。泥から作る瓦で割れて傷があります。旺は堅、死は破、剋は砕け傷となります。

天空戌も同じで、壺や瓶、瓦、あるいは手で隠したものは何もありません。

貴神丑は牛の角や鏡、お金、光り輝き滑らかで金のようなものです。金が含まれる物。用いる時は地分を指します。

天后亥は絹や綿の短い上着です。水を見ると衣服や帛は彩色が鮮やかです。

太陰酉はハンカチや紙、お金、女性用の刃物、耳飾りです。

玄武子は筆、墨、石灰、木炭、木の匙です。

太常未は飲食物、女性の衣服、甘いもの、白髪頭の飾りです。

白虎申は紙や布、銅鉄、骨、瓶、瓦、鋼です。

これは射覆の真の妙法ですが、占った時の状況にあっていなければ、さらに疑ってみます。

その3
射覆の方法は、最も難しい占いです。月将を時支に加え、課の全体を見ます。

子午卯酉は食べ物、木が仲の十二支に臨めば果物です（子午卯酉が旺相であれば果物、果実である。木が臨むと必ず果物である）。

辰戌は硬くて角ばったもの。内側が四角くて外が丸いもの。外側が四角くて内が丸いものなどです。または薬物、申酉は金銀銅貨や紙のお金です。

未は食べ物お酒及び酒食に関する物や甘い味の物、丑は金の庫です。銅鉄、粟や米です。

寅は衣服、文書、楽器類、薬、お金、絹織物。巳はお金、鷹、釜土、鍛治です。

亥は絹や綿で作られた物、辰は磁器、戌は骨やかめです。

卯は櫛、櫛には多くの隙間の縫合があり、組み合わせることができる家具となります。酉は鏡、食べ物とお金、金は光る物であり、刀、剣、鏡、テレビなどで四仲は果物です。卯酉の相冲は、壊れた物です。

五行の刑剋を見て根元を明らかにします。三火は珠玉とし三水は豆とします。さらに、文や墨、毛髪とします。

土は丸い物、粗い物、変化する物、食べ物にかけるソースです。

三金は金銀財宝、金印、必ず火によって精製された印があります。金は宝や金印、四位に剋刑がなければ、その物は必ず周囲は円形です。三木は先が長く真っ直ぐです。物も形状は長いか真っ直ぐです。

四位に刑剋が無いのは、四位に差が無く、物は必ず整っているか、丸い物です。

四位内に火を見るのは明るい物、宝物、細い物、尖った物です。火局は光輝き微細な物、水火相冲剋を見れば、損傷した物、菱形、尖った物です。剋を受けると精密ですが傷や欠けがあります。

下が上を剋すと、頭部に傷があるか、口に傷があります。上部に占められています。

下が上を剋すと、穴があり目のようになっています。上が下を剋すと底部に損傷か、欠けて不安定な形です。

あるいは、家の中の物です。

貴神、将神、人元を見て、五行の刑剋の状態で判断します。四位にて貴神、将神に相冲剋を見れば、真ん中に傷があったり、側面を損なっていたりします。

これらの方法を理解すれば、世の中の不可思議な問題を解決できます。

その4
隠された物が何であるかを当てるのは難しいのですが、幽玄である課を分析すれば隠された物の情報を得ることができます。

万物は皆、旺相の体によって形作られます。五行の旺相で隠された物の種類を、四位内に刑剋冲破があれば、形状は異なってきます。刑剋の状況で物の状態や用途を判断します。

四位内貴神の旺相休囚死によって物の形状を占い、人元で色を判断します。

土は形が円で袋状の物、水には体が無く器によって変化する微細なものです。水は変化するもので浸透するものであり、短いものから長いもの、平らなものから丸いものまで、必要に応じてさまざまな形状で使用することができるのです。木は細長いものです。

五行を見て物の形状を決めます。火は尖っており、炎は上が尖った形で燃え上がり、高い物、長い物、両端が尖った物です。金の形は四角です。

火は文化的な物や火を使う物、水は柔軟で雑然としている物です。

木は草木の類で絹糸のような物、金は毛皮や鋼鉄類です。金は四角くて硬いです。剋を受けたり生じたりしても、すべては四角い形なのです。

土は変化させた物、素焼きのような物です。どのように変化させたかを察します。土は万物を生じます。万物を育て育む場所です。

子午は偏った物で頭に穴が開いています。水と火は有形無質であり、偏った物と判断します。また、子午は天門であり、頭に穴があるか貫通している、あるいは口がある物であれば、剋を受ければ変形した物です。卯酉は円形で口に傷があります。卯酉は門戸で口です。ただ卯木酉金は有形有質のものであり、剋に逢えば必ず破損しています。

巳亥は多くは手足があるもの、巳と亥の火水は、形無く実体が無いため、動きと共に移ろいます。ゆえに一体ではなく、多体と言われ、引いては節から枝が生じ、また別の枝を発するような多体です。寅申は木金で、有形有質です。陽木陽金が四孟位の四角にあり、頭があり、多層であり、角があり、縁があり、正方形の物です。

辰戌は土で、水火の庫で雑気を含んでいます。多気多質の物です。陽土は堅固で硬く、剋を受けると変形します。ゆえに皮があり角のある形です。皮があって角がある物、未は面相顔、丑は基礎となる足です。どちらも眉がある、あるいは眉毛に似た形をしています。

課内貴神を取り、人元は旺であれば新しい円形の器物、相は力があり、四角い物が細長くなった形です。冲、破を見れば破損しています。

死は万物が破壊され塵となる時であり、ゆえに破壊です。円形ですが破れています。

囚は万物が閉じるものであり、ゆえに形ある物、形を成した物は堅固で硬いのです。囚は通常硬い物です。

休は無力です。病によって衰え、虚弱の象で、その物ではなく、真似をした偽物です。休は尖っていて頭が二つありますが、均衡が取れていません。五行の旺相休囚死だけで急いで判断してはいけません。

人元は色、体形です。人元が地分から剋を受ければ形が変形しています。四位旺相の爻と、今日の干支と合すれば、食べられる物です。たとえば、四位内将神丙午と今日の日干支辛未は干合支合する天地合処となっており、食べられる物や飲み物です。

貴神と将神が相生であれば実在する物、相剋であれば、空虚で空洞があり、揺れ動き定まらない歪みのある物です。

四位内相生であれば、一つで十用いることができたり、あるいは少ないもので多くを用いたりするもの、重なり合っているか、多層の形状をしています。

用爻、あるいは旺爻と当日の干支が相生すれば、そのものは、正方形は長く長方形に、小さいものはさらに大きくなり、日干支が剋を受ければ大きいものは小さくなるものです。もし用爻が死囚であれば無力であり、剋を受けても無力です。

四仲の十二支は食べ物です。旺にあたる支が剋を受けると壊れているかどうかは判断しにくいです。

四位相剋は、物は壊れています。日干支と相生は物の形状は長いです。

課中人元が下を剋さなければ、人元をもって五行の色を定めます。人元再遁した後に出た人元が貴神、将神、地分の三つを剋さない時、貴神の五行の色で物の色を取ると共に、納音の色も見ます。五行の色とは、金は白、木は青、水は黒、火は紅、土は黄です。四位の生剋によって形状を論じます。

五行の関係を詳細に調べることが孫臏の真の秘法で、天地の移り変わりは掌中に現れます。

⑵　十干の色

原書は『神枢経（しんすうきょう）』です。

甲は青、乙は碧、丙は赤、丁はピンク、戊は黄色、己は黄土色、庚は純白、辛は灰色、壬は黒、癸は陰水で濃緑色です。

(3) 干支の数

原書は『甓玉経』です。

甲己子午は9、乙庚丑未は8。

丙辛寅申は7、丁壬卯酉は6。

戊癸辰戌は5、巳亥は4で、対応する天干はありません。六壬神課金口訣は数理を応用した歌訣です。

(4) 五行の数

水は1、火は2、木は3、金は4、土は5。

旺なら倍、相はその数、休は半分、囚は最小の数、死は無です。これは『六壬神課金口訣』の数の応用の歌訣です。

法に曰く、「これらの数は用爻で使う」。また、金木は369、水土は157、火は248です。二つの説は合わせて使い分けます。

(5) 占紛失物

課に甲乙を見れば、探し物は戊己の下にあります。丙丁を見れば、庚辛の下にあります。戊己を見れば、壬癸の下にあります。庚辛を見れば、甲乙の下にあります。壬癸を見れば、丙丁の下にあります。

下とは、干合させた十干に対応する十二支を指します。

課の旺相爻の干合を取ると、その物がある場所です。

四位内貴神の用爻が甲寅なら、その貴神の干、甲の六合は己未です。未はその物がある方位です。再び未を地分として立課し、内爻との相剋制化で断じます。上が下を剋す、下が上を剋す、中間が繰り返し剋すか相生かで、その物は上にあるか下にあるか、真ん中に挟まっているか、その物の形や色、新しいか古いか、壊れているかいないか、長方形か丸いかなどを知ることができます。

(6) 占衣装

「十二地支は全身を周り旅する」と言われるように、身体は十二地支の部位に分けることができます。午未は頭、下が上を剋すか、下が上を生じれば、頭上の物です。巳申は肩、下が上を剋すか、下が上を生じれば、肩にある物です。卯酉はわきや腰、下が上を剋すと浮いている物で、上が下を剋すと体から離れていて、物はポケットに入っています。子丑は足で、靴や靴下、上の二位が下を剋していると、必ず靴や靴下です。亥寅は膝でズボンにあたります。上が下を剋すか下が上を剋すと、膝当てです。辰戌は金や銅で作った物で、上が下を剋すか、下が上を剋すと、必ず腰の間にあるか、紐に金銅の飾り物があります。

したがって、「賢い先人は一発で乾坤を定めることができ、天地の疑問がない」

十二支で真偽を判断するこの法をよく理解できれば、神のようになれます。

【例】12月の月将子、甲子日、午時に地分を卯として立課しました。

将神従魁酉は食べ物です。どうして知ることができるのでしょうか? 法に曰く、「子午卯酉は、食べ物という」。将神、用文も皆同じです。また、「子午卯酉は食べ物で、地分は木郷であれば果実の中から探す。あるいは寅卯地分や寅卯日時なら、その食べ物は果物類である」といい、「四仲が臨むなら果実である」といいます。

丁
庚午（朱雀）
癸酉（従魁）
卯

(7) 占来意例

【例】9月戌月、庚辰日、辰時に地分を辰として、ある人が来るので立課しました。

彼は何の相談で来るのか？　人元庚金は旺、貴神六合卯木は死、将神太冲卯木は死、地分辰土は休です。人元庚金は六合卯木を剋し、外に自分を妨害する人がいます。辰土があるので訴訟です。また、六合太冲は裁判、冤罪ではなく罪があります。喧嘩が起こります。

人元が将神を剋し外から内に剋が来るので、家の中で財の損があります。外部から騙され、いじめられます。卯は門なので近い人と喧嘩が起こります。木が土に入り牢獄で、牢獄の災があります。

土生金で庚金は旺となり六合卯木を剋し、貴神は陰神、卯は母、母は亡くなり家長もいません。貴神は剋を受け無力で、将神は剋を受けて妻財に損です。四位は日時から救いがないので、かえって凶神を助けます。貴神将神は比で、親族により訴訟に巻き込まれます。将神は地分を剋し、家の中でも多くの紛争があり、家畜や子供に傷です。

人元	庚金	旺
貴神	己卯木（六合）	死
将神	己卯木（太冲）	死
地分	辰土	休

もし辰日、辰時に問うなら、必ず喧嘩や裁判が起こります。

来意は仕事上の訴訟で憂えていることです。他人に騙されて財物を損ない、刑事事件の災いです。入式歌に言う、「上が下を剋すと他人が訪問してくる」で、「人元が貴神を剋すと訴訟、父子は不和」です。この課で判断すれば、この人に父親はいません。

なぜでしょう？　それは、「貴神を尊い父母とする。人元庚金が木を剋し、地分辰土が庚金を生じ、金はとても強くなり、六合卯木を剋すので、父親がいないことがわかる。さらに、この人は門戸を強く叩かれて損財する。六合卯や太冲卯は、共に門戸で人元庚金の剋に逢うから」です。

常用口訣

来意と射覆は同じで、格物の智慧の中で最も深淵な領域です。

金口訣で来意を占うには、まず干支の意味を理解し、次に五動、三動、五行の格局などを見ます。特に後者は重要で、来意を占う際の骨格部分です。課を断じるには用爻を主とします。
法則は以下のとおりです。
1. 用爻を主として事を論じ、旺爻で吉凶の優劣を論じます。
2. 課内の三動、五動の格局で物事を論じます。
3. 四位内の五行の関係で方向を判断します。
4. 神殺をもって事体の概要を論じます。
5. 干支の関係で細部を論じます。
6. 相応する歌訣で事を論じます。
7. 訣曰：「飛符が用爻に臨むと、予期せぬ災禍がある」

【例】牢獄の災禍。

丁亥	庚申	乙酉	乙酉
	土死	戊	
	木旺	戊寅	
	＊土死	癸未	
	木旺	寅	

8. 訣曰：「戊土は災いに抗い、災禍を避けることができる」
9. 訣曰：「人元癸を見ると、家庭内に悲しみや憂鬱があると断じられる」
10. 訣曰：「木が火に遭うと、燃え上がるように制御できない混乱した状態となる」
11. 訣曰：「課に魁罡殺を見ると、凶暴なエネルギーや悪影響をもたらす」

【例】乙酉　戊寅　庚午　甲申

乙酉	戊寅	庚午	甲申
	丁	火休	
	丙戌	土旺	
	庚辰＊	土旺	
	丑	土旺	

12．訣曰：「酉戌相害は、子供に関する問題があっても心配しすぎない」

【例】乙酉　乙酉　癸巳　庚申

乙酉	乙酉	癸巳	庚申
	辛	金死	
	壬戌＊	土相	
	丁巳	火旺	
	酉	金死	

直接的に関係していないのに占う技術：一つの課で三人を断じる――三人の日本人の来意占

2020年2月、筆者は日本の大阪で「金口訣」について講義を行いました。その中には同年齢の男性が三人いて、全員が乙巳年生まれでした。講義中、私は三人の生まれ年を地分として課を立て、次客法に従って三つの課を立てた後、一言ずつ述べました。すると、会場全体が驚愕しました。

【課例１】庚子　戊寅　甲午　甲戌

庚子	戊寅	甲午	甲戌
	己	土相	
	庚午	火旺	
	庚午＊	火旺	
	巳	火旺	

【解断】その人は外地から来ており、かつ出かける時に反復（行ったり戻ったり）があります。人と別れた後に出発し、最初は出発できずに戻ってきて、何かを伝えてから再び出発します。ポケットに薬を入れており、それは同じ種類の薬で、三つに分けています。二つは大きく、一つは小さく、または二つが完全で、一つが分散しています。手術を受けており、父親はすでに亡くなっています。

【鈴木氏の返答】確かに外地（京都から大阪）へ講義を受けに来ました。出かけるときに妻と話してから出発したのですが、途中で薬を持ってくるのを忘れていたことに気づき、家に戻って薬を取りました（話している途中、服のポケットから三つの薬を取り出した）。それは同じ種類の薬で、二つは完全な形で、一つは半分削れていました。自分は病院からもらった薬を持ってくるのを忘れたのです。父は数年前に亡くなりました。

古いことわざに、「天機は病に尽き、断法は医薬の間にある」とあります。これは、病気が人間の体や心に与える不均衡や不調和を示しており、診断と治療法は、これらの不均衡を正すことにあるという考えです。すなわち、病気は体内の五行の不均衡が原因で起こるとされます。

【解断方法】課中に二つの庚午がありますが、庚午は出兵して戦うことや刀（手術）による傷を示します。課中火旺で上に生じ、離卦に入っており、故郷を離れる象を示すため、外地から来たと断じます。また、離卦は別れを示します。二つの庚午神将が比で、合わないことを示すため、反復があります。火が土を生じ、遅れや繰り返しを示します。己土は一波三折を示します。

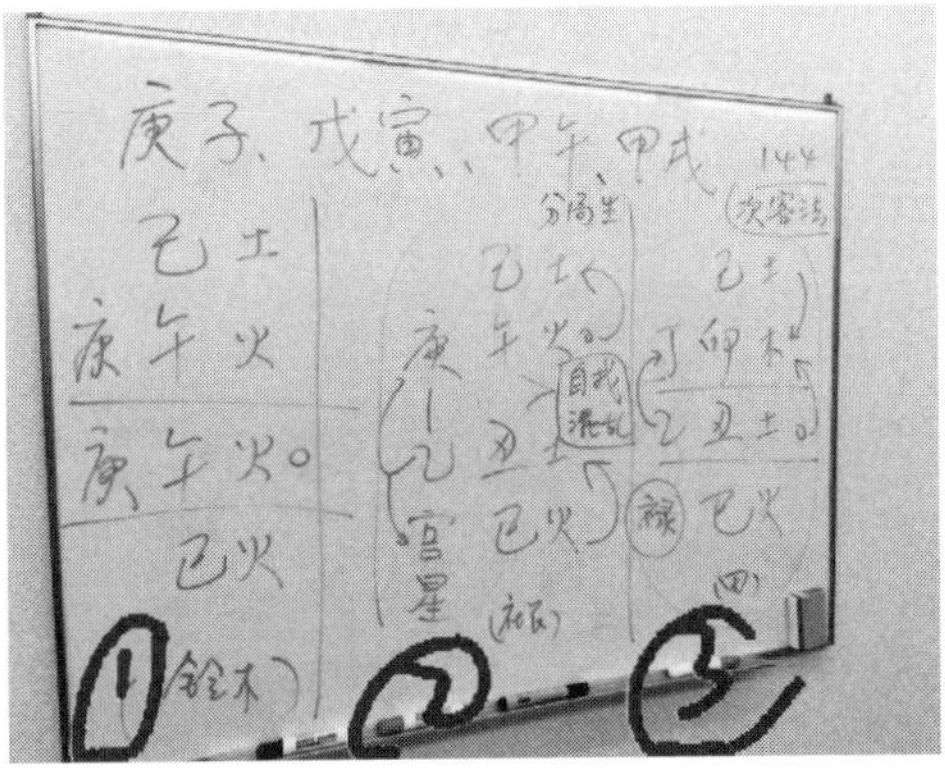

課の三陽金が三木を剋し、三つの庚があり、課中外に二つの甲と二つの寅があります。「寅は父、卯は母」で、金が強すぎて寅木を剋し、しかし卯木は無事であるため、父親が亡くなっていると断じることができます。

　三火が一土を見ると、庚午が己土と組み合わせられ、身に薬を持っていると断じることができます。午、午、巳（弱火）の三火は三片の薬を示し、火のエネルギー（強さ）によって、二つが大きく一つが小さい、または二片が完整で一片が分散していると断じます。

【課例2】庚子　戊寅　甲午　甲戌

庚子	戊寅	甲午	甲戌
	己	土相	
	庚午＊	火旺	
	乙丑	土相	
	巳	火旺	

【解断】課中外で丑と午が相伴うことは、自ら混乱を招くことを示します。課が分局相生であり、巳火が丑土を生じ、午火が己土を生じます。己巳は甲子旬によって丑の納支で、分局相生に遭遇するため、二つの事柄に対応します。今日は確実に自分で招いた二つの悩ましいことがあり、迷いがあります。二人があなたを訪ねてきますが、そのうちの一人はとても話好きですが、金銭的な支援はできません。

　午は官爻にあり、事業を主とします。乙と庚が干合するのは、あなたが他人と合流したいと思っていることを示します。乙庚合は主導権を表し、しかし、相手は信頼できない人です。子丑の支合が、財爻にあります。乙丑は自ら栄えることを示し、庚午は「馬の頭に剣を持つ」ことを表し、決断を意味します。

　この課で断じたのは、750年以上の歴史を持つ舞昆のこうはらの社長、鴻源森蔵氏です。筆者が話を終えた後、彼自身はまだ考え深げになっていましたが、彼の妻、明子夫人からこのような話が出ました。

「確かに悩ましい二つのことがあり、講義に来る途中で話していました。そのうちの一人は、お金が無さそうに思えましたが、とても話が上手でした」

　これら二つのことについて、彼らはまだ決断を下していませんでした。その時、舞昆のこうはら社長は携帯電話を取り出し、彼の妻が言及した話好きな人の写真を見せてくれました。その人は100名の企業家の講演を主催し、東京で1000万円を集めるロビー活動をしていました。社長は野菜を粉にした事業を、彼に加わって一緒にやることを希望していました。

舞昆のこうはら社長夫婦は、筆者の話を聞いた後、この件を棚上げにしました。

【課例3】庚子　戊寅　甲午　甲戌

【解断】乙丑は用爻として使われていますが、全体に課を見ると丁卯のエネルギーを主としています。乙丑は死の位置にありますが、完全に死んではいません。乙丑は自らを栄えさせるもので、丁卯は心が明るく目が澄んでいることを示します。私がその人に描画の才能があると言い終わると、彼は興奮して、すぐに前に出てきて白板に絵を描き始めました。

私がちょうど話していた三国時代の司馬懿（しばい）や台北市長の柯文哲（かぶんてつ）などの鷹の目を描きました。課中で丁卯が旺相であり、卯木は文書や印信を意味し、彼自身は実際に文書の仕事をする行政書士でした。

甲戌	甲午	戊寅	庚子
	土死	己	
	木旺	丁卯	
	＊土死	乙丑	
	火相	巳	

また、課中で丁卯に生気がないため、己土が上にあり、丑土が下にあります。二つの土が卯木を埋め、卯木は丁火を生じます。さらに、丑と卯が相破し、妻財爻が破となります。もともと丁卯は孤独を主とし、配偶者との関係も良くありません。そこで、私は彼に「独身ですか？」と尋ねました。彼の答えは非常に肯定的で「今までずっと独身です」と言いました。

私はさらに「以前に恋愛経験はあったが、相手の気性が悪く、支配欲が強すぎて、あなたは耐えられなかったのでは？」と言いました。彼は非常に驚き、「本当に抑圧されてパニックになり、どうしていいかわからず、後に振られた」と言いました。続けて、「母親との関係が良く、非常に親しい（寅父、卯母、課中の卯木は旺相、ゆえに母親との関係が良い）」と言いました。「本当に母親との関係が良く、一緒に住んでいる」と彼は答えました。

課中に官動があるため、権力行使の状況を示しています。彼は筆者が話し終えると、再び興奮してステージに駆け上がり、直接絵を描き始めました。これも官動や父母動に属します。

この人は木形人で、眼鏡をかけており、丁卯の相をしています。即座に適切な判断や行動を取られたため、卯は剋されず、「剋される者は旺から断じられる」とあります。2007年は丁亥年で、亥子丑が大水局を形成し、比劫の丁巳の火、地分巳を冲し、卯木を漂わせ、頼るものがありません。今日まで独身で、子供も女性もいません。

これこそが「金口訣」の直接的に何も知らなくても占える秘術、一石三鳥の力です。彼らは非常に驚きを感じ

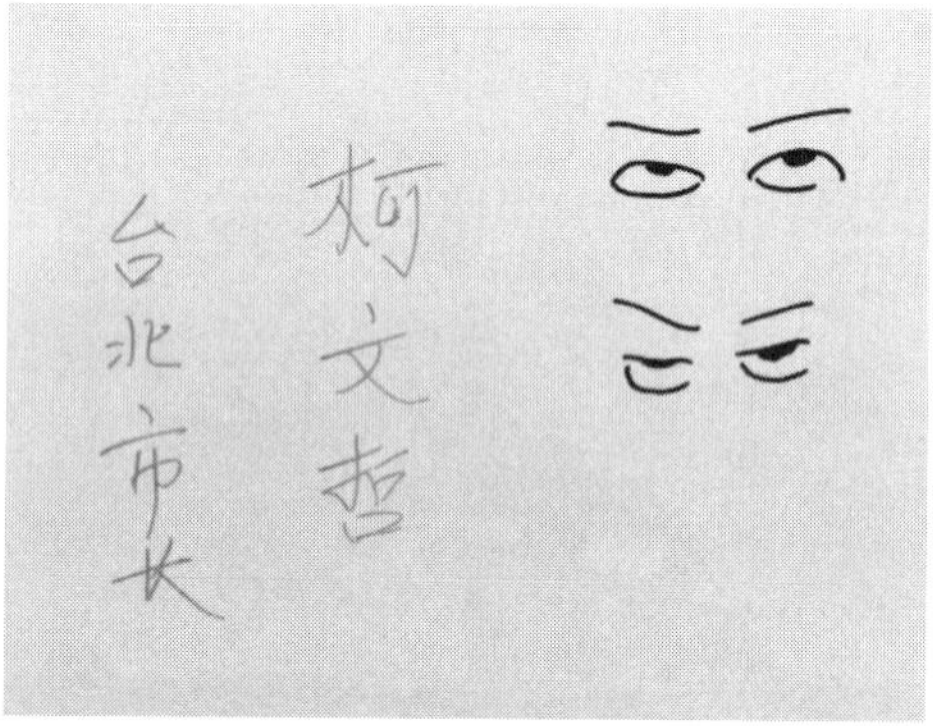

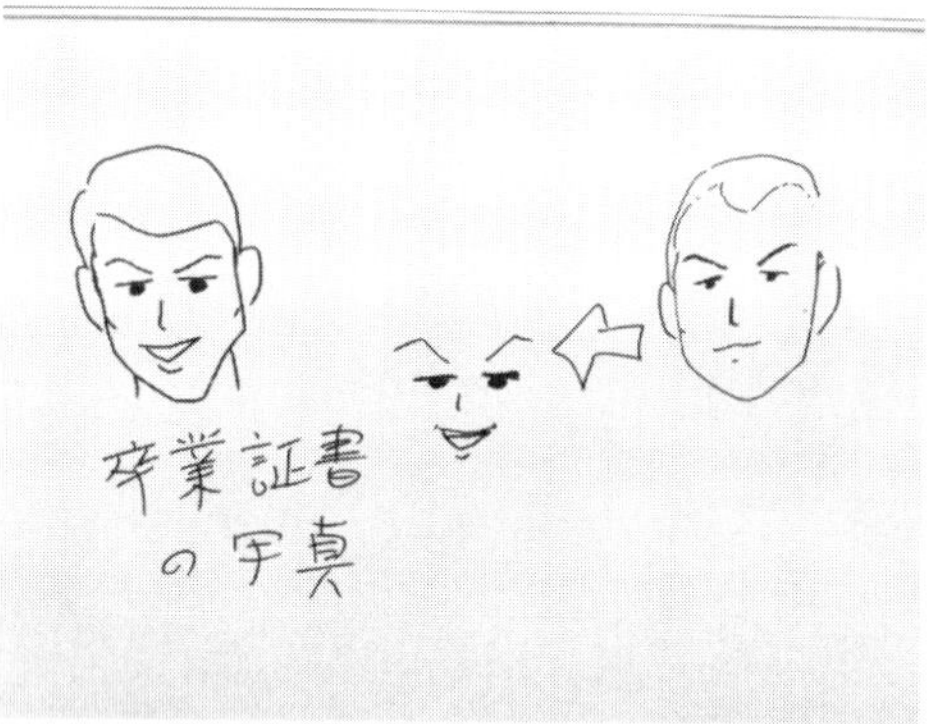

ました。

「人生はただの一幕の戯れであり、皆がそれぞれのプログラムに沿って流れているだけである。『異なる技術が身についていることで、世界を驚かせることができる。より深い宇宙の真理や永遠の真実とは異なる』（洪邁『夷堅志』より）にすぎない」

世の原理や真理は共通しているものである――金口玄妙

2006年9月のある朝、筆者は外出するために駐車場に行きました。すると、住宅敷地内に停めてあった新しいジープの車体が、どこかの車にかすり傷をつけられているのがはっきりと見えました。前後を見ても、加害者が連絡先を残していないことがわかりました。そこで、物件の管理会社に連絡し、警備員に重点的に調査してもらいましたが、実際にはあまり良い結果を期待していませんでした。

夜に戻った時、玄関の警備員に進展があったか尋ねました。警備員は首を振って、「どんな車がぶつかったのですか？」と逆に尋ねてきたので、「もし見ていたら、あなたたちに頼む必要はないでしょう」と答えました。

他人に頼るより、自分自身に頼るべきです。

夜になり、事件を解決するために課を起こすことにしました。

まず、相手の車のナンバープレートが何桁の数字かを判断する必要がありました。北京の私用車のナンバープレートには、英字の他に三桁または四桁の数字があります。そこで、筆者の車に接触した車のナンバープレートが何桁の数字であるかを判断しました。課を出した結果（課は省略）、比較的明確に――四桁の数字が浮かび上がりました。

次に、その車のナンバープレートの数字を判断します。この問題を解決するために使用したのは、宝くじ研究での「出数」の方法です。双色球（中国の宝くじの一種）では、出数の順序があり、無秩序に出るわけではありません。被害に遭ったのも数の中にあり、万物は数から逃れられず、すべてにおいて痕跡があります。最終的に推測された数字は1、4、5、9(7)で、括弧内の数字は予備の番号です。翌日の巳の日の辰の時は地網の時間であり、天羅地網は捕捉に最も適しています。

翌日の朝一番に、保安員にこれらの数字で住宅地内の車を調べるよう依頼しました。非常に偶然なことに、約30分後に保安員が走ってきて、1459のナンバープレートを持つ青色のセダンを見つけたと教えてくれました。筆者は保安員と一緒にその「容疑者と思われる女性」のところへ行きました。車の周りで数人の保安員が車を叩き、車の警報アラームを鳴らせたところ、車の持ち主である中年の女性が現れました。彼女は保安員に何の用事かと尋ね、保安員は「あなたの車が他の車にぶつかってそのまま去ったところを目撃されている。今、ぶつけられた車の持ち主があなたを探している」と答えました。このぶつけた車の女性はとっさに、「昨夜遅く帰ってきて、今日その車の持ち主を探して賠償しようと思っていた」と説明しましたが、彼女が目をそらして話す表情を見て、誰も彼女の言葉を信じませんでした。

11. 家相章

(1) 占家宅の運気

月将を時支に加えて神后子水が落ちたところの十二支を地分として立課します。子がどの地支に落ちるかで、その家の吉凶禍福の大象を判断します。

①子が寅位に落ちると家には香炉があります。傷があり壊れているか欠けていて、外部から得たものか賊の物です。お金を使わずに得たものか、価値のある物ではありません。

②子が卯位に落ちるとその家には東南、西北にいくつかの樹木があります。その家では火災が数回あります。盗賊のせいで物や家畜に傷があります。子孫は一緒に住んでいません。子卯相刑で、さらに外からの妨害が

あります。

③子が辰に落ちると未亡人や孤児がいます。女性は出産時に血光の災がありります。孤立、凶死、体が不自由です。

④子が巳に落ちると、その家の女性は病気か精神病で、嫌な夢をよく見ます。幼女に傷です。心臓疾患か水厄に遭います。

⑤子が午に落ちると不安があります。その家の台所で火災や水害があります。夏に問えば大火で焼け残ります。車の災があります。凶死、障害者、服毒者がいます。

⑥子が未に落ちると、そこには墓があるか未の位置に井戸があります。孤独、財産の損です。家畜に傷、土地家屋の損があります。

⑦子が申に落ちると家の中に刀剣があります。外から来る死殺の気があります。家の中で凶災があります。車の事故か、障がいのある人がいます。

⑧子が酉に落ちると、その家には約束したことを実行していない人がいます。家族に秘めごと、不倫、婚姻関係の不調があります。子孫に傷です。女性や子供のことで財宝に損か、詐欺に遭い騙されます。

⑨子が戌に落ちると家の下に墓があります。外部から騙され土地の被害や財産を損失します。その家の犬に被害があります。服毒あるいは薬を常用している人がいます。

⑩子が亥に落ちるとその家には奇妙なことが起こります。家の中に精神不安定な人がいます。泥棒が入ります。西北に壊れた器物があります。

⑪子が子に落ちると、壊れた神の像があり、家の神が不安定です。問題を起こす女性がいます。頭痛や四肢に力が入りません。

⑫子が丑に落ちると、家畜が死にます。子孫に凶です。土地の争いや訴訟があります。家の中に痛み苦しむ人がいるか、四肢に傷がある人がいます。

(2) 占宅内の興衰

通常の方法で立課します。ただし日支を地分とします。

白虎申や螣蛇巳を見て日辰に臨むと、門を消耗します。大吉丑や小吉未、勝光午が日辰に臨むと家を消耗します。功曹寅や伝送申、太乙巳、神后子を見て日辰に臨むと家を消耗します。天罡辰が日辰に臨むと牛の柵を消耗し、家畜に災いがあります。登明亥や太冲卯を見て日辰に臨むと庭のあたりを消耗します。

(3) 占遷移吉凶

天馬と駅馬の二馬が課に入り相生で吉神であれば、転居して吉です。空亡や刑であれば転居は良くありません。損失が出て不利です。

課の中の生剋を定めそれに応じた吉凶を出します。鬼動を見て、劫殺、用爻冲、剋、刑に逢えば転居をすべきではありません。

転居の課とその他の課は相反するところがあり、人元を客とし吉とします。客が旺じていれば転居は吉です。地分は宅とし剋を受ければ凶で、家を新築するか転居をすべきです。たとえば、人元貴神が外爻であれば、将神地分は内爻となります。外は客とし、内を主とします。外が内を剋せば客は旺で主は外に向かいます。外が内を生じれば動けず、主は吉です。内が外を剋すのは良くなく、内が外を生じるのは大吉です。主客相生相剋を見て客が旺じ主が弱ければ転居をせず、主が旺じ客が弱ければ必ず転居すべきです。

人元を宅主とし、地分を宅とします。宅主が旺じていれば、この家に住むのに適しています。

白虎申、太陰酉金あるいは伝送申、従魁酉金を見て、年の二つ前の地支喪門か年の二つ後ろの地支吊客が課に入れば、転居するのは思いとどまってください。もし転居すれば喪事や死傷者が出て不吉となります。母屋を移動させるのは良くありません。

常用口訣

1．居住する家の良し悪しを占う際は、一般的に用爻を主とし、課内外の状況を組み合わせて具体的に占断します。

2．純陰の課に遭遇すると、多くの場合、家は偏りがあり暗く、運気が阻害、滞っていますが、不明瞭な商売には適しています。純陽の課に遭遇すると、家は広く明るいですが、家族の性格は気性が荒く激しいです。

3．空亡の課に遭遇すると、多くは「虚宅」（人や財が集まらない家）であり、行動には意志があっても無力であり、高望みしている傾向が見られます。

4．課中で合に遭遇すると、家は連体（連棟式のように壁でつながっている構造など）であることが多く、冲に遭遇すると、多くは住宅が独立しており、家庭内に不和がみられます。三刑に遭遇すると、家の配置が不規則で、人々の運が良くないなどが見られます。

5．課が截命災殺などの凶神殺に遭遇すると、家の中の人に不吉なことが多く起こることを示します。

6．訣曰：「人元乙木には深い凶意がある」

7．訣曰：「純陰の宅は、運気の阻害、停滞がある」

8．訣曰：「太歳を冲すれば、土を動かしてはいけない」（谷響卦『六壬神課金口訣心髄指要』太玄社）

【例】甲申　辛未　丁亥　己酉

辛
甲戌（天空）
丙寅（功曹）
未

甲申　辛未　丁亥　己酉
己　土死
辛丑　土旺
己酉＊金相
酉　金相

昼に占って地分が夜位となっているか、夜に占って地分が昼位となっています。たとえば、丑月、甲辰日、巳時に地分を未とする課です。この課は求めることは不成就で、吉はかえって凶となる課です。

巳時で昼なら、甲日は陽貴人で丑、陰貴人で未です。夜に占って昼位になっているか昼に占って夜位となっています。

この課の吉凶は、体によって論じます。将神が昼か夜かによって、吉を見れば逆に凶になります。求めることはすべて変わります。谷で音が大きく鳴らないかのように、偶然が重なって食い違いが生じます。ゆえに谷響卦です。
9．居住地の水準の高低を占うことは、金口訣の日占の水準によって決まるため、日々課を立て、応用練習を強化する必要があります。常に覚えておくべきなのは、「熟練は巧みさを生み、巧みさは妙技を生み、妙技は智慧を生み、智慧は神秘を生む」ことです。

ト居の智慧

天人合一は智慧の核心であり、家相はその重要な構成部分です。

家相は古代において民衆の日常生活における学問であり、古人が占いの方法を通じて居住地を選ぶ行為でした。これは古人が自然空間のエネルギーフィールドの特性を考慮し、それによって自分自身と環境のエネルギーフィールドが合致する方法を探求するものです。これは『道徳経』で言われる「人は地に従う」の智慧であり、民衆が言う「地が長く続くことで、地には力があることがわかる（時間の経過が物事の本質や価値を明らかにするという考え）」ということです。

人と自然は共生の関係にあります。あなたが人間関係を持つだけでは十分ではなく、土地との関係も必要です。『詩経』も「物には則りがある」と言っています。したがって、古人は家相を重視し、孔子も「里仁を美とする。仁のないところに住むことを選ばないならば、どうして仁を知ることができようか」と強調しています（『論語・里仁』）。

そして「何をもって仁とするか。子曰く、『仁者は人を愛する者なり』」と解説しています。周の文王の師である鬻子も「天下の害を除くことを仁と言う」と述べています。これらから見ると、家相、つまり自分に有利な安住の場所を見つけることも重要であることがわかります。『史記・巻四・周本紀』には「成王が召公に居住地を占わせ、九鼎をその地に置いた」と記されています。

『聊斎志移・巻一・青鳳』には「今、すでに他の場所への住居を占い、家族全員が新しい住居に荷物を移している」と記されています。

歴史上の李白、杜甫、白居易、陸游、杜牧、劉禹錫、寒山禅師などの人々も、家相に関連する詩を書いています。

たとえば、唐代の白居易の『卜居』には、「京で官職に就いて二十年の春を過ごし、貧しさの中で安んじる場所もなかった。かたつむりにはまだ家があるが、私は大きな鼠のように身を隠すこともできない。漂流する木偶の人形のようにはなりたくない。ただ、小さな家でも心が満たされると言うだけで十分なのだ」とあり、数十年にわたりようやく得た満足のいく安住の地に対する感慨を綴っています。

また、唐代の杜甫が成都に寓居していた時に書いた『卜居』は、卜居草堂の隠遁的な趣、静かさ、深遠な響きを詳述しています。

唐代の寒山禅師は出家人として、異なる境地を持っていました。彼は「重なる岩々の間に我が住まいを選び、人の通わぬ鳥の道がある」と述べ、人里離れた、騒がしさから遠い場所に安住の地を選びました。元代の趙孟頫は大書家でありながら仏教徒でもあり、その心は寒山禅師と深く一致していました。「住まいを選ぶ際には静寂を求め、なお心の拠り所について考える」（『寄題右之此静軒』より）と述べ、静かな居住地を選び、心の向かうところを語っています。

宋代の朱熹は43歳の時、「住まいを山のふもとに選び、仰ぎ見て三十年の秋を過ごしたが、村落が近くにあったため、心から望んでいた静寂さは得られなかった」という感慨を詠んでいます。この朱熹の人生を振り返る言葉は、明代の王陽明が表現した「山水に恵まれた美しい場所に出会うたびに、そこに住みたいという気持ちが湧いてくる」という言葉ほど直接的ではありません。朱熹は漂泊に疲れ果てていたため、自らの揺れ動く人生を安定させる良い土地を見つけることを切望していました。

注目すべきは、生態環境の良し悪しを判断する学問が、古代では卜居と呼ばれ、魏晋時代には堪輿（地理環境）と称され、唐宋代以降は次第に風水と呼ばれるようになったことです。

天はその常態を変えず、地はその法則を易しない、人はその道を忘れない。各環境にはその自然のエネルギーがあり、中医が強調する薬効を持つ品質の高い薬材もその裏付けです。異なる地域、異なる環境ではエネルギーの影響も異なります。

たとえば、山に関して言えば、古人は次のように総括しています。山が肥えれば人は満ち足り、山が痩せれば人は飢え、山が美しければ人は美しく、山が濁れば人は迷妄、山が明るければ人は善良、山が破壊されれば人は悲しむ。これは長期にわたる生活実践から得られた規律であり、生命をかけて体験して得られたものなのです。古を知り今を鑑とする、これこそが現代の人々が学ぶべきことでもあります。

陰陽は伝統哲学の基礎であり、五行は伝統文化の基本的な構造です。中国古代では、環境中のエネルギーは五行によって大局的に分類されていました。

理解を容易にするため、以下に三つの例を簡単に説明します。

【例1】カンボジアのベンメリア（Beng Mealea）。

ベンメリアはカンボジアの有名な観光地で、アンコールワット風の寺院で、「荷花池（蓮の池）」という名前を持っています。アンコールワットの古跡群から東へ40キロメートルの距離にあり、王座には蓮の花の石の塔があり、後にカンボジアの国旗のデザインになりました。

今、あなたがそこに行くと、非常に衝撃的な光景を目の当たりにします。ベンメリアは木々に覆われ、寺院は崩壊が激しく、歩く道もなく、目の前に現れるのは自然が繰り広げる静かながらも動的な戦いです。音も匂いもない中で、弱々しい植物の根茎は大きな堅い岩石に根を下ろし、一部は割れ、一部はぎゅっと絡みついています。それらは少しずつ成長し、最終的には巨石全体を揺り動かし、地面に転がすまでになります……これが「木剋土」（木が土を克服する）なのです。

ここはかつてクメール・ルージュが最後まで抵抗した拠点でしたので、地雷が至るところにあります。国家の旅行手引き書にある「危険とトラブル」の章にははっきりと次のように書かれています。

「主要な道路から離れて未開発の小道や荒野を歩かないでください。地雷に触れる危険があります」

古語によく言われるとおり、「木剋土」は「屈服しない」という意味です――カンボジアのベンメリアは、かつてクメール・ルージュが統治し、最後まで抵抗した拠点でした。確かに屈服せず、最後まで戦い抜いたことがわかります。

古人はこのように総括しています。旺盛な勢力が克服される場所――多くの殺気、兵気、訴訟、破壊、災難、身体の病気、損傷、家庭内の不和などが生じることがあり、病気に関しては特に脾胃の消化系の病気が多いが、唯一の大徳（徳の高い人）だけが立ち上がることができるのです。これは環境のエネルギーが示す表象です。人は状況や環境の流れに沿って行動することによって「中庸の道」、つまりバランスのとれた、中道の実践が可能になるのです。

【例2】金気満ちる北京の菜市口

北京の菜市口は、明代と清代の都で有名な法定の処刑場でした。

元代の文天祥、明代の袁崇煥、清代の戊戌六君子の一人である譚嗣同などは、すべて菜市口で処刑されました。五行の中で「金」のエネルギーは主に殺戮や金融を表すため、菜市口の地気（土地のエネルギー）は金気が旺盛であることがわかります。

エネルギー保存の法則は、自然界における普遍的、基本的な法則の一つです。エネルギー保存の法則によると、エネルギーは空から生じることもなければ、空に消えることもありません。エネルギーは一つの形態から別の形態へ変化したり、ある物体から他の物体へ移動したりするだけで、エネルギーの総量は一定のまま保たれます。

ある場所のエネルギーも消失することはありませんが、ただ変化するだけです。現在の菜市口では、処刑場はすでに消え、代わりに「京城黄金第一家」や「中国黄金第一家」と称される北京菜市口百貨公司（略称：菜百公司）が設立されています（元の菜市口処刑場の位置にあり、主に黄金や宝石のジュエリーを扱っている）。

人々は「すべての処刑場に共通の特徴があるのか？」と、疑問を抱くかもしれません。

答えは、そのとおりです。そして、古今東西を問わず、このことは例外ではありません。

70年以上前の長沙市郊外の識字嶺の処刑場は、現在長沙市の繁華な中心地帯となっていて、半径数百メートル以内に、金融機関――国家開発銀行、中信銀行、東莞銀行、華融湘江銀行、上海浦発銀行、工商銀行、建設銀行などが集中しています。

瀋陽市瀋河区の大渓レストラン地区は金融の中心地です。

天津市河北区小王庄地域には銀行がひしめき合っています……といった具合です。

遠く離れたアメリカのウォールストリートであっても、エネルギーの保存の共通性による金気が満ちる場所では、殺戮と金融の指向が入り乱れています。ニューヨークのウォールストリートは「アメリカの金融の中心地」として世界に名を馳せ、アメリカ経済に影響を与える金融市場や金融機関が集中しています。

たとえば、アメリカン・モルガン、ロックフェラー、デュポンなどの財閥機関や、著名な証券取引所（ナスダック、アメリカ証券取引所、ニューヨーク先物取引所）などがあります。２００１年9月11日には、ウォールストリートのニューヨーク金融区に位置する世界貿易センタービルがテロ攻撃を受け、ニューヨーク証券取引所は一時的に取引を停止し、アメリカ経済、さらに世界経済さえもほぼ停止したことで、金融帝国ウォールストリートの影響力が如実に表れました。

これが「環境が人を決定する」ということです。

【例３】なぜ治せない病気があるのでしょうか?

ある時、肝臓の病気に数代にわたって苦しむ家庭を訪れました。彼らは良い医者を探し回りましたが、結果は出ませんでした。

その家の庭には大きな木が数本ありました。近づいてみると、以前に誰かが木の枝に石を置いていたことに気づきました。長年にわたって成長した木に石がめり込んでいて、木が痛そうで見ているこちらも痛くなりました。

そこで、病気の原因がどこにあるのかを理解しました。そして彼らに「その石をすべて取り除けば、病気は徐々に治るだろう」と告げました。数か月も経たないうちに、三代にわたる家族の病が、目覚ましい回復を遂げたことを報告できることを嬉しく思うという、喜びの知らせが届きました。喜びのあまり涙を流しました。

後に、人々は筆者になぜこの方法で病を治療できたのか理由を尋ねました。

答えは次のとおりです。

格物の智慧の応用方法は、「大きなものを取る」「奇抜なものを取る」「格局（全体のパターン）を取る」です。木の幹に石が挟まったまま成長するのは珍しい現象で、これは奇抜なものに当たります。五行から象を取るという意味では、石は金、木は木で、木は臓腑（内臓）では肝に当たります。肝が剋されるのは、肝臓の病に対応します。宋代の大学者である蔡元定（さいげんてい）は「人は地理と医学を知るべきだ」と言いました。あなたは環境をどうすることもできないかもしれませんが、環境があなたに何かをすることはできます。これが「地が長く続くことで、地に力が生じることがわかる」ということです。原因と結果が明らかになり、結果から原因を逆推することで、根本から問題を解決することができます。したがって、石を取り除くことで、木を解放し、人の肝病も解消されるのです。

唐代の長沙景岑禅師（ちょうさけいしんぜんじ）はかつて、「十方世界はあなたの目であり、あなたの身体であり、さらにはあなたの輝きでもある」と言いました。このように精妙な智慧は、誰もがしっかりと覚えておくべきです。さらに、身体を鍛えることよりも、良い環境が人をより育てることを明確に理解する必要があります。

上記の三例は、「天人合一」の重要性、家相の重要性を十分に示しています。

古いことわざには、「天はその常態を変えず、地はその法則を易しない、人はその道を忘れない」とあります。現代の人々は、古典に精通しておらず、伝統を大切にせず、文化を深く追求していないため、天の常を知らず、地の則を悟らず、人の道を忘れています。数十年にわたり、多くの知識と概念が蓄積され、学歴は高くなるかもしれませんが、生命にかかわる技力は持ち合わせていないため、若い年月を無駄にしています。

『論語・憲問』には「古の学者は己のために学び、現代の学者は人のために学ぶ」とあります。北京大学の教授である梁漱溟はこれをさらに平易に解釈しています。

「学問とは何か？　学問は問題を解決するためのものである。真の学問とは何か？　真の学問とは、自分自身の問題を解決できるものである！」

また、北京大学の校長である蔡元培先生もはっきりと私たちに告げています。

「学術とは何か？　学とは、事物を観察してその真理を発見するものであり、術とは、発見できた真理を用いて応用するものである」

あなたが学んでいることが、あなたの生命と天地自然を一体化させ、順応させることができないなら、学んでいることが間違っているかもしれないと反省すべきです。北宋の大儒、邵雍は「天人に及ばない学問は、学問とは言えない」と言いました。理論だけでなく実践的な理解を伴うものでなければ、真の学問ではありません。

邵雍は絶学を身につけた人物であり――彼は、世の中がどれほど変化し不安定であっても、心の中ですべてを理解し、落ち着いて動じることなく、人がいないかのように物静かに行動し、何事に勝っても傷つけない、これこそが「絶学」の境地であるのです。

彼の活気に満ちた日常生活の中での洞察力は、暖かさと優しさに満ちながら、万物の理を示し、それを自然の中で、自然に哲学へと昇華させました。

古来、智慧において最も大きなものは、来るべきことを知ることです。哲学の本来の意味は「智慧を愛し、奥秘を愛する」ことです。つまり、先見の明を持ち、事物の発展と変化の法則を知り、真実で偽りのない形で順勢に従って行動することが、哲学の真の機能です。哲学的な理論を語りながら、知行合一ができない者たちは、真の哲人ではありません。

どんな真の哲人も、自らの見地に合った格物の力、技能を持っています。そして、このような力、技能は、一般人には及ばないものであり、そのため「絶学」と称されます。北宋の大儒である張載（ちょうさい）の伝世作品『横渠四句（おうきょしく）』は、千年にわたりすべての学者たちの共通の精神的目標となってきました。

『横渠四句』を見てください。そこに「天地に心を立て、民に命を立て、往きし聖人の絶学を継ぎ、万世に太平を開く」とあります。もし「何が絶学か?」と問われたら、どう答えるべきでしょうか? 知っておくべきことは、聖賢の経典や言葉をただ暗記できるだけでは絶学ではないということです。古今を通じて、それを暗記できる人は実に多いですが、聖人や賢人になれる人はほんのわずかです。

絶学とは、法に則り、心に蓄え、それによって安身立命することです。張載のこの詩の中の「絶学」という二字は、無数の学者が到達することが難しい壁でもあります。

中国の文化は、儒教の伝統を主要な学問の道としています。儒教について、漢代の学者揚雄（ようゆう）は非常に明確に説明しました。彼は、「真の儒者は、天文に通じているか、地理に精通しているか、人々を理解し指導できる人であり、時代に適した功績を持つ者。もし、これらのいずれでもないのであれば、それはあなたが真の儒者ではないことを意味し、あなたの修練が足りないというだけである」と言いました。

『荘子・大宗師（だいそうじ）』には、「利害が通じない者は、真の君子ではない」と記されています。これは私たちに対して、困難な状況に遭遇した際に断固とした判断ができることが、本当の君子であることを示しています。真の君子は他人を助けるだけでなく、自分自身を救う力も持っているのです。これが自己を鍛える真の学びの姿勢です。

人生において、何を学ぶにせよ、重要なのは力、技能であり、化粧品を塗ることや外見を飾ることではありません。荘子が言う、「物事に勝っても傷つけない」ことが真の力、技能です。言葉に力、技能を欠いていると、誤解を招くだけです。

筆者は十翼書院で門下生たちに常に忠告しています。あなたの人生が時間、空間、物質の面で鈍くならないようにすることこそ、充実した人生の秘訣なのだということを。

山、河、大地……すべてあなたの輝き

出会いの始まり——

2007年の冬、私の門下生である北京の君馨閣（くんしんかく）の理事長である劉愛民さんと一緒に興隆県の承徳へ行くことになりました。朝、彼女が私を迎えに来て、車に乗ったところ、同行者には北京の故宮博物院の図書館の向斯（こうし）副館長もいました。私たちは興隆県へ行き、400年以上の歴史を持つ山楂子（さんざし）の木の王と、北京の潮白河の源流である「塞北第一泉：潮河源（ちょうこうげん）」を見に行きました。

(1)時に彩りを添える

ガソリンが途中で足りなくなるのが心配で、私たちは東四環のガソリンスタンドで列に並んでガソリンを補給しました。私たちの前には大型バスがいて、その前の車の状況は見えませんでした、視界が遮られていたからです。長い間待っていましたが、私たちの車は一歩も動きませんでした。その間、話好きの劉総が車内で春節の時に家族が出かけたときに起きた追突事故について話してくれました。彼女の家の三台の車が他人の車を挟み込んで、その車の前後を彼らの車でぶつけてしまったそうです……彼女は楽しそうに話していましたが、私は「もしかしたら、すぐに私たちも挟み込まれるかもしれない」と言いました。そして、本当に数分の間も経たないうちに、誰かが車の窓を叩いて、「前の車が故障したので、車を少し後退させて、別の給油口で給油してください」

と伝えてきました。

そのとき、劉総は突然気づいたように振り返って私に言いました。「米先生、この偶然の一致がどれほど素晴らしいか、私が話している間に私たちの車も挟み込まれてしまいました。日常生活で、本当にあなたの授業で言った『すべてのことが関連し合い、すべての物が呼応し合う、大易は至簡である』ということがよく当てはまりますね」

私は笑って、「そうですね、だからこれからは、言葉を口にするときには、常に三分の余裕を持つこと。そして、普段の行動や発言では、よい彩りを添えることが最善です」と言いました。

皆が笑いながら、それぞれに思いを馳せていました。

⑵亥年に栄達

昼食時、皆が話に花を咲かせていました。劉総（りゅうそう）の弟は自分の人生経験について話し、特に人生の転機について言及しました。彼は自分が最も多くのお金を稼いだ時には10万元だったと言い、10万元の小切手を手にした時、手が緊張で震えていた……これほど多くのお金を稼いだことがなかったからです。食卓の回転台の上の料理が絶え間なく回っていて、ちょうど彼がその話をしている時に、劉建（りゅうけん）の前に来たのは彼の大好物の一つであり、私たちの食卓にある唯一の肉料理である豚肉の煮込みでした。彼は最初から肉が好きだと言っていました。これを見て、私は彼に向かって言いました。「そのお金を手にした年は１９９５年の亥年でしょう?」。彼は一瞬驚き、私を見て、「はい、そうです、その年です」と答えました。

テーブルの周りの人々は皆驚きました。しかし、私がどのようにその結論に至ったかはわかりませんでした。彼らは何度も尋ねましたが、私は微笑んでいるだけでした（実際には、なぜ１９９５年の乙亥の亥年であると断定し、２００７年の丁亥の亥年ではないのかというと、それは、豚肉自体が十二地支の亥に対応しており、テーブルにはその一皿の肉料理しかなく、他はすべて野菜料理だったからである。野菜は草木であり、天干の中で唯一草木を表すのは乙木だから、乙亥年であると断定したのである)。

中国の格物の智慧において知るべきなのは、心が動いた時、法が生まれる瞬間であり、どんな瞬間も答えとなることです。

⑶雨に濡れた鶏

その日は癸酉の日で、干支の神殺は「截路」となり、これは道中の不順や行程の障害を意味します。道路上では時々交通渋滞があり、興隆県の村へ行く途中で何度か道に迷いました。結局、知人に電話をして正しい道を尋ねなければならなかったほどでした。高速道路を半分走り終えた後は、県道を通って多くの時間を費やしました。干支の癸酉は、文字どおり「雨に濡れた鶏」(癸は水を、酉は鶏を表す)。途中で雪が降り始め、村の中で、農家の庭で放し飼いにされている鶏が雪の中で餌を探しているのを見ました。雪片が舞い降りて鶏の体に積もっていく様子は……まさに癸酉の生き生きとした姿でした。

⑷千里離れた相応

多くの事柄には前兆があります。

北京を出発する途中、携帯のショートメッセージが鳴りました。見ると、ニュース速報で、「広州、一日に三つの天気」というアナウンスがされていました。その時、私はすぐに「この旅行でも、変わりやすい天気に遭遇するだろう」と思いました。そこで、途中で天気に特に注意を払いました。案の定、太陽が輝いていた天気は、半時間も経たずに雪に変わり、気温が急降下しました。承徳市の興隆県に到着した時には、大雪で道は阻まれていました。

私たちは雪の中を村から村へと歩き、高いところを越え、水を渡り、体は震え上がるほど寒くなり、最後には車から降りることさえ嫌になりました。まさに極端な寒暖、両極端の天候でした。

突然、『易経・繋辞伝』の名言が頭に浮かびました。「君子が部屋にいて、良い言葉を発すれば、千里離れたところでもそれに応える。近くの者はなおさらであろう。部屋にいて、悪い言葉を発すれば、千里離れたところでもそれに背く。近くの者はなおさらであろう」

確かにそのとおりです。

⑸無用こそが大用である

道の上で、遠くの山々を眺め、空に舞う白い雪花を見て、私は講義でよく強調する「虚から実を生じる」という智慧であることを思い出しました。そんなことを考えている最中、館長が「北京の紫禁城は、計画と準備に約15年を費やし、最終的にはたった3年で建設された。今もなお堂々として立っている」と話しているのを聞きました。

このことから、本当に大きなことを成し遂げるためには、思想を耕す過程に十分な時間を割く必要があることがわかります。

『荘子・人間世(じんかんせい)』には「無用こそが大用である」と書かれています。

⑹形には法則がある

山の谷に向かう途中、分岐点に差しかかったとき、劉総は「この二つの谷に住む人々の中から市長一人、局長二人が出たと聞いているが、左右どちらの谷かはわからない」と言いました。私は手を振って、「右の谷だ」と言いました。後ろにいた町の林業局長がすぐに「そうだ、右の谷だ」と言いました。

皆が驚いて、どうやって知ったのかと聞きました。

私は「その土地がその土地の人を育てる。周囲の山の巒頭(らんとう)がそれを決める」と答えました。

彼らが「巒頭とは何か」と尋ねると、私は「山にとって、高く尖ったものが峰で、低く丸いものが巒だ。大地は広大だが、基本的には形勢から判断できる。形勢は主に巒頭を見ることだ。この村は癸山丁向の方向で、巽方には元宝山の龍脈、午方には案山となる山が坤方に連なり……主に八運中に優秀な文官を輩出する……」と説明しました。

私が話し終わると、林業局長が思わず補足し、「そうだ！　そこから出た市長と二人の局長はみんな文官出身だ。……だから私の村でも毎年、清華大学や北京大学に合格する生徒がいるのか。周囲の環境がこことても似ている」と言いました。

彼は私の話を聞いて、思わず地理の謎を解いてしまったのです。

左側の村を出て、私たちは右側の村に行きました。

村には数十戸の家があり、一通り歩いた後、私は前後にある二つの普通の家を指して、「これら二戸が最も人材を輩出している。特に前の家には、今、他所で官職に就いている人がいるはずだ」と言いました。林業局長は驚いて、「この家は市長が以前住んでいた家だ。彼は今、別の都市で市長をしている」と言いました。

皆が再び、どのようにして知ったのかと聞きました。

私は「住居の選び方には形勢法のほかに、具体的な環境を考慮して理気法で細かく分析する必要がある。この結論は、古人の『村に入って、各家の門を数えれば判断できる』という技法である」と答えました。

そのとき、雪はますます降り続けていましたが、古人の智慧が虚空に響いていました。

私は続けて、「この市長は家族の中で長男だ」と言いました。

「はい」と、雪が舞う中で、林業局長が異常に大きな声で答えました。

このとき、連故宮の専門家たちも私を評価し始めました。

向斯副館長は「故宮には国宝がありますが、あなたもそこに置くことができますよ。帰ったら、ぜひあなたが書いた本を読んでみたいですね」』と、歩きながら私に向かって言いました。

氷天雪地の中で、みんなの関心は高まり、智慧は雪の中を踏みしめて行ったのです。

⑺日常の重要を知り得る

夜が更け、私たちは北京への帰路につきました。温かい車内で、彼らは絶え間なく今日の信じがたい出来事を振り返り、それぞれの想いが飛び交い、さまざまな意見が出されていました。しかし、私の心は離れていました。北宋の張載が言った「民は兄弟のように親しく、財物は分け与えるべきである」は、真の学問です――この言葉は天地神明なる言葉です。

⑻君子は機微なことを明白に知る

世には非凡な人が存在し、それによって非凡な事が起こる。心を持って行動する人は、いつでもどこでも注意を払い、自然と多くの啓示と楽しみを得るだろう。それにより「引き込むほど魅力的」な境地を体験し、『荘子』が述べる「万物と私は一体である」と南朝の僧肇（そうじょう）が『肇論（じょうろん）』で述べる「天地と私は同根である」という真理を理解することになる。

この世に孤立した存在はない――「同じ声は共鳴し、同じ気は互いに求め合う。すべての事は関連し、すべての物は相互に影響を与える」（『易経・繋辞』）。だから、活気に満ちた人となり、生命を時間、空間、物質の面で鈍らせないように努力することが、私たちの生命における満足感の本質なのです。

千の言葉よりも、今すぐ行動に移すことが重要です。

12. 雑占章

雑多な占いの方法は、金口訣の応用レベルを訓練する上で最も効果的な方法であり、毎日の日課は雑多な占いの訓練に他なりません。だからこそ、この「事に関わる」方法が最も重要です。筆者の学習方法は、数十年にわたりこの道から始まる努力です。したがって、学ぶ者は日課の訓練を重視し、途切れることなく続けるのが最良となります。

雑多な占いに関する歌訣については、拙著『六壬神課金口訣心髄指要』（太玄社）の「射覆章」「謁見章」「六畜章」「走失章」「捕盗章」などの章節を参照してください。

常用口訣

1．占課では、格局が主となり、格局に従えば、精密な意味が明らかとなります。たとえば、歌訣の中の「四位内に五行を見る」「五行による例断」や特定の口訣の格局が課内で現れた場合、それによって占いの主要な方向性が決まります。

2．訣曰：「魁罡が殺を帯びるとき、雌雄を一刀で決す」

3．訣曰：「財爻が三刑に遭うと、周囲は困難に満ちる」

4．訣曰：「太歳と干合して、用爻を助けると、政治的、社会的な環境で安定した地位を得る」

5．訣曰：「人元に癸水が現れると、家庭内に憂いが生じる」

6．訣曰：「木剋土は、屈しない」

【例】癸巳　戊午　癸丑　戊午

【解析】課中の乙卯は鳳凰池です。用爻が剋を受けるため、事の進行は苦戦することを意味します。貴神の戊午は孤鸞殺を表し、事業や感情が孤立することを示します。また、木が旺で土が衰えているため、大きな樹木にはかえって病があるとされ、事を行うには従わず、独立して行動することを好むとされます。また、女性が地網を見ると、多病で不健康であるとされます。卯辰巳が連なると、東にはあるが西にはないという有東無西の格局を示します。

7. 訣曰：「癸巳の冲は、通常とは異なり、または予想外の方法で問題に対処する」
8. 訣曰：「丙と辛が合すると、貴人が来る」
9. 訣曰：「寅と申が冲すると、撞木が鐘にぶつかるように影響や結果が大きい」
10. 訣曰：「水が旺で木が浮くと、事は堅固ではない」
11. 訣曰：「木が土の下にあると、うなだれて元気がない」
12. 訣曰：「子午卯酉は財を失うことを意味する」

癸巳	戊午	癸丑	戊午
	乙	木旺	
	戊午	火相	
	丙辰＊	土死	
	卯	木旺	空

13. 訣曰：「火剋金は、無駄な努力や心労となる」
14. 訣曰：「用爻の丁卯は、心が明るく目が輝く」

戊子	乙卯	己酉	乙亥
	戊	土死	
	戊辰	土死	
	丁卯＊	木旺	
	辰	土死	

【例】戊子　乙卯　己酉　乙亥

15. 訣曰：「猛虎が子羊を食べる、財を求めて喜びを望むものは順調である」
16. 訣曰：「丑未に冲するは、どう見ても合うことはない」
17. 訣曰：「人元が丁を見ると、家庭に安らぎがない」

【解読】実際には、課内での「人元が丁を見ると家庭に不安」というのは、生活の中においても「丁」に関連する事象すべてが不安定を意味します。たとえば、「丁字田」があります。

１９９０年代、江蘇省阜寧県陳集郷石獅村境内に、毎年暴雷に打たれ作物が収穫できない「神奇の死亡雷区」と呼ばれる田がありました。この小さな田は石獅村四組の大きな田の中にあり、正方形で約二畝、人々は「丁字田」と呼んでいました。村の人によると、毎年この田は雷に打たれ、作物がすべて焼け死にます。村の人がこの田に落ちる落雷を目撃していたことがあり、大きな火の玉が対角線を描いて田を転がり、瞬時に田の作物が枯れました。不思議なことに、その火の玉が隣接する田に達すると自然に消えたというのです。

18．訣曰：「誤りや意図せぬ間違い（陰差陽錯）とはどのようなものだろうか、辛卯・壬辰・癸巳の干支に多い」

特定の干支の組み合わせであり、辛卯壬辰癸巳が多く、丙午丁未戊申の位置、辛酉壬戌癸亥を過ぎ、丙子丁丑戊寅となします。これらの干支の組み合わせは、陰差陽錯であり、人生の重要な側面、特に感情生活に影響を及ぼします。女性がこれらの組み合わせに遭遇すると、情婦、孤独や寡婦になり未亡人となる可能性があり、男性がこれらの組み合わせに遭遇すると、家族との疎遠や、たとえ妻が財をもたらす場合でも、最終的には虚しいものとなり、妻の家族との関係が悪化することを意味し、女性も同様のこととなります。

この歌は、人間の運命や人生の道のりが天干地支の影響を受け感情生活や家族関係において、特定の干支の組み合わせがもたらすことがある複雑さや困難を表しています。

たとえば、癸巳日や丙午日に生まれた場合、それは「陰差陽錯」とされ、人生の重大な事柄、特に感情面で遠回りを経験することが多いが、その後正しい道に入ることができます。他の陰差陽錯の干支もこれと同様です。

19．訣曰：「天下貧しい戊子はなく、世に苦しむ庚申はいない（この日干支は困難や苦労なく一般的に幸運とされる）」

【例】　２０１９年８月、ある人がカードゲームの勝ち負けについて尋ねました。

【解断】

1．干方同じ五行で、兄弟動です。

己亥	辛未	癸酉	己未（陰天）
	辛	金相	
	壬戌	土旺	
	庚申＊	金相	
	酉	金相	

2. 辛酉と庚申は孤鸞殺であり、一人だけが際立つことを象徴し、独り食いを代表します。
3. 酉戌相害し、未申酉戌亥は連続し害をもたらします。
4. 壬癸辛の三奇は人間関係の和合を表します。
5. 用爻が庚申（上記・訣19参照）で、貴神土が将神金を生じると、金が多くなりすぎて人を苦しめます。他人の金を得ることになります。
6. 用爻が旺相である場合、天下に貧しい戊子はいないし、世の中に苦しむ庚申もいません。苦しみがなければ、それはお金を得ることを意味し、それも独り勝ちを意味します。
7. 干支が辛酉であれば金の鶏が一人で立つことを象徴し、壬戌魁罡の旺は乱打でも勝つことを意味します。

【結果】カードゲームは、彼女の一人勝ちです。

13. 金口訣遁法略論

古人は、「精神を遁れば、神に通ずる」と言いました。古の道を証する「金口訣」の伝承者たちは、皆、遁法に通じていました。そうでなければ、絶学に恥じるものです。

遁法の適用には、章があり、いつ使えるか、いつ使えないか、使える時にはどの遁法を使うべきかなどがあります。その適用は神奇ですが、具体的には人の持って生まれた運と組み合わせ、注意深く識別して、適用すべきです。

古来、大道は至簡であり、遁法も同様です。これは古人が言う「真伝はたった一つの言葉」であります。

遁法の五つの適用方法は以下のとおりです。

1　天干再遁

2　天干順遁
3　地支順遁
4　干合遁
5　支合遁

注：遁法を適用する際には、相応の地支に対応する天干が、五子元遁口訣に従って再遁しなければなりません。

(1)　天干再遁

地支は変わらず、五子元遁口訣に従って再遁を行います。地支の落ちる場所を探し、そこで得られる天干を求めるものです。たとえば、干支が丁丑（干方、貴神、将神いずれも可）の場合、通常の五子元遁の方法で遁を行い、丑の位置で得られる天干は辛です。すなわち辛が求めるものとなります。

(2)　天干順遁

天干順遁とは、地支を変えずに、天干を順に数えて次の本地支に至るまでの天干を求めるものです。たとえば、干支が甲子の場合は五子元遁法に従い、甲子を順に数えます。甲子、乙丑、……甲戌、乙亥、丙子。地支の子に順数すると、天干が丙となり、すなわち丙が求めるものとなります。

(3)　地支順遁

地支順遁とは、天干を変えずに、六十甲子による輪回に従って、次の天干がある位置まで数え、その時の対応する地支が何であるかを見て、得られた地支が求めるものとなります。たとえば、干支が甲子の場合は、天干の甲を変えずに、次の甲がある干支まで順に数えます。甲子、乙丑、丙寅……壬申、癸酉、甲戌。ここで甲に対応する戌の地支が求めるものとなります。

(4) 干合遁（干合再遁とも）

使用する天干の相合するところを取り、遁法を用いて相合する天干が落ちる場所まで遁します。そこで得られた地支が求めるものとなります。たとえば、干支が甲子の場合は、甲は己と支合します。そこで五子元遁法を用いて己の天干が落ちる場所まで遁し、そこで見られる地支が巳、つまり己巳であれば、巳の地支が求めるものとなります。

(5) 支合遁

使用する地支の支合する部分を取り、遁法を用いて支合する地支の場所にある天干まで遁します。そこで得られた天干が求めるものとなります。たとえば、干支が甲子の場合は、支合の中で子は丑と合い、そこで五子元遁法を用いて丑の場所に落ちる天干まで遁し、そこで得られた天干が乙であれば、天干の乙が求めるものとなります。

以上、遁法の中では、人元には天干再遁、天干順遁、地支順遁の方法が最も一般的に使用されます。神干、将干には干合遁、また支合遁を用いる遁法が一般的であり、干合遁、支合遁の二つの方法はしばしば交互に使用され、何度も交互に遁法を行うことで、より多くの内在する問題を解決することができます（筆者はこれについて別に詳述している）。

以下、人元再遁の遁法の応用について紹介します。

人元再遁は、色、天気の状況、出行の途中で見たもの、事物の発展の前景などを見ます。その主な応用は遁法の中の天干順遁です。

【例1】 遁法は天気について神妙なことを伝えます。

数人の門下生が訪れ、天気の話題になりました。雨は2日間降り続け、今日もまだ降っており、天気予報では今日は雨が降ると言われています。門下生たちは天気の状況について占ってみました。

丁丑	庚戌	甲申	戊辰
乙	木死	丁	火休
癸酉	金旺	乙酉	金相
甲戌＊	土休	丙戌＊	土旺
亥	水相	亥	水死
⑴		⑵天干順遁	

【解析】

課中用爻は甲戌で、戌土は休囚状態であるため、用爻休囚をもって断じますと、雨は激しくはありません。

授業中の申、酉、戌、亥の四支が連茹、雨が連続して絶え間なく降ることを示しています。

亥水が旺相で雨水が多いことを示しています。

人元の乙木は風を示し、剋を受け死地にありながらも、癸水沐浴を受けているため、小風が吹くこと、また風雨が交じり合うことを示しています。

天干順遁（人元）により得られる人元は丁で、丁は火を示し、晴朗を示します。したがって、天気は正午には必ず晴れて、太陽が出ると断定されます。時間はおおよそ12時前後です。

太陽が出る時にも、空から雨が降っていると考えます。

【結果】ひと言でいえば、最初の四つはすべて検証され、後の二つは検証待ちとなりました。正午近くになると、空は明るくなり、雲が徐々に薄くなったが、誰も太陽が出るとは思いませんでした。太陽は11時15分に顔を出し、約10分間だけ半分の太陽が見えましたが、空には雨が降り続けていました。

みんなは感嘆し、遁法の神妙さを称えました。

【例2】留学できるかどうか？　将来はどうなるでしょうか？　を問います。

戊寅	壬戌	壬辰	庚戌
辛	金相	己	土旺
丁未	土旺	乙未	土旺
甲辰＊	土旺	壬辰＊	土旺
亥	水死	亥	水死
	(1)		(2)人元再遁

【解析】
1. 用爻の甲辰は旺相で、辰の支は争張を主とし、強く行きたがっています。
2. 神将比はお互いが合わない、調和しないことで、親族からの阻害があることを示します。課中の時支の戌土が用爻の辰土を冲することから、現在自分が迷い躊躇していることを示します（相手は「確かに！」と答えた）。
3. 用爻が旺相で日に臨んでいるため、このことは必ず支援があり、行けば確実に成功します（相手は「はい」と答えた。行ってみてはどうだろう?）。
4. 行って良いかどうかの問いに、人元再遁で見ると、人元が己土に変わり、この課は三土が下に剋する形となり、すること、求めることが思い通りに行かないことを示します。二土は遅滞を示し、三土があるため、それ以上に遅滞します。求めても遅滞し功を成し遂げません。

訣曰：「『旺相が日に臨む』は事は解決するが、土が多いと停滞し成功を収めることが難しい」。したがって、行かないことをお勧めしました。

【結果】最終的に利害を天秤にかけた後、海外留学を諦めました。

第2節　日課集例

天地万物、表象すなわち表法――課中に出現するすべての関係、たとえば、刑冲剋害などの干支関係や三動五動、神殺などは、すべて何かに対応しています。ただ、自身の格物ツールである「目、耳、鼻、舌、身、意」などが欲望に支配されてしまっており、真っ暗な状態にあるため、万物のエネルギーを精細に認識することが難しいのです。一時的な思考のように、自己では良し悪しやその因果関係を認識できませんが、それを識別できる者が道を持つ人なのです。道を持つ人と持たない人の差は、精細な装置と粗野な装置を一緒に置いたときのように、見かけは似ていますが、実際には異なるものなのです。

孔子は、大節と小節の関係を特に強調しました。

「子曰く、高い徳を持つ君主（「上君」）は、大きな原則と小さな習慣の両方を尊重する。中程度の徳を持つ君主（「中君」）は、大きな原則を守りながらも、小さな習慣において柔軟性を持つ。しかし、もし大きな原則を守らない場合、たとえ小さな習慣を守っていても、それは重要ではない」（『荀子・王制』）。したがって、日課の訓練においては、何が最大のエネルギーかを捉えることを学ばなければならず、この方向は間違えてはならないものです。

方向は常に方法よりも重要であることを覚えておいてください。

解課において、その一般的な方法は次のとおりです。大きなものを取り、動きを取り、奇を取り、格局の枠組みを取る原則に従い、まず大象を観察し、五行の旺相休囚、課体の三動五動、干支関係のエネルギー、神殺の指向性、特定の歌訣の口訣に対応することを捉え、次に外応を感じ、現在の機に完全に一体化することです。このようにして、高い位置から全体を俯瞰し、重要な点を把握することができるのです。

日課の事例集

【例1】門下生許衛東（きょえいとう）（中国広州）さんの日課（2020年1月19日）

丙申　　　　　　空
辛酉　木休　*金死　土相　火旺
丁丑　甲　丁酉　戊戌　午
己亥

【解析】（注：この課では、貴神外応をもって得ている。起課貴神を決める時に、突然、住宅地で飼育されている孔雀の鳴き声を聞き、そのために〝酉〟（酉は十二支の一つで、孔雀の鳴き声に関連づけられる）を貴神とした）

1．用爻は丁酉で、この課中で空亡に落ち、さらに官爻に位置しています。これは官職が空動を示し、今日起こる事柄が官庁や機関にかかわるものであり、自分自身が直接行動するのではなく、他人が代わりに行動するか、通信でのやりとりを意味します。実際、今日は他人に委託し不動産局へ行ってもらい不動産手続きを依頼しました。また、自分の起業経験を他人と共有しましたが、会社の業務はチームが行い、自分は学習に専念していました。これは他人が代行する象徴です。

2．人元の甲木は納支をすると寅であり、これが課中の将神と地分で寅午戌の火局を形成します。火局は文書や印信（契約や文書）を示し、今日は自宅の仲介者と実際に住宅取引の契約を確定し、関連資料を提出しました。

3．財爻の戊戌は旺相にあり、その干支は思想の変革を示すエネルギーです。実際、今日の学習内容は、私の認識を大きく変えました。さらに、財爻が旺相であることの表れとして、最近財運が良い例を人と共有しました。今日私は、訴訟に勝利して相手からの支払いを受け取り、また銀行からの融資が成功したことも含まれます。同時に、別の銀行も態度を変え、私の会社との協力を続ける意向を示しました。

4．課中干方の干支は甲午で、甲午は敗戦の神を表します。しかし、午火が戊土の火庫に入ることから、敗北があってもその程度は限られることを示します。実際、今日、甲午のエネルギーについて考えている時、新しい寝具を自分で決めて購入しようと思いましたが、家族の意見が異なるかもしれないと考え、その考えを中止しました。また、母親に無理をしないよう説得しましたが、彼女は頑固な性格でまったく聞く耳を持たず、これも説得者にとっては敗戦の象徴でした。

5．貴神干の丁火は巳火納支、課中で巳酉丑金局が形成され、地分の午が桃花と見なされます。酉が空亡で、午旺で地分であるため、他人が恋愛関連の出来事に遭遇していますが、自分には影響がなく、ただ耳にしているだけです。午の桃花が戌の庫に入るため、この恋愛は限定されており、広がりすぎることはありません。実際にそうでした。

6．課内外で見られる申酉戌亥は、連茹帯害の格局を形成します。夜の酉時には、ちょうど親族がマルチ商法の詐欺に遭った苦しみについて親族で話しているところに出くわし、親族同士でも欺くこともあるとの話に出会います。その中で、地支の申亥が相見するのは、六害の中で「遠くから来る害」とされます。会話の中で、相手は外地で人に電話でお金を貸し、その後詐欺に遭ったと知り、今日に至るまでお金が返されていないと述べました。

7．地分の午火と太歳の亥水は、午亥の絶で、口舌の争いを示します。今日は周りの人々が意見の相違から口論になる場面に遭遇しました。

8．課の中の三干、甲、丁、戊は、順に上から下へ生じることを示し、喜びが外部からやって来ることを意味します。人元が甲を見ると、予期せぬ喜びがあることを示します。今日、村を散策している際、村の中で誰かが引っ越しの喜びを迎えているのに遭遇し、また村で新しい知識を意外にも学び、非常に嬉しかったです。

9．用爻の丁酉は、幽霊や霊魂に関する「作鬼」のエネルギーを持ちます。しかし、人元が甲を見ることで、丁甲護披局（精霊の保護がある）の格局が形成されます。今日、村の中にある福禄寿三星を祀る小さな神社を見ました。神社の門には二つの大きな数字の看板が吊るされていて、8888と3333という二組の数字が書かれていました。このように珍しい数字は、理解し難く驚きました。

10．用爻の酉金が空亡で、訣曰く、「金空ならば鳴る」と言います。今日は何度か人が笛などを吹く音を聞きましたが、演奏者を見ることはありませんでした。

11．戌時に、部屋の外で人が争う声を聞きました。これは課中の酉戌相害（争いや張り合い）のエネルギーに対応しています。

12．地分午火旺で、これは独立して支えがないことを意味します。加えて、課内外で、四孟（寅、申、巳、亥）がすべて見られます。これは独り芝居を演じることを意味し、四孟はまた家屋の事柄を表します。今日、家族と相談せずに、家の購入及び関連手続きを決定しました。

詳細に振り返り鑑みると、「金口訣」は本当に言葉では表せないほど素晴らしいものです。

【例2】　門下生方亮（ほうりょう）さん（上海医学生、博士）日課・陰天

庚子	己卯	丙寅	癸巳
	己	土旺	
	丁酉	金相	
	壬辰	＊土旺	
	亥	水死	空

【解析】

1．課に妻動があります。さらに干方の己亥は陰殺（陰の邪気）を示し、顔色を変えて無情になることを意味します。今日、妻の気分が大きく波立ち、普段とは違う様子でした。これにより、私は非常に受動的な立場に追い込まれました。

2．辰酉が化合して金となり、春季に木が旺盛な時には木が金を剋するため、困難に直面することを示します。しかし課中では、神将間の内剋外（辰酉合の金が丁壬合の木を剋す）により、分離や改革の事柄、また他人にアドバイスすることを示しています。実際、今日は職場で患者に対し、私ではなく他人に手術を依頼するよう提案しました。

3．課中人元己土は辰酉支合化局を生じます。そのため、課中五行の金のエネルギーが最

も大きく、丁壬干合化木は金に剋され、また卯酉の冲は、門戸の変更を意味します。予想外に、子供の学校が遠いため、夜に家賃の話や引っ越しの件で話し合いが始まりました。

4．壬辰は地罡であり、辰酉亥は自刑を示します。自刑は自分に不快をもたらします。今日、家に帰ると、家で自刑（自己罰）の状態に陥り、心情的にも解決が難しい状況でした。

5．干支の丁酉は幽霊や霊魂のエネルギーを持ちます。夜には非人間的なことに関連する話題もあり、今日は家族の気分もまるで幽霊を見たかのようで、本当に理解できない状況でした。

6．亥時に、辰酉亥による自刑（自己罰）のエネルギーが再び輝き、自分自身に混乱をもたらし、家庭が落ち着かない状況が生じました。貴神干の丁もこれに力を加えました。振り返ると笑えてきます。

7．幸いにも占いには天徳の庚と月徳の合己があり、また亥は真天喜なので、今日は大きな問題がありませんでした。

8．己が酉を見ると五鬼となり、自刑に加えて、課内外で寅、庚（申）、巳、亥からなる四孟の局があり、思考が混乱し、不合理な思いに悩まされ、孤独を感じました。亥時はまさにこのような心境で、忘れられないほどでした。

9．人元の己が地支の酉を見ると、これは截路となります。今日は多くの考えが障害に遭い、これが思考と精神で截路のエネルギーとして現れました。

全体を通じて見ると、主に辰、酉、亥の三者によって形成される自刑のエネルギーが一日を通して現れ、金口訣の神秘的な魅力を感じつつも、自分がまだ時間に翻弄されていることに無力さを感じます。

（筆者注：方亮博士の講義を受けて、ユーモラスなエピソードを思い出した。２０００人が参加する言語コンテストがあり、そのテーマは「和平、安寧、楽しみ」の境地を一文で表現することだった。最終的に賞を獲得したのは「私の奥さんが眠っている」であった。審査員全員が授賞式で涙を流し、感動のあまり受賞者を深く抱きしめたのだ。笑）

【例3】　門下生宝儀（ほうぎ）さん（中国深圳南山書院山長）の日課

庚子	癸未	甲戌	戊辰
	甲	木旺	
	甲子＊	水休	
	甲子	水休	
	戊	土死	

【解析】

1. この課はすべて陽であり、陽極まりて陰となる、純陽返陰課です。主な出来事は外部にあり、女性に関連し、不明瞭な点があります。
2. 干が方を剋す妻動：女性が主の事柄で、分離や不和の問題が多いです。また、妻動は財産の損失を招きます。
3. 方が神を剋し、下が上を剋すとき、子供や部下が指示に従いません。
4. 方が将を剋すと、妻や財産に損害を与えます。
5. 干神比：事柄は外部にありながら、自己に関係します。
6. 神将比：事柄は門戸や親戚に関連します。
7. 甲は争いを示し、辰戌の相冲も争いを示します。
8. 甲は天月徳であり、甲戊庚の天三奇が見られることは、あらゆる災難を解消します。
9. 四甲が天三奇に遭遇すると、美しい風景や喜びに出会います。
10. 甲子が重なることは、新しいものを取り入れ、新たな風景や事物を発見することを意味します。
11. 子が子を見るは将星となり、権力行使の象徴です。

【結果】辰時に、女性の親戚が私に電話をかけ、彼女の娘の仕事と生活の手配について相談しました。私が介入して彼女たちの意見の不一致を調整しました。

今日、私たち家族は世界で最も壮大な雅魯蔵布（ヤルンツァンポ）大峡谷を訪れました。その景色は非常に壮観で、目を見張る美しさでした。

【もう一つの例】日課：手書きの課こそ、最も霊性にあふれるものです。

丙午	丁卯	乙未	辛丑
休	火	丁	
旺	土	丁未	
旺	土*	丁未	
旺	土	未	

私（宝儀）が立てた課の内容を、微信（WeChat）を通じて米老師に送りました。米老師は微信でこう返信してきました。

「今日、誰かが食事の問題、または喉や消化系を患っている問題について言及するでしょう。また、女性は子孫に関する事で、心配を抱いています」

私はこう返答しました。

「朝食時、母は豚肉の餃子を作りましたが、私は今ベジタリアンなので、昨夜食べすぎて胃が不調だと言って、彼女が作った餃子を食べませんでした。そのため、母はベジタリアン食が栄養不足になるのではないかと非常に心配し、ずっと憂慮しています」

【解析】その後、米老師にどのようにその結論に至ったのか尋ねました。米老師は、私が撮影し送った課の写真に書かれた将神の特徴を基に結論を出したと言いました。

実は、私が朝起こした課の時に、将神の用爻の未支を書き始めるときに間違えてしまい、二つの横線の間にもう一度書き足しました。それは一目で、断裂した後に修復された様子がわかるものでした。米老師はこの「奇をもって取る」を利用して、そのエネルギーの規則を読み取ったのです。本当にすべての事象に痕跡があるのです。

食事や女性に関しては、三つの未土（坤宮）の指向性から導き出されました。課の中で干神将方はすべて丁未で、土が旺で火が休、子孫動です。そして私自身は母から見て目下です。人元が丁を見ると、家庭は落ち着かず、母はそれによって心配を感じる、というのがこの回答です。

このことから、アプリを用いた技術的な立課を避け、自分自身の手書きで課を起こし、干支などの万物と相応した、法則に触れることが重要であることがわかります。

【例４】門下生馬輝（まき）さん（中国西安卓生書院山長）の日課

己亥	丁卯	丁未	庚戌
	甲	＋木旺	
	壬寅＊	＋木旺	空
	甲辰	＋土死	
	辰	＋土死	

【解析】

1．用爻は寅木です。寅は交通手段を意味し、空亡に遭遇すると、飛行機に乗ることを示します。

2．賊動があり、課において二木が二土を剋します。上が下を剋すことで、外部の計画が内部に影響を与えます。

3．課に二甲が現れると、混乱して関所を通過するような象意、そして混濁した意識や目眩を意味します。

4．二木は求めても得難し、二土比は遅れです。

5．人元月徳と太歳が相合し、丁甲護披があり、徳星が照らします。

6．用爻は財爻駅馬で、このことのためにお金を使って奔走する必要が出てきます。財爻と地分が時支の戌土と冲することも、財産と身体の動きを示します。

7．辛亥時、亥は用爻の寅木と支合します。亥は報酬を意味します。

【結果】今日の重要な経験は、あたかも良く練られた脚本のように、はっきりと目に浮かびます――今日、西安から上海へ飛行機で移動しました。飛行機が着陸して外に出てから、携帯電話を飛行機に忘れたことに気づきました。客室乗務員が長い間探してくれましたが見つからず、時間がかかりすぎ、飛行機はその後の予定があるため、私は探すことを諦めました。

しかし、それほど経たないうちに、別に持っていたもう一台の携帯電話に誰かから電話がありました。電話に出ると、飛行機の前方の座席の乗客が私の携帯を拾ったとのことでした。空港のスタッフの助けを借りて、タクシーでかなり遠くまで行き、その人が宿泊しているホテルに到着しました。お金と時間をかけたものの、最終的に亥の時に携帯を取り戻しました。
その夜、私は全体的にぼんやりとした状態でした。それは携帯を失うという低レベルのミスをした想いでもありました。

【例5】門下生何敏（かびん）さん（中国湖南、都市計画家）の日課。

2021年2月19日金曜日、午前9時41分に立課しました。その時、劉磊総（りゅうらいそう）さん（皆さんは磊総さんと呼んでいます）が私のオフィスに来ました。「磊」という字を硬い石として、対応する地支「辰」を地分（地の要素）として課を立てました。

夜の戌時に米老師に指導を求めたところ、米老師からは簡潔な言葉で返答がありました。

①職場での経済的な損失がある。
②自分が怒りを抑え、落ち込む。
③患っている者がいる。
④仏縁が現れる。

己巳		空		空
己亥	土旺	土旺	土旺	土旺
庚寅	戊	戊辰＊	甲戌	辰
辛丑				

⑤外部からの頼みごとがあり、自分が決断を下す。
⑥懐かしむ想いがある。
⑦天喜。精神的かつ心理的な予期せぬ喜びがある。
米老師の返答にとても感動しました。

【実際】
1．市長が高価格の土地を落札することによる市への悪影響を懸念し、私たちのグループの土地を抑えているため、お正月期間中の公開入札が許されず、会社の財務に赤信号が灯っています。

2．自分は急遽会合から外され、仕事の完成度が悪いと批判されました（批判した同僚が自らフォローしてくれている）。彼女の態度が少しおかしく、少し不快でしたが、考え直してみると、会議に参加しなければ、自分の時間を費やすことが無くなり、結局は嬉しくなりました。

3．今日、午後から体調が悪く、ここ2年で初めてのことです。

4．仏縁は、今日、星雲大師に関する記事を読んだことに現れました。

5．子会社の同僚が、そのリーダーの要求で、私に不動産集団のリーダーと面会できるよう頼んできましたが、私はそれをスムーズに実現しました。

6．今日、以前先生から受けた講義ノートを整理していて、精神的な収穫がありました。戌は天喜（喜びの象徴）で、米老師からの指導を受けられたことが天喜で、特に嬉しかった出来事です。

課中で不明な部分について、米老師は以下のように具体的に指導してくれました。

(1) 甲辛絶、財爻の甲戌の六甲は貧神（困窮の象）となる。↓　職場での財が尽きる。

(2) 辰戌が冲し、戌が戌を見るのは怒りを抑え落ち込む。↓自分自身の怒りを抑える。

(3) 四位が同じ五行の比で、土が過剰に旺盛である。↓患者がいる。

(4) 甲戌は仏縁が現れる。

(5) 干神が比し、事は外にあるが自分自身に関係し、外部からの頼みごとがあり、自分で決断できる。

甲木が戊土を剋するのは、自分自身で決断できる。

(6) 戊土が戊土を見るのは、精神的な追求がある。

【例6】門下生小甄（しょうけん）さん（中国河北、中医師）の日課。

【解析】

己亥	丁丑	甲子	壬申（陰貴）
	甲	木旺	
	甲子＊	水休	空
	丙寅	木旺	
	戌	土死	

1．用爻の甲子は天赦となります。用爻が空亡なので、話題は自分自身のものではありません。課に妻動が見られ、女性に関する事柄を示します。

2．人元が甲を見ると、予期せぬ収穫があります。課内外で三甲が見られ、三甲登科のエネルギーは遠く他郷へ行くことを意味し、空き家の象徴でもあります。話題は、空き家を管理する人や分居・別居に関すること、またはそのような場所にいる人や事柄に遭遇することを意味します。

3．課中将神の丙寅は旺ですが、月令の丑による劫殺です。訣曰く「旺相が劫に逢うと止まる」とあります。寅申巳亥の四孟は、往来の呼び声を意味し、布教を象徴します。寅木が三つの甲木に遭遇すると、干支同気となし、甲木の過剰は虚偽を意味し、劫殺に遭遇すると、話す内容に誤りや瑕疵があることを意味します。

4．天干五合中、甲と己が干合します。課内外で三甲が一己に対抗すると、「どのように言っても理にかなっている」という状態で、混乱した話をしても他人は信じます。

5．干神比は、事柄が外部にあるが、自分自身に関連します。他人の事柄が自分自身に影響します。

6．課の干方は甲戌で、精神、霊的なもの、祈願、祈禱のエネルギーを示します。このような現象に遭遇したり、関連する話題に触れたりすることがあります。

【結果】自分の診療所で、職員が患者の家庭の話をしているのを聞きました。子供が自閉症になったため、母親は自分の家から出ました。そして夫と別れて、夫が空き家を守ることになりました。母親は子供と一緒に住むことを決めたそうです。

診療時間中には、患者の家族に患者のために祈ることを教え、以前死んでから復活した患者のケースの話を共有しました。この「死んでから復活する」というエネルギーは天赦にも対応しています。もう一つの天赦は、勉強グループで、米老師が天赦日に疫病神を送る指導方法を発表したことで、予期せぬまったく新しい学びを得ました。これも人元に甲を見る予期せぬ喜びに対応しています。

さらに、今日の日課の解らない部分が、米老師の個別指導を受けることで解決し、これも予期せぬ喜びでした。

一日を通して起こったことを振り返ると、今日の日課は本当に記憶に残るものでした。

【例7】　門下生の日課：特殊な課象。

【解析】

辛巳	庚申	辛卯	辛丑
	水旺	壬	
空	火死	辛巳	
	＊水旺	丁亥	
	火死	午	

1．辛巳は佛灯火、夜の蠟燭の効果を意味します。

2．亥は夜の亥時を指し、すでに深夜近く、丁亥は夜の火です。課中で三火が一つの亥夜を囲み、夜景を明るく照らすことと非常に一致しています。

3．壬午と丁亥は共に水が火を剋す象であり、暗闇の下の光明を示します。話題はこの象と関連があります。

〈返答〉この門下生は感嘆していました。

彼が相談した課例は、実際、夜景照明を専門に扱う上場企業で、これは私が金口訣で照明業態に対応する初めての課例に遭遇したものです。

この課で示された干支の類型は特に象徴的です。これからも見てわかるように、人の個々の視野は限られており、多くの書を読むことは有益です。

『般若経』には「すべての菩薩はすべての道を発起し、すべての道を理解すべきである」とあります。これは声聞の道、独覚の道、仏陀の道を意味します。これらの道を十分に理解し、すべての道の行いを成し遂げるべきです。大乗の教えに従う者が小乗の教えを学ばないというのは、経文や仏の言葉に反するものです。人の思考を広くし、胸を広大にし、正しい方法であれば、智慧は経験と視野の積み重ねによって成長するのです。

【例8】 日本門下生である鴻原森蔵社長（750年以上の歴史を持つ「舞昆のこうはら」継承者）2022年12月20日の日課。戌時、筆者が大阪にて人々と晩餐をした後に、この日課を断じました。

壬寅	壬子	丁未	乙巳
	丁	火相	
	丁未	土死	
	癸卯＊	木旺	空
	未	土死	

【筆者の論断】

1. 課中用爻旺相、また冬季水の月令であるため、用爻卯木のエネルギーは課の要となります。

2. 卯木は旬中で空亡の木であり、木は芸術を代表します（木が旺盛な者は、潜在的な芸術的因縁や驚くべき想像力を持っている）。卯木が空亡であるため、空想的な想像があり、さらに癸卯の干である「癸」の水が丁火に重ねて対峙しているため、そのエネルギーは容易に発揮されません。考えは虚構で非現実的であり、「幻想」と呼べます（鴻原社長は、その日、インターネット上で自社の舞昆製品を販売する計画を思いつき、ネット市場を無限に拡大し、迅速に広げることができると考えた。しかし、後に自分でもこれは幻想的で、多くの克服できない障害があると認識した）。

3. 癸水納支は亥であり、課中の亥卯未は木局を形成します。木局はまとわりつく遅延を表し、未は口食を表します。そのため、今夜の夕食は、「食事を終えるのが遅くなる」ことになります（実際、彼が夕食に来た時、20分の遅刻で、皆がほぼ食べ終わっているのを見て、自分の皿に料理を取り、放送機器を設置し始め、筆者の講義を日本の学生にネット生放送する準備をした［事前に知らされず、突然放送すると告げられた］。筆者の課の解説が終わると、彼は食事をまだ食べ終わっていないことに気づき、皆の前で喜んで食べ始め、その様子がそのままビデオで放送され、皆はこの光景を見て大笑いした）。

4．課中、人元と神干は両方とも丁火であり、丁火はろうそくの火や香の火を意味します。講義前、ちょうど誰かが食事を始める際に香を一本点火しました。

5．未は食事を意味し、木局未の蔵に入るが、死地にあるため、力がなく、目立つが無力です。食べ物があるが評価されません（夜、鴻原社長が来たとき、多くの食品と一箱のパックの肉を筆者に持ってきた。何十年も菜食主義者である筆者は、パックの肉を見て困惑し、次回は買わないようにと彼に伝えた）。

6．課内外には三つの丁未があり、丁未は庭園、苗圃、食事を意味します。重ね合った丁未は植物の存在を示し、癸卯は湿った木（または水辺の植物、水生植物）で、空亡のために、湿った木は空虚、偽物、または絵に描かれたものです。癸卯と三つの丁未が出会うと、花と草の集まりを示します。また、未土はこの課の地分、地分は基礎を示します。したがって、今日は空の庭園を見ます（これを話したとき、鴻原社長はすぐに日本の庭園の「名園集」のカレンダーをプレゼントしてくれた。絵の中の花や水生植物、庭園を見て、その場にいた人は驚いた）。

7．癸卯は湿った木で、木が空亡になると湿った木は乾燥し、火を生じます。講義は戌時で、卯と戌が支合して火に化し、文書の喜びや美しさを意味します（戌時の終わりに、鴻原社長は筆者の講義のビデオを配信し、「名園集」のカレンダーをプレゼントしてくれた。筆者はこのカレンダーがとても気に入った。）

8．亥は陰私で秘密があり、不明瞭なものを意味し、泥状、粘土状、またはソースなどの物を表します。辛亥の時、彼はまだ食べ終わっていない食事を一人で食べながら、辛いチリソースの瓶を取り出した。その名前は「辛美人」で、「辛亥」にちょうど当てはまりました。

9．課内の神殺は、亥卯未の駅馬が巳にあり、巳の時間に始まる忙しさを主とします（鴻原社長は、「本当にそうだ！」と言った）。

10．丙午と丁未は紅羊劫であり、その対応するエネルギーは、外部の侮辱か内部の問題です。丁未の合局が自身にあるため、自身の悩みを主とします（鴻原社長は、国際ニュースを見ている間、半日続く悩みの気持ちが生じ、内容を数人の友人と共有したと即座に述べた〉。

11．今日の申の時間には、卯木局と申金が卯申絶を形成し、そのエネルギーは中断して再開することを意味します。何かが止まったが、再び続きました。（鴻原社長は、誰かとの約束を忘れたが、相手が約束の場所で長く待っても姿が見えなかったので、電話をかけてきて、彼を消極的な気持ちにさせましたが、最終的に、二人は再び会う約束を取りつけた〉。

12．課中の人元は丁を見る、訣曰く「人元が丁を見ると、家庭は安らぎを失う」と言います。これは家の子孫の問題（人元の丁火が地分の未土を生ず）で安らぎを得られないことを意味します（鴻原社長は、娘の出産予定日は12日だったが、すでに5日経ってもまだ出産していないため、娘の状態をずっと心配していると言った〈課中の子卯が相刑し、子未が相害し、子孫の問題による悩みと消極性を示す〉）。

注：私は17日に彼に20日に出産すると告げ、実際そのとおりになった（438ページ参照）。

〈続き〉カナダの弟子である尹桓蓉博士（いんはんろん）は、この講義を見た後、すぐに感想を述べました。鴻原社長のこの課の講義を見ているとき、筆者はカナダで家族と一緒に映画『アバター：ウェイ・オブ・ウォーター』を観ていました。映画の舞台は惑星パンドラで、森林と植物に包まれていました。さらに、海底のシーンが多く、水生植物が大量に登場します。そして、映画は虚構の表象で、森林と水生植物の多さは癸卯と丁未が同時に現れ、水と植物で構成された庭園の象徴であることが驚くほどです。これこそが相関するものは相応する相似象、他で起こっていることは自分にも起こっている（すべてが関連し、すべてが対応する）の妙なのです。

【例9】　日本門下生、鴻原明子さん（例8の鴻原森蔵氏の妻）の2022年12月4日の日課。

【筆者の論断】（典型的な誤りを正した断課——用爻の場所が間違っている。彼らが選んだものに基づいて断定す

る）

1. 課中の子午卯酉全で、飲食や宴楽の事柄があることを示します。地分は空亡で、自宅ではなく、自分が客を招待した場所でもありません。
2. 人元が丁を見ると、家庭は安らぎを失います。さらに干方が丁酉で、丁酉は霊的な不可思議な事象です。暗い問題や急な病が起こるが、地分の酉金が空なので、虚しい驚きとなります。
3. 神将関係では、干は財動、支は賊動、表面上は財が動くが、実際には財を失うことを意味します。

壬寅	辛亥	辛卯	癸巳
	丁	火死	
	戊子＊	水旺	
	甲午	火死	
	酉	金休	空

4. 財爻の甲午は死地にあり、甲午は敗北の神であり、事に勝算がありません。
5. 今日の巳の時間、用爻の子が巳と絶――子巳相絶は文書や道路にあります。文書や印信、何らかの課程が終了や消滅することを意味します。
6. 今日の午の時間、甲午時、用爻戊子、子午の冲で突発的な出来事があります。また甲午は敗北の神であり、失敗や放棄することが起こります。
7. 未の時間と戌の時間には、財を消耗する出来事があります。
8. 用爻は「戊子」で、訣曰く「戊子は村から出ない」とあります。論ずることは自家の地や自家のこととなります。
9. 子午卯酉には鏡の中の縁や影像の縁があります。
10. 用爻子水が旺で、冬季の月令を得ているため、技術や情報の面で利益があります。

【回答】（亥時）

彼ら（舞昆のこうはら夫妻）と鈴木氏（京都三才坊書院の山長）の一家三人は、夜、大阪の筆者の自宅に集まって食事をしました。美味しいベジタリアン料理をたくさん作り、皆は味わいを楽しみ、皆が幸せでした。これは「飲食宴楽」の象徴に正に当てはまります。

その間、鈴木氏の4歳の息子は、新しい環境（日本人は滅多に他人の家に行かない）に興奮し、楽しんでいましたが、同時に騒がしくて、誰も一時も安らぐことができず、時々皆がスムーズにコミュニケーションを取ることができなくなっていました。これは「家に安らぎがない」の象徴に正に当てはまります。

さらに、丁酉は、暗い問題や病気が起こるが、地分の酉金が空亡なので、結局は虚しい驚きでありました。鴻原明子夫人は、今日の昼間、妊娠中の次女が突然発熱したため、新型コロナウイルスに感染したのではないかと疑い、家族三人（息子は3歳）で急いで病院に行き検査を受けました。夜の酉の時間に結果が出て、感染していないことがわかり、陰性でした。これは虚しい驚きに当たります。このことで、次女は昼に母親の鴻原明子夫人に電話をして、以前から決めていた昼間の会合をキャンセル（放棄）しなければならなくなりました。これも午の時間の「中止」のエネルギーに当たります。夫人は娘が発熱していると知ってから、結果が出る夜までずっと心配で安心できませんでした。これも「家に安らぎがない」に当たります。

夜の戌の時間に、会社の大規模な改革と、長女が佐賀市に購入した土地の建築設計について相談されました。これは「戌子は村から出ない」ということで、自分の土地や自分の家のことに関する結論に当たります。また、その過程で鴻原氏の長女と携帯電話でビデオ通話をしました。彼女に3年間会っていませんでしたが、ビデオ通話で短時間交流しました――これも「鏡の中の縁、影像の縁」に当たります。

舞昆のこうはらの大改革に関する上述の議論では、彼らが提案したアイデアに対して、「時期がまだ来ておらず、勝算がない」との結論を出しました。これを聞いた後、彼らも深く賛同しました。また、長女の計画に関するアドバイスについては、長女が電話で直接「私の夫の姉は絶対に同意しないだろう」と答えました。これは「事に勝算がない」という敗北のエネルギーを示しています。

また、今日の日課に対応した時間を適用した課断の解釈について、彼らは非常に不思議で信じられないと感じました。

今日の早朝、明子夫人は財務管理の講演会に参加するために急いでいましたが、聞いた後、期待外れで、価値がないと感じ、次回はこの講演会に参加しないと決めました。

明子夫人にとって最も信じられなかったのは、彼女の母親が巳時に突然メッセージを送ってきたことです。「何十年も新年カレンダーを作ってきたが、今回が最後だ」と明子夫人に「来年で終了する」とカレンダーに明記するよう強調しました。これらはすべて「文書、印信、講座などの終了（消滅）」という結論を証明しています。

未時には、夜の集まりで人が多く、果物やスナックが足りないのではないかと心配し、車で買い物に行き、ついでに鈴木氏の息子にプレゼントを買って持って行きました。これは未時に現れた「支出、財の消耗」に対応しています。

戌時には、彼女は筆者のためにキッチンの片付けを手伝い、さらにインターネットでキッチンアクセサリーをいくつか購入しました。これも「支出、財の消耗」に当てはまります。

「用爻子水が旺で、冬季の令を得ているため、技術や情報分野で利益を得る」と筆者が言ったことについて、彼らは口を揃えて、「先生の解説から、教科書にはない秘訣を多く学びました」と繰り返し「信じられない、信じられない……」と感嘆しました。

最後に、筆者は起課解課を行う際に守るべき精進の道を特に強調しました――この世界では、表象が法則を表します。起課や断課ではまず、「大象」を学ぶことから始めなければならないのです。老子の『道徳経』には「大象を持っていれば、天下はそれに従う」とあり、大象を把握すれば、エネルギー変化の法則をつかむことができるのです。

『六壬神課金口訣・巻之上』の冒頭にある「消息妙論」にも同じ意味の一文で始まっています。

「いかなる占課も、式歌でその大象を表し、五動爻でその大意を観察し、格局でその事体を見て、駅馬や神殺で吉凶を定め、空亡や月破、支干三合、六合で成否を検証し、潜心して推測すれば、神妙に至ることができる」

これらの順序と適用の規則をしっかり覚えておく必要があり、そうすることで、変化に対して順応し、その流れに自然と溶け込む能力を持てるのです。

そしてこの道を理解した後、「時の機に応じて、万物と一体となる」ことを学び、「ありのままのリラックス」を保つことを忘れてはなりません。

これらはすべて、実践中に通じるコツであり、それを成し遂げることができれば、道を行うことができます。

この日の回答と解析については、皆が夜明けまでなかなか散らずにいました……それぞれの大きな精進の時には、時間はよく忘れられるものなのです。

まとめ

人生は川を渡るようなものです。対岸に到達するには、舟や筏に頼る必要があります。この舟や筏とは善法です。舟や筏があっても、人に導かれる必要があります。この人とは明師です。善法と明師があれば、人生はより高い次元に進みます。これが無駄ではないということです。心が物質に囚われない境地に達すること、これが修行です。修行により、人は空性の中で安定することができます。これが解脱です。

宗薩仁波切（ゾンサルリンポチェ）は、「老師の唯一の役割は、あなたが悟りを開くのを助けることである」と説きました。

明師と優れた弟子との関係は、すべての関係の中で最も高く、最も純粋です。それは筆や墨では表現できないほどです。なぜなら、明師の指導はあなたを非常に揺さぶり、輝かしいものにするからです。彼があなたの心の広がりを導く方法は、あなたにとって計り知れない収穫となります。

『易経』には、「書は言葉を尽くさず、言葉は意を尽くさない」とあります。本書に記された六壬神課金口訣を学んでいく方法とその道筋は、現代で最も詳細かつ完備な指導書です。学ぶ者が基礎を固め、日々の練習に精進すれば、3か月から半年程度で、物事の本質を見抜く真の力が芽生え、信じがたいほどのことが頻繁に起こり、人々を大いに喜ばせることになります。

より高次元の体道の秘訣を学ぶには、清らかな心を持って、早く法縁を結んでほしいと願っています。

古今、賢人の言葉は、多くの人々が、困難や障害を取り除くことができるのです。漢代の『淮南子・説山訓』には、「万人の兵を得るより、一言の的を射た言葉を聞くほうがよい」とあり、晋代の『抱朴子』には、「真理や教えの本質的な方法を見ることができず、賢明な師に出会うことがなければ、世界に存在する素晴らしい事柄について聞くことができない」とあります。日本の著名な漢学者、安岡正篤氏は「一灯が隅を照らし、万灯が国を照らす」と言いました。

これらはすべて、明師の計り知れない価値の光です。

北京でのインタビュー

2004年、日本の神秘学研究と追跡に関する最大の機関である『不思議研究所』の所長、森田健氏が、筆者にインタビューするために北京を訪れました。

インタビュー中、彼は天文学、暦学、易学などに関する多くの核心的な質問をしました。

筆者の回答に対して、彼は非常に驚き、翻訳の過程で何度も親指を立てて賞賛し、簡単な中国語で「正しい！正しい！」と言いました。

その中で、彼が次のような質問をしました。

「宇宙の存在の仕方について、あなたはどのように考えていますか？」

「時間は一つの仮定の概念であり、この概念システムを通じて多くの内容を解釈することができる。宇宙の存在の仕方は、人が生まれた時の『八字』（生年月日時に基づく運命を示す占い）のようなものである。今日ある人の八字は、歴史上完全に同じ八字を持つ人が必ずいるだろう。しかし、これらの同じ八字は似たような運命の軌道を形成するだけで、完全に同じ生活状況が現れるわけではない。これが類似性の原理であり、『易経』における「宇宙の最大限は無限であり、その最小限は内部を持たない」という指導方針である。それは宇宙において何もかもが互いに関連し、相互に影響を与えるという、哲学思想である「陰と陽の相互作用やバランスが、宇宙の根本的な原理である」と一致した伝統文化における「道」の体現である……」

と答えました。

通訳が終わると、彼は非常に興奮した様子で、筆者をじっと見つめながら、「そう！　そう！」と言いながら、紙の上に倒れたばねの弓のような図を描き、日本語で何かを絶えず言っていました。通訳は、「道、循環、無限……これは最も純粋な哲学的認識です」と、彼が繰り返し言っていると説明しました。

インタビューが終わると、彼は筆者が中国で長年見てきた中で、心の疑問を解決してくれた初めての中国人であり、問いに対する答えも非常に簡潔で正確だと言いました。通訳中、森田健氏は時折、両手を合わせて感謝の意を示しました。

最後に、彼は筆者に六壬神課の金口訣の神秘を少し見せてほしいと依頼しました。

彼は1951年生まれということで、その生まれ年の干支に基づいて立課しました。

甲申	壬申	癸未	癸亥
	乙	木死	
	癸丑	土休	
	辛酉＊	金旺	空
	卯	木死	

【解析】

1．本人は公職に就いていません（官爻が截路となるため）。

2．実業には向いていません。実業を行う場合、兄弟や友人などの支援が必要です（兄弟動と純陰課のため）。

3．伝播性の事業に適しており、外地で大きな名声を得ます（用爻金空は鳴る、卯木冲酉金、木で鐘を撞くように）。

4．神秘的な事物を好みます（乙卯のため）。
5．2002年に、予期せぬ横領がありました。
6．結婚生活が順調でなく、個性が独特で、感情面で孤独を感じます（辛酉が空亡で冲に逢い、純陰課であり、異性に魅力を感じる傾向がある）。
7．人生で家庭や財産の変化を幾度も経験します（課内外の金庫と木局が出会う。訣曰：「金木交加、必ず家を失う」）。
……（プライバシーの詳細はここでは省略する）。

彼は私を期待に満ちた目で見つめ、通訳の説明を真剣に聞き、一つずつ終わるごとに、興奮して大きくうなずきながら「そう！　そう！　そう！」と繰り返し言っていました。最後に、彼と一緒に写真を撮り、筆者の右手の甲にある天然の筋脈で形成された太極のパターンも撮影し、「信じられない！　信じられない！」と感嘆の声を上げ続けました。

1年後、著書『六壬神課金口訣』という本が日本で出版されました。それにより、多くの日本人が中国の宝物『六壬神課金口訣心髄指要』の学習を始めました。また、2004年より私の弟子にあたる慶応大学大学院の博士生である陳光甡（ちんこうしょう）氏は、仕事の合間に金口訣を広める導師となりました。そして、彼の弟子である池本正玄氏（高校の校長兼数学教師）は、2016年に東京にある出版社から『六壬神課　金口訣入門』（太玄社）を出版しました。2018年、筆者が大阪で講演を開催したとき、彼はその情報を得て、非常に喜び手紙を書いてきました。

「私は、米老師に対して敬愛の念を持っています。今までは、まるで雲の上にいるような存在だと思っていました。それが、大阪に住んでいらっしゃったとは。5月24日に開かれる米老師の講演に参加するため、宿泊施設を予約しました。もし、米老師が花見や観光旅行に行かれるなら、一緒に行きたいと思っています。私はすでに隠居している身ですので、他の参加者に迷惑をかけず、ただ静かに皆さんがいる端っこの席にひっそり座っています」

この手紙を読んで、心が揺さぶられるとともに、彼の取り組みや優れた文化への敬意を持つ精神に感動しました。

第3節　金口訣質疑

古いことわざに、「妙法はほんの数句にすぎず、師から授からなければ用をなさない」とあります。

【質問1】青蛙はどの地支に対応しますか?

【回答】一般に水中の生物で、脊椎骨があるものは、地分として「子」を取ることができます。脊椎骨がなく、柔らかい体を持つ生物は「亥」を取ります。福建省泉州地区の特色ある食べ物「土筍凍」の主要原料は、長さ二、三寸の蠕虫（ミミズのような蠕動により移動する虫）で、星虫動物門に属し、学名は「Phascolosoma esculenta」です。その地支の分類は「亥」です。

なぜなら、清代の周亮工による『閩小記』によると、「私が福建でよく食べる土筍凍は、味が非常にユニークで、海辺に生息し、形がミミズに似ていると聞いていたが、具体的な形状はわからなかった。後に寧波府志（寧波市に関する地誌）を読み、沙噀（なまこ）は牛や馬の腸のようなもので、長さは約五、六寸、柔らかく水虫のようで、頭も目もなく、骨もなく、ただ蠕動するだけで、触れると縮み、小さくなり、桃や栗のようになる。

その涎は臭く、五種の辛いものと一緒に煮ると、サクサクした食感で最上の味になる。この沙噀が、私が食べていたものだと知った。福建の人々は誤ってそれを『筍（たけのこ）』と呼んでいる」と記されています。

【質問2】　時計はどの地分を取るべきですか？

【回答】　時計は精密な工芸で製造され、時間を示す上で非常に精密です。そのため、時計の地分は「子」と対応します。しかし、時計が時間を指示する機能を持っているため、時間を指示する機能を持つもの（時計、地図、案内図など）はすべて「子」を取ることができます。特に地図や設計図などは北（N）を示す印があるため、より具象的です。

一方、地図や案内図などで南（S）を示す方向を表示しているものは、地分を「午」とすることができます。さらに、電池や太陽エネルギーなどの電力に依存する電子時計など、すべては「午」の地分に分類することができます。その具体的な適用は、上述の背景を熟知している基本的な考えの上で、場合に応じて決定することができます。

【質問3】　塩はどの地支に対応しますか？

【回答】　塩は地支「丑」に対応します。その理由は二つあります。一つめは、塩の形状が結晶であり、集まって形成されるものはすべて金の性質を持っているからです。二つめは、塩の味が塩辛く、その性質が腎臓に入るため、五行では水に分類されます。丑は地支の中で金庫とされ、さらに亥子丑の三つが会合して水局を形成するため、丑には水の性質が含まれています。したがって、塩は地支丑に対応します。

【質問4】　三奇と喪門が一緒にあると矛盾しますか？

【回答】　課内で三奇と喪門が同時に出現しても矛盾しません。喪門は死と喪の潜在的なエネルギーを表し、三奇は奇妙で意外なエネルギーを表します。喪事に参加している時に奇妙で意外な人、事、風景などに遭遇するようなものです。三奇は百の災いを解くこともでき、喪門の中で遭遇する災いを解消することができます。したがって、表象は法を表し、出現する干支、神殺、格局を一つひとつ無視することはできず、大きなものを取って小さなものを放す訓練が必要です。

【質問5】「四位内に剋が存在しない場合、旺から断ずる」とはどう理解すべきですか?

【回答】たとえば、課内に二つの火と二つの土があり、起課時に土月に遭遇する場合、五行の力の分布格局は火が休囚し、土が旺です。課内には生じるものだけがあり、剋するものがないので、事を論じる際には最大のエネルギー——旺から論じます。土が最も旺で目立つため、土をもって論じます。

しかし、五行は互いにコントロールすることが望ましいです。そうしてこそ力を発揮するのです。そうでなければ、五行が過度に旺の場合災害が発生します。たとえば、水が旺で制御されない場合は、実質的には水の財が虚弱であるため、人生で詐欺に遭いやすく(虚に乗じて入る)、女性は感情的な問題で不調になることが多いです。また、財が大きい場合は晩年に災いがある(短命を促す)ことを意味し、これは「虚弱な状態を補うことができない」ため、結果的に晩年に問題が生じる可能性があります。

【質問6】自身が相冲する駅馬をどのように理解すればよいですか?

【回答】駅馬が空、破、冲に遭遇する場合、吉凶は不定です。申子辰が寅に遭遇する場合、申が水局に合すれば、寅申の冲は問題になりません。ただし、庚寅、甲申、丁亥、癸巳のみが冲を帯びた駅馬です。自身が冲することは、自己矛盾、迷いや葛藤、自己の動揺、安らぎが得られないことを意味します。

【質問7】馬頭朝内、朝外はどのように理解すれば良いですか?

【回答】　馬頭が内を向いているとは、駅馬が課内にあることを指します。たとえば、日令が辰で、課内に寅が出現した場合、申子辰の馬は寅にあり、これが馬頭朝内です。また、形成される駅馬の干支すべてが課内にある場合、用爻の下に出現する駅馬も馬頭朝内とされます。一方、駅馬が用爻の上、課外、あるいは天干上にある場合は、馬頭朝外とされます。

【質問8】　神殺が冲、剋、刑を受ける場合、課外の四柱干納支と神殺の関係も考慮すべきですか?
【回答】　中国の格物の智慧は、広観から微観への全体的な視点です。したがって、存在するものには理由があり、現れるものすべてを考慮すべきです。たとえば、「耗神」（ネズミ）を見た場合、「公然とネズミが昼間に現れ、日々の財を消耗する」（北宋・邵雍『観物洞玄歌』）とあります。ネズミが本物であれ、偽物であれ、絵であれ、玩具であれ、その表象が存在する限り、それに対応するエネルギーがあります。ただし、その現れる程度の軽重は異なります。

二十八星宿のうちの「虚」宿という星宿を鼠で表しています。『爾雅』という古典によると、「虚」は空という意味があります。また、「子」は消耗を意味するため、民間では子鼠（ねずみ）を虚耗の神、つまり「耗神」と呼び、老鼠（ねずみ）を「耗子」と称しています。「子」が耗神であるという考えは、少なくとも漢代にはすでに流行していました。唐代の李淳風による『乙巳占・巻三』の「分野第十五」には、「『女』と『虚』は斉の分野である。女宿から八度進んで危宿の十五度に至ると、辰の位置は子にあり、これを玄枵と呼ぶ。玄は黒を意味し、北方の色である。枵は消耗を意味する。十一月の時、陽気は下にあり、陰気は上にあり、万物は幽死しており、生きているものはない。天地は空虚であるため、玄枵と言う」と記されています。

（注：古代中国の天文学と神話に基づいており、それぞれの星宿が特定の動物や象徴に関連づけられており、ここでは「虚」宿と鼠が結びつけられている）

唐代の『開元占経（かいげんせんきょう）・巻六十四』の「分野略例」や、隋朝の蕭衍（しょうえん）が著した『五行大義』にも同様の内容が記載されています。

【質問9】　神殺が冲に遭遇すると相反するか、吉凶が不定になるが、空亡や破に遭遇すると、吉でもなく凶でもないと言うことでしょうか？　この理解で正しいでしょうか？

【回答】　神殺が空や破に遭遇すると、事情が吉でもなく凶でもなくなります。これは、他人のニュースを聞いたようなもので、自分には実際の影響がないということです。

【質問10】　天喜が刑、冲、剋、害に遭遇した場合、どのように理解すべきですか？

【回答】　天喜が刑に遭うと、喜びに欠けることになります。天喜が冲に遭うと、喜びの中に驚きが生じます。天喜が剋に遭うと、喜びに制約がかかります。天喜が害に遭うと、喜びの中に害が生じることになります。喜びは喜びであり、害は害です。これらが同時に存在する場合、両方を考慮する必要があります。これは、ある病気の治療薬を服用すると同時に副作用が生じるようなもので、全体の状況を弁証的に理解する能力を養ってください。

【質問11】　魁罡が課に入るとどのような指向がありますか？　天罡と地罡の違いは何でしょうか？

【回答】　魁罡が入る課は、頑固、強情、そして屈強、頑なさを主に示しますが、同時に精神的な変化、機敏さ、反応の速さも表しています。

　天罡は、自然によって形成された抗いがたい力です。たとえば、人々が暖かい天気を待ち望んでいるが、まだ春の始まりで天気は冷たいというような、変えられない「冷たい」天気が天罡です。

　地罡は、他の場所はすでに暖かくなっているが、この特定の場所だけがまだ暖かくなっていない、局所的な制限のようなものです。扱い方には調和の余地があります。

【質問12】　五鬼、劫殺、地殺、截命災殺の違いは何ですか？
【回答】　これらはいずれも似たようなエネルギーで影響力を持っていますが、表現の形式が異なります。五鬼は、他人に邪魔される、妨害されることを表しており、主動的な意味合いがあります。覚えておいてください。神殺の中で「鬼」を含むものは、暗い意味合い、心が不純、予期せぬ行動など、ほとんどが陰険な行為を意味しており、これが五鬼のエネルギーです。
　劫殺は、法律や規則に反する内容に関係しています。たとえば、道路でのスピード違反で警察によって止められるのが劫殺です。また、法を犯して逮捕されるのも劫殺です。
　地殺は、行動が妨げられ、進歩がない状態を指します。たとえば、車が泥にはまってしまうことが地殺です。また、道路の通行制限や禁止も地殺です。地殺は、地域的な制限を表すこともあります。たとえば、レストランで喫煙禁止や飲酒禁止、博物館での写真撮影禁止などです。
　截命災殺は、実際の災害を意味し、場合によっては命にかかわることもあります。これには、経済的、感情的、身体的、精神的な生命にかかわるものや、重大な災難などが含まれます。
【質問13】　劫殺が課内と課外で出現する場合の違いは何ですか？　また、申子辰が巳と遭遇すると劫殺となるというのは、合局後に相見ることを指すのか、それとも合局中の各々の地支が別々に巳と遭遇することを指すのでしょうか？
【回答】　課内外どちらでも神殺があれば考慮する必要があります。課内では自身の指向を表し、たとえば、ある人が国外での競技に参加したいと思っていて、相手は同意しているが、内部での許可が下りない場合、それが内在の劫殺です。一方で、相手のところに行って、証明書が資格を満たしていないために競技に参加できなかった場合、それが課外の劫殺です。

申子辰の合局や半合局（申子、子辰）が巳火に遭遇した場合にのみ、劫殺が成立します。また、金木水火の四つの合局の「局根」となる土も重要です。たとえば、辰が巳に遭遇する場合、戌が亥に遭遇する場合、丑が寅に遭遇する場合、未が申に遭遇する場合などはすべて劫殺です。

【質問14】課中に出会う偽天喜は何を意味するのですか？　また、六丁六甲についてはどのように理解すべきですか？

【回答】寅、卯、辰月の真天喜はそれぞれ戌、亥、子であり、交錯して遭遇する場合は偽天喜です。偽天喜は虚偽で実体がないか、遅れがちです。たとえば、ファンが特定のスターに会いたくても、実際には会えず、その背影や映像だけを見ることになりますが、失望しつつも少し慰めを感じるようなものです。これが課内にある場合、喜びは内側にあります。課外にある場合、他人の喜びを追随することになります。たとえば、辰年に生まれた陳楽女士が秋の八月申月に筆者と出会いました。秋の八月申月に辰と遭遇すると真天喜になるため、これは増上縁（良き縁が増えた）となります。彼女はこのために「天喜」という雅号を持っています。私たちがどのような人に出会うかは、天喜を用いて判断すれば真偽がわかります。

六丁六甲については、それは天神の保護を意味し、目に見えない神々が守っていることを意味します。詳細は拙著『解密中国智慧』（東方出版社）にあります。ここで補足しますが、六甲の中で、甲子は変革の神、甲寅は繁栄の神、甲辰は貧困の神、甲午は敗北の神、甲申は放浪の神、甲戌は枯れ果ての神です。

【質問15】四位五行関係の中で、たとえば二土、二金など、課内の三干は、支を加える必要がありますか？

【回答】干神将方の五行について論じるだけで、三干の納支に五行を加える必要はありません。

【質問16】「重ねて上を剋すは独り誇りに思う」の意味は何ですか？

【回答】　平民が基層からスタートし、事業の頂点に達するまでのことを例えています。群を抜く卓越性の意味があり、また「困難な状況でも勇敢に立ち向かう勝者」の意味もあります。

【質問17】　正月は丁が天徳として現れますが、同時に「人元」が丁を見ると家庭に不安が生じるとされています。これはどう理解すれば良いのでしょうか？

【回答】　主従はなく、両方の可能性が同時に存在します。ある事象が利益と弊害を共に持つように、どちらも直面しなければなりません。そして、その後の対応は、心の広さによって異なります。

【質問18】　「空」と「死」をどのように理解すべきでしょうか？

【回答】　まず、それが本当に「空」や「死」であるかどうかを判断する必要があります。もし本当に「空」や「死」の状態であれば、それはほとんど効果がなく、適当なところで止めるべきです。人の体には多くの病気が存在し、長い間そうであっても寿命に影響しないように、病気と共存するのが良いでしょう。実際に、病気を持ちながら長生きすることは可能です。たとえば、唐代の薬王・孫思邈は病気を持っていましたが、１２０歳以上の長寿を全うしました。したがって、体内で治癒できない病気は、「空」と「死」として捉え、それについて深く考える必要はありません。

【質問19】　用文「亡」となった場合、それはどのような意味があるのでしょうか？

【回答】　「亡」は、文字どおり「なくなった」という意味ですが、「空」は影や形がまだ存在していることを示します。老子の『道徳経』には「肉体は死んでもその精神や名声が不滅である人こそ、真の長寿を得る」とあります。このように人は死んでも、名声、精神、智慧、形象は消滅せず、これが「空」であり「亡」ではありません。

たとえば、酒瓶が乾いた後、酒の香りがするのは「空」ですが、水瓶が乾いた後、水の香りがしないのは

「亡」です。「空」は、事象が虚偽であり前途がないことを意味し、「亡」は事に対して何の役にも立たないことを意味します。医者が救う手立てがないと判断した場合に似ています。また、「空」は聴くこと、見ることを表します。したがって、ニュースや時事、自分の感情、思考、目で見たもの、耳で聞いたもの、心で考えたもの、体の五臓六腑の変化など、すべてが課中に反映されます。何一つ見逃すことはできません。万物が法を説いているので、どのようにそれを心に留めるかが問題です。

【質問20】孤鸞殺（こらんさつ）と鳳凰池（ほうおうち）の効力の違いは何でしょうか？

【回答】孤鸞殺は通常、感情面での影響を指しますが、鳳凰池は主に行動や仕事の独立性（たとえば、ゼロから家を興す）を指します。また感情面での孤独と仕事上での独立性が同時に現れる可能性もあります。そのため、孤鸞殺は鳳凰池のエネルギーも含むことがあります。たとえば、壬子、丙午、甲寅などです。

孤鸞殺に関して、明代の進士、万民英は、「乙巳、丁巳、辛亥、戊申、甲寅、丙午、戊午、壬子の干支である」とまとめています。

【質問21】ある期間内に、孤鸞殺や鳳凰池が多く現れるのはなぜですか？

【回答】載道の術（道を伝える技術や方法）と体道の人（その道を体現し実践する人）は、世界の触覚であり、世界のエネルギーの方向を最もよく理解できます。最近、孤鸞殺や鳳凰池が突然多くなったのは、社会の大勢の反映です。この新型コロナウイルスの出現により、大規模な隔離や孤独な状況が生じました。これは、冬が来れば皆が寒さを感じるようなものです。これが共勢です。

【質問22】双天干（同じ二つの天干）は主に父母の争いや外部との不和を意味すると言われましたが、具体的にどう理解すればいいですか？　また、乙と乙、庚と庚の違いは何ですか？

【回答】　二つの天干が同じで隣接していることは、争いのエネルギーを表します。たとえば、「神が甲乙に到れば、客を迎えるべきでない。必ず席上で争いが起こる」という口訣があります。

父母の争いをどう理解するかというと、双方の感情が不和で、意見が一致しないことを意味します。乙と乙は、ただのもつれた暗い争いですが、庚と庚は、明確な争いや戦いです。

天干の五行を参照すれば、争いの原因や程度を総合的に判断することもできます。物事の不確定性や変化は、集中力と智慧ある眼で発見する必要があります。

【質問23】　天干と地支がそれぞれ相剋する場合、通常どのようなエネルギーですか？

【回答】　天干と地支の違いは、多くの場合、外と内、上と下の違いを指します。たとえば、受ける傷について考えると、天干が傷ついた場合は、頭や顔の災難を意味し、地支が損なわれた場合は、四肢が患うことを意味します。

【質問24】　空亡の中で、天干と地支がすべて空であると亡になりますが、納音が救いをもたらすとはどういうことですか？

【回答】　納音が救いをもたらす場合は、それは亡ではありませんが、このような現象は多くありません。空亡の天干と地支は、その自身の納音が変化する五行であり、それがちょうど自分自身の五行を生み出し、支えるものです。また、季節が合っているかどうかも考慮する必要があります。季節が合わなければ、その力は弱いです。

【質問25】　卯酉相冲すると、主に驚きや恐れが生じますが、これをどのように解決しますか？

【回答】　卯は百薬の精とされ、兎を意味します。古書には、野兎の糞（学名：望月砂（ぼうげっしゃ）、仲春に最も良い）を鉄鍋で煮た水を飲むと、小児の夜泣き、驚きや恐怖を治療し、根治することができると記載されています。なぜなら、卯酉相冲は「驚きや恐れ」のエネルギーを代表し、酉は金（金属の鍋）を意味します。野兎の糞を煮た水を飲むことによって、金水通関し、木を生じることで卯酉の災厄を変化させます。

古いことわざに、「春に金の気（庚、辛、申、酉）を持つ日に生まれた子供の性質は木の季節と相剋し、子供の反抗的な性格を助長する可能性がある。逆に、秋に木の気（甲、乙、寅、卯）を持つ日に生まれた子供の性質は金の季節と相剋し、同様に反抗的な性格が強調される」とあり、春の卯月に生まれた庚、辛、申、酉日生まれの者、秋の酉月に生まれた甲、乙、寅、卯日生まれの者がこの方法を用いると、逆境を変えることができます。三局となす乙亥日に用いるのが最適で、未月が最も効果があります。

【質問26】講義中に多くの神殺が現れ、吉神と凶殺が同時に出現する場合、どのように選択すべきですか？

【回答】『易経』には「一陰一陽これ道と言う」とあります。これは、万物は本来吉凶が共存し、善悪が一体であることを意味します。たとえば、医者が第一線で働くことは、多くの患者を治療し、社会を安定させる大きな役割を果たすので吉ですが、同時に病気に感染するリスクがあり、これは凶です。古い言葉に「福から災いが生じ、災いから福が生じる」とあり、この道理を説いています。

さらに詳しく解析すると、吉神と凶殺が死地や休囚、空亡の状態にある場合、それは事が虚偽であるか、力がないか、あるいは重要ではないことを示します。たとえば、演説中に皆が拍手をしている中一人が笛を吹いて軽蔑の声を発しているが、全体には影響がない場合がこれにあたります。具体的には、吉と凶の間で力の強い方を主として取ります。笛の音を聞かなかった場合や、後で誰かから聞いて初めて知った場合は「空亡」にあたります。万物は千変万化しますが、その理は一つであり、その本質からは離れません。

【質問27】「天医」と「月厭」はどちらも戌です。一方は病気が吉を示すことを主とし、もう一方は病気が続き快復しないことを主とします。両者が同時に現れた場合、どのように判断すればよいですか？

【回答】　たとえば、連続して快復しない病気があるときに、天医に遭遇した場合、これは吉を主とすることになります。これは状況が良い方向に進んでいることを意味します。

【質問28】　用文が「死」であり「空亡」であるが、同時に「得時」も得ている場合、どのように理解すればよいですか？

【回答】　この状況は、宗教的な場所にある造像のようなものです。絵に描かれた人物は「死であり空」ですが、同時に「得時」――なぜなら彼らはその時に崇拝されているからです。

これに類似し、他の場所に置かれた彫像や絵画など（公道上の警察官のイメージを示す指示板を含む）も、このパターンに属します。文化財で保護された石像も同様です。

【質問29】　分局相生相剋は、必ず将が方を生じ、神が干を生じる、または将が干を剋し、神が干を剋したりすることでしょうか？（注：干（人元）神（貴神）将（将神）方（地分））

【回答】　必ずしもそうではありません。時には、上下両方が同時に相生または相剋することがあります。たとえば、干神と将方双方が相生または相剋する場合、または合局し化したものが相生相剋を生じさせる場合です。さらに、年月が日時に対して、干神が将方に対して、または年月が干神に対して、月日が将方に対して、または年月が将方に対して、月日が干神に対して――これらの相生相剋の現象が同時に存在する場合、示されるエネルギーはさらに大きくなります。これらはすべて潜在的で無形の分局相生相剋です。これは『易経・繋辞』にある「その大きさに外なく、小ささに内なし」という道理の展示でもあります。天地は広大ですが、万物はすべてこの理に従います。

「その大きさに外なく、小ささに内なし」の特徴の一つは道理の無限性です。では、無限とは何でしょうか？

「薬」の繁体字は、「草」の下に「楽」がある「藥」です。ですから、心を動かすものは何であれ、本草、植物、鉱物、動物、風景、曲、色、または他人の一言であっても、あなたの人生にかかわるすべての要素や事物が、あなたを幸せにし、リラックスさせ、心を解放し、平静にすることができるなら、それらはすべてあなたにとっての良薬です。そして、どのように組み合わせるかは、あなたの心次第です——組み合わせが悪ければ、それは毒になります。

この良薬と毒薬の変換の中に、人生の無限性が満ちています。

【質問30】 金口訣の「射覆章」には、物品が破壊されることに対応する歌訣があります。講義中に、他人の手袋の中にある物が破壊されていると断言し、事実、それは真実でした。それはどのように判断されたのでしょうか?

【回答】 それは、授業中に現れた「破壊殺」という神殺に基づいて判断したのです。

その神殺の口訣は以下のとおりです。

破壊殺

辰、戌、丑、未においては、牛：寅、申、巳、亥においては、酉：子、午、卯、酉においては、巳：これらが「破砕」である。

【質問31】 前文で触れられた甲子日に雨が降るについて、もし甲子日で雨が降っている日に起課した場合、どのように利用すべきですか?

【回答】 前文で述べられた四季の甲子日の雨は次のとおりです。

「春の甲子日の雨は、赤い土地が千里に及ぶ：夏の甲子日の雨は、船に乗って市場に行く：秋の甲子日の雨は、穀物の穂に穂先が現れる：冬の甲子日の雨は、牛や羊が凍死する」

それぞれの季節の甲子日に課を立て、ちょうど雨に遭遇した場合は、上記のようなエネルギー（気象に関する象徴的な意味）を参考にして、課の勢として取り入れるのが適切です。

【質問32】　2022年11月7日は節気立冬の時期で、正確な時間は18時45分に立冬が始まります。また、この日は甲子日でもあり、冬の季節にめったにない天赦日でもあります。その場合、18時45分以前は節気前の絶日と考えるべきでしょうか？　また、甲子日の0時から18時45分までの間は、絶日のエネルギーだけが存在するのでしょうか、それとも絶日と天赦日のエネルギーが共存するのでしょうか？

【回答】　今日の甲子日において、18時45分の立冬の時間までは絶日のエネルギーに属します。

今日が天赦日でもあるため、0時から18時45分までの間は、絶日のエネルギーと天赦日のエネルギーが共存します。しかし、18時45分を過ぎると、天赦日の力だけが残ります。

【門下生の返答】　なるほど、そうだったのですね！　今日は少しだけ先生に伝えたいことがあります。私はある講義の準備をしており、今日はその資料を慎重に読み進めていますと、今まで見逃していた重要な問題に気づきました。同時に、他のすでに解決したと思っていた問題が再び悩みの種となり、18時を過ぎたころに突然理解が深まりました。私が悩んでいたことは問題ではなく、最初に考えていたことだったと気づきました。本当に万物は相互に影響を与えていますね。天干地支は決して嘘をつきません。自分の観察力不足を恨むばかりです。天地の法則を理解することができていませんでした（清華大学博士、尹桓蓉（いんはんろん）氏より）。

【質問33】　課内で死気があると出たにもかかわらず、実際にはそれに対応する現象が見られないのはなぜですか？

【回答】　この質問はとても典型的なものです。筆者にも特に記憶に残っている事例があります。その課中には「喪門吊客」があり、用爻も死地でした。しかし、その日の集まりでは死亡やそれに関連する話題に出会うことも、話題にすることもありませんでした。ただ、新しくある企業家と知り合いました。数日後、別の集まりでその人の話が出たところ、なんとその人は葬儀業界で働いていて、その地域で業界を独占しているというのです。これには本当に驚きました。

【事後の振り返り】「喪門弔客」と葬儀業界は完全に一致しており、用文死地であることは、その人について何も知らなかったことを象徴していました。この事例は、「知行合一」に対する筆者の理解と敬畏の念をさらに深めました。

【質問34】先生はよく、陰陽のエネルギーは一体の中の二面性を持つとおっしゃっていますが、それはなぜですか？

【回答】たとえば、干支は陰陽の具体的な表現であり、そのエネルギーは有無、微妙、腐朽と神奇の間にあります。これらはすべて陰陽の一体両面です。また、天干の丙は五行で火に属し、明るく暖かいエネルギーを持ちますが、過度に炎熱になると丙火は強く燃え盛り人々に拒否され抵抗の対象になります。さらに、1700年前の『晋書・郭璞伝』『馬経』『捜神記』『齊民要術』などの古典には、母猿の月経が馬の草に流れ、それを食べた馬が疫病から守られるという記録があります。明代の呉承恩は、『西遊記』で孫悟空に「弼馬温」という名前をつけましたが、これは「辟馬温」（馬の疫病を避ける）の語呂合わせです。したがって、万物に絶対的な善悪はなく、陰陽のエネルギーは一体両面であり、それぞれ腐朽と神奇の一面を持っています。それを適切に受け入れられるならば万物と良い縁を築けるのです。

【質問35】「金口訣」において外応は重要ですか？

【回答】外応は、どの格物法の門中において非常に重要です。しかし、その応用は無心の時に応じて変化する必要があります。執着や求めることを忌み嫌うべきです。そうでなければ、霊明を損なうことになります。

【質問36】「金口訣」の的中率は最高でどのくらいになりますか？

【回答】古代の天子（皇帝）が、天体を観測して正しい暦象を把握し、それに基づいた正確な暦を民に与えて生産活動に従事させる観象授時の天文伝統は、中国哲学独自の「天人相応」の思想を形成しました。これは天、地、人の三者が相応することが最も福祥であると強調しており、結果として後の天時、地利、人和の三者の統一された美しい追求が生まれました。『史記・亀策列伝（きさくれつでん）』には「天さえ完全ではない、ましてや人間はどうだろうか。この世は屋根として存在し、完全なるものではなく、三枚の瓦を欠けさせる。これは天に応じるためである。天の下には階層があり、物事が完全でないからこそ、生まれるものがある」と記されています。これは、古人が「天人相応」の思想を遵守し、「天さえ完全でないのに、人間はどうであろうか」と深く理解していたことを意味しています。そのため、屋根を葺くときにわざと三枚の瓦を少なくし、完全を求めずに安定を願いました。晩清の曽国藩もこの理念を実践し、彼の書斎を「求欠斎（きゅうけつさい）」と名付けました。これは人生には完璧なものはなく、少しの遺憾を残して天道に応じるべきであるという考えに基づいています。

　したがって、どのような格物法門の中であっても、その総合的な的中率は97%を超えることはありません。

【質問37】なぜいつも正確な課が出ないのですか？

【回答】このような状況で最も一般的な原因は、起課を知っている人がいるが、普段はほとんど練習していないことです。自分の利益にかかわることが起こると、急いで課を立て始めます。訓練されていないまま戦場に上がるような行為が、どうして失敗しないことがあるでしょうか？　物を学ぶ前提は「清らかで、静かで、精巧で、微細であることが易の教えである」（『礼記・経解』）であり、これら四点を実践できるなら、易の道はあなたに答えを教えます。一つもできていない人が、「数十年勉強したが、正確でない」と言いますが、実際は自分自身の問題です。道心がないのに道人を装うと、「始めは偽り、最終的には恥知らずになる」ことになります。

考えてみてください。準備ができている人と準備ができていない人が、同じことをしても結果が同じになるでしょうか？　自分の言動を実行に移せない人は、ただ自慢しているだけではないでしょうか？

北宋の邵雍の教えである「道は虚しくなく、すべて人にかかっている」を心に留めてください。


【質問38】「金口訣」を学ぶ際の重要点を簡潔に説明していただけますか？

【回答】第一、「金口訣」を学ぶには、「形而上を道と言い、形而下を器と言う」（『易経・繫辞』）という智慧を熟知していなければなりません。つまり、物事の背後にある大きな法則を把握する能力が必要です。

第二、「金口訣」を学ぶには三つの感覚が必要です。手の感覚、心の感覚、口の感覚。課を看る際には、深い洞察を通じて、表面的なことではなく、本質的な意味を理解する技術を身につけることが大切です。

第三、「金口訣」の学習方法と実践においては、「法に定めはなく、状況に応じて法を適用する。法に優劣はなく、すべての法は平等である」という理念を守ることが重要です。また、世の中のすべての法則は互いに矛盾しないことを理解しなければなりません。一つの道を深く掘り下げることが真の技術です。

第四、実と虚を織り交ぜて考える技術を習得すること。常に「心は万法の門である」と心に留めておくべきです。課のエネルギーはあなたの心の感情や想いにあるのです。すべて課の一部です。一つひとつの考えが一つの世界を形成します。ゆえに『易経』では「その大きさは外に無く、その小ささは内に無い」と言われています。ブッダが言った「一滴の水に三千の大千世界がある」というのは真実です。水が生成され、形成され、変化する過程のように、無限の動的潜在力が干支のエネルギーと交じり合い組み合わさることによって現れるのです。先賢は「すべては現われているのであり、人自らが障害となっている」と述べています。これは非常に洞察に満ちた言葉です。

第五、清浄な心を保つこと。清浄な心で課を立て、内外を通じて解課し、三千課以上を訓練経験すると、人生の境界が大きく変わり、世界の八割を見渡せるようになります。

【質問39】　課を断ずる時、他に注意すべきことはありますか?

【回答】　鬼谷子仙師は一つの教えで二つの道を開きました――金口訣と四柱（最初は三柱）。これらは同じ根から生まれ、異なる枝を持っています。したがって、初めて断課を学ぶ際には、『三命通会・巻十・巫咸撮要』にある「天元神趣経」の言葉を参考にすることができます。

「人の命を推し量る際には、まず日の下での興亡を詳しく観察し、変化を適用し局面を分け、天地が方向を定める。自然の摂理や運命の貴賤は上下で明らかにされ、興亡はすべて干支によって尽きる。四季の中での妙理と成功と失敗を窮め、五行の内での栄枯は自らの性質に従う」

この理論は金口訣の断課にも適用され、二つの方法は同じ根から異なる曲を生み出します。さらに、自身の浩然とした気質を育てることが大切です。

では、浩然とした気質とは何でしょうか?　それは、足は泥に触れ、気は雲の上にあり、心は明確でありつつも明るいことです。

【質問40】　一日の中でどのように修行するのですか?
【回答】　一日の中、一つの貧しさを洗う如し!　です。

【質問41】　すべての生きとし生けるものは道を備えており、万法すべてが道筋です。学びの中でどのようにして道を体現するのでしょうか?
【回答】　道を悟ることは、仙人の修行をするかのように、日々積み重ね、辛抱強く続けることで、自然と身も心も一新されます。起課だけでなく、あらゆる事物において、思考が整然とし、言葉が簡潔で厳格であれば、意志の向かうところ法に違わず、道に精通し技術が熟練し、状況に応じて変化し、法則は単純でありながら詳細に、自在に操れれば、たとえ世の中の事柄がいかに多種多様であっても、理解することは難しくありません。ですから、道を悟れるかどうかの心配をする必要はありません。問題は、勉学に対する努力が十分かどうかです。

はっきり言っておきたいのは、この世界で、他人が見ることができないものを見、聞くことができないものを聞き、思いつくことができないことを思い、行うことができないことを行えるならば、あなたは高い境地に達した人だということです。

第7章　善き占い師は、占わない——外応

清代の小説家、張潮の『幽夢影』に「文字のない本を読むことができる人（訳者注：口伝で伝承された教え）は、驚くべき力を得ることができる。難しい解釈を理解できる人（訳者注：禅の悟りを理解すること）は、最高の禅の境地を理解できる」とあります。これは「外応」の妙味を表現している非常に的を射た言葉です。

「外応」は、格物致知の学問における最高境地であり、古くから「法無定法」という教えに対する具体的な実践であるとされています。また、人間の身心の熟達度を測る指標でもあります（訳者注：「法無定法」とは、禅宗の言葉で、真理は一つの形にとどまるものではなく、常に変化し、多様であるということ）。

中国文化において、群書の中で一番初めにあげられる『易経』には、「君子は、自らの部屋に居て、善い言葉を発すれば、千里の遠くにいる者にまでその言葉は通じる。近くにいる者ならなおさらである。自らの部屋に居て、悪い言葉を発すれば、千里の遠くにいる者でもそれに背く。近くにいる者ならなおさらである。言葉は自分自身から出るが、人々に影響を与える。行いは自分の周りから発するが、遠くの人にも見られる。言葉と行いは、君子の行動の中心であり、その発する言葉と行いは、その名誉と恥辱を決定する。言葉と行いは、君子が天地を動かすためのものである。だからこそ、非常に慎重に扱うべきである」という言葉があり、この言葉は「外応」の規則を直接説明しています。

世の中の万物は互いに関連し、異なるものでも共通点があります。孔子の言葉は、1879年に生まれたアインシュタインによって物理学の言葉で表現され、彼はそれを「量子理論」と呼び、それが2022年のノーベル物理学賞の「量子エンタングルメント（量子もつれ）」になりました。これらの時代のエリートたちは、さまざまな方法で正しい知識と正しい理解を人々にもたらし、彼らは人類社会の恩人であり、世界の福祉でもあります。

易学においては、どの格物の手法を使っても、上級段階での運用には、「機に応じて正しい判断をする」という大原則を熟知している必要があります。このプロセスで、外界との関連を取ることが核心であり、いったん機会が到来すれば、吉凶を素早く反映することができます。そして、多くの場合、現在の定まった方法を完全に放棄して、外界との関連性に基づいて事象を分析することがありますが、そうするとまったく誤りがなくなります。

孔子が「占わなくても道は十分にわかる」（『論語・子路』）と言ったのも、荀子が「善き占い師は、占わない」（『荀子・大略』）と言ったのも、外界との関連を取るための最も優れた方法の一例です。その深いメカニズムは、格物の智慧の次の32文字の適用法の中にあります。

「同声相応，同気相求；事事相関，物物相応；近取諸身，遠取者物；其大無外，其小無内（同声は相応じ、同気は相求める。事事は相関し、物物は相応じる。近くは身の周りから取り、遠くはもろもろの物から取る。その大きさは外になく、その小ささは内にない）」（『易経・繋辞』）

「機に応じて正しい判断をする」とは、現在の状況や環境に応じて適切に対処することを指します。易学においては、この考え方が格物の応用手法の運用において重要な役割を果たします。

たとえば、格物の応用手法を使って吉凶を占う場合、適切なタイミングで行動を起こすことが重要です。この時、現在の状況や環境に応じて適切な判断を下し、吉凶の結果を迅速に出すことが必要です。これが「機に応じて正しい判断をする」という考え方です。

また、この考え方は、問題解決にも適用されます。問題が発生した場合、適切な解決策を見つけるためには、現在の状況や環境を的確に理解し、それに応じた解決策を考える必要があります。このように、現在の状況に応じた適切な行動を起こすことが、格物の応用手法の運用において重要な要素となります。

中国の智慧に関して、この32文字の意味を理解し使用方法に精通していなければ、すべてを見通す驚異的な技法には到達できないでしょう。「占わない」という技法は、外応を完璧に使いこなした、孔子の高い見識が示されています。

ある日、孔子の生徒たちが三つか四つのグループに分かれ、彼の周りに集まっていました。孔子は閔子騫が自分のそばに立っており、敬意を持って正しく振る舞い、優しい表情をしていることに気づきます。そして、目を移し、子路を見て、彼が非常にリラックスした状況でも、表情が剛毅で、歩き回っていることに気づき、彼が悩みを抱えていると感じます。さらに、冉有と子貢が話をしているのを見て、時々何か手助けを必要としているかどうかを見るために振り返っていることに気づき、彼らは謙虚であり、落ち着いていると思いました。孔子は彼らを批評し、微笑みました。しかし、突然、孔子は「子路のような人は、将来悲惨な死を迎えるかもしれない！」と言いました（『論語・先進』）。

　当時の子路やその他の人々がこの言葉を聞いた時の表情や心情はわかりません。なぜなら、『論語』に書いていないからです。しかし、『論語』に書いていなくても、史料がないわけではなく、『孔子家語・曲礼・子夏問篇』には記録があります。

「子路（仲由）と子羔（高柴）は衛に仕えていたが、衛に蒯聵の事件が起こった。孔子は魯にいたが、これを聞いて『柴は来るだろうが、由は死んだだろう』と言った。やがて、食事中に衛から使者が来て、『子路は死んだ』と告げた。孔子は悲しみを抑えられず、中庭で泣いた。泣き終わった後、孔子は振り向いて使者に『子路はどうして死んだのか？』と尋ねた。使者は『斬り殺された』と答えた。城外にいる子羔は子路に城に入らないように説得した。さもないと、死ぬしかないと。しかし、子路は自分が孔悝の家臣であることを理由に、食をもらっていながら仕事をしないのは道義に反すると考えた。そのため、子羔の説得を無視して、勇敢に城内に突入したが、城に入ったばかりのところで包囲され、すぐに蒯聵の手下の兵士に斬られた。自分がもう死ぬしかないと感じたとき、子路は『私を厳かに死に送ってください』と大声で叫んだ。兵士たちは殺すのをやめ、彼が血まみれで近くに這いつくばっているのを見て、彼の兜を拾い上げ、頭にかぶせ、彼の体を立て直した。この将軍の厳粛な死のプロセスは終わった。一瞬、すべての刀剣が彼に向けられ、すぐに子路は肉塊にされた」

　孔子が話を聞き終わったとき、何も知らない召使いが出来立ての一皿の肉料理を持ってきました。孔子はそれを見たとたん「早く下げて、早く下げて！　私はどうしてそれを食べられるだろう」と言って、振り向いて遠くに向かい、天長歌を歌いました。物語の結末は悲惨で、言葉すら直視できないほどですが、そこから孔子の能力を垣間見ることができます。

　また、ある時、孔子は学生の冉伯牛が病気になったと聞き、彼に会いに行き「彼には、この病気もある」と言いました（『論語・雍也』）。

あなたのような性格の人は、必ずこのような病気を持つだろうという言葉は、「性格が運命を決定する」という初の論述です。

つまり、人の生活行動や心理を知ることで、彼が抱えると思われる問題を判断することができるのです。これこそが外面を見て判断する方法です。

孔子のような「占わない」という能力は、彼自身だけでなく、彼の弟子である顔回、子貢などの話でもよく見られます。これが真の明師が高弟を生み出すことなのです（詳細は拙著『解読中国の智慧』を参照）。現代の人々が孔子について話すとき、この聖境を語ることができなければ、それは無意味な教えであり、人を害することになります。

心に留めておいてください。聖人は倫理道徳を説いたり、机上の話をしたりすることによって聖人になるわけではありません。聖人は、必ず格物の智慧を持ち合わせた実践者であることが必要です。さらに、最高位の聖人たちは、みな法眼を備えた嘘のない能力を持っているのです。

第1節　外応は心の法

心の法とは、人は未来を知らないが、神は知っていることです（注：神とは、眼神と心神のこと）。運用の秘訣は、心にあります。遠くのものを取り、身近なものを取る。虚実の秘訣をつかみ、変化の契機を深く理解することが必要です。

さらに、『孟子』にある「すべての事柄は自分に備わっている」と邵雍の『観易吟』にある「物事には、常に一つの本質がある。個々の本質はさらに一つの大きな乾坤の法則を含んでいる。私たちは、すべてのことが自分の中に備わっていることを理解すれば、その根源を天地人三才に別々に求める必要はない。天は道の中で体と用に分かれ、人は心において経験と知識を広げていく。天と人に異なる二つの理があるだろうか。道は虚しく行われるのではなく、心を持った人が道を体現する」とあります。

明代から伝わる書物の『梅花易数・巻三十三』の「外応」篇に、「外応は、卦に応じる。卜占の際、たまたま外から物が現れた場合、その物がどの卦に属するかを見る。たとえば、火が現れたら離卦、水が現れたら坎卦となる。老人、馬、金玉の丸い物が現れたら乾卦、老婆、牛、土瓦が現れたら坤卦となる。これらは外応の卦と呼ばれ、卦の生剋と比和の理論を使って吉凶を決定する」とあります。

これは『易経』における「事事相関、物物相関」の思想を具体的に実践する方法です。どのような格物学の真髄にも、外応に対する応用があります。古より「医易同源」といわれますので、いくつかの漢方医学の例を挙げましょう。

元代の有名な医家華伯仁は、幼い頃から儒教の経典を精読し、長じて医学の古典も習得し、古今の知識を網羅し、高潔な医徳を持ち、治療には古の方法に囚われず、薬も奇抜なものを用いました。彼は「意に基づいて薬を処方し、投与すれば効果がないものはない」と言い、江浙地方では「神医」として知られ、多くの医例が後世に伝えられています。

明代許浩の『復齋日記』の中に、ある年の秋、蘇州の官僚たちが虎丘山で宴会を開き、医者の滑伯仁を招きました。偶然にも、裕福な家庭の妊婦が難産になり、伯仁に診察してほしいと頼みました。伯仁は皆をがっかりさせたくなかったため、黙ってゆっくりと山の階段を上って行きました。彼がほんの少し歩いたところで、ちょうど風に吹かれて梧桐の葉が舞い落ちてきました。彼は葉をいくつか拾い上げて、彼の弟子に「急いで持って行って、この梧桐の葉を水で煎じて産婦に飲ませなさい」と言いました。弟子は理由がわからず、ただ言われたとおりにしました。

宴会の最中、弟子が「子供が無事に生まれた」という喜びの知らせを持って駆けつけました。人々は驚きました。皆、この方法はどの本に書いてあるか尋ねました。伯仁は笑いながら「医者は気を扱う者である。どうして確定した方法があるのだろうか？　子供は、10か月以上経っても産まれなかった。妊婦の虚弱な気質が難産の原因である。梧桐の葉は、秋の金色の風に乗って落ちてきたもので、今、この秋の気を借りて妊婦の気を助けたのだ。時を得た気を使って、出産を促進できないわけがない」と答えました。

　このような伝承は多数あり、古代中国の医学における「外応」という考え方は、現代でも重要視されています。清代の何其偉（かきい）は『医学妙諦（いがくみょうてい）・序』の中で次のように述べています。

「医者は意であり、意が集中すると、往々にして診断が的中する」

先の事例で、滑伯仁は「医者は意である」という奥義を基にしました。彼は『易経』の中にある「同じ声は相応し、同じ気は相求める。物事には相関があり、相対応している」という天人合一思想に基づき、巧みに「医者は意である」の奥義を活用しました。秋の風の冷たさと梧桐の葉が散る様子から「同類の感覚」を捉え、産婦と赤ん坊の出産を象徴し、季節の無形の力を利用して、手際よく成功させました。その大いなる医術の中にある簡潔な道は、人々を驚嘆させるものです。

　清代の医聖である葉天士（ようてんし）もまた、梧桐の葉による治療の医学事例を持っています。ある日、葉天士は道中で妊婦が苦しむ声を聞き、それが難産であると断定しました。部屋に入ってみると、確かに3日間の難産で、気は細く弱っていました。彼は診察後、院内で梧桐の葉を3枚拾って薬にするようにと指示しました。家族は葉天士の指示どおりに行い、薬を煎じて服用させると、およそ15分後、産婦は無事に男児を出産しました。人々は驚き称賛しました。

　弟子たちは理解できず、葉天士になぜ梧桐の葉で難産を治療したのか尋ねました。彼は、「どうして梧桐の葉が難産を治療できると思うのか？　それは必ず『立秋』の日に落ちた葉でなければならないからである。『立秋至れば梧葉落つ』という言葉を知らないのか？　医者として季節の変化を知らぬわけにはいかないのだよ！」と微笑んで答えました。

葉天士の事例で示されているのは、状況に応じて柔軟に対処する能力であり、「同じ声は相応し、同じ気は相求める。物事には相関があり、相対応している」の原則を実践していることです。同時に、適切な時に適切なことを行う大いなる智慧も示しています。

これらの事例は伝説的なものである一方で、それらの応用はすべて『易経』の格物の智慧を実践した結果です。このことからも、医術と易道は密接に関連しており、「外応」はその高いレベルの運用法です。皆さんも、これを知らなくてはいけませんし、できないことはありません。

以下は、「外応」の具体的な応用についての、筆者のまとめです。

1．判断は感情的にならず、心を無にして邪念を払い、静けさを持って動きを制御し、完全にリラックスします。日常的に五感をトレーニングすることが大切で、眼、耳、鼻、触覚、意識を鍛えるようにしましょう。相手が動かなければ、自分も動かないで待ちます。相手が動いた場合には、速さが必要です。

注記：古代の聖人より語り継がれることは多いが、心を重視することが大切で、心を養い、正しい心、明るい心を持つことである。

唐代の禅師徳山宣鑑（とくざんせんかん）は、「自分の心に問題を持たず、物事に心を奪われなければ、空と妙を得る」と言いました。したがって、自分自身の心を常にクリアに保ち、物に縛られたり欲望に引っ張られたりしないようにしましょう。実際、この過程は修行の経験そのものです。

2．演繹（えんえき）的思考法と帰納（きのう）的思考法をトレーニングし、常に物事を考えるときに関連性を思い浮かべることが大切です。

3．学習するときは、機に応じて思考を停滞させず、迷わないことです。

注記：すべての外応は、幻影のように見え、二度と戻ってこないものだが、これが「真空に妙あり」である。

4．方向性を定める場合には、目、頭、指、足先、風向きなどを基準にすることができます。

5．時間的なアプローチは、その時々のタイミングや状況に応じて取ることができます。南宋の岳飛（がくひ）も、「応用の秘訣は、一心にあり！」と言っています。

1．外応の例題

(1) 古代中国の外応の応用例題

清代の重臣である曽国藩（そうこくはん）は、非常に才学がありました。彼は最初、文字占いを信じていなかったと言われています。

ある日、彼は街を散歩していて、文字占いをする人を見かけました。周りの人々は皆、彼の占いが的中すると言っていました。曽国藩は一瞬の気の迷いから、彼に文字占いをしてもらうことにしました。「文字占いをしてください」と彼が尋ねると、占い師は筆を差し出しました。

曽国藩は筆をとり、紙に「人」と書きました。そして、筆を硯台に置こうとしたところ、筆が硯台から転がり落ち、ちょうど「人」字の上部に横たわりました。

老人はこれを見て大いに驚き、曽国藩を上から下まで見た後、「ああ、あなたが書いた『人』の字は、筆が上部で横たわっているので、ちょうど『大』の字になっています。あなたは曽大人（そうだいじん）でしょう」と言いました。そして、文字占いをする老人は謙虚な顔つきで、すぐに礼をして、「曽大人は何かお探しでしょうか」と尋ねました。

曽国藩は一瞬戸惑いました。占い師が自分を認識できるとは思っていなかったからです。しかし、彼は落ち着いて淡々と言いました。「何もないです。たまたま質問しただけだ」と言い、家に帰りました。

曽国藩が家に戻ると、彼は文字占い師に当てられたことが、なぜかわからなかったので、執事を呼びました。彼は、執事に対して事情を話し、それから彼を文字占い師の元に案内しました。執事は老人を見ると、声を大にして「もしもあなたが正確に予言するなら、代金を倍にして支払う。しかし、間違えたら、あなたが占いをできないようにする」と言いました。そして、執事は、紙に「人」という字を書き、筆を落として「人」の字の分岐する真ん中に縦に置きました。

文字占い師は、それを見て「ああ筆が、あなたが書いた『人』の字の中央に直立しているから、ちょうど『小』の字になりますね。あなたは府中で勤めている人です。ここで威張るのはやめて、早く曾大人に仕えてください」と言いました。執事は老人が自分の身分を一瞬で当ててしまったことに驚き代金を支払って報告しに帰りました。

曽国藩は次に、一人の囚人を着飾らせて、再び占い師の元に送り出しました。囚人は老人の前に現れ、彼に字を占ってほしいと頼みました。老人は筆を差し出し、字を書くように言いました。囚人は「私は読み書きができない。口述しても良いか?」と言いました。老人は頷き、囚人は「『人』の字を占いたいが、今の運勢はどうだろうか?」と言いました。老人はそれを聞き、厳粛な顔つきで「あなたが先ほど言った『人』の字は、あなた自身が『囚』の字になってしまっている。あなたはまだ災難から逃れられず、獄中にいる可能性がある」と言いました。囚人は急いで料金を支払って去っていきました。

(2) 筆者の7つの例題

【例1】 関与はどこから来るのでしょうか?

ある日、子供連れの夫婦が来ました。腰を下ろした後、女性は抱いていた子供を2人の間に座らせました。しかし、女性の手は子供を抱き、子供は母親のカバンをつかんでいました。男性は、巻きタバコを吸いながら「これから説明することの結果がどうなるかを占ってほしい」と言いました。

筆者はすぐに「このことであなたはつらい思いをし、悩んでいる。ある女が盗みを働き、3人が巻き添えになった」と答えました。

男性は驚いて、「そのとおりです。なぜわかったのですか」と尋ねました。

「あなたの吸っている巻きタバコから、巻き添えになったとわかった」と答えました。

女性は子供を抱き、子供（女の子）は手でカバンを強く握り締めていました。このことから、女性が盗みを働き、事件を誘発したとわかりました。さらに、2人の間に1人の子供が挟まれて座っていましたので、3人が巻き添えになったことがわかりました。

座った途端に事情を察した筆者に対し、彼らは不思議そうな顔をしていました。

彼は、「数日前、私は2人の親戚を連れて買い物に行ったところ、そのうちの女性が他人のバッグを盗み、私はその場で捕えられた。しかし、私自身は心当たりがなく、間違って逮捕されたと思っている。警察は、私たち3人を共犯者と見なしているが、現在も事態は解決していない」と言います。

古い言葉に「法は定まっていない」とあり、『易経』には「神は方を持たず、易は体を持たず」とあります。このような外応の応用は、それが最も直接的に表されたものです。

【例2】　ライターと恋愛
ある門弟が、恋愛がうまくいくかどうかを占ってほしいと言いました。

テーブルにはライターとタバコ入れが置いてあり、ライターはタバコ入れの上に乗っていました。筆者が「ある人の紹介で知り合ったばかりだが、つきあえるかどうか知りたいのかな?」と言うと、門弟は驚いて、「まだつきあっていないことがどうしてわかったのですか?」と尋ねました。

ライターがタバコ入れの上にあり、二つの物が互いに依存していました。そのため、ある人の紹介で知り合ったことがわかりました。さらにまだタバコに火が点いていなかったので、まだつきあっていないことがわかりました。

荘子は「万物は我と一体である」と言いました。人と万物との間には、さまざまなつながりの道がありますが、

「道は虚にあるわけではなく、ただ人の中にある」わけで、自分の観察力がどれほど優れているかが重要です。

【例3】 足組みの結果

ある人が最近の母親の体調を尋ねました。

その人は話をする時に、足を組みました。筆者は、すぐに「あなたのお母さんは、今月、右足を骨折しましたね」と言いました。相手は非常に驚き、すぐに立ち上がって、「数日前、母親が階段から落ちて右足を骨折し、現在入院中です」と言いました。

どうしてそれがわかったのでしょうか?

『易経』に「動きがあれば、その変化を観察せよ」と書かれています。つまり、足を組むのに右足を上げながら、病気のことを尋ねたので、病気は右足にあると判断し、脚が前後に弓なりになると骨折の兆候があるため、足を折ったと断定しました。そして、事件が今月に起こったと言ったのは、彼が手にしていた今月の財務報告書から判断したのです。

【例4】 物と我は同舟

ある人が夜になっても帰宅しなかったため、家族が心配して、いつ帰るか占ってほしいと、電話してきました。

筆者はその時ちょうどベッドに入って眠るときだったので、「すぐ帰りますよ」と答えました。

すると、すぐにまた電話がかかってきて、「今、帰ってきました」と言いました。

なぜ、すぐ帰るとわかったのでしょうか?

あらゆる物事はつながっていて、相関関係があります。電話を受けた時、ベッドに入るところだったので、その人もすぐ家に帰るとわかったのです。

【例5】　象が表れれば、法も表れる

ある人が、部屋の中で、手を後ろに組んだまま、窓の前に立ちました。そして、私のことを当ててくださいと言いました。

筆者は、「必ず災いがある。警察に捕まって、牢屋に入れられる」と言いました。

その人は「そんなこと、起こるわけがない」と、笑って否定しました。

しかし、3日後、車の密輸が発覚し、その人は逮捕されました。

なぜわかったのでしょうか。

それは、手を後ろで組み、窓辺に立ったからです。部屋の中の窓は出入りする場所ではありません。ですから、必ず窮地に陥るとわかりました。人が窓の前に立つと、「囚」の象を表します。さらに、両手を後ろで組んでいて、刑の兆しを示していました。そのため、入獄すると判断したのです。

【例6】　時は運なり

マレーシアのクアラルンプールの生徒である鐘兆琪（しょうちょうき）さんが次のように尋ねました。

北宋の邵雍の『観物洞玄歌』の中の「公然とネズミが日中にやって来て、日々資産を浪費する」を解説するとき、ネズミは「神を消耗するもの」と言いました。ネズミの年に、国家は自発的または強制的に国力や財力を急激に消耗することがあります。そして、昼間にネズミを見ると、人の財産を消耗することを意味します。もし投資に関する話をするときに、上の現象に遭遇した場合、財産が損なわれる可能性があるとされています。

では、夜に投資について話をしているとき、ネズミに遭遇した場合はどうなるでしょうか?

先週の夜、私は友人の株式投資を判断するために「金口訣」を使用していました。このとき、彼の息子が天井の上でネズミが動く音が聞こえたと言ってきました。この外因を使用して、投資に損失が出ると友人に伝えました。翌日、友人は昨日の投資で、一度にすべての利益を失ったと筆者に伝えてきました。友人の投資は、以前は儲かっていたものの、前後を合わせると、全体的には勝ちも負けもない結果になってしまいました。

ここで、この問題について筆者の見解を聞きたいと言われましたので、こう答えました。

「どのような問題も、その時空背景から離れて考えることはできない。これが『時に合わせて、適切な判断をする』というものである。昼間に出るネズミは資産を消耗するものだが、夜に出るネズミはその時に適応させて判断する。ネズミにとって、夜は得意な時間帯である。息子さんが天井でネズミの足音を聞いたと言った場合、天井は十二支の午（うま）で、ネズミは十二支の子（ね）です。『子午相冲（ねうまそうちゅう）は身に不安がある』という訣になる。ネズミが得意な時間帯である一方、天井の午の火は衝撃を受け、自身が被害を受ける象徴となっている。また、ネズミは天井にいるため、古代の家屋でいうところの梁の位置に対応し、『威張り散らして振る舞う』の象意でもある。しかし、威張る者が、必ずしも良い結果を得るわけではない」

彼はこのような深い解釈に感嘆し、古代から伝わる大いなる智慧に敬意を表し、また、往聖先賢の伝統的な技を学ぶ信念を強くしたと言われました。

【例7】　物があれば規則がある

２０２３年の新年、日本の学生たちが次々と大阪の家に新年の挨拶をしに来ました。たまたま、一人の学生が他の人と、「自分の右足が子供のころに大きなやけどをして皮膚移植を受けた」ことを偶然話していました。

筆者はそれを聞いて、「その後、あなたとお父さんは疎遠になり、関係を修復するのは難しいだろう」と言いました。その学生は言葉に詰まり、しばらく考えた後、「そのやけどの後、父親が母親と離婚してしまいました。父親はその後、二回結婚しています。私たちは今、父親と連絡を取っていません。ただ、時々祖父母の家は訪ねています」と答えました。

これを聞いて、他の人たちは筆者にどうやって判断したのかと尋ねたので、こう答えました。

「象が表れれば、法が表れる。右足は『易経』の乾（けん）卦に対応している。乾卦は父親を表しており、乾卦が傷ついた場合、父娘関係が悪化し、回復は困難になる」

彼らは筆者の答えに驚きました。

これが中国古典の『詩経』に言及されている「物があれば規則がある」の実践です。そしてそれによって、外応の実践は、中国の格物学の深厚な基盤から切り離すことはできません。したがって、陰陽は中国哲学の基盤であり、五行は中国文化の基本的な構造であり、天人合一は中国文化の核心の命脈であることを忘れてはなりません。

陰陽、五行、天人合一、八卦、干支などの内容は、「外応の実践」における最も基本的で、最も安定した保障です。基礎が不安定だと、地は揺れ、山は動きます。このような大義は、古今変わりません。

第2節　神奇の外応

心に灯を点すことで、法界を照らすことができます。

『易経・繋辞下』の第2章には、「古者の包犠氏が天下に王になった後、仰ぎ見て天を観察し、俯いて地を観察した。鳥獣の状態と地の適切さを観察し、近くはこれを身に取り、遠くはこれを物に取った。そして、八卦を創造し、神明の徳を広め、万物の情を表現した」とあります。

この言葉は、「心と物は同じ源から来る。物と自分は二分されない。同じ気は求め合い、同類のものは引き合う」という中国の智慧の結晶を説明しています。特に、ここに貫かれた分類方法は非常に重要であり、相感、相従、相動、相招できるものは同類であるとされています。

そして、その運用の妙は、物事に対して機転を利かせること、表に現れた象に応じることであると同時に、自由な発想を縛らないことを強調しています。

格物の法に熟達していない人々は、手抜きをして、あらゆることを外在の現象で判断しようとします。しかし、最後には自分自身に恥をかかせることになります。なぜなら、外在の現象は敬意と尊重、リラックスと冷静さの基盤に基づいた理解の結果によって生じるものであるため、心理的な質、精神的な高さ、そして格物の基礎に対する総合的な要求が非常に高いからです。貪欲さや急ぎの心では到達できないものです。

宋代の宝覚（ほうがく）禅師は、「あなたが探し求める幸福の場所は、……あなたが無数の劫を経て盗まれた心を失うことが必要である」と言いました。書道家の趙孟頫（ちょうもうふ）の師である元代の中峰明本（ちゅうほうみんぽん）禅師は、「修行が成就しない人は、しばしば心を盗むことがいまだに炎熱しているからである。道心が堅固でなく、見解が不透明であるため、その結果として偽りを積み重ねることになる」と言いました。

『呂氏春秋』には「道のある人は、遠くを知るために近くを尊重し、古代を知るために現代を知り、見えないものを見て知ることができる。したがって、床下の陰を慎重に見ることで、日月の動き、陰陽の変化を知ることができる。氷の水差しを見ることで、世界中の寒さを知ることができる。一切れの肉を味わうことで、一鍋の味を知ることができる」とあります。微細なことを見ても、その前提は「道のある人」でなければなりません。焦りや不安を感じる凡人がこれを示現することはできないのです。

外応はとても神秘的なもので、人が知らなくても、神は先に知っています。『易経・繋辞』には「君子が部屋で良いことを言うと、千里の遠くでもそれに応える。部屋で悪いことを言うと、千里の遠くでもそれに背く」とあります。ここには外応の技能が示されています。

管子は「人を基本とする」と言っています。人は外から刺激を受け、内からそれに応答します。互いが遠くても近くても関係なく、すべて一体となっています。その理論は天人合一に由来します。人々はよく「人生は苦しく短い」と言いますが、苦しみはどこから来るのでしょうか？　清代の王永彬（おうえいひん）は『囲炉夜話（いろりのよわ）』で、「人の顔は苦なり」と述べています。それはどういう意味かというと、人の顔は眉（草書体の「艹」）、目（両目の横線）、鼻

（縦線）、口を含め、まるで「苦」の字のように構成されているからです。これからも、人生は安らかでいられる瞬間はほとんどないということがわかります。

古来、医学と易学は同源であると言われています。言動と病気は常に表裏一体であり、以下のように関連があります。

1．腰を痛めることを怖がる人は、腰や腎臓の病気にかかることがあります。これは古代中国で「腰を斬る」と言われた意味と対応しています。腰を傷めると運気を失います。腰椎や頸椎の病気にかかる人は、仕事や感情、キャリアがスムーズに進まないことが多く、病気が重くなるほどその傾向が強くなるという関連があります。

2．頸椎病を患っている人は、上を向くことが困難になります。頭は乾（けん）という字で、仕事やキャリアに関係します。頭が上がらないと、仕事に支障が出ることがあります。時間が経つにつれて、感情もうまくいかず、関係が悪化することがあります。

3．若いうちから猫背の人は、大きなキャリアを築くのが難しいことが多いです。ただし、神が宿る人物に限って、例外があります。

4．競争心が強く、注目を浴びることが好きな人は、鼻の病気にかかりやすく、逆もまた然りです。

5．強情で心配性の人は、胃腸や消化器系の病気にかかりやすいです。消化器系の疾患を持つ人は、外出時に多くの心配事があるため、精神的にも消化不良を起こしやすいのです。

6．疑い深く、常に憂鬱な状態にある人は、風邪やリウマチの病気にかかりやすいのです。

7．物事に頓着する人は、神経性の頭痛を患いやすいのです。（詳細は、太玄社より出版予定の一代伝奇（いちだいでんき）ー邵（しょう）雍的智慧（ようのちえ）』と『解密中国智慧』を参照）。

古今東西、人には内と外があり、福も災いも自分自身が呼び込むものです。内と外の相関するメカニズムを知れば、現象の結果もわかるはずです。心が調和して円満なら、精神も必然的に活発になるでしょう。人は気質があっても、運命が良くない場合、内部の気運が通っていないことが原因です。外では人と和やかに接していても、家庭内では荒々しくする人もいます。これは内部の気の流れが滞っているためです。気が通っていると運が良く、気が滞ると秋の草のようにしおれ落ちることになります。

南宋の范曄は『後漢書・朱浮伝』で、「物事が急激に成長すると、必ずや短命に終わり、成果を挙げた者もまた、すぐに崩壊する」と述べています。植物でも、急速に成長するものはすぐにしおれ、松の木のようにゆっくり成長するものは長寿です。人間も同じで、食べるのが早い、話すのが早い、歩くのが早い人は、長続きしない行動をする傾向があり、さらには寿命にも影響を及ぼすと言われています。

シンガポールのある有名大学の教授は、自身が中国でコンサルティング会社を経営しています。彼は頻繁に清華大学のCEOクラスに出講して企業戦略を教えていますが、話すスピードがサッカーの解説者よりも速いため、私は彼の企業が問題を抱えていることを声から感じました。半年後、彼の会社は倒産してしまいました。教える側としては優れた人物だった彼も、自身の企業戦略において敗北してしまったのです。

古いことわざによれば「性格が緩やかであり、心が定まっていることは、大きな才能である」とあります。歩いたり、座ったり、偶然に出会ったものに触れることにより、易の妙用が生まれます。常に「道と法が自然の法則に従っている」ことを理解する必要があります。たとえば、自然界の蜜蜂社会の構造は女王蜂が多数の蜜蜂を所有するというものであり、蜜蜂は自由ではありません。蜂腰というくびれた腰の女性たちには、結婚や恋愛に悩まされる共通点があります。古今東西、規則を知り、守ることができれば、互いに理解し合うことは難しくないのです。

『易経』には、「易は天地と一致しているため、天地の道を網羅することができる」とあります。天と人が一体となり、すべての事象が関連し、すべての物が相応します。大きなことも小さなことも、内側も外側もなく、天地を網羅して、万物を展開するのです。

『中庸』に「放っておくと六合に広がり、巻き戻すと密に収まる」という言葉があります。人々は眼前にあっても、それを認識できません。これは目に見える技は人々に知られるが、心の技は世に知られないという意味です。

宋代の邵雍は、物事を観察し、理解するための重要な方法を伝える詩を書いています。この詩を人々は深く理解する必要があります。

『観易吟』

「物事には、常に一つの本質があります。個々の本質はさらに一つの大きな乾坤の法則を含んでいます。すべてのことが自分の中に備わっていることを理解すれば、その根源を天地人三才に別々に求める必要はありません。

天は道の中で物事を体と用に分けますが、人は心において経験と知識を広げていくのです。

天と人に異なる二つの理があるのでしょうか。道は虚しく行われるのではなく、心を持った人が道を体現するのです」

そう、すべての法は心から起こるものです。清代の劉一明（りゅういつめい）は「日々の生活の中で常に道を実践することが大切で、心が空虚であれば物事を見る目がクリアになり、真理を見抜くことができる」と言いました。万物は本来自由であり、人間がこだわって混乱させてしまうことで、空門を法門として迷い、現実離れしたことを言って、人生を無駄にしてしまいます。目、耳、鼻、舌、身、意識、それぞれが修行のための法門です。自分自身に問いかけてみましょう。これまで何十年間、自分はどうやって過ごしてきたのかを！

清代の『四庫全書』の編纂者である紀暁嵐（きぎょうらん）は、自らの著作がなく、ただ『閲微草堂筆記（えつびそうどうひっき）』を編纂しました。この本には、多くの因果関係の話が記録されており、過去を鑑み、未来を知るために必要なのは智慧なのです。「達磨は一文字も書かず、すべては心で修行する。もし紙に仏法を探し求めるなら、筆先は洞庭湖に沈んでしまう」とあります。人生には、内面的な覚醒、外面的な敏感さが必要ですが、さらに心の妙技が必要です。

宋代の禅師無門慧開は、「大道は門がなく、千差万別の方法がある。この門を通り抜けると、天地を独り歩きできる」と言っています。心は万法の扉であり、心を開けば意を解することができます。そうすることができれば、聖者と共に歩むことができるでしょう。

第8章　神のように見抜く

神のように見抜き、聖人のように聴き、技術的に問いかけ、巧みに切る
『難経（なんぎょう）・六十一難』

第1節　師弟の道

「長く続くことを成し遂げるためには、早く、長く、続く方法を確立すべきである」（清代・劉一明『会心集』）

古来、聖人と愚者は共存しており、龍と蛇も混在しています。しかしその興亡は、主事者によって決まるのです。利益を追求し、道を伝えるためには、人材を得ることが必要であり、人材を見つけることは聖人たちですら難しいとされています。孔子も子羽や宰予を失ったことを嘆いたといいます。

明確な師には、天下に善をもたらす力があります。師とは、道を伝え、授業し、疑問を解決する人です。明確な師は、志が高く、行いを洗練し、堅実であり、完璧な修行をします。常識に反しても大道に合致し、朽ち果てたものを神秘的なものに変えることができます。造化の根を掘り出すことができ、天地の本質を明らかにすることができます。山河大地は手に取るように理解でき、黄芽白雪は目の前にあります。深い谷から登っても、山頂に至ります。すべての壁は門であり、順応と逆行は道なのです。自己の利益と他者の利益を同時に追求し、二つを同時に実現することができます。

古今の英雄たちの中には、真の師にめぐりあえず、目や耳で騙す者に惑わされ、小さな智慧に迷い、帰らぬ人となり、一生を虚しく過ごした人も多いのです。道法の伝承において、華麗な言葉や相手の言動を観察し、偽善的な者や曲がった手段を用い、阿諛迎合（へつらい、媚びる）する者が重用されるはずはありません。しかも今の世の中では、実際に経験せずに、自分勝手な思い込みや願望によって行動し、師に教わることなく、法子と名乗って、偽名や偽装をして、あちこちで教えを広め、集客し、迷惑をかけて真理を歪め、とんでもないことを広める人がいます。これは本当に嘆かわしいことです。優れた人材は、厳しい訓練を受けてこそ育成されるものであり、逆に、訓練を受けても優れた人材になれない人は、無理に装飾して、その劣等性を際立てます。

師が弟子を選ぶ場合、その言葉を聴いて行いを確認し、彼の才能を見落さないようにします。古来、良い才能は容易に見つけられず、一朝一夕で獲得できるものではありません。才能のある人を獲得した後も、修練と鍛錬が必要です。浅はかで徳が薄い人には教えないでください。潙山は「先生に匹敵する人を見つけ教えるなら、先生は半分の徳を失う。先生より優れた人を見つけ教えるなら、初めてその人を指導することができる」と言っています。これは恒久的な才能を表しています。

弟子が師を選ぶ場合、弟子となる者は、必ず学ぶための眼を備えるべきです。もし持たない場合、誤った師に出会っても、自身の目が曇っているので、蟹にも勝ることができず、歳月を無駄にし、将来の展望がありません。すべてが混乱してしまいます。

師と弟子は、同じ器の中の水のようなもので、欠けたり余ったりすることなく、弟子が大きな法を引き継いで伝える使命を果たすようにならなくてはいけません。そうでなければ、ただの役立たずにすぎません。

師と弟子は、恩と徳の二つを共に行う必要があります。鳥の両翼のように、一方が欠けてはなりません。上には師の法則があり、下には学ぶ者の法則があります。先生が厳格であれば、その道は尊ばれ、尊敬される学問を学ぶことができます。どうすれば特別な方法を使わなくても、非凡な人材を育成できるでしょうか？　だから孟子は、「天がこの人に重要な仕事を与えるとき、まずその心を緊張させ、その体を鍛え、飢えさせ、身を空かさせて、行動を乱さないようにする」と言ったのです。また、蘇軾も「偉大なことを成し遂げた古人たちは、卓越した才能だけでなく、不屈の意志も持っていた」と言っています。これらの言葉は真実です。

師から法脈を受け継ぎ、数年の修行を積むために、まずは師の行いを見習い、次に師の心を学び、最後に造化を学び、心身が整って初めて出世できることを説明しています。師と弟子は法においては兄弟、義においては友人、恩においては良き知識、道においては内外を守るものとなり、師は道を広めるために千年にわたって伝承され、弟子は今昔を貫通して成果を収めることができます。師と弟子が協力し合って、源流からの光を返し、新たな光を広め、共鳴して虎が吼え、龍が舞い上がり、優秀な人材が輩出されるということです。

第2節　真理は行動の中にある

声がないところに、自らが絶唱を発すれば、古今東西を、貞観（平和な世界）にします。

明代の四大高僧の一人である紫柏真可禅師も「釜の中に水がある場合、火がなければ熱くならない。土の中に種がある場合、春が来なければ芽生えない。愚かなことが心の中にある場合、学ばなければ打ち破れない」と言いました。これは学ぶことの重要性を示しています。世の中のすべての学びは、自己と他者を育てるためです。

明代の大学者である呂坤は、『呻吟語』の中で、「第一受用、胸中が清らかであること。第二受用、外からの干渉がないこと。第三受用、家族が病気でないこと。第四受用、物と競う必要がないこと」という「養生四受用」を述べています。

これらの四つのことを実践できる人は、今でもほんのわずかしかいません。この世の中には患者がいたるところにいます。そうであるからこそ、大いなる人物が現れ、世を救い、仏法を挽回することができるのです。このような先生に従うことは、最大の福報です。彼らの厚い愛を得ることができれば、それはますます稀少なことです。だからこそ、もっと大切にし、敬意を表する必要があります。そして、彼らを超えることが、私たちの人生で唯一真の報いとなります。これが期待に応えるということです。

北京大学の教授である梁漱溟は、「学問とは何か？　学問とは問題を解決することである。真の学問とは何か？　真の学問とは、自分自身の問題を解決できるようにすることである」と述べました。当時の北京大学の校長である梁啓超も、「学術とは何か？　学びとは、事物を観察し、その真理を発見することであり、術とは、発見した真理を応用することである」と言いました。この言葉はまことに深いものです。

すべての学習は、煩悩を解決するために行われるものであり、煩悩を増やすために行われるものではありません。言い換えれば、人生のすべての学びは、自分自身の問題を解決できるようにするために行われるものです。そうでなければ、学んだことはすべて、自己欺瞞や他者を誤解させることにつながり、そのような生き方はゾンビや野獣のようになってしまいます。これは無駄なことです。

明末の王晫の『丹麓雑著』の「松渓子」には、「江湖に足を踏み入れなければ、波の広がりを知らず。山に登らなければ、道の深さを知らず。学問に触れなければ、理の奥妙を知らず。行いを重ねて初めて智慧を得、努力を重ねて初めて理解が深まる」という言葉があります。

そう、憧れることと到達することは同じではありません。真の学びとは、私たちが自分自身を知り、自分自身を理解するための旅であり、徐々に自分自身を理解することから始まります。この過程で、多くの宿題やチャレンジに直面し、それらを達成する必要があります。これらは道と術が一体化する実践であり、老子の「他人を知る者は知者であり、自分自身を知る者は明者である」という言葉を理解するための必要な手段でもあります。したがって、この旅で私たちが持っているものを大切にし、学んだことに感謝することが重要です。最終的にすべての道を歩き終えた時、私たちは自分自身が豊かで満たされていることを理解し、自分自身の真の本性をより理解することができます。これこそが解脱なのです。

『荀子・王制』に、孔子の言葉として「大義に従い、小事にも従える人は、最上の君主である。大義に従い、小事にわずかな間違いがある人は、中等の君主である。小事が正しくても、大義が誤っている人、私は君主にこのような人しか見たことがない」と記されています。人生の大義は、どのような逸脱も許されないものです。南轅北轍のように意志と行動が矛盾してはいけません。大義の是非は、発心の質によって決まり、その達成の高さを決定します。したがって、自分が学んだことを、慈悲と智慧の中で守り、柔軟な共法になるように発心する必要があります。このようにして、世界の他のすべての生き物は、あなたの基盤を通じて法の喜びを得る可能性があります。これこそが真の生命です。これを守ることを「守護」と呼びます。

天がある人を成功させようとするとき、その人の徳がまだ開花していない場合、まずその人の智慧を開花させる必要があります。この智慧が開花すると、それが表面上に現れて実際の行動に具現化され、放縦な態度は必然的に収まります。

『呂氏春秋・季春紀先己』に「人に勝つためには、まず自分に勝たないといけない。人を知るには、まず自分を知ることである」とあります。道を成すためには、まず心の敵である不安を破り、欲望の敵を捨て、ケチな心を捨て、ためらいの敵を行動の中で破ることが必要です。そうすることで初めて、「彼を知り己を知れば百戦殆からず」と言えるようになります。これを「意誠」といいます。

「天は発展を望んでいる人に対して、福を与える前に必ず彼の智慧を先に引き出す。この智慧が一度発揮されると、自信のある人は自ら実現し、放縦な人も自らを抑制する」（明代『了凡四訓』）

私たちが早く行いと知識を合わせ持った人になることを祈りましょう。私たちが布施するすべての法は、慈悲、幸福、そして資源の集積になりますように。私たちが無明の中で行うすべてが、光と清浄に向かうように。そして、私たちは智慧、信頼、力、勝利、そして静寂と共に早く共存できるように祈ります。頭を高く掲げ、どこに行っても神聖を発見できることは、知者の能力であり、人々にとって大きな祝福です。すべての人がこのように喜び、そしてその喜びが強固となることを願っています。

後記：天が人に福を与えるためには、人に智慧が必要である

1. 知は愚を求める

中国の「唐宋八大家」の一人である柳宗元は、自分の住んでいる近辺の山を「愚山」と呼び、近くを流れる川を「愚渓」と呼んでいました。また、同じく「唐宋八大家」の一人である蘇東坡は、子供を得た際に、次のような詩を贈っています。

「誰もが皆、子供が聡明であることを望むが、私はこれまで聡明さにずっと騙されてきた。ただ、子供が愚かで鈍くあるようにと願い、災難から遠ざかり、公卿に至るまで平穏な人生を送ってほしいと願うばかりだ」

世間の人々は聡明さに憧れますが、彼ら2人は「愚かさ」を望んでいたのはなぜでしょうか?

明代の思想家、呂坤は『呻吟語』の中で、「賢明であることは大切だが、それは淳朴で誠実な心の中に隠すことが必要である。古今東西、災いに遭った人々は、10人中9人が自分を賢明だと思っている人である。しかし、淳朴で誠実な心を持ちながら災いに遭う人は非常に珍しい」と述べています。

つまり、聡明であることは良いことだが、それは淳朴で誠実な心の中にあることが必要であり、古代から現代に至るまで、自分自身を聡明だと自負している人々が災いに遭うことが多く、淳朴で誠実な心が自分自身に災いをもたらすことは非常に珍しいことなのです。

ある年、盆成括が斉国に赴任してきた時、孟子は彼の死期が近いと断言しました。弟子が孟子に尋ねたところ、「彼は少し聡明ではあるが、賢者の大いなる智慧を持っていないため、自然と身を滅ぼすだろう」と答えました。実際、まもなく盆成括は多くの人を怒らせたために殺されました（『孟子・尽心下』）。

盆成括の死因については、史書には詳細な記録はありませんが、孟子の簡潔な言葉から、彼の「聡明さ」が直接関係していることがわかります。人々が切望する「聡明さ」が、盆成括が殺される運命を招いたと言えます。

つまり、智慧と聡明さはまったく異なるものであり、智慧ある人は福を増やし、聡明な人は福を減らす傾向があります。智慧ある人は、自分の身を守るために貞節に生き、物事がうまくいけば世を助けます。聡明な人は、反対に、福を減らし、問題を引き起こします。聡明な人が聖人でないことは、明らかです。もし盆成括が、当時孟子が言った「貧しい時は自分の身を守り、裕福になったら世を救う」という教えを覚えていたら、彼の生涯は違ったものになっていたでしょう。

聡明な人は常に人に勝ちたがる一方、智慧のある人は自分自身に勝とうと考えます。幸運なことに、柳宗元と蘇東坡は自分たちが生きている間に、このことに気づきました。しかしこの気づきは、人生の苦難を経験したうえでのことでした。

同様に、楊修もまた、聡明さゆえに災難に陥った人の一人です。三国時代、曹操が門に「活」の字を書いたとき、楊修は門が広すぎる（門の中に活で「広い」を意味する「闊」となることから）と解釈したほどの聡明さをもっていました。ところが、曹操が自分を襲撃する者が出るかもしれないという懸念から、意図的に夢で殺人をしたという噂が広がったとき、楊修は「丞相が夢を見るとは思えない」と主張しました。最終的に、楊修はその発言によって罪を受け、鶏肋（価値のないもの）という理由で刀斧の下で命を落とし、後世に慨嘆を残しました。

しかし、曹操を補佐したもう一人の謀士である荀攸は、智慧と策略に優れながらも、常に慎重であり、難局をうまく処理することができました。曹操は荀攸を評価して「公は外には愚かに見え、内には賢明である。外には臆病に見え、内には勇敢である。外には弱々しく見え、内には強靭である。自分自身を誇示せず、功績を挙げず、智慧においては誰にも劣らず、愚かさにおいては誰にも及ばない。顔子（顔回）や寧武さえも及ばない」と言いました。

『墨子』に「賢者は心が敏感であり、複雑に話さず、才能がありながら功績を自慢せず、名声で天下を広める」とあります。比較すると、楊修と荀攸は才智を使うにあたり、一人は才能に頼って無節操である一方、もう一人は、外見は愚かでも内面は賢明でした。そのため、一人は失墜し、もう一人は良い結果を出しました。荀攸は『道徳経』で言われる「大智は愚に似ている」の代表的な例です。

明代の王陽明は、「行動が洞察力や明晰さを持たなければ、それは冥行である」と述べています。この世界では、聡明さを智慧として扱う冥行者が無数に存在しますが、知っておくべきことは、聡明さがあれば智慧に到達できますが、聡明さは智慧ではないということです。

智慧は物事を微細に観察し、高い見地から見る能力、情緒が豊かであること、自然な姿勢で世界に接することによって決まります。

邵雍は、格物の智慧と品徳修養が人としての第一の要素であると考えています。彼は「君子の学びは、自己を磨くことが基本であり、人を治めることや物事に接することはすべて余事である」と強調しました。学ぶことの根本的な目的は、自分の学問と修養を高めることであり、人や物事に接することや国家を治めることは、それに続くものであり、自然に行動することが精進の過程であるため、意図的にする必要はありません。

邵雍は、老子と孟子を「老子は易の体を得、孟子は易の用を得た」と評しました。そして、後の人々は老子と孟子のしたことを比較して、孟子のより高い秘妙性を強調し、「孟子は、心を放つことを求めた」と言いました。康節邵子（邵雍）は「心は放たなくてはいけない」と言いました。この二つは、天地の差ほどに隔たりが激しいものです。

心が放たれるとは、心自体が放たれることです。心を放つとは、自分が放つことです。

心が放たれるとは、鶏や豚が鳥小屋や柵から出るようなもので、求めるものがないので、何も得られません。

心を放つというのは、鷹や隼が空の果てまで飛翔するようなもので、自分の手で縛られたものを解くことができます。

一般人の心は放たれやすく、聖賢の心は真に放つことができます。放たれやすければ転々とし、真に放てば視野を広くします。転々とすれば、その本心を失い、視野を広くすれば、その本心を全うします。宋代羅大経の『鶴林玉露・丙篇・巻二』に「心は放たなくてはいけない」という最も高明な言葉があります。

また、邵雍は、章惇（北宋の宰相）から「あなたの能力を学ぶにはどうすればよいのか?」と尋ねられた際に、以下のように詳細に説明しています。

「あなたの才能があれば、私の学問を習得することは簡単です。ただし、林の中で10年から20年一緒に生活して、些細な心配を解消して、心に一つのこだわりもなくなれば、私はあなたに教えることができます。その時点で、あなたはすぐに学び終えるでしょう」

邵雍は、自分を理解することができれば、自然と外界も理解できると言っているのです。つまり、「道は偽りのないもので、ただ人にある」ということです。先人たちが教えてくれた深い教訓を聞くことで、自分自身を向上させることができます。

朱熹の『朱子語類・巻一百・邵子之書』に、邵雍の学問について、「彼は老子のようだ。自分に合った広々とした場所を見つければ幸せになれるし、人はそれを傷つけることはできない。後に張子房（張良）も同じようになった。人々が混乱しているとき、彼は自由自在であった」と述べています。邵雍は、すでに心身共に透き通った境地に達していると言えます。程顥と程頤は、彼を「空中楼閣」「四通八達」と表現しました。

しかし、邵雍は、彼が出会った中で最も聡明なのは程顥であり、次に章惇と邢恕だと言っています。程顥は彼に「何年かかるのか?」と尋ねましたが、邵雍は「20年」と答えました。程顥はそれを聞いて、「私にはそんな暇がないよ」と言いました。その後、章惇と邢恕は邵雍の評価を聞いて、彼を訪ねてきました。邵雍は彼らを見て、「章子厚、邢和叔、あなたたちの心は邪悪だ。一度やり方を覚えてしまうとそれを持って躊躇なく何でもできるようになってしまう。だから最終的に彼らに教えなかった。彼はかつて章惇の運命を占って、一字も外さなかった」（『宋人軼事匯編』）。

2. 格物は真の方向性である

天が人に福を与えるためには、人には智慧が必要です。

『論語』の第一句は「学」から始まります。『説文解字』には「学は覚るなり」とあります。この「学」は、各種の名声や知識を蓄積する意味ではなく、覚醒する意味です。

宋代の楊萬里による『庸言』に「学んでも自己を改めなければ、本当の学びではない」とあります。本当の「学び」とは、時代の変化や状況を判断するための技を学ぶことであり、耽溺することではありません。言い換えれば、本当の「学び」とは、人生に智慧を開くことができるものです。

古来、老子や孔子は聖人の代表者で、大智者です。『易経』によれば「聖人の道は四つある。言葉を観察すること、変化を観察すること、道具を制作すること、卜占すること」とあります。漢代の賈誼は、「聖人が朝廷にいる場合、必ず医術や卜占の中にいる」（『新書』）と述べています。聖人が朝廷にいるのは民のためであり、医術や卜占を立てることは、民の命運を調整するためです。そのため、唐代の薬王孫思邈は『備急千金要方』の中で次のように強調しています。

「大医者になりたい人は、素問、甲乙、黄帝針経、明堂流注、十二経脈、三部九候、五臓六腑、表里孔穴、本草薬対、張仲景、王叔和、阮河南、范東陽、張苗、荊邵の諸経方を熟知する必要があり、陰陽や運命、家系の占法や亀の甲卜なども理解しており、周易や六壬を熟知する必要がある。そうでない場合、目的もなく夜遊びをしているようなものであり、失敗して破滅することになる」

また、明代の大儒王陽明も、学塾の師匠である許璋から奇門遁甲や諸葛武侯（諸葛孔明）の戦陣法を学び、その知識を活かして寧王の朱宸濠を捕らえ、その10万の軍隊を壊滅させたとされています。

千年の平和をもたらす力はどうやって鍛えられたのでしょうか？

もし、格物の智慧に精通していなければ、どのように「致知、誠意、正心、修身……」を実現することができますか？　それでは『大学』を読む意味がありません。無源の水や根のない木は、せいぜい一時的なものにすぎないことを知るべきです。

草の根の皇帝、朱元璋は、ある日朝廷に上がると、詩書をたくさん読んでいる臣子たちが礼をして自分に仕えるのを見て、得意げに「君たちは何のためにそんなに本を読むのか？　結局は私に仕えるしかないではないか。本当に役に立たないのが読書人だ」と問いかけました。

　朱元璋は集まっている臣下を打ち負かすことができると思っていました。しかし、話が終わる前に、名臣の劉伯温（りゅうはくおん）が立ち上がりました。朱元璋は彼を見て、驚きました。劉伯温は古今通じる人物であり、自信を持って「陛下にお伝えしますが、私は読書人ではありません」と言いました。朱元璋は当惑して、「あなたは読書人ではないのか？」と尋ねました。劉伯温は落ち着いて、「私は『読み終えた』人です」と答えました。朱元璋はこれを聞き、大笑いし、「『読み終えた人』と読書人には何の違いがあるのか？」と尋ねました。そこで、劉伯温は敬意をもって「読書人は幅広く読んでいますが、全体を把握していないことがあります。しかし、『読み終えた』人は、必ずしも広く読んでいるわけではありませんが、深く理解しています。彼らは世のために有用であり、あらゆることを考えることができます。したがって、陛下を支援して天下を統一することができるのです」と答えました。

　この言葉は本当に巧妙で、言葉遊びが含まれています。一つは問いに答えています。もう一つは、読み終えた人の大きな役割、陛下を支援して天下を統一することを証明しています。朱元璋はこの言葉を聞いて非常に感心し、劉伯温を称えました。それ以来、朱元璋は二度と読書人を嘲うことはしませんでした。

　このように、「読み終えた」という人は、智慧のある人です。そして、問題に対処できる人こそが賢者です。柳宗元と蘇東坡はまだ「読み終えた」人には該当しない「読書人」の範疇に入ります。一字の違いが人生を大きく変えることになります。

　『礼記』には、「ただ読むことを学ぶだけでは、人に教える資格はない」とあります。人々はしばしば、詩や歌、エッセイの理解や累積を、本当の学問と考えますが、これは非常にもったいないことです。『紅楼夢（こうろうむ）』の中で、曹雪芹（そうせっきん）は賈宝玉（かほうぎょく）の言葉を借りて、「詩や歌は感情を伝えることができるが、骨まで染み込むことはできない」と述べています。本当の文化を理解するには、ただ詩や歌、エッセイを暗記し、古典的な文章を翻訳するだけでは不十分です。なぜなら、「雪を描く人はその清潔感を描写できない。月を描く人はその明るさを描写できない。花を描く人はその香りを描写できない。泉を描く人はその音を描写できない。人を描く人はその感情を描写できない。したがって、言葉と文字だけでは十分に伝えることができない」と宋代の『羅大経』にあります。

印光法師は、「聖賢の学問は、心が動き始める瞬間から研究される。近世の儒者は、言葉や文章だけを学び、心を正しく保ち、それを講義することを省いてきた。聖賢の書を毎日読んでも、聖賢が世界に教えようとしたことを理解できない。彼らが口に出し、実践することと、聖賢が言い、実践することとが合致しない場合、光と闇が調和していない場合、正方形と円が調和していない場合、それがどれだけ微妙で稀有な違いであるか、誰にもわからない！」と言っています。

この言葉は真実です。本当の学問は、智慧の体現であることを理解する必要があります。真の学問は必ず智慧の表れであり、問題を解決できる知識こそが力を持つことを知る必要があります。

3．代々良人あり

「私と師は志向や目的が同じで、時空を超えても心が通じ合っている」という文章は、太虚大師が宗喀巴（ツォンカパ）の『菩提道次第広論』を読んでいたときに作られた「宗喀巴偈讃」と呼ばれるものです。これにより、共通の精神的なつながりがあることがわかります。互いに影響を与え合い、刻苦勉励し合い、優れた人材を育てることができます。このような生命の磨き合いこそが大きな愛です。

清代の作家である張潮は、彼の小説『幽夢影』で新たな「五福」について語っています。「勉強に励むことは福である」「人々を助けることは福である」「学問を深め、著述することは福である」「噂話を聞かないことは福である」「賢明で理解のある友人が多いことは福である」というものです。

これらの五つの福は、筆者は幸運にもすべてを持っていると自負しており、自分の幸せに満足しつつ、無限の感謝の気持ちを抱いています。その理由は、先人や先生たちが慈悲深く、私たちに慧命を増進する方法を与えてくださったからです。

蔣棠仁（ジャンタンレン）先生は、何十年もの間、無私の助けを提供してくれたことに深く感謝しています。そのおかげで、筆者は今まで多くの著作を発表することができ、教育の推進にも貢献することができました。彼の貢献は決して消えることのないものであり、筆者にとっては不可欠なものです。

筆者は、王君（米分子）が本書を編集し、蔣艾伶（ジャンアイリン）（東巴書院の創設者）が本書を精査したこと、陳楽（チェンルウ）が「金口訣」の導入方法をまとめ、改良したこと、劉詩乙（リュウシイ）が神秘的な内容を詳細に整理し、表形式にまとめたこと、そして汪之川（ワンジチュアン）が出版を実現したことに、感謝の気持ちを抱いています。これらの門弟たちが無私に協力してくれたおかげで、私たちは聖人の絶学への道を歩むための貴重な手引きを提供し、多くの人々が恩恵を受けることができました。これは天の恵みであり、私たちが共に創り上げた素晴らしいものです。

この法の恩恵を受けたすべての人が、これらの貴重な因縁を持つ人々に香り高い法の祝福を伝えることができるように祈ります。

明代の王陽明は、「私の短所を攻撃する人は私の師である」と言い、宗薩仁波切（ゾンサルリンポチェ）は、「心を静める人、もう剣や弓を抜くことがなく、左右に駆け回る必要がなくなる人を見つけなければならない。そして、心を研鑽する人、世界のあらゆる障害を克服して、永遠に前進する人を見つけなければならない」

仁慈な師匠に出会えるよう祈ります。その出会いにより、生命がますます豊かで尊厳あるものになりますように。

良き師

読者のみなさんが、良き師に逢うことを願っています。白髪になるまで師から離れなければ、心が結ばれ、長きにわたって学びあえるでしょう。

訳者あとがき

金口訣の応用解説のため、翻訳文章もかなり難しくなってしまいました。

米老師の著書に『六壬神課金口訣現代実例精解』（２００５年）があります。この本に記載のある例題のいくつかが本書でも解説されているのですが、解説文が倍くらい異なります。判断手順がより詳細になっている分、本書の内容を理解するのも大変なわけです。

私自身は、周易や断易など多くの卜占を50年以上学んできましたが、金口訣ほど当たる占いは、他にはないと思っています。読者も本書の内容が難しくても、学ぶことを途中で断念せずに、一生学ぶ姿勢で頑張って読破してください。

また、２０２３年に出版した『六壬神課金口訣心髄指要』（太玄社）は、翻訳を始めてから出版するまでに4年の歳月を必要としました。今回は、チャットGPTのお世話になり多少翻訳時間を短くできましたが、古典や占い専門用語はチャットGPTでは誤訳が多く、その確認に余計な時間を取られたことも確かです。翻訳を始めて2年目になりますが、何とか出版までたどり着きました。読者も本書を読み終わったなら、次の段階へとステップアップしたいと思うでしょう。その点、米老師は２０２４年で53歳になります。東京や大阪でも講演会や講座を開かれることでしょうから、ぜひ参加してください。

読者の皆さんが、多少の壁にぶつかっても、何が問題かを自分で金口訣を使って占い、最善の一手を打つことができるようになることを期待しています。先見の明を養うことができれば怖いもの知らずになれます。

令和6年　甲辰年立秋　淵野辺にて

【訳者紹介】

真視 葵衣（まみ　あおい）

六爻断易塾主催 サイト「道学社」
著書『扶抑断易法』訳『六爻断易子之巻』など

鈴木 一成（すずき　いっせい）

三才坊書院主催　サイト「三才坊書院」
京都にて「三才坊書院」易学教室・鑑定など運営

池本 正玄（いけもと　せいげん）

真占術会会長　サイト「干支八卦研」
著書『六壬神課金口訣入門』・『黄帝暦八字占術』など

【著者紹介】

米 鴻賓（ミイ　ホンビン）

字貞観、または妙隠、号十翼。1972年、中国鞍山に生まれ、北京に籍を置く。独立学者であり、「十翼書院」を創設。門下生は国内外に広がり、数多くの優秀な人物を輩出した。

また、慈善家として知られる劉洪才氏と協力し、遼寧省の古刹「財神寺」（300年以上の歴史を持つ）の復興にも携わる。

中国文化の優れた伝統を継承し、「学際天人、出入古今」（学問をもって天と人の理を極め、時代を超えて古今を巡る）を理念とする。易学に精通し、経学を熟知するだけでなく、五音に優れ、六壬術を得意とし、天文学、暦法、国史にも広く通じている。古今の変遷についても深い理解を持つ。


国内外で出版された主な著作には以下がある。

『会心』『伝心』『盈心』『名詞中国』『大易至簡』『大易識階』『解密中国智慧』、『運命を開く智慧の言葉』（日本）、『一代伝奇：邵雍の智慧』（中国、シンガポール）、『一生感動：日本匠人精神と家訓』『道在器中：伝統家具と中国文化』、『六壬神課金口訣心髄指要』（中国、日本）『六壬神課金口訣応用法訣』（シンガポール）、『天佑の色：六十甲子時令色』

現在、出版予定の著作には以下が含まれる。

『貞観易伝』『非凡の道：米鴻賓解読〈了凡四訓〉』『中国文化の伝家智慧』『中国人の時間宝典』『人中宝鑑』『中国園林設計訣訣』『寿命を延ばす秘訣』

また、音声プラットフォーム「喜馬拉雅」（himalaya）の契約作家として、『中国文化の伝家智慧』などの代表作を発表している。

六壬神課金口訣真伝

2025年2月2日　初版発行

著　者——米鴻賓
訳　者——真視葵衣
　　　　　鈴木一成
　　　　　池本正玄
編　集——初鹿野剛
本文DTP——Office DIMMI

発行者——今井博揮
発行所——株式会社太玄社
TEL 03-6427-9268　FAX 03-6450-5978
E-mail：info@taigensha.com　HP：https://www.taigensha.com/

発売所——株式会社ナチュラルスピリット
〒101-0051　東京都千代田区神田神保町3-2　高橋ビル2階
TEL 03-6450-5938　FAX 03-6450-5978

印刷————モリモト印刷株式会社

ISBN 978-4-86813-003-1 C0011